KB246109

보고 듣고 따라하는 파워포인트 2010

강현주 지음

YoungJin.com
영진닷컴

보고 듣고 따라하는
파워포인트 2010

ISBN 978-89-314-4073-7

독자님의 의견을 받습니다

이 책을 구입한 독자님은 영진닷컴의 가장 중요한 비평가이자 조언가입니다. 저희 책의 장점과 문제점이 무엇인지, 어떤 책이 출판되기를 바라는지, 책을 더욱 알차게 꾸밀 수 있는 아이디어가 있으면 팩스나 이메일, 또는 우편으로 연락주시기 바랍니다. 의견을 주실 때에는 책 제목 및 독자님의 성함과 연락처(전화번호나 이메일)를 꼭 남겨 주시기 바랍니다. 독자님의 의견에 대해 바로 답변을 드리고, 또 독자님의 의견을 다음 책에 충분히 반영하도록 늘 노력하겠습니다.

이메일 : support@youngjin.com
주　소 : (우)153-803 서울특별시 금천구 가산동 664번지 대륭테크노타운13차 10층
　　　　　(주)영진닷컴 기획1팀
내용 문의 이메일 : jooya2007@gmail.com

집필 강현주 | **기획** 기획1팀 | **총괄** 김태경 | **진행** 김용묵, 앤미디어 | **북 디자인** 앤미디어

그래픽과 동영상 편집까지
제공하는 막강한 파워포인트 2010

디지털 기기의 기능이 강화되고 새로운 기능 또는 기기가 등장하면서 문서를 텍스트만으로 작성하기보다 시각적인 자료나 멀티미디어를 이용하는 경우가 많아졌습니다. 이처럼 다양한 자료들을 이용해서 프레젠테이션 문서 작업을 할 때 작업을 쉽게 하기보다 새로 사용법을 배워야 하는 어려움이 앞서곤 합니다.

디지털 카메라 성능이 좋아져서 찍은 사진을 문서에 넣으면 문서 용량이 커지는 문제가 있고, 사진이나 동영상을 넣었는데 불필요한 부분을 자르려면 포토샵 같은 디자인 툴이나 동영상 편집 툴까지 따로 사용해야 하여 습득해야 할 프로그램의 종류가 많아집니다.

이런 일들은 사소하지만 실제 업무와는 무관한 프로그램을 익히는 수고를 하게 만들고 작업 속도도 더뎌지며 무수한 툴의 사용 방법을 익히려면 스트레스까지 쌓이게 됩니다.

한 가지 툴로 한 번에, 생각한 내용을 원하는 대로 조절하고 미디어를 편집하면서 문서를 작성할 수는 없을까요?

오피스 2007에서 리본 메뉴가 등장하고, 리본 메뉴의 낯설던 인터페이스가 어느 정도 익숙해질 무렵 오피스 2010이 출시되었습니다. 오피스 2010의 새로운 기능의 추가와 변화는 지금까지 사용자를 당황하게 만들었던 프로그램들과는 다르게 좀 더 사용하기 편리하도록 정돈되었고 기능이 향상되었습니다.

그 결과 파워포인트 2010은 하나의 프로그램으로 다양한 형태의 자료들을 다룰 수 있도록 훨씬 편리한 작업 환경을 제공합니다.

파워포인트 2010은 문서를 작성할 때 여러 가지 툴을 사용해야 했던 문제를 해결하여 파워포인트 안에서 간단한 이미지 작업이나 동영상 편집 작업을 가능하게 만드는 편집 기능을 제공합니다. 누구나 파워포인트만 익힌다면 파워포인트 하나만으로 원하는 문서를 만들 수 있게 된 것입니다. 이제 사용자들은 슬라이드 만들기에 시간을 보내는 것보다 슬라이드를 구성하는 것 즉, 업무에 집중하게 될 것입니다.

파워포인트 2010이 늘 곁에 두고 다양한 업무에 손쉽게 활용할 수 있는 친숙한 툴이 되길 바랍니다. 여러분의 문서가 훨씬 멋지게 변하는 것을 경험할 수 있을 것입니다.

파워포인트 공부가 처음이거나 아직 익숙하지 않다고 생각된다면 제공되는 동영상 강좌도 함께 이용하는 것이 좋습니다. 교재의 실습 내용을 설명과 함께 들어본다면 좀 더 쉽게 접근할 수 있을 것입니다.

저자 강현주

Preview

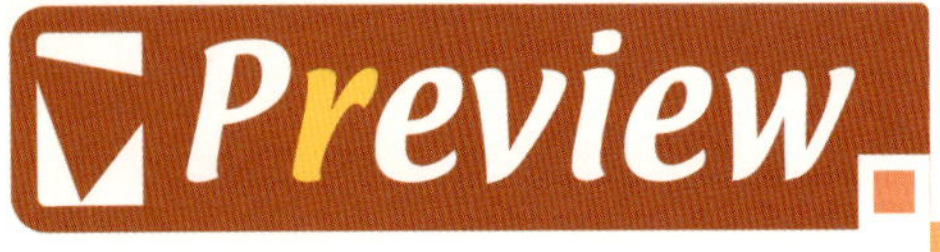

이 책의 각 파트에 포함되어 있는 구성 형식은 다음과 같으며 파란색 사용자 인터페이스 옵션을 사용하고 있습니다. 책의 구성을 미리 살펴보면 효율적인 학습에 도움이 됩니다.

Section 제목과 도입글 섹션에서 배워야 할 핵심 내용으로, 해당 섹션의 학습 방향을 제시합니다.

장 제목과 도입글 어떤 기능을 학습하게 될지 간략하게 살펴봅니다. 배울 내용을 미리 알아두면 훨씬 쉽게 학습할 수 있습니다.

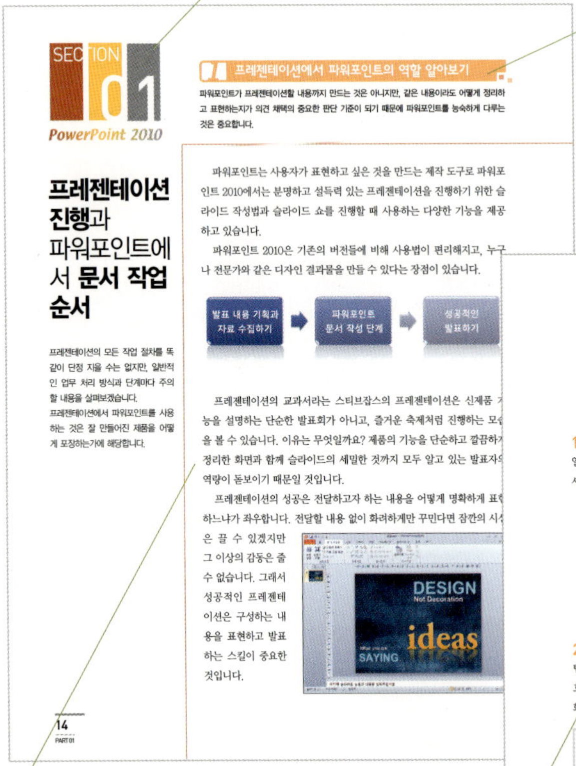

SECTION 01
PowerPoint 2010

프레젠테이션 진행과 파워포인트에서 문서 작업 순서

프레젠테이션의 모든 작업 절차를 똑같이 단정 지을 수는 없지만, 일반적인 업무 처리 방식과 단계마다 주의할 내용을 살펴보겠습니다. 프레젠테이션에서 파워포인트를 사용하는 것은 잘 만들어진 제품을 어떻게 포장하는가에 해당합니다.

01 프레젠테이션에서 파워포인트의 역할 알아보기

파워포인트가 프레젠테이션할 내용까지 만드는 것은 아니지만, 같은 내용이라도 어떻게 정리하고 표현하는지가 의견 채택의 중요한 판단 기준이 되기 때문에 파워포인트를 능숙하게 다루는 것은 중요합니다.

파워포인트는 사용자가 표현하고 싶은 것을 만드는 제작 도구로 파워포인트 2010에서는 분명하고 설득력 있는 프레젠테이션을 진행하기 위한 슬라이드 작성법과 슬라이드 쇼를 진행할 때 사용하는 다양한 기능을 제공하고 있습니다.

파워포인트 2010은 기존의 버전들에 비해 사용법이 편리해지고, 누구나 전문가와 같은 디자인 결과물을 만들 수 있다는 장점이 있습니다.

발표 내용 기획과 자료 수집하기 → 파워포인트 문서 작성 단계 → 성공적인 발표하기

프레젠테이션의 교과서라는 스티브잡스의 프레젠테이션은 신제품 기능을 설명하는 단순한 발표회가 아니고, 즐거운 축제처럼 진행하는 모습을 볼 수 있습니다. 이유는 무엇일까요? 제품의 기능을 단순하고 깔끔하게 정리한 화면과 함께 슬라이드의 세밀한 것까지 모두 알고 있는 발표자의 역량이 돋보이기 때문일 것입니다.

프레젠테이션의 성공은 전달하고자 하는 내용을 어떻게 명확하게 표현하느냐가 좌우합니다. 전달할 내용 없이 화려하게만 꾸민다면 잠깐의 시선은 끌 수 있겠지만 그 이상의 감동은 줄 수 없습니다. 그래서 성공적인 프레젠테이션은 구성하는 내용을 표현하고 발표하는 스킬이 중요한 것입니다.

14
PART 01

소스 및 결과 파일 파트별로 따라하기를 위한 소스 파일과 결과 파일을 함께 제공합니다.

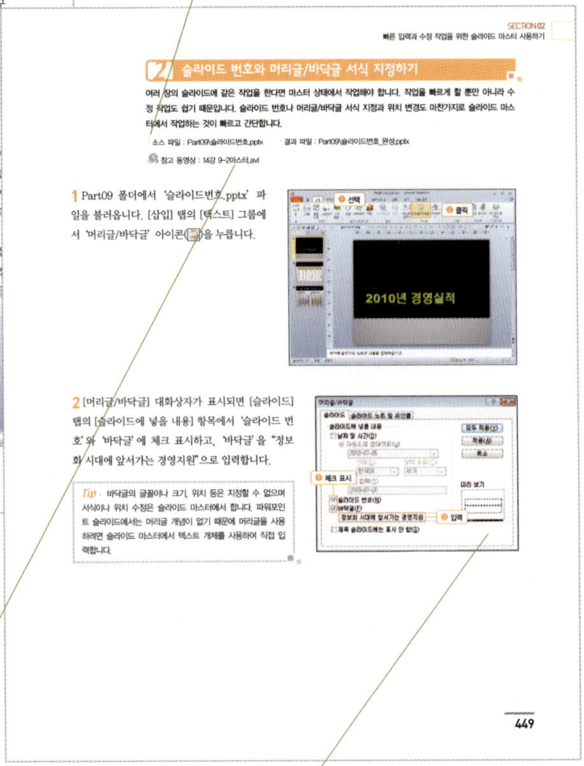

SECTION 02
빠른 입력과 수정 작업을 위한 슬라이드 마스터 사용하기

02 슬라이드 번호와 머리글/바닥글 서식 지정하기

여러 장의 슬라이드에 같은 작업을 한다면 마스터 상태에서 작업해야 합니다. 작업을 빠르게 할 뿐만 아니라 수정 작업도 쉽기 때문입니다. 슬라이드 번호나 머리글/바닥글 서식 지정과 위치 변경도 마찬가지로 슬라이드 마스터에서 작업하는 것이 빠르고 간단합니다.

소스 파일 : Part09\슬라이드번호.pptx 결과 파일 : Part09\슬라이드번호_완성.pptx

참고 동영상 : 14강 9-2마스터.avi

1 Part09 폴더에서 '슬라이드번호.pptx' 파일을 불러옵니다. [삽입] 탭의 [텍스트] 그룹에서 '머리글/바닥글' 아이콘을 누릅니다.

2 [머리글/바닥글] 대화상자가 표시되면 [슬라이드] 탭의 [슬라이드에 넣을 내용] 항목에서 '슬라이드 번호'와 '바닥글'에 체크 표시하고, '바닥글'을 "정보화 시대에 앞서가는 경영지원"으로 입력합니다.

Tip - 바닥글의 글꼴이나 크기, 위치 등은 지정할 수 없으며 서식이나 위치 수정은 슬라이드 마스터에서 합니다. 파워포인트 슬라이드에서는 머리글 개념이 없기 때문에 머리글을 사용하려면 슬라이드 마스터에서 텍스트 개체를 사용하여 직접 입력합니다.

449

개념 설명 파워포인트를 학습하면서 꼭 알아야 할 내용을 설명해 놓았습니다.

동영상 강좌 부록 DVD의 동영상 강좌 폴더에서 해당 내용을 동영상으로 학습할 수 있습니다.

따라하기 과정 파워포인트의 주요한 기능을 엄선하여 실습으로 구성하였습니다. 눈으로 읽는 것보다는 직접 따라하는 것이 중요합니다.

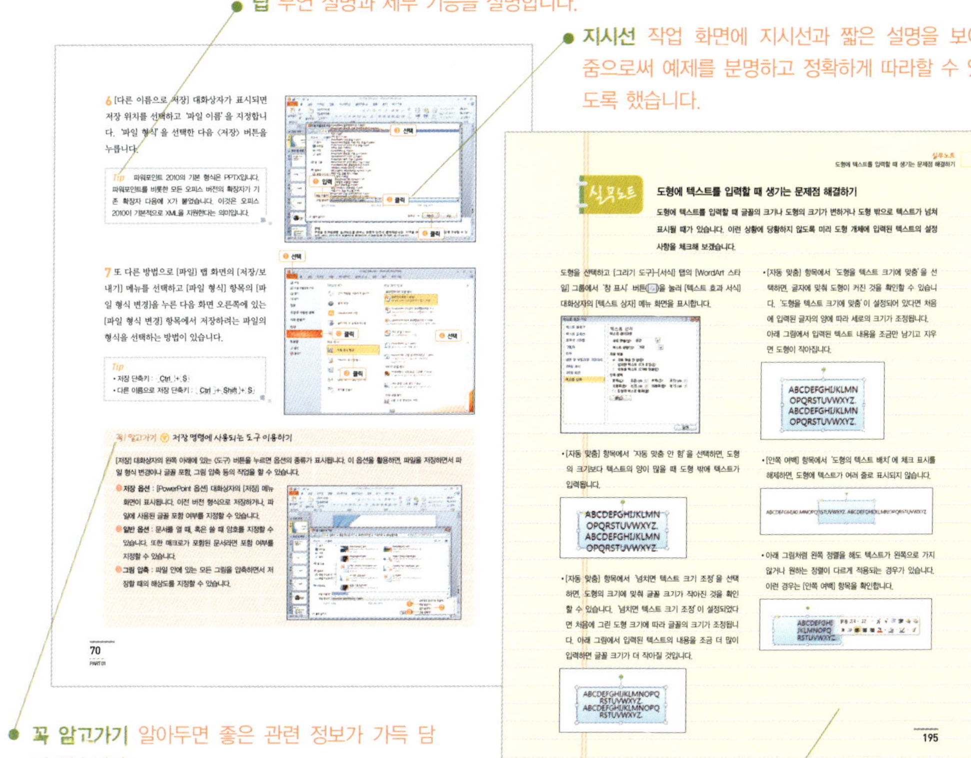

부록 DVD 소개

❶ **Source** : 부록 DVD의 Source 폴더에서는 예제에서 사용되는 소스 파일 및 결과 파일을 제공합니다. 하드 디스크에서 찾기 쉬운 위치에 폴더째 복사한 다음 사용하세요.

❷ **동영상 강좌** : 과정 중 꼭 집고 넘어가야 할 부분을 동영상 강좌로 제공합니다. 동영상 아이콘을 찾아 동영상을 학습하면 학원 강의보다 편리한 학습을 할 수 있습니다.

Section 01 프레젠테이션 진행과 파워포인트에서 문서 작업 순서 • 14
1. 프레젠테이션에서 파워포인트의 역할 알아보기 • 14   2. 발표 내용 기획과 자료 수집하기 • 15   3. 파워포인트
문서 작성하기 • 17   4. 성공적인 발표하기 • 22

Section 02 향상된 파워포인트 2010 기능 살펴보기 • 24
1. 새롭게 추가된 기능 살펴보기 • 24

Section 03 나만의 작업 환경 만들기 • 34
1. 파워포인트 2010 화면 구성 요소 살펴보기 • 34   2. 작업에 맞는 보기 형태 선택하기 • 37   3. 리본 메뉴의
기본 탭 구성 살펴보기 • 40   4. 리본 메뉴의 상황별 도구 탭 구성 살펴보기 • 48   5. [빠른 실행 도구 모음]에
자주 사용하는 명령 추가하기 • 58   6. 나만의 리본 메뉴 만들기 • 61

Section 04 Backstage 보기에서 파일 관리하기 • 64
1. 새 프레젠테이션 파일 만들기 • 64   2. 사용 가능한 서식 파일 및 테마 종류 알아보기 • 65   3. 파일 열기와
저장하기 • 68   4. 저장되지 않은 파일 복구하기 • 71   5. 원하는 형태로 인쇄하기 • 74
6. [PowerPoint 옵션] 대화상자 살펴보기 • 76

파워포인트 2010 새롭게 시작하기

PART 01

Contents

PART 02

파워포인트 2010 사용을 위한 준비 운동

Section 01 슬라이드 자유자재로 다루기 • 86
1. 새 슬라이드 만들고 레이아웃 변경하기 • 86   2. 논리적인 구역으로 슬라이드 구성하기 • 88   3. 불필요한 슬
라이드를 삭제하거나 원하는 위치로 이동하기 • 90

Section 02 미리 만들어진 슬라이드 활용하기 • 93
1. 슬라이드 다시 사용하기 • 93   2. 같은 파일에 있는 슬라이드를 여러 슬라이드 보기에서 복사하는 경우 • 96
3. 프레젠테이션 병합 및 비교를 통해 관리하기 • 98

Section 03 텍스트로 꾸미는 슬라이드 · 101
1. 개체 틀에 텍스트 입력하기 · 101   2. 텍스트 입력 내용이 많을 때 [개요] 탭에서 빠르게 작업하기 ·
105   3. 텍스트 상자나 도형으로 슬라이드의 원하는 위치에 텍스트 입력하기 · 108   4. 한자, 특수
문자, 수식 입력하기 · 111   5. 대/소문자 바꾸기를 활용하여 영문 편하게 입력하기 · 116

Section 04 한눈에 내용을 파악하는 텍스트 수준 조정하기 · 117
1. 글머리 기호 삽입하고 모양 변경하기 · 117   2. 단락에 번호 매기기 · 123   3. 글머리 기호와 본문
의 간격 조정하기 · 125   4. 단락 간격과 줄 간격 조정하기 · 128   5. 자동 맞춤 옵션으로 작업하기 ·
130

Section 05 텍스트에 서식 지정해서 활력 주기 · 134
1. 텍스트 글꼴, 색상, 크기 지정하기 · 134   2. '글꼴 크기' 와 '글꼴 크기 크게/작게' 의 차이점 및 기
타 기능 알아보기 · 138   3. 캘리그라피 부럽지 않은 WordArt로 텍스트 꾸미기 · 141

디자이너 수준의 프레젠테이션을 위한 SmartArt 그래픽

Section 01 SmartArt 그래픽의 종류 살펴보기 · 154
1. SmartArt 그래픽 선택하기 · 154

Section 02 SmartArt 그래픽 쉽고 편리하게 만들기 · 157
1. SmartArt 그래픽 만들기 · 157   2. 텍스트를 SmartArt 그래픽으로 변환하기 · 161
3. SmartArt 도형 추가하고 삭제하기 · 163

Section 03 SmartArt 그래픽 응용해서 특별하게 사용하기 · 165
1. SmartArt 그래픽을 마음대로 변경하기 · 165   2. SmartArt 레이아웃 변경하고 테마에
따라 변화시키기 · 173

Section 01 도형 개체의 기본 살펴보기 • 178
1. 슬라이드에 도형 삽입, 삭제하기 • 178   2. 도형의 크기와 모양 변경하기 • 181   3. 연결선 이용해서 내용 잇기 • 185   4. 도형에 텍스트 입력하기 • 190

Section 02 도형에 서식 지정하기 • 196
1. 도형을 채우는 여러 가지 방법 살펴보기 • 196   2. 도형 윤곽선 내용 살펴보기 • 204   3. 도형 효과의 종류 살펴보기 • 207   4. 도형을 풍부하게 표현할 수 있는 다양한 효과 활용하기 • 212

Section 03 도형 마음대로 다루기 • 218
1. 스마트 가이드로 편리하게 원하는 위치로 이동하기 • 218   2. 도형을 복사하고 복제하기 • 222   3. 안내선으로 정밀한 작업하기 • 224   4. 도형 모양 변경하고 서식 복사하기 • 225   5. 도형 순서 바꾸고 개체 선택하기 • 228   6. 도형의 맞춤과 배분 알아보기 • 230   7. 그룹과 셰이프 결합 이용하기 • 235

Section 04 내가 원하는 도형 만들기 • 240
1. 자유형 도형 그리기 • 240   2. 점 편집 이용해서 도형 마음대로 그리기 • 244

도형을 이용한 슬라이드 만들기

Contents

PART 04

PART 05

인상적인 프레젠테이션을 위한 그림 활용하기

Section 01 그림 자료 기본 사용법 익히기 • 250
1. 준비한 그림 파일 삽입하기 • 250   2. 필요한 그림을 찾아서 사용하는 클립 아트 삽입하기 • 254
3. 컴퓨터 화면을 캡처해서 삽입하기 • 258

Section 02 포토샵이 필요 없는 강력해진 그림 기능 활용하기 • 264
1. '수정' 명령 사용하기 • 264   2. '색' 사용하기 • 267   3. '배경 제거' 사용하기 • 270   4. '자르기' 사용하기 • 273   5. 그림 스타일 지정하기 • 277

Section 03 여러 장의 그림을 이용한 슬라이드 빠르게 만들기 • 282
1. 여러 장의 그림을 한 번에 정리하기 • 282   2. 많은 사진 한 번에 삽입하는 사진 앨범 이용하기 • 284
3. 모든 슬라이드에 배경으로 그림 삽입하기 • 288

Section 01 표를 이용해서 슬라이드 꾸미기 • 292
1. 슬라이드에 표 삽입하고, 스타일 적용하기 • 292   2. 다른 프로그램에 미리 작성한 데이터
가져와서 표 만들기 • 297   3. 표의 레이아웃 변경하고 서식 적용하기 • 300

Section 02 복잡한 수치 자료를 차트로 정리하기 • 308
1. 차트의 종류 살펴보기 • 308   2. 간단하게 차트 작성하기 • 315   3. 엑셀에서 차트 가져와
사용하기 • 322

Section 03 나만의 차트 서식 파일로 저장해서 사용하기 • 324
1. 차트의 구성 요소와 서식 대화상자 표시하는 방법 • 324   2. 차트 서식 지정하고 저장해서
사용하기 • 328   3. 도형과 함께 사용하는 차트 만들기 • 336

자료를 알기 쉽게 정리하는 표와 차트 만들기

PART 06

PART 07

현장감 있는 프레젠테이션을 위한 비디오와 오디오 편집하기

Section 01 슬라이드에 비디오 삽입하여 설명 효과 높이기 • 344
1. 비디오 삽입하고 재생하기 • 344   2. 비디오 트리밍으로 원하는 부분만 사용하고 책갈피로 빨리 찾기 • 348
3. 삽입된 비디오를 다듬는 서식 작업하기 • 350   4. 인터넷 사이트의 비디오를 내 슬라이드에 연결하기 • 358

Section 02 프레젠테이션에 배경 음악과 효과음 삽입하기 • 364
1. 소리 삽입하고 재생하기 • 364   2. 오디오 트리밍으로 원하는 부분만 사용하고 책갈피로 빨리 찾기 • 368
3. 슬라이드에 오디오 녹음하기 • 370   4. 프레젠테이션을 실행하면서 CD 재생하기 • 371

Section 03 프레젠테이션에 플래시 애니메이션 삽입하기 • 373
1. 플래시 애니메이션 삽입하기 • 373

Section 01 멋진 슬라이드 쇼 프레젠테이션 • 378
1. 슬라이드 쇼 진행하기 • 378   2. 나만의 노하우, 쇼를 재구성하여 압축 버전 준비하기 • 382
3. 예행연습을 통해 소요 시간 계산하기 • 386   4. 프레젠테이션 슬라이드 쇼 녹화해서 활용하기 • 388

Section 02 슬라이드가 바뀔 때 생동감 있는 전환 적용하기 • 391
1. 화면 전환 효과 적용하기 • 391   2. 화면 전환 효과를 변경 또는 삭제하기 • 394

Section 03 청중의 시선을 붙잡는 애니메이션 효과 지정하기 • 397
1. 애니메이션을 지정하는 기본 방법 살펴보기 • 397   2. 자료 형태에 따라 애니메이션 효과 옵션 지정하기 • 404

Section 04 원하는 위치로 연결하는 하이퍼링크 이용하기 • 420
1. 여러 형태 개체에 하이퍼링크 연결하기 • 420   2. 여러 방법으로 텍스트 하이퍼링크 연결하기 • 423
3. 슬라이드 사이의 이동을 편리하게 하는 실행 단추 사용하기 • 427

프레젠테이션에 활력을 주는
화면 전환과 애니메이션

Contents

PART
08

프레젠테이션의 틀을 구성하는
테마와 슬라이드 마스터

Section 01 전문가 수준의 문서, 테마로 해결하기 • 434
1. 기본 제공 테마 사용하기 • 434   2. 테마의 구성 요소 직접 만들고 저장해서 사용하기 • 438
3. 여러 테마 적용하고 테마 삭제하기 • 443

Section 02 빠른 입력과 수정 작업을 위한 슬라이드 마스터 사용하기 • 446
1. 슬라이드 마스터와 슬라이드 레이아웃 • 446   2. 슬라이드 번호와 머리글/바닥글 서식 지정하기 • 449   3. 슬라이드 레이아웃 삭제하고 사용자 지정 레이아웃 추가하기 • 453

Section 03 나만의 디자인 서식 파일 만들기 • 459
1. 서식 파일과 관련된 기본 내용 살펴보기 • 459　2. 다양한 Office.com 서식 파일 수정해서 사용하기 • 463　3. 나만의 업무에 딱 맞는 서식 파일 만들기 • 470

Section 04 유인물 마스터와 슬라이드 노트 마스터 활용하기 • 482
1. 발표자만 아는 보조 자료, 슬라이드 노트 사용하기 • 482　2. 유인물 하나도 깔끔하게, 유인물 마스터 변경하기 • 488

PART
09

PART
10

프레젠테이션 문서 배포하기

Section 01 쉽고 새로워진 공동 작업 기능 활용하기 • 494
1. Windows Live 계정 만들기 • 494　2. 프레젠테이션 문서 웹으로 저장하기 • 497
3. 원격으로 청중에게 프레젠테이션 브로드캐스트하기 • 503

Section 02 더 쉽게 인쇄하기와 배포 전 문서 점검하기 • 507
1. 프레젠테이션 문서 인쇄하기 • 507　2. Backstage 보기에서 프레젠테이션 문서 배포 전에 점검하기 • 511

Section 03 다양한 목적에 맞게 저장하고 배포하기 • 514
1. 다양한 형식의 프레젠테이션 만들기 • 514

파워포인트 2010
새롭게 시작하기

새롭게 출시된 파워포인트 2010은 자체 비디오 편집이나 향상된 그림 효과, 작업에서 시간과 공간의 제약을 줄이는 막강한 기능들이 추가되어 프레젠테이션을 위한 진정한 토탈 솔루션으로 사용할 수 있습니다. 이번에는 파워포인트 2010에 새롭게 추가된 기능과 작업 화면들을 살펴보고, 각 사용자에게 맞추어 사용하기 편리한 환경을 만드는 방법을 알아보겠습니다.

PART

Microsoft Office PowerPoint 2010

01

Section 01 프레젠테이션 저작과 파워포인트에서 문서 작업 순서
Section 02 향상된 파워포인트 2010 기능 살펴보기
Section 03 나만의 작업 환경 만들기
Section 04 Backstage 보기에서 파일 관리하기

프레젠테이션 진행과 파워포인트에서 문서 작업 순서

프레젠테이션의 모든 작업 절차를 똑같이 단정 지을 수는 없지만, 일반적인 업무 처리 방식과 단계마다 주의할 내용을 살펴보겠습니다.

프레젠테이션에서 파워포인트를 사용하는 것은 잘 만들어진 제품을 어떻게 포장하는가에 해당합니다.

프레젠테이션에서 파워포인트의 역할 알아보기

파워포인트가 프레젠테이션할 내용까지 만드는 것은 아니지만, 같은 내용이라도 어떻게 정리하고 표현하는지가 의견 채택의 중요한 판단 기준이 되기 때문에 파워포인트를 능숙하게 다루는 것은 중요합니다.

파워포인트는 사용자가 표현하고 싶은 것을 만드는 제작 도구로 파워포인트 2010에서는 분명하고 설득력 있는 프레젠테이션을 진행하기 위한 슬라이드 작성법과 슬라이드 쇼를 진행할 때 사용하는 다양한 기능을 제공하고 있습니다.

파워포인트 2010은 기존의 버전들에 비해 사용법이 편리해지고, 누구나 전문가와 같은 디자인 결과물을 만들 수 있다는 장점이 있습니다.

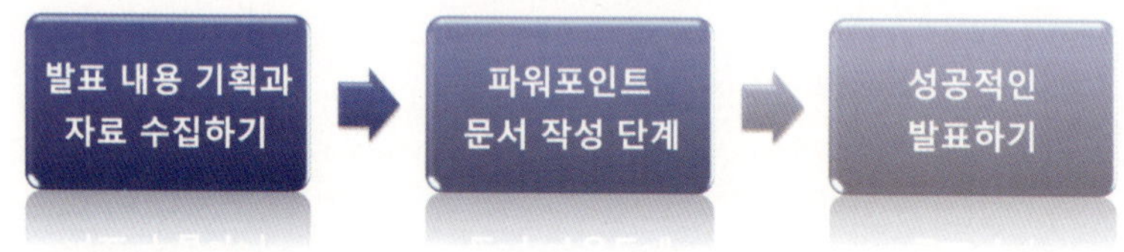

프레젠테이션의 교과서라는 스티브잡스의 프레젠테이션은 신제품 기능을 설명하는 단순한 발표회가 아니고, 즐거운 축제처럼 진행하는 모습을 볼 수 있습니다. 이유는 무엇일까요? 제품의 기능을 단순하고 깔끔하게 정리한 화면과 함께 슬라이드의 세밀한 것까지 모두 알고 있는 발표자의 역량이 돋보이기 때문일 것입니다.

프레젠테이션의 성공은 전달하고자 하는 내용을 어떻게 명확하게 표현하느냐가 좌우합니다. 전달할 내용 없이 화려하게만 꾸민다면 잠깐의 시선은 끌 수 있겠지만 그 이상의 감동은 줄 수 없습니다. 그래서 성공적인 프레젠테이션은 구성하는 내용을 표현하고 발표하는 스킬이 중요한 것입니다.

2 발표 내용 기획과 자료 수집하기

프레젠테이션뿐만 아니라 모든 업무는 기획 작업부터 시작합니다. 어떤 일을 언제까지 어떤 방식으로 처리할 것
인지에 대한 기획 없이 일을 한다면 목적도 잊어버리고 결국엔 시간도 맞출 수 없게 됩니다.

---

1. 스케줄 결정하기

업무를 맡게 된다면 일반적으로 언제까지 해야 한다는 '기간'이 정해질 것입니다. 정해진 시간을 지키
려면 세부적인 일정 관리가 있어야 합니다.

작업의 중요도와 업무량까지 고려해서 시간을 배분하고, 타 부서나 업체와 협력이 필요한 경우는 상대
방의 일정까지 고려하여 꼼꼼한 계획을 세워야 합니다. 작업 내용과 진행 시간을 축으로 하여 도표를 작성
하면 보다 효율적인 일정 관리를 할 수 있습니다.

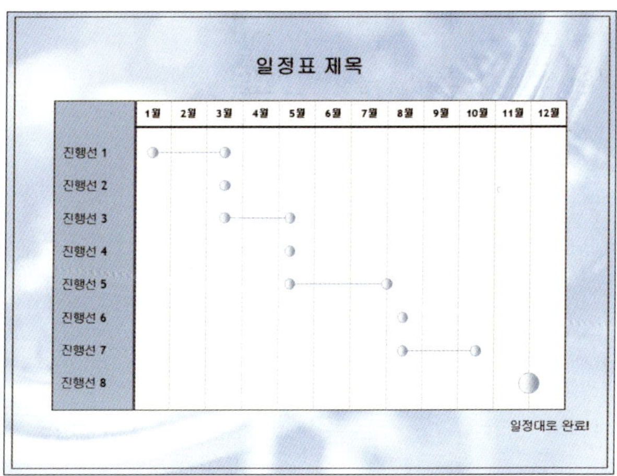

꼭! 알고가기 ▼ 프레젠테이션(Presentation)이란?

사람과의 커뮤니케이션에서 자신의 생각을 알리고 원하는 반응을 얻는 일은 무척 중요합니다. 가족이나 친구, 혹은 학
교같이 타인과의 관계가 긴 시간동안 유지되는 집단에서는 자신이 가진 의견이나 주장을 알리는 일에 다양한 방법과
필요한 시간을 마음껏 투자할 수 있습니다.

하지만, 회사와 같은 대부분의 사회생활에서는 한정된 시간 안에 자신의 생각이나 주장을 표현해서 사람들의 마음을
움직여야 할 때가 있습니다. 이것이 프레젠테이션입니다.

프레젠테이션을 단순히 어떤 내용을 설명하고 브리핑하는 것으로 인식하기 쉬운데, 사실 그것보다는 논리적이고 조리
있게 자신의 의사를 표현하고 전달하여 청중의 마음을 움직여 그들의 의사 결정에 영향을 미치는 행동이라고 할 수
있습니다.

2. 기초 분석하기

효과적인 결과물을 얻으려면 무엇을 만들고 있는지, 누구에게, 왜 하는지, 어디에서 하는지 등의 기본 내용을 확실하게 정리한 다음 진행해야 합니다. 이를 위해 흔히 사용하는 방식이 프레젠테이션의 3P 분석 방법입니다. 목적(Purpose)을 분석하고, 청중(People)을 분석하고, 장소(Place)를 분석하는 것은 프레젠테이션의 기본 방향을 잡고 정확한 자료를 준비하는 가이드 역할을 합니다.

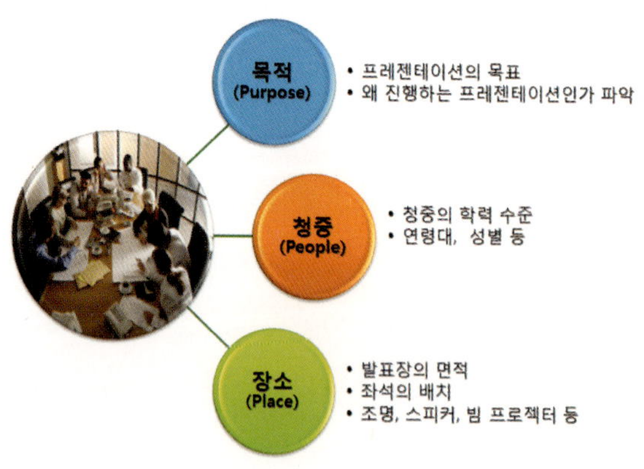

3. 자료 수집 및 정리하기

성공적인 프레젠테이션이 되기 위해서는 무조건 많은 자료보다는 알찬 자료가 있어야 합니다. 다양한 경로를 통해 수집한 자료의 분량이 많아진다면 사용이 편리하도록 매체별, 혹은 주제별로 폴더를 만들어 관리하는 것이 좋습니다.

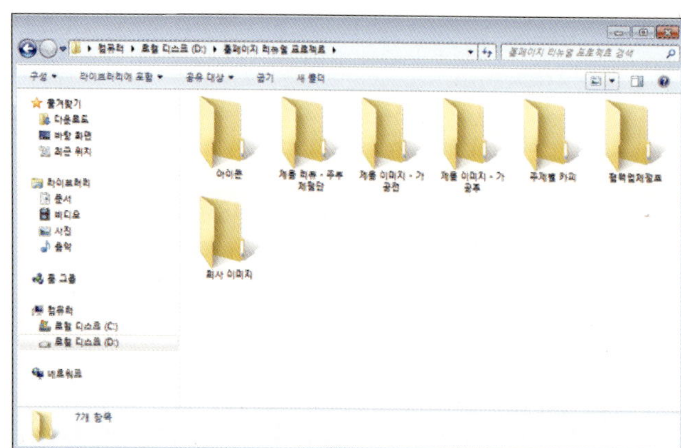

3 파워포인트 문서 작성하기

무엇을 만들지 파악하고, 필요한 자료들을 준비했다면 이제 실제 슬라이드 작성을 합니다. 이때 자신이 알고 있는 것을 모두 슬라이드에 채워 청중에게 전달할 수는 없습니다. 핵심적인 내용을 간결하게 구성하여 청중이 집중하고 발표자와 소통할 수 있게 해야 합니다.

1. 스토리 보드 만들기

파워포인트 2010 문서는 계획 없이 슬라이드를 만드는 것보다는, 먼저 충분한 시간을 들여 스토리 라인을 만드는 것이 좋습니다.

스토리 보드에 도입, 전개, 마무리의 흐름이 있는 이야기를 만듭니다. 아웃라인을 설정하고, 실제로 진행될 내용들을 서술하는 것입니다. 이렇게 서술된 내용을 적절한 자료의 시각화를 통해 도식화합니다. 발표 자료를 시각화하면, 청중의 흥미를 끌게 되고 이해를 높여 기억에 오래 남도록 할 수 있습니다.

뼈대를 만드는 일을 소홀히 하면 전달 내용의 핵심을 놓치고 디자인에만 치중하게 될 수 있습니다. 가장 중요한 것은 말의 기술이 아니라 내용이라는 사실을 기억하고 스토리 보드에 충분한 시간을 투자하세요.

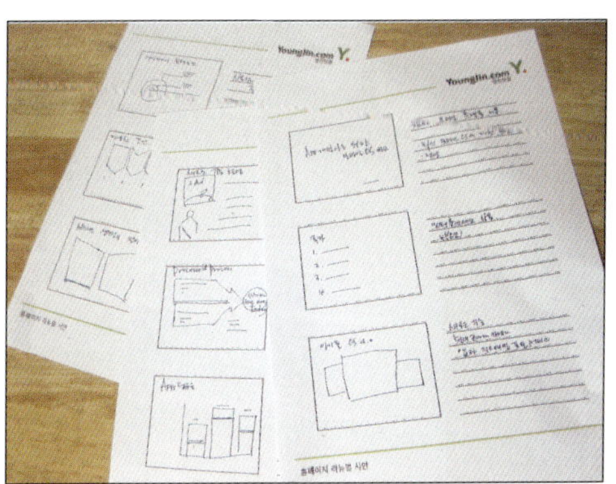

> **Tip ·** 전문적인 프레젠테이션 디자인 납품 업체가 아니라면, 스토리를 적을 때 슬라이드 유인물 세 장 형태로 빈 문서를 인쇄해서 스토리 보드 용지로 이용할 수 있습니다.
> 스토리 보드의 서식은 정형화된 양식을 따르지 않아도 본인이 필요한 사항을 적을 수 있으면 됩니다.

2. 슬라이드 마스터 만들기

슬라이드 마스터는 슬라이드에 내용을 입력하는 실제 작성 단계 이전에 만드는 것이 좋습니다.

슬라이드 마스터를 사용하면 문서 전체에 디자인적인 통일감을 줄 수 있으며 슬라이드의 레이아웃을 지정할 수 있기 때문에 동일한 형태의 슬라이드를 만드는 속도를 높이고 전체 슬라이드에 동일한 내용을 적용하거나 수정하기가 쉽습니다.

마이크로소프트 오피스 웹 사이트(http://office.com)의 디자인 서식을 다운로드하여 수정하거나, 직접 처음부터 만들거나, 슬라이드 마스터 만들기에 투자하는 시간은 나중에 슬라이드를 만드는 단계나 수정 단계에서 그 몇 배의 시간을 절약할 수 있게 합니다.

슬라이드 한 장만 있는 프레젠테이션 문서가 아니라면 슬라이드 마스터를 꼭 만드는 것이 좋습니다.

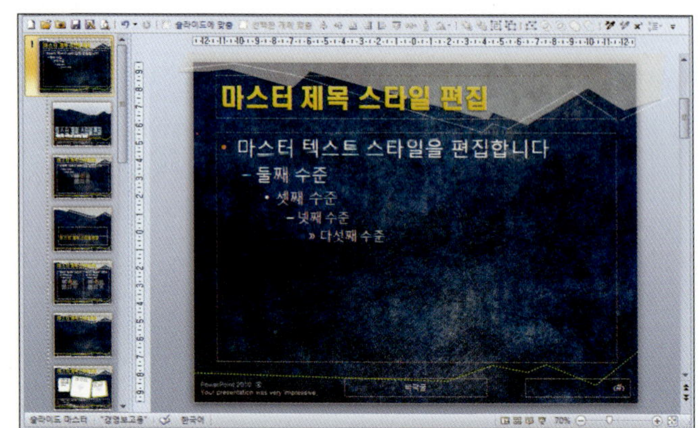

3. 슬라이드 만들기

만들어진 슬라이드 디자인으로, 파워포인트 2010을 이용하여 실제 슬라이드를 만듭니다. 단, 지나치게 화려한 시각 자료나 내용과 맞지 않는 시각화는 피합니다. 특히 애니메이션 기능의 부자연스러운 움직임이나 내용에 집중할 수 없는 산만한 움직임은 사용하지 않는 것이 좋습니다.

프레젠테이션에서 좋은 아이디어만큼 확실한 성공 전략은 없습니다. 내용과 무관한 멋진 도형과 이미지로 꾸며진 슬라이드는 청중에게 아무것도 이야기하지 못합니다.

발표자가 이야기하려는 내용이 담기도록 메시지를 다듬고, 가장 효과적인 표현 방법을 찾아야 합니다.

① 필요한 슬라이드만 사용하기

슬라이드는 꼭 필요한 만큼만 만듭니다. 메시지를 분명하게 전달하면서 청중이 흥미를 잃지 않고 집중하도록 하려면 프레젠테이션의 슬라이드 수를 꼭 필요한 만큼으로 제한합니다.

② 가독성 높이기

청중이 멀리에서도 읽을 수 있는 글꼴과 글꼴 크기를 선택하는 것이 좋습니다. 맑은 고딕이나 굴림과 같은 적절한 글꼴 스타일을 선택하면 메시지를 정확하게 전달하는데 도움이 됩니다. 폭이 좁은 글꼴이나 지나치게 장식적인 화려한 글꼴은 피합니다.

③ 짧은 문장으로 내용을 간결하게 표현하기

글머리 기호를 사용하거나 문장을 간결하게 표현하여 각 문장이 한 줄을 넘지 않게 합니다. 청중이 화면 내용을 읽기보다 발표 내용을 듣도록 유도하는 것이 좋습니다. 불필요한 조사는 생략하여 글자 수를 줄입니다.

④ 명확한 시각 자료 사용하기

메시지가 간결해야 하는 것처럼, 시각적인 그래픽 자료도 간단명료해야 합니다. 그래픽을 너무 많이 삽입하거나 슬라이드를 단순히 채우기 위한 이미지는 청중에게 혼란을 주고 메시지 전달력을 떨어지게 하니 피하는 것이 좋으며, 엉성한 이미지는 차라리 사용하지 않는 것이 좋습니다.

대체로 초벌 원고에서 핵심 키워드를 추출하고 그 내용을 도식화하는 방법을 사용하며, 스마트 아트 그래픽을 이용하면 도형 작업에서 수정이 쉽습니다.

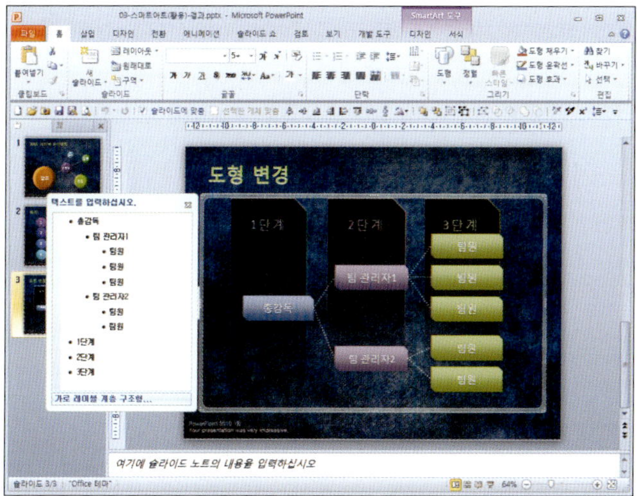

⑤ 내용과 어울리는 적절한 디자인으로 통일감 유지하기

배경이나 디자인이 너무 화려하면 메시지에 집중하기가 어려우므로 일관성 있고 두드러지지 않으면서 주의를 끄는 서식 파일이나 테마를 선택합니다.

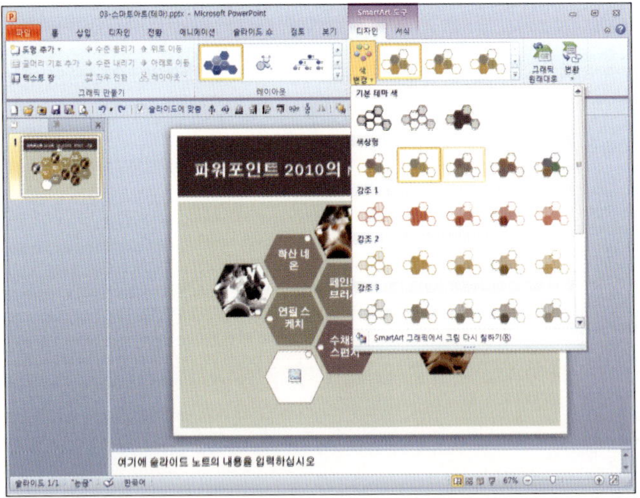

⑥ 맞춤법과 문법 올바르게 사용하기

프레젠테이션 문서의 맞춤법과 문법을 검사합니다. 맞춤법이나 문법에서의 사소한 실수로 인해 프레젠테이션의 신뢰도가 떨이질 수 있습니다.

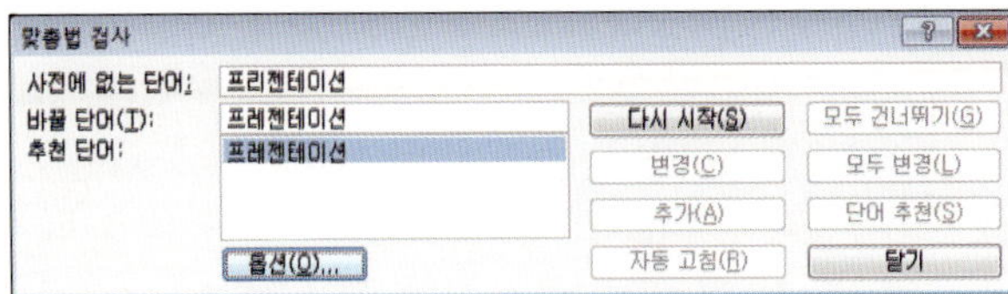

4. 용도에 맞는 형태로 파일 저장 및 인쇄하기

파워포인트 2010에서는 작성한 프레젠테이션 문서를 다양한 방식으로 저장할 수 있습니다. 웹이든 원거리 브로드 캐스팅이든 용도에 맞도록 사용하면 됩니다.

① 프레젠테이션을 검사하여 숨겨진 데이터 및 개인 정보 제거하기

프레젠테이션의 복사본을 공유하거나 웹에 게시하려면 프레젠테이션 자체 또는 문서 속성에 숨겨진 데이터나 개인 정보가 저장되어 있는지 검토하는 것이 좋습니다. 숨겨진 정보에는 공개적으로 공유하지 않으려는 조직 또는 프레젠테이션 자체에 대한 세부 정보가 포함될 수 있으므로 다른 사람과 프레젠테이션을 공유하기 전에 경우에 따라 해당 정보를 제거할 필요가 있습니다.

발표자가 참고하려고 작성한 슬라이드 노트 등도 삭제하고 배포하는 것이 좋습니다.

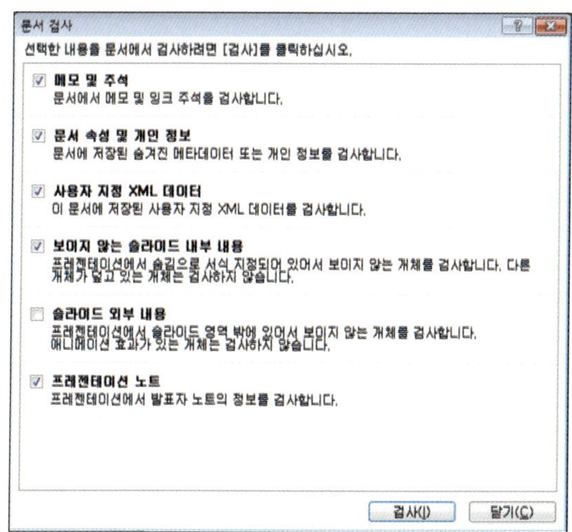

② 사용 목적에 맞게 인쇄하기

프레젠테이션 문서를 인쇄하는 경우, 유인물인지, 슬라이드 노트인지, 흑백으로 출력할지, 컬러로 출력할지를 분명하게 생각한 다음 사용 목적에 맞게 인쇄합니다. 파워포인트 2010에서는 Microsoft Office Backstage에서 한 화면을 통해 편리하게 설정할 수 있습니다. 이 책에서는 'Microsoft Office Backstage'를 'Backstage 보기'로 지칭하겠습니다.

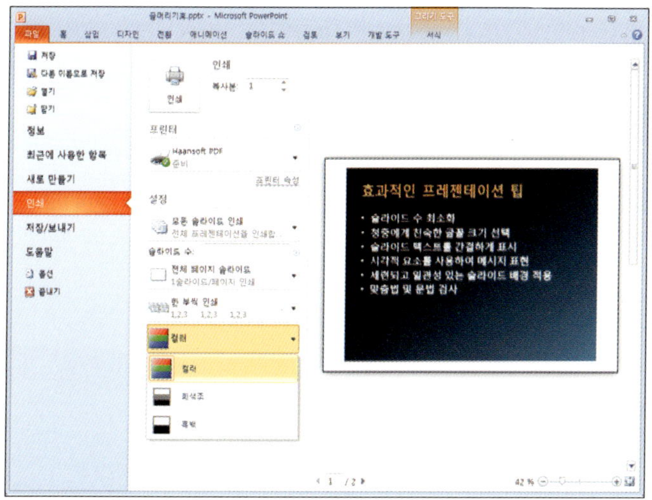

자료가 아주 잘 만들어졌다고 하더라도 발표를 제대로 하지 못한다면 의견 전달이 쉽지 않습니다. 만일의 사태까지 대비한 리허설을 준비하고 적절한 비유와 기승전결이 있는 진행으로 생기 있게 진행하면 성공적인 프레젠테이션을 할 수 있을 것입니다.

1. 리허설하기

프레젠테이션은 준비 없이 누구나 할 수 있는 것이 아닙니다. 유명한 프레젠터들이 원래 말을 잘하고 쉽게 하는 것처럼 보여도, 대부분이 오랜 시간동안 고민하고 훈련한 결과입니다.

철저한 준비와 연습은 성공적인 프레젠테이션을 보장합니다. 실제와 동일한 조건에서 리허설을 진행하는 것은 발표에 대한 두려움을 줄이고 자신감을 갖도록 만들 수 있습니다.

① 만일의 사태에 대비하기

시간을 엄수하고, 언세라도 신속하게 마무리할 수 있어야 합니다. 프레젠테이션에 정해진 시간이 있는 경우에는 그 시간을 지키는 것이 좋습니다. 그러나 예기치 않은 상황으로 60분짜리 발표를 10분 안에 정리해야 한다면, 당황하지 않고 요약할 수 있도록 준비를 해야 합니다. 슬라이드 쇼를 재구성해서 핵심만 추리면 깔끔하게 마무리할 수 있습니다.

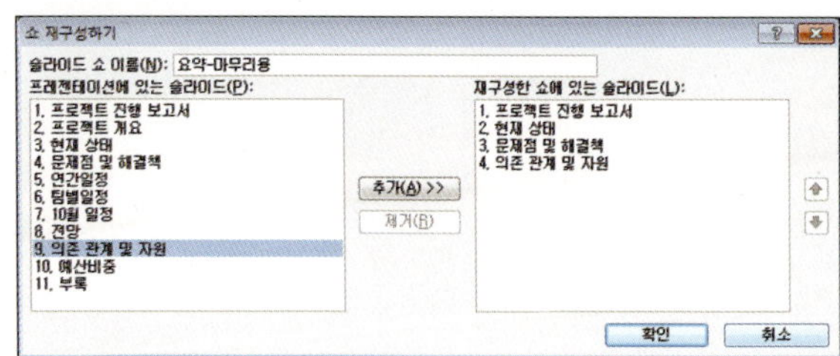

② 충분히 연습하기

프레젠테이션을 성공적으로 진행하려면 충분한 연습이 필요합니다. 연습을 하면 만든 슬라이드의 내용 파악을 할 수 있고, 내용의 순서도 자연스럽게 외울 수 있으며, 자신감도 생깁니다. [슬라이드 쇼] 탭의 [설정] 그룹에서 '예행 연습' 아이콘(🖳)을 눌러 소요 시간을 파악하는 것도 도움이 됩니다.

2. 발표하기

'알기 쉽게', '간결하게', '인상 깊게' 라는 프레젠테이션 3원칙이 있습니다. 구체적이고 흥미로운 사례를 들거나 청중의 지식수준을 고려한 적절한 단어를 구사하여 알기 쉽게 진행하도록 합니다. 또한 알고 있는 내용에서 쓸모없는 것은 과감히 버리고 정확하게 요점을 정리하는 것이 필요합니다.

① 발표 장소의 상태를 미리 점검하기

프레젠테이션 장소에 일찍 도착해서 장치가 제대로 작동하는지 확인해야 합니다. 마이크, 프로젝터 등 모든 장치가 연결되어 있고 제대로 실행되는지 확인합니다. 프로젝터의 해상도에 따라 슬라이드가 잘리거나 표시 문제가 발생할 수도 있습니다.

② 방심은 금물, CD용 프레젠테이션 패키지 만들기

발표용 컴퓨터에서 프레젠테이션이 제대로 실행되지 않는 것을 예방합니다. 연결된 모든 파일과 파워포인트 2010이 설치되지 않는 등 모든 경우의 수를 따져 준비합니다.

③ 예기치 않은 복병 예방, 화면 보호기 끄기

설명이 길어지다 보면 예기치 않은 일이 일어날 수 있습니다. 그중 하나로 청중이 프레젠테이션의 내용에 집중할 수 있도록 화면 보호기를 끄는 것이 좋습니다.

④ 필요한 동작만 하기

포인터를 사용하지 않을 때는 마우스에서 손을 뗍니다. 무의식적으로 포인터를 이동하여 청중의 주의를 분산시키는 일을 피할 수 있습니다.

⑤ 발표자의 말로 이야기하기

발표자의 역할은 단순히 슬라이드를 넘기거나 읽는 사람이 아닙니다. 슬라이드의 내용을 글자 그대로 읽지 않고 발표자가 슬라이드 구석구석의 내용을 충분히 숙지하여 슬라이드에 부족한 설명을 자신의 말로 이야기합니다.

3. 평가하기

프레젠테이션이 끝난 다음에 결과를 분석해 보는 것은 다음 업무 수행을 위한 밑거름이 됩니다. 성공했다면 어떤 원인으로 성공했으며, 실패했다면 어느 부분이 부족했는지 전체적인 과정을 평가하는 것이 좋습니다.

[슬라이드 쇼] 탭의 [설정] 그룹에서 '슬라이드 쇼 녹화' 아이콘( )을 눌러 슬라이드 쇼 내용과 발표장의 전체적인 반응을 녹화하고 참고 자료로 활용할 수 있습니다.

향상된 **파워포인트 2010 기능** 살펴보기

파워포인트 2010을 실행하고 처음 느 긴 것은 프로그램 실행 속도가 빨라 지고 리본 메뉴와 여러 기능들이 사 용하기 편리하게 정돈되었다는 것입 니다.

파워포인트 2010에서 강력해진 기능 몇 가지를 살펴보겠습니다.

새롭게 추가된 기능 살펴보기

파워포인트 2010은 파일 관리와 여럿이 하는 공동 작업이 쉬워졌고, 비디오와 그림 및 애니메 이션 기능이 향상되었으며, 프레젠테이션 전달 및 공유 방법이 다양해졌다는 것으로 나눌 수 있습니다.

1. 새로운 Backstage 보기에서 파일 관리하기

새로운 Backstage 보기는 이전 버전의 [파일] 메뉴와 Office 단추( )에 있던 기능을 대체한 것입니다. Backstage 보기에서는 새 파일이나 기존 파일 열기, 저장, 인쇄, 문서 속성 정의, 사용 권한 설정, 공유 등 파일과 관련된 작업을 한 곳에 모아 빠르고 편리하게 명령에 접근할 수 있습니다.

예를 들어 이전에는 페이지 레이아웃, 미리 보기, 인쇄 등 여러 명령으 로 나누어져 있던 인쇄 관련 작업이 Backstage 보기에서는 [인쇄] 메뉴 하나로 묶여 있습니다.

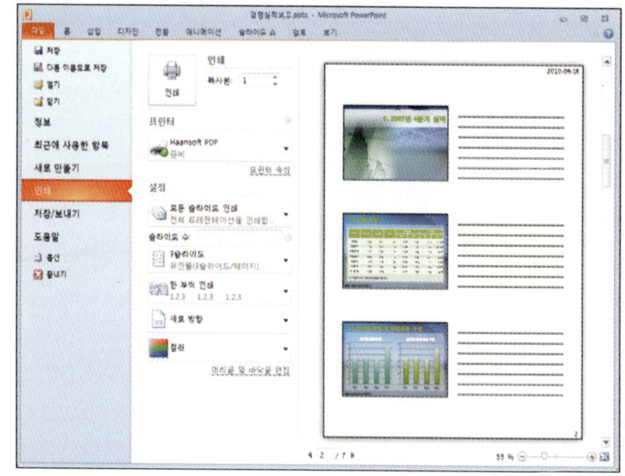

2. 여럿이 함께 프레젠테이션 공동 작성하기

파워포인트 2010에서는 여러 작성자가 서버에 저장된 같은 프레젠테이 션 문서를 동시에 변경할 수 있습니다. 작성자들은 누가 프레젠테이션을 편집하고 있는지, 문서의 어느 부분을 작업하고 있는지 알 수 있으며, 다 른 사용자가 변경한 사항을 문서에 병합하고 해당 변경 사항에 맞춰 편집 할 수 있습니다. 이 기능을 활용하면 여럿이 작업할 때 서로 공유하여 더 많은 성과를 거둘 수 있습니다.

서로 다른 곳에 있는 동료들과 함께 작업할 수 있고, 버전을 더욱 체계적으로 관리하고, 짧은 시간에 과제를 마칠 수 있습니다. 공동 작성 기능을 사용하려면 SharePoint Foundation 2010 또는 무료 Windows Live 계정이 필요합니다.

3. 여러 버전의 프레젠테이션 문서 자동 저장하기

오피스의 자동 버전 관리를 사용하면 향상된 여러 버전의 프레젠테이션을 자동으로 저장하여 이전 버전의 일부 또는 전부를 검색할 수 있습니다.

이 기능은 문서 작업을 마칠 때 저장하는 것을 잊거나, 다른 사람이 사용자의 내용을 덮어쓰거나, 실수로 변경 사항을 저장했거나, 이전 상태로 프레젠테이션 내용을 되돌리려는 경우에 유용합니다. 이 기능을 사용하려면 자동 복구 또는 자동 저장을 사용하도록 설정해야 합니다.

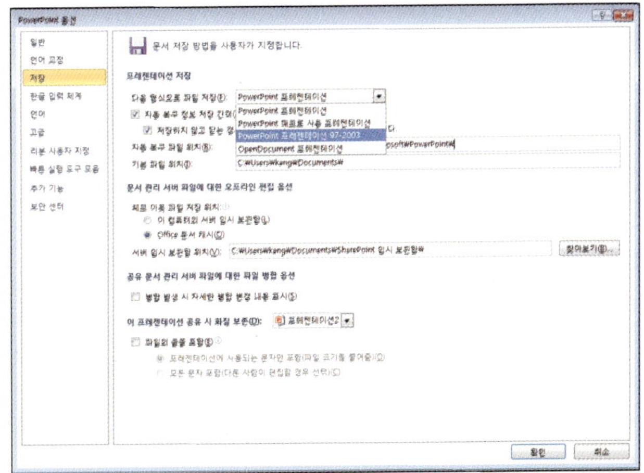

4. 슬라이드를 논리적인 구역으로 나누어 편리하게 관리하기

슬라이드의 수가 많아지면 경우에 따라 슬라이드를 관리하기가 불편합니다. 이런 경우 내용을 구분해서 구역을 나누어 관리하는 것이 좋습니다.

이 기능은 여러 사람들이 함께 작업할 때 담당 분야의 슬라이드를 작성하고 활용하기 편리합니다. 예를 들어 개별 구역에 대한 슬라이드를 준비할 수 있으며 특정 구역에 있는 슬라이드만을 인쇄하거나 삭제, 복사, 이동하는 등 여러 슬라이드를 한 번에 관리하기 편리합니다.

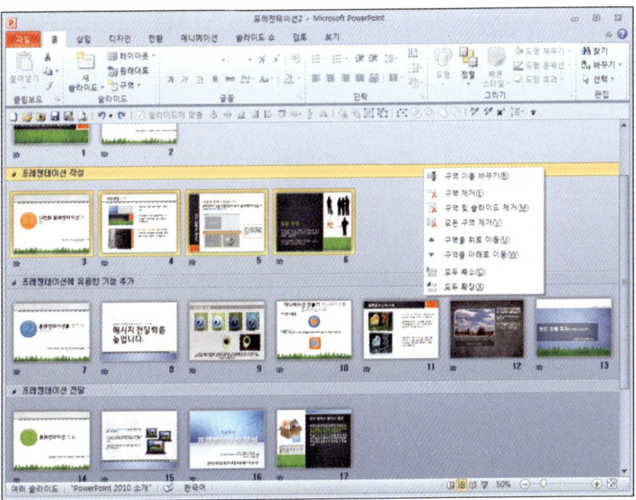

5. 프레젠테이션 문서의 달라진 곳, 병합 및 비교로 체크하기

　파워포인트 2010의 병합 및 비교 기능을 사용하여 현재 프레젠테이션을 다른 프레젠테이션과 비교하고 즉시 통합할 수 있습니다. 이 기능은 병합된 프레젠테이션을 저장하는데 목적을 두지 않고 두 프레젠테이션을 단순히 비교하여 차이점을 확인하려는 경우에 유용합니다.

　최종 프레젠테이션에 포함할 변경 내용이나 편집 내용을 관리하고 선택할 수 있습니다. 병합 및 비교 기능을 사용하면 같은 프레젠테이션의 여러 버전에서 적용된 편집 내용을 동기화하는데 소요되는 시간을 최소화할 수 있습니다.

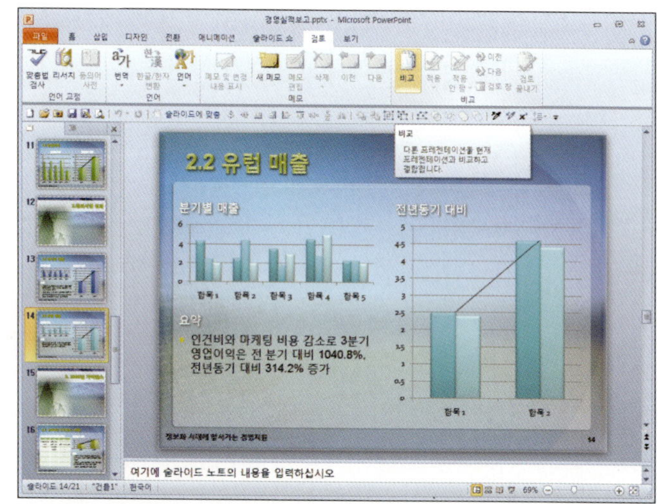

6. 여러 창에서 개별 파워포인트 프레젠테이션 파일 작업하기

　단일 모니터에서 여러 프레젠테이션을 나란히 실행할 수 있습니다. 이렇게 하면 한 프레젠테이션에서 작업하면서 다른 프레젠테이션을 참고하기 좋습니다.

　새롭게 추가된 [보기] 탭의 [프레젠테이션 보기] 그룹에서 '읽기용 보기' 아이콘(　)을 눌러 별도의 창에서 프레젠테이션 두 개를 동시에 슬라이드 쇼 형식으로 볼 수 있습니다.

7. 장소에 구애 받지 않고 어디에서나 작업 가능

온라인에서 파워포인트 문서를 다른 사람과 공유할 수 있으며 다른 사람이 최신 버전의 마이크로소프트 오피스를 설치하지 않은 경우에도 문서를 보고 편집할 수 있습니다.

마이크로소프트 오피스 웹 응용 프로그램을 호스팅하는 웹 서버에 프레젠테이션을 저장한 다음 파워포인트 웹 응용 프로그램을 사용해 브라우저에서 프레젠테이션을 열 수 있습니다.

비즈니스 사용자인 경우는 Share Point 2010에서 오피스 웹 응용 프로그램을 실행할 수 있고, 개인 사용자의 경우 Windows Live에 로그인하면 됩니다.

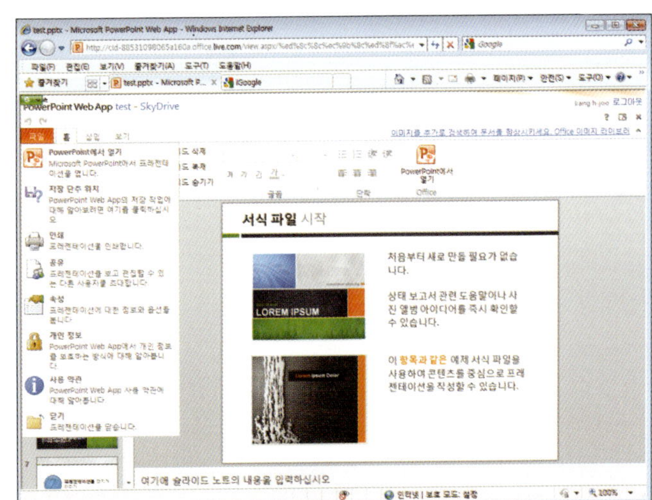

8. 프레젠테이션에서 비디오 포함과 편집까지 가능

파워포인트 2010을 사용하면 프레젠테이션에 비디오를 파일에 연결하지 않고 문서에 포함하여 사용할 수 있습니다. 이렇게 하면 파일의 크기는 커지지만 다른 장소에서 프레젠테이션을 진행할 때 연결된 동영상 파일 때문에 겪었던 동영상 관련 어려움은 쉽게 해결됩니다.

또한 다른 도형이나 그림으로 작업할 때처럼 테두리, 그림자, 반사, 네온, 부드러운 가장자리, 3차원 회전, 입체 효과 및 기타 디자이너 효과를 비디오에 적용할 수 있고 개체 사이의 순서도 지정할 수 있습니다.

9. 트리밍과 책갈피 기능

파워포인트 2010에서 비디오를 트리밍하고, 동기화된 이중 텍스트, 포스터 틀, 책갈피를 비디오에 추가할 수 있습니다. 비디오 클립을 트리밍해서 불필요한 부분을 제거하고 클립을 간결하게 만듭니다.

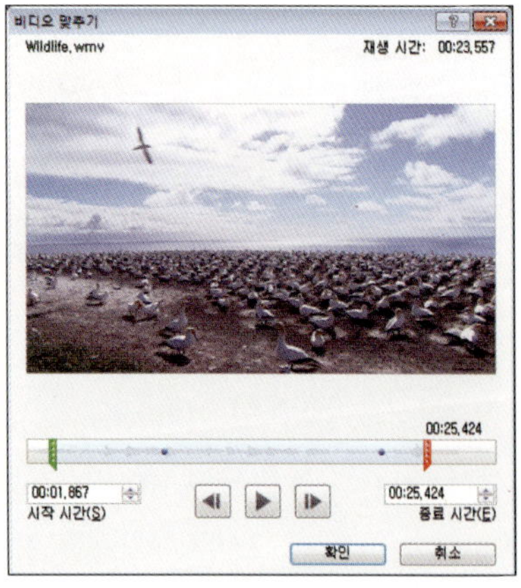

10. 온라인 사이트의 비디오에 연결하기

YouTube, Daum 등의 웹 사이트에 올린 비디오 파일에 연결할 수 있습니다.

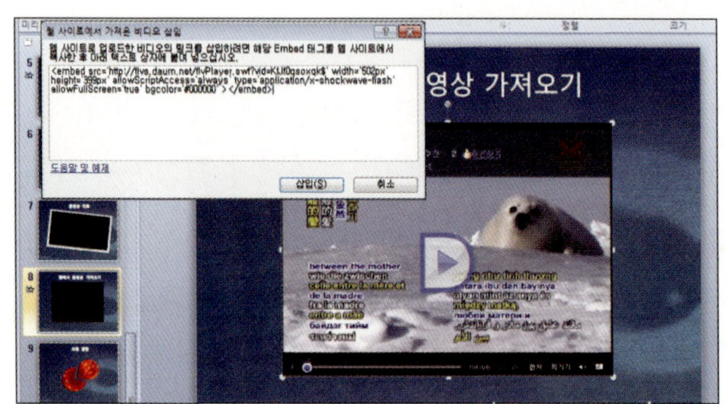

11. 프레젠테이션을 비디오로 변환하기

프레젠테이션을 배포 및 전달하는 새로운 방법 중 하나는 프레젠테이션을 비디오로 변환하는 것입니다. 동료나 고객에게 전자 메일 첨부 파일, 웹 게시, CD 또는 DVD 등의 방법을 사용하여 고화질의 프레젠테이션을 제공하려면 프레젠테이션을 비디오 파일로 저장합니다. 멀티미디어 파일의 크기와 비디오 품질을 제어할 수도 있습니다.

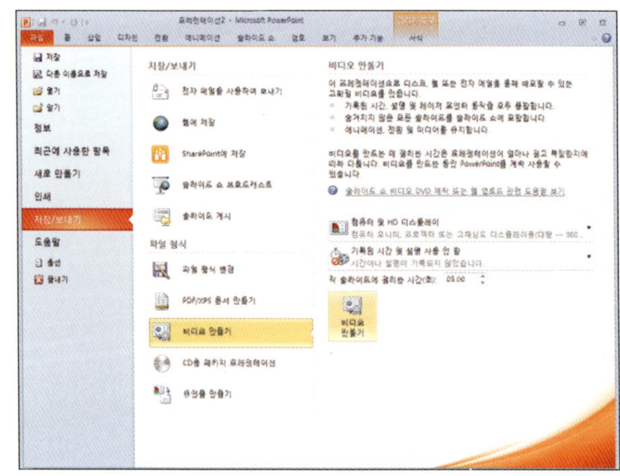

12. 그림에 다양한 꾸밈 효과 및 질감 효과 적용하기

파워포인트 2010을 사용하여 그림에(연필 스케치, 선, 분필 스케치, 수채화 스펀지 효과 등) 다양한 꾸밈 효과를 적용하여 회화처럼 만들 수 있습니다.

13. 그림에서 배경 및 필요 없는 부분 깔끔하게 제거하기

그림에서 배경을 제거하여 그림의 주제를 강조하거나 주의를 분산시키는 세부 요소를 제거할 수 있습니다. 이전 버전의 '투명한 색 설정' 보다 훨씬 고급스럽고 깔끔하게 배경이 정리됩니다.

14. 그림 정밀하게 자르기

향상된 자르기 도구를 사용하여 그림에서 원치 않는 부분을 자르고 효율적으로 제거할 수 있습니다. 자르면서 모양을 지정할 수도 있고, 비율에 맞게 자르거나 채우기 등 다양한 방법으로 정밀하게 작업할 수 있습니다.

15. SmartArt 그래픽 그림 레이아웃 사용하기

파워포인트 2010에서는 새로운 유형의 SmartArt 그래픽 그림 레이아웃이 추가되었습니다. 이 기능은 슬라이드에 그림이 있는 경우 텍스트와 마찬가지로 그림을 SmartArt 그래픽으로 신속하게 변환할 수도 있어 편리하고 효율적으로 사용할 수 있습니다.

16. 3차원 동작 그래픽 효과가 있는 전환 사용하기

파워포인트 2010을 사용하면 슬라이드 사이에 실제 3차원 공간의 이동 경로 및 회전을 포함하는 다양하고 새로운 움직임 전환을 사용하여 더욱 효과적이고 화려한 프레젠테이션을 진행할 수 있습니다.

17. 애니메이션 효과 복사하여 붙여넣기

파워포인트 2010의 애니메이션 복사 기능을 사용하면 서식 복사 기능을 이용하여 텍스트 서식을 복사할 때와 유사한 방법으로 애니메이션을 복사할 수 있습니다. 애니메이션 복사를 사용하면 한 개체에서 애니메이션 효과를 복사하여 다른 개체에 편리하게 적용할 수 있습니다.

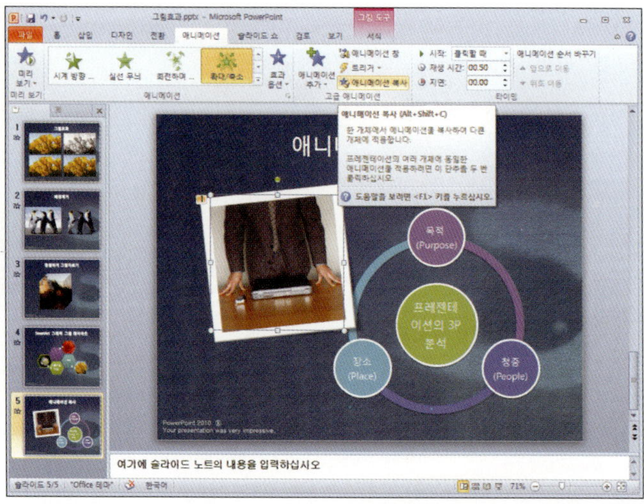

18. 붙여넣기 전에 미리 결과를 보고 작업하기

복사나 붙여넣기를 하는 경우는 '붙여넣기 옵션'을 사용할 수 있습니다. 이 기능을 이용하여 붙여넣기를 실행한 다음 실행 취소 명령을 사용하는 일이 거의 없을 것입니다. 그것은 붙여넣기 전에 붙여넣은 상태를 미리 보기로 확인하고 선택할 수 있기 때문입니다.

[붙여넣기 옵션]은 클립보드에 저장된 내용물의 형식에 따라 '대상 테마 사용', '원본 서식 유지', '그림', '텍스트만 유지' 등으로 다양하게 나타납니다.

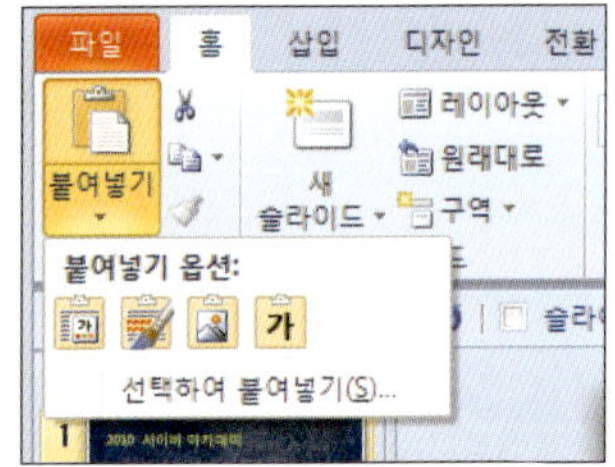

19. 슬라이드에 스크린 샷 추가하기

별도의 프로그램을 사용하거나 파워포인트 2010을 끝내지 않고도 프레젠테이션 문서에 스크린 샷을 신속하게 추가할 수 있습니다. 스크린 샷을 추가한 다음 [그림 도구] 탭의 도구를 사용하여 이미지를 편집할 수 있습니다.

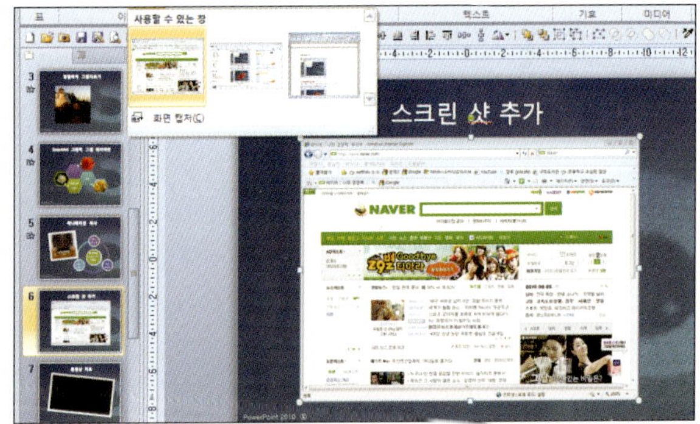

20. 다양한 도형 결합하기

도형의 병합, 결합, 교차, 빼기 기능이 추가되었습니다.

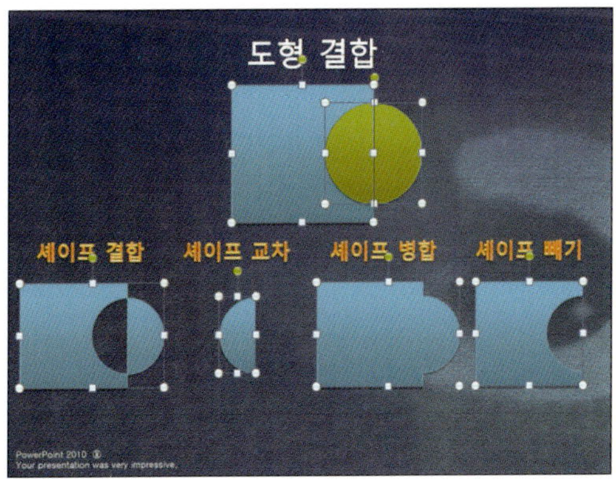

21. 사용자가 리본 메뉴 지정하기

자주 사용하는 명령으로 사용자 지정 탭을 만들어 사용하기 편리하도록 작업 환경을 개인이 설정할 수 있습니다. Backstage 보기의 [옵션]을 통해 자주 찾는 명령과 그룹을 한 곳에 모은 새 탭을 손쉽게 만들 수 있고, 기존 탭을 필요에 따라 사용자 지정할 수도 있습니다.

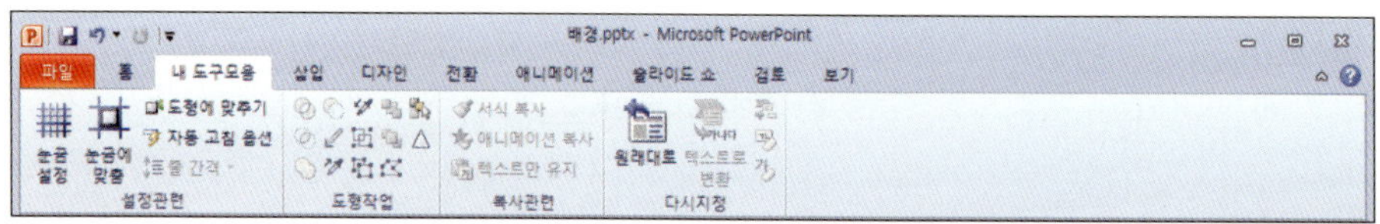

22. 공유를 위해 쉽게 이동할 수 있는 프레젠테이션 만들기

오디오 및 비디오 파일을 프레젠테이션에 직접 포함하여 쉽게 이동할 수 있는 프레젠테이션을 만들거나, 미디어 파일을 압축해서 디스크 공간을 절약하거나, 프레젠테이션을 비디오로 변환하는 등의 추가 기능을 이용할 수 있습니다.

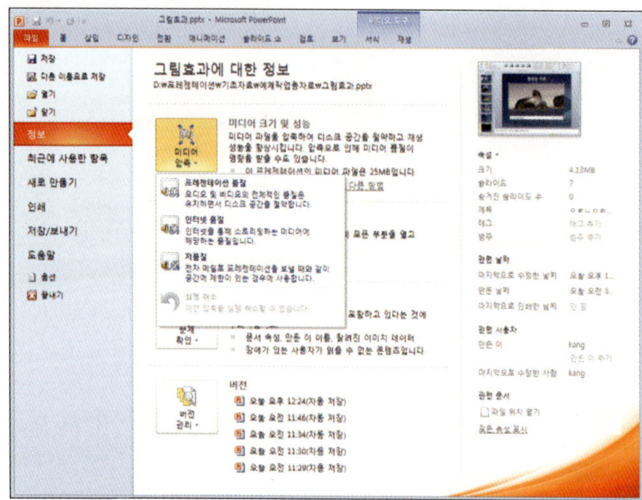

23. 슬라이드 쇼 브로드캐스트

Windows Live 계정 또는 조직에서 제공하는 브로드캐스트 서비스를 활용하여 원격 청중에게 직접 슬라이드 쇼를 브로드캐스트합니다. 파워포인트에서 슬라이드 쇼를 프레젠테이션하는 동안 청중의 브라우저에 슬라이드 쇼가 표시됩니다. 청중에게 링크(URL)를 보내면, 초대받은 모든 사람이 자신의 브라우저에서 동기화된 슬라이드 쇼 보기를 보게 됩니다.

파워포인트 슬라이드 쇼 브로드캐스트 기능을 사용하려면 SharePoint Foundation 2010 또는 Windows Live 계정이 필요합니다. SharePoint 2010을 통해 브로드캐스트하려면 Office Web Apps가 설치되어 있어야 합니다.

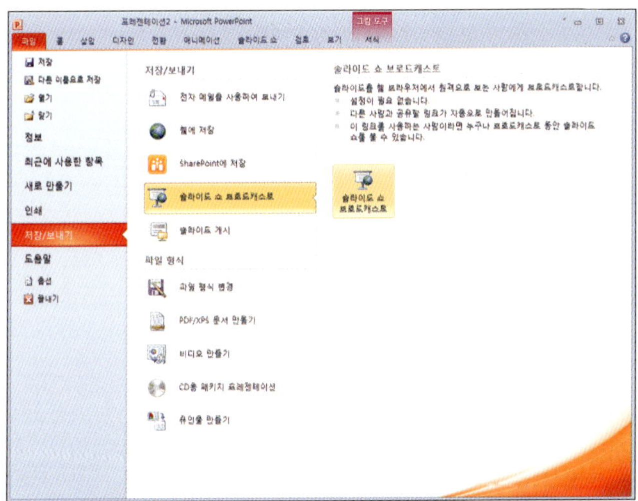

꼭! 알고가기 ▼ 오피스 2010을 실행하는데 필요한 시스템 요구 사항

오피스 2010을 실행하려면 다음과 같은 시스템 요구 사항이 충족되어야 합니다. 오피스 2007이 실행되는 하드웨어라면 이를 교체하지 않고도 오피스 2010을 지원할 수 있습니다.

- **윈도우 버전** : Windows XP SP3, Windows Vista 또는 Windows 7
- **프로세서** : 500MHz 이상
- **메모리** : 256MB 이상
- **하드 디스크** : 1.5GB(설치한 다음 하드 드라이브에서 원본 다운로드 패키지를 제거하면 디스크 공간을 좀 더 확보할 수 있습니다.)
- **시스템 종류** : 오피스 2010 제품은 32비트 버전과 64비트 버전으로 제공됩니다.

SECTION 03
PowerPoint 2010

나만의
작업 환경
만들기

사용하려는 프로그램의 구성 요소들을 살펴보고, 사용자가 사용하기 편리한 상태로 만들어 놓는 것이 작업의 첫 단계일 것입니다.

일단 파워포인트 화면이 눈에 익숙해지도록 각 부분을 살펴보고, 사용자가 본인의 작업 환경을 구성하는 방법을 알아보겠습니다.

파워포인트 2010 화면 구성 요소 살펴보기

파워포인트 2010 화면 위쪽을 보면 상당히 넓은 자리를 차지하고, 보기만 해도 무슨 기능인지 유추되는 모양의 여러 이미지들이 있습니다. 먼저 전체 화면을 살펴본 다음 구성 요소를 자세히 알아보겠습니다.

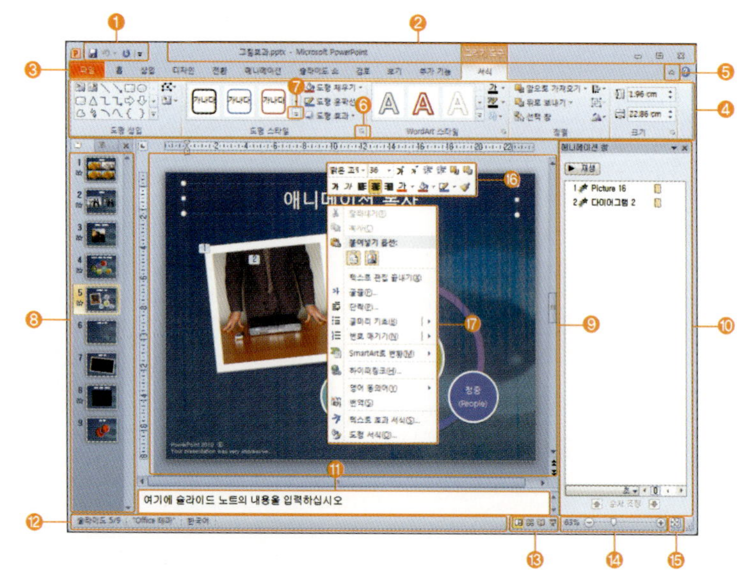

❶ **빠른 실행 도구 모음** : 현재 표시되는 탭과 독립적인 도구 모음입니다. 자주 사용하는 명령을 [빠른 실행 도구 모음]에 추가하거나 도구의 위치(리본 메뉴 위/아래)를 사용자가 지정할 수 있습니다.

❷ **제목 표시줄** : 작업 중인 프레젠테이션 파일 이름과 창 크기 조절 아이콘, 프로그램 종료 아이콘이 있습니다. 저장되지 않은 상태에서 제목은 '프레젠테이션(순번)'으로 표시합니다.

❸ **Backstage 보기([파일] 탭)** : 열기, 저장, 인쇄, 게시 등 문서에 관한 전반적인 작업을 할 수 있는 기능이 모여 있습니다.

❹ **리본 메뉴** : 프레젠테이션을 만들 때 수행하는 주요 작업에 맞게 만들어진 '탭'으로 구성되어 있으며, 각 탭의 아이콘은 작업을 논리적으로 분류해 하위 작업으로 구성한 '그룹' 단위로 정렬되어 있습니다.

❺ **리본 메뉴 확대/축소** : 문서를 작성하다 보면 리본 메뉴가 작업 공간을 너무 많이 차지해서 불편한 경우가 있습니다. 그런 경우 잠시 리본 메뉴를 축소할 수 있습니다.

❻ **'창 표시' 버튼**(   ) : 작업에 필요한 대부분에 기능은 리본 메뉴에 표시되지만 모두 다 펼치기엔 공간이 모자랍니다. 자주 사용하지 않는 명령은 그룹 아래쪽 모서리에 나타나는 '창 표시' 버튼을 누르면 상세한 옵션이 창으로 표시됩니다.

❼ **'자세히' 버튼**(   ) : 갤러리 형태로 제공되는 여러 가지 빠른 스타일들을 한 번에 모두 볼 때 사용합니다.

❽ **[슬라이드 및 개요] 창** : 프레젠테이션 전체에 대한 내용을 개요와 슬라이드 미리 보기 형태로 확인할 수 있습니다.

❾ **슬라이드 창** : 현재 선택된 슬라이드가 나타나는 창으로, 슬라이드를 만드는 작업이 이루어지는 공간입니다.

> **Tip** • [슬라이드 및 개요] 창 탭의 보기 형태는 텍스트로 표현할 수 있는 크기가 확보되지 않으면 아이콘으로 표시됩니다. [슬라이드 및 개요] 창의 닫기 아이콘(   )을 눌러 창을 닫은 경우에는 [보기]탭의 [프레젠테이션 보기] 그룹에서 '기본 보기' 아이콘(   )을 누르거나 상태 표시줄에서 '기본 보기' 아이콘(   )을 누릅니다.

❿ **작업창** : 특정 작업에서 필요한 옵션들을 설정할 수 있습니다.

⓫ **슬라이드 노트 창** : 발표자가 프레젠테이션할 때 참고할 내용을 입력할 수 있습니다.

⓬ **상태 표시줄** : 전체 프레젠테이션 문서 중 현재 슬라이드의 위치와 적용된 디자인 서식에 관한 정보를 확인할 수 있습니다.

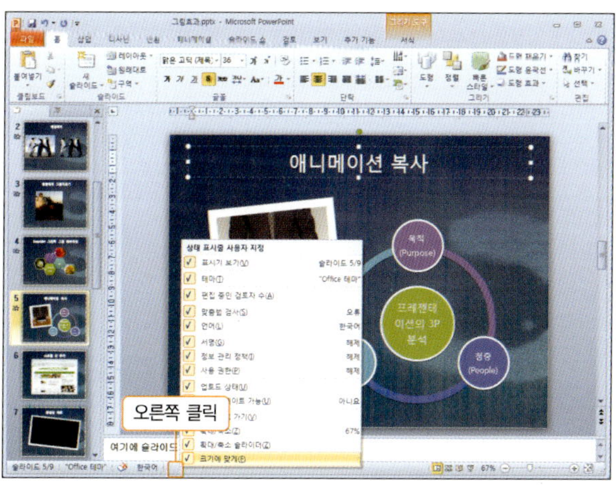

> **Tip** • 상태 표시줄을 마우스 오른쪽 버튼으로 누르면 상태 표시줄의 내용을 설정할 수 있습니다. 체크 표시된 것은 상태 표시줄에서 확인할 수 있는 내용입니다.

⑬ **보기 바로 가기** : 현재 작업 중인 슬라이드의 보기 상태(기본, 여러 슬라이드, 읽기용 보기, 슬라이드 쇼)
를 빠르게 변경합니다.

⑭ **확대/축소 슬라이더** : 슬라이드의 배율을 조정합니다.

⑮ **창 크기 맞춤** : 확대/축소된 슬라이드의 크기를 현재 창의 크기에 맞춥니다.

⑯ **미니 서식 도구 모음** : 텍스트 작업에 대한 도구를 모아서 간편하게 사용하도록 만든 도구 모음입니다.
텍스트를 블록으로 지정하면 반투명의 [미니 서식 도구 모음]이 표시되고, [미니 서식 도구 모음]쪽으로
마우스 포인터를 가져가면 선명하게 변하면서 명령을 사용할 수 있습니다.
포인터 가져가는 것이 어렵거나 늦어서 반투명 상자가 사라졌을 경우는 마우스 오른쪽 버튼을 누르면
다시 표시됩니다.

⑰ **바로 가기 메뉴** : 마우스 오른쪽 버튼을 누르면 표시되는 바로 가기 메뉴는 선택한 개체가 무엇인가에
따라 달라집니다. 리본 메뉴에서 명령을 실행하기 전에, 작업하려는 대상을 마우스 오른쪽 버튼으로 누
르면, 그 개체에 할 수 있는 대부분의 명령들을 바로 찾을 수 있습니다.

꼭! 알고가기 ▼ 리본 메뉴를 최소화하거나 원래 상태로 복원하는 세 가지 방법

• [빠른 실행 도구 모음]이나 리본 메뉴의 탭을 마우스 오른쪽 버튼으로 눌러 표시되는 바로 가기 메뉴에서 [리본 메
뉴 최소화]에 체크 표시합니다.
• 탭을 더블클릭하면 리본 메뉴를 축소할 수 있습니다. 다시 원래 상태로 돌아가려면 마찬가지로 탭을 더블클릭합
니다.
• 단축키 : Ctrl + F1

2 작업에 맞는 보기 형태 선택하기

파워포인트에서의 보기는 워드 프로그램의 인쇄 미리 보기, 쪽 윤곽 보기처럼 특별한 기능 없이 작업한 것을 확인만 하는것이 아니라 작업에 따라 적절한 보기 상태를 선택하여 사용할 수 있습니다. 각각의 보기 상태에 대한 특징을 살펴보겠습니다.

1. 기본 보기

프레젠테이션을 작성하고 디자인할 때 사용하는 편집 보기입니다. 현재 슬라이드가 표시되어 있는 동안 텍스트를 추가하고 도형이나 그림 등 각종 개체들을 삽입하기에 적합합니다. 또한 애니메이션이나 하이퍼링크 같은 슬라이드 개체를 대상으로 하는 작업에 적합합니다.

2. 여러 슬라이드 보기

여러 슬라이드 보기는 슬라이드를 축소판 그림 형태로 표시하는 보기입니다.

슬라이드의 위치 이동이나, 복사, 삭제, 화면 전환 설정 등 슬라이드 단위의 작업을 편리하게 할 수 있습니다.

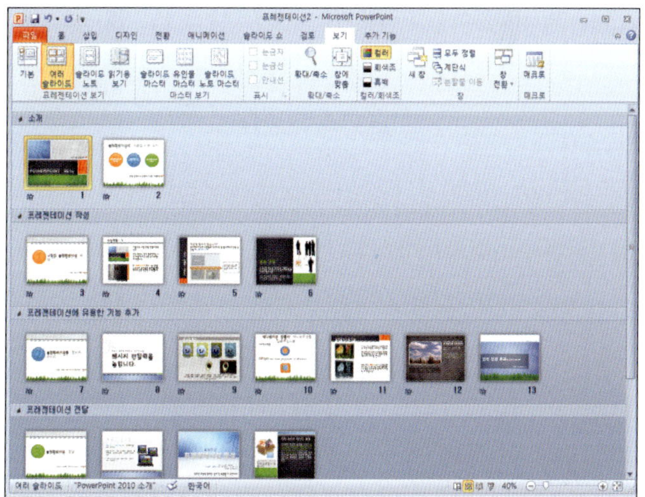

3. 슬라이드 노트 보기

슬라이드 노트를 만들 때 편리한 보기입니다. 슬라이드 노트에 도형이나 차트 그림 등을 삽입할 수 있습니다.

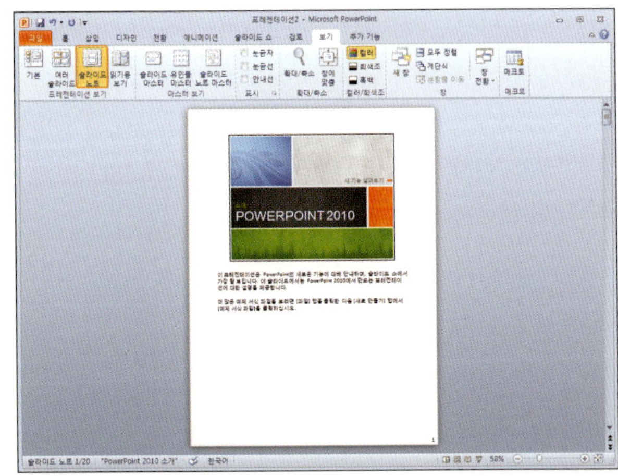

4. 읽기용 보기

실제 프레젠테이션처럼 전체 화면으로 청중이 보는 것과 동일한 프레젠테이션을 볼 수 있습니다.

그래픽, 타이밍, 동영상, 애니메이션 효과 및 전환 효과가 실제 프레젠테이션에서 어떻게 보이는지 확인할 때 사용합니다.

5. 슬라이드 마스터 보기

슬라이드 마스터에 테마를 적용하면 해당 슬라이드 마스터와 연결된 모든 레이아웃에 같은 테마가 적용됩니다. 문서의 전체적인 공통 사항을 지정할 때 사용합니다.

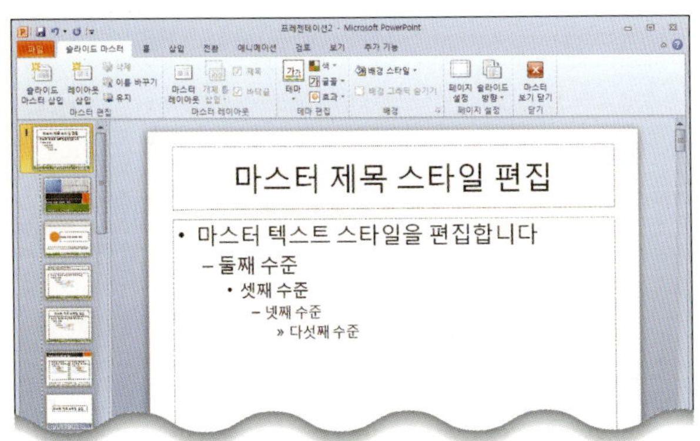

6. 유인물 마스터 보기

유인물에서 머리글과 바닥글 텍스트, 날짜, 페이지 번호의 모양, 위치 및 크기를 변경하려면 유인물 마스터 상태에서 작업해야 합니다. 유인물의 모든 페이지에 표시할 이름이나 로고를 넣을 때 사용합니다.

7. 슬라이드 노트 마스터 보기

슬라이드 노트에서 머리글과 바닥글 텍스트, 날짜, 페이지 번호의 모양, 위치 및 크기를 변경하려면 슬라이드 노트 마스터 상태에서 작업해야 합니다. 슬라이드 노트의 모든 페이지에 표시할 이름이나 로고를 넣을 때 사용합니다.

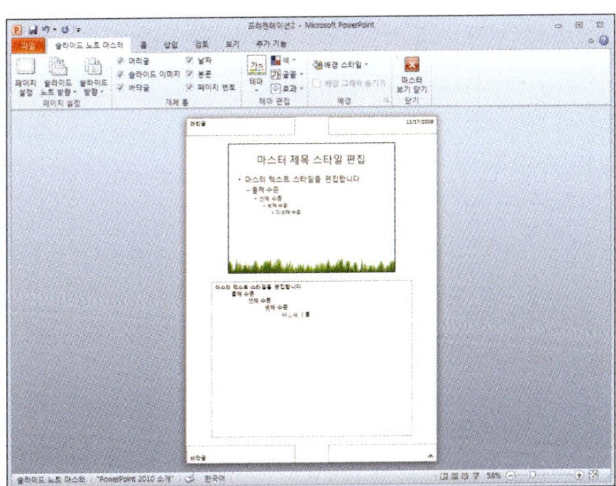

꼭! 알고가기 ▼ 기본 보기 설정하기

파워포인트가 항상 특정 보기에서 열리도록 지정할 수 있습니다.

[PowerPoint 옵션] 대화상자에서 [고급] 메뉴를 선택합니다. [표시] 항목 아래에 있는 '이 보기를 사용하여 모든 문서 열기'를 '기본' 종류로 설정한 다음 〈확인〉 버튼을 누릅니다.

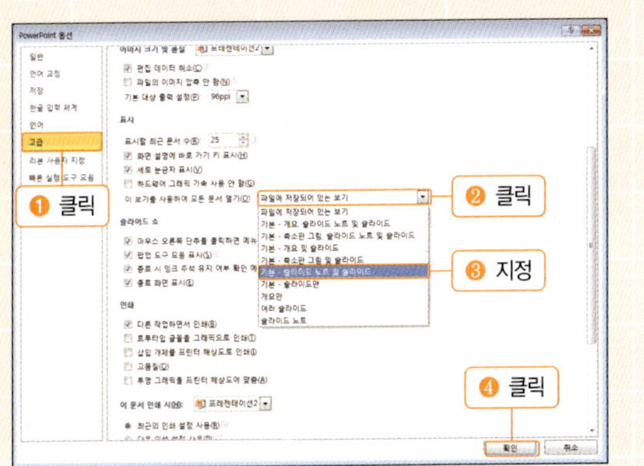

기본 탭은 파워포인트 2010을 실행하면 항상 나타나는 탭입니다. '탭'은 작업 단위로 나누어진 '그룹'으로 구성되어 있습니다. '그룹'에는 특정 작업을 할 때 필요한 명령들이 논리적으로 모아져 있습니다.

1. [홈] 탭

가장 자주 사용하는 명령이 모인 첫 번째 탭입니다.

❶ **[클립보드] 그룹** : 개체의 복사, 붙여넣기, 자르기, 서식 복사 등 클립보드에 관한 명령이 모여 있습니다.

[클립보드] 그룹의 '창 표시' 버튼(⌐)을 누르면 데이터를 복사하거나 잘라낸 내용을 '클립보드' 창에서 볼 수 있으며 다른 곳에 붙일 수 있습니다.

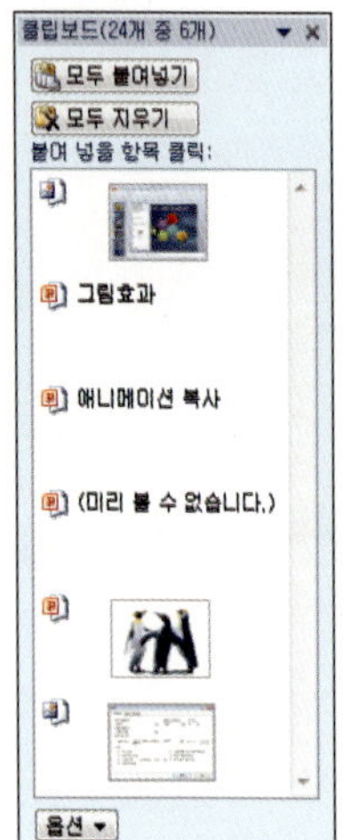

❷ **[슬라이드] 그룹** : 새로운 슬라이드를 추가, 삭제하거나, 레이아웃을 변경하고 슬라이드에서 변경한 내용을 원래 레이아웃으로 바꾸는 등 슬라이드에 관련된 명령이 모여 있습니다.

❸ **[글꼴] 그룹** : 글자의 크기, 글꼴, 글자색 등 글꼴에 관한 명령이 모여 있습니다.

[글꼴] 그룹의 '창 표시' 버튼(⌐)을 누르면 [글꼴] 대화상자에서 글꼴과 문자 간격 등에 관한 자세한 설정을 할 수 있습니다.

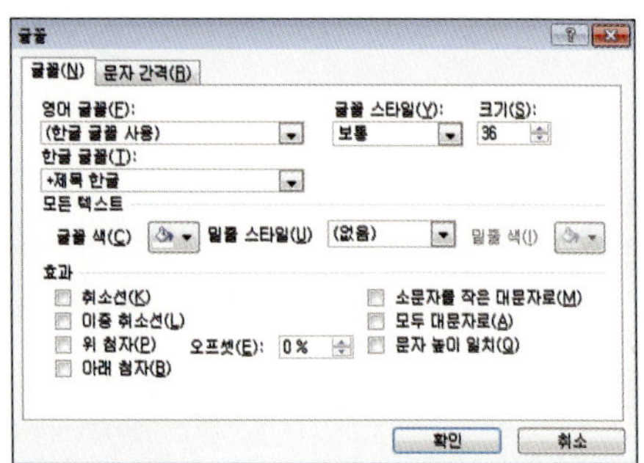

❹ **[단락] 그룹** : 글머리 기호 및 번호 매기기와 수준 조절, 세로 맞춤, 가로 맞춤, 줄 간격 등의 단락에 관한 명령이 모여 있습니다.

[단락] 그룹의 '창 표시' 버튼(⬚)을 누르면 [단락] 대화상자에서 들여쓰기나 줄 간격에 관한 자세한 설정을 할 수 있습니다.

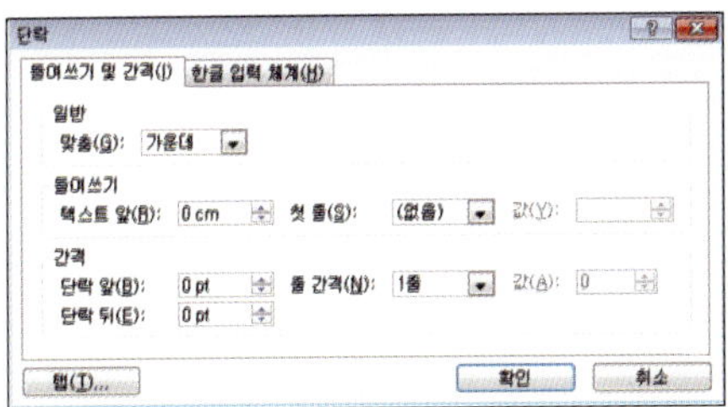

❺ **[그리기] 그룹** : 도형을 삽입하고, 정렬하고, 색을 채우고, 효과를 지정하는 등의 그리기에 관한 명령이 모여 있습니다.

[그리기] 그룹의 '창 표시' 버튼(⬚)을 누르면 [도형 서식] 대화상자에서 도형의 채우기, 윤곽선, 3차원, 텍스트 등에 관한 자세한 설정을 할 수 있습니다.

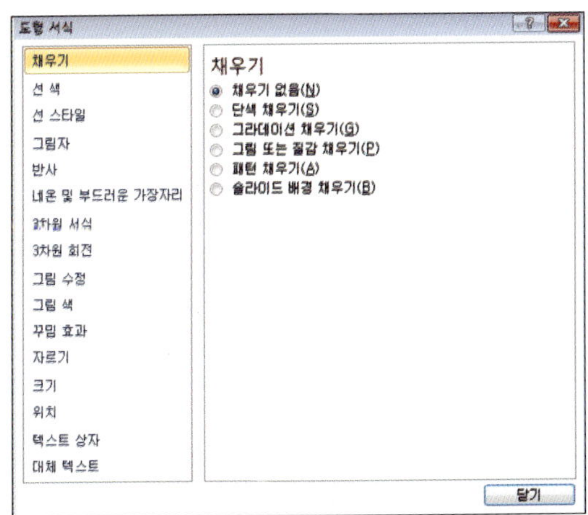

❻ **[편집] 그룹** : 특정 문자를 찾고, 바꾸고 , 슬라이드에 삽입된 개체들을 선택하는 명령들이 모여 있습니다.

2. [삽입] 탭

표, 그림, 다이어그램, 차트 및 텍스트 상자부터 소리, 하이퍼링크, 머리글 및 바닥글에 이르기까지 다양한 개체를 슬라이드에 삽입하기 위한 모든 명령이 있는 탭입니다.

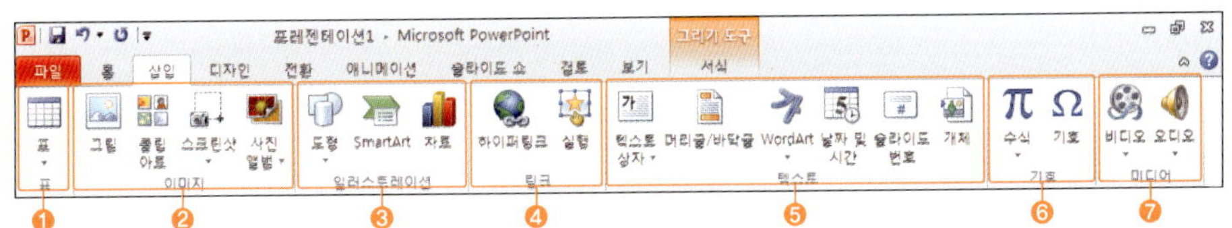

❶ **[표] 그룹** : 표를 삽입하는 것에 관한 명령들이 모여 있습니다.

❷ **[이미지] 그룹** : 그림, 클립 아트, 스크린샷, 사진 앨범 등 이미지를 삽입하는 것에 관한 명령들이 모여 있습니다.

❸ **[일러스트레이션] 그룹** : 도형, SmartArt 그래픽, 차트를 삽입하는 것에 관한 명령들이 모여 있습니다.

❹ **[링크] 그룹** : 하이퍼링크와 실행에 관한 명령들이 모여 있습니다.

❺ **[텍스트] 그룹** : 텍스트, 머리글/바닥글, WordArt, 슬라이드 번호 등을 삽입하는 텍스트에 관한 명령들이 모여 있습니다.

❻ **[기호] 그룹** : 수식과 기호를 삽입하는 명령들이 모여 있습니다.

❼ **[미디어] 그룹** : 동영상, 소리를 삽입하는 명령들이 모여 있습니다.

3. [디자인] 탭

배경 디자인, 글꼴, 색상표 등 전체적인 슬라이드 모양을 선택하고 만들 수 있는 탭입니다.

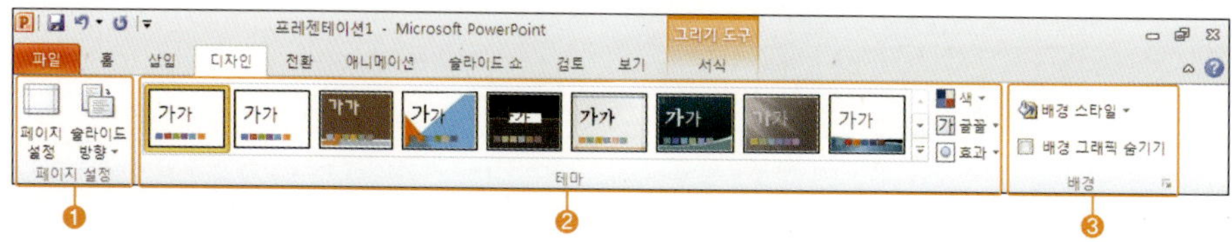

❶ **[페이지 설정] 그룹** : 페이지를 설정하고, 슬라이드의 방향을 설정하는 명령들이 모여 있습니다.

❷ **[테마] 그룹** : 테마를 지정하고 색, 글꼴, 효과 등을 선택하는 명령들이 모여 있습니다.

❸ **[배경] 그룹** : 배경 스타일과 배경에 삽입된 그래픽을 제어하는 등의 배경에 관한 명령들이 모여 있습니다.
[배경] 그룹의 '창 표시' 버튼(　)을 누르면 [배경 서식] 대화상자에서 슬라이드의 배경에 관한 자세한 설정을 할 수 있습니다.

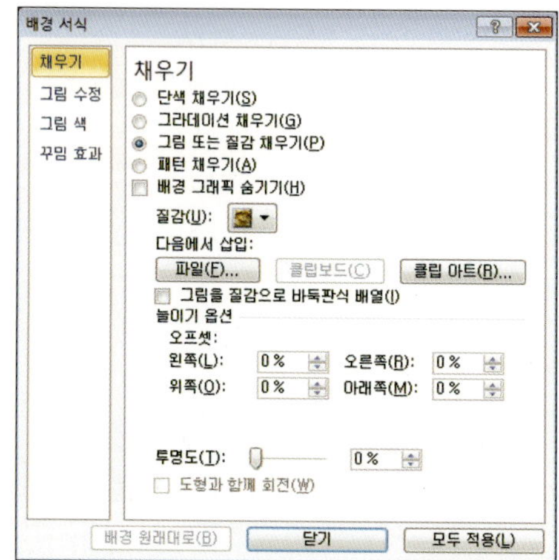

4. [전환] 탭

화면 전환 효과를 설정하는 탭입니다.

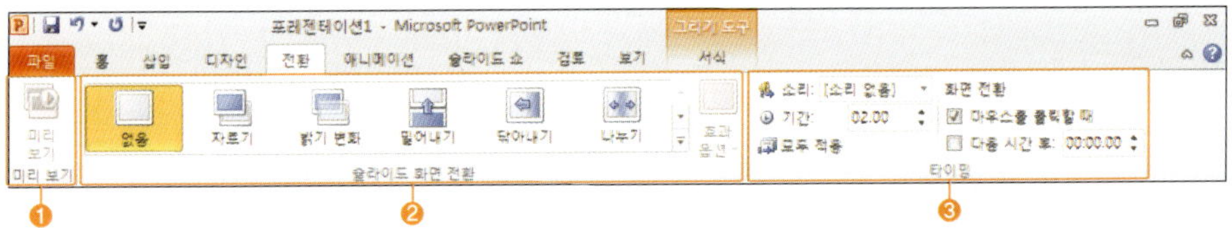

❶ **[미리 보기] 그룹** : 지정된 화면의 전환 효과를 미리 확인할 수 있습니다.

❷ **[슬라이드 화면 전환] 그룹** : 슬라이드 화면 전환을 지정할 수 있는 명령들이 모여 있습니다.

❸ **[타이밍] 그룹** : 화면 전환 효과의 실행 방법을 지정할 수 있는 명령들이 모여 있습니다.

5. [애니메이션] 탭

애니메이션 효과를 설정하는 탭입니다.

❶ **[미리 보기] 그룹** : 지정된 애니메이션 효과를 미리 확인할 수 있습니다.

❷ **[애니메이션] 그룹** : 애니메이션을 지정할 수 있는 명령들이 모여 있습니다.
[애니메이션] 그룹의 '창 표시' 버튼(⬚)을 누르면 지정된 애니메이션에 따라 추가적인 옵션을 지정할 수 있습니다.

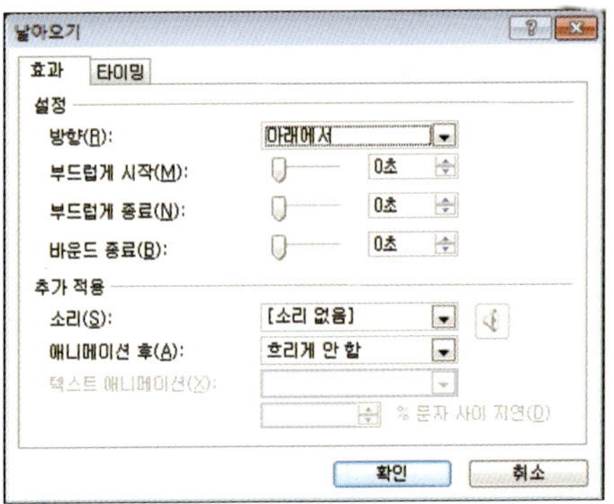

❸ **[고급 애니메이션] 그룹** : 애니메이션을 추가하거나 복사하고, 사용자가 직접 애니메이션을 지정하기 위해 애니메이션 창을 표시하는 명령들이 모여 있습니다.

❹ **[타이밍] 그룹** : 애니메이션의 실행 방법을 지정할 수 있는 명령들이 모여 있습니다.

6. [슬라이드 쇼] 탭

프레젠테이션을 실제로 실행하기 위한 쇼 상태 작업에 관한 설정하는 탭입니다.

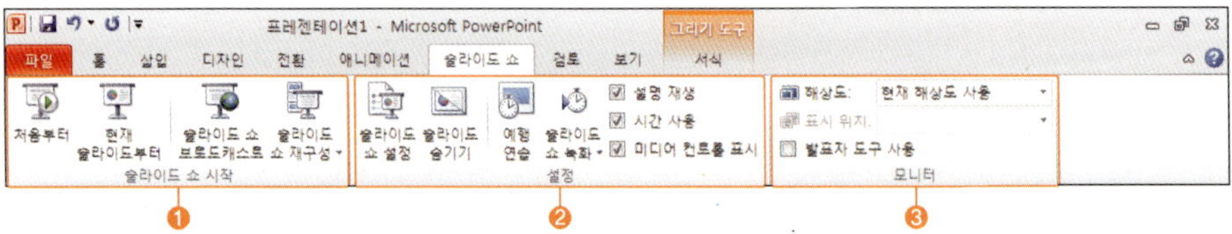

❶ **[슬라이드 쇼 시작] 그룹** : 슬라이드 쇼를 시작하는 위치와 쇼를 재구성하기 위한 명령들이 모여 있습니다.

❷ **[설정] 그룹** : 슬라이드 쇼와 예행연습에 관한 내용을 설정하기 위한 명령들이 모여 있습니다.

❸ **[모니터] 그룹** : 해상도의 설정과 발표자 도구를 사용할지 등의 내용을 설정하기 위한 명령들이 모여 있습니다.

7. [검토] 탭

맞춤법 검사와 동의어 사전, 번역 등의 서비스가 있는 탭으로, 팀 구성원에게 주석을 사용하여 프레젠테이션을 검토하도록 한 다음 구성원이 작성한 메모를 검토할 수 있습니다.

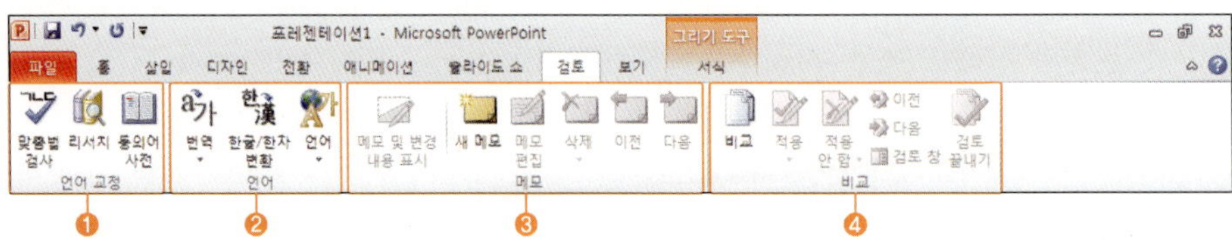

❶ **[언어 교정] 그룹** : 맞춤법 검사와 동의어 사전, 번역 등의 서비스를 사용할 수 있는 명령이 모여 있습니다.

❷ **[언어] 그룹** : 번역, 한글, 한자의 변환 등의 서비스를 사용할 수 있는 명령이 모여 있습니다.

❸ **[메모] 그룹** : 메모는 슬라이드의 문자나 단어 또는 전체 슬라이드에 첨부할 수 있는 설명입니다. 사용자가 작성한 프레젠테이션을 검토하고 해당 프레젠테이션에 대해 의견을 제공하도록 하려는 경우 또는 동료가 프레젠테이션에 대한 의견을 요청할 때 메모를 사용합니다. 이런 기능을 위한 명령이 모여 있습니다.

❹ **[비교] 그룹** : 파일 사이의 변경 사항을 비교하고 적용 여부를 지정하는 명령이 모여 있습니다.

8. [보기] 탭

파워포인트에 있는 여러 가지 보기 형태로 전환하는 탭입니다.

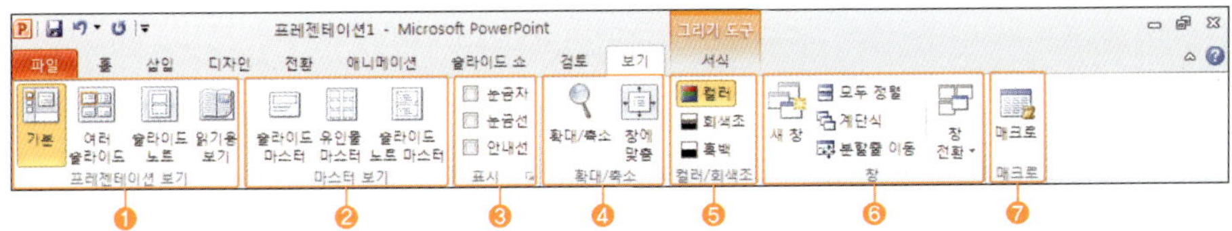

❶ **[프레젠테이션 보기] 그룹** : 프레젠테이션 문서를 보는 네 가지 형태로 전환하는 명령이 모여 있습니다.

❷ **[마스터 보기] 그룹** : 세 가지 마스터 상태를 보는 명령이 모여 있습니다.

❸ **[표시] 그룹** : 화면의 눈금자나 눈금선을 표시하거나 숨기는 명령이 모여 있습니다. [표시] 그룹의 '창 표시' 버튼(📷)을 누르면 [눈금 및 안내선] 대화상자에서 눈금과 안내선에 관한 자세한 설정을 할 수 있습니다.

❹ **[확대/축소] 그룹** : 화면을 확대하거나 축소하는 명령입니다.

❺ **[컬러/회색조] 그룹** : 슬라이드의 색조를 조정하는 명령입니다.

❻ **[창] 그룹** : 여러 개의 프레젠테이션 파일을 배치하고 전환하는 명령입니다.

❼ **[매크로] 그룹** : 매크로에 관한 명령입니다.

9. [개발 도구] 탭

매크로를 작성하거나 이전에 기록한 매크로를 실행하거나 오피스 프로그램에서 사용할 응용 프로그램을 만들려는 사용자에게 필요한 명령이 모여 있습니다. 파워포인트 2010을 설치한 다음 기본 값은 표시하지 않은 상태입니다.

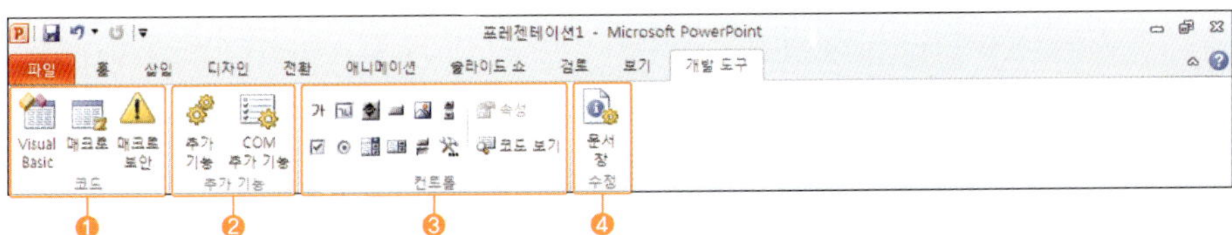

❶ **[코드] 그룹** : 매크로 작성과 실행 등에 관한 명령이 모여 있습니다.

❷ **[추가 기능] 탭** : 생산성을 향상시키는 다양한 새 기능 또는 업데이트 기능과 관련된 명령이 모여 있습니다.

> **Tip** ● [개발 도구] 탭이 표시되지 않을경우 [Power Point 옵션] 대화상자에서 표시되도록 설정할 수 있습니다.

❸ **[컨트롤] 그룹** : 컨트롤에 액세스하거나 코드를 작성하거나 프로그램에 관련된 명령이 모여 있습니다.

❹ **[수정] 그룹** : 문서 속성을 보거나 변경하는 것과 관련된 명령이 있습니다.

10. 마스터 보기 상태의 [슬라이더 마스터] 탭

슬라이드 마스터나 레이아웃 등을 삽입, 수정할 수 있습니다.

❶ **[마스터 편집] 그룹** : 슬라이드 마스터를 추가하고, 레이아웃을 삽입, 삭제하는 등 마스터 편집과 관련된 명령들이 모여 있습니다.

❷ **[마스터 레이아웃] 그룹** : 사용자가 원하는 형태로 마스터를 구성하는 마스터 레이아웃과 관련된 명령들이 모여 있습니다.

❸ **[테마 편집] 그룹** : 프레젠테이션 문서에 적용할 테마를 편집하고 적용하는 것과 관련된 명령들이 모여 있습니다.

❹ **[배경] 그룹** : 프레젠테이션 문서에 적용할 배경과 관련된 명령들이 모여 있습니다.

❺ **[페이지 설정] 그룹** : 프레젠테이션 문서 크기와 슬라이드 방향에 관련된 명령들이 모여 있습니다.

❻ **[닫기] 그룹** : 마스터 보기를 닫습니다.

11. 마스터 보기 상태의 [유인물 마스터] 탭

유인물의 공통적인 형태를 지정합니다.

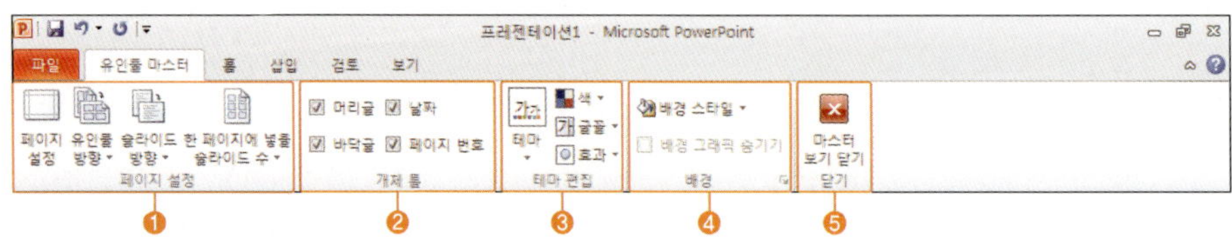

❶ **[페이지 설정] 그룹** : 페이지를 설정하고, 유인물의 방향, 한 페이지에 인쇄할 슬라이드 수 등을 지정하는 명령들이 모여 있습니다.

❷ **[개체 틀] 그룹** : 유인물 마스터에서 사용하는 개체 틀의 사용 유무를 지정하는 명령들이 모여 있습니다.

❸ **[테마 편집] 그룹** : 프레젠테이션 문서에 적용할 테마를 편집하고 적용하는 것과 관련된 명령들이 모여 있습니다.

❹ **[배경] 그룹** : 프레젠테이션 문서에 적용할 배경과 관련된 명령들이 모여 있습니다.

❺ **[닫기] 그룹** : 마스터 보기를 닫습니다.

12. 마스터 보기 상태의 [슬라이드 노트 마스터] 탭

슬라이드 노트의 공통적인 형태를 지정합니다.

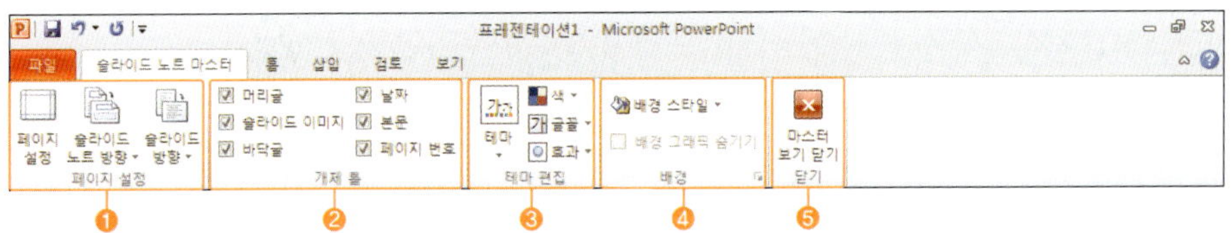

❶ **[페이지 설정] 그룹** : 페이지를 설정하고, 슬라이드 노트의 방향 등을 지정하는 명령들이 모여 있습니다.

❷ **[개체 틀] 그룹** : 슬라이드 노트에서 사용하는 개체 틀의 사용 유무를 지정하는 명령들이 모여 있습니다.

❸ **[테마 편집] 그룹** : 프레젠테이션 문서에 적용할 테마를 편집하고 적용하는 것과 관련된 명령들이 모여 있습니다.

❹ **[배경] 그룹** : 프레젠테이션 문서에 적용할 배경과 관련된 명령들이 모여 있습니다.

❺ **[닫기] 그룹** : 마스터 보기를 닫습니다.

13. 회색조(흑백) 보기 상태의 [회색조(흑백)] 탭

회색조(흑백)에 관한 다양한 설정을 할 수 있습니다.

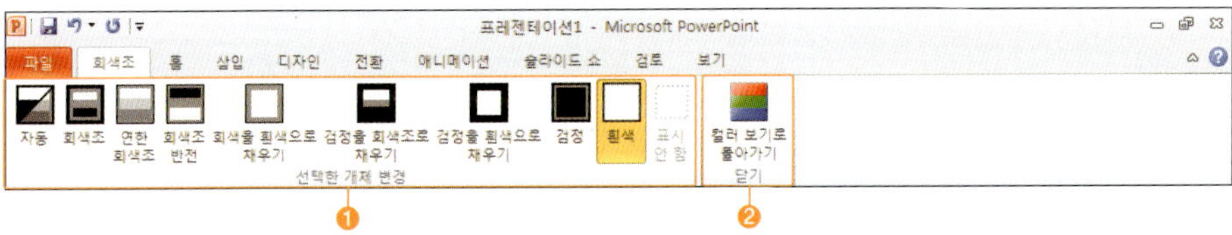

❶ **[선택한 개체 변경] 그룹** : 선택한 개체의 색조 설정과 관련된 명령들이 모여 있습니다.

❷ **[닫기] 그룹** : 회색조(흑백) 보기에서 컬러 보기로 돌아가는 명령이 있습니다.

상황별 도구 탭은 평상시에는 보이지 않지만 개체를 선택하면 기본 탭과 함께 표시됩니다. 상황별 도구 탭에는 해당 개체를 다루는데 필요한 명령이 포함되어 있어 사용자가 작업에 필요한 명령을 찾기 쉽도록 제공합니다.

1. [그리기 도구]–[서식] 탭

도형이나 텍스트 개체를 선택하면 [그리기 도구]–[서식] 탭이 나타납니다.

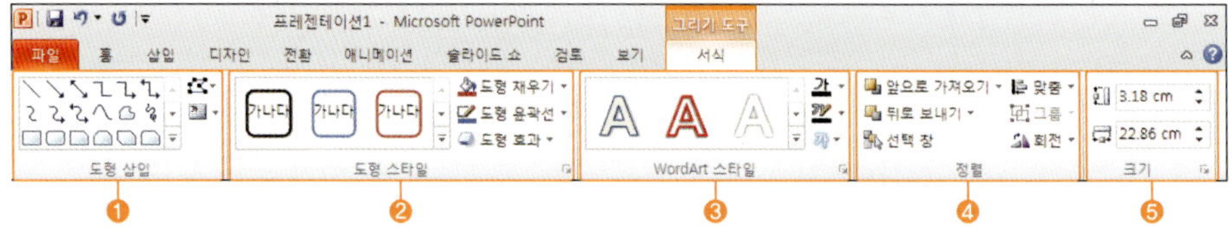

❶ **[도형 삽입] 그룹** : 선택된 다양한 도형을 삽입하고 변형하는 명령들이 모여 있습니다.

❷ **[도형 스타일] 그룹** : 선택된 도형에 적용할 스타일을 지정하는 것과 관련된 명령들이 모여 있습니다.
[도형 스타일] 그룹의 '창 표시' 버튼( )을 누르면 [도형 서식] 대화상자에서 도형의 채우기, 윤곽선, 3차원, 텍스트 등에 관한 자세한 설정을 할 수 있습니다.

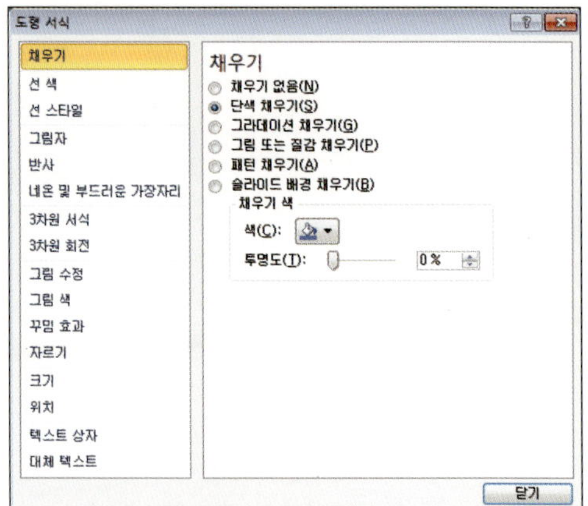

❸ **[WordArt 스타일] 그룹** : 선택된 개체의 텍스트에 적용할 스타일을 지정하는 것과 관련된 명령들이 모여 있습니다.
[WordArt] 그룹의 '창 표시' 버튼( )을 누르면 [텍스트 효과 서식] 대화상자에서 텍스트의 채우기, 윤곽선, 3차원 등에 관한 자세한 설정을 할 수 있습니다.

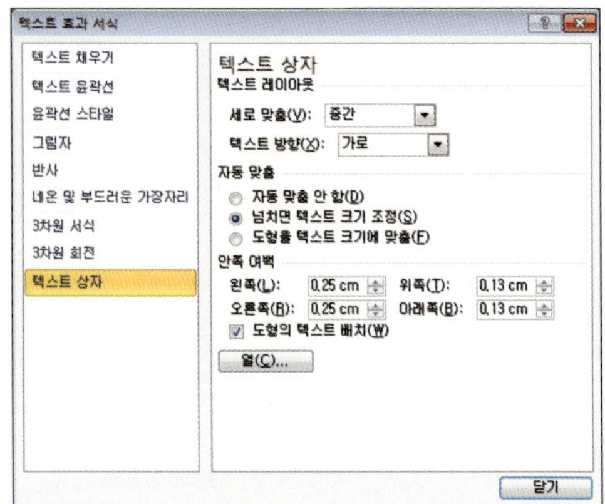

❹ **[정렬] 그룹 :** 선택된 개체의 순서와 정렬, 그룹, 회전 등에 관련된 명령들이 모여 있습니다.

❺ **[크기] 그룹 :** 선택된 개체의 크기를 지정하는 것과 관련된 명령들이 모여 있습니다.

[크기] 그룹의 '창 표시' 버튼(🔲)을 누르면 [도형 서식] 대화상자에서 크기에 관한 자세한 설정을 할 수 있습니다.

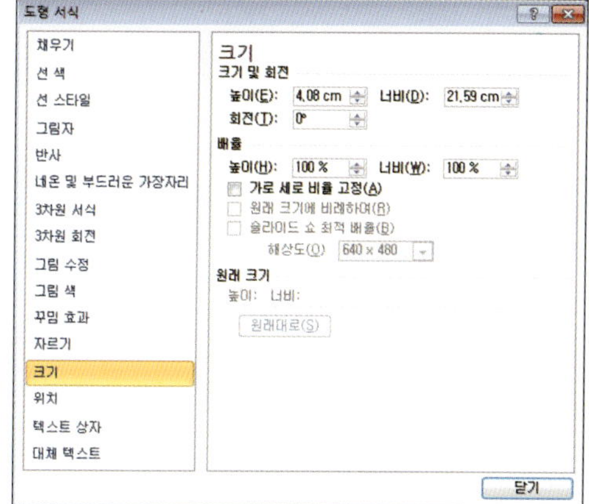

2. [그림 도구]─[서식] 탭

그림 개체를 선택하면 [그림 도구]─[서식] 탭이 표시됩니다.

❶ **[조정] 그룹 :** 선택된 그림 개체의 배경을 제거하거나 밝기나, 색상, 꾸밈 효과 등을 지정하는 것과 관련된 명령들이 모여 있습니다.

❷ **[그림 스타일] 그룹 :** 선택된 그림 개체에 테두리나 도형 모양을 적용할 수 있는 것과 관련된 명령들이 모여 있습니다.

[그림 스타일] 그룹의 '창 표시' 버튼(🔲)을 누르면 [그림 서식] 대화상자에서 그림 수정에 관한 자세한 설정을 할 수 있습니다.

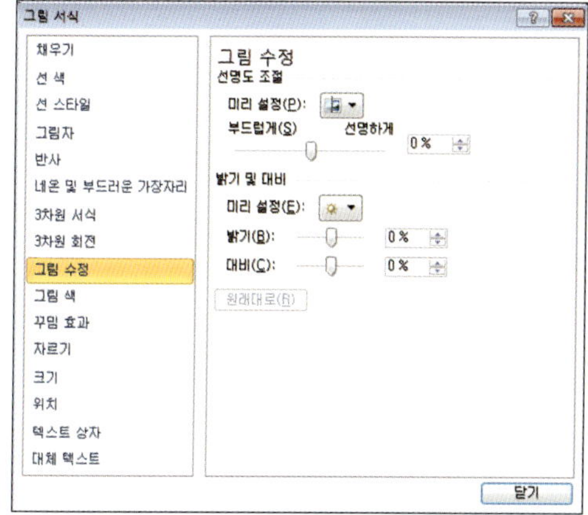

❸ **[정렬] 그룹** : 선택된 그림 개체 사이의 순서 조정과 맞춤, 배분, 회전하는 것과 관련된 명령들이 모여 있습니다.

❹ **[크기] 그룹** : 선택된 그림 개체의 불필요한 부분을 자르거나, 크기를 지정하는 것과 관련된 명령들이 모여 있습니다.

[크기] 그룹의 '창 표시' 버튼(▣)을 누르면 [그림 서식] 대화상자에서 크기에 관한 자세한 설정을 할 수 있습니다.

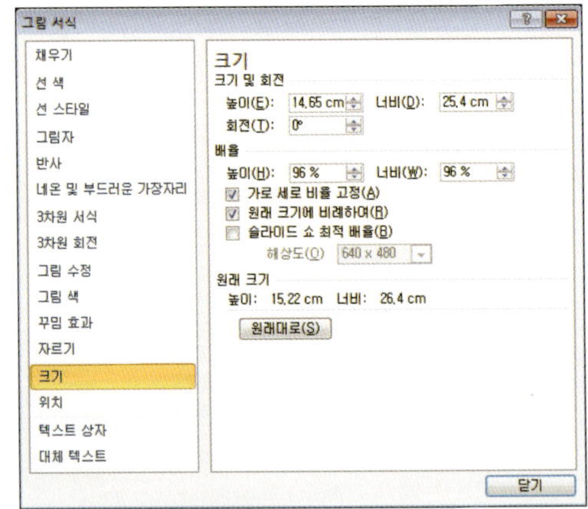

3. [SmartArt 도구]–[디자인] 탭

스마트 아트 개체를 선택하면 [SmartArt 도구]–[디자인] 탭이 표시됩니다.

❶ **[그래픽 만들기] 그룹** : 선택된 스마트 아트 개체의 항목을 추가, 삭제하고, 순서를 조정하는 것과 관련된 명령들이 모여 있습니다.

❷ **[레이아웃] 그룹** : 선택된 스마트 아트 개체의 레이아웃을 지정하는 명령들이 모여 있습니다.

❸ **[SmartArt 스타일] 그룹** : 선택된 스마트 아트 개체의 색과 모양 등 스타일을 지정하는 명령들이 모여 있습니다.

❹ **[원래대로] 그룹** : 선택된 스마트 아트 개체의 스타일을 지워 기본형으로 되돌리고, 텍스트나 도형으로 변환하는 명령이 있습니다.

4. [SmartArt 도구]–[서식] 탭

스마트 아트 개체를 선택하면 [SmartArt 도구]–[서식] 탭이 표시됩니다.

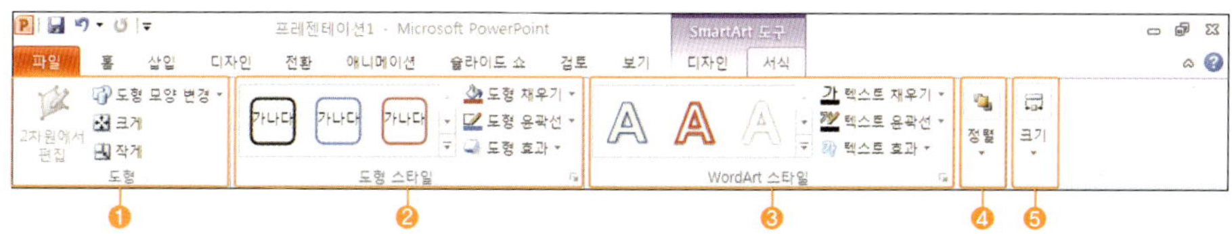

❶ **[도형] 그룹** : 선택된 스마트 아트 개체의 도형 모양과 크기를 변경하는 것과 관련된 명령들이 모여 있습니다.

❷ **[도형 스타일] 그룹** : 선택된 스마트 아트 개체의 도형 스타일을 변경하는 것과 관련된 명령들이 모여 있습니다.

❸ **[WordArt 스타일] 그룹** : 선택된 스마트 아트 개체의 텍스트에 워드아트 효과를 적용하는 것과 관련된 명령들이 모여 있습니다.

❹ **[정렬] 그룹** : 선택된 스마트 아트 개체의 정렬과 관련된 명령들이 모여 있습니다.

❺ **[크기] 그룹** : 선택된 스마트 아트 개체의 크기와 관련된 명령들이 모여 있습니다.

5. [표 도구]–[디자인] 탭

표 개체를 선택하면 [표 도구]–[디자인] 탭이 표시됩니다.

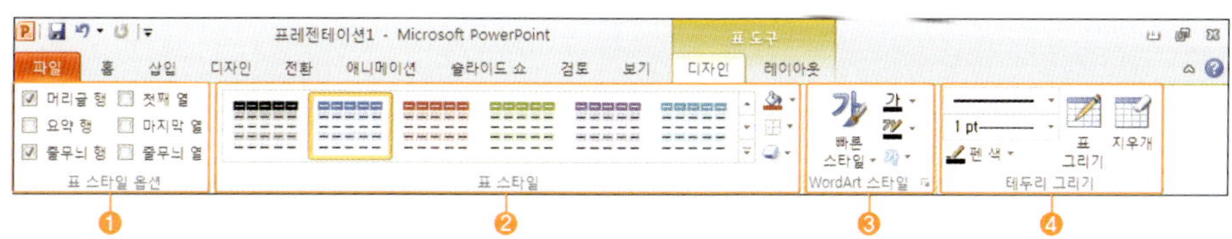

❶ **[표 스타일 옵션] 그룹** : 선택된 표 개체의 스타일을 지정하는 옵션과 관련된 명령들이 모여 있습니다.

❷ **[표 스타일] 그룹** : 선택된 표 개체의 스타일을 지정하는 것과 관련된 명령들이 모여 있습니다.

❸ **[WordArt 스타일] 그룹** : 선택된 표 개체에 사용되는 텍스트의 스타일을 지정하는 것과 관련된 명령들이 모여 있습니다.

❹ **[테두리 그리기] 그룹** : 선택된 표 개체의 테두리를 지정하는 것과 관련된 명령들이 모여 있습니다.

6. [표 도구]-[레이아웃] 탭

표 개체를 선택하면 [표 도구]-[레이아웃] 탭이 표시됩니다.

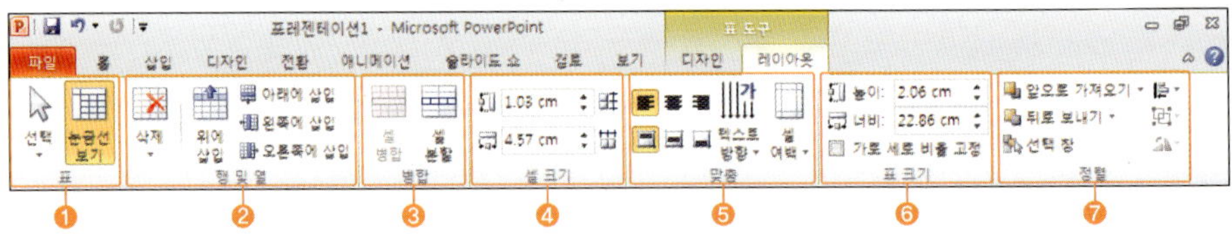

❶ **[표] 그룹** : 선택된 표 개체를 선택하거나 눈금선을 표시하는 것과 관련된 명령들이 모여 있습니다.

❷ **[행 및 열] 그룹** : 선택된 표 개체에 행과 열을 삽입하고 삭제하는 것과 관련된 명령들이 모여 있습니다.

❸ **[병합] 그룹** : 선택된 표 개체의 행과 열을 합치고 나누는 것과 관련된 명령들이 모여 있습니다.

❹ **[셀 크기] 그룹** : 선택된 표 개체의 크기를 지정하는 것과 관련된 명령들이 모여 있습니다.

❺ **[맞춤] 그룹** : 선택된 표 개체의 안에서 텍스트의 정렬과 방향, 여백을 지정하는 것과 관련된 명령들이 모여 있습니다.

❻ **[표 크기] 그룹** : 선택된 표 개체의 크기를 지정하는 것과 관련된 명령들이 모여 있습니다.

❼ **[정렬] 그룹** : 선택된 표 개체를 정렬하는 것과 관련된 명령들이 모여 있습니다.

7. [차트 도구]-[디자인] 탭

차트 개체를 선택하면 [차트 도구]-[디자인] 탭이 표시됩니다.

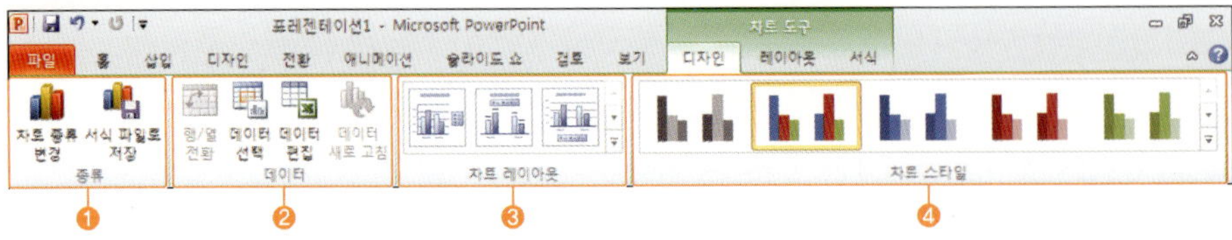

❶ **[종류] 그룹** : 선택된 차트 개체의 차트의 종류를 지정하는 것과 관련된 명령들이 모여 있습니다.

❷ **[데이터] 그룹** : 선택된 차트 개체의 데이터를 선택하고, 편집하는 것과 관련된 명령들이 모여 있습니다.

❸ **[차트 레이아웃] 그룹** : 선택된 차트 개체의 범례나 눈금 등 다양한 레이아웃을 선택할 수 있습니다.

❹ **[차트 스타일] 그룹** : 선택된 차트 개체의 색상 효과 등 다양한 스타일을 선택할 수 있습니다.

8. [차트 도구]-[레이아웃] 탭

차트 개체를 선택하면 [차트 도구]-[레이아웃] 탭이 표시됩니다.

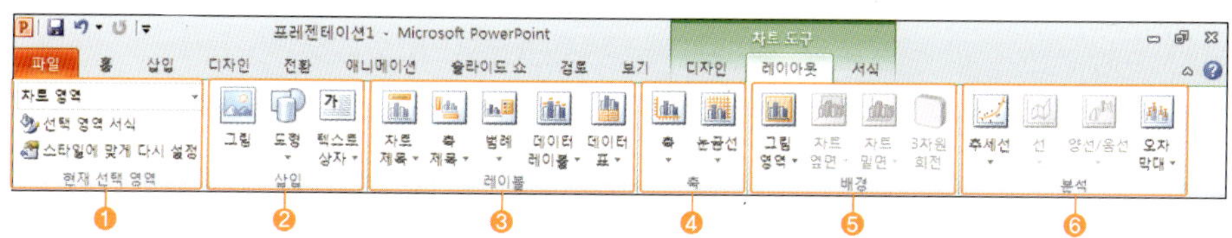

❶ **[현재 선택 영역] 그룹** : 선택된 차트 개체의 특정 영역에 서식을 지정하는 것과 관련된 명령들이 모여 있습니다.

❷ **[삽입] 그룹** : 선택된 차트 개체에 그림이나 도형, 텍스트 등을 삽입하는 것과 관련된 명령들이 모여 있습니다.

❸ **[레이블] 그룹** : 선택된 차트 개체에서 사용하는 각종 레이블과 관련된 명령들이 모여 있습니다.

❹ **[축] 그룹** : 선택된 차트 개체의 축과 눈금선에 관련된 명령들이 모여 있습니다.

❺ **[배경] 그룹** : 선택된 차트 개체의 배경과 관련된 명령들이 모여 있습니다.

❻ **[분석] 그룹** : 선택된 차트 개체에 데이터를 분석하여 추세선이나 오차 막대 등을 추가하는 것과 관련된 명령들이 모여 있습니다.

9. [차트 도구]-[서식] 탭

차트 개체를 선택하면 [차트 도구]-[서식] 탭이 표시됩니다.

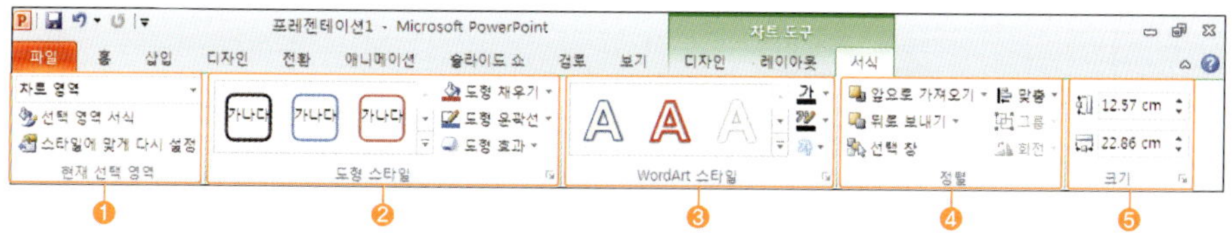

❶ **[현재 선택 영역] 그룹** : 선택된 차트 개체의 특정 영역에 서식을 지정하는 것과 관련된 명령들이 모여 있습니다. [차트 도구]-[레이아웃] 탭에 있는 것과 같습니다.

❷ **[도형 스타일] 그룹** : 차트 개체 중 선택된 개체의 도형 스타일을 지정하는 것과 관련된 명령들이 모여 있습니다.

❸ **[WordArt 스타일] 그룹** : 차트 개체 중 선택된 개체의 텍스트 스타일을 지정하는 것과 관련된 명령들이 모여 있습니다.

❹ **[정렬] 그룹** : 선택된 차트 개체의 정렬과 관련된 명령들이 모여 있습니다.

❺ **[크기] 그룹** : 선택된 차트 개체의 크기와 관련된 명령들이 모여 있습니다.

10. [비디오 도구]–[서식] 탭

비디오 개체를 선택하면 [비디오 도구]–[서식] 탭이 표시됩니다.

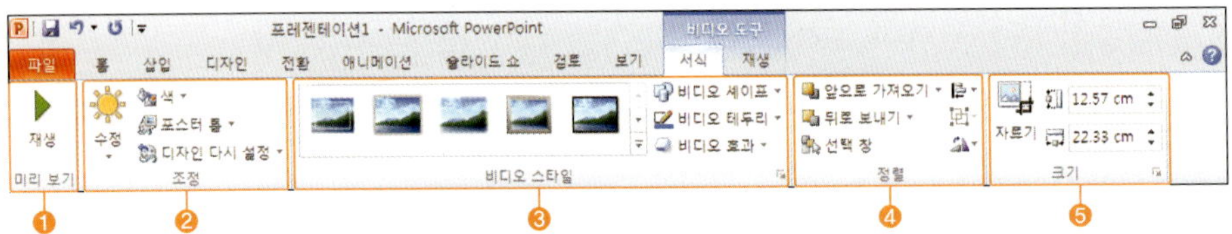

❶ **[미리 보기] 그룹** : 선택된 비디오를 미리 보기 위한 명령입니다.

❷ **[조정] 그룹** : 선택된 비디오 파일의 밝기나 색상 등을 수정하는 명령들이 모여 있습니다.

❸ **[비디오 스타일] 그룹** : 비디오의 모양이나 테두리 등 스타일에 관련된 명령들이 모여 있습니다.

　[비디오 스타일] 그룹의 '창 표시' 버튼(▣)을 누르면 [비디오 형식 지정] 대화상자에서 비디오의 색상
이나 서식에 관한 자세한 설정을 할 수 있습니다.

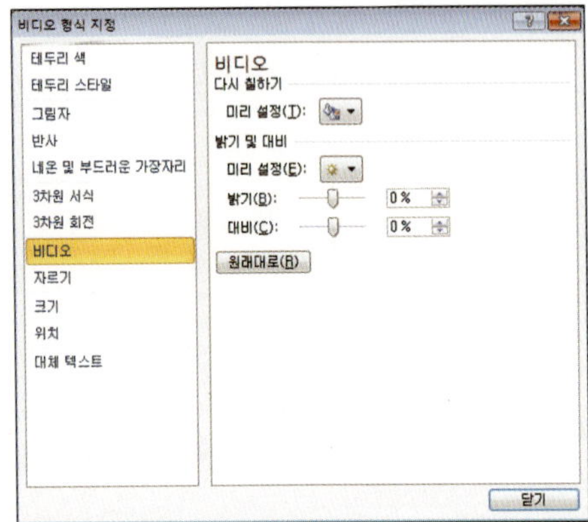

❹ **[정렬] 그룹** : 선택된 비디오 개체의 정렬과 관련된 명령들이 모여 있습니다.

❺ **[크기] 그룹** : 선택된 비디오 개체의 크기와 관련된 명령들이 모여 있습니다.

11. [비디오 도구]–[재생] 탭

비디오 개체를 선택하면 [비디오 도구]–[재생] 탭이 표시됩니다.

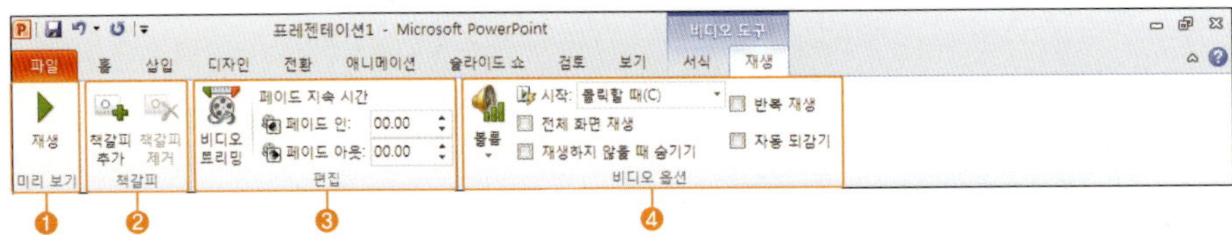

❶ **[미리 보기] 그룹** : 선택된 비디오를 미리 보기 위한 명령입니다.

❷ **[책갈피] 그룹** : 선택된 비디오 파일에 책갈피를 추가하고, 제거하는 명령들이 모여 있습니다.

❸ **[편집] 그룹** : 비디오를 필요한 부분만 트리밍 하거나 페이드 인, 페이드 아웃에 관한 것을 지정하는 명령들이 모여 있습니다.

❹ **[비디오 옵션] 그룹** : 비디오의 시작과 재생 방법에 관련된 명령들이 모여 있습니다.

12. [오디오 도구]–[서식] 탭

오디오 개체를 선택하면 [오디오 도구]–[서식] 탭이 표시됩니다.

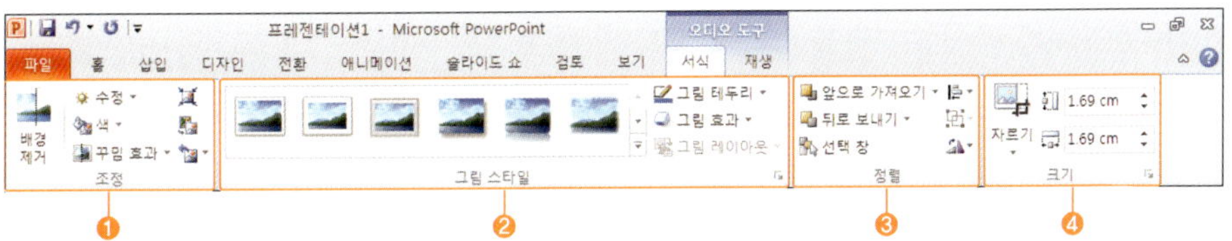

❶ **[조정] 그룹** : 선택된 오디오 단추의 밝기나 색상 등을 수정하는 명령들이 모여 있습니다.

❷ **[그림 스타일] 그룹** : 선택된 오디오 파일 모양이나 테두리 등 스타일에 관련된 명령들이 모여 있습니다.

❸ **[정렬] 그룹** : 선택된 오디오 개체의 정렬과 관련된 명령들이 모여 있습니다.

❹ **[크기] 그룹** : 선택된 오디오 개체의 크기와 관련된 명령들이 모여 있습니다.

13. [오디오 도구]–[재생] 탭

오디오 개체를 선택하면 [오디오 노구]–[재생] 탭이 표시됩니다.

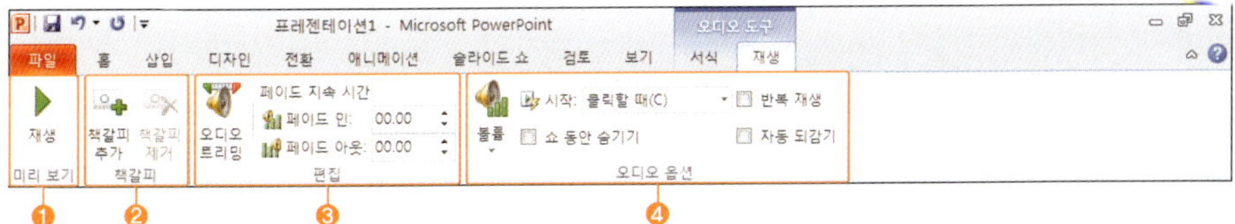

❶ **[미리 보기] 그룹** : 선택된 오디오를 미리듣기 위한 명령입니다.

❷ **[책갈피] 그룹** : 선택된 오디오 파일에 책갈피를 추가하고, 제거하는 명령들이 모여 있습니다.

❸ **[편집] 그룹** : 오디오를 필요한 부분만 트리밍 하거나 페이드 인, 아웃에 관한 것을 지정하는 명령들이 모여 있습니다.

❹ **[오디오 옵션] 그룹** : 오디오의 시작과 재생 방법에 관련된 명령들이 모여 있습니다.

14. [수식 도구]-[디자인] 탭

수식 개체를 선택하면 [수식 도구]-[디자인] 탭이 표시됩니다.

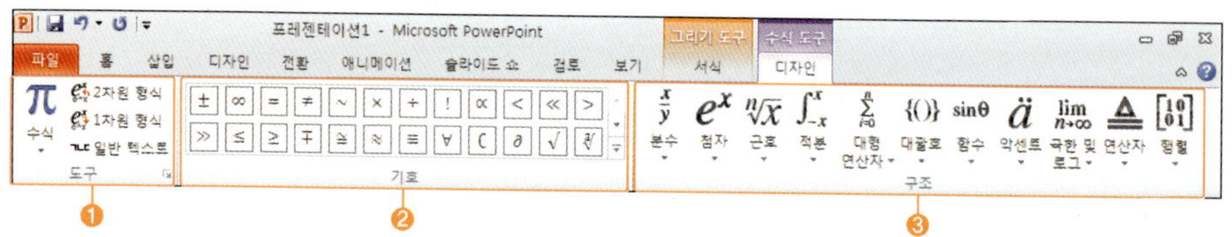

❶ **[도구] 그룹** : 수식을 2차원 또는 1차원 등의 형식으로 보도록 지정할 수 있습니다.

[도구] 그룹의 '창 표시' 버튼(⬛)을 누르면 [수식 옵션] 대화상자에서 수식 복사할 때의 텍스트로 복사하는 형식을 지정하거나 수식 자동 고침에 관한 자세한 설정을 할 수 있습니다.

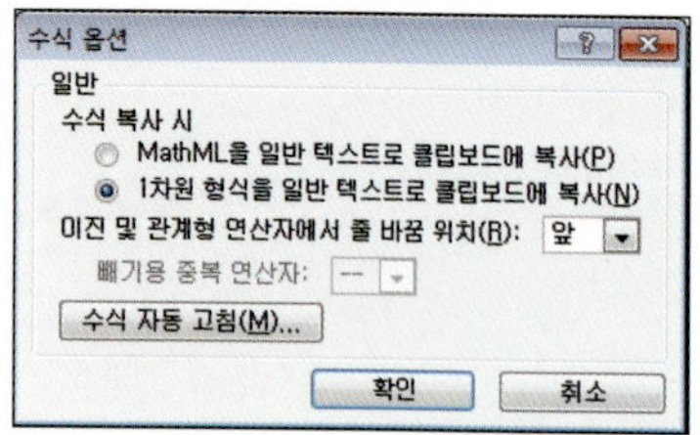

❷ **[기호] 그룹** : 수식에 사용하는 다양한 기호가 모여 있습니다.

❸ **[구조] 그룹** : 수식의 다양한 형태를 지정할 수 있습니다.

15. [잉크 도구]-[펜] 탭

주석 개체를 선택하면 [잉크 도구]-[펜] 탭이 표시됩니다.

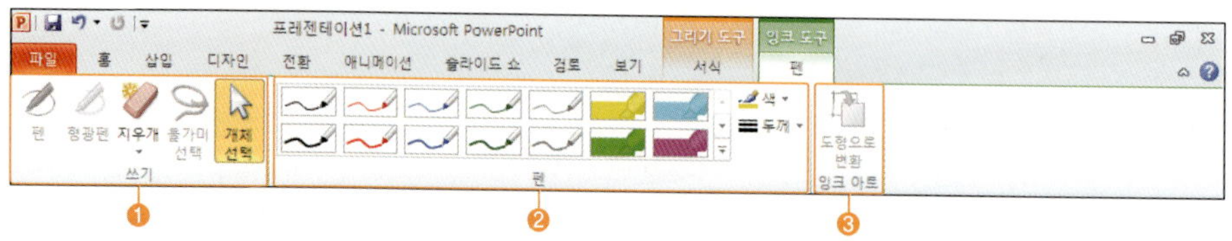

❶ **[쓰기] 그룹** : 주석 개체를 선택하거나 지우는 명령들이 모여 있습니다.

❷ **[펜] 그룹** : 펜의 종류를 지정하는 것에 관련된 명령들이 모여 있습니다.

❸ **[잉크 아트] 그룹** : 잉크를 도형으로 변환하는 명령이 있습니다.

16. [CD 오디오 도구]-[옵션] 탭

CD 오디오 개체를 선택하면 [CD 오디오 도구]-[옵션] 탭이 표시됩니다.

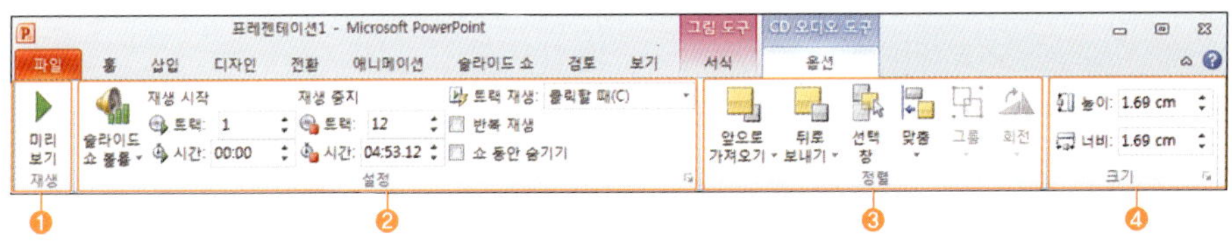

❶ **[재생] 그룹** : 선택된 CD 오디오 파일을 미리 보기 위한 명령입니다.

❷ **[설정] 그룹** : 선택된 CD 오디오 파일의 재생에 관련된 명령들이 모여 있습니다.
[설정] 그룹의 '창 표시' 버튼(⬜)을 누르면 [CD 오디오 옵션] 대화상자에서 오디오 옵션을 설정할 수 있습니다.

❸ **[정렬] 그룹** : 선택된 CD 오디오 개체의 정렬과 관련된 명령들이 모여 있습니다.

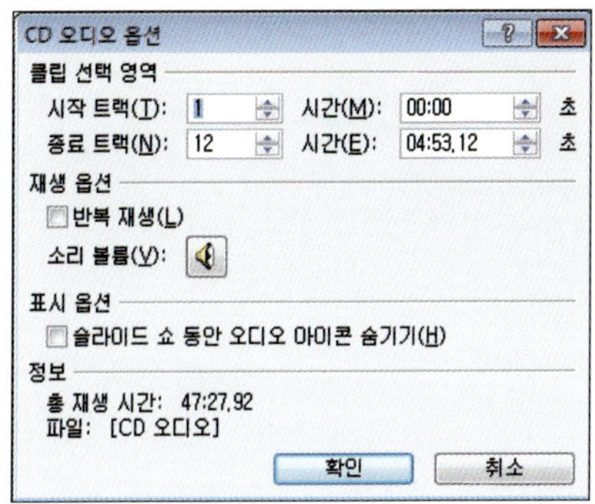

❹ **[크기] 그룹** : 선택 CD 오디오 개체의 정렬과 관련된 명령들이 모여 있습니다.

꾹! 알고가기 🔽 **리본 메뉴 명령 아이콘의 세 가지 종류**

- **일반 아이콘(⬜)** : 해당 명령이 실행됩니다.
- **▼표시가 있는 경우(⬜)** : 명령을 선택하도록 메뉴가 표시됩니다.
- **아이콘과 ▼표시가 있는 두 부분으로 나누어지는 경우(⬜)** : 아이콘 부분을 누르면 명령이 실행되고, ▼표시가 있는 부분을 누르면 명령을 선택하도록 메뉴가 표시됩니다.

파워포인트 2010 화면 위쪽에 보이는 [빠른 실행 도구 모음]에 자주 사용하는 명령을 등록한다면 작업을 위해 탭을 이동하는 번거로움을 줄일 수 있습니다. [빠른 실행 도구 모음]에 자주 사용하는 도구들을 추가하고 위치를 변경하는 방법을 알아보겠습니다.

참고 동영상 : 1강 1-3사용자지정메뉴.avi

1 [빠른 실행 도구 모음] 오른쪽 끝에 있는 [빠른 실행 도구 모음 사용자 지정] 버튼(▼)을 누르면, 몇 가지 메뉴를 설정할 수 있는데 왼쪽에 체크 표시가 있는 것은 현재 [빠른 실행 도구 모음]에 표시되고 있다는 의미입니다. 메뉴 중 [새로 만들기]를 선택합니다.

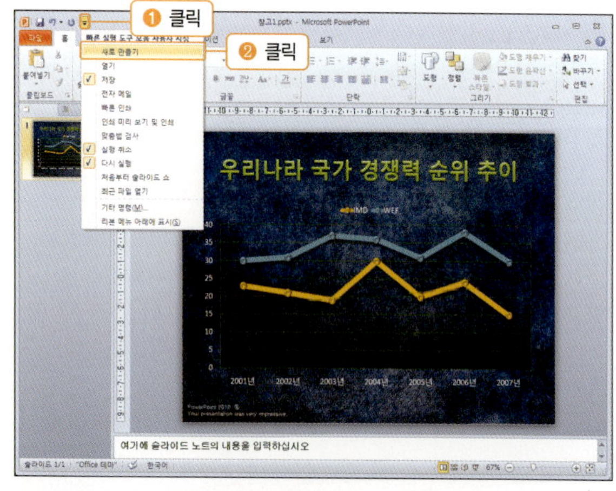

2 [새로 만들기] 아이콘(▢)이 [빠른 실행 도구 모음]에 추가된 것을 확인할 수 있습니다. 같은 방법으로 필요한 명령을 추가합니다.

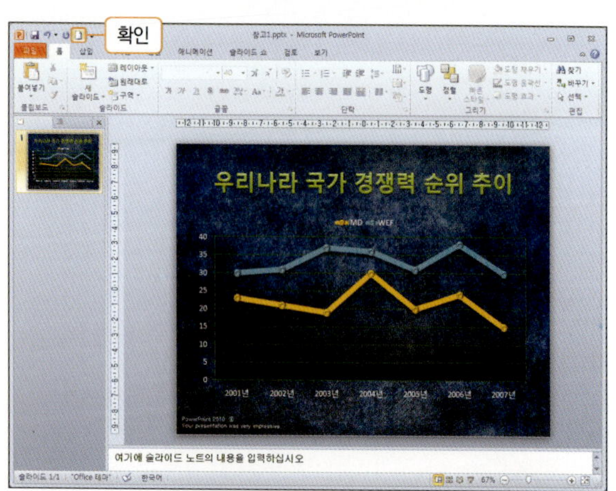

3 리본 메뉴 중에서 많이 사용되는 명령을 등록하고 싶다면, 리본 메뉴에서 바로 등록하여 사용할 수 있습니다. 추가하고 싶은 아이콘을 마우스 오른쪽 버튼으로 누르면 표시되는 바로 가기 메뉴에서 [빠른 실행 도구 모음에 추가]를 선택합니다.

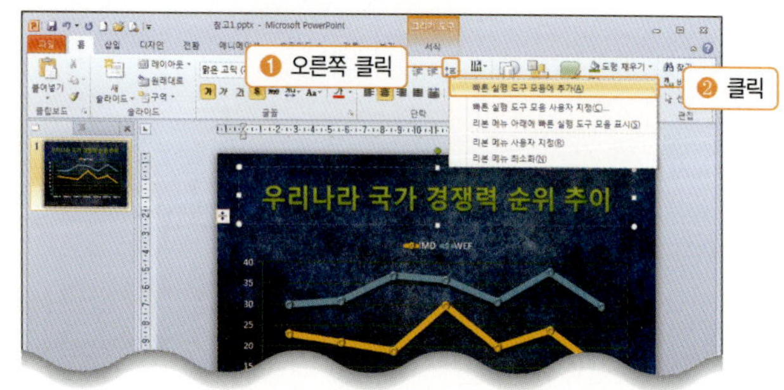

4 선택한 아이콘이 [빠른 실행 도구 모음]에 추가된 것을 확인할 수 있습니다.

> **Tip** • [빠른 실행 도구 모음]에서 등록된 명령을 삭제하려면, 지우려는 도구를 마우스 오른쪽 버튼으로 누른 다음, 표시되는 바로 가기 메뉴에서 [빠른 실행 도구 모음에서 제거]를 선택합니다.

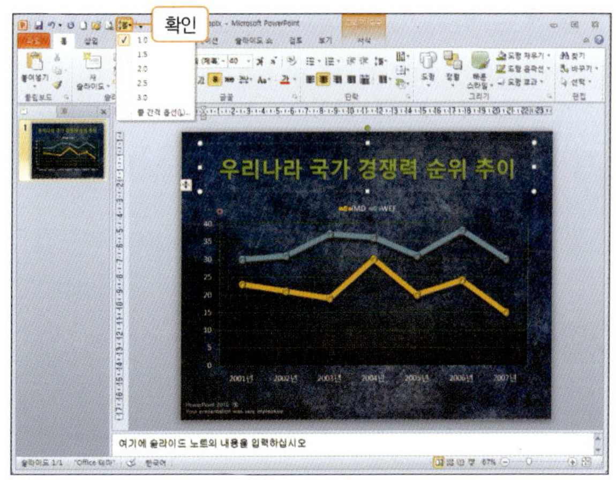

5 [빠른 실행 도구 모음]에 표시된 도구의 순서를 변경하고, 많은 도구들을 한 번에 추가하는 방법을 알아보겠습니다. [빠른 실행 도구 모음 사용자 지정] 버튼(⬇)을 누르면 표시되는 메뉴 중 [기타 명령]을 선택합니다.

> **Tip** • [빠른 실행 도구 모음]을 마우스 오른쪽 버튼으로 누르면 표시되는 바로 가기 메뉴에서 [빠른 실행 도구 모음 사용자 지정]을 선택해도 [기타 명령]이 실행됩니다.

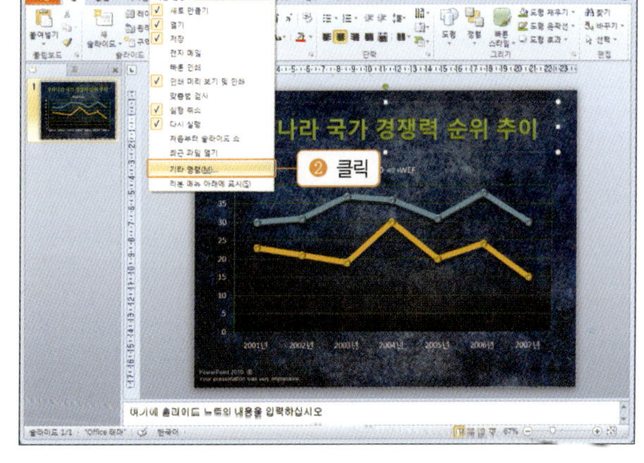

6 [PowerPoint 옵션] 대화상자가 표시되면 [다음에서 명령 선택] 항목에서 원하는 명령 범주를 선택하고, 추가할 명령을 선택한 다음 〈추가〉 버튼을 누릅니다.

> **Tip** • 등록된 명령을 삭제할 때는 제거하려는 명령을 선택한 다음 〈제거〉 버튼을 누릅니다.

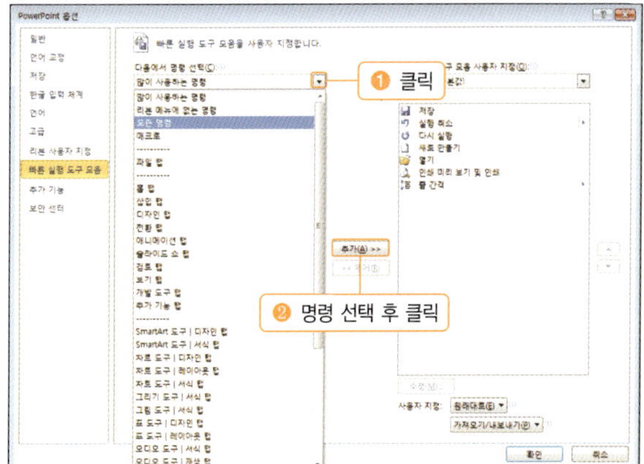

7 [빠른 실행 도구 모음]에서 사용하려는 도구를 모두 등록했으면 〈확인〉 버튼을 누릅니다.

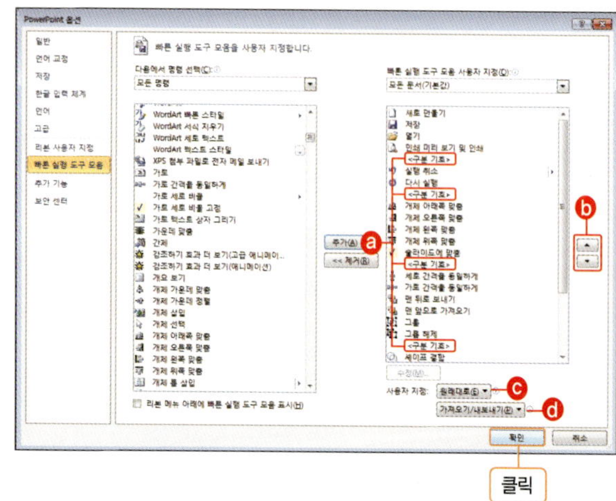

> **Tip** ·
> **ⓐ 구분 기호** : 도구와 도구 사이에 구분선을 넣어 등록 메뉴들을 분류해서 정리할 수 있습니다.
> **ⓑ 순서 바꾸기** : [PowerPoint 옵션] 대화상자 오른쪽에 있는 [위로 이동] 버튼(▲)과 [아래로 이동] 버튼(▼)을 이용해 정렬합니다.
> **ⓒ 원래대로** : 파워포인트 2010 설치 초기 상태로 되돌릴 수 있습니다.
> **ⓓ 가져오기/내보내기** : 다른 컴퓨터에서도 같은 설정 상태를 사용할 수 있도록 환경을 저장하고, 저장한 환경을 가져와서 사용할 수 있습니다.

8 [빠른 실행 도구 모음]에 설정한 아이콘이 추가된 것을 확인할 수 있습니다. 만일 아이콘이 너무 많다면 [빠른 실행 도구 모음]의 위치를 이동하여 아이콘을 표시할 수 있습니다. [빠른 실행 도구 모음]을 마우스 오른쪽 버튼으로 누른 다음 표시되는 바로 가기 메뉴에서 [리본 메뉴 아래에 빠른 실행 도구 모음 표시]를 선택합니다.

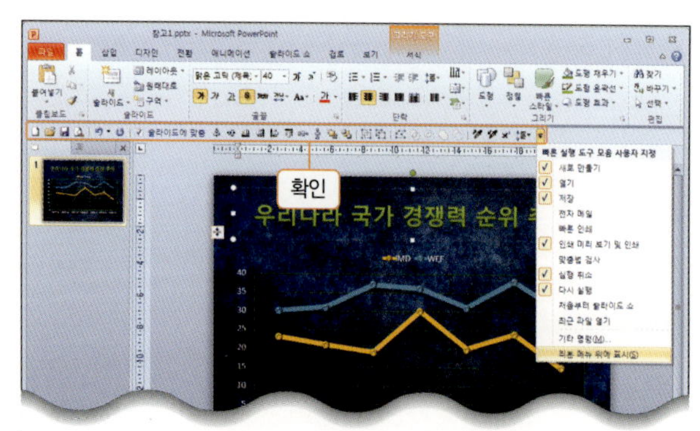

> **Tip** · [빠른 실행 도구 모음]의 위치는 리본 메뉴 위와 리본 메뉴 아래 중 한 곳을 사용할 수 있습니다. 리본 메뉴 아래는 등록 명령이 많아졌을 때 좀 더 넓게 사용하기 편리합니다.

9 [빠른 실행 도구 모음]이 리본 아래로 이동된 것을 확인할 수 있습니다. 자주 사용하는 명령이 있다면 이렇게 [빠른 실행 도구 모음]에 추가하는 것이 편리합니다.

6 나만의 리본 메뉴 만들기

파워포인트 2010에서는 사용자들이 직접 리본 메뉴를 수정하여 자주 사용하는 명령을 등록할 수 있습니다. 다만 명령을 원하는 위치로 이동할 수는 없습니다. 이번에는 사용자가 필요한 명령을 별도로 탭에 등록하고 사용하는 방법을 살펴보겠습니다.

참고 동영상 : 1강 1-3사용자지정메뉴.avi

1 리본 메뉴에서 임의의 탭을 마우스 오른쪽 버튼으로 누른 다음 표시되는 바로 가기 메뉴에서 [리본 메뉴 사용자 지정]을 선택합니다.

> **Tip** • [파일] 탭에서 [옵션]을 선택해도 [PowerPoint 옵션] 대화상자를 표시할 수 있습니다.

2 [PowerPoint 옵션] 대화상자가 표시되고, [리본 메뉴 사용자 지정] 메뉴의 오른쪽에서 마우스 오른쪽 버튼을 누른 탭의 하위 그룹이 펼쳐져 보이는 것을 확인할 수 있습니다. 확장 표시(⊞)를 눌러서 펼치면 탭에 포함된 그룹과 세부 명령을 확인할 수 있습니다.

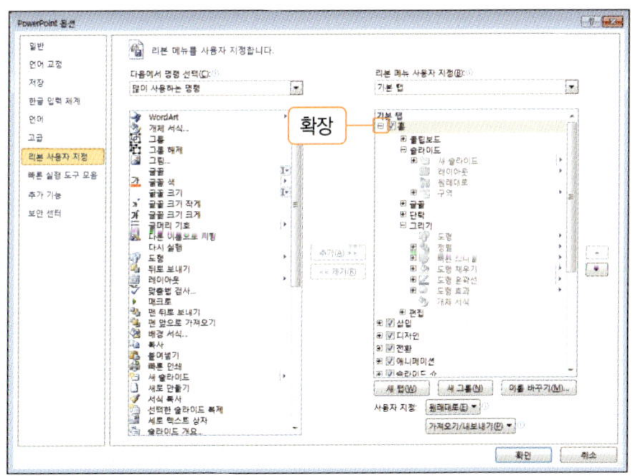

3 탭 옆에 새로운 탭을 만들어 보겠습니다. 보기 편리하도록 홈에 해당하는 항목 앞에 축소 표시(⊟)를 눌러서 화면을 정리한 다음 '홈'이 선택된 상태에서 메뉴 목록 아래쪽에 있는 〈새 탭〉 버튼을 누릅니다.

> **Tip** • 기존의 탭에 사용자 그룹만 더 추가해서 사용하려면 〈새 그룹〉 버튼을 누릅니다.

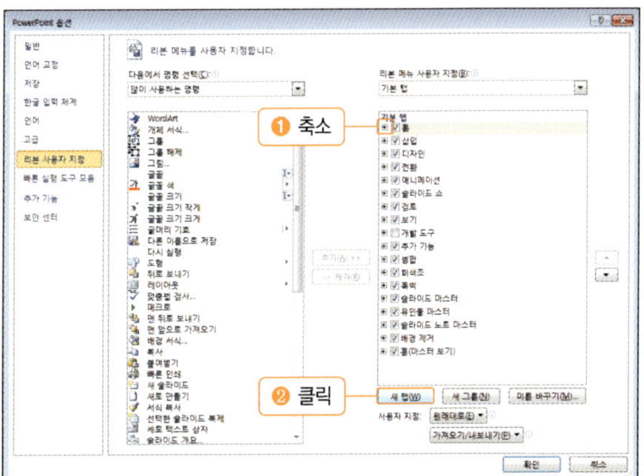

4 목록에 '새 탭(사용자 지정)'과 '새 그룹(사용자 지정)'이 만들어졌다면, 아래쪽에 있는 〈이름 바꾸기〉 버튼을 눌러 탭의 이름과 그룹의 이름을 지정합니다.

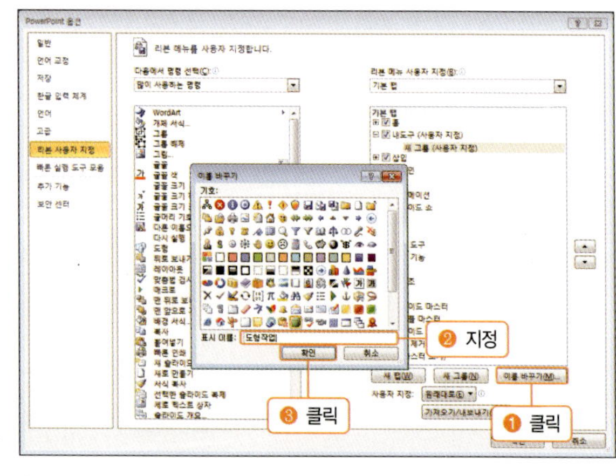

> **Tip** • 새 그룹의 이름을 바꿀 때 선택하는 기호는 그룹을 화면에 모두 표시할 공간이 없을 때 그룹의 대표 이미지로 사용합니다.

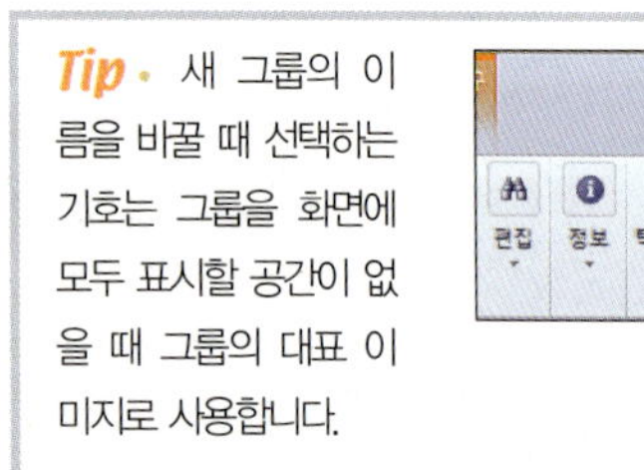
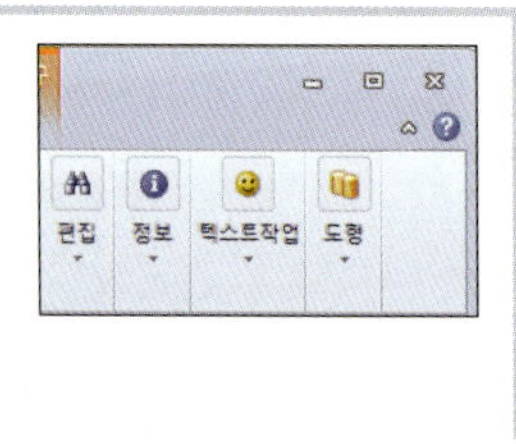

5 '다음에서 명령 선택'을 '리본 메뉴에 없는 명령'으로 지정합니다. 오른쪽 목록에서 파워포인트 2010에 추가된 도형 관련 명령인 '셰이프 결합'을 선택하고 〈추가〉 버튼을 누릅니다. 같은 방법으로 '셰이프 교차', '셰이프 병합', '셰이프 빼기' 명령을 등록합니다.

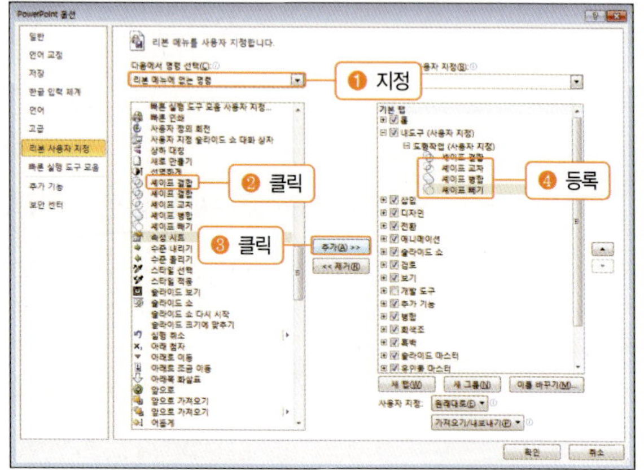

6 아래쪽에서 〈새 그룹〉 버튼을 누르고, 같은 방법으로 메뉴를 분류해서 필요한 명령을 등록합니다.

> **Tip** • 파워포인트 2010 설치 초기 상태의 리본 메뉴로 되돌리려면 아래쪽에 있는 〈원래대로〉 버튼을 누릅니다.

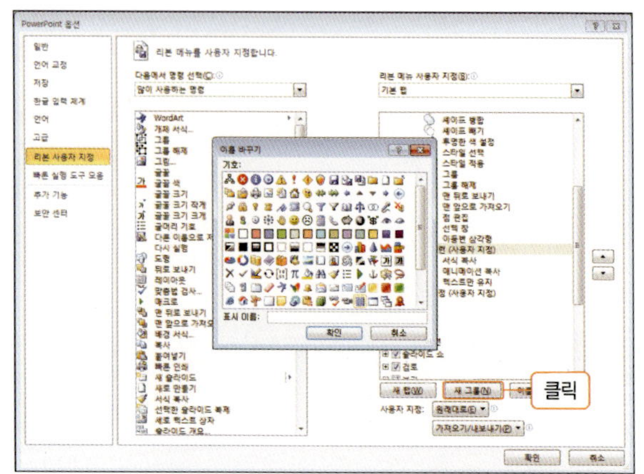

7 등록된 메뉴를 삭제할 때는 제거하려는 메뉴를 선택하고 〈제거〉 버튼을 누릅니다. 원하는 메뉴들 구성을 모두 마쳤다면 아래쪽에 있는 〈확인〉 버튼을 누릅니다.

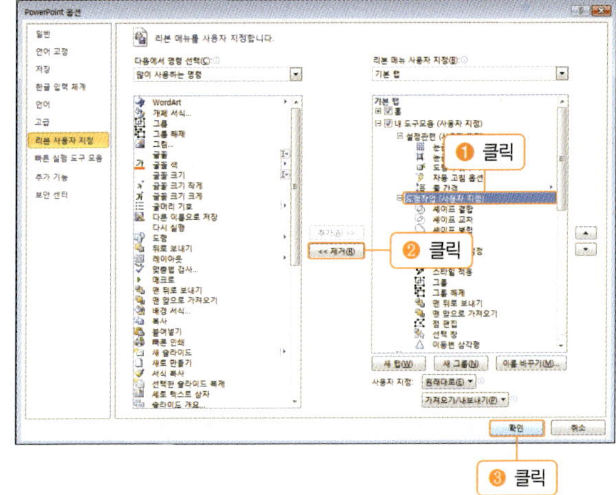

8 새로운 탭이 등록된 것을 확인합니다. 파워포인트를 익힌 다음 업무에 활용하다 보면 본인이 많이 사용하는 작업 패턴이 파악됩니다. 이 기능을 활용하여 사용자만의 메뉴를 구성하세요.

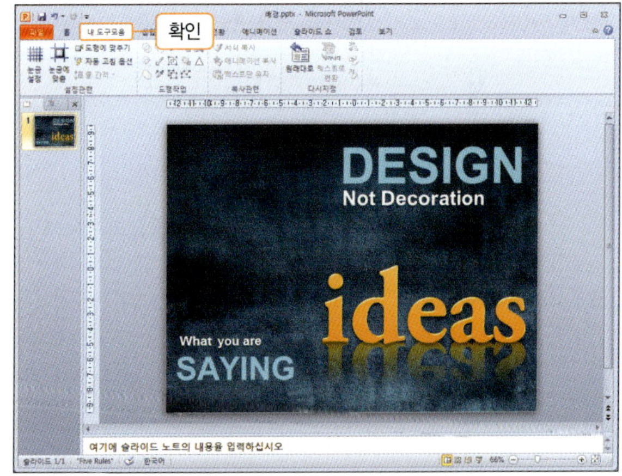

꼭! 알고가기 ▼ [개발 도구] 탭을 표시하는 방법

메뉴의 제거는 사용자가 직접 등록한 메뉴만 가능합니다. 기본 탭이나 도구 탭은 목록 앞에 체크 표시를 해제하면 화면에서 감출 수 있습니다. 만약 기본 탭 중 [개발 도구] 탭을 화면에 표시하려면 체크 표시합니다.

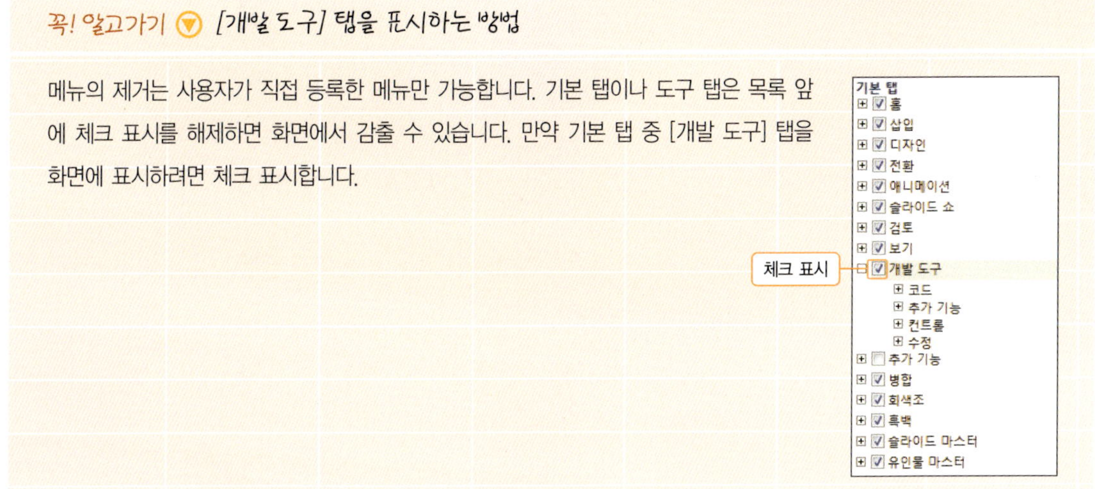

Backstage 보기에서 파일 관리하기

파워포인트 2010에서 Office 단추 대신 Backstage 보기가 새로 생겼습니다. Backstage 보기는 [파일] 탭을 누르면 나타나는 화면으로 파일에 대해 수행하는 모든 작업을 Backstage 보기에서 관리합니다. Backstage 보기에서 파일을 관리하는 방법을 살펴보겠습니다.

새 프레젠테이션 파일 만들기

파워포인트 작업을 하기 위해서는 먼저 새로운 프레젠테이션 문서를 만들어야 합니다. [파일] 탭에서 Backstage 보기와 Backstage 보기를 이용하여 새 프레젠테이션을 만드는 방법을 알아보겠습니다.

1 [파일] 탭을 눌러 파워포인트 2010에서 문서를 관리하는 Backstage 보기를 표시합니다.

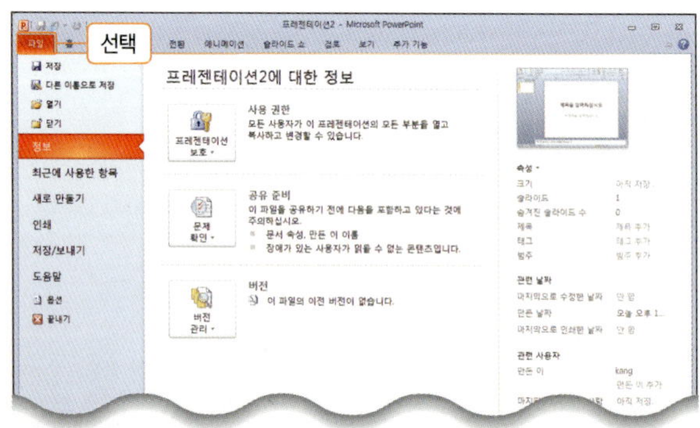

Tip · Backstage 보기는 숨겨진 메타데이터 또는 개인 정보 만들기, 저장, 인쇄, 검사 및 옵션 설정 작업을 수행할 수 있는 파일 및 파일에 대한 데이터를 관리하는 공간이며 이전 버전 오피스에서 사용하는 Office 단추( ) 및 [파일] 메뉴를 대체합니다.

2 [새로 만들기] 메뉴를 선택하면 프레젠테이션 파일을 새롭게 만드는 여러 방법을 선택할 수 있습니다. [새 프레젠테이션]을 선택하고 〈만들기〉 버튼을 누릅니다.

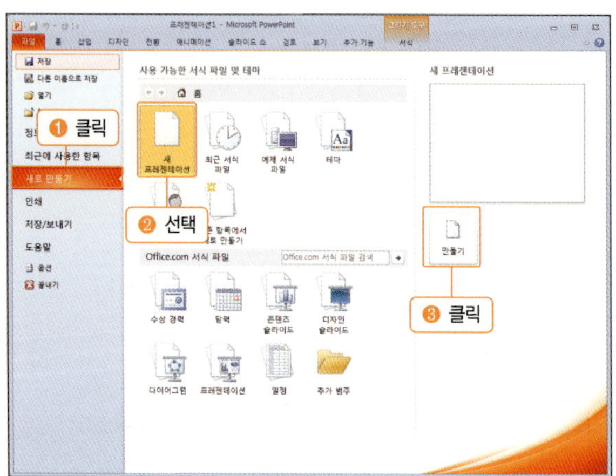

3 기본 테마가 적용된 새 프레젠테이션이 만들어진 것을 확인합니다. [새 프레젠테이션] 형식으로 문서 만들기를 실행할 때 표시되는 기본 테마 형식은 사용자가 많이 사용하는 것으로 지정할 수 있습니다.

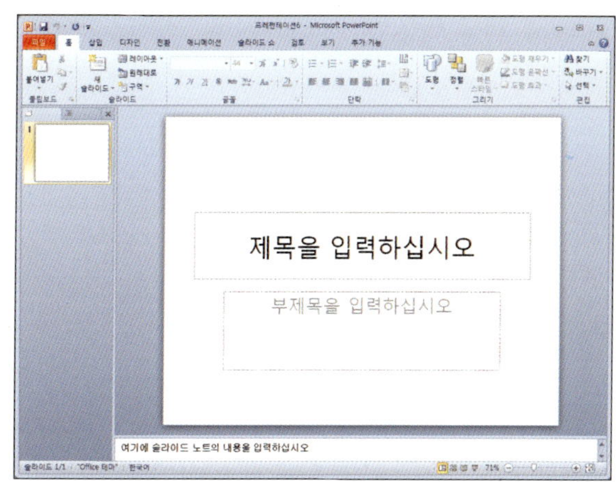

사용 가능한 서식 파일 및 테마 종류 알아보기

새 프레젠테이션 파일을 만드는 방법은 여러 가지가 있습니다. 빈 프레젠테이션을 만들어 꾸밀 수도 있지만 서식이나 테마를 불러올 수도 있습니다. [파일] 탭의 [새로 만들기] 메뉴에서 새 프레젠테이션 파일을 만드는 여러 가지 방법을 알아보겠습니다.

1. 새 프레젠테이션

기본 테마가 적용된 새 프레젠테이션을 만드는 방법입니다.

2. 최근 서식 파일

최근에 사용한 서식 파일을 선택해서 새 프레젠테이션을 만드는 방법입니다.

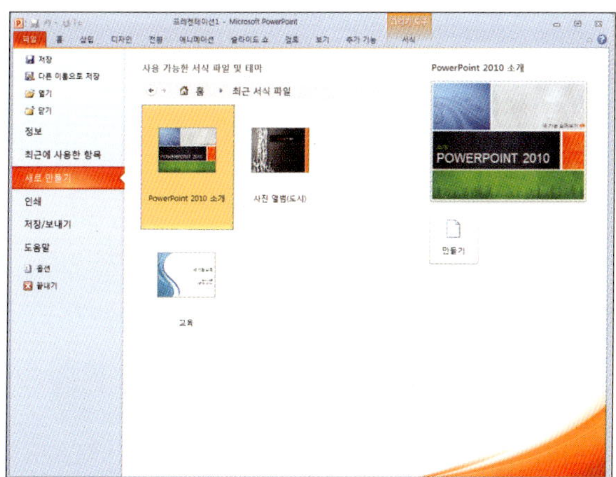

3. 예제 서식 파일

파워포인트 2010에 설치된 예제 서식 파일을
선택해서 새 프레젠테이션을 만드는 방법입니다.

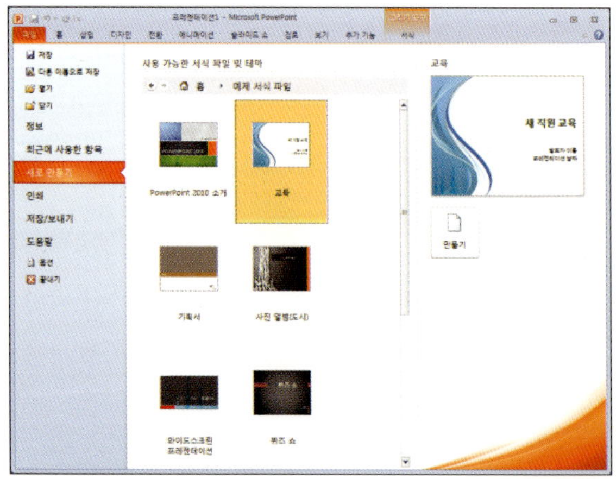

4. 테마

파워포인트 2010에 설치된 테마 형식으로 새
프레젠테이션을 만드는 방법입니다.

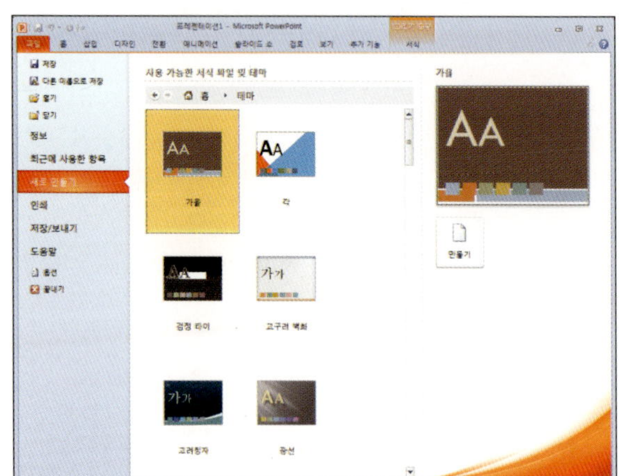

5. 내 서식 파일

사용자가 이미 만들어 놓은 서식을 적용하여
새 프레젠테이션을 만드는 방법입니다. 회사나
업무별로 일정한 형식을 유지해야 할 때 사용하
면 편리합니다.

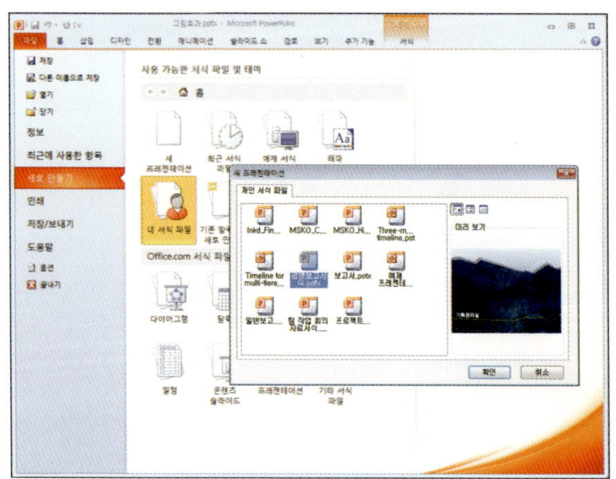

6. 기존 항목에서 새로 만들기

기존에 만들어 놓은 파일을 이용하여 새 프레젠테이션을 만드는 방법입니다. 기존의 파일과 무관하게 새 프레젠테이션에서 내용을 수정할 수 있습니다. 기존 파일을 열고 다른 이름으로 저장한 다음 작업하는 것보다 편리합니다.

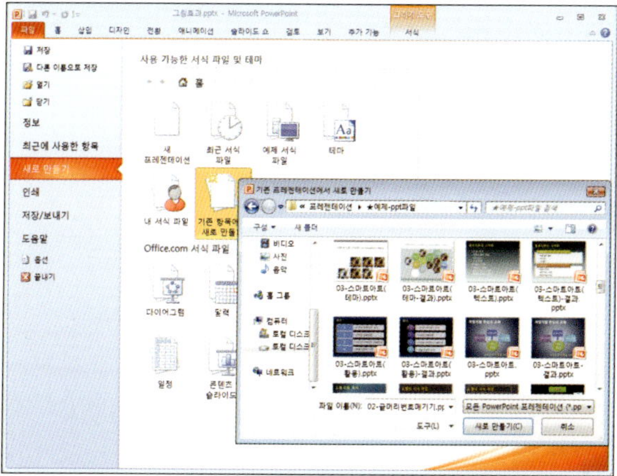

7. Office.com 서식 파일

마이크로소프트에서 제공하는 서식 파일을 선택하여 새 프레젠테이션을 만드는 방법입니다.

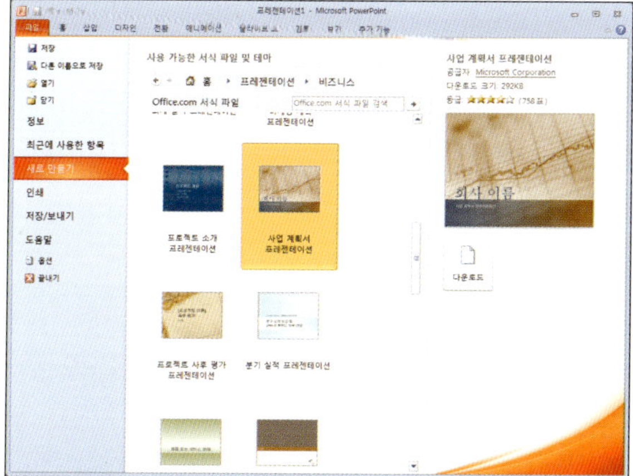

파워포인트 작업을 하기 위해서는 먼저 새로운 프레젠테이션 문서를 만들거나 기존에 작업하던 문서를 불러와야 합니다. 여러 가지 방법으로 새 프레젠테이션을 만들고 파일을 열거나 저장하는 방법을 살펴보겠습니다.

1 [파일] 탭을 누르고 왼쪽에서 [열기] 메뉴를 선택합니다.

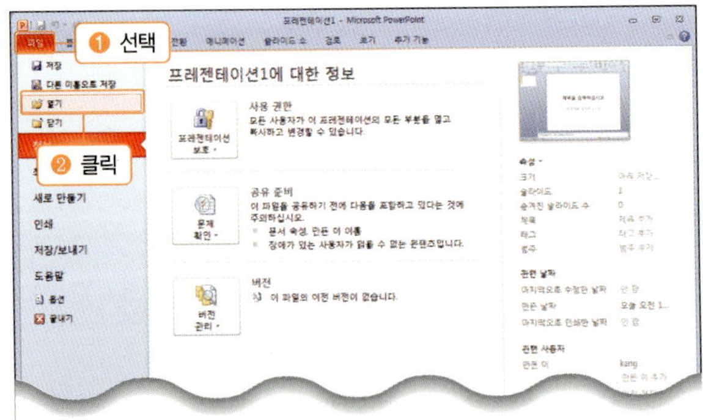

2 [열기] 대화상자에서 경로를 지정하고 파일을 선택한 다음 〈열기〉 버튼을 누릅니다.

> **Tip** · 파일을 열 때는 몇 가지 옵션이 있습니다. [열기] 대화상자에서 파일을 선택한 다음 〈열기〉 버튼의 ▼ 부분을 누르면, 편집할 목적으로 원본 파일을 열거나 복사본을 열 수 있으며, 파일을 다른 이름으로 저장하기 전에는 변경 내용을 저장할 수 없도록 읽기 전용으로 열 수 있습니다.

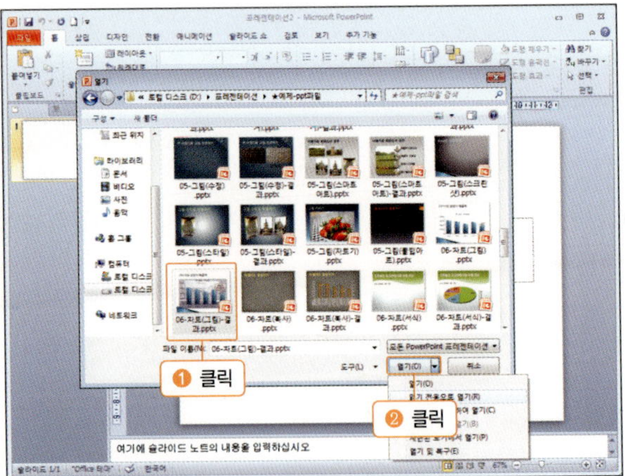

3 최근에 작업하던 폴더에 있는 파일을 열거나 최근에 작업한 파일을 빠르게 선택하려면, [파일] 탭 화면에서 [최근에 사용한 항목] 메뉴를 선택합니다.

4 최근 목록은 파워포인트에서 문서를 열 때 마다 예전 것이 밀리면서 계속 추가됩니다. 만 일 특정 문서나 작업 폴더를 항상 목록에 남기 고 싶다면, 목록 오른쪽 끝에 있는 압정 아이콘 ()을 눌러 고정합니다.

> **Tip** • 고정된 목록은 위쪽으로 위치가 변경되고 파란 색 압정으로 표시됩니다. 고정된 파란 압정을 누르 면 고정을 해제할 수 있습니다. 특정 문서나 작업 폴더 를 계속 최근 문서 목록에 남기면 필요한 문서를 열 때 편리합니다.

5 작업한 파일을 저장하려면 [파일] 탭 화면의 왼쪽에서 [다른 이름으로 저장] 메뉴를 선택합 니다.

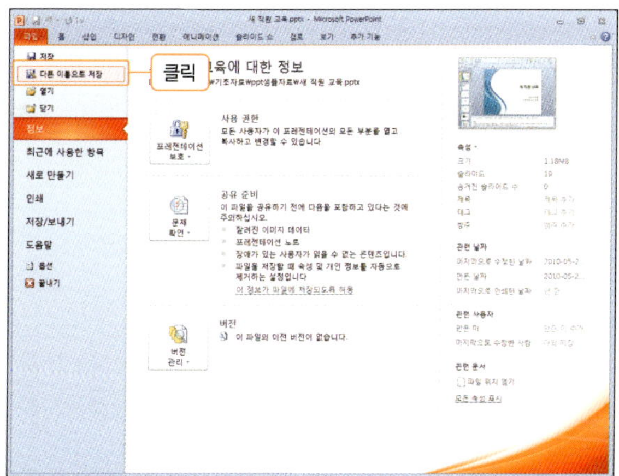

[PowerPoint 옵션] 대화상자에서 [고급] 메뉴를 선택 합니다. [표시] 항목에서 최근 문서 목록의 문서 수 를 설정합니다.

최대 오십 개까지 설정할 수 있으며 최근에 사용한 파일 목록을 표시하지 않으려면 "0"을 입력합니다.

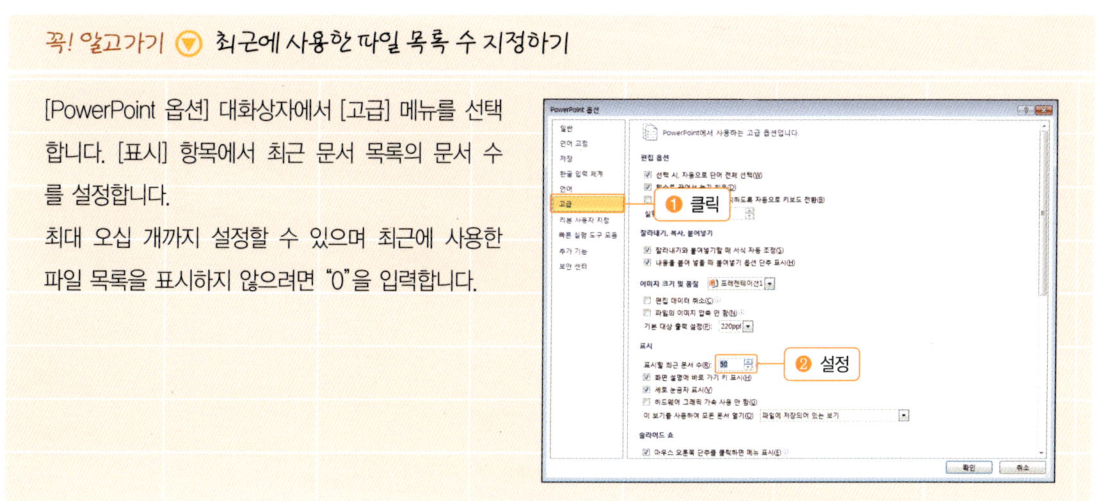

6 [다른 이름으로 저장] 대화상자가 표시되면 저장 위치를 선택하고 '파일 이름'을 지정합니다. '파일 형식'을 선택한 다음 〈저장〉 버튼을 누릅니다.

> **Tip** · 파워포인트 2010의 기본 형식은 PPTX입니다. 파워포인트를 비롯한 모든 오피스 버전의 확장자가 기존 확장자 다음에 X가 붙었습니다. 이것은 오피스 2010이 기본적으로 XML을 지원한다는 의미입니다.

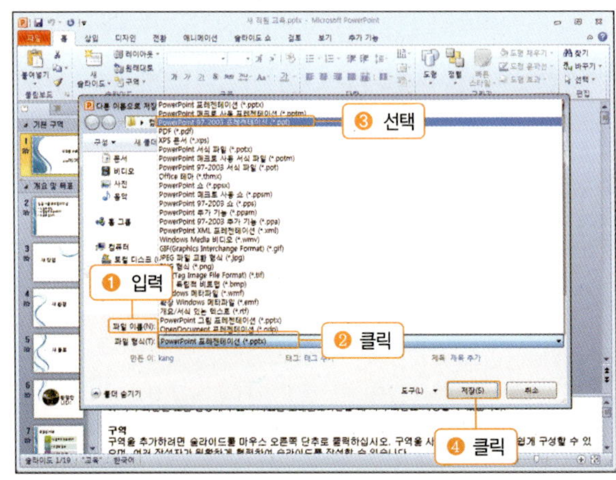

7 또 다른 방법으로 [파일] 탭 화면의 [저장/보내기] 메뉴를 선택하고 [파일 형식] 항목의 [파일 형식 변경]을 누른 다음 화면 오른쪽에 있는 [파일 형식 변경] 항목에서 저장하려는 파일의 형식을 선택하는 방법이 있습니다.

> **Tip** ·
> • 저장 단축키 : Ctrl + S
> • 다른 이름으로 저장 단축키 : Ctrl + Shift + S

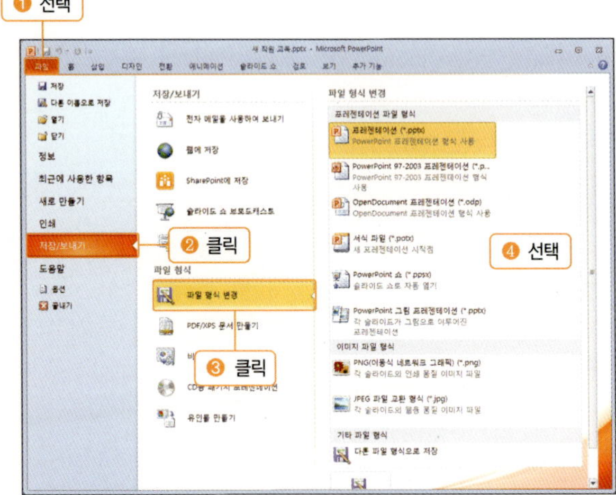

꼭! 알고가기 ⊙ 저장 명령에 사용되는 도구 이용하기

[저장] 대화상자의 왼쪽 아래에 있는 〈도구〉 버튼을 누르면 옵션의 종류가 표시됩니다. 이 옵션을 활용하면, 파일을 저장하면서 파일 형식 변경이나 글꼴 포함, 그림 압축 등의 작업을 할 수 있습니다.

❶ **저장 옵션** : [PowerPoint 옵션] 대화상자의 [저장] 메뉴 화면이 표시됩니다. 이전 버전 형식으로 저장하거나, 파일에 사용된 글꼴 포함 여부를 지정할 수 있습니다.

❷ **일반 옵션** : 문서를 열 때, 혹은 쓸 때 암호를 지정할 수 있습니다. 또한 매크로가 포함된 문서라면 포함 여부를 지정할 수 있습니다.

❸ **그림 압축** : 파일 안에 있는 모든 그림을 압축하면서 저장할 때의 해상도를 지정할 수 있습니다.

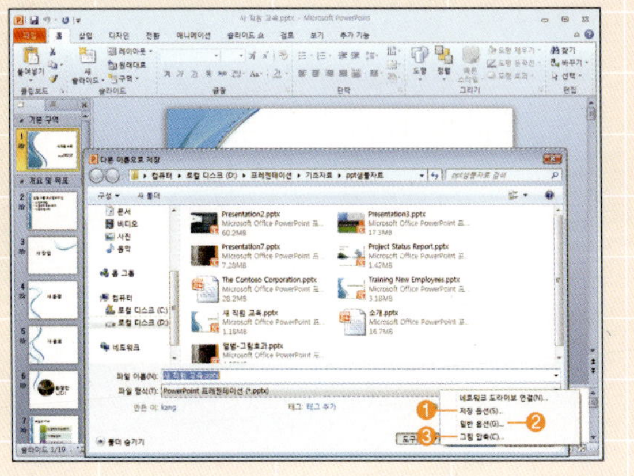

4 저장되지 않은 파일 복구하기

파워포인트 2010에서 자동 복구 기능을 사용하면 파일을 작업하는 동안 설정한 간격의 시간마다 파일의 버전이 저장됩니다. 예기치 않은 상황이나 실수로 저장을 하지 못했거나, 작업 중 이전 상태로 복원하는 방법을 살펴보겠습니다.

1. [문서 복구] 창 사용하기

심각한 오류나 그 밖의 문제가 발생한 다음 오피스 프로그램을 다시 시작하면 복구된 파일이 자동으로 열립니다.

파일이 예기치 않게 닫힐 경우, 파워포인트를 다시 실행하면 최대 세 개의 저장 가능한 파일이 포함된 [문서 복구] 창이 나타납니다. 작업창에 표시되는 각 파일에 대해 [열기], [다른 이름으로 저장] 또는 [삭제]를 선택합니다.

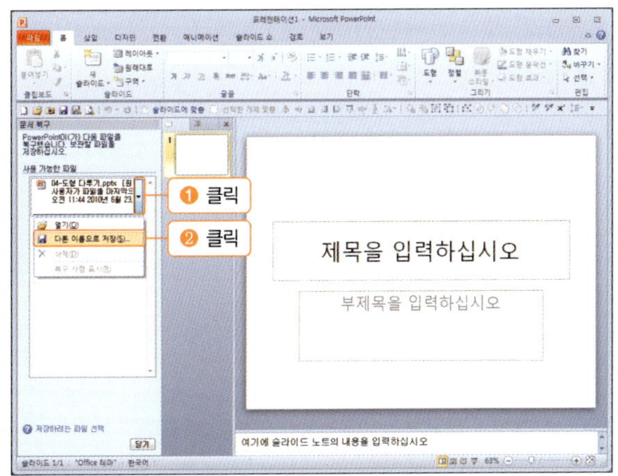

2. 저장하지 않고 닫은 경우

파일을 저장하지 않고 닫으면 파일을 다시 열 때 복구할 수 있도록 파일의 버전이 임시로 보관됩니다.

1 저장하지 않고 닫은 경우, [파일] 탭을 누르고 [최근에 사용한 항목] 메뉴를 선택합니다. 화면 아래쪽에 있는 〈저장하지 않은 프레젠테이션 복구〉 버튼을 누릅니다.

2 [열기] 대화상자에 저장된 임시 폴더가 표시됩니다. 저장하고자 하는 파일을 선택한 다음 〈열기〉 버튼을 누릅니다.

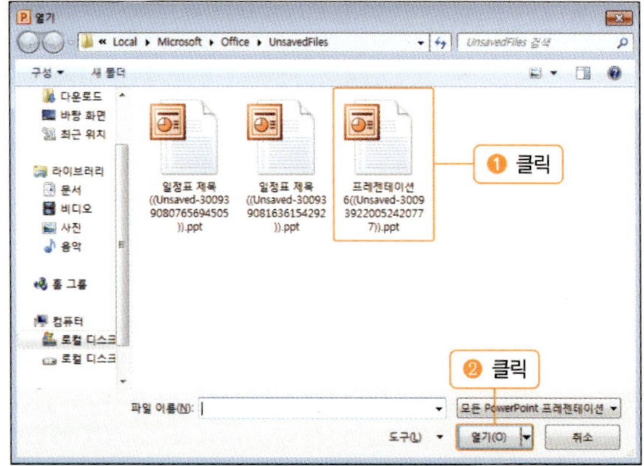

3 문서 맨 위의 표시되는 메시지 표시줄에서 〈다른 이름으로 저장〉 버튼을 눌러 저장합니다.

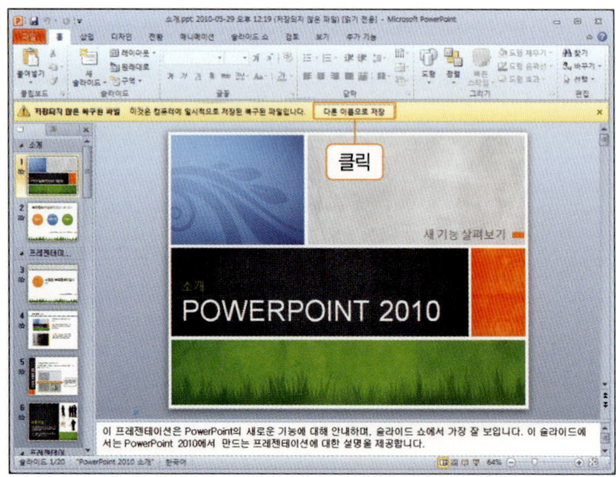

꼭! 알고가기 ▼ 저장하지 않은 프레젠테이션을 복구하는 또 다른 방법

1. 새 파일이나 기존 파일을 열고 [파일] 탭을 누릅니다.
2. [정보] 메뉴를 선택하고 〈버전 관리〉 버튼을 누릅니다.
3. [저장하지 않은 프레젠테이션 복구]를 선택합니다.

3. 현재 파일이 자동 저장된 이전 버전을 사용하려는 경우

1 현재 파일이 자동 저장된 이전 버전을 사용하려는 경우, [파일] 탭을 누르고 [정보]를 선택합니다. [버전] 항목 아래로 현재 파일의 자동 저장된 버전이 나열됩니다. 목록에서 원하는 버전을 선택합니다.

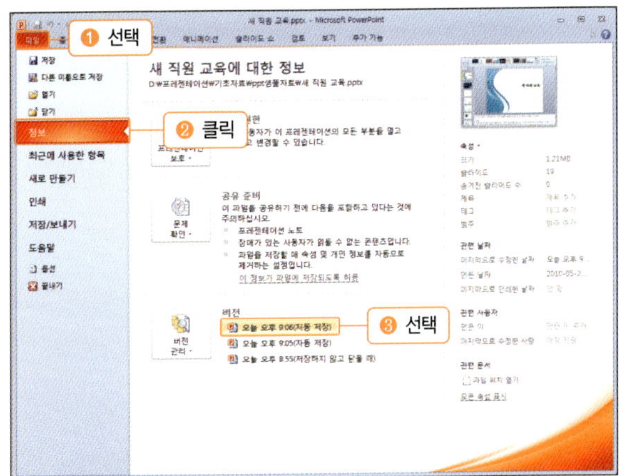

2 문서 맨 위의 표시되는 메시지 표시줄에서 〈복원〉 버튼을 누릅니다.

꼭! 알고가기 ▼ **자동 복구와 자동 저장 활성화 및 조정하기**

1. [PowerPoint 옵션] 대화상자에서 [저장] 메뉴를 선택합니다. '자동 복구 정보 저장 간격'에 체크 표시하고 분 단위로 간격을 설정합니다.

2. '저장하지 않고 닫는 경우 마지막으로 자동 저장된 버전을 유지합니다.'에 체크 표시합니다.

3. '자동 복구 파일 위치'에서 작업 중인 파일 버전이 자동으로 저장되는 위치를 변경할 수 있습니다.

파워포인트 2010의 인쇄는 Backstage 보기에서 관리할 수 있습니다. 실제로 인쇄를 하지 않고도 인쇄했을 때 레이아웃이 어떻게 표시되는지를 미리 볼 수 있으며, 부수, 프린터, 인쇄할 슬라이드, 페이지당 슬라이드 수, 색 옵션 등 옵션을 설정한 다음 인쇄를 실행합니다.

1. [인쇄] 메뉴 표시하기

Backstage 보기를 표시하기 위해 [파일] 탭을 누르고 [인쇄] 메뉴를 선택합니다.

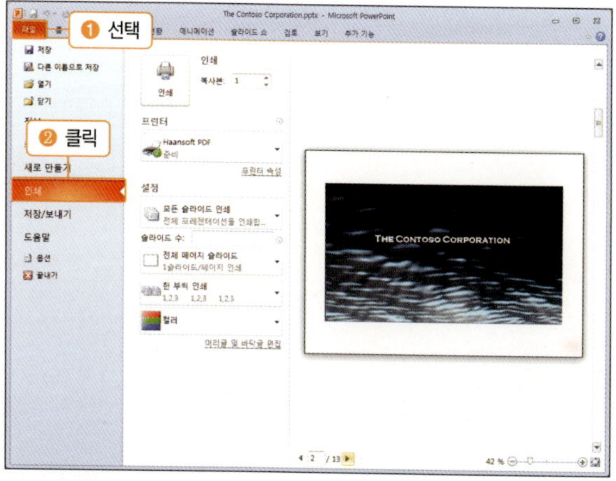

2. [설정] 항목에서 인쇄 설정하기

1 [설정] 항목에서 인쇄할 슬라이드 범위를 지정합니다. 구역으로 슬라이드가 나누어진 문서거나 숨겨진 슬라이드가 있다면 인쇄 범위에서 선택할 수 있도록 표시됩니다.

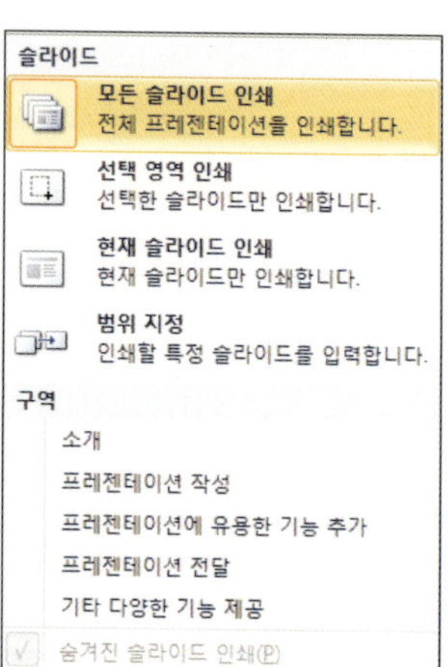

2 인쇄 모양을 지정합니다. 슬라이드 주위에 얇은 테두리를 인쇄하려면 [슬라이드 테두리]를 선택합니다. 프린터에서 지정한 용지에 슬라이드를 인쇄하려면 [용지에 맞게 크기 조정]을 누릅니다. 부드러운 그림자를 인쇄하려면 [고품질]을 누릅니다. 고품질로 인쇄하면 프레젠테이션을 인쇄하는 데 시간이 오래 걸릴 수 있습니다.

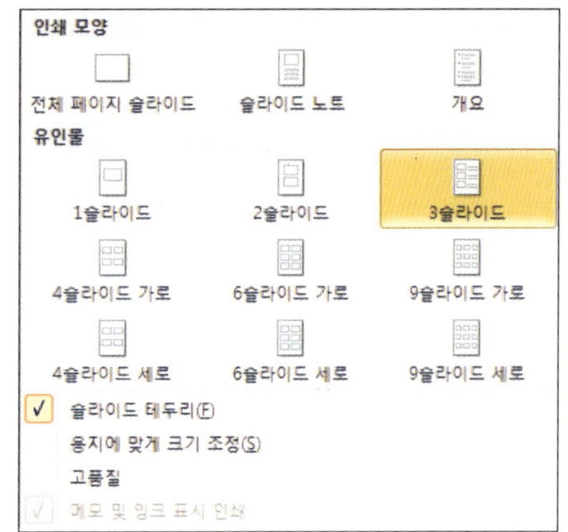

3 인쇄 모양이 전체 페이지 슬라이드가 아니라면 인쇄 방향을 지정할 수 있는 버튼이 활성화됩니다.

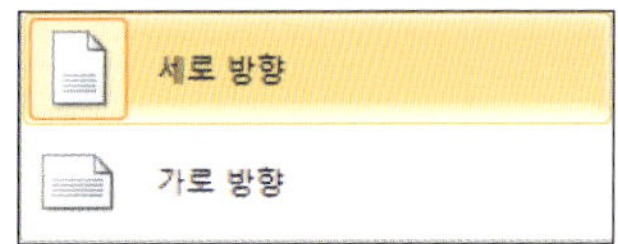

4 인쇄할 색조를 지정합니다. [컬러]를 선택하면 컬러 프린터로 인쇄할 경우 컬러로 인쇄되고 [회색조]를 선택하면 검은색과 흰색 사이의 다양한 회색조로 이미지가 인쇄되며 텍스트를 쉽게 읽을 수 있도록 배경색은 흰색으로 인쇄됩니다. [흑백]을 선택하면 회색 채우기 없이 유인물이 인쇄됩니다.

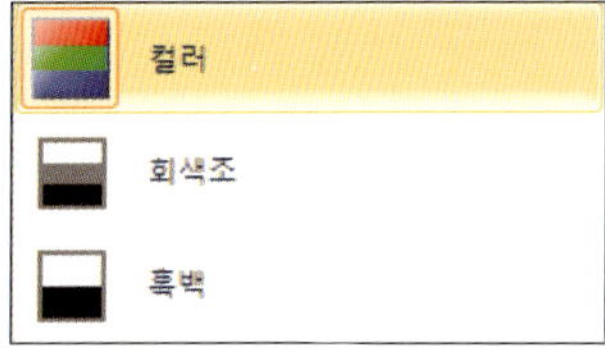

5 인쇄 보기 상태에서도 머리글 및 바닥글 편집을 할 수 있지만, 마스터 작업에서 머리글 및 바닥글 편집을 하는 것이 위치 조정이나 서식 작업을 한번에 할 수 있어 수월합니다.

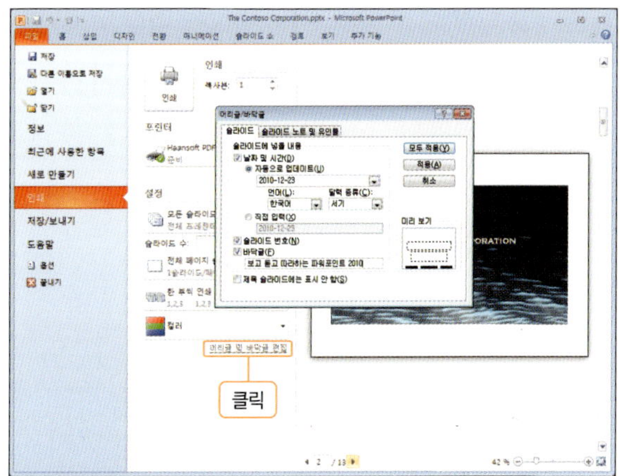

[PowerPoint 옵션] 대화상자 살펴보기

[PowerPoint 옵션] 대화상자에서는 파워포인트 2010의 모든 설정 작업을 할 수 있습니다. Backstage 보기를 표시하기 위해 [파일] 탭을 누르고 [옵션] 메뉴를 선택하면, 파워포인트의 환경과 업데이트 등의 리소스 관리에 관한 여러 가지 설정이 가능합니다.

1. [일반] 메뉴

파워포인트 2010 작업에 관한 일반적인 설정을 할 수 있습니다.

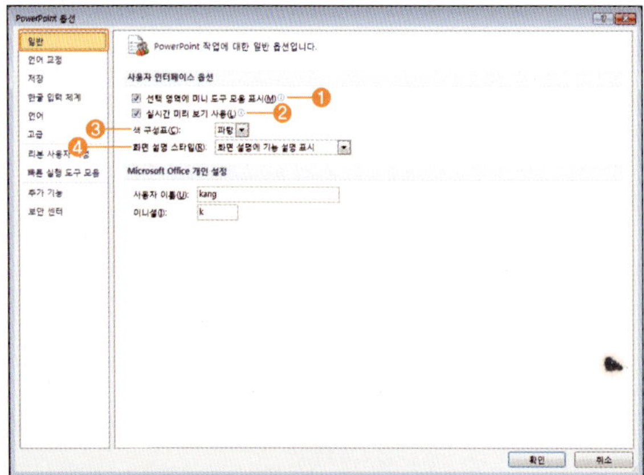

❶ **선택 영역에 미니 서식 도구 모음 표시** : 텍스트를 선택할 때 [미니 서식 도구 모음]을 표시합니다.

❷ **실시간 미리 보기 사용** : 선택 사항에 마우스 포인터가 위치하면 적용된 형태를 미리 표시합니다.

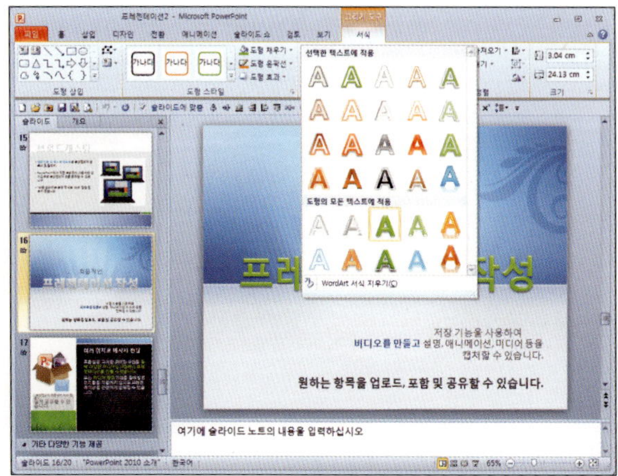

❸ **색 구성표** : 파워포인트 2010의 색상 톤을 지
  정합니다.

❹ **화면 설명 스타일** : 풍선 도움말의 형태를 지
  정합니다.

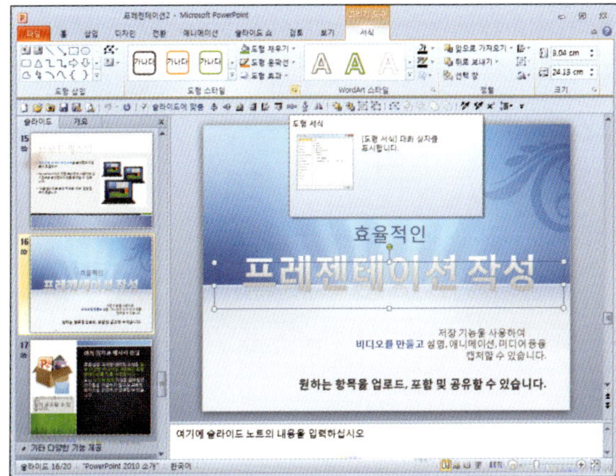

2. [언어 교정] 메뉴

파워포인트 2010에서 텍스트를 수정하거나 서식을 지정하는 방법을 선택합니다.

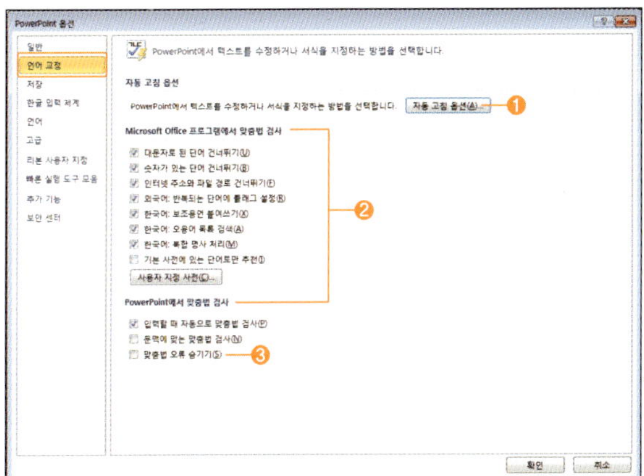

❶ **자동 고침 옵션** : 텍스트를 입력할 때 자동으로 고칠 수 있는 항목을 지정합니다.

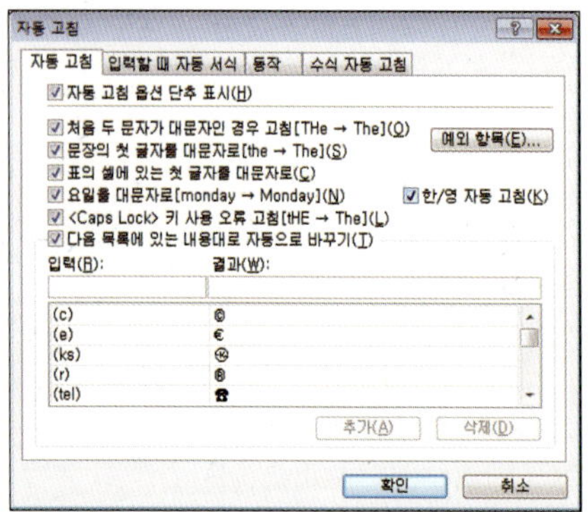

❷ **맞춤법 검사** : 맞춤법 검사에 관한 설정을 합니다.

❸ **맞춤법 오류 숨기기** : 오류가 있더라도 빨간색 밑줄이 표시되지 않습니다. 빨간색 밑줄은 인쇄했을 때나 슬라이드 쇼에서는 보이지 않으므로 설정하는 것이 좋습니다.

3. [저장] 메뉴

문서 저장 방식을 지정합니다.

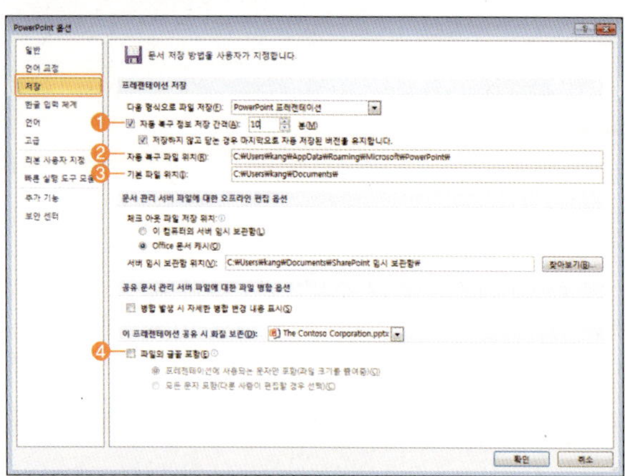

❶ **자동 복구 정보 저장 간격** : 자동 저장되는 간격을 설정합니다. 프로그램 데이터 및 프로그램 상태를 저장할 간격을 분 단위로 설정합니다.

❷ **자동 복구 파일 위치** : 작업 중인 파일 버전이 자동으로 저장되는 위치를 지정합니다.

❸ **기본 파일 위치** : 파일을 열 때나 저장할 때 기본적으로 표시되는 위치입니다.

❹ **파일의 글꼴 포함** : 프레젠테이션 파일을 저장할 때 사용된 글꼴도 함께 저장합니다.

4. [한글 입력 체계] 메뉴

한글 문자에 대한 줄 바꿈을 지정합니다.

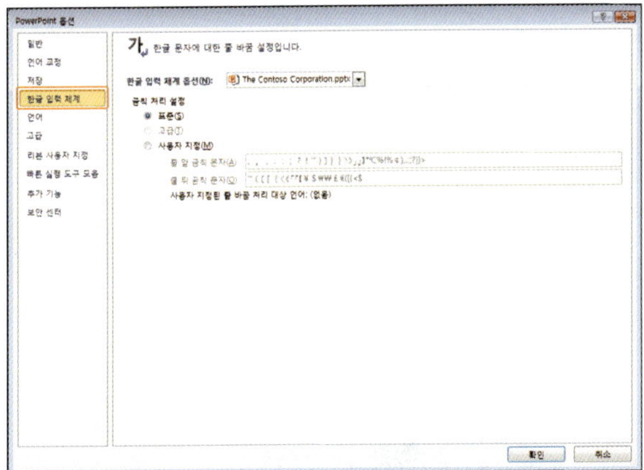

5. [언어] 메뉴

언어 기본 설정을 지정합니다. 기본 편집, 표시, 도움말 언어를 프랑스어나 영어 등의 다른 언어로 변경할 수 있습니다

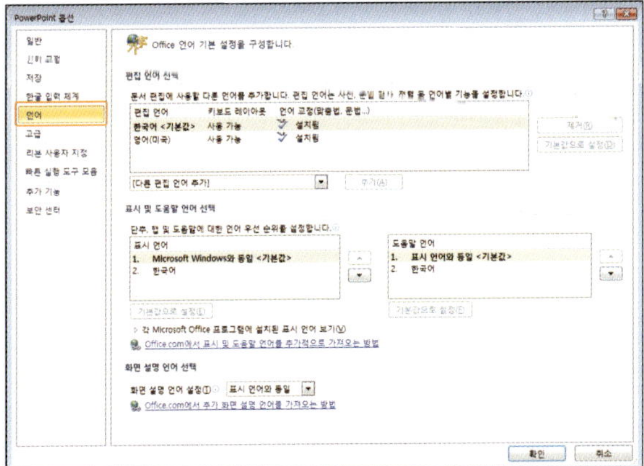

6. [고급] 메뉴

파워포인트 2010에서 사용하는 고급 옵션을 지정합니다.

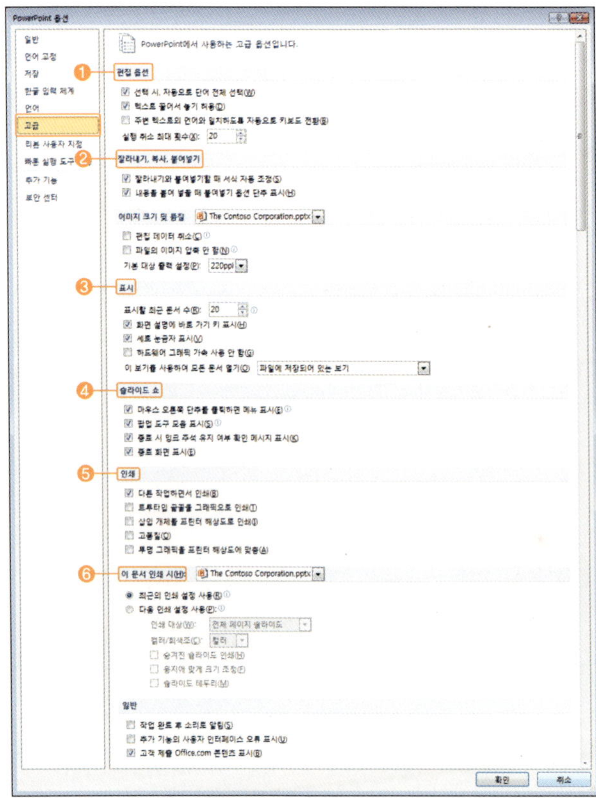

❶ **[편집 옵션] 항목**

   ⓐ **선택 시, 자동으로 단어 전체 선택** : 단어를 선택할 때 자동으로 연결된 조사나 접미사까지 블록으로 지정합니다.

   ⓑ **텍스트 끌어서 놓기 허용** : 텍스트를 블록으로 지정하고 블록 위를 드래그하면 위치를 이동할 수 있습니다.

   ⓒ **주변 텍스트의 언어와 일치하도록 키보드 전환** : 한/영을 누르지 않아도 입력된 텍스트의 상태에 맞추어 키보드를 자동으로 전환합니다.

   ⓓ **실행 취소 최대 횟수** : 실행 취소로 되돌릴 수 있는 명령의 횟수를 설정합니다. 최대 150회까지 설정할 수 있습니다.

❷ **[잘라내기, 복사, 붙여넣기] 항목**

   ⓐ **내용을 붙여넣을 때 붙여넣기 옵션 단추 표시** : 붙인 다음 서식 등에 관한 선택을 할 수 있는 옵션 단추를 표시합니다.

❸ **[표시] 항목**

  ⓐ **표시할 최근 문서 수** : 최근 문서 목록에 표시되는 문서의 개수를 지정합니다. 최대 오십 개까지 표시할 수 있습니다.

  ⓑ **화면 설명에 바로 가기 키 표시** : 명령의 풍선 도움말에서 단축키를 표시합니다.

  ⓒ **세로 눈금자 표시** : 화면에 눈금자 표시를 하면 세로 눈금자도 함께 표시됩니다.

  ⓓ **이 보기를 사용하여 모든 문서 열기** : 프레젠테이션 파일을 열 때 보이는 형식을 지정합니다.

❹ **[슬라이드 쇼] 항목**

  ⓐ **마우스 오른쪽 버튼을 클릭하면 메뉴 표시** : 슬라이드 쇼 상태에서 마우스 오른쪽 버튼을 누르면 메뉴가 표시됩니다.

  ⓑ **팝업 도구 모음 표시** : 슬라이드 쇼 상태에서 화면 아래쪽의 도구 모음이 표시됩니다.

  ⓒ **종료 시 잉크 주석 유지 여부 확인 메시지 표시** : 슬라이드 쇼 상태에서 화면에 주석을 입력한 다음 슬라이드 쇼를 마쳤을 때 주석을 슬라이드에 삽입할 것인지를 확인합니다.

  ⓓ **종료 화면 표시** : 슬라이드 쇼를 마칠 때 보이는 검은색 종료 화면을 표시합니다.

❺ **[인쇄] 항목**

  ⓐ **다른 작업하면서 인쇄** : 인쇄 속도는 조금 느려지지만, 인쇄 중 다른 작업을 할 수 있습니다.

  ⓑ **트루타입 글꼴을 그래픽으로 인쇄** : 트루타입 글꼴을 그래픽으로 인쇄하면 크기를 크게 할 경우에도 좀 더 깨끗하게 출력됩니다.

  ⓒ **삽입 개체를 프린터 해상도로 인쇄** : 삽입한 이미지의 해상도가 높아도 프린터에서 지원하는 해상도에 맞게 인쇄합니다.

  ⓓ **고품질** : 부드러운 그림자를 인쇄합니다.

  ⓔ **투명 그래픽을 프린터 해상도에 맞춤** : 투명 그래픽의 해상도를 프린터 해상도에 맞춥니다.

❻ **[이 문서 인쇄 시] 항목**

  ⓐ **최근의 인쇄 설정 사용** : 마지막으로 인쇄한 설정 값을 사용해서 인쇄합니다.

  ⓑ **다음 인쇄 설정 사용** : 인쇄 대상, 색조, 숨겨진 슬라이드의 인쇄 등 설정 사항을 아래에서 지정한 값으로 인쇄합니다.

7. [리본 사용자 지정] 메뉴

파워포인트 2010에서 추가된 기능으로, 리본 메뉴를 사용자가 지정할 수 있습니다.

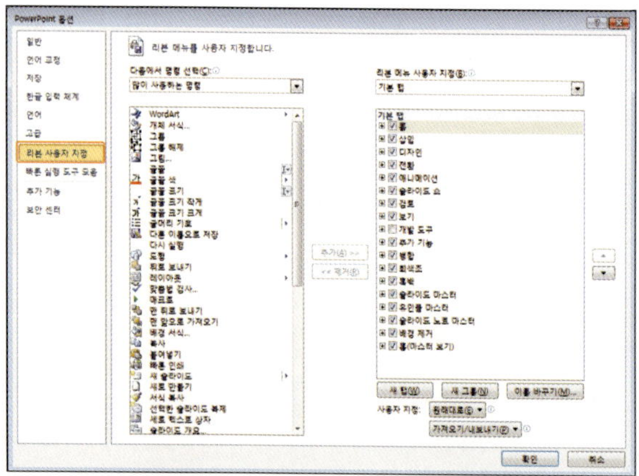

8. [빠른 실행 도구 모음] 메뉴

[빠른 실행 도구 모음]에 등록하는 명령을 지정합니다.

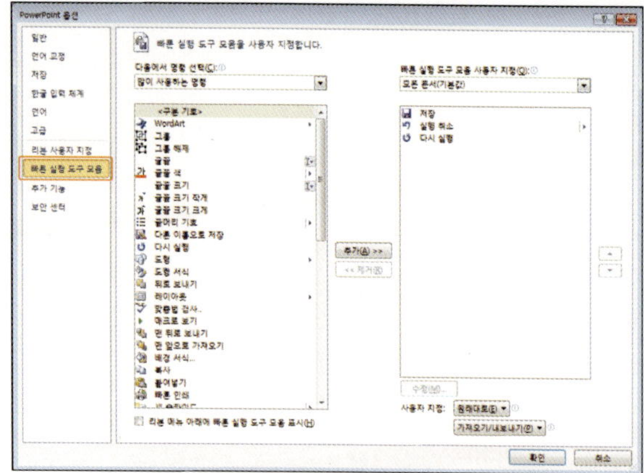

9. [추가 기능] 메뉴

오피스의 추가 기능을 관리합니다. 추가 기능은 파워포인트 2010에 사용자 지정 명령이나 사용자 지정 기능을 추가하는 보조 프로그램으로 Office.com나 타사 공급업체 웹 사이트에서 구할 수 있습니다. 개발자의 경우 VBA를 사용하여 사용자 지정 추가 기능 프로그램을 직접 작성할 수 있습니다.

추가 기능을 사용하려면 먼저 사용 가능한 추가 기능 목록에 추가 기능을 추가한 다음 사용합니다.

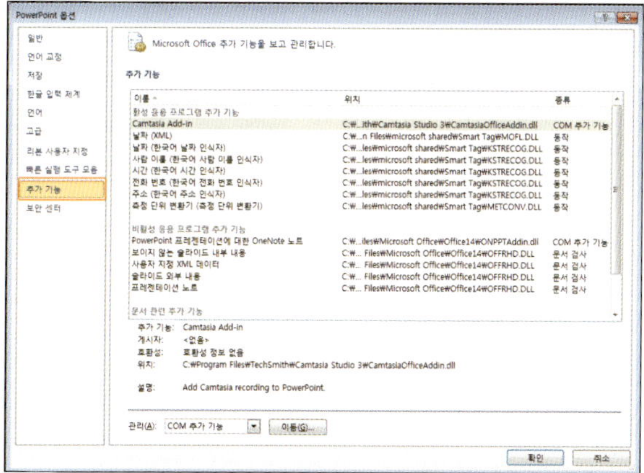

10. [보안 센터] 메뉴

문서 및 컴퓨터의 보안을 관리합니다. [보안 센터 설정]에서는 문서를 열면서 매크로를 포함할 것인지 등의 여부를 지정할 수 있습니다.

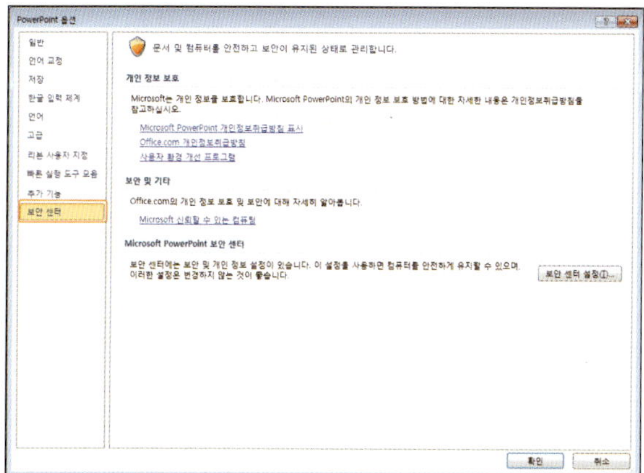

파워포인트 2010 사용을 위한 준비 운동

파워포인트 문서 작업을 하기 위해 먼저 슬라이드를 삽입, 삭제, 복사, 원하는 위치로 이동하는 슬라이드 제어 방법을 배우게 됩니다. 그리고 슬라이드 작업의 기본이 되는 텍스트 개체에 관한 내용을 살펴보겠습니다. 텍스트에 관한 기능은 앞으로 다루게 될 도형이나 개체에 텍스트를 삽입하고 서식을 적용하는 공통적인 기능으로 활용할 수 있습니다. 파워포인트를 사용하는 기본적인 기능은 꼭 익혀 두어야 합니다.

PART

02

Section 01 슬라이드 자유자재로 다루기
Section 02 미리 만들어진 슬라이드 활용하기
Section 03 텍스트로 꾸미는 슬라이드
Section 04 한눈에 내용을 파악하는 텍스트 수준 조정하기
Section 05 텍스트에 서식 지정해서 활용해 주기

슬라이드
자유자재로
다루기

프레젠테이션 내용에 따라 새로운 슬라이드를 추가하고 불필요한 슬라이드는 삭제한 다음 슬라이드의 위치를 원하는 순서로 나열하는 것은 파워포인트 작업을 하기 위한 기본적인 동작입니다.

슬라이드를 다루는 방법과 구역을 나누어 관리하는 방법을 살펴보겠습니다.

새 슬라이드 만들고 레이아웃 변경하기

이전 버전과 마찬가지로 파워포인트 2010을 실행하면 새 프레젠테이션 문서가 만들어지면서 제목을 입력할 수 있는 슬라이드가 표시됩니다. 문서에 슬라이드를 삽입하는 다양한 방법을 살펴보고, 작업 내용에 맞는 레이아웃을 선택하는 방법을 학습하겠습니다.

참고 동영상 : 2강 2-1슬라이드다루기.avi

1 [홈] 탭의 [슬라이드] 그룹에서 '새 슬라이드' 아이콘(□)의 그림 부분을 누릅니다.

Tip · 새 슬라이드를 만드는 단축키는 Ctrl + M 입니다. 새로운 파일을 만들 때는 [파일] 탭 화면의 [새로 만들기] 메뉴에서 [새 프레젠테이션]을, 파일 중 새로운 페이지를 만들 때는 '새 슬라이드' 아이콘을 사용합니다.

2 현재 슬라이드 아래쪽으로 새 슬라이드가 삽입되는 것을 확인합니다. 새 슬라이드를 삽입할 때 레이아웃을 지정하면서 삽입하려면 [홈] 탭의 [슬라이드] 그룹에서 '새 슬라이드' 아이콘(□)의 ▼부분을 누릅니다. 현재 파일의 [슬라이드 마스터]에 있는 레이아웃 형식이 모두 표시됩니다. 제공되는 [Office] 테마에서 [콘텐츠 2개] 레이아웃을 선택합니다.

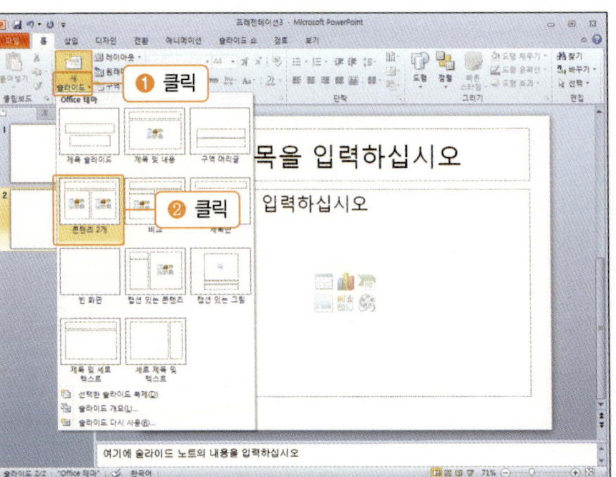

3 [콘텐츠 2개] 레이아웃을 가진 새 슬라이드가 삽입되는 것을 확인합니다.

Tip • [슬라이드 및 개요] 창에서 슬라이드를 마우스 오른쪽 버튼으로 누르고 [새 슬라이드]를 선택하거나, 슬라이드를 선택하고 Enter 를 누를 때, 개체를 이동하는 Ctrl + Enter 를 누른 경우 이동할 개체가 없을 때도 새 슬라이드를 삽입할 수 있습니다.

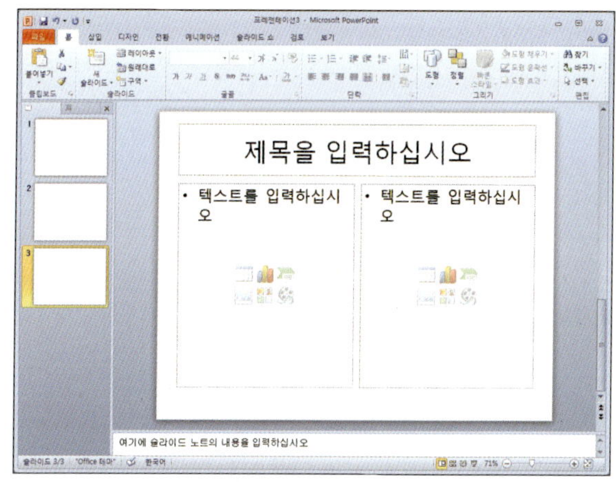

4 [홈] 탭의 [슬라이드] 그룹에서 '레이아웃' 아이콘(▦)을 누릅니다. 현재 프레젠테이션 [슬라이드 마스터]에 설정된 레이아웃의 종류가 펼쳐집니다. [캡션 있는 그림] 레이아웃을 선택합니다.

Tip • 레이아웃을 변경해도 슬라이드에 미리 입력되어 있던 내용은 유지됩니다.

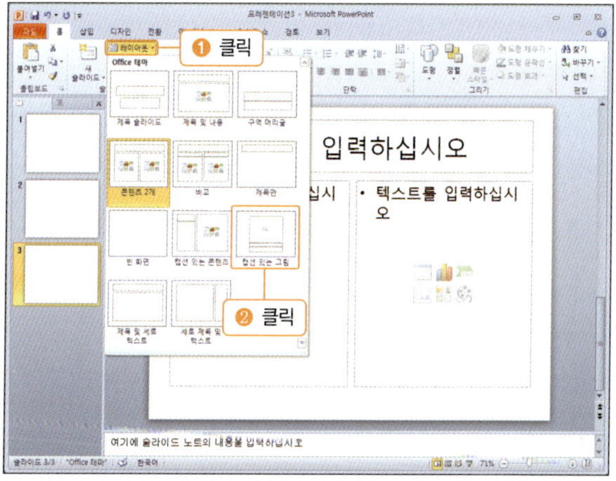

5 슬라이드의 레이아웃이 변경된 것을 확인합니다.

Tip • 슬라이드를 마우스 오른쪽 버튼으로 누르거나, [슬라이드 및 개요] 창에서 마우스 오른쪽 버튼을 누르고 [레이아웃]을 선택하여 레이아웃을 변경할 수 있습니다.

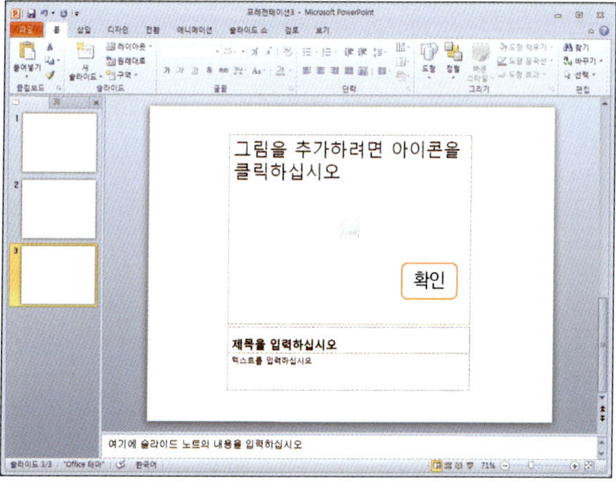

파워포인트 2010에서는 하나의 프레젠테이션 문서를 논리적인 내용으로 구분지어서 관리할 수 있습니다. 이렇게 구역을 나누는 것은 폴더를 사용하여 파일을 구성하는 것과 유사한 기능으로 여럿이 하는 공동 작업에서 역할을 나눠 관리하기 쉽습니다.

참고 동영상 : 2강 2-1슬라이드다루기.avi

1 [파일] 탭 화면의 [새로 만들기] 메뉴에서 [예제 서식 파일]을 누릅니다. 예제 서식 파일 중 [PowerPoint 2010 소개]를 선택하고 오른쪽에서 〈만들기〉 버튼을 누릅니다.

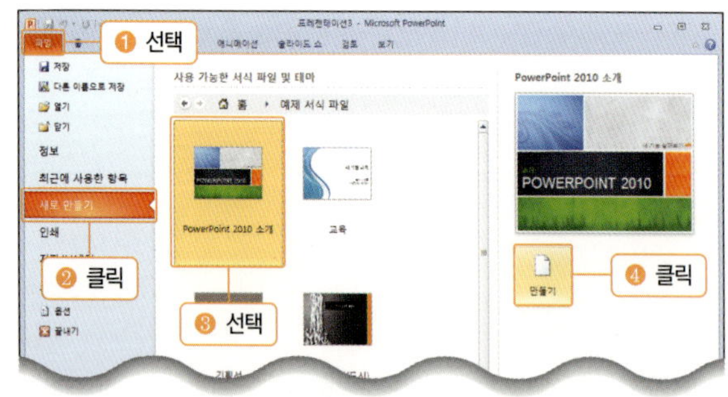

2 예제로 준비된 서식 파일이 만들어지면 구역을 한눈에 보기 위해 [홈] 탭의 [슬라이드] 그룹에서 '구역' 아이콘()을 누르고 [모두 축소]를 선택합니다. 예제에서는 다섯 개의 구역으로 구성된 것을 확인할 수 있습니다.

3 구역 앞에 있는 '구역 확장' 아이콘()을 눌렀을 때 표시되는 '구역 축소' 아이콘()으로 슬라이드를 표시하고 감출 수 있는 것을 확인합니다. 예제에서는 두 번째 구역의 슬라이드를 표시하였습니다.

> **Tip** • [홈] 탭의 [슬라이드] 그룹에서 '구역' 아이콘()을 누르고 [모두 축소], [모두 확장]을 이용하면 모든 구역을 축소하거나 확장할 수 있습니다.

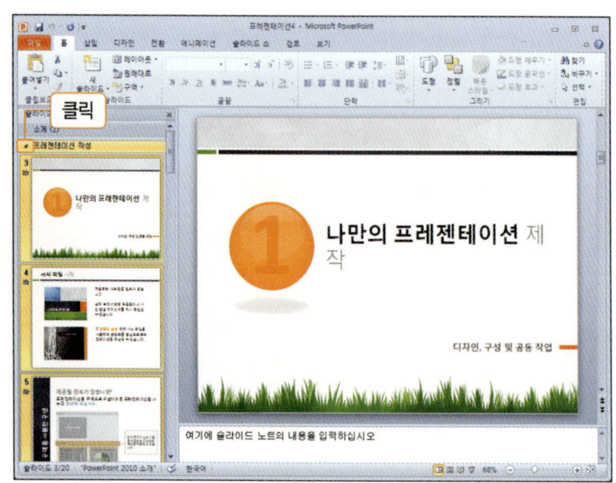

4 구역을 추가할 때는 새로운 구역이 시작되는 슬라이드를 선택해서 구역의 위치를 지정합니다. 다섯 번째 슬라이드를 선택하고, [홈] 탭의 [슬라이드] 그룹에서 '구역' 아이콘(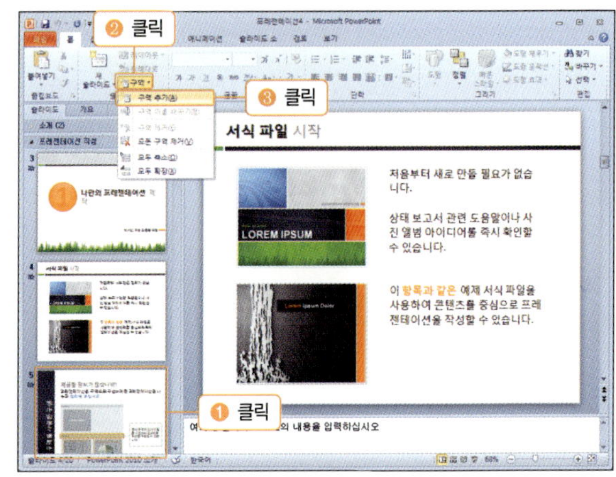)을 누른 다음 [구역 추가]를 선택하여 새로운 구역을 추가합니다.

5 [제목 없는 구역]으로 구역이 추가된 것을 확인합니다. [제목 없는 구역]을 마우스 오른쪽 버튼으로 누른 다음 표시되는 바로 가기 메뉴에서 [구역 이름 바꾸기]를 선택합니다. 내용에 맞게 의미 있는 구역 이름을 입력한 다음 〈이름 바꾸기〉 버튼을 누릅니다.

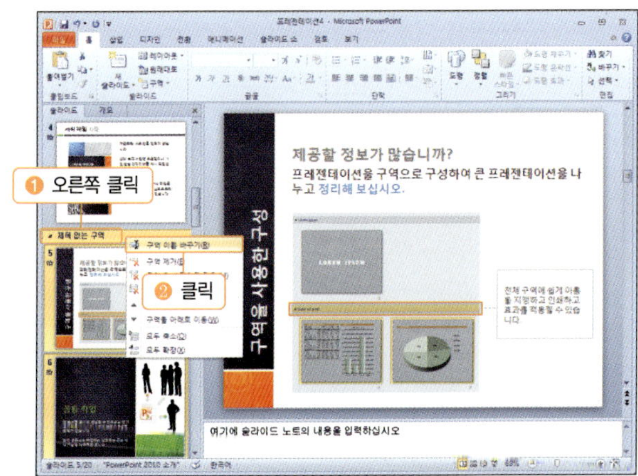

6 구역으로 나눠진 문서는 [파일] 탭의 [인쇄] 메뉴에서 인쇄 범위를 구역별로 지정할 수 있어 편리합니다.

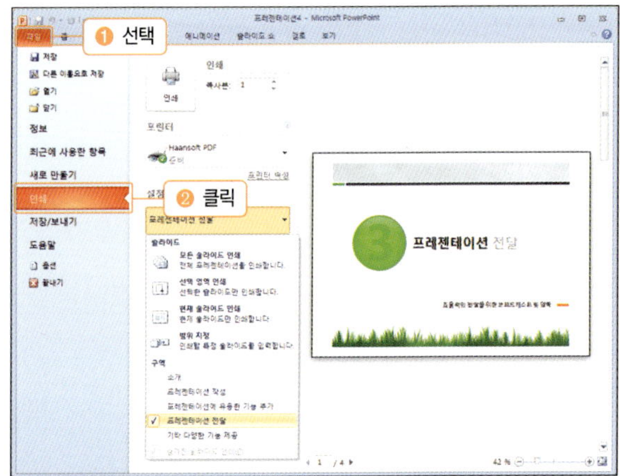

프레젠테이션 내용에서 필요 없는 슬라이드를 삭제하는 방법과 슬라이드의 순서를 바꾸는 방법을 알아봅니다. 슬라이드를 한 장, 또는 여러 장, 구역 단위로 삭제하는 방법과 이동하는 방법을 모두 살펴보겠습니다.

🎞 참고 동영상 : 2강 2-1슬라이드다루기.avi

1 [홈] 탭을 선택합니다. [슬라이드 및 개요] 창에서 삭제하려는 슬라이드를 마우스 오른쪽 버튼으로 누른 다음 표시되는 바로 가기 메뉴에서 [슬라이드 삭제]를 선택합니다.

> *Tip* • 삭제하려는 슬라이드를 선택한 다음 Delete 를 눌러도 됩니다.

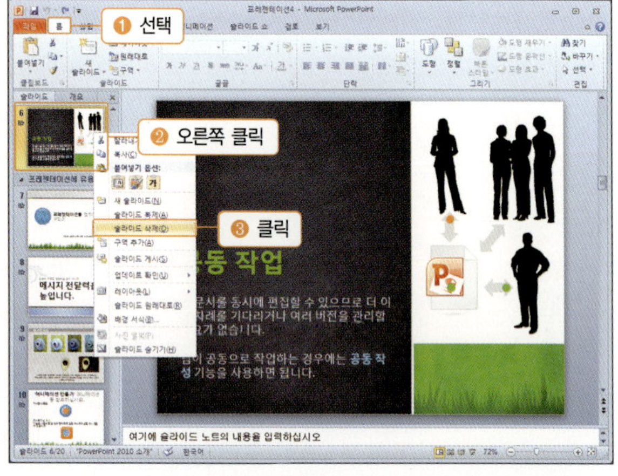

2 슬라이드가 삭제된 것을 확인할 수 있습니다. 만일 특정 구역에 있는 슬라이드를 모두 삭제할 경우에는 구역 이름을 마우스 오른쪽 버튼으로 누른 다음 표시되는 바로 가기 메뉴에서 [구역 및 슬라이드 제거]를 선택합니다.

> *Tip* • 축소된 슬라이드 구역을 삭제할 경우 삭제할지 묻는 대화상자가 표시됩니다.

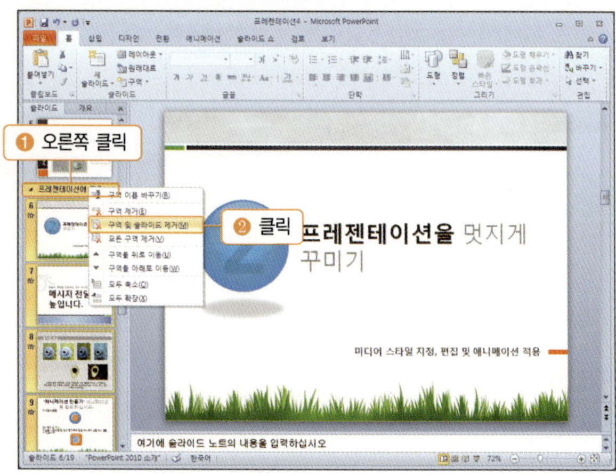

3 [슬라이드 및 개요] 창에서 순서를 이동하려는 슬라이드를 선택한 다음 원하는 위치로 드래그하면 슬라이드와 슬라이드 사이에 가느다란 선이 생기면서 이동될 수 있는 위치를 알려줍니다.

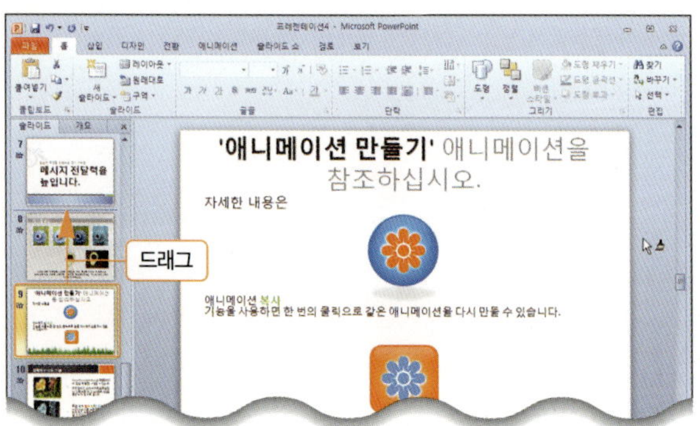

4 원하는 위치의 선까지 드래그합니다. 슬라이드가 이동된 것을 확인할 수 있습니다.

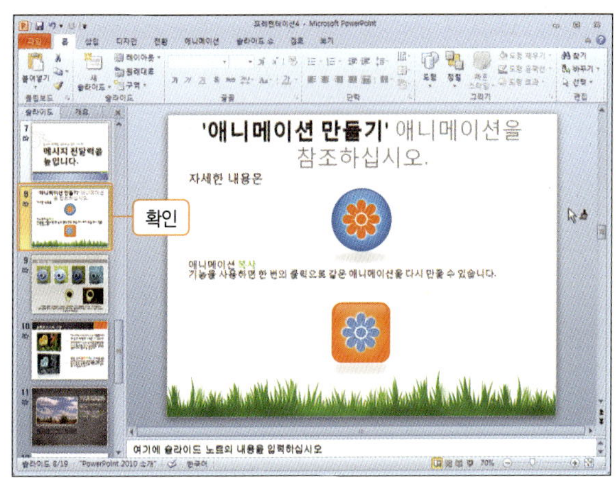

5 슬라이드를 삭제하거나 이동하는 작업은 슬라이드 내용 작성에 관한 것이 아니라 슬라이드 자체를 대상으로 하는 작업이기 때문에, 슬라이드 전체를 선택할 수 있는 상태에서 작업하는 것이 편리합니다. 화면 아래쪽의 [보기 바로 가기] 아이콘 중 [여러 슬라이드] 아이콘(⊞)을 누릅니다.

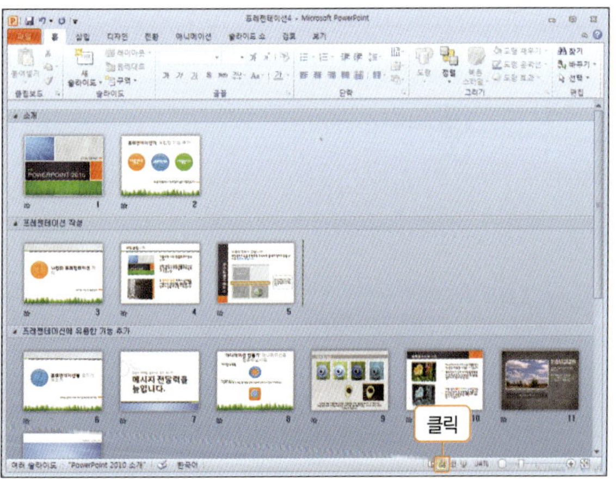

6 여러 슬라이드 보기 상태에서는 슬라이드를 선택하기 쉽기 때문에 슬라이드의 삭제와 이동이 더 편리합니다. 한 번에 여러 슬라이드를 선택하여 삭제하거나 이동할 수 있습니다.

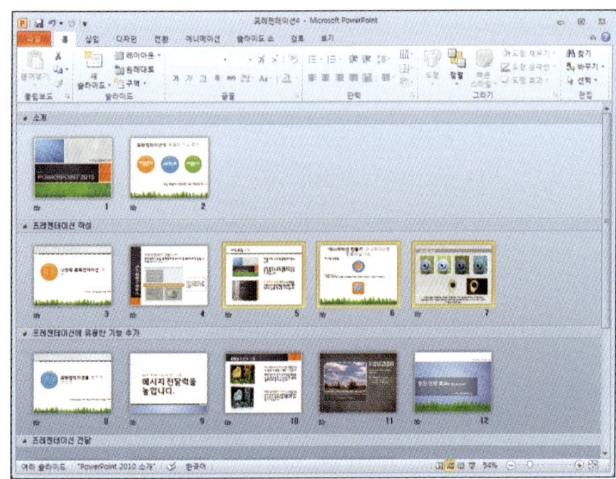

7 구역 단위로 슬라이드를 이동할 때는 구역 이름을 마우스 오른쪽 버튼으로 누른 다음 표시되는 바로 가기 메뉴에서 [구역을 위로 이동] 또는 [구역을 아래로 이동]을 선택합니다.

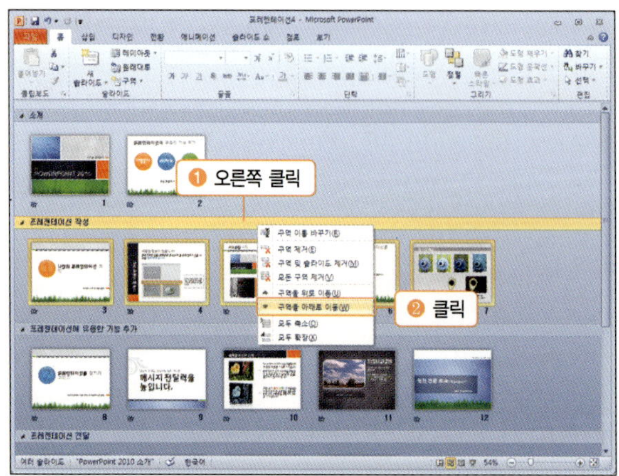

---

1. 지정된 구역을 삭제하려면

[홈] 탭의 [슬라이드] 그룹에서 '구역' 아이콘( )을 누르고 [구역 제거] 또는 [모든 구역 제거]를 선택합니다. 구역의 구분이 제거됩니다.

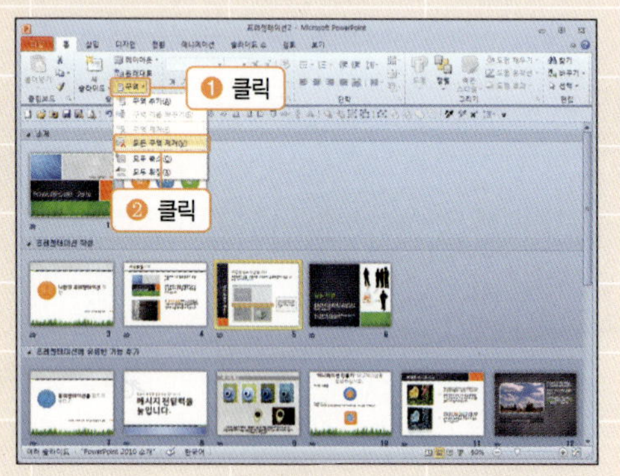

2. 지정된 구역과 구역 안의 슬라이드까지 모두 삭제하려면

삭제하려는 구역을 선택하고 Delete 를 누르거나, 마우스 오른쪽 버튼으로 누른 다음 표시되는 바로 가기 메뉴에서 [구역 및 슬라이드 제거]를 선택합니다.

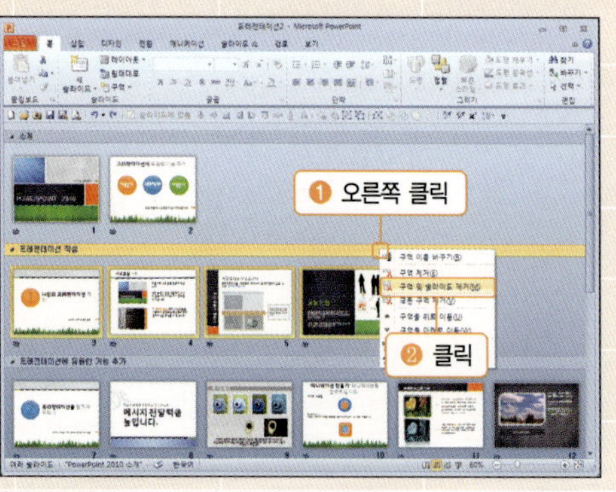

미리 만들어진 **슬라이드 활용**하기

프레젠테이션 문서를 작성하다 보면 이미 만들어진 내용과 비슷한 슬라이드를 만들어야 할 때가 있습니다.
처음부터 새롭게 만들어도 되지만 만들어져 있는 슬라이드가 있다면 가져와서 필요한 부분만 수정하는 것이 작업량과 시간을 줄일 수 있습니다.

슬라이드 다시 사용하기

슬라이드 복사와 관련된 기능을 알아보겠습니다. 복사하려는 슬라이드가 같은 파일이나 다른 파일에 있는 경우 [슬라이드 다시 사용하기]를 이용하여 슬라이드를 편리하게 복사할 수 있습니다.

• 소스 파일 : Part02\슬라이드활용.pptx, 추가자료.pptx

1 Part02 폴더에서 '슬라이드활용.pptx' 파일을 열고 [홈] 탭의 [슬라이드] 그룹에서 '새 슬라이드' 아이콘(⊞)의 ▼부분을 누릅니다. 아래쪽에 있는 [슬라이드 다시 사용]을 선택합니다.

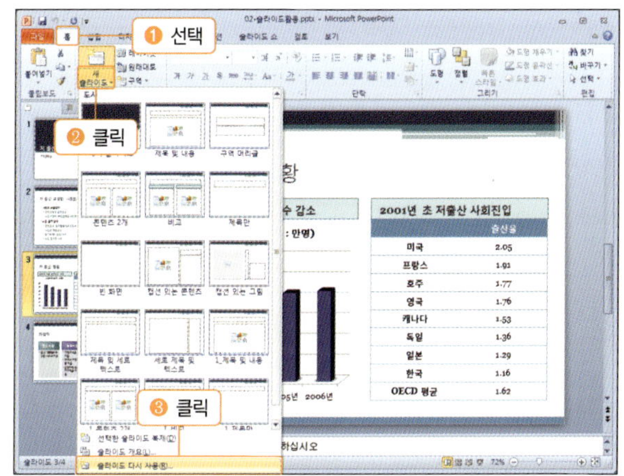

2 오른쪽에 나타난 [슬라이드 다시 사용] 창에서 [Powerpoint 파일 열기]를 선택하거나 '삽입할 슬라이드 위치'의 〈찾아보기〉 버튼을 누른 다음 표시되는 바로 가기 메뉴에서 [파일 찾아보기]를 누릅니다.

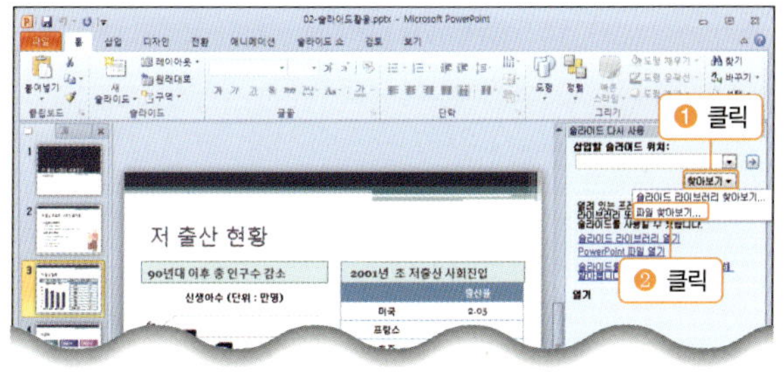

Tip • 슬라이드 라이브러리에 슬라이드를 저장하여 공유하고 다시 사용하려면 사용자의 컴퓨터가 파워포인트 2007 또는 파워포인트 2010을 실행하고 있어야 하며 Office SharePoint Server 2007 또는 Microsoft SharePoint Server 2010을 실행하는 서버에 연결되어 있어야 합니다.

3 [찾아보기] 대화상자가 표시되면 Part02 폴더에서 '추가자료.pptx' 파일을 선택하고 〈열기〉 버튼을 누릅니다.

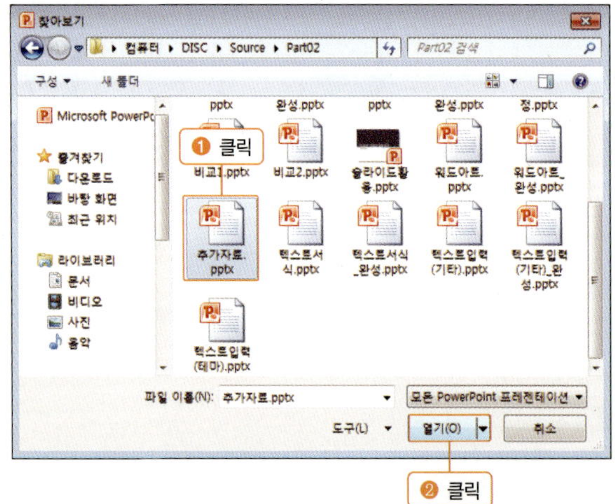

4 [슬라이드 다시 사용] 창에 나타난 슬라이드 위에 마우스를 가져가면 슬라이드가 확대되면서 내용을 확인할 수 있습니다. 세 번째 슬라이드 다음에 삽입하기 위해 세 번째 슬라이드를 선택합니다.

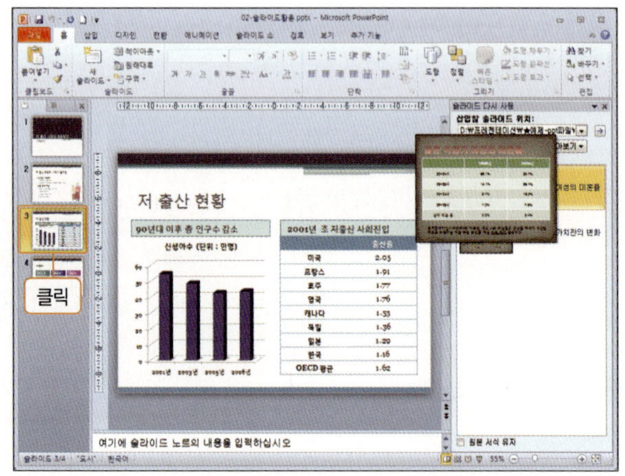

5 삽입을 원하는 두 번째 슬라이드를 눌러 바로 삽입합니다.

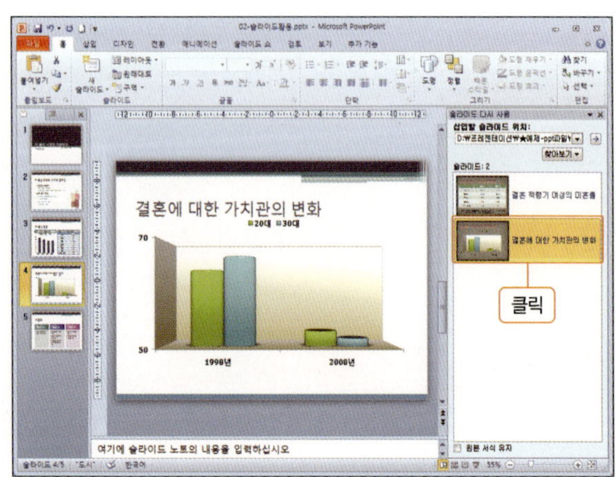

6 [슬라이드 다시 사용] 창 아래에 있는 '원본 서식 유지'에 체크 표시한 다음 첫번째 슬라이드를 삽입하면 원래 가지고 있는 서식을 유지한 상태로 삽입됩니다.

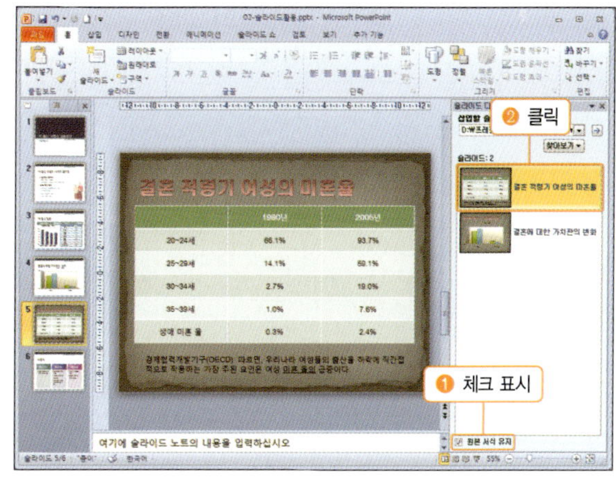

7 [슬라이드 다시 사용] 창에서 임의의 슬라이드를 마우스 오른쪽 버튼으로 누른 다음 표시되는 바로 가기 메뉴에서 [모든 슬라이드 삽입]을 선택하면 모든 슬라이드를 추가할 수 있습니다.

> **Tip** · [슬라이드 다시 사용] 창에 불러온 파일의 테마만을 모든 슬라이드에 적용할 때는 [모든 슬라이드에 테마 적용]을 선택합니다.

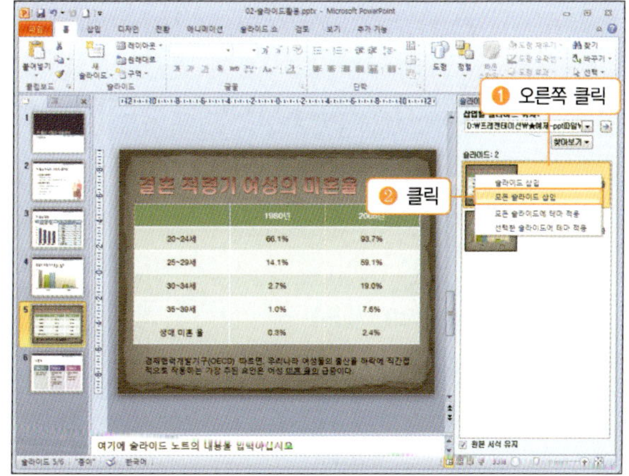

꼭! 알고가기 ▼ [원본 서식 유지] 옵션

원본이 유지된 상태로 삽입된 슬라이드 레이아웃은 다른 슬라이드를 추가할 때도 사용할 수 있도록 슬라이드 마스터에 등록됩니다.

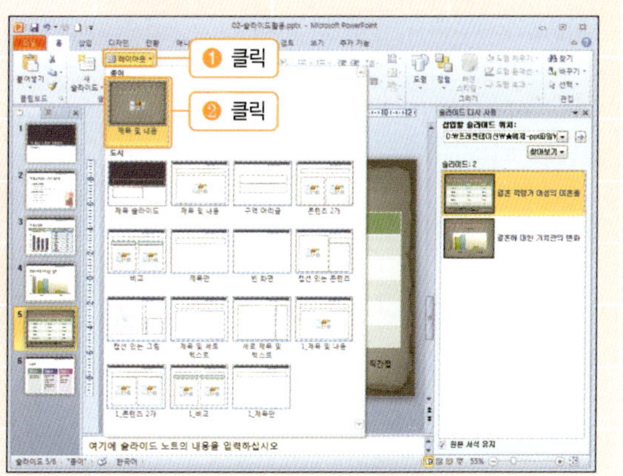

같은 파일 안에 있는 슬라이드를 복사하려는 경우라면 여러 슬라이드 보기 상태에서 작업하는 것이 편리합니다. 메뉴와 단축키를 이용하여 복사해 보고 붙여 넣기 옵션, 복사와 복제의 차이점도 알아보겠습니다.

1 화면 아래쪽의 [보기 바로 가기] 아이콘 중 [여러 슬라이드] 아이콘(▦)을 누릅니다. 복사하려는 슬라이드를 마우스 오른쪽 버튼으로 누른 다음 표시되는 바로 가기 메뉴에서 [복사]를 선택합니다.

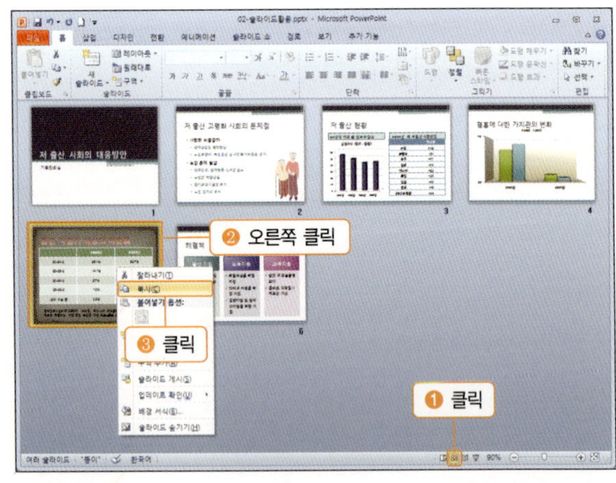

2 붙일 위치에서 마우스 오른쪽 버튼을 누른 다음 표시되는 바로 가기 메뉴에서 [붙여넣기 옵션] 중 '대상 테마 사용' 아이콘(📋) 또는 '원본 서식 유지' 아이콘(📋)을 선택합니다.

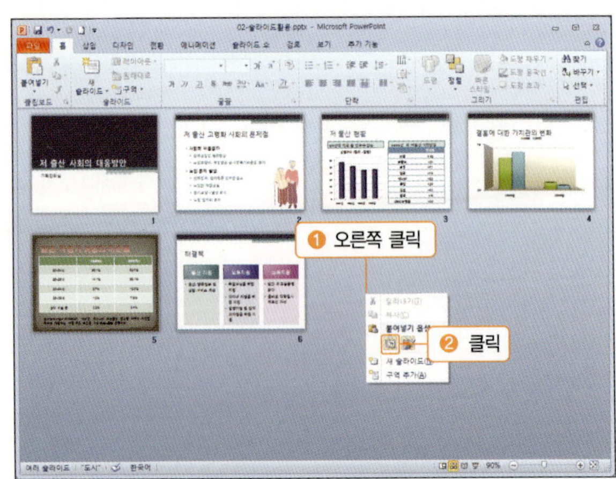

3 복사한 다음에도 다른 작업을 하기 전까지는 '붙여넣기 옵션' 아이콘(📋 (Ctrl) ▾)을 이용하여 붙여넣기 옵션을 수정할 수 있습니다.

> **Tip** · '붙여넣기 옵션' 아이콘(📋 (Ctrl) ▾)이 표시되지 않을 때는 [PowerPoint 옵션] 대화상자에서 [고급] 메뉴를 선택하고 [잘라내기, 복사, 붙여넣기] 항목에서 '내용을 붙여넣을 때 붙여넣기 옵션 아이콘 표시'에 체크 표시합니다.

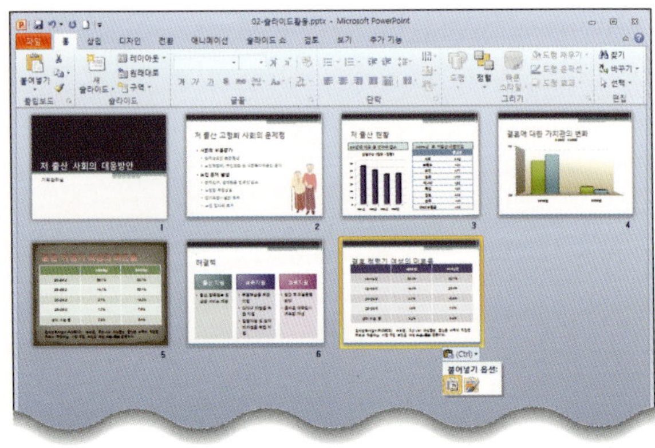

4 또 다른 방법으로, 슬라이드를 `Ctrl`을 누른 상태에서 드래그하면 마우스 포인터의 모양이 +기호가 붙은 모양( )으로 변경되고 슬라이드가 복사됩니다.

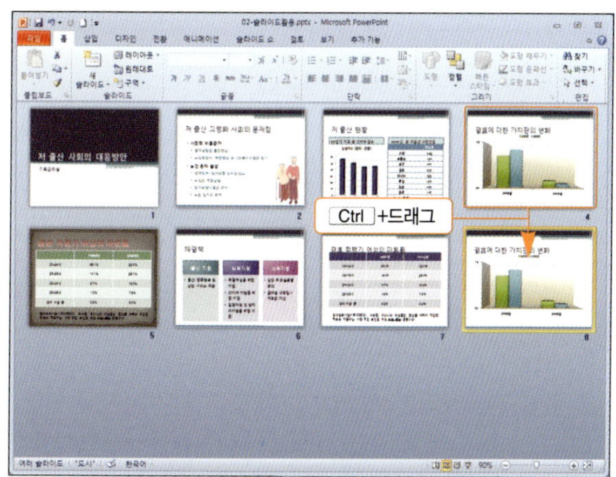

> **Tip** · 여러 슬라이드를 한꺼번에 선택하고 `Ctrl`을 누른 채 드래그하면 여러 슬라이드를 복사할 수 있습니다.

꼭! 알고가기 ▼ 복사(`Ctrl` + `C`)와 복제(`Ctrl` + `D`)의 차이 살펴보기

슬라이드를 선택하고 [홈] 탭의 [클립보드] 그룹에서 '복사' 아이콘( )의 내림 버튼( )을 누른 다음 [복제]를 선택하면 동일한 슬라이드가 바로 복제됩니다.

복제 기능을 사용한 결과는 복사한 다음 붙인 것과 동일해 보이지만, 복제를 사용한 슬라이드에는 '붙여넣기 옵션' 아이콘((Ctrl))이 표시되지 않습니다.

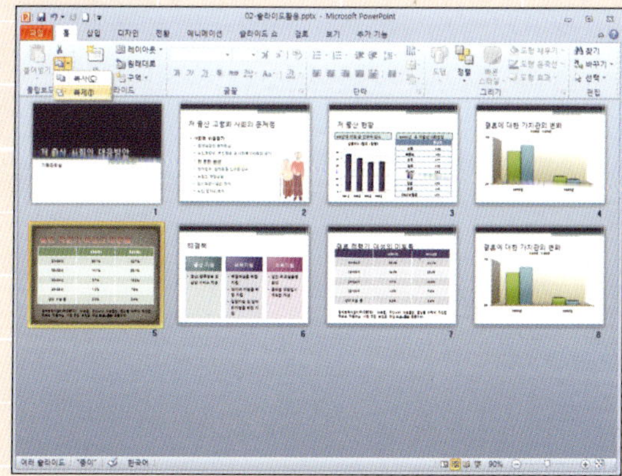

복사한 다음 붙여넣기나 복제를 하면 기본적으로 바로 앞의 슬라이드 테마가 적용됩니다. 붙인 슬라이드에 바로 앞 슬라이드 테마가 적용되지 않도록 서식을 변경하려면 붙인 슬라이드의 오른쪽 아래에 나타나는 '붙여넣기 옵션' 아이콘((Ctrl))에 있는 옵션 중 '원본 서식 유지' 아이콘( )을 선택하면 됩니다.

파워포인트 2010의 병합 및 비교 기능을 사용하여 현재 프레젠테이션을 다른 프레젠테이션과 비교한 다음 즉시 통합할 수 있습니다. 프레젠테이션을 다른 사람과 함께 작업하거나 메일 및 네트워크 공유를 사용하여 다른 사람과 변경 내용을 주고받는 경우에 유용합니다.

· 소스 파일 : Part02\비교1.pptx , 비교2.pptx

1 Part02 폴더에서 '비교1.pptx' 파일을 열고, [검토] 탭의 [비교] 그룹에서 '비교' 아이콘(□)을 누릅니다.

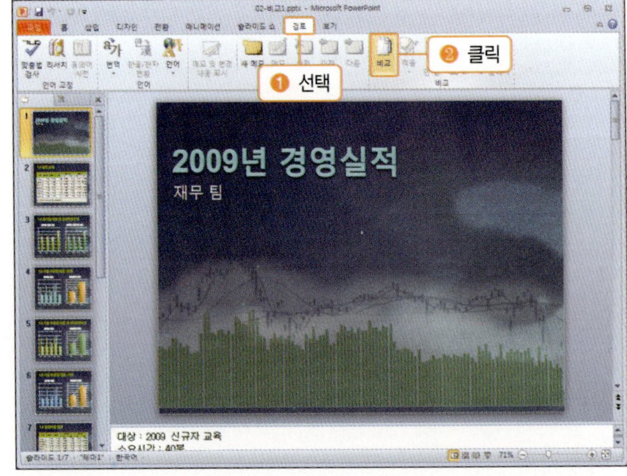

2 [현재 프레젠테이션에 병합할 파일 선택] 대화상자가 표시되면 Part02 폴더에서 '비교2.pptx' 파일을 선택하고 〈병합〉 버튼을 누릅니다.

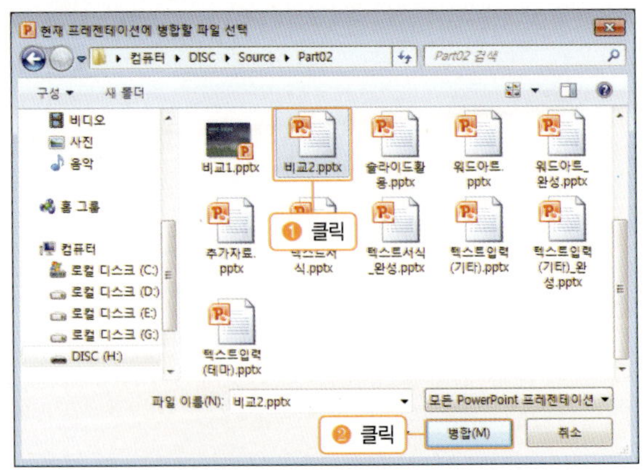

3 화면 오른쪽으로 [수정] 창이 표시됩니다. [슬라이드 및 개요] 창에서 첫 번째 슬라이드를 선택하면 '슬라이드 변경 내용'에 변경되지 않았다는 정보가 표시됩니다.

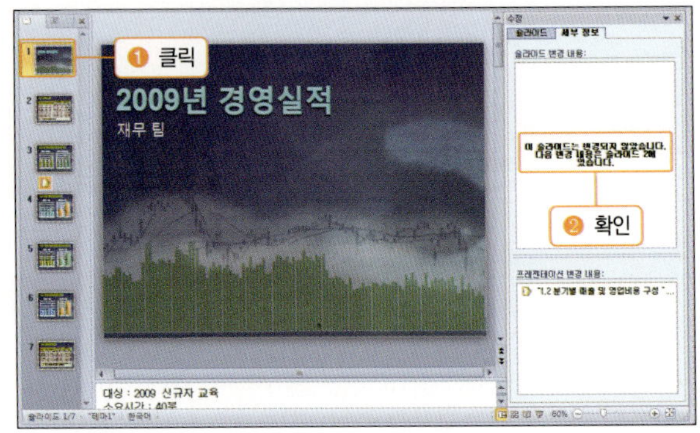

4 두 번째 슬라이드처럼 변경 사항이 있는 슬라이드를 선택하면, [수정] 창의 '슬라이드 변경 내용'에 변경 내용이 표시됩니다. 변경 내용이 있는 개체는 '변경 내용 표시' 아이콘(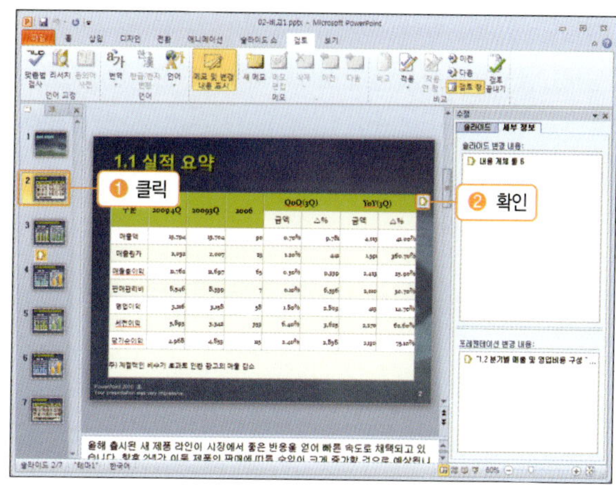)을 확인할 수 있습니다.

5 변경 사항이 있는 경우 '변경 내용 표시' 아이콘(□)을 누르면, 변경 내용의 업데이트 여부를 선택할 수 있는 확인란이 표시됩니다. 확인란에 체크 표시를 하면 업데이트되고, 체크 표시를 해제하면 원래의 값이 유지됩니다.

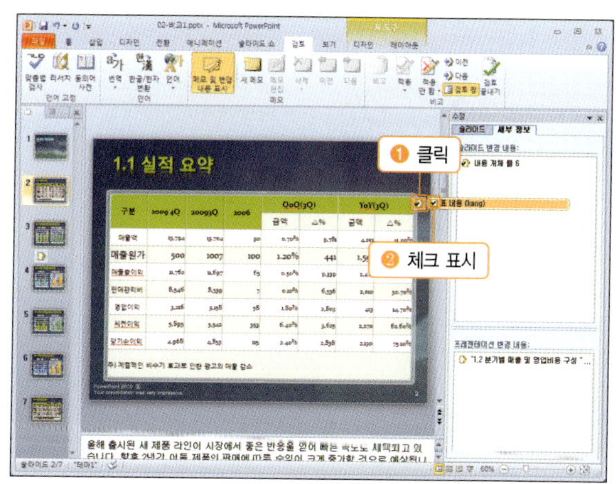

6 세 번째 슬라이드를 선택합니다. 비교하던 파일에 새롭게 추가된 슬라이드가 있다면 [슬라이드 및 개요] 창의 슬라이드와 슬라이드 사이에서 '변경 내용 표시' 아이콘(□)을 확인할 수 있습니다. 체크 표시하면 슬라이드가 추가됩니다. 마찬가지로 체크 표시를 해제하면 다시 삭제됩니다.

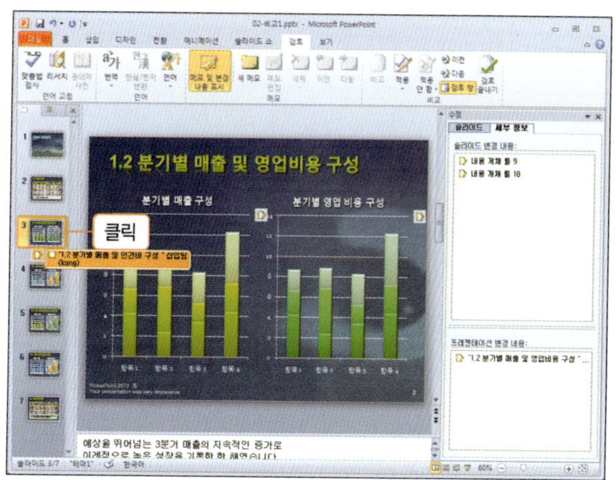

7 '변경 내용 표시' 아이콘이 선택되면, [검토] 탭의 [비교] 그룹에서 '적용' 아이콘이 활성화됩니다. 수정한 내용을 한 번에 모두 적용하려면, '적용' 아이콘의 ▼부분을 누릅니다. [현재 슬라이드의 모든 변경 내용 적용] 또는 [프레젠테이션의 모든 변경 내용 적용]을 선택합니다.

> **Tip** • 적용한 내용을 취소하려면, [검토] 탭의 [비교] 그룹에서 '적용 안 함' 아이콘의 ▼부분을 누르고 [프레젠테이션의 모든 변경 내용 취소]를 선택합니다.

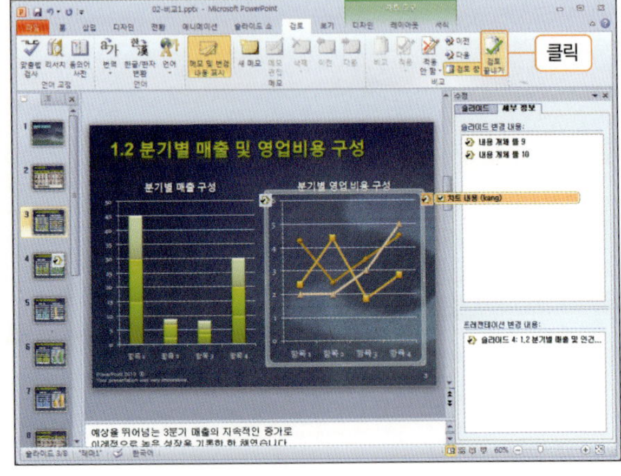

8 비교 기능을 사용하면 같은 프레젠테이션의 여러 버전에서 적용된 편집 내용을 동기화하는 데 소요되는 시간을 최소화할 수 있습니다. 파일의 각 슬라이드를 비교해서 업데이트할 것을 선택적으로 정리하고 [검토] 탭의 [비교] 그룹에서 '검토 끝내기' 아이콘을 누릅니다.

> **Tip** • [수정] 창의 [세부 정보] 탭에서 선택한 슬라이드와 전체 프레젠테이션의 변경 내용을 볼 수 있으며, 리본 메뉴의 [검토] 탭에서 [비교] 그룹의 '검토 창' 아이콘을 눌러도 [수정] 창을 표시하거나 가릴 수 있습니다.

9 프레젠테이션 검토를 종료할 것인지 묻는 대화상자가 표시되면 〈예〉 버튼을 누릅니다. 비교한 내용에 적용 및 취소 결정을 지정한 상태 그대로 반영한 문서가 표시되는 것을 확인할 수 있습니다.

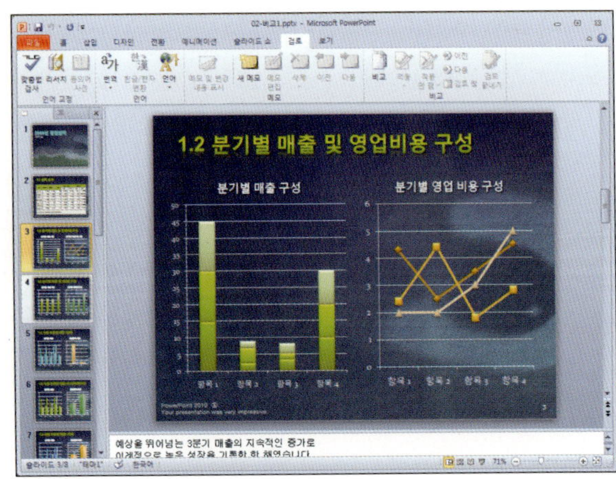

텍스트로 꾸미는 슬라이드

워드 프로그램에서는 클릭만 하면 커서가 생기고 텍스트를 입력할 수 있습니다. 하지만, 파워포인트에서는 슬라이드를 누른다고 해서 커서가 생기지 않습니다.

텍스트를 입력하기 위해 개체 틀과 개요 탭, 텍스트 상자, 도형 등을 이용하는 다양한 방법을 알아보겠습니다.

개체 틀에 텍스트 입력하기

실제 프레젠테이션에서 텍스트만으로 채워진 슬라이드를 작성할 일은 거의 없을 것입니다. 하지만, 텍스트에 관한 기능은 이후 도형이나 다른 개체에서도 사용하는 기능이기 때문에 이번 기회에 텍스트를 입력하고 서식을 지정하는 것에 대해 정확히 익히도록 하겠습니다.

· 결과 파일 : Part02\텍스트입력(테마).pptx

1 [파일] 탭의 [새로 만들기] 메뉴에서 [테마]를 누릅니다.

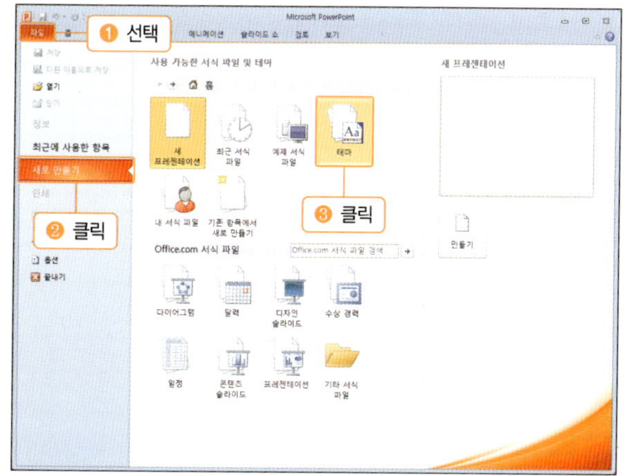

2 [사용 가능한 서식 파일 및 테마] 항목 중 [보자기]를 선택하고 오른쪽에서 〈만들기〉 버튼을 누릅니다.

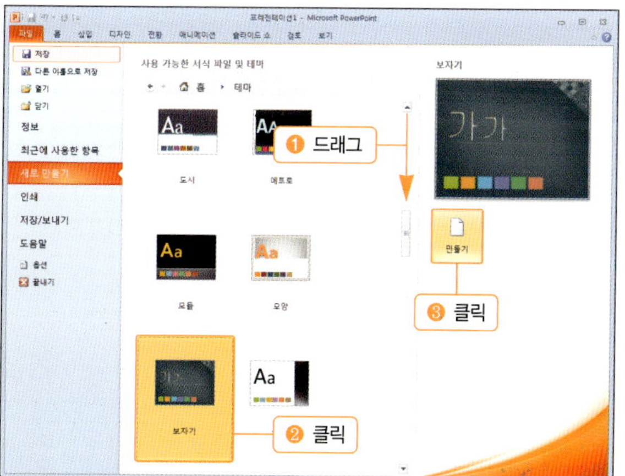

3 보자기 테마가 적용된 새 프레젠테이션이
표시됩니다. 슬라이드에는 제목과 부제목을 입
력할 수 있는 개체 틀이 준비되어 있습니다.

> **Tip** ◦ 개체 틀은 모든 슬라이드 레이아웃에 포함되는
> 점선 테두리 상자입니다. 개체 틀에는 제목, 본문 텍스
> 트, SmartArt 그래픽, 차트, 표, 그림 등의 개체가 포함
> 됩니다.

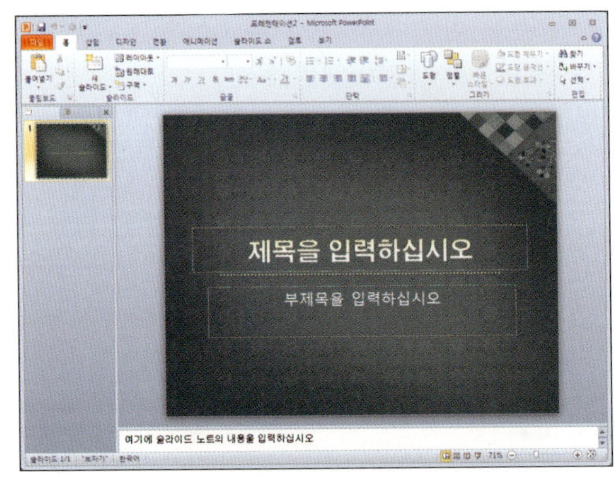

4 개체 틀 안쪽을 누르면 개체 틀에 텍스트를
입력할 수 있는 커서가 표시됩니다. 제목과 부
제목 개체 틀에 아래와 같이 입력합니다.

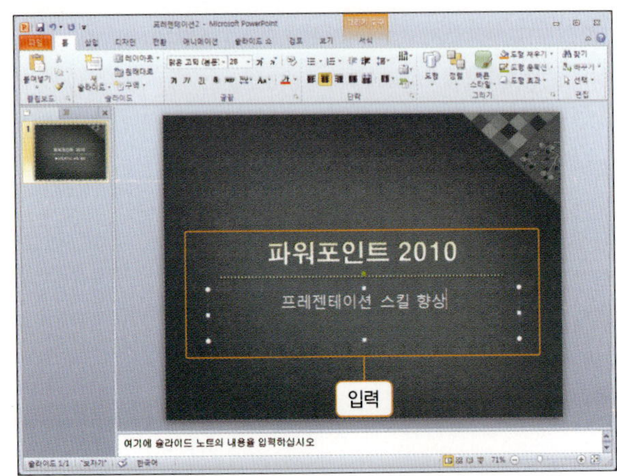

5 다음 슬라이드 작업을 하기 위해 [홈] 탭의
[슬라이드] 그룹에 있는 '새 슬라이드' 아이콘
(　)을 누르면 제목과 내용을 입력할 수 있는
슬라이드가 삽입됩니다. 내용에는 표, 차트, 스
마트 아트, 그림, 클립 아트, 동영상을 삽입할
수 있는 도구 상자가 텍스트를 입력할 수 있는
개체 틀과 함께 있습니다.

> **Tip** ◦ 부제목 입력을 마치고 [Ctrl]+[Enter]를 눌
> 러 새 슬라이드를 추가해도 됩니다.

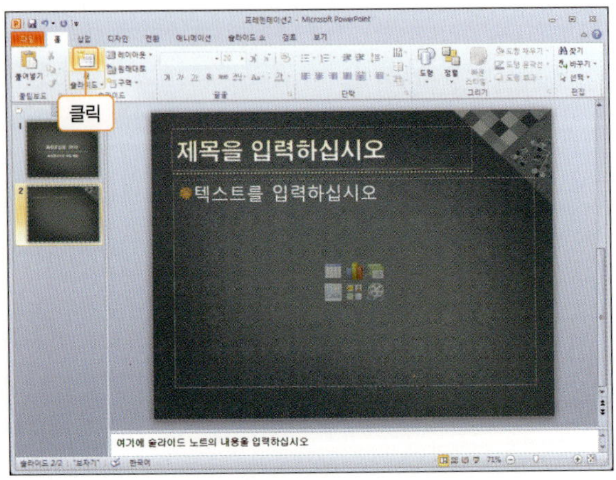

6 제목과 본문 개체 틀을 각각 누른 다음 아래의 내용을 입력합니다.

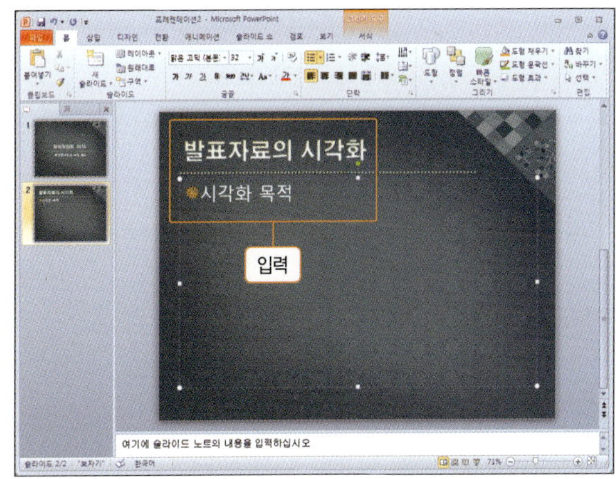

7 "시각화 목적"을 입력한 다음 Enter 를 눌러 단락을 나눕니다. [홈] 탭의 [단락] 그룹에서 '목록 수준 늘림' 아이콘( )을 누릅니다.

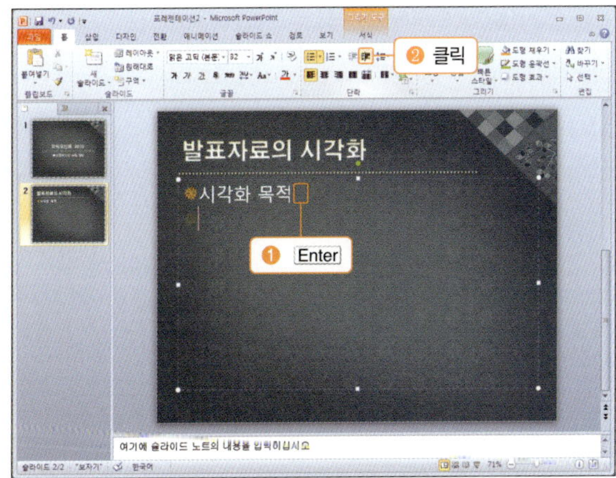

8 문단이 왼쪽 여백이 많아지면서 테마에 따라 글머리 기호가 바뀌고 글꼴의 크기도 작아집니다. 내용을 입력합니다.

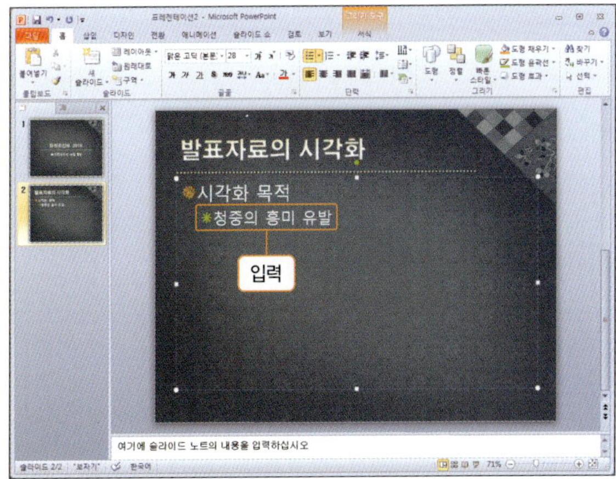

9 내용 개체 틀에서 내용을 입력하고 [Enter]를 누를 때마다 동일한 수준의 글머리 기호가 자동으로 적용됩니다. [홈] 탭의 [단락] 그룹에서 '목록 수준 줄임' 아이콘(匡) 또는 '목록 수준 늘림' 아이콘(匡)을 누르면서 내용을 입력합니다.

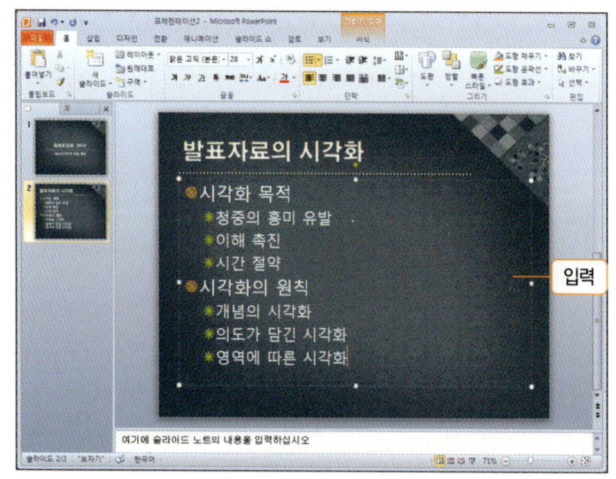

10 텍스트를 입력하는 경우는 단축키를 많이 사용하게 됩니다. 위의 내용을 단축키로 입력한다면 그림과 같은 방법입니다. 슬라이드를 하나 더 추가해서 단축키를 이용하는 것을 연습하세요.

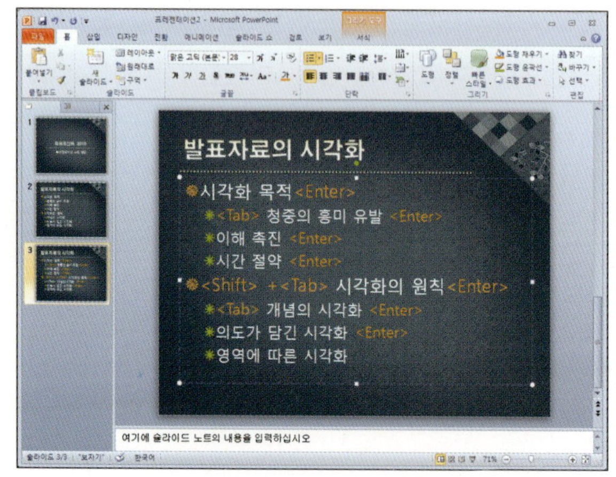

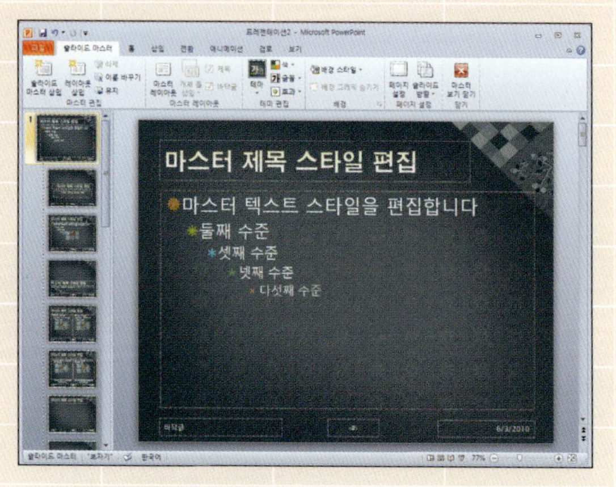

꼭! 알고가기 ▼ 텍스트 입력에서 사용되는 단축키

- 단락 바꿈 : [Enter](글머리 기호 생김)
- 줄 바꿈 : [Shift]+[Enter](글머리 기호 안 생김)
- 목록 수준 줄임 : [Shift]+[Tab]
- 목록 수준 늘림 : [Tab]
- 문장 처음 위치에서 [Tab] : 목록 수준을 조정
- 문장 중간에서의 [Tab] : 일정 간격을 띄우는 [Tab]의 고유한 기능을 수행

2 텍스트 입력 내용이 많을 때 [개요] 탭에서 빠르게 작업하기

텍스트 자료가 많을 때는 [슬라이드 및 개요] 창의 [개요] 탭에서 입력하는 것이 편리합니다. [Tab], [Shift]+[Tab]을 이용해서 원하는 목록 수준과 슬라이드를 추가하며 입력할 수 있습니다.

1 [슬라이드 및 개요] 창에서 [개요] 탭을 선택하고 입력하기 편리하도록 경계선을 드래그해서 창의 크기를 늘립니다.

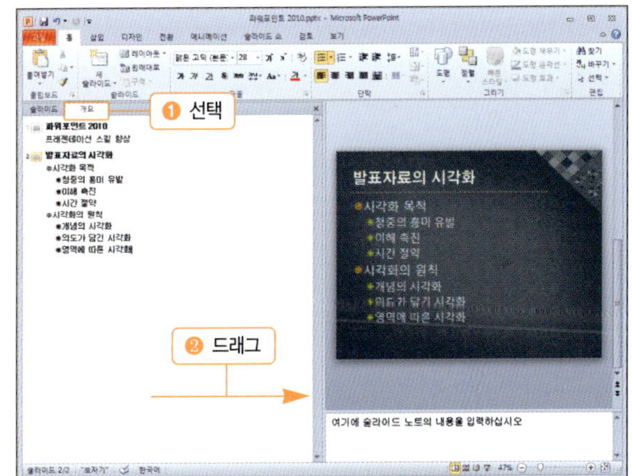

2 [개요] 탭에서 두 번째 슬라이드 내용 중 가장 끝을 눌러 커서를 만듭니다. 내용을 입력하기 위해 [Enter]를 누릅니다.
현재와 동일한 단락 수준으로 한 단락이 추가됩니다.

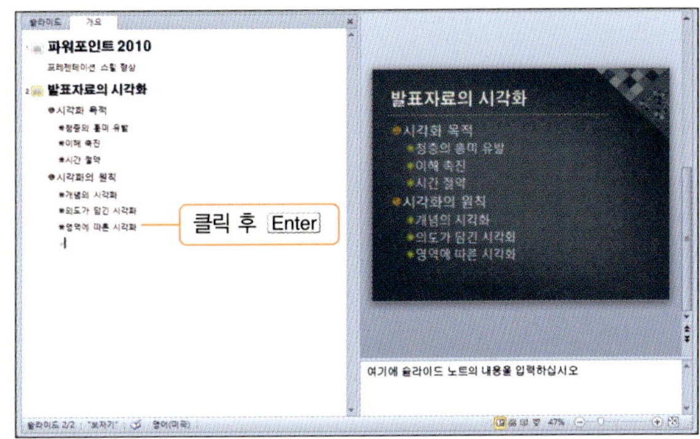

3 현재의 커서 상태를 다음 페이지로 바꾸기 위해 Shift + Tab 을 두 번 누릅니다.

> **Tip**
> • 첫 번째 Shift + Tab : 단락 한 수준 조정합니다.
> • 두 번째 Shift + Tab : 단락 수준을 더 조정할 단계가 없으면 페이지가 나누어집니다.

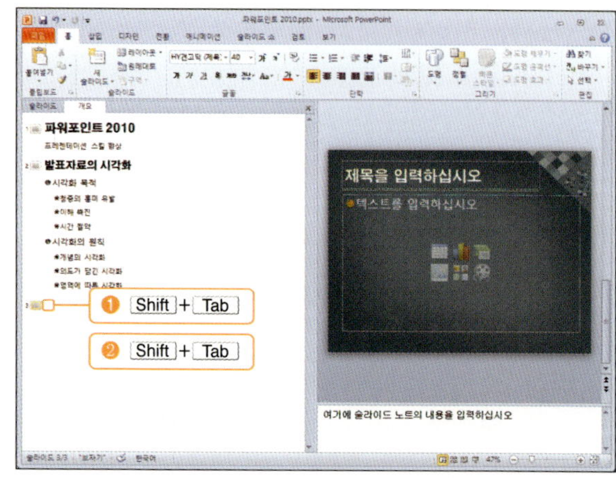

꼭! 알고가기 ▼ [개요] 탭 화면 설정하기

1. [개요] 탭에서 목록의 세부 항목이 모두 확인되지 않는 경우

마우스 오른쪽 버튼을 누른 다음 표시되는 바로 가기 메뉴에서 [확장]-[모두 확장]을 선택합니다.

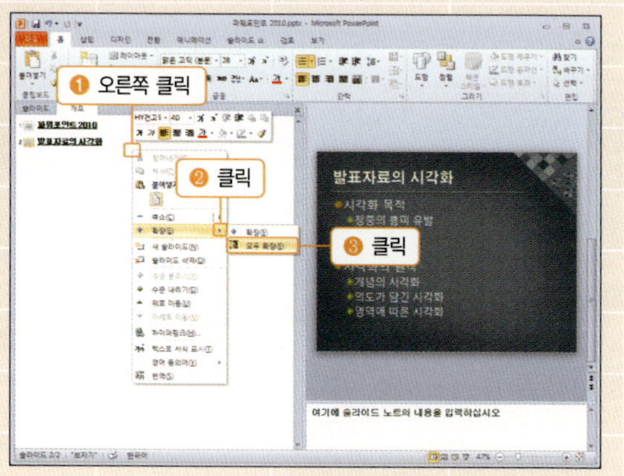

2. [개요] 탭에서 본문의 서식을 확인하고 싶은 경우

텍스트에 적용된 서식을 표시해서 보여 주도록 설정할 수 있습니다. 마우스 오른쪽 버튼을 누른 다음 표시되는 바로 가기 메뉴에서 [텍스트 서식 표시]를 선택합니다.

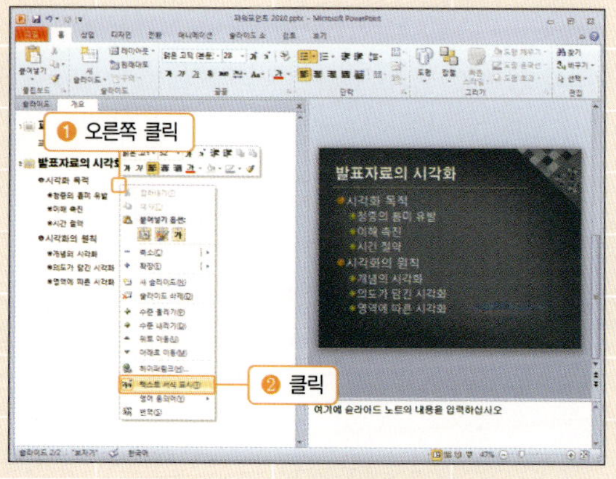

4 제목을 입력하고 다음 본문 입력을 위해 Enter 를 누릅니다.

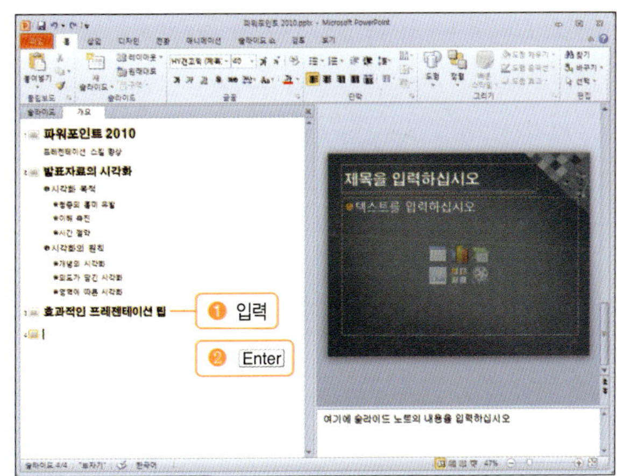

5 같은 수준으로 목록이 만들어지기 때문에 제목을 입력하고 Enter 를 누르면 새로운 슬라이드가 삽입됩니다. Tab 을 두 번 눌러 목록 수준을 늘린 다음 내용을 입력합니다.

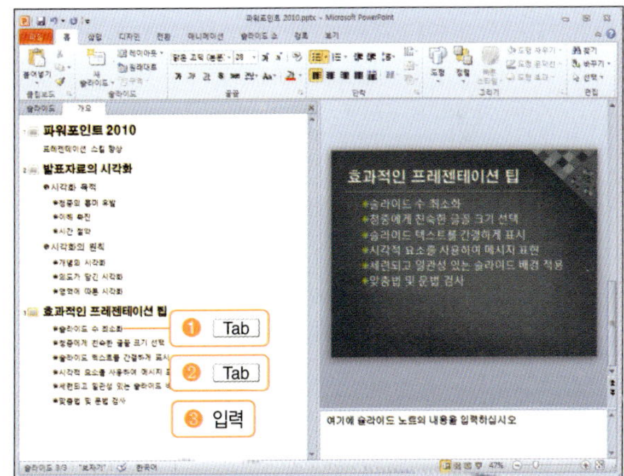

꼭! 알고가기 ▼ 자주 입력하는 문장이나 단어 등록하기

1. [파일] 탭 화면의 왼쪽에서 [옵션]을 선택하고 [PowerPoint 옵션] 대화상자가 표시되면 [언어 교정] 메뉴에서 〈자동 고침 옵션〉 버튼을 누릅니다.

2. [자동 고침] 대화상자가 표시되면 [자동 고침] 탭에서 입력할 내용을 '입력' 에, 자동으로 변환될 내용을 '결과' 에 입력합니다.

3. 〈추가〉 버튼을 눌러 입력한 내용을 등록하고 〈확인〉 버튼을 누릅니다.

4. 슬라이드에서 지정한 약어를 입력하고 Space Bar 나 Enter 를 누르면 내용이 자동으로 입력됩니다.

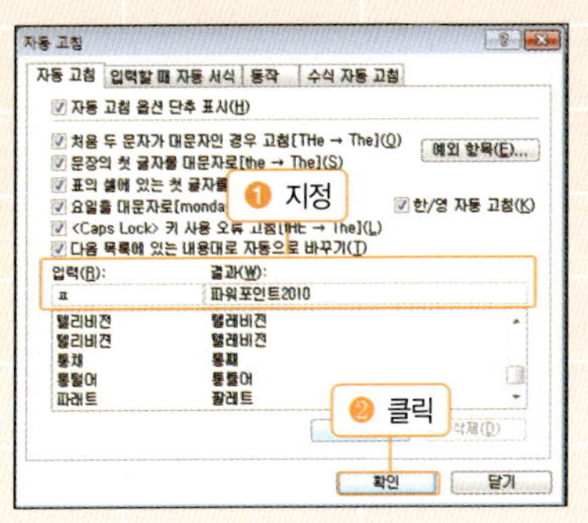

31 텍스트 상자나 도형으로 슬라이드의 원하는 위치에 텍스트 입력하기

이전 과정에서 개체 틀이 있는 위치에 텍스트를 입력해 보았습니다. 이번 과정에서는 텍스트 상자를 이용하여 슬라이드의 원하는 위치에 텍스트를 입력하는 방법과 도형에 텍스트를 입력하는 방법을 알아보겠습니다.

· 소스 파일 : Part02\텍스트입력(기타).pptx   · 결과 파일 : Part02\텍스트입력(기타)_완성.pptx

1 Part02 폴더에서 '텍스트입력(기타).pptx' 파일을 열고 화면을 보면 이전 입력 작업에서 사용했던 개체 틀이 없습니다. 텍스트 상자를 이용해서 슬라이드에 설명을 추가해 보겠습니다.

2 슬라이드에 무엇인가를 삽입하는 작업을 하는 것이므로 [삽입] 탭을 선택합니다. [텍스트] 그룹에서 '텍스트 상자' 아이콘의 ▼부분을 누르면 가로와 세로 방향을 선택할 수 있습니다. [가로 텍스트 상자]를 선택합니다.

> **Tip ·** '텍스트 상자' 아이콘의 그림 부분을 누르면 현재 선택되어 있는 텍스트 방향으로 입력됩니다.

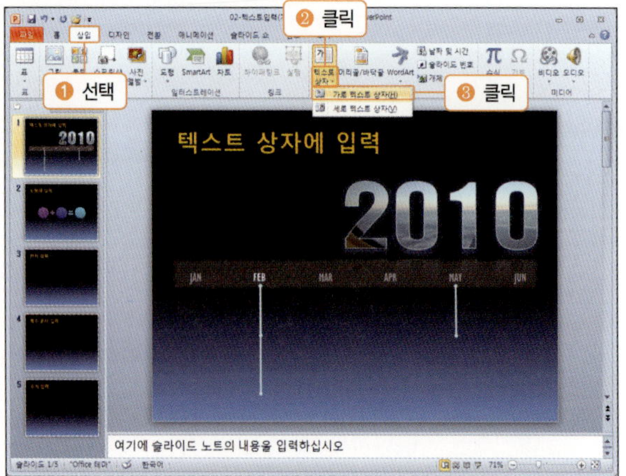

3 슬라이드 영역 안을 누르거나 드래그하면 텍스트를 입력할 수 있는 커서가 나타납니다. 그곳에 내용을 입력하면 됩니다.

입력 내용

일본 동경
2.14~19
디자인 팀(5명)+홍보

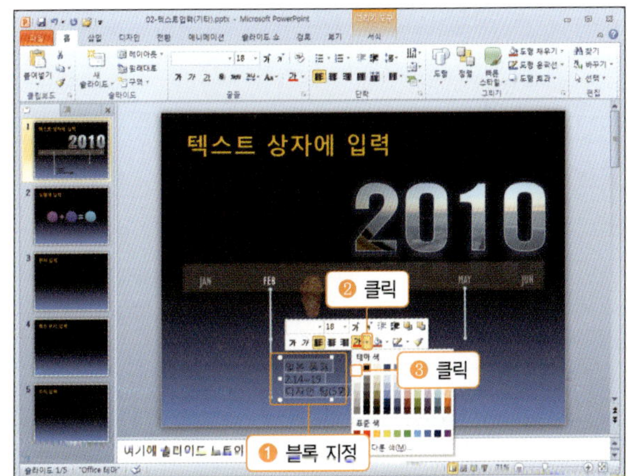

4 입력한 텍스트를 블록 지정하면 [미니 서식 도구 모음]이 표시됩니다. '글꼴 색' 아이콘의 ▼부분을 누르고 색상을 [흰색, 배경 1]로 지정 합니다.

꼭! 알고가기 ▼ 클릭 입력과 드래그 입력의 차이점

슬라이드를 클릭만 하고 입력한 경우	드래그하고 입력한 경우
내용이 길어지면 개체 틀이 자동으로 늘어납니다.	드래그한 만큼 가로의 길이가 고정되어 드래그한 크기를 넘는 내용은 세로 방향으로만 늘어납니다.
프레젠테이션- 정보 전달 수단의 일종	프레젠테이션- 정보 전달 수단 의 일종

5 두 번째 슬라이드를 선택합니다. 슬라이드에 도형이 삽입되어 있습니다. 이번에는 도형에 직접 텍스트를 입력하겠습니다.

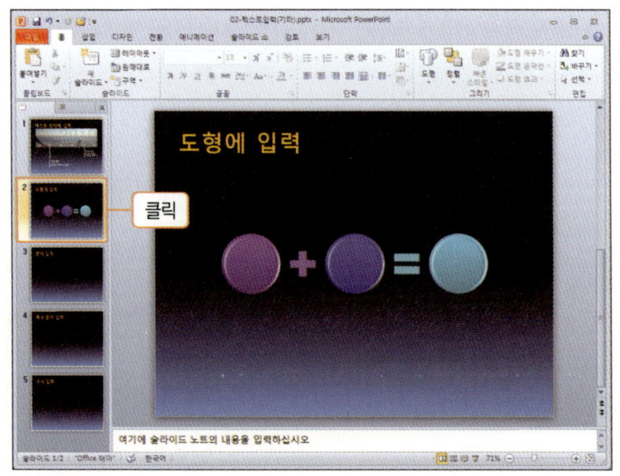

6 첫 번째 원형을 선택하고 '1'을 입력하면을 누르면 도형 가운데에 텍스트가 입력됩니다. 실제로 슬라이드 작업에서는 이렇게 도형에 직접 입력하는 방법과 텍스트 상자를 이용해서 도형 위에 입력하는 방법을 필요에 따라 적절하게 사용합니다.

> **Tip** · 도형을 선택한다는 것은 도형을 눌러서 도형 주변에 크기 조절점이 표시된 상태를 의미합니다.

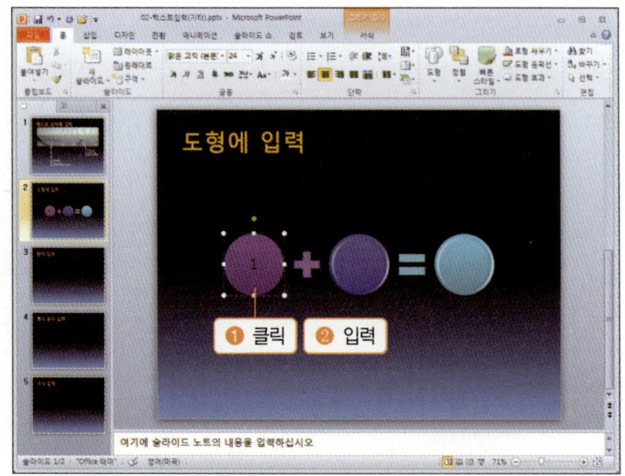

꼭! 알고가기 ▼ [미니 서식 도구 모음] 이용하기

[미니 서식 도구 모음]이란 파워포인트에서 텍스트 자료에 대한 도구를 모아 [홈] 탭을 누르지 않아도 간편하게 서식을 지정할 수 있는 기능입니다.

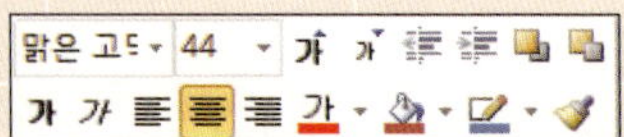

서식을 지정하려는 텍스트를 블록으로 지정을 하면 반투명의 [미니 서식 도구 모음]이 표시됩니다. [미니 서식 도구 모음] 쪽으로 마우스 포인터를 가져가면 선명하게 변하면서 명령을 사용할 수 있습니다.

포인터 가져가는 것이 어려우면 글머리 기호를 수정하려는 단락을 누르거나 블록으로 지정한 다음, 마우스 오른쪽 버튼을 누르면 표시됩니다.

[미니 서식 도구 모음]이 보이지 않는 경우 [파일] 탭의 [옵션]을 선택하여 [PowerPoint 옵션] 대화상자를 열고 [일반] 메뉴를 선택한 다음 '선택 영역에서 미니 서식 도구 모음 표시'에 체크 표시를 하면 됩니다.

7 나머지 원형에도 같은 방법으로 입력합니다. 도형 안의 텍스트에 관한 정렬과 여백 등 자세한 내용은 도형을 설명하는 부분에서 다루겠습니다. 지금은 도형에 텍스트를 입력하는 방법만 기억합니다.

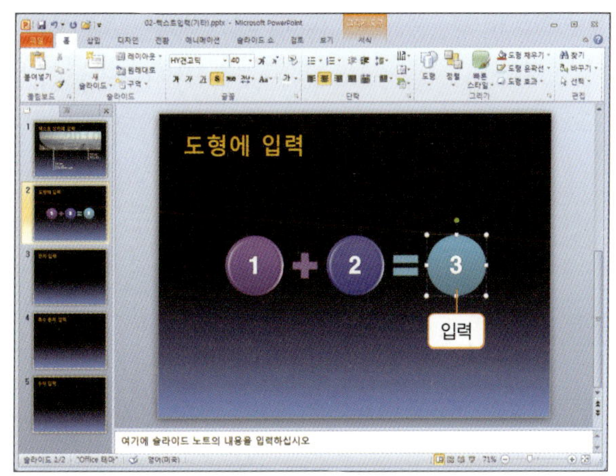

4 한자, 특수 문자, 수식 입력하기

텍스트 자료 중에는 '한자'나 ★, ※, ☎ 등의 '특수 문자', '수식' 같은 조금은 특수한 형태의 것들이 있습니다. 이런 자료는 기본 텍스트 자료 중간마다 사용됩니다. 프레젠테이션에서 사용하는 한자와 특수 문자, 수식에 관한 입력 방법을 알아보겠습니다.

1 '텍스트입력(기타).pptx' 파일의 세 번째 슬라이드를 선택하고 한자로 만들 내용을 한글로 입력한 다음 바꾸고자 하는 단어를 블록으로 지정합니다.

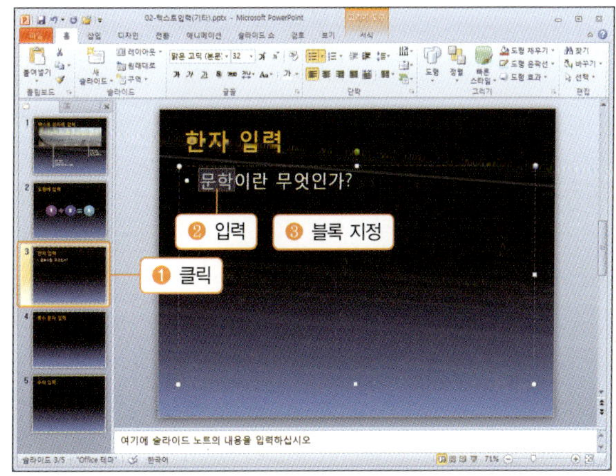

2 키보드의 [한자]를 누르거나, [검토] 탭의 [언어] 그룹에서 '한글/한자 변환' 아이콘(漢)을 누릅니다.

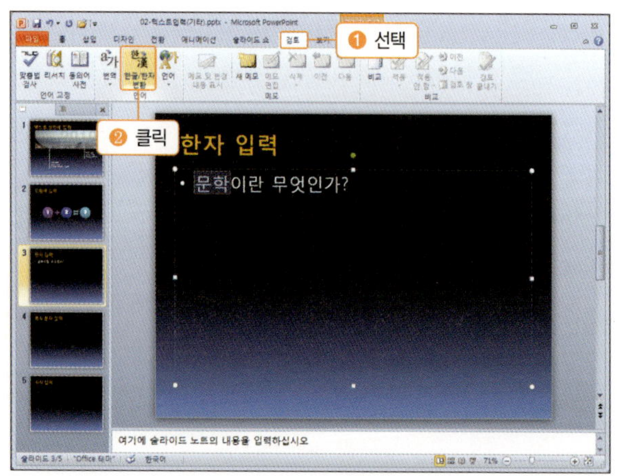

3 [한글/한자 변환] 대화상자가 표시되면 '한자 선택'에서 원하는 한자를 선택하고 '입력 형태'를 '한글(漢字)'로 선택한 다음 〈변환〉 버튼을 누릅니다.

> **Tip •** [한글/한자 변환] 대화상자에서 '한자 사전' 아이콘(🕮)을 누르면 한자의 음과 훈이 표시됩니다.

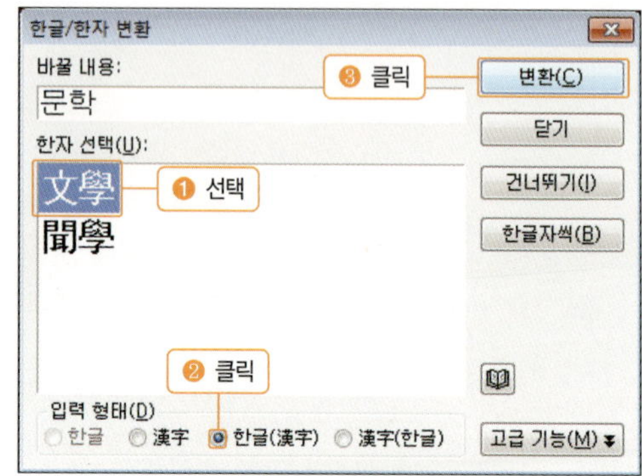

4 한자로 변환된 것을 확인합니다.

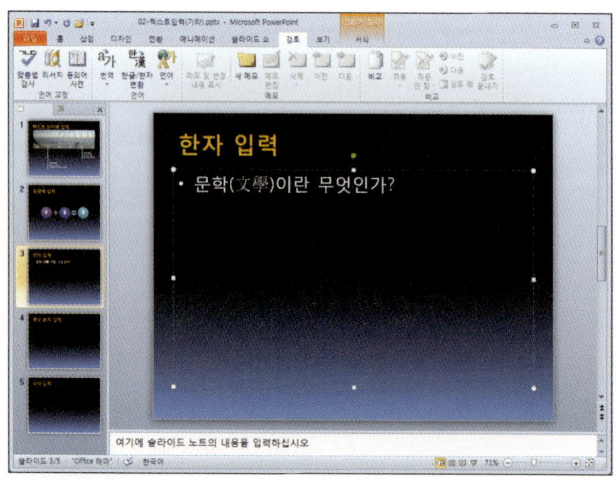

5 네 번째 슬라이드를 선택합니다. 특수 문자를 입력하고자 하는 위치에 커서를 놓은 다음 [삽입] 탭의 [기호] 그룹에서 '기호' 아이콘(Ω)을 누릅니다.

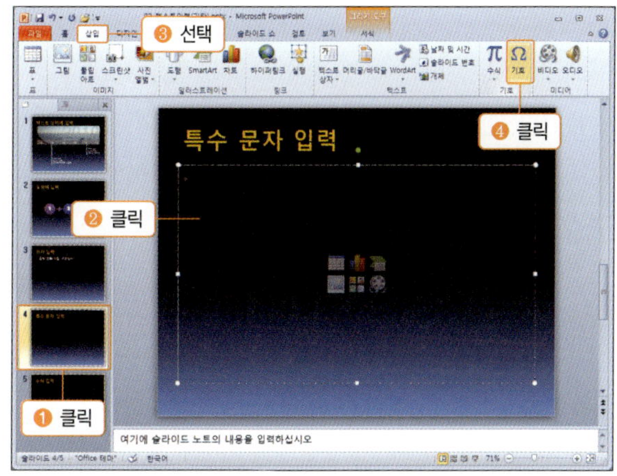

6 [기호] 대화상자가 표시되면 '글꼴'을 '(현재 글꼴)'로 지정하고 '하위 집합'에서 원하는 도형을 찾아 〈삽입〉 버튼을 누릅니다.

> **Tip** • [기호] 대화상자를 한 번 실행하면 기호를 계속 삽입할 수 있습니다. 필요한 만큼 기호를 삽입한 다음 대화상자를 닫습니다.

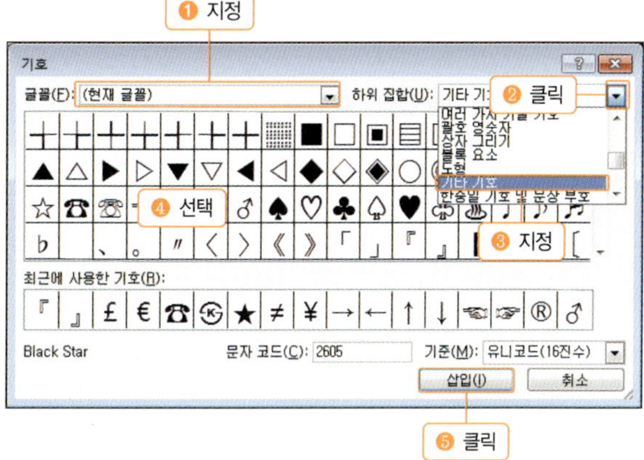

7 '글꼴'을 'Webdings'나 'Wingdings', 'Wingdings 2', 'Wingdings 3'로 지정하면 다양한 도형을 선택할 수 있습니다. 필요한 특수 문자를 입력한 다음 〈삽입〉 버튼을 눌러 대화상자를 닫습니다.

> **Tip** • 한글 자음을 입력한 다음 바로 [한자]를 누르면 삽입 가능한 특수 문자가 표시됩니다. 이 기능은 오피스 계열 프로그램에서 모두 사용할 수 있습니다.

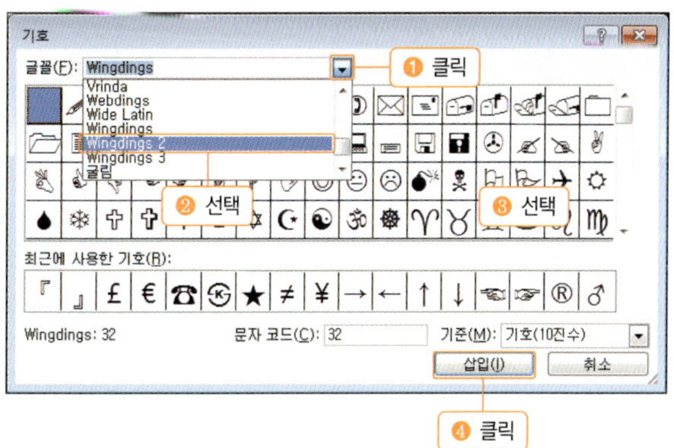

8 복잡한 수식을 입력하려고 할 때 기호나 위
첨자 기능 등을 이용해서 넣을 수도 있지만, 줄
간격을 조정해야 하고 공식의 모양이 어색하게
나타납니다. 다섯 번째 슬라이드를 선택하고
수식을 입력하겠습니다. 근의 공식이라고 입력
하고 [삽입] 탭의 [기호] 그룹에서 '수식' 아이
콘(π)의 ▼부분을 누릅니다.

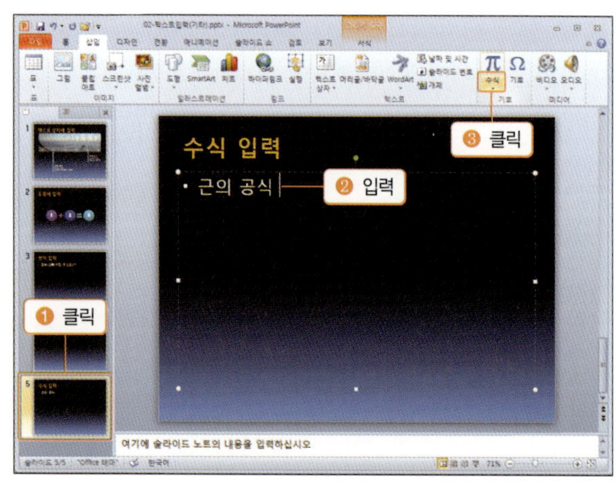

9 많이 사용되는 공식들이 등록되어 있습니
다. 스크롤을 이용해서 목록 중 [근의 공식]을
찾아 선택합니다.

> *Tip* • 목록 아래의 [새 수식 삽입]을 선택하면 수식을
> 직접 만들 수 있습니다.

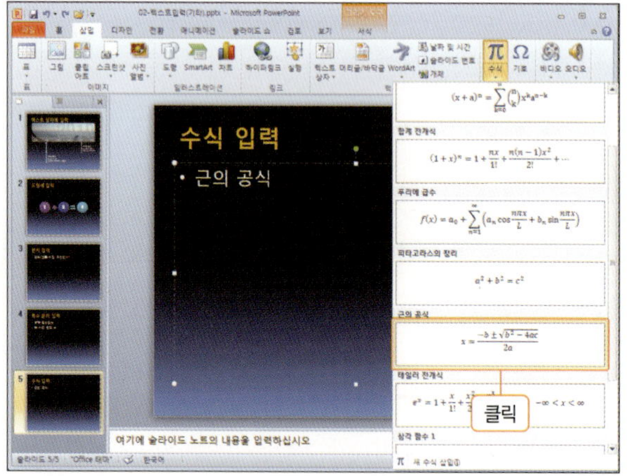

10 수식이 입력되고 리본 메뉴에서 수식을 편
집할 수 있는 [수식 도구]-[디자인] 탭이 선택
되어 있는 것을 확인합니다.

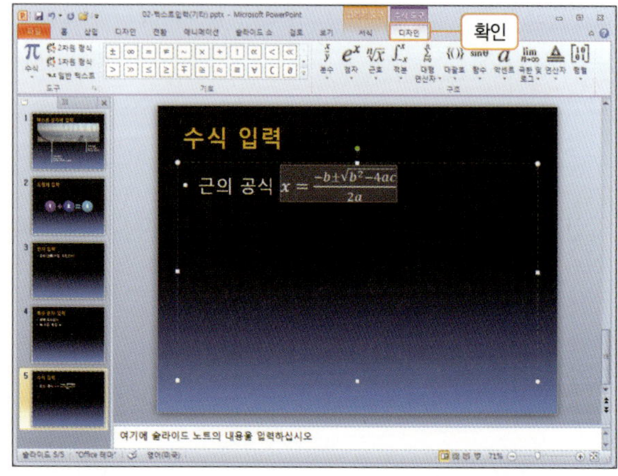

11 새 수식을 입력하기 위해 Enter 를 눌러 줄을 바꿉니다. 목록에 없는 수식을 입력하기 위해 [삽입] 탭의 [기호] 그룹에서 '수식' 아이콘(π)의 그림 부분을 누릅니다.

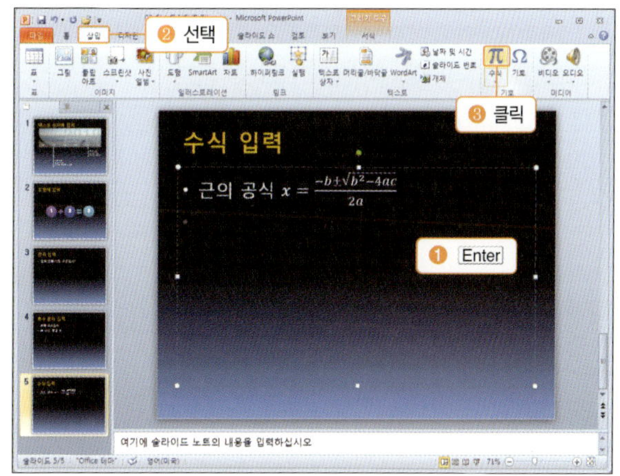

12 '여기에 수식을 입력하십시오.' 라는 수식 입력 상자가 표시되고, 리본 메뉴에서 수식을 편집할 수 있는 [수식 도구]–[디자인] 탭이 선택된 것을 확인합니다.

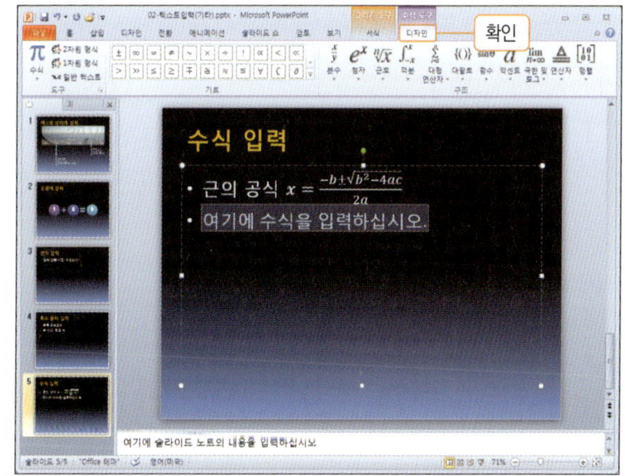

13 작성하려는 수식 내용에 따라 [수식 도구]–[디자인] 탭에 있는 기호와 구조를 선택하여 그림과 같이 입력합니다. 구조를 선택하면 입력할 수 있는 점선의 빈칸이 생깁니다. 빈칸을 선택하고 수식을 입력합니다.

> **Tip •** 수식 상태에서 입력되는 영문 글꼴은 자동으로 Cambria Math, 기울임 형태로 지정되어 수식이 더욱 자연스럽고 예쁘게 표현됩니다.
> 수식 사이에 들어가는 연산자는 Space Bar 를 눌러 여백을 주지 않아도 적당한 여백을 자동으로 만듭니다. 공식을 이어서 계속 입력합니다.

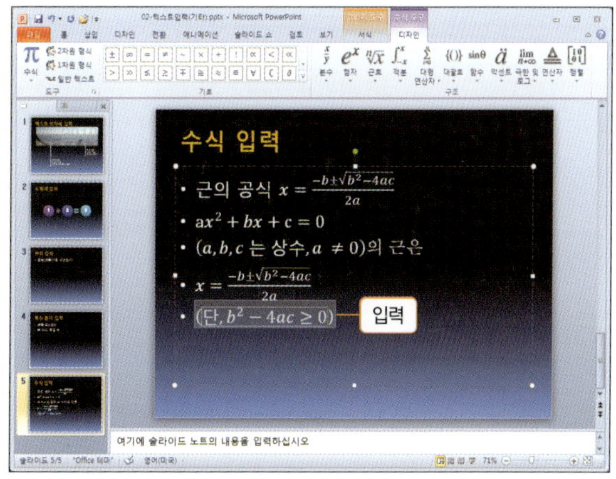

영어 문장이나 단어를 입력한 다음 원하는 형태로 대/소문자를 변환할 수 있습니다. 이 기능을 이용하면 입력 중간에 Shift 나 Caps Lock 을 누르는 번거로움 없이 원하는 형식으로 입력할 수 있습니다.

• 소스 파일 : Part02\대소문자.pptx   • 결과 파일 : Part02\대소문자_완성.pptx

1 Part02 폴더에서 '대소문자.pptx' 파일을 열고 그림과 같이 대소문자 구분 없이 입력합니다.

2 첫 문장에 있는 각 단어의 첫 글자만 대문자로 만들고 싶습니다. 첫 문장을 모두 블록으로 지정하고 [홈] 탭의 [글꼴] 그룹에서 '대/소문자 바꾸기' 아이콘(Aa▾)을 누른 다음 [각 단어를 대문자로]를 선택합니다. 첫 문장에 있는 각 단어의 첫 글자만 대문자로 모두 바뀝니다. 같은 방법으로 모두 대문자, 소문자, 문자 첫 글자만 대문자 등으로 바꿀 수 있습니다.

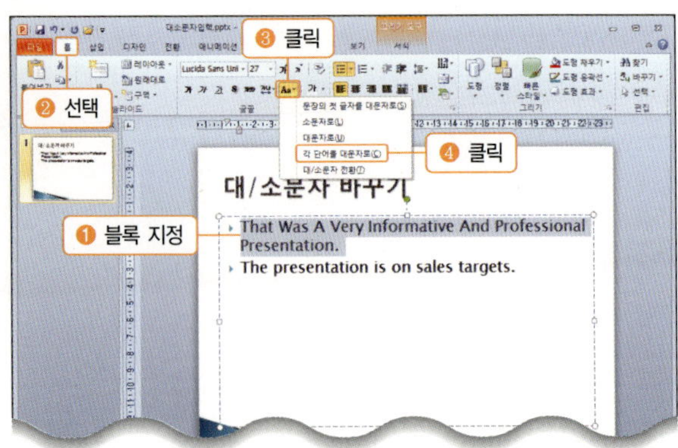

꼭! 알고가기 ▼ 첫 글자를 대문자, 한/영 자동 고침 기능

문장이나 단어를 입력할 때 인식하지 못하는 단어가 입력되면 자동으로 영문/한글로 변환하는 기능이 있습니다. 또한 영문의 문장에서 첫 글자를 자동으로 대문자로 바꾸는 기능도 있습니다.

이 기능을 사용하려면 [PowerPoint 옵션] 대화상자의 [언어 교정] 메뉴를 선택하고 [자동 고침 옵션] 항목의 〈자동 고침 옵션〉 버튼을 누른 다음 [자동 고침] 대화상자에서 '문장의 첫 글자를 대문자로'와 '한/영 자동 고침'에 체크 표시합니다.

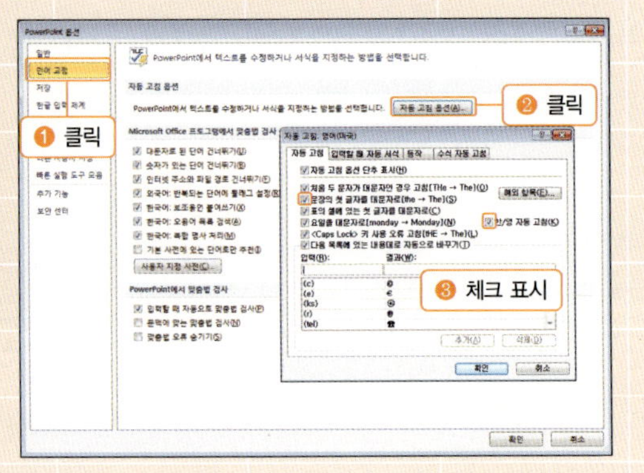

한눈에 내용을 파악하는 **텍스트 수준 조정**하기

슬라이드에 텍스트 자료가 너무 많으면 정보 전달력이 약해집니다. 그러므로 자료를 충분히 요약한 다음 글머리 기호와 계층 구조를 확실히 하여 일목유연하게 표현합니다.

글머리 기호로 단락을 구분하는 방법을 알아보겠습니다.

글머리 기호 삽입하고 모양 변경하기

기본 글머리 기호 이외에 사용자 지정 글머리 기호나 그림을 사용하는 방법을 알아보겠습니다. 글머리 기호가 있는 텍스트에서 Enter 를 눌러 줄을 바꿔 입력하면 글머리 기호가 앞에 표시됩니다. 단락을 유지한 채 줄을 바꾸려면 Shift + Enter 를 누릅니다.

• 소스 파일 : Part02\글머리기호.pptx, 글머리기호02.png　　• 결과 파일 : Part02\글머리기호_완성.pptx

참고 동영상 : 3강 2-4글머리기호.avi

1 예제 파일을 열고 슬라이드 내용 중 마지막 항목에 커서를 만듭니다.

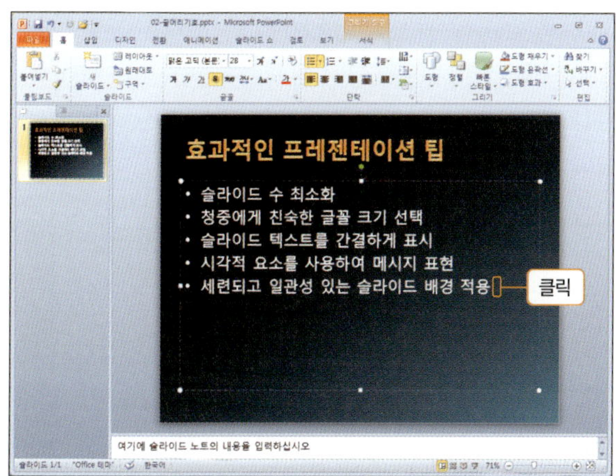

2 Enter 를 눌러 추가로 "맞춤법 및 문법 검사"를 입력합니다. Enter 를 누를 때마다 글머리 기호가 자동으로 만들어지는 것을 확인합니다.

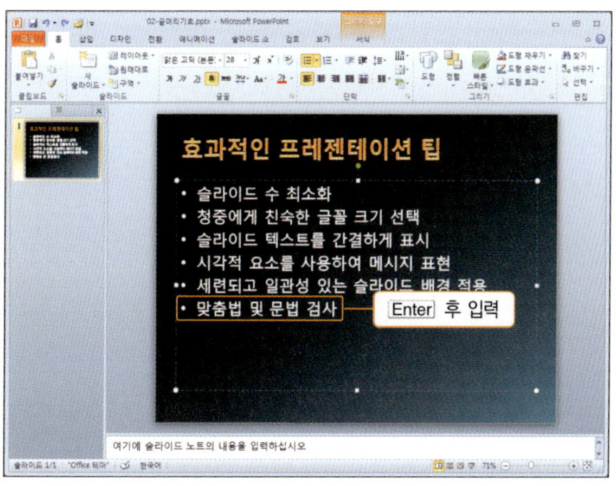

3 글머리 기호를 삭제하는 경우에는 삭제하려는 단락에 커서를 만들고 [홈] 탭의 [단락] 그룹 중 '글머리 기호' 아이콘(⊞▾)의 그림 부분을 눌러 선택을 해제합니다.

> **Tip** · '글머리 기호' 아이콘은 토글 방식으로 한 번 누를 때마다 글머리 기호를 적용하거나 삭제할 수 있습니다.

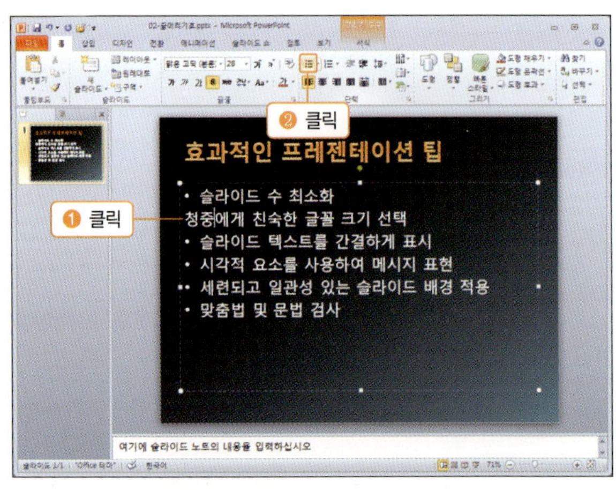

4 글머리 기호의 모양을 변경하려면 변경할 단락을 선택하고 '글머리 기호' 아이콘(⊞▾)의 ▼부분을 누릅니다.

> **Tip** · 개체에 서식이나 여러 가지 변형을 설정할 때, 제시되는 종류 위에 마우스를 가져가면 개체에 적용되는 형태를 미리 확인할 수 있습니다.

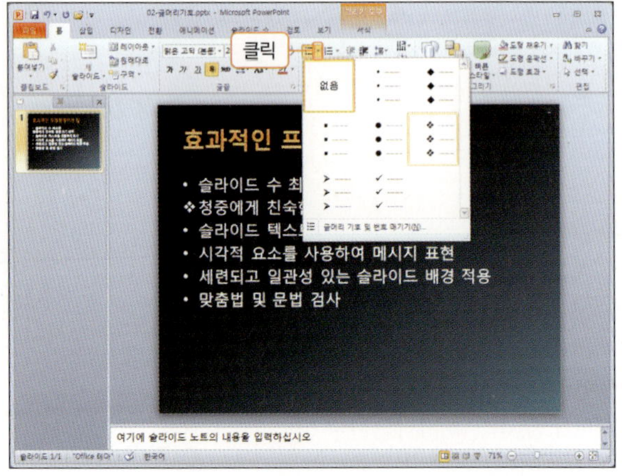

5 기본으로 제시되는 형식 이외의 기호를 사용하기 위해 아래에 있는 [글머리 기호 및 번호 매기기]를 선택합니다.

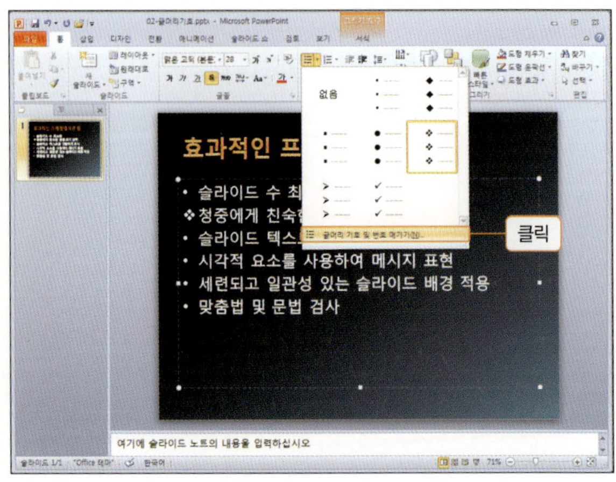

6 [글머리 기호 및 번호 매기기] 대화상자가 표시되면 [글머리 기호] 탭에서 〈사용자 지정〉 버튼을 누릅니다.

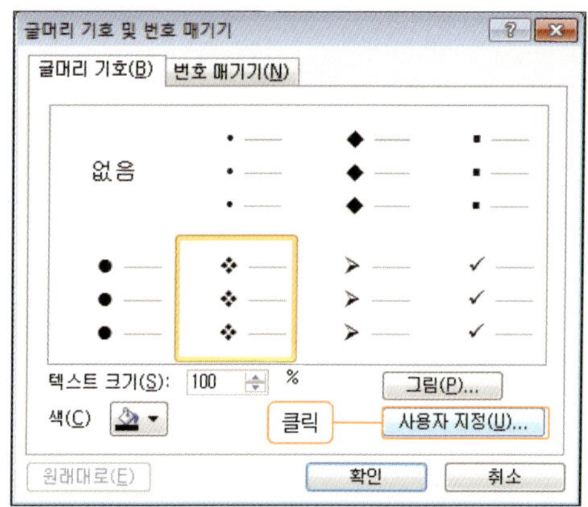

7 [기호] 대화상자가 표시되면 '글꼴'을 '(현재 글꼴)'로 지정하고 '하위 집합' 목록을 선택하거나, '글꼴'을 'Wingdings', 'Wingdings 2', 'Wingdings 3'으로 지정하면 다양한 도형을 선택할 수 있습니다. 원하는 도형을 선택하고 〈확인〉 버튼을 누릅니다.

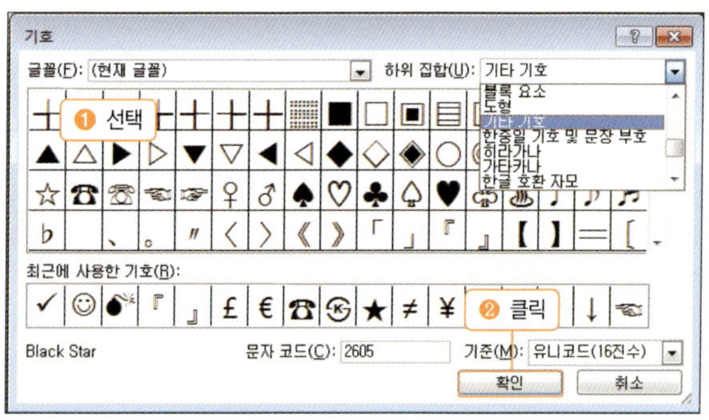

8 [글머리 기호 및 번호 매기기] 대화상자의 [글머리 기호] 탭에서 '텍스트 크기'를 '80'으로 설정하고 '색'에서 색상을 지정한 다음 〈확인〉 버튼을 누릅니다.

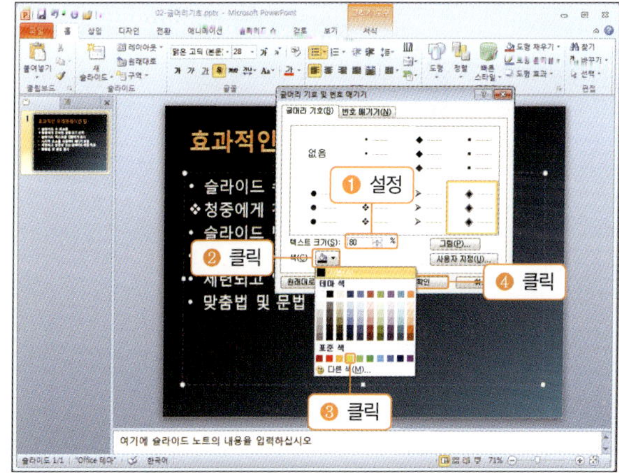

9 선택한 단락의 글머리 기호가 직접 지정한 모양으로 변경된 것을 확인합니다.

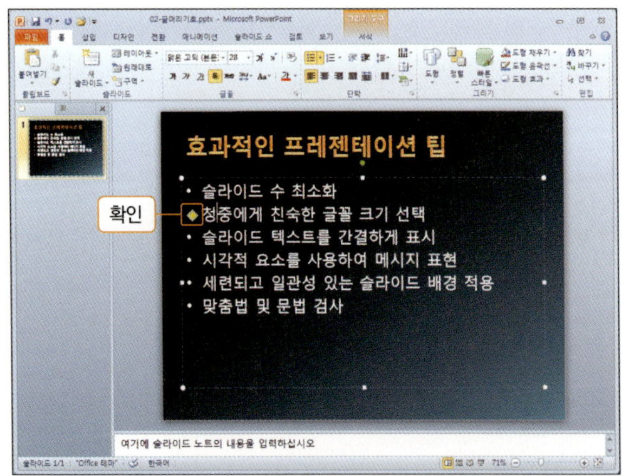

10 본문 내용의 전체 글머리 기호로 그림을 넣어 보겠습니다. 개체 틀의 모든 내용에 명령을 적용하기 위해 개체 틀 테두리를 선택합니다.

> **Tip** ∙ 개체 틀 전체를 선택하면 개체 틀의 테두리가 점선에서 실선으로 변경됩니다.

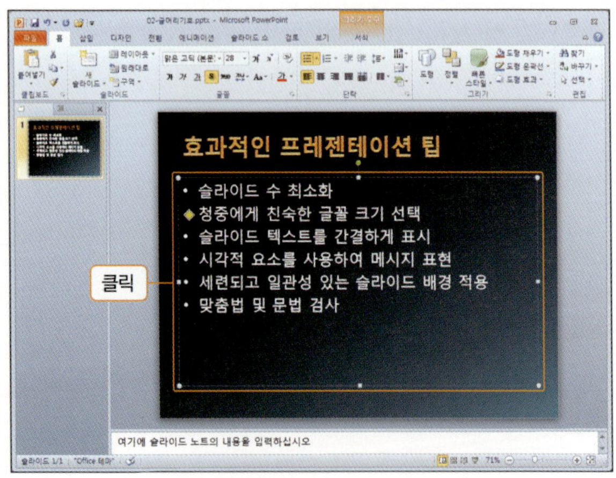

11 [홈] 탭의 [단락] 그룹에서 '글머리 기호' 아이콘의 (🔳)의 ▼부분을 누릅니다. 아래에 있는 [글머리 기호 및 번호 매기기]를 선택합니다.

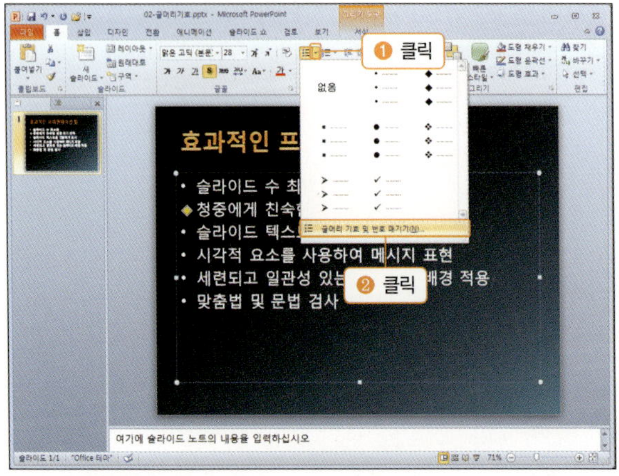

12 [글머리 기호 및 번호 매기기] 대화상자의 [글머리 기호] 탭에서 글머리 기호의 크기를 지정하기 위해 글머리 기호를 임의로 선택하고 '텍스트 크기'를 '85%'로 설정합니다.

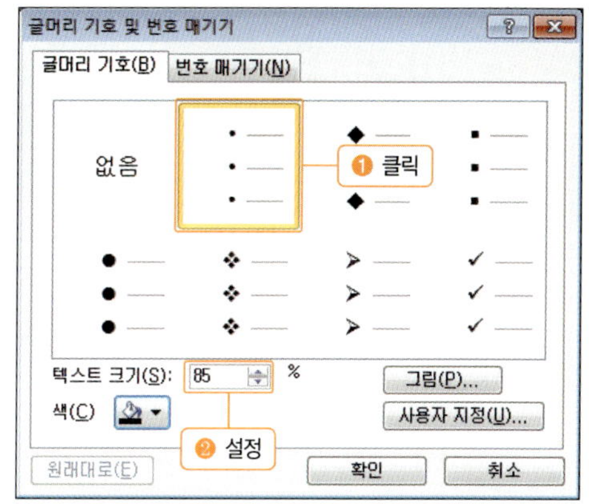

13 [글머리 기호 및 번호 매기기] 대화상자의 [글머리 기호] 탭에서 〈그림〉 버튼을 누릅니다.

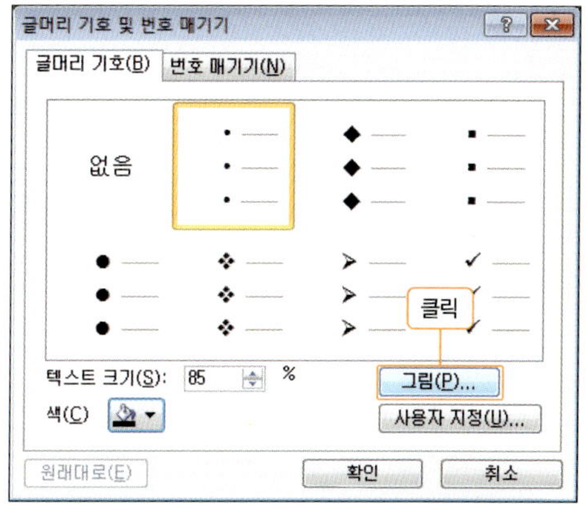

14 [그림 글머리 기호] 대화상자에 표시되는 그림을 선택해도 되고, 미리 준비한 그림이 있다면 가져와서 사용할 수 있습니다. 아래쪽의 〈가져오기〉 버튼을 누릅니다.

15 [클립 추가] 대화상자에서 Part02 폴더에 있는 '글머리기호02.png' 파일을 선택하고 〈추가〉 버튼을 누릅니다.

16 [그림 글머리 기호] 대화상자에 그림이 추가됩니다. 추가된 글머리 기호 그림을 선택하고 〈확인〉 버튼을 누릅니다.

17 개체 틀에 있는 모든 단락에 지정한 그림이 글머리 기호로 설정됩니다.

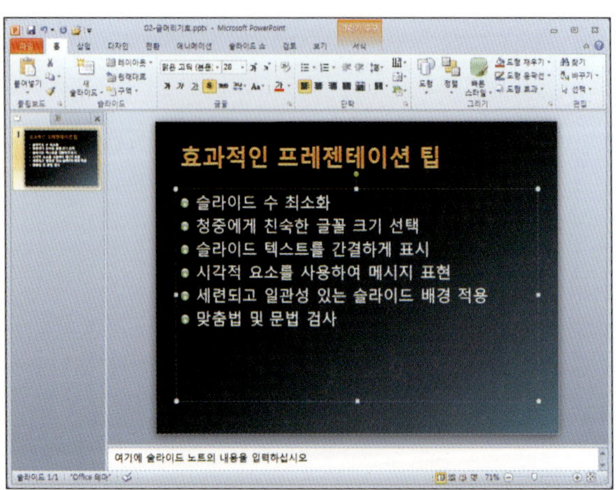

02 단락에 번호 매기기

단락을 구분할 때 번호를 설정하는 방법과 번호 매기기의 종류를 살펴보고 시작 번호를 바꾸는 방법을 알아보겠습니다. 원 안에 있는 번호 등의 다양한 형식의 번호를 사용하거나 수준을 구분하여 지정할 수 있습니다.

• 소스 파일 : Part02\글머리번호매기기.pptx   • 결과 파일 : Part02\글머리번호매기기_완성.pptx

참고 동영상 : 3강 2-4글머리기호.avi

1 Part02 폴더에서 '글머리번호매기기.pptx' 파일을 열고 본문 내용이 적힌 부분을 임의로 누릅니다. 내용 주변에 점선이 표시되고 조절 점이 생기면 이 상태에서 점선 테두리를 다시 한 번 누릅니다.

Tip • 개체 틀이 점선인 상태에서 [Esc]를 눌러도 전체 개체 틀이 선택됩니다. 커서가 사라지고 테두리는 실선으로 바뀌면서 개체 안의 모든 내용을 블록으로 지정한 것과 같습니다.

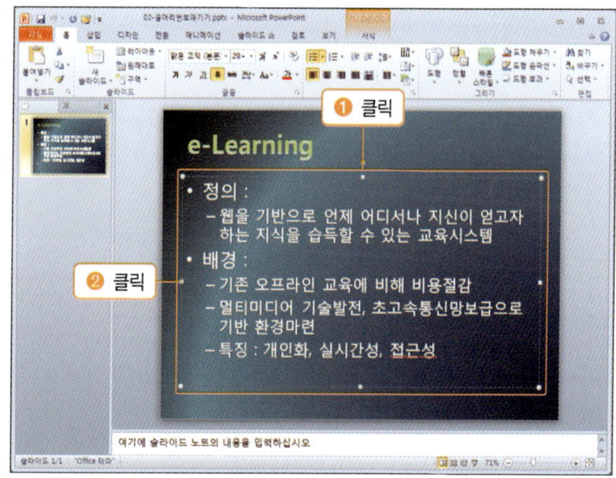

2 [홈] 탭의 [단락] 그룹에서 '번호 매기기' 아이콘(≡)의 그림 부분을 누릅니다. 글머리 기호가 번호로 변경된 것을 확인합니다.

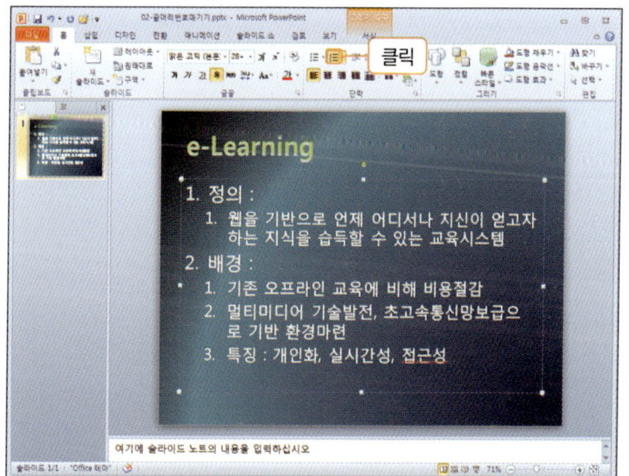

3 하위 수준의 번호 체계를 변경하기 위해 배경 항목의 하위 수준 세 개를 블록 지정합니다.

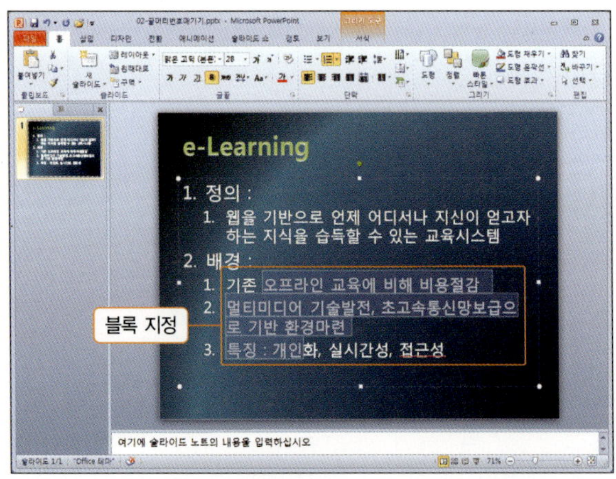

4 [홈] 탭의 [단락] 그룹에서 '번호 매기기' 아이콘(▥)의 ▼부분을 누릅니다. 아래에 있는 [글머리 기호 및 번호 매기기]를 선택합니다.

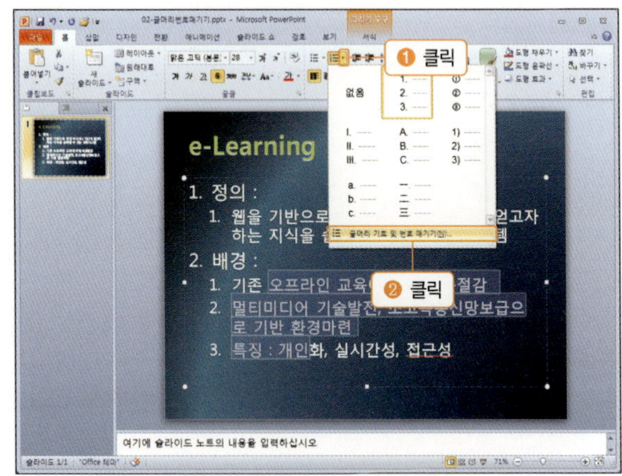

5 [글머리 기호 및 번호 매기기] 대화상자의 [번호 매기기] 탭 화면에서 번호의 종류를 '원 숫자', '시작 번호'를 '2'로 지정하고 〈확인〉 버튼을 누릅니다.

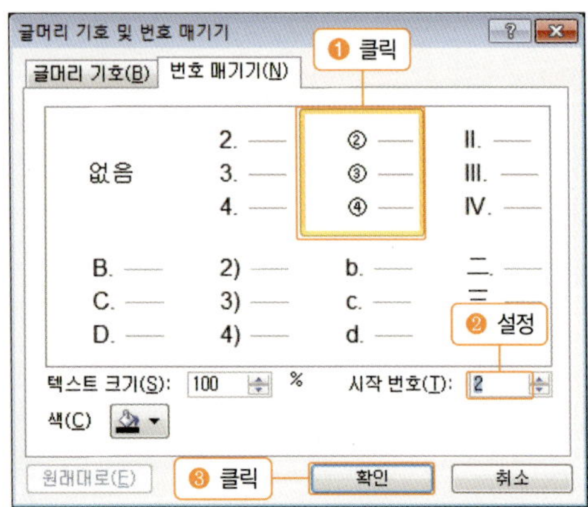

6 번호 모양과 시작 번호가 변경된 것을 확인합니다.

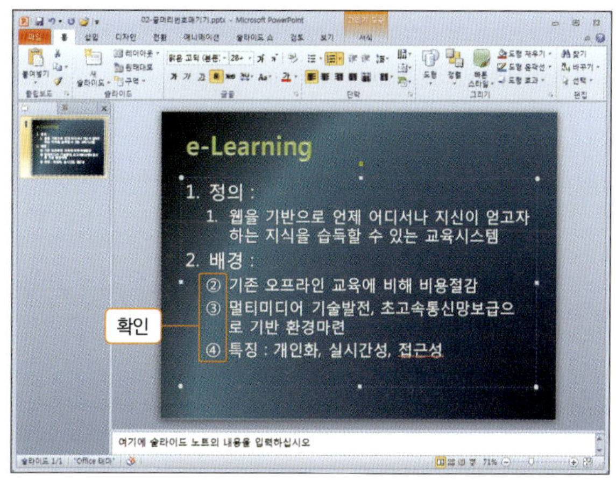

> **Tip** • 글머리를 수정하려는 단락을 블록으로 지정하고 마우스 오른쪽 버튼을 누른 다음 표시되는 바로 가기 메뉴에서 글머리 기호나 번호 매기기 명령을 이용할 수 있습니다.

31 글머리 기호와 본문의 간격 조정하기

가독성을 높이려면 글머리 기호와 텍스트의 간격을 조정해서 내용을 정돈하는 것이 좋습니다. 들여쓰기, 내어쓰기 아이콘을 활용해서 텍스트의 시작 부분을 정리하고 문단 안에서 일정한 간격을 띄우려고 할 때 '탭'을 설정하면 편리합니다.

• 소스 파일 : Part02\글머리간격.pptx　　• 결과 파일 : Part02\글머리간격_완성.pptx

1 Part02 폴더에서 '글머리간격.pptx' 파일을 불러옵니다. 글머리 기호와 텍스트가 시작되는 위치를 조정해서 보기 좋게 텍스트를 정돈하려면 화면에 눈금자가 표시되어 있어야 합니다. [보기] 탭의 [표시] 그룹에서 '눈금자'에 체크 표시합니다.

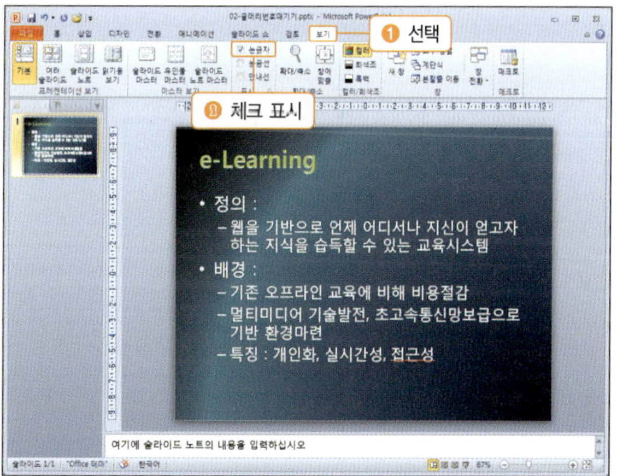

> **Tip** • 슬라이드 빈 여백 부분을 마우스 오른쪽 버튼으로 누른 다음 표시되는 바로 가기 메뉴에서 [눈금자]를 선택해도 됩니다.

2 간격을 조정하고자 하는 텍스트를 누르거나 블록을 지정하면 도구들이 눈금자에 표시됩니다. 원하는 위치로 드래그하여 간격을 조정합니다.

> **Tip ·**
> - 첫줄 들여쓰기(▽) : 글머리 기호 번호 매기기의 시작 위치를 지정
> - 내어쓰기(△) : 텍스트의 시작 위치를 지정
> - 왼쪽 들여쓰기(▣) : 위 두 개의 아이콘의 간격을 유지한 상태에서 이동

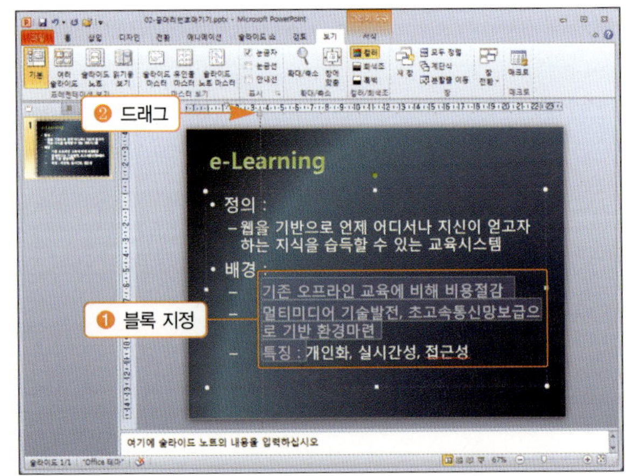

3 탭을 지정하려는 문단을 누르거나 여러 문단을 블록 잡으면 탭 설정 아이콘이 눈금자의 가장 왼쪽에 표시됩니다. 누를 때마다 네 가지 종류의 탭이 순환되며 표시됩니다.

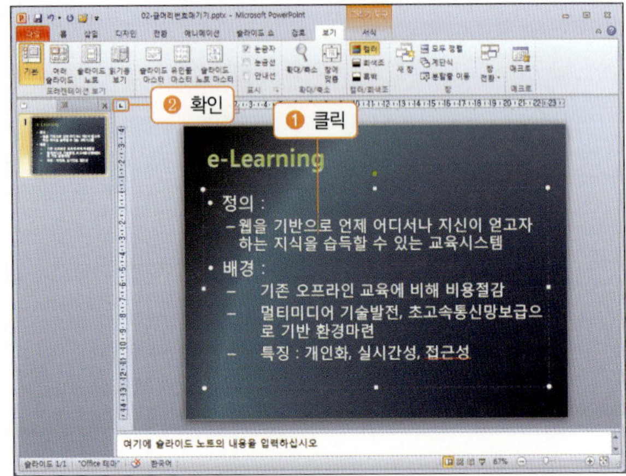

꼭! 알고가기 ▼ 탭 설정 아이콘

- **왼쪽 탭(L)** : 텍스트를 입력하면 이 위치로부터 오른쪽으로 텍스트가 입력됩니다.
- **가운데 탭(⊥)** : 텍스트를 입력하면 이 위치를 중심으로 텍스트가 정렬됩니다.
- **오른쪽 탭(⌐)** : 텍스트를 입력하면 텍스트가 왼쪽으로 이동합니다.
- **소수점 탭(⊥)** : 소수점 숫자를 정렬합니다. 자릿수에 관계없이 소수점은 같은 위치에 있습니다. 소수점 문자의 숫자만 정렬할 수 있으며 −기호나 &기호와 같은 다른 문자로 숫자를 정렬할 수 없습니다.

4 탭의 종류를 선택한 다음 눈금자에서 탭을 지정하려는 위치의 숫자 바로 아래 부분을 눌러 탭을 설정합니다. [Tab]을 눌러 지정한 위치만큼 이동시킵니다.

> **Tip** • 설정된 탭을 드래그하면 위치가 수정됩니다. 눈금자 위나 아래로 드래그하면 탭을 삭제할 수 있습니다.

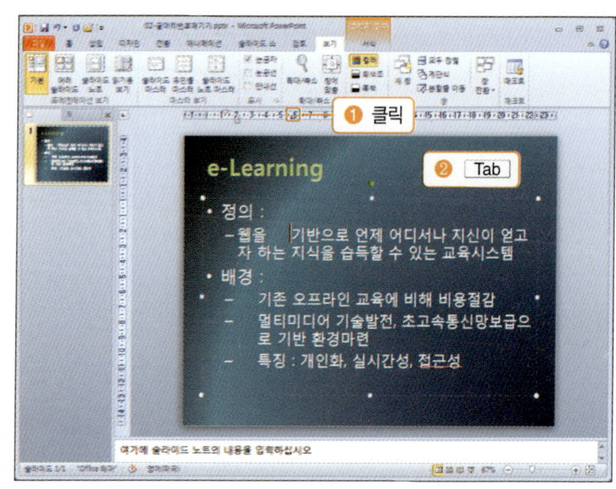

5 정확한 위치에 설정하기 위해, [홈] 탭의 [단락] 그룹 오른쪽에 있는 '창 표시' 버튼(⬚)을 누릅니다. [단락] 대화상자가 표시되면 왼쪽 아래에 있는 〈탭〉 버튼을 누릅니다.

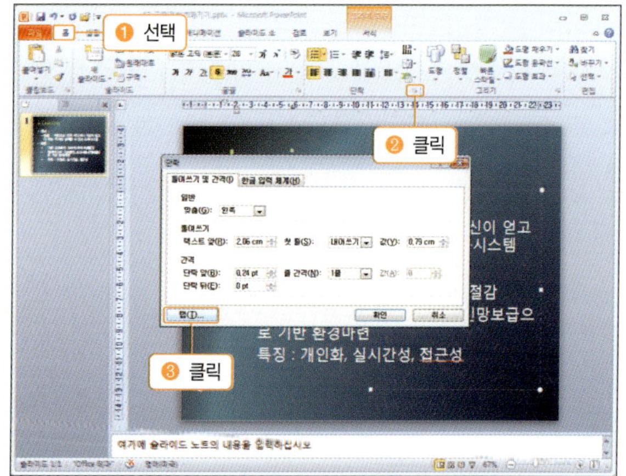

6 [탭] 대화상자가 표시되면 정확한 값을 설정하고 〈확인〉버튼을 눌러 대화상자를 닫습니다.

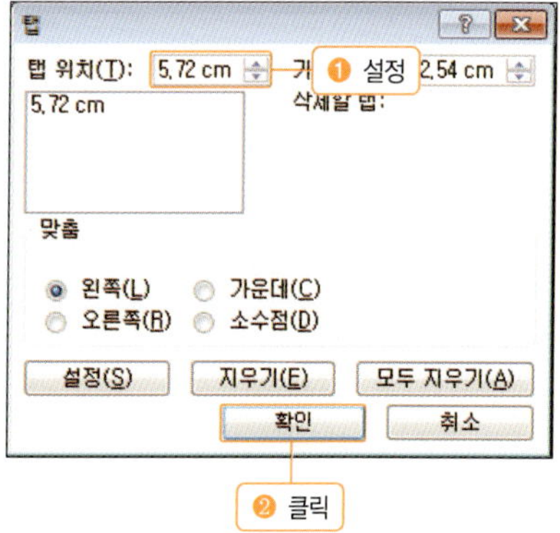

4 단락 간격과 줄 간격 조정하기

실제 프레젠테이션 문서에 텍스트만으로 구성된 슬라이드는 많지 않을 것입니다. 텍스트가 많은 형태일 때 문자 간격과 줄 간격을 적절히·조정하면 가독성을 높일 수 있으며 적절한 줄 간격과 단락 앞뒤 간격을 설정하면 단락을 구분할 수 있습니다.

· 소스 파일 : Part02\단락간격.pptx　　· 결과 파일 : Part02\단락간격_완성.pptx

1 Part02 폴더에서 '단락간격.pptx' 파일을 열고 간격을 조정할 텍스트를 블록 지정합니다. [홈] 탭의 [단락] 그룹에서 '줄 간격' 아이콘( )을 누른 다음 [1.5]를 선택합니다.

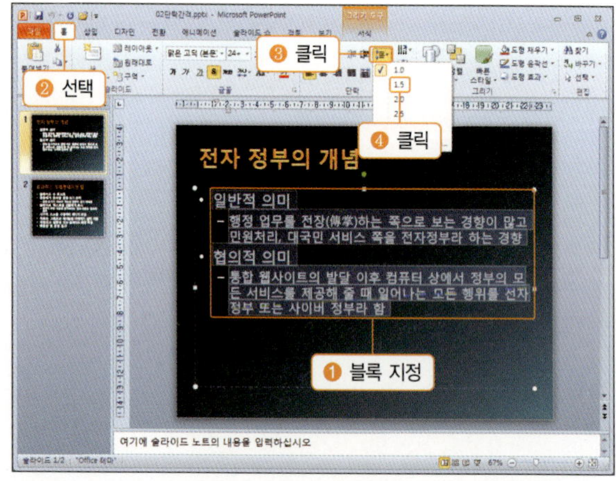

2 모든 단락의 줄 간격이 1.5(150%)로 벌어집니다.

> **Tip** · 자동 맞춤 옵션 기능으로 줄 간격이 넓어지면 글자 크기가 작아집니다.

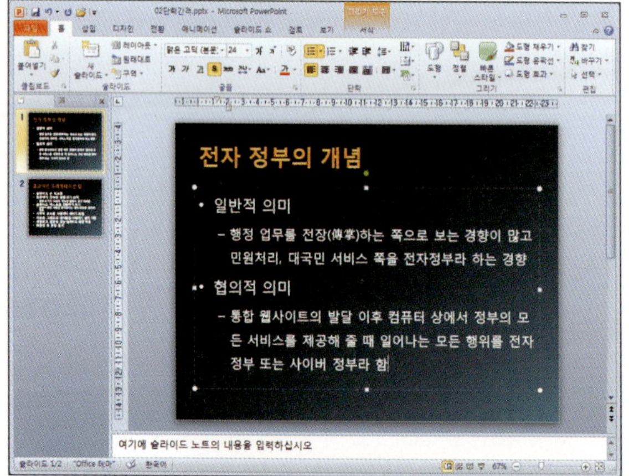

3 단락 앞뒤의 간격을 조정해 보겠습니다. [홈] 탭의 [단락] 그룹에서 '줄 간격' 아이콘( )을 누른 다음 [줄 간격 옵션]을 선택합니다.

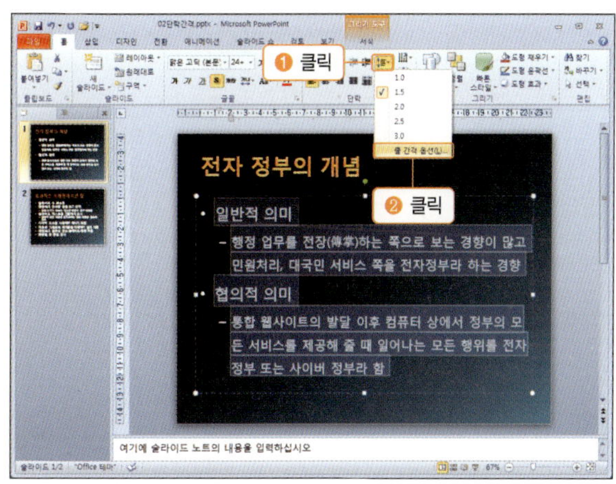

4 [단락] 대화상자가 표시되면 [들여쓰기 및 간격] 탭에서 간격의 값들을 원하는 값으로 조정합니다. [간격] 항목에서 '단락 앞'을 '5pt', '단락 뒤'를 '10pt', '줄 간격'을 '배수', '값'을 '1.3'으로 지정하고 〈확인〉 버튼을 누릅니다.

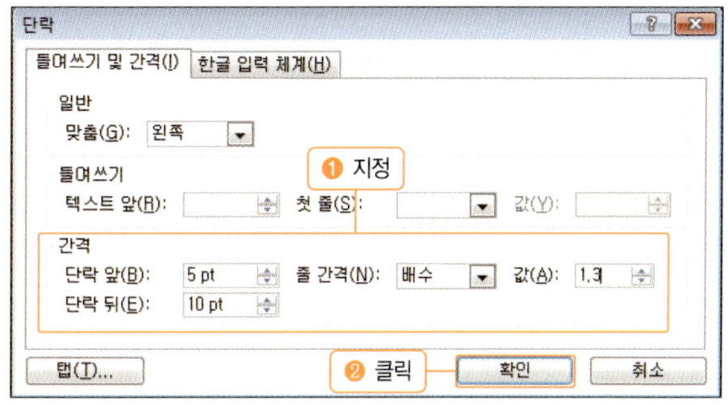

Tip · 배수의 1.3은 130%라는 의미입니다.

5 줄 간격이 변경된 것을 확인합니다.

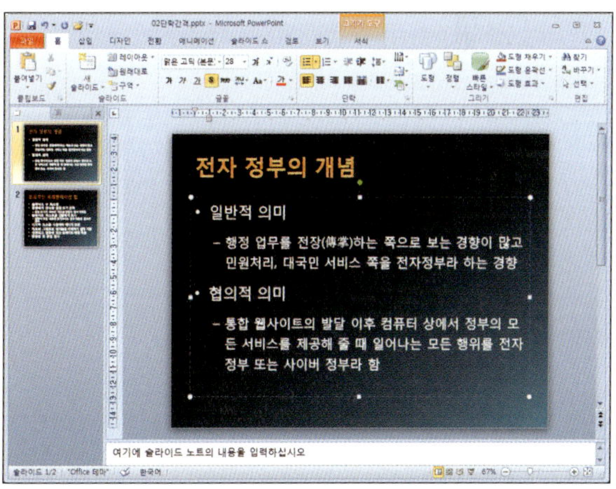

[홈] 탭의 [단락] 그룹에서 '창 표시' 버튼(⬚)을 누르고 표시되는 [단락] 대화상자의 [한글 입력 체계] 탭을 선택합니다. [일반] 항목에 '한글 단어 잘림 허용'에 체크 표시를 해제합니다.

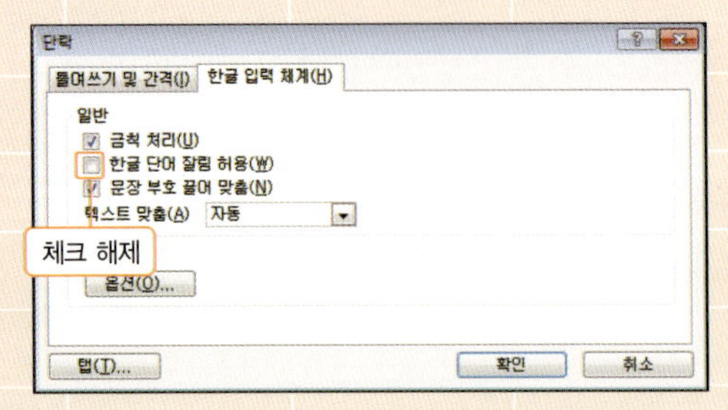

5 자동 맞춤 옵션으로 작업하기

'자동 맞춤 기능'은 개체 틀에서 포함할 수 있는 것보다 많은 양의 텍스트가 개체 틀 안에 포함될 수 있도록 텍스트 크기가 자동으로 조정되는 것입니다. 이 기능을 적용하는 방법과 다른 슬라이드로 내용을 나누는 방법을 살펴보겠습니다.

1 '단락간격.pptx' 파일의 두 번째 슬라이드를 선택합니다. 개체의 크기를 넘지 않는 텍스트를 입력한 슬라이드가 있습니다. 만약 이 개체 틀에 보다 많은 양의 텍스트가 입력되면 어떻게 되는지 확인해 보겠습니다.

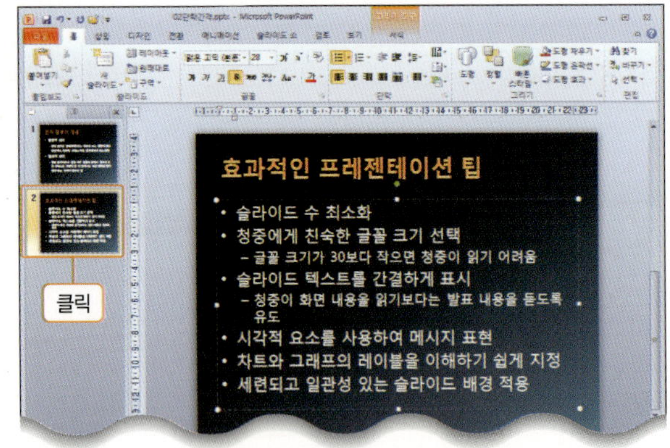

2 마지막 줄에 "맞춤법 및 문법 검사"라고 2줄을 입력합니다. [개체 틀에 텍스트 자동 맞춤]이 설정되어 있다면 텍스트 길이에 맞추어 개체 틀 크기가 조정됩니다.

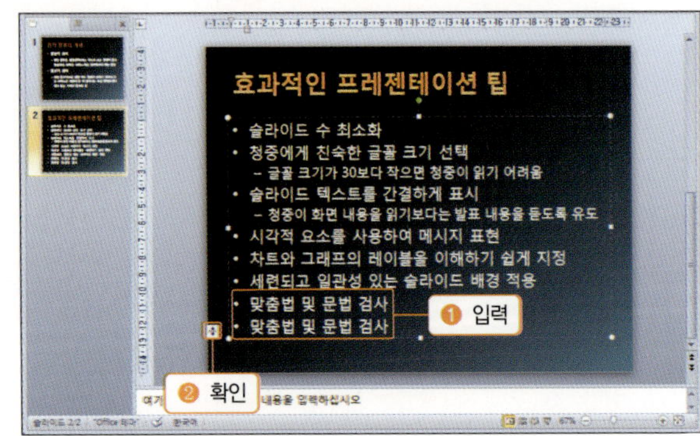

3 '자동 맞춤 옵션' 아이콘( )을 누르면 바로 가기 메뉴가 표시됩니다. 텍스트 자동 맞춤 상태에서 글자의 크기를 원래대로 유지하려면 [이 개체 틀에 텍스트 맞춤 중지]를 선택합니다.

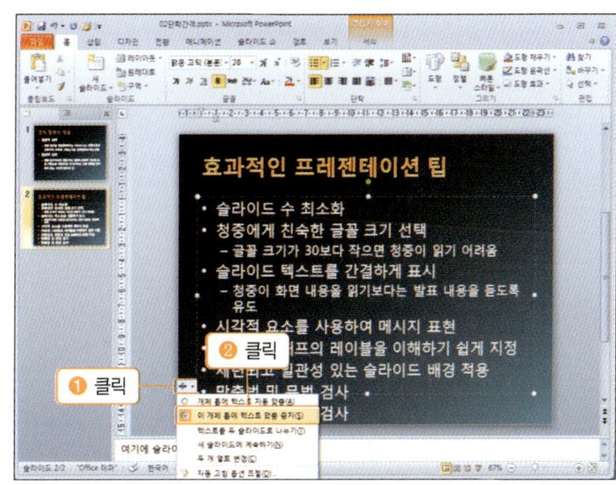

4 슬라이드 한 장에 텍스트가 지나치게 많으면 내용이 눈에 들어오지 않게 됩니다. 적당한 양으로 나누어 슬라이드를 만드는 것이 좋습니다. '자동 맞춤 옵션' 아이콘( )을 누르고 [텍스트를 두 슬라이드로 나누기]를 선택합니다.

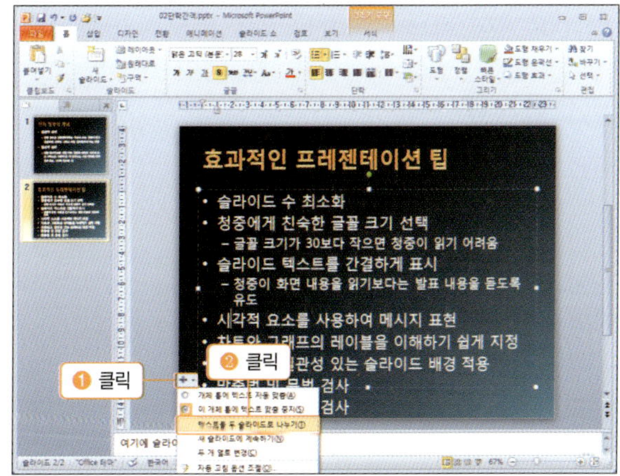

5 슬라이드가 두 개로 나누어진 것을 확인할 수 있습니다.

> **Tip** · 슬라이드가 나누어진 다음에도 모든 슬라이드를 원래 개체 틀의 글자 크기와 줄 간격으로 표현할 수 있을 때까지 자동 맞춤 옵션이 표시됩니다.

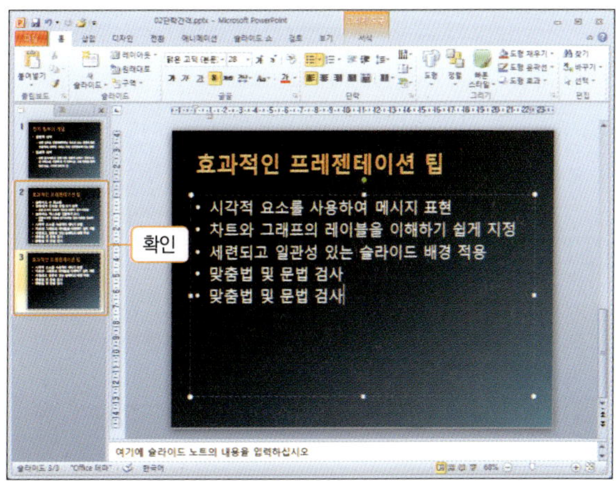

6 '자동 맞춤 옵션' 아이콘()을 눌렀을 때 [새 슬라이드에 계속하기]를 선택하면 새 슬라이드가 만들어지면서 앞 슬라이드의 제목이 계속 적용됩니다.

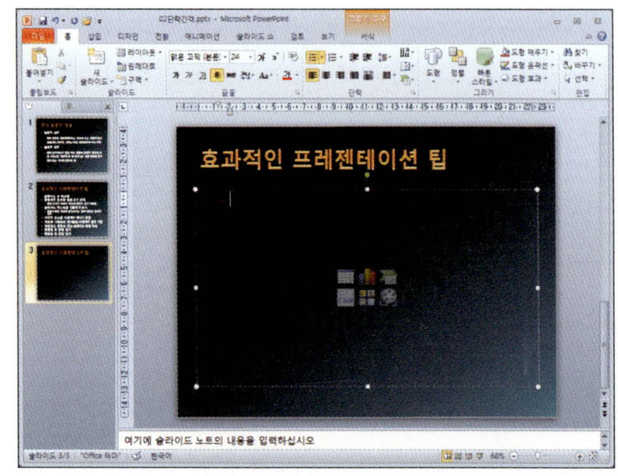

7 '자동 맞춤 옵션' 아이콘()을 눌렀을 때 [두 개 열로 변경]을 선택하면, [홈] 탭의 [단락]에서 '단' 아이콘()을 눌러 2단으로 편집한 것과 동일하게 표시됩니다.

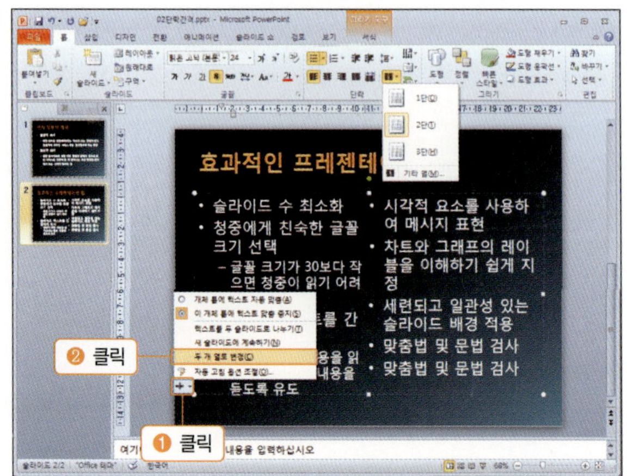

8 '자동 맞춤 옵션' 아이콘()을 클릭했을 때 [자동 고침 옵션 조절]을 선택하면 [자동 고침] 대화상자의 [입력할 때 자동 서식] 탭이 표시됩니다. [입력할 때 자동으로 서식 설정] 항목을 원하는 형식으로 설정하고 〈확인〉 버튼을 누릅니다.

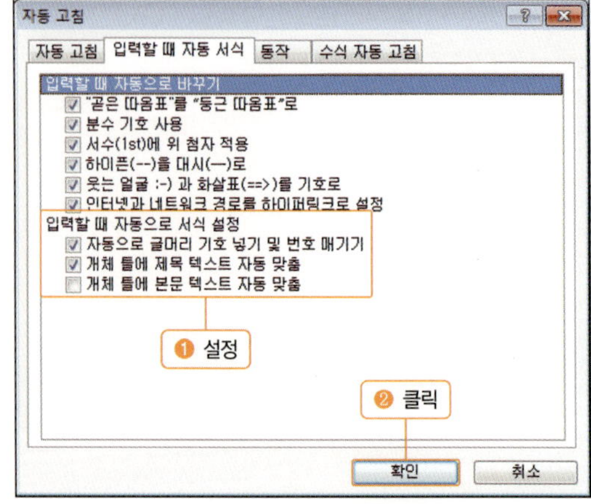

9 [자동 고침] 대화상자의 [입력할 때 자동 서식] 탭에서 '개체 틀에 본문 텍스트 자동 맞춤'에 체크 표시를 해제하면 '자동 맞춤 옵션' 아이콘(⬥)을 눌렀을 때 [개체 틀에 텍스트 자동 맞춤]이 표시되지 않습니다.

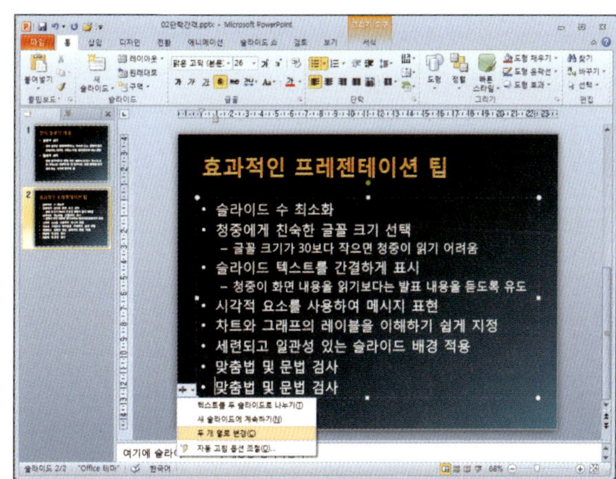

꼭! 알고가기 ▼ '자동 맞춤 옵션' 아이콘이 보이지 않는 경우

1. [파일] 탭 화면의 왼쪽에서 [옵션]을 선택합니다. [PowerPoint 옵션] 대화상자가 표시되면 [언어 교정] 메뉴를 선택하고 〈자동 고침 옵션〉 버튼을 누릅니다.

2. [자동 고침] 대화상자의 [자동 고침] 탭에서 '자동 고침 옵션 단추 표시'에 체크 표시하면 '자동 맞춤 옵션' 아이콘(⬥)을 표시할 수 있습니다.

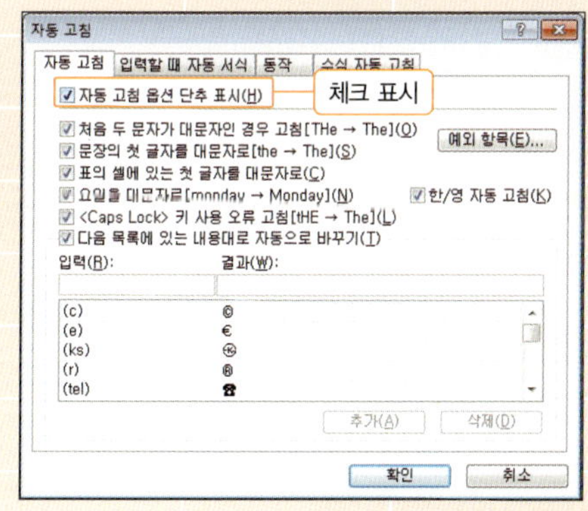

텍스트에
서식
지정해서
활력 주기

프레젠테이션에서 사용되는 글꼴은 가독성을 높이고 좀 더 효과적으로 내용을 전달할 수 있도록 하는 것이 좋습니다.
텍스트의 글꼴과 크기, 색상을 지정하는 방법을 살펴보고 글꼴을 관리하는 방법을 살펴보겠습니다.

텍스트 글꼴, 색상, 크기 지정하기

리본 메뉴나 [미니 도구 서식 모음]을 이용하여 글꼴 모양과 크기, 색상, 문자의 간격을 변경하는 등의 텍스트 서식을 적용하는 방법을 알아보겠습니다. 파워포인트 2010은 미리 보기 기능을 활용하여 서식 옵션을 적용하기 전에 적용된 상태를 미리 확인할 수 있습니다.

• 소스 파일 : Part02\텍스트서식.pptx　　　• 결과 파일 : Part02\텍스트서식_완성.pptx

1 제목의 서식을 바꾸기 위해 첫 번째 슬라이드의 제목을 누릅니다. 커서가 깜박거리며 개체 주위에 점선이 표시됩니다.

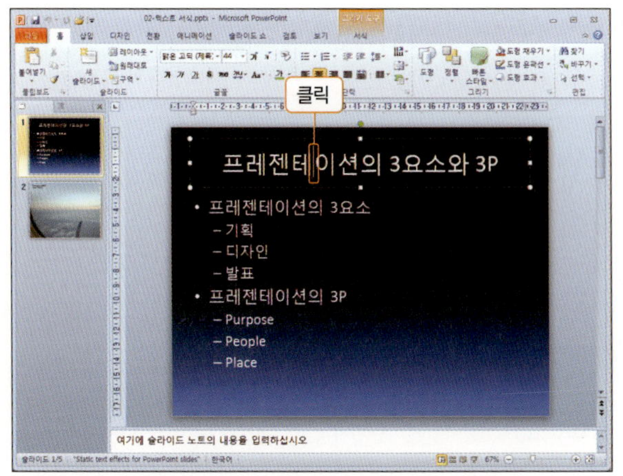

2 개체 틀 안의 내용을 모두 바꾸기 위해 점선의 개체 틀을 다시 한 번 누르거나 Esc 를 누릅니다. 커서가 사라지고 실선으로 표시됩니다.

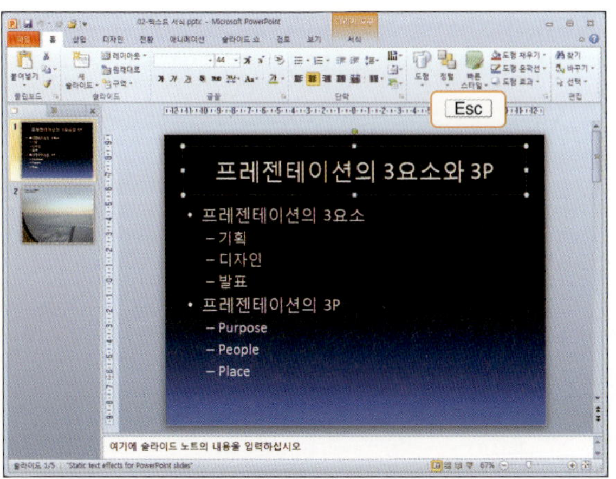

> **Tip** • 개체 틀이 선택되면 테두리가 실선으로 표시되며, 이 상태는 선택된 개체 안의 모든 텍스트가 선택된 것입니다.

3 [홈] 탭의 [글꼴] 그룹에서 '글꼴' 목록을 열고 'HY헤드라인M'을 선택합니다.

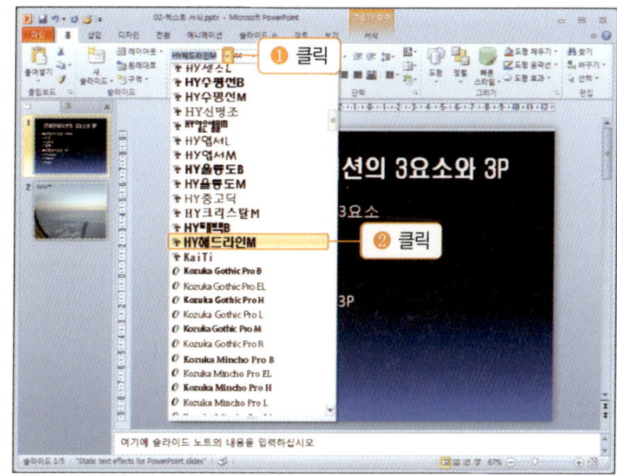

4 제목의 글꼴이 'HY헤드라인M'으로 변경되었습니다. [홈] 탭의 [글꼴] 그룹에서 '글꼴 크기'를 '48'로 설정합니다.

> **Tip** 목록에 없는 글꼴 크기는 입력 상자에 직접 입력한 다음 Enter 를 누르면 설정할 수 있습니다.

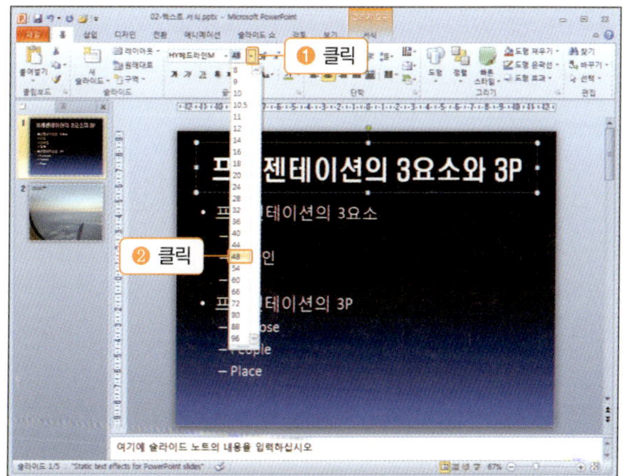

5 [홈] 탭의 [글꼴] 그룹에서 '글꼴 색' 아이콘의 ▼부분을 누르고 [표준 색] 항목에서 [주황]을 선택합니다. 제목 텍스트가 주황색으로 변경됩니다.

> **Tip** '글꼴 색' 아이콘의 그림 부분을 누르면 현재 아이콘에 지정된 색이 바로 글꼴에 적용됩니다.

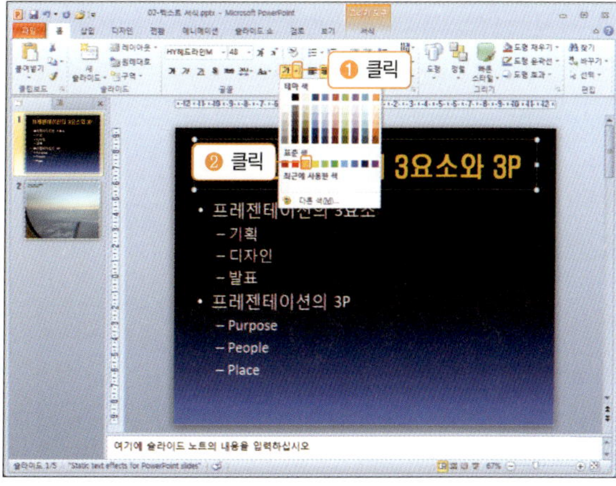

6 본문 부분을 드래그하여 선택한 다음 [홈] 탭의 [글꼴] 그룹에 있는 '문자 간격' 아이콘(개나)을 누릅니다.

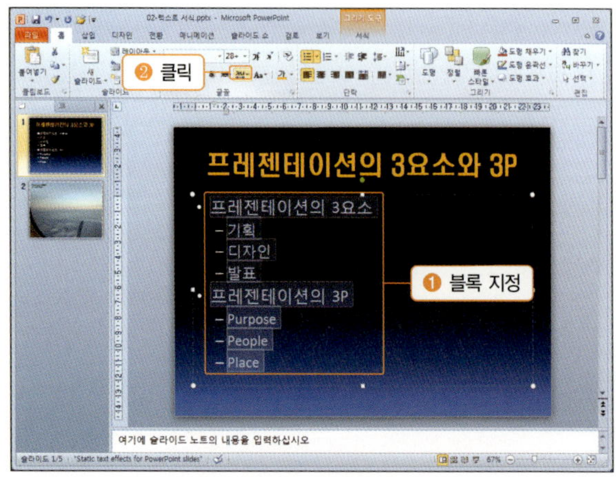

7 목록 가장 아래에 있는 [기타 간격]을 선택합니다. 목록의 수치들을 미리 보기로 확인하면서 수치를 직접 입력할 수 있습니다.

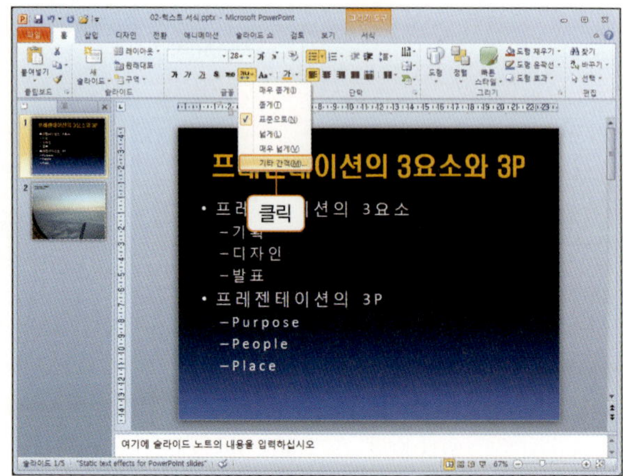

8 [글꼴] 대화상자가 표시되면 [문자 간격] 탭 화면에서 '간격'을 '좁게', '값'을 '2pt'로 지정하고 〈확인〉 버튼을 누릅니다.

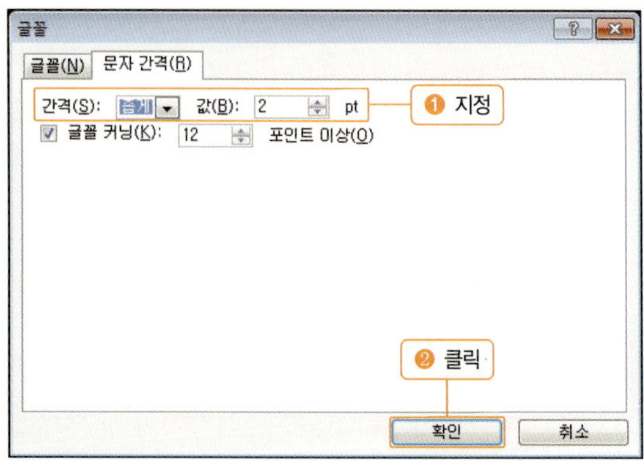

9 지정한 대로 글자 사이의 간격이 좁아진 것을 확인합니다.

> *Tip* • 문자의 간격을 약간 좁게 만들어 주면 단어를 읽기가 쉬워져 가독성이 높아집니다.

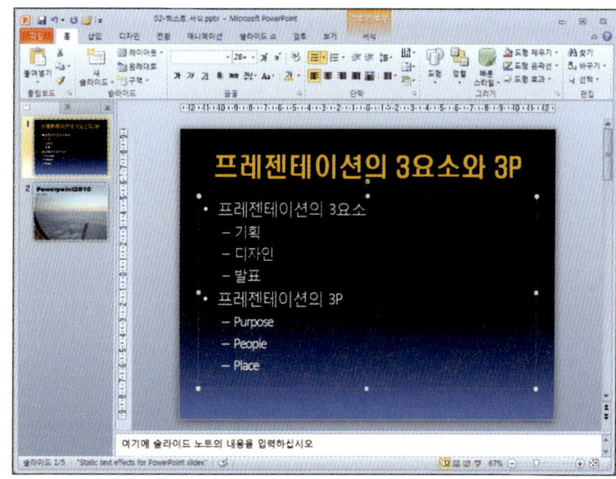

10 두 번째 슬라이드를 선택합니다. 개체 틀 중에서 일부분의 텍스트만 서식을 바꾸기 위해 서식을 바꿀 부분을 첫 번째 줄을 블록으로 지정한 다음 서식을 적용합니다.

> *Tip* • 개체 틀 전체 선택을 하지 않은 상태에서는 커서가 있는 곳의 단어에만 적용됩니다.

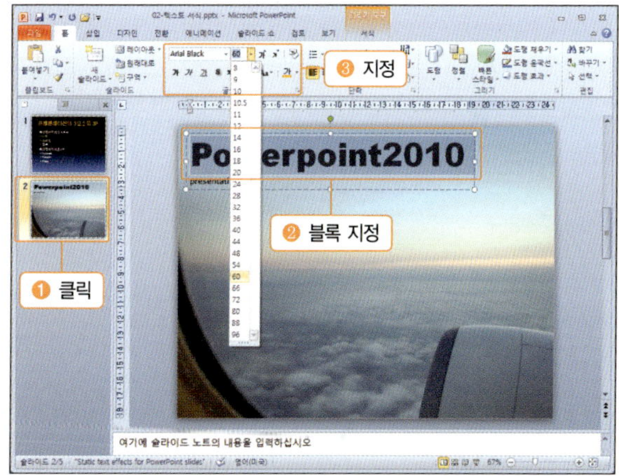

11 글자를 블록으로 지정했을 때 표시되는 [미니 서식 도구 모음]을 사용하여 글꼴, 글꼴 스타일, 글꼴 크기, 텍스트 색 등을 지정할 수 있습니다.

> *Tip* • [미니 서식 도구 모음]은 도형이나 개체 틀에서 텍스트를 선택하면 반투명 상태로 나타납니다. 이때 [미니 서식 도구 모음] 위로 마우스 포인터를 가져가면 선명하게 표시되며 서식을 지정할 수 있습니다.

글꼴의 크기를 조정하는 경우 '글꼴 크기' 기능과 '글꼴 크기 크게/작게' 기능을 사용합니다. 이 두 가지 기능은 절대적인 크기인지, 상대적인 크기인지의 기준이 다르다는 차이점이 있습니다. 두 기능을 사용해 보고 첨자 입력과 서식 지우기에 관해서도 살펴보겠습니다.

1 본문의 글자 크기를 바꾸기 위해 본문을 모두 선택합니다.

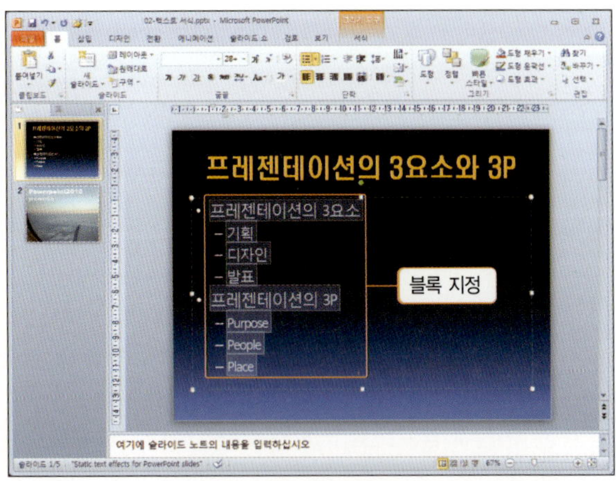

2 [홈] 탭의 [글꼴] 그룹에서 '글꼴 크기'를 '28'로 설정합니다. 같은 글꼴 크기는 단락 수준과 관계없이 모두 같은 크기로 설정됩니다. '글꼴 크기'는 텍스트의 절대적인 크기를 나타냅니다.

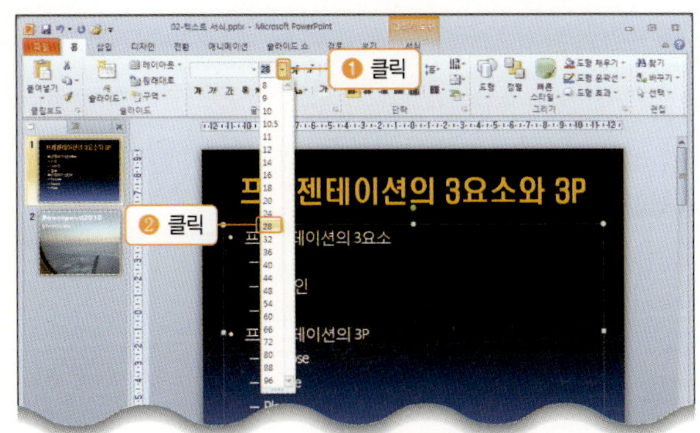

3 [빠른 실행 도구 모음]에서 '실행 취소' 아이콘(↩)을 누릅니다. [홈] 탭의 [글꼴] 그룹에서 '글꼴 크기 크게' 아이콘(가)과 '글꼴 크기 작게' 아이콘(가)을 이용하여 크기를 지정해 봅니다. 단락 수준의 차이를 유지한 상태에서 크기가 조정됩니다.

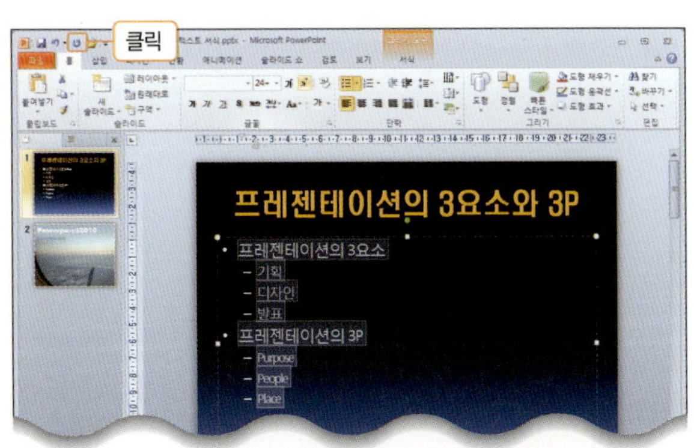

> **Tip**
> • 글꼴 크기 크게 단축키 : Ctrl + Shift + >
> • 글꼴 크기 작게 단축키 : Ctrl + Shift + <

4 '글꼴 크기 크게' 아이콘(가)과 '글꼴 크기 작게' 아이콘(가)을 사용한 경우 '글꼴 크기'가 '숫자+'로 표시됩니다. 숫자로 표시된 글꼴 크기가 가장 작은 크기이며 더 큰 글꼴도 있다는 의미입니다.

> **Tip** · 모두 같은 크기로 할 때는 '글꼴 크기', 글꼴 크기가 다른 경우 비율을 유지하며 크기를 조정할 때는 '글자 크기 크게/작게'를 사용합니다.

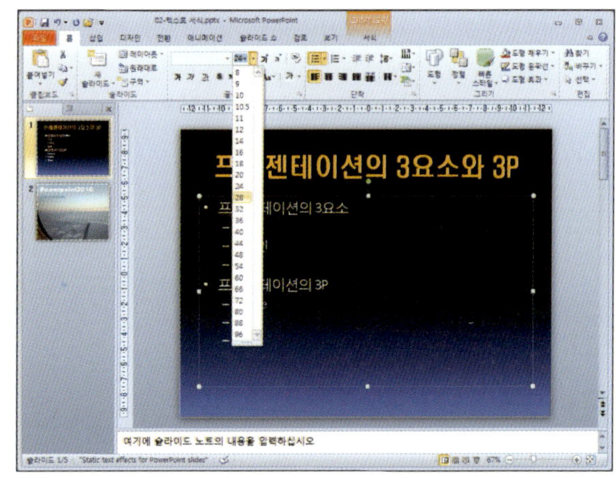

꼭! 알고가기 ▼ 이전 상태로 되돌리기

1. 키보드를 이용한 실행 취소

Ctrl + Z 를 눌러 실행 취소합니다.

2. 실행 취소 명령

서식만 지우는 것이 아니라 모든 상태를 작업하던 이전 상태로 되돌리려고 할 때 사용합니다. [빠른 실행 도구 모음]에 있는 '실행' 취소( ) 아이콘의 ▼부분을 이용하면 실행 취소에 있는 리스트에서 한꺼번에 여러 단계 이전의 상태로 되돌릴 수 있습니다.

3. 실행 취소 최대 횟수 조정

[파일] 탭 화면의 [옵션] 메뉴를 선택합니다. [PowerPoint 옵션] 대화상자가 표시되면 [고급] 메뉴의 [편집 옵션]에서 '실행 취소 최대 횟수'를 설정합니다. 실행 취소는 최대 150회까지 설정할 수 있습니다.

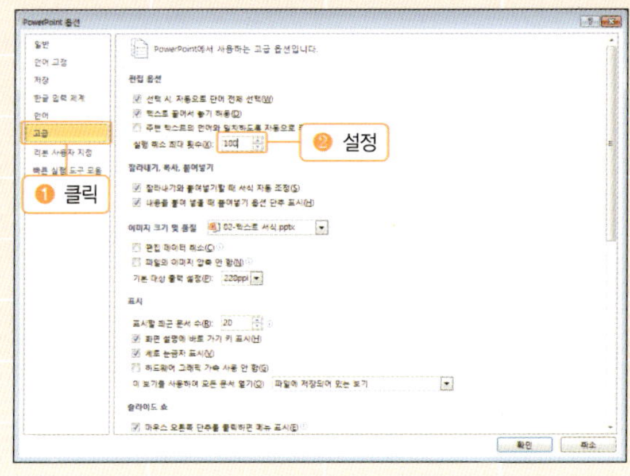

5 텍스트 자료에 첨자를 추가로 입력하기 위해 'Purpose' 다음에 "목적"을 입력합니다.

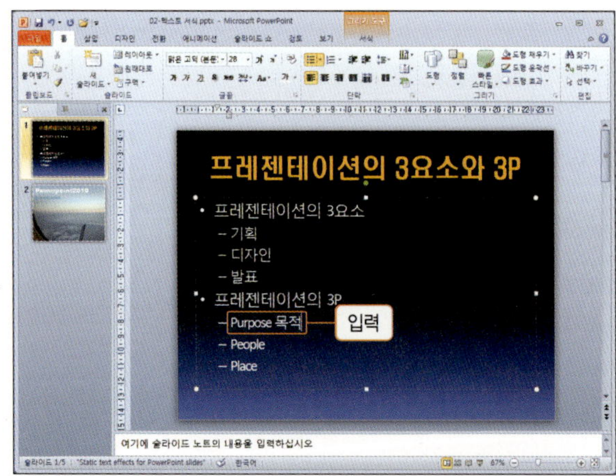

6 '목적'을 블록으로 지정한 다음 [홈] 탭의 [글꼴] 그룹에서 '창 표시' 버튼( )을 누릅니다.

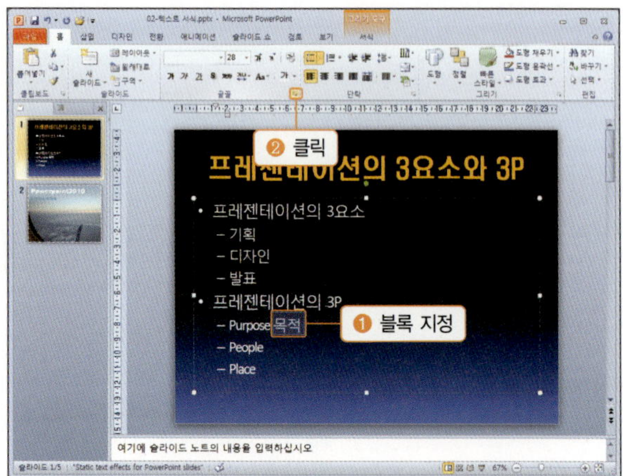

7 [글꼴] 대화상자가 표시되면 [글꼴] 탭의 [효과] 항목에서 '위 첨자'에 체크 표시하고 〈확인〉 버튼을 누릅니다.

> **Tip •** 위 첨자의 오프셋은 위 첨자의 위치를 지정하는 옵션으로 수치가 높을수록 높아집니다.

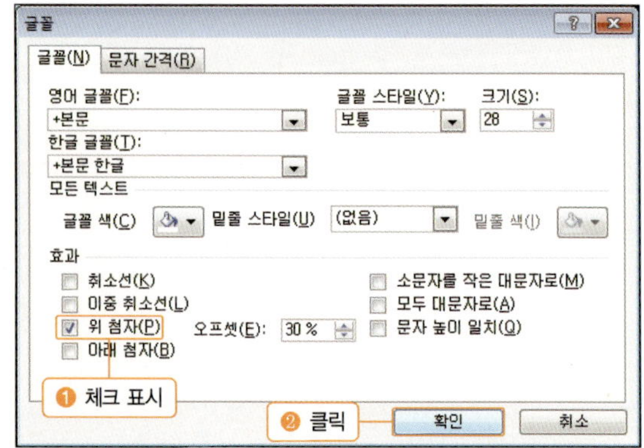

8 텍스트에 위 첨자 속성이 적용된 것을 확인할 수 있습니다.

> *Tip* · 지정한 서식을 지우려면 지우려는 개체나 부분을 선택한 다음 [홈] 탭의 [글꼴] 그룹에서 '모든 서식 지우기' 아이콘()을 누릅니다. 텍스트만 남기고 서식을 기본 텍스트 상태로 되돌립니다.

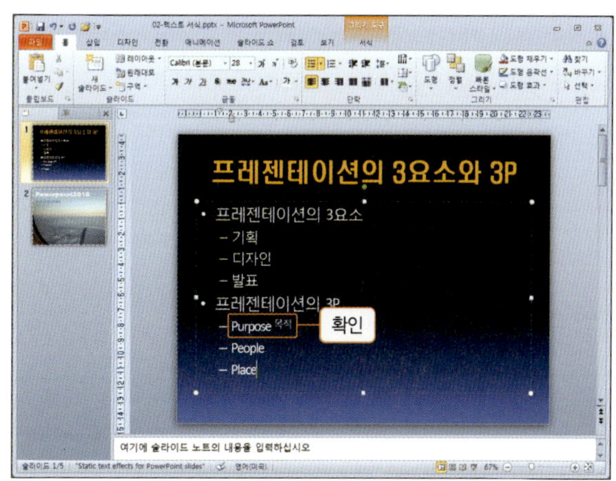

3 캘리그라피 부럽지 않은 WordArt로 텍스트 꾸미기

WordArt는 텍스트에 다양한 그래픽 효과를 지정할 수 있는 기능입니다. 텍스트를 그라데이션으로 채우거나 3차원 효과를 지정하는 등 다양한 형태로 장식할 수 있습니다. WordArt를 추가하고 삭제하는 방법과 서식을 적용하는 방법을 알아보겠습니다.

· 소스 파일 : Part02\워드아트.pptx   · 결과 파일 : Part02\워드아트_완성.pptx

1 예제 파일을 열고 새로운 WordArt를 추가하기 위해 [삽입] 탭의 [텍스트] 그룹에 있는 'WordArt' 아이콘()을 누릅니다. 제공되는 WordArt 갤러리 중 사용할 스타일을 선택합니다.

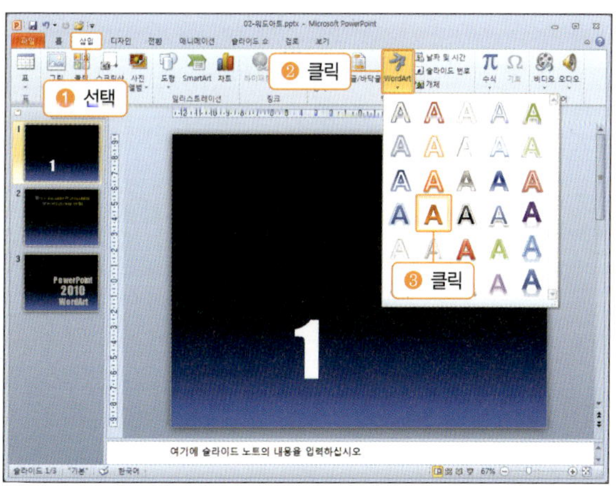

2 슬라이드에 WordArt가 삽입되면 [그리기 도구]-[서식] 탭이 표시되어 다양한 서식을 지정할 수 있습니다.

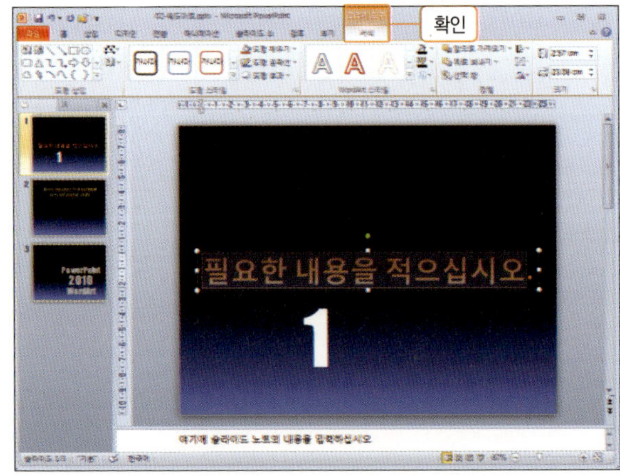

3 '필요한 내용을 적으십시오.' 부분에 "Power Point 2010"을 입력합니다.

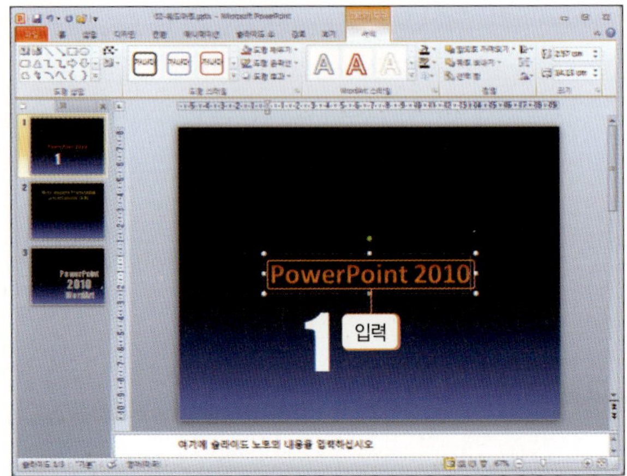

4 WordArt 스타일을 변경하기 위해 입력한 WordArt를 선택하고 [그리기 도구]-[서식]-[WordArt 스타일] 그룹의 빠른 스타일에서 스타일을 변경합니다.

> **Tip** · 리본 메뉴에 빠른 스타일을 표시할 공간이 없다면 '빠른 스타일' 아이콘(가)으로 표시됩니다. 텍스트의 일부분만 다른 스타일을 지정할 때는 블록을 지정한 다음 WordArt 스타일 중 [선택한 텍스트에 적용] 항목에 있는 스타일을 선택합니다.

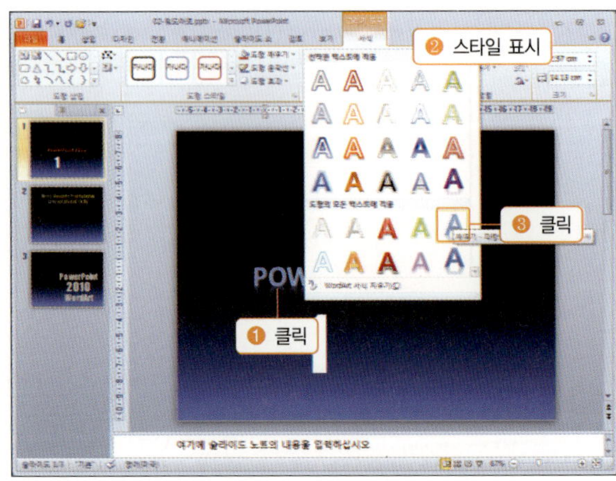

5 WordArt 텍스트의 글꼴과 크기 등을 수정하려면 [홈] 탭의 [글꼴] 그룹에 있는 명령들을 이용하거나 문자를 드래그한 다음 [미니 서식 도구 모음]을 이용합니다.

> **Tip** · 파워포인트 2010에서 WordArt는 텍스트 개체처럼 사용하기 때문에 드래그해서 크기를 조정할 수 없습니다. WordArt의 크기는 글꼴 크기에서 조정합니다.

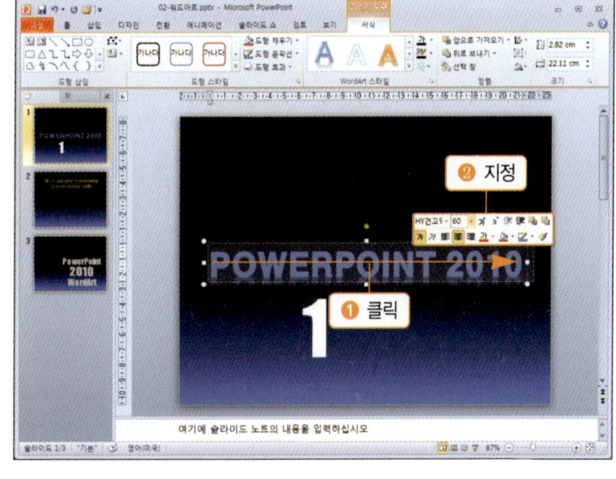

6 기존에 입력되어 있는 텍스트를 WordArt 형식으로 변환하는 방법을 알아보겠습니다. 첫 번째 슬라이드에 입력되어있는 '1'을 선택하고 [그리기 도구]–[서식] 탭의 [WordArt 스타일] 그룹에서 '빠른 스타일' 아이콘(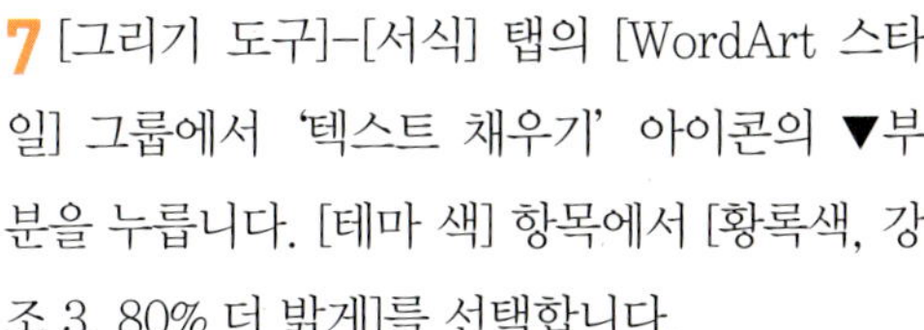) 또는 빠른 스타일의 '자세히' 버튼(▾)을 누릅니다. 목록 중 [채우기–흰색, 배경 1, 금속 입체] 서식을 선택합니다.

> **Tip** · 텍스트 개체에 그리기 도구의 서식을 적용할 수 있기 때문에 사실 모든 텍스트에 WordArt처럼 서식을 적용할 수 있습니다.

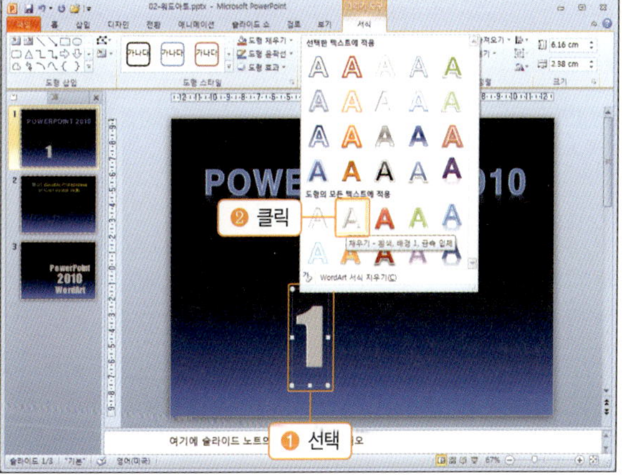

7 [그리기 도구]–[서식] 탭의 [WordArt 스타일] 그룹에서 '텍스트 채우기' 아이콘의 ▼부분을 누릅니다. [테마 색] 항목에서 [황록색, 강조 3, 80% 더 밝게]를 선택합니다.

> **Tip** · WordArt 스타일을 미리 만들어두고 사용하기 편리하게 제공하는 것이 [갤러리]입니다. 이 갤러리의 형태는 '텍스트 채우기', '텍스트 윤곽선', '텍스트 효과' 명령으로 사용자가 수정할 수 있습니다.

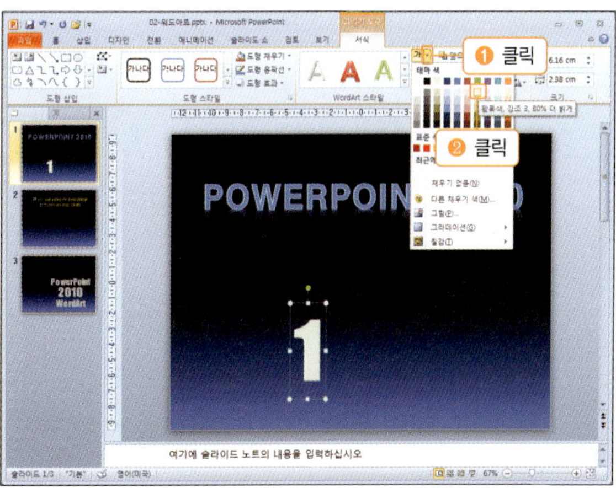

8 [그리기 도구]–[서식] 탭의 [WordArt 스타일] 그룹에서 '텍스트 윤곽선' 아이콘의 ▼부분을 누릅니다. [테마 색] 항목에서 [황록색, 강조 3, 25% 더 어둡게]를 선택합니다.

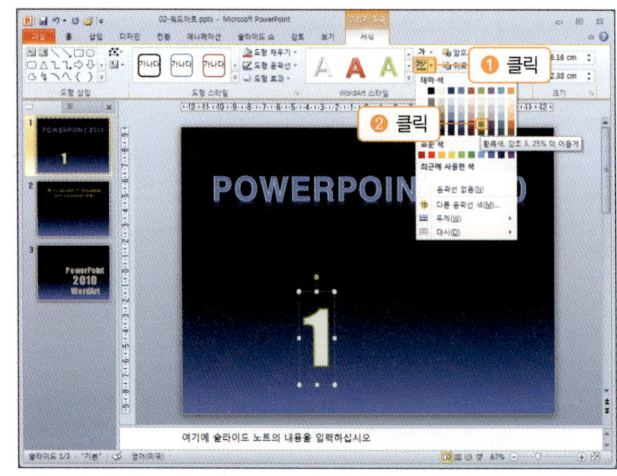

9 [그리기 도구]–[서식] 탭의 [WordArt 스타일] 그룹에서 '텍스트 효과' 아이콘(가)을 누른 다음 표시되는 메뉴에서 [네온]–[황록색, 11pt 네온, 강조색 3]을 선택합니다.

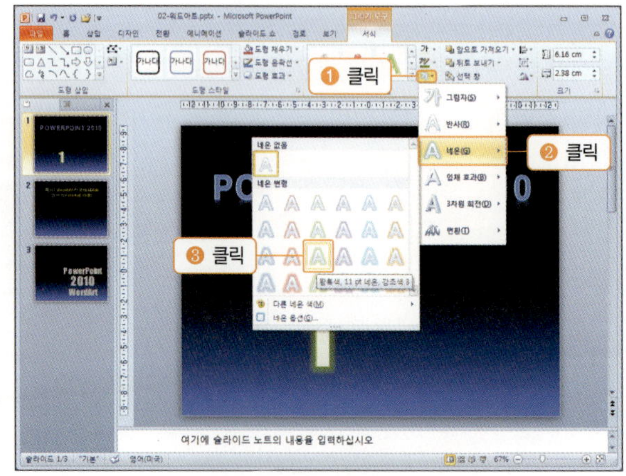

10 [그리기 도구]–[서식] 탭의 [WordArt 스타일] 그룹에서 '텍스트 효과' 아이콘(가)을 누른 다음 목록에서 [그림자]를 선택하여 원하는 그림자를 적용합니다. 제공되는 그림자 형태가 마음에 들지 않는 경우라면 [그림자 옵션]을 선택하여 직접 그림자를 만들 수 있습니다.

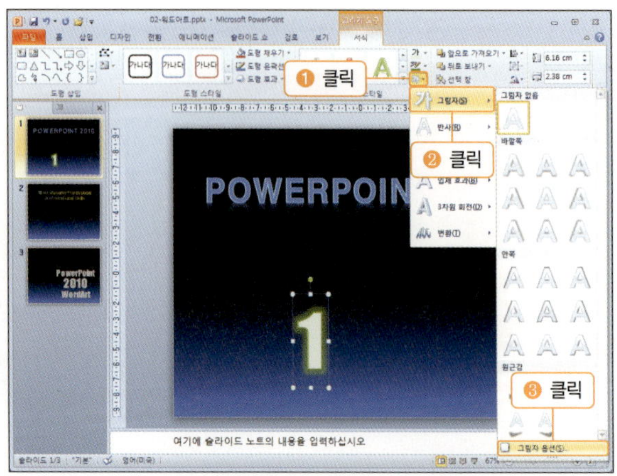

11 [그림자 옵션]을 선택하면 [텍스트 효과 서식] 대화상자의 [그림자] 메뉴 화면이 표시됩니다. '투명도'를 '82%', '크기'를 '100%', '흐리게'를 '8pt', '각도'를 '135°', '간격'을 '30pt'로 설정하고 〈닫기〉 버튼을 누릅니다.

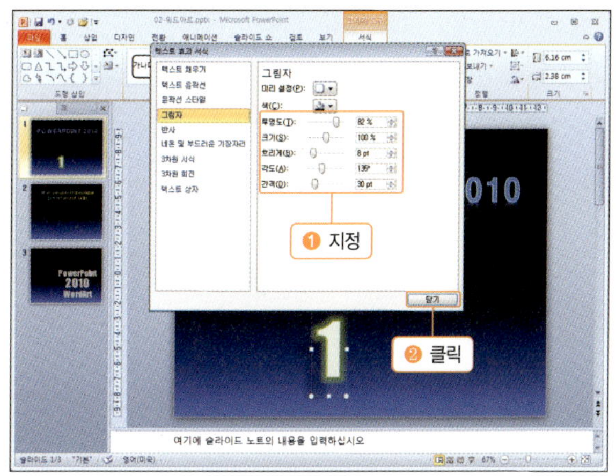

12 숫자를 입력한 다음 '1'과 같은 방법으로 '텍스트 채우기', '텍스트 윤곽선', '텍스트 효과'를 이용하여 WordArt 스타일을 만듭니다.

13 두 번째 슬라이드의 WordArt 개체를 선택하고 [그리기 도구]-[서식] 탭의 [WordArt 스타일] 그룹에서 '텍스트 효과' 아이콘(가)을 누른 다음 [변환]-[물결1]을 선택합니다.

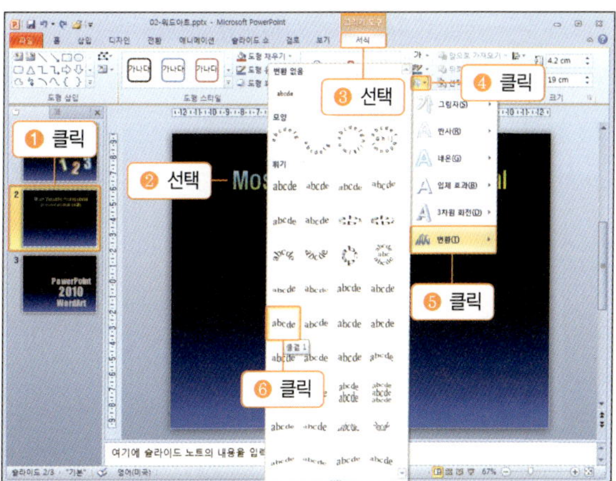

14 WordArt가 물결 모양 도형에 채워진 듯한 효과를 확인할 수 있습니다. 이렇게 WordArt를 어떤 도형에 채워진 형태로 변경하고 싶다면 [변환]을 사용합니다.

> **Tip** · [변환] 명령이 적용된 WordArt는 개체 테두리의 크기 조절점(◎, ▣)으로 텍스트 크기를 조절할 수 있습니다. 모양 조절점(◈)을 드래그하면 WordArt의 형태를 변경할 수 있습니다.

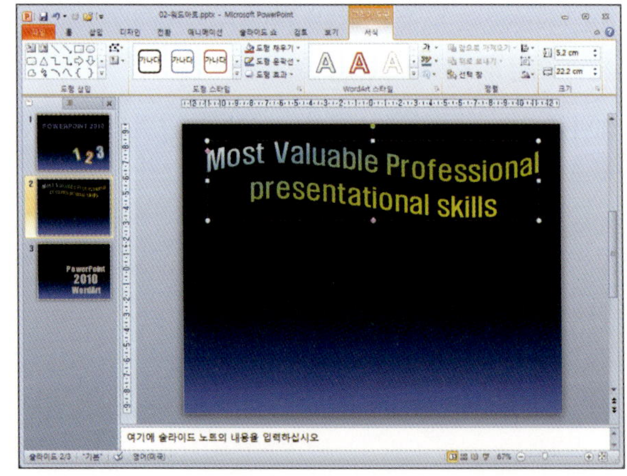

15 세 번째 슬라이드의 WordArt 개체를 선택하고 [그리기 도구]-[서식] 탭의 [WordArt 스타일] 그룹에서 '텍스트 효과' 아이콘(가)을 누른 다음 [3차원 회전]-[원근감 강조(왼쪽)]를 선택합니다.

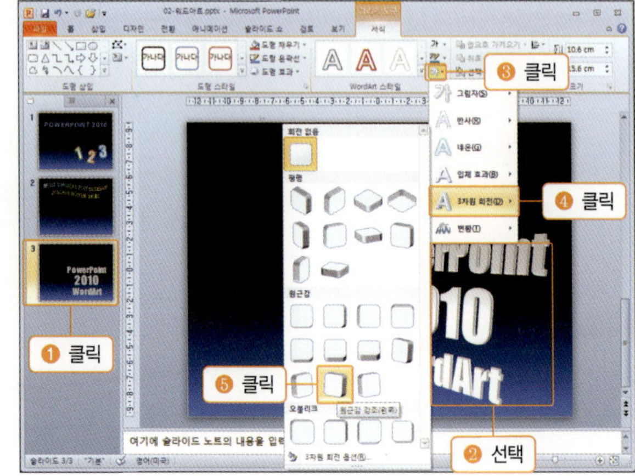

16 3차원 효과의 깊이 있는 느낌을 만들기 위해 [그리기 도구]-[서식] 탭의 [WordArt 스타일] 그룹 오른쪽 아랫부분에 있는 '창 표시' 버튼(▣)을 눌러 [텍스트 효과 서식] 대화상자를 표시합니다.

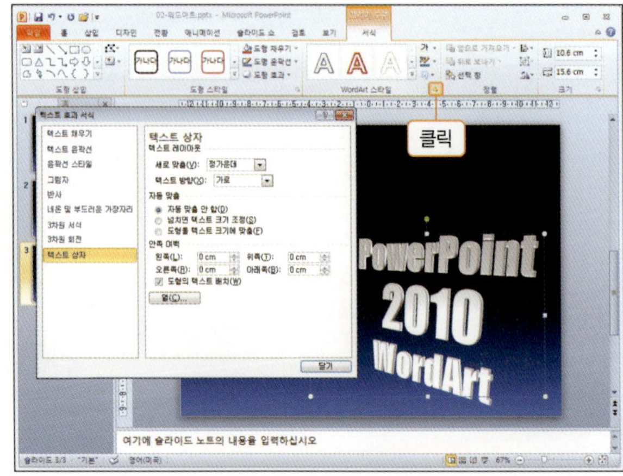

17 [텍스트 효과 서식] 대화상자가 표시되면 [3차원 서식] 메뉴를 선택합니다. [깊이] 항목에서 '색'을 [테마 색] 항목의 [검정, 텍스트 1], '깊이'를 '70pt'로 지정한 다음 〈닫기〉 버튼을 누릅니다.

> **Tip** ▸ 3차원 서식을 바로 표시하려면 [그리기 도구]-[서식] 탭의 [WordArt 스타일] 그룹에서 '텍스트 효과' 아이콘( )을 누른 다음 [입체 효과]-[3차원 옵션]을 선택합니다.

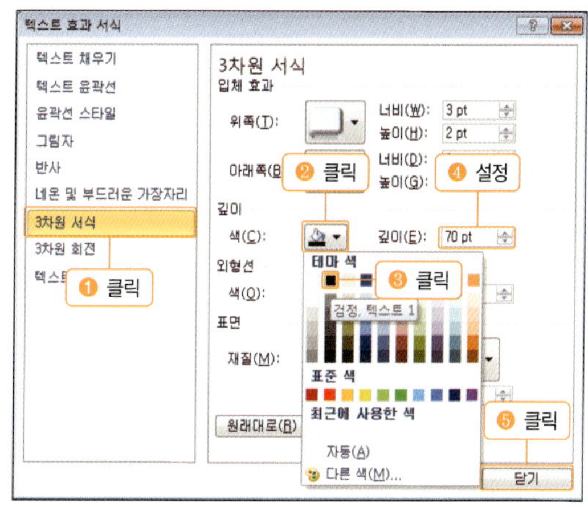

18 '텍스트 채우기', '텍스트 윤곽선', '텍스트 효과'를 다양하게 응용할 수 있습니다.

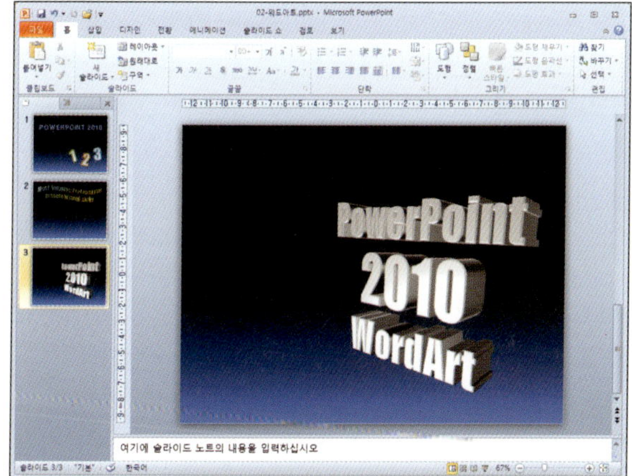

꼭! 알고가기 ▼ WordArt 서식 지우기

WordArt 스타일을 제거하면 텍스트는 그대로 유지되지만 일반 텍스트로 변경됩니다. WordArt 텍스트를 선택하고 [그리기 도구]-[서식] 탭에 있는 [WordArt 스타일] 그룹에서 '빠른 스타일' 아이콘( ) 또는 빠른 스타일의 '자세히' 버튼( )을 누른 다음 목록 중 [WordArt 서식 지우기]를 선택합니다. 만일 효과 중 하나만 제거하려면 각 텍스트 효과 항목에서 [없음]을 선택합니다.

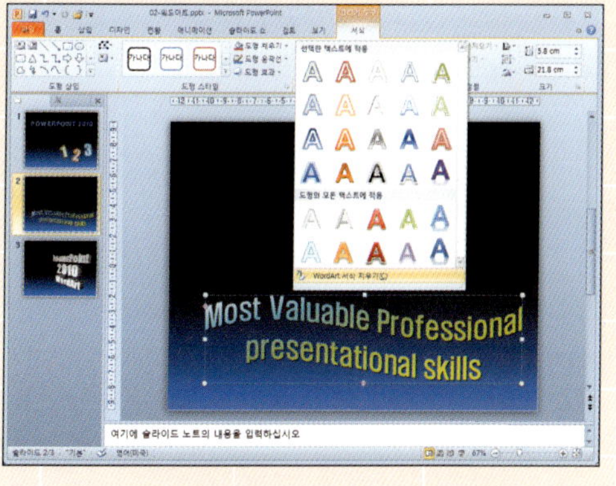

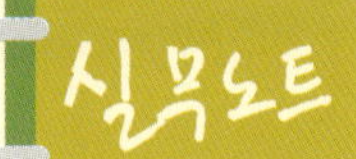

프레젠테이션 문서에서 텍스트 관리하기

효율적인 프레젠테이션을 위해 글꼴 포함하기, 글자 바꾸기, 글꼴 바꾸기, 맞춤법 검사 등 텍스트를 관리하는 유용한 방법을 소개합니다.

❶ 글꼴을 포함시켜야 하는 이유

홈페이지를 만들거나 프레젠테이션을 준비할 때, 좀 더 눈에 띄고 감각 있게 만들기 위해 다양한 글꼴을 이용합니다. 하지만 사용한 글꼴이 발표장의 컴퓨터나 접속한 사람의 컴퓨터에 설치되어 있지 않다면 기본 글꼴로 표시됩니다.

프레젠테이션 문서를 작성할 때는 기본 글꼴을 사용하는 것이 좋으며, 꼭 원하는 글꼴을 사용하고 싶을 때에는 글꼴을 이미지화해서 사용하거나 사용 중인 글꼴을 포함해서 저장해야 합니다.

[파일] 탭 화면의 [옵션] 메뉴를 선택하여 [PowerPoint 옵션] 대화상자를 표시한 다음 [저장] 메뉴에서 '파일 글꼴 포함'에 체크 표시하면 프레젠테이션에서 사용한 글꼴을 포함할 수 있습니다.

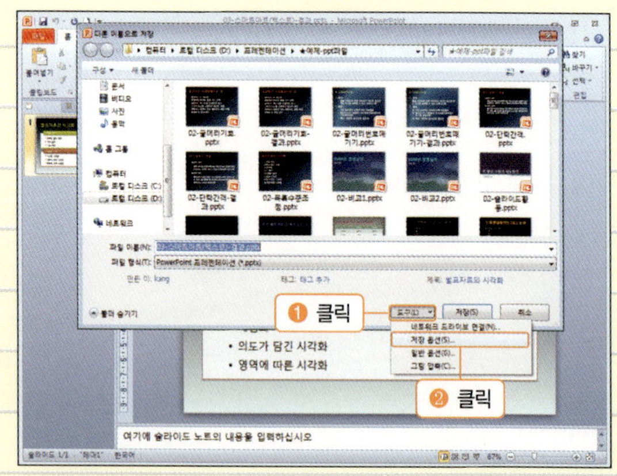

단, 모든 글꼴을 문서에 포함시킬 수 있는 것은 아닙니다. 상업용으로 판매되는 글꼴인 경우 문서에 포함할 수 없는 경우가 있습니다.

❷ 편리한 글자 바꾸기

프레젠테이션 문서 내의 특정 단어를 변경해야 하는 경우라면 한 번에 바꾸는 '바꾸기' 기능을 활용합니다.

1 [홈] 탭의 [편집] 그룹에서 '바꾸기' 아이콘(🔍)의 그림 부분을 누릅니다.

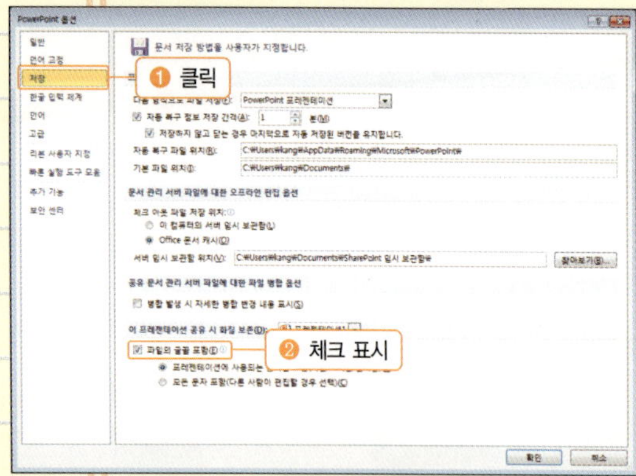

글꼴을 포함하는 다른 방법으로 저장할 때 [저장] 대화상자 왼쪽 아래에 위치한 〈도구〉 버튼을 누르고 [저장 옵션]을 선택해도 글꼴을 포함하여 저장할 수 있습니다.

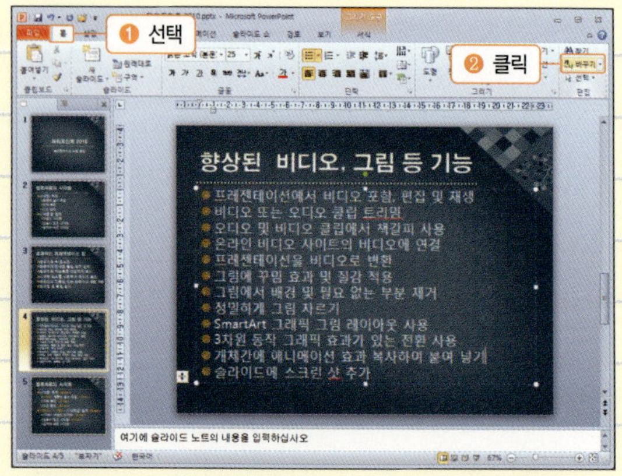

Tip · Ctrl + H 를 눌러도 바꾸기 기능을 사용할 수 있습니다.

2 [바꾸기] 대화상자가 표시되면 '찾을 내용'과 '바꿀 내용'을 입력한 다음 〈모두 바꾸기〉 버튼을 누릅니다.

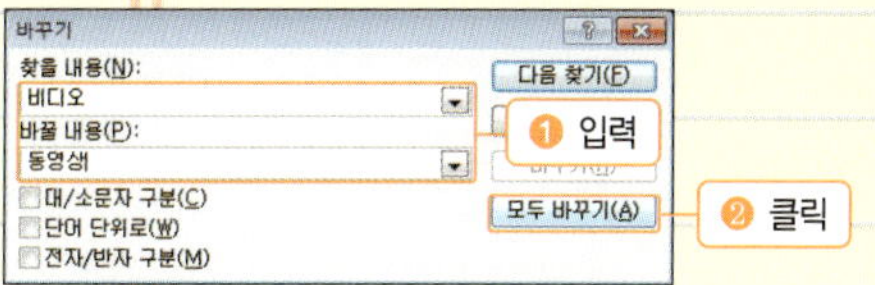

❸ 깔끔한 문서를 위한 글꼴 바꾸기

프레젠테이션 문서에 포함된 글꼴은 거의 대부분 슬라이드 마스터에서 관리하지만, 슬라이드 마스터에서 지정되지 않은 글꼴을 사용했거나 그런 글꼴을 한 번에 모두 변경하려면 '글꼴 바꾸기' 기능을 활용합니다.

1 [홈] 탭의 [편집] 그룹에서 '바꾸기' 아이콘(🔧)의 ▼부분을 누른 다음 표시되는 메뉴에서 [글꼴 바꾸기]를 선택합니다.

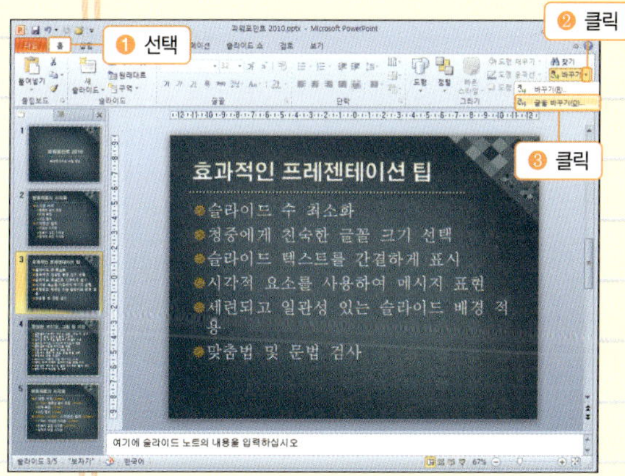

2 [글꼴 바꾸기] 대화상자가 표시되면 '현재 글꼴'을 바꾸려는 글꼴로 지정합니다.

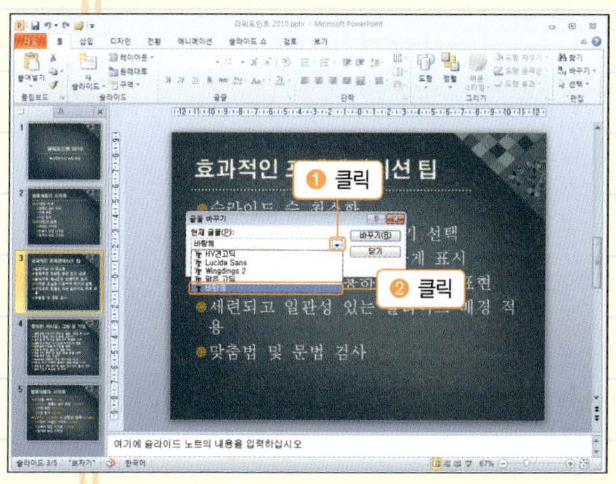

3 '새 글꼴' 목록에서 원하는 글꼴을 선택하고 〈바꾸기〉 버튼을 누릅니다.

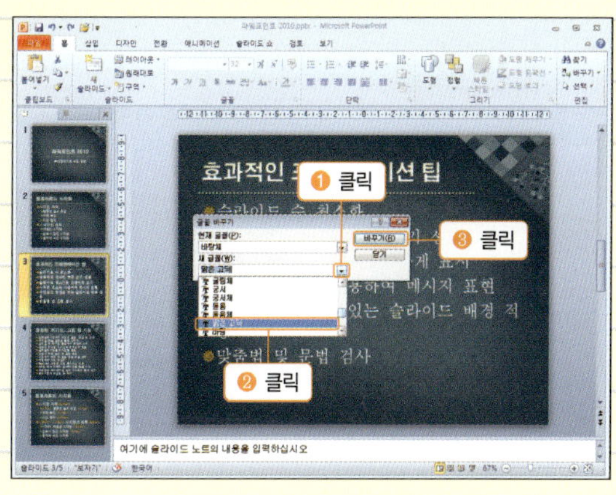

❹ 맞춤법 검사

작성한 문서가 신뢰감을 주기 위해 기본적으로 맞춤법에 맞는 문서여야 합니다. 문서가 작성되고 나면 배포 전에 맞춤법 검사를 하는 것이 좋습니다. '맞춤법 검사' 기능을 이용하면 짧은 시간의 투자로 훨씬 정성들여 작성한 문서라는 느낌을 줄 수 있습니다.

1 프레젠테이션 문서에 철자나 띄어쓰기 등 맞춤법에 오류가 있다면 텍스트 아래에 빨간색 밑줄이 표시되거나 상태 표시줄에 오류 아이콘(❌)이 표시됩니다.

2 [검토] 탭의 [언어 교정] 그룹에서 '맞춤법 검사' 아이콘
(아이콘)을 누릅니다.

3 맞춤법에 오류가 있는 텍스트에서 [맞춤법 검사] 대화상자
가 표시되고 발견된 오류를 수정하는 다양한 방법이 제시
됩니다.

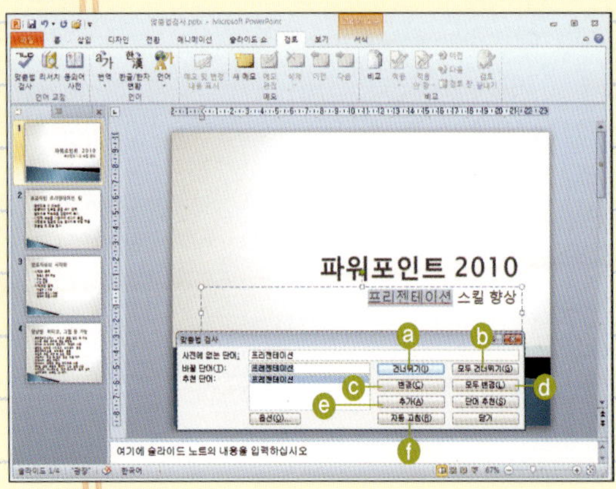

ⓒ 변경

추천 단어 중 하나의 단어를 사용하여 현재 단어의 오류를
해결하려는 경우, 추천 단어 목록에서 하나의 단어를 선택한
다음 〈변경〉 버튼을 누릅니다.

단어를 직접 변경하여 현재 단어의 오류를 해결하려는 경우,
직접 '사전에 없는 단어'에서 단어를 편집한 다음 〈변경〉 버
튼을 누릅니다.

ⓓ 모두 변경

추천 단어 중 하나를 사용하여 현재 단어와 동일한 문서에
있는 모든 오류를 해결하려는 경우, 추천 단어 목록에서 단어
를 선택한 다음 〈모두 변경〉 버튼을 누릅니다.

단어를 직접 변경하여 현재 단어와 동일한 문서에 있는 모든
오류를 해결하려는 경우, 직접 '사전에 없는 단어'에서 단어
를 편집한 다음 〈모두 변경〉 버튼을 누릅니다.

ⓔ 추가

철자가 잘못된 단어가 실제로는 사용하는 단어이므로 모든
오피스 프로그램에서 이 단어를 인식하여 오류로 처리하지
않도록 설정하려는 경우, 〈추가〉 버튼을 누릅니다.

ⓕ 자동 고침

자주 실수하는 단어를 입력할 때마다 프로그램에서 자동으로
수정하도록 설정하려는 경우, 추천 단어 목록에서 올바른 단
어를 선택하고 〈자동 고침〉 버튼을 누릅니다.

ⓐ 건너뛰기

철자가 잘못된 해당 단어를 건너뛰고 다음 단어로 이동하려
는 경우, 〈건너뛰기〉 버튼을 누릅니다.

ⓑ 모두 건너뛰기

철자가 잘못된 단어의 현재 단어와 동일한 모든 오류를 건너
뛰고 다음 단어로 이동하려는 경우, 〈모두 건너뛰기〉 버튼을
누릅니다.

WordArt로 작성한 텍스트를 한글 프로그램에서 사용하기

파워포인트에서 작성한 WordArt가 마음에 든다면 한글 문서에 이미지 형태로 가져와 문서에 사용할 수 있습니다. 배경이나 다른 요소를 제외한 WordArt만 가져오기 때문에 유용합니다.

1 WordArt를 마우스 오른쪽 버튼으로 누른 다음 표시되는 바로 가기 메뉴에서 [복사]를 선택합니다.

2 한글 프로그램을 실행하고 텍스트 삽입될 위치를 마우스 오른쪽 버튼으로 누른 다음 표시되는 바로 가기 메뉴에서 [붙이기]를 선택합니다. WordArt가 삽입됩니다. 빈 여백이 많기 때문에 한글 프로그램에서 잘라야 합니다.

3 한글에 삽입할 때 빈 여백 없이 붙이려면, [그리기 도구]–[서식] 탭의 [WordArt 스타일] 그룹에서 '텍스트 효과' 아이콘(가)을 누르고 표시되는 메뉴에서 [변환]–[사각형]을 선택합니다.

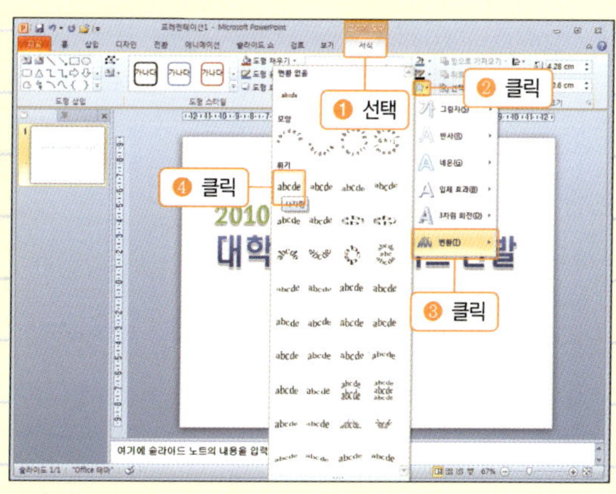

4 변환된 WordArt를 복사, 붙이기하면 여백 없이 삽입할 수 있습니다.

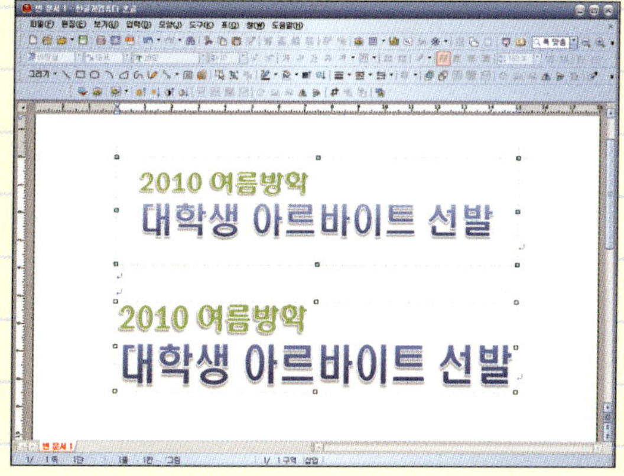

디자이너 수준의 프레젠테이션을 위한 SmartArt 그래픽

텍스트보다 일러스트레이션과 그래픽이 정보를 표현하는데 효과적이지만, 사용자가 전문 디자이너가 아니거나 전문 디자이너를 채용할 여유가 없는 경우에는 도형 작업이 쉽지만은 않습니다. 문서의 전체적인 스타일에 맞게 도형의 서식을 수동으로 지정하는데 많은 시간을 투자해야 하기 때문입니다. 그러나 SmartArt 그래픽 기능을 사용하면 몇 번의 마우스 클릭만으로 디자이너 수준의 전문적인 일러스트레이션을 만들 수 있습니다.

PART

03

Section 01 SmartArt 그래픽의 종류 살펴보기

Section 02 SmartArt 그래픽 쉽고 편리하게 만들기

Section 03 SmartArt 그래픽 응용해서 특별하게 사용하기

SmartArt 그래픽의 종류 살펴보기

프레젠테이션은 작성자의 의도를 상대방이 이해하기 쉽도록 작성해야 합니다. 많은 텍스트를 나열하는 것보다는 도식화시키는 것이 효과적입니다. 무조건 화려하다고 좋은 것은 아니며, 필요한 텍스트 양과 도형 수에 따라 가장 잘 어울리는 레이아웃을 결정해야 합니다.

SmartArt 그래픽 선택하기

SmartArt 그래픽을 사용하기 전에 유형에는 어떤 종류가 있는지, 어떤 상황에 사용하면 적당한지 살펴보겠습니다. [SmartArt 그래픽 선택] 대화상자는 리본 메뉴에서 [삽입] 탭의 [일러스트레이션] 그룹에 있는 'SmartArt' 아이콘을 눌러 표시할 수 있습니다.

1. 목록형

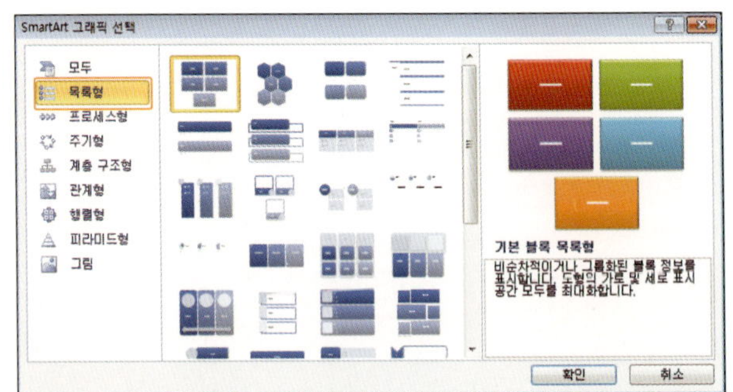

비순차적 정보를 표시할 때 적당합니다. 각 항목 사이에 직접적인 관계가 있는 것보다는 서로 대등한 관계의 정보들을 나열할 때 주로 사용합니다. 많은 분량의 텍스트를 삽입할 수 있는 구조입니다.

2. 프로세스형

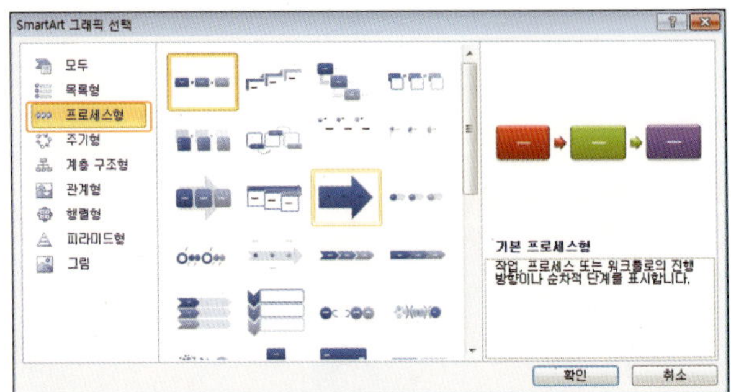

시간의 순서나 업무의 흐름에 따른 진행 과정을 단계별로 표현하기 적당합니다. 논리의 흐름이나 방향은 일반적으로 왼쪽에서 오른쪽으로, 위에서 아래의 흐름으로 진행됩니다. 제조 과정, 내용 전개, 스케줄 표 등에 사용합니다.

3. 주기형

순환 과정을 표현하기 적당합니다. 시작과 끝이 연결되어 하나의 흐름을 가질 수 있습니다. 각 구성 요소들 사이의 영향과 상호 작용 상황을 쉽게 나타내고, 주로 시계 방향으로 진행됩니다. 제품의 순환도나 아이디어 피드백 과정 등에 사용합니다.

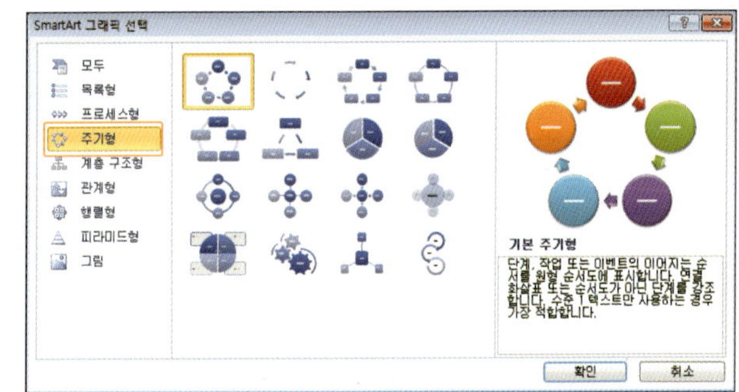

4. 계층 구조형

의사 결정 트리를 표시하거나 조직도 작성에 적당합니다. 순서, 위치, 상하 관계 등을 설명할 때 활용하며 전체적인 구조를 명확하게 표현합니다.

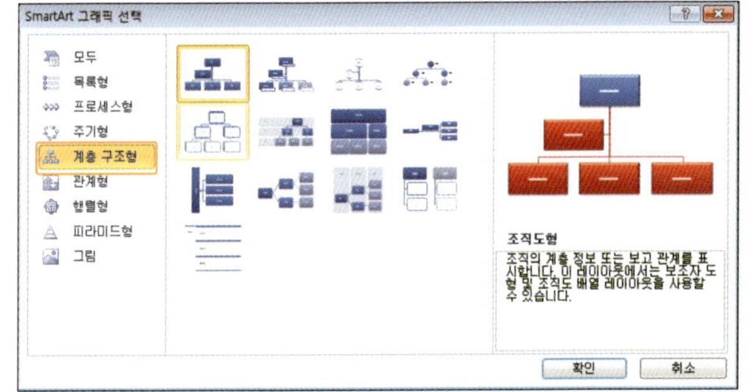

5. 관계형

항목 사이의 중심 내용과 수번 실명괴의 관계, 두 내용이 비교, 경쟁, 대조 등 서로 상반되는 관계일 때 표현하기 적당합니다. 두 개념의 명확한 대비 관계를 나타냅니다. 제휴 관계, 구성원 비교 등에 사용합니다.

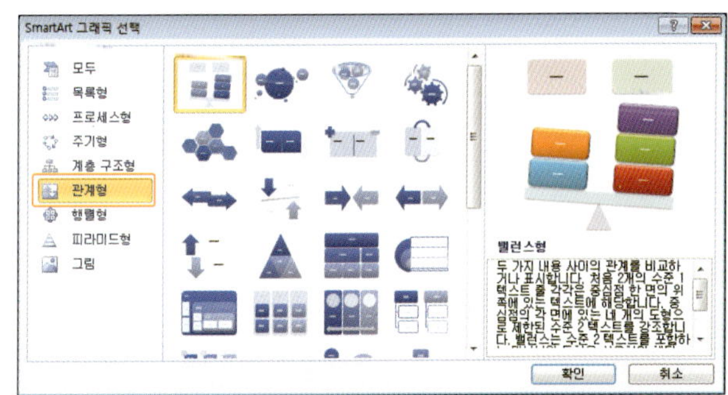

6. 행렬형

전체에 대한 각 부분의 관계를 표시합니다. 중요한 항목을 두고 관련된 설명을 주위에 배치해서 설명하는 방식을 사용합니다. 중요 사항에서 여러 갈래로 나누어지는 조직도나 주변부로 갈라지는 내용에 적당합니다. 브랜드 콘셉트, 시장 구분 등에 사용합니다.

7. 피라미드형

가장 큰 구성 요소가 맨 위 또는 맨 아래에 있는 비례 관계를 표시합니다. 아래와 위로 분류되어 위로 갈수록 상위 개념을 나타냅니다. 순서, 위치, 축적 등을 나타내기 적합합니다.

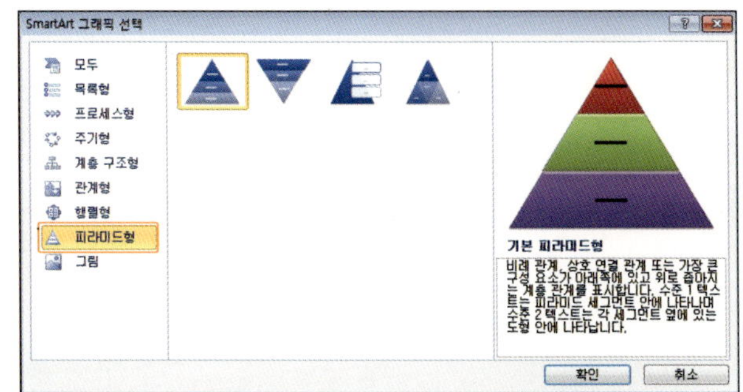

8. 그림형

파워포인트 2010에서 추가된 레이아웃으로 그림을 연관된 설명 텍스트와 함께 표시합니다. 사진이나 이미지 자료를 함께 설명하는 경우에 사용하기 적합합니다.

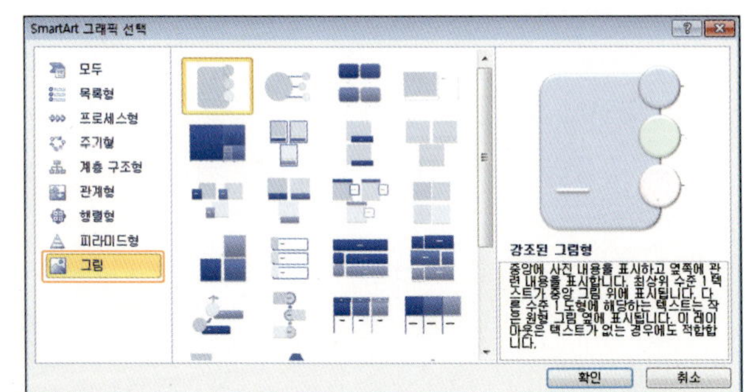

꼭! 알고가기 ▼ SmartArt로 도식화할때의 고려 사항

SmartArt 그래픽의 레이아웃을 선택할 때는 전달하려는 내용이 무엇이고 정보를 표시하고자 하는 특정한 방식이 있는지 자문해야 합니다. 콘텐츠와 연관 없는 유형은 오히려 콘텐츠의 이해를 방해하기 쉽습니다. 스마트 아트를 사용하기 전에 데이터를 표시하는데 가장 적합한 그래픽 유형을 먼저 그려 봅니다. 그래픽은 명확하고 쉽게 이해할 수 있어야 합니다.

SmartArt 그래픽 쉽고 편리하게 만들기

SmartArt 그래픽은 여러 형태로 만들어진 레이아웃을 선택하여 빠르고 쉽게 만들 수 있는 정보를 시각적으로 표현할 수 있습니다.

SmartArt 그래픽을 만들면서 텍스트를 입력하는 방법과 만들어진 텍스트나 그림이 삽입된 자료를 SmartArt 그래픽으로 변환하는 방법을 살펴보겠습니다.

SmartArt 그래픽 만들기

아무리 사용하기 편리한 기능이라도 결국 사용자가 적절하게 선택하고 사용해야 합니다. SmartArt 그래픽을 무작정 실행하기 전에 어떤 형태로 작성할지 구상하고, 자료 내용과 분량을 잘 살펴보는 것이 중요합니다.

· 소스 파일 : Part03\스마트아트.pptx　　　· 결과 파일 : Part03\스마트아트_완성.pptx

1 다음과 같은 텍스트 자료를 SmartArt 그래픽으로 만들어 메시지가 좀 더 효과적으로 전달되도록 시각화하겠습니다. 하나의 핵심 내용이 있고 그것을 구성하는 하위 항목이 있는 형태입니다.

> 역량개발
> – 창의교육
> – 실용교육
> – 감동교육

2 Part03 폴더에서 '스마트아트.pptx' 파일을 열고 [삽입] 탭의 [일러스트레이션] 그룹에서 'SmartArt' 아이콘(📊)을 누릅니다.

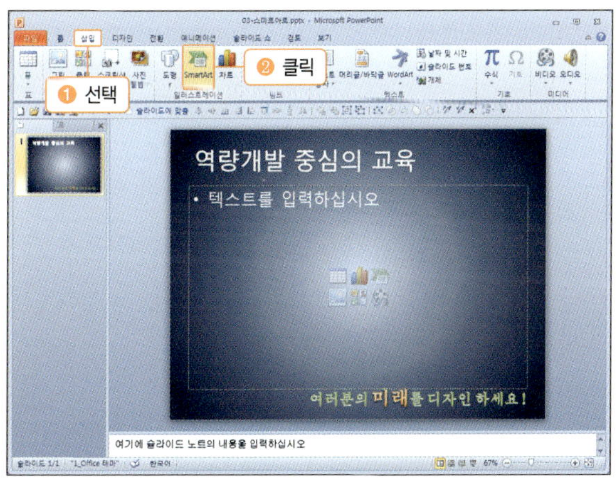

> **Tip** · 본문 개체 틀 안에 있는 'SmartArt' 아이콘을 눌러도 SmartArt 그래픽을 삽입할 수 있습니다.

3 표현하려는 형식을 SmartArt 그래픽에서 찾아보겠습니다. 주제와 하위 내용의 관계를 표현하기 위해 [관계형] 메뉴에서 [수렴 방사형]을 선택하고 〈확인〉 버튼을 누릅니다.

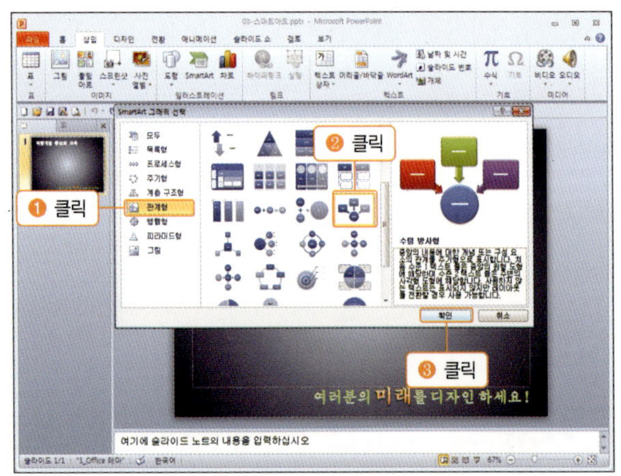

4 슬라이드에 SmartArt 그래픽이 삽입됩니다. 왼쪽에는 내용을 입력할 수 있는 [텍스트] 창이 표시되고 리본 메뉴에는 [SmartArt]–[디자인] 탭이 표시됩니다.

> **Tip** • [텍스트] 창을 사용하지 않을 때, [텍스트] 창의 오른쪽 위 모서리에 있는 '닫기' 버튼(⊠)을 눌러 닫을 수 있습니다. [텍스트] 창을 다시 나타나게 하려면 [SmartArt 도구]–[디자인] 탭의 [그래픽 만들기] 그룹에서 '텍스트 창' 아이콘(▣)을 누르거나 스마트 아트 개체 틀 왼쪽 중간에 있는 펼침 버튼(▣)을 누릅니다.

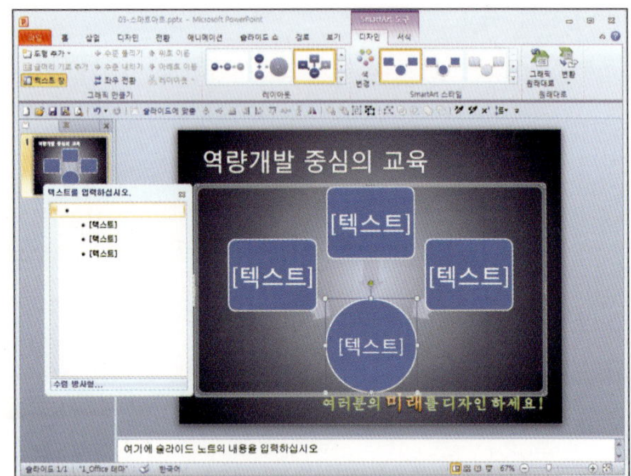

5 [텍스트] 창이나 SmartArt 도형을 누른 다음 내용을 입력합니다.

> **Tip** • [텍스트] 창에서 단락은 유지한 상태로 줄만 바꾸려면, 줄을 바꾸는 위치에서 Shift + Enter 를 누릅니다.

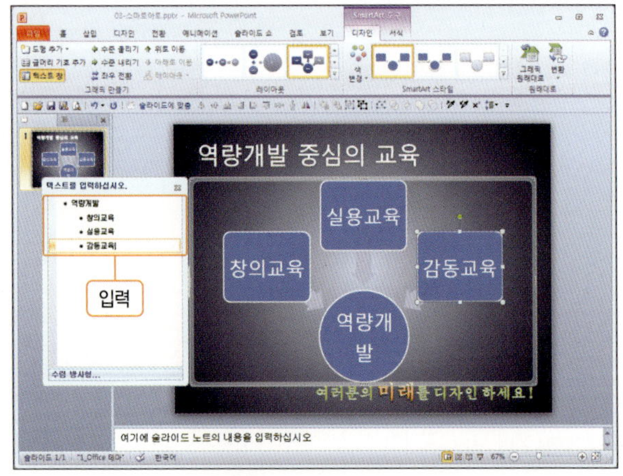

6 색상을 변경하기 위해 [SmartArt 도구]–[디자인] 탭의 [SmartArt 스타일] 그룹에서 '색 변경' 아이콘(⬚)을 누르고 원하는 색상 스타일을 선택합니다.

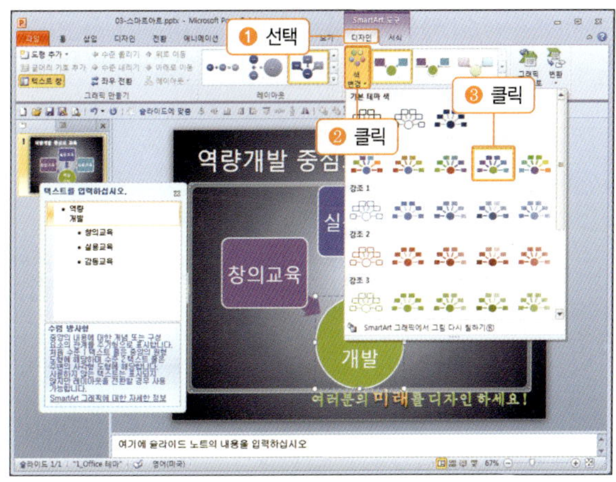

7 도형의 테두리와 3차원 효과를 지정하기 위하여 [SmartArt 도구]–[디자인] 탭의 [SmartArt 스타일] 그룹에서 제공되는 스타일 영역 위에 마우스 포인터를 위치시키면 적용된 모습을 미리 확인하면서 선택할 수 있습니다. '자세히' 버튼(⬚)을 누르고 [3차원] 항목에서 [평면]을 선택합니다.

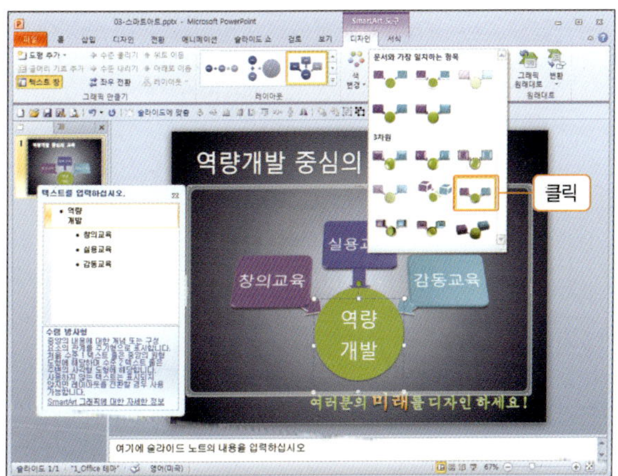

8 텍스트 내용이 도형으로 완성된 것을 확인합니다. SmartArt 그래픽으로 작업할 때 가장 큰 장점은 도형으로 슬라이드를 작성하기 위해 도형을 그리고, 위치를 조절하고, 서식을 지정하는 단계가 없다는 것입니다. 사용자는 슬라이드의 내용에만 집중할 수 있게 되었습니다.

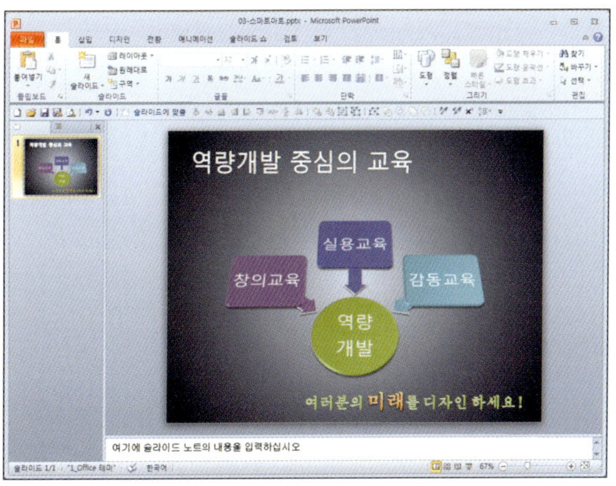

[텍스트] 창에서 사용하는 글머리 기호는 기호적인 의미보다는 도형들 사이의 관계를 나타냅니다. SmartArt 유형에 따라 [텍스트] 창의 각 글머리 기호는 새 도형이나 도형 안의 글머리 기호로 표시되며 모양은 바꿀 수 없습니다.

1. 글머리 기호를 별개의 도형으로 표시하는 형태

도형 안에 글머리 기호가 다른 도형으로 표시되면서 계층을 나타냅니다.

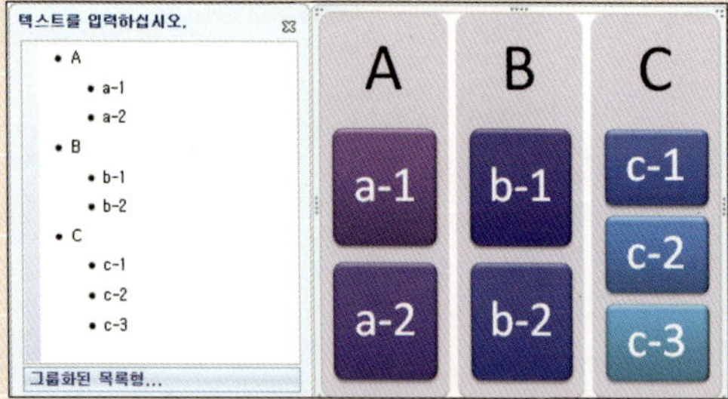

2. 글머리 기호를 도형 내의 글머리 기호로 표시하는 형태

하나의 큰 도형 안에 텍스트가 입력될 때 계층을 나타냅니다.

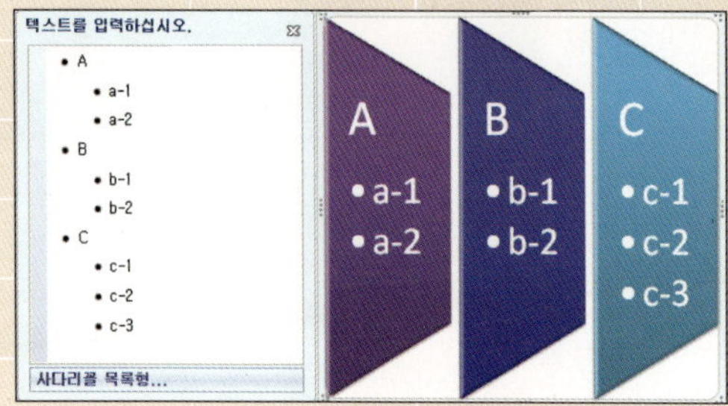

3. 글머리 기호가 보조자 도형을 표시하는 형태

보조자가 있는 조직도 유형의 계층을 나타냅니다.

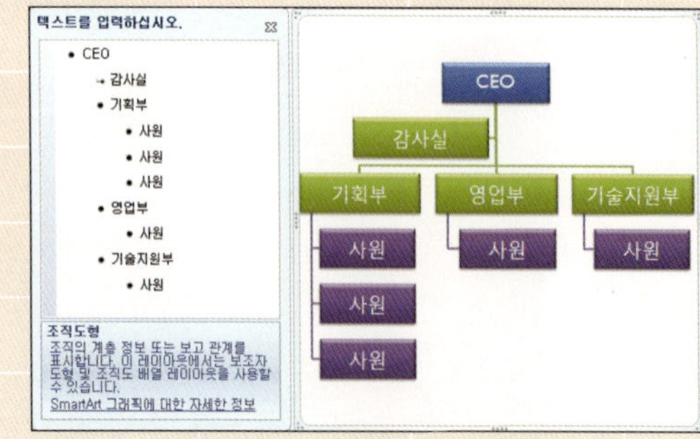

2 텍스트를 SmartArt 그래픽으로 변환하기

기존에 만들어진 텍스트 자료를 SmartArt 그래픽을 이용하여 변환하는 방법을 알아보겠습니다. 텍스트 개체는 SmartArt 그래픽을 이용하면 몇 번의 클릭으로 전달하고자 하는 메시지가 시각적으로 표현됩니다.

· 소스 파일 : Part03\스마트아트(텍스트).pptx   · 결과 파일 : Part03\스마트아트(텍스트)_완성.pptx

1 Part03 폴더에서 '스마트아트(텍스트).pptx' 파일을 불러오고 슬라이드에서 변환할 텍스트가 포함된 개체를 누른 다음 [홈] 탭의 [단락] 그룹에서 'Smart Art 그래픽으로 변환' 아이콘(📇)을 누릅니다.

> **Tip** · 텍스트를 SmartArt 그래픽으로 변환하면 기존의 텍스트 색이나 글꼴 크기와 같은 사용자 지정 내용이 손실됩니다.

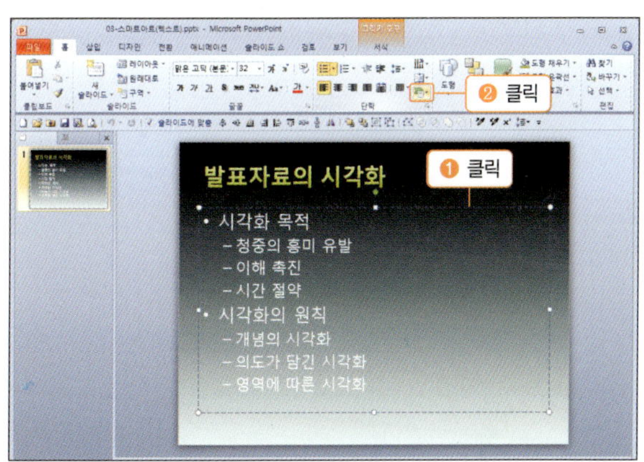

2 갤러리에서 원하는 SmartArt 그래픽의 유형을 누릅니다. 전체 유형 집합을 보려면 [기타 SmartArt 그래픽]을 선택합니다.

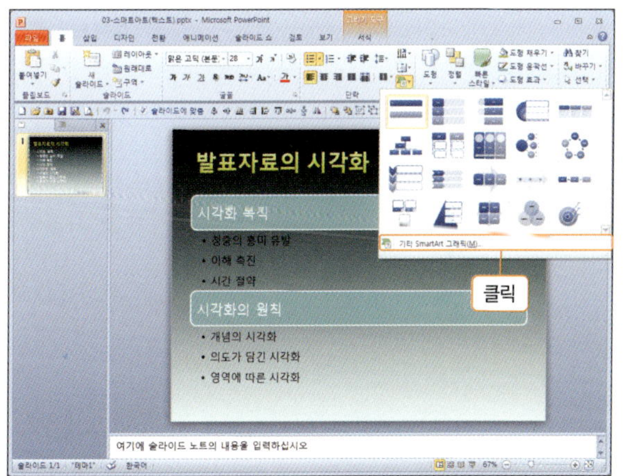

3 텍스트 양과 항목 수에 따라 가장 잘 어울리는 유형을 결정합니다. 예제에서는 [세로 상자 목록형]을 선택했습니다.

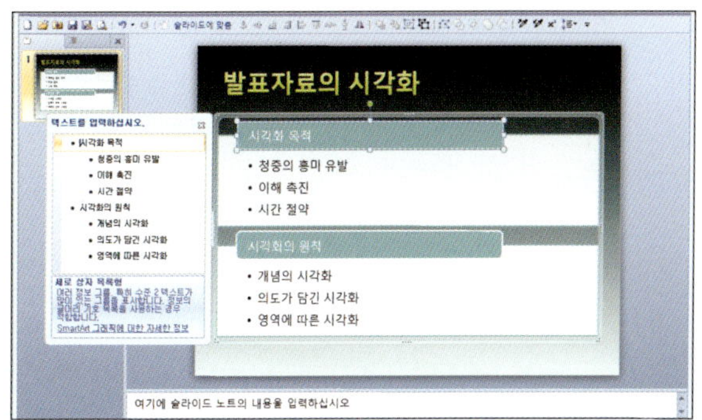

4 [SmartArt 도구]–[디자인] 탭의 [Smart Art 스타일] 그룹에서 [색 변경] 아이콘(   )을 누르고 원하는 색상을 선택합니다.

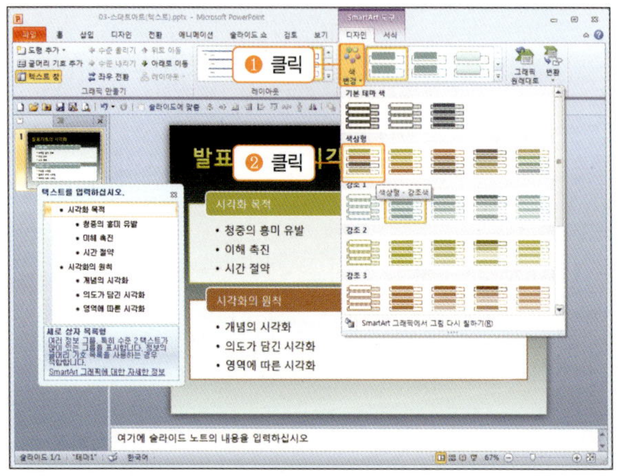

5 도형 효과를 적용하기 위해 [SmartArt 도구]–[디자인] 탭의 [SmartArt 스타일] 그룹에서 '자세히' 버튼(   )을 누르고 원하는 스타일을 선택합니다.

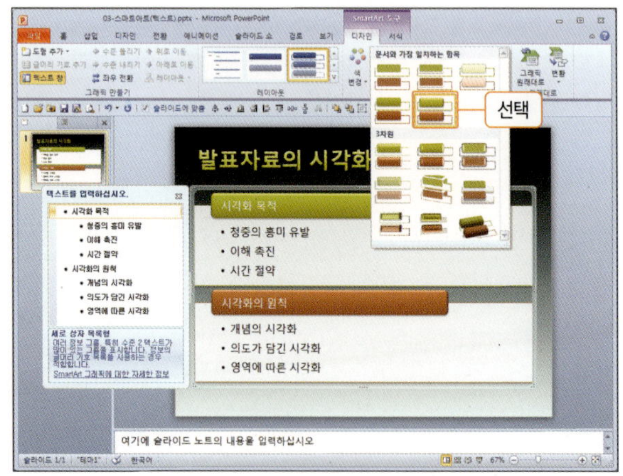

6 파워포인트 2010에서 추가된 기능으로, 만일 SmartArt 그래픽을 텍스트로 다시 되돌리고 싶다면 [SmartArt 도구]–[디자인] 탭의 [원래대로] 그룹에서 '변환' 아이콘(   )을 누른 다음 [텍스트로 변환]을 선택합니다.

> **Tip •** [도형으로 변환]을 선택하면, SmartArt 그래픽이 각각의 도형으로 변경됩니다. 도형으로 변경된 다음에는 SmartArt 그래픽 도구를 사용할 수 없습니다.

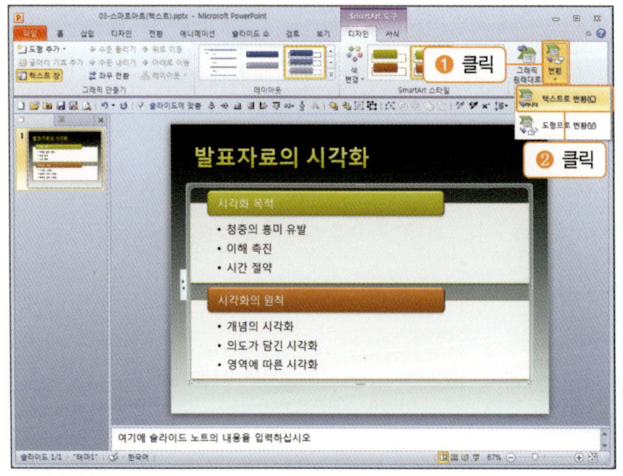

3 SmartArt 도형 추가하고 삭제하기

SmartArt를 만들 때 기본으로 제공되는 도형과 작성하고자 하는 내용이 딱 맞아 떨어지기는 어렵습니다. 그렇기 때문에 삽입을 한 다음에는 수정하는 과정이 필요합니다.

· 소스 파일 : Part03\스마트아트(수정).pptx   · 결과 파일 : Part03\스마트아트(수정)_완성.pptx

1 첫 번째 슬라이드의 SmartArt 그래픽에서 '기술개발부'와 같은 수준의 도형을 하나 더 만들겠습니다.

'기술개발부'를 선택하고 [SmartArt 도구]–[디자인] 탭의 [그래픽 만들기] 그룹에서 '도형 추가' 아이콘( )의 ▼부분을 누른 다음 [뒤에 도형 추가]를 선택합니다.

> *Tip* · [SmartArt 도구]–[디자인] 탭이 표시되지 않는 경우 SmartArt 그래픽을 선택했는지 확인합니다. SmartArt 개체 틀을 더블클릭하면 [SmartArt 도구]–[디자인] 탭이 표시됩니다.

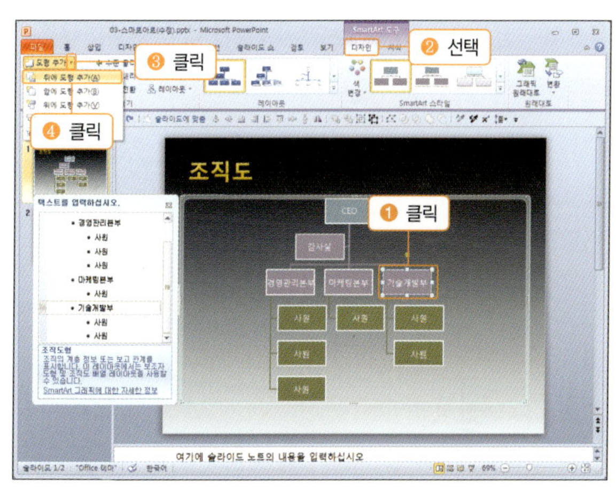

2 현재 선택된 도형과 같은 수준의 도형이 추가되며 자동으로 SmartArt 그래픽의 균형이 다시 맞춰집니다. "자산운용본부"를 입력합니다.

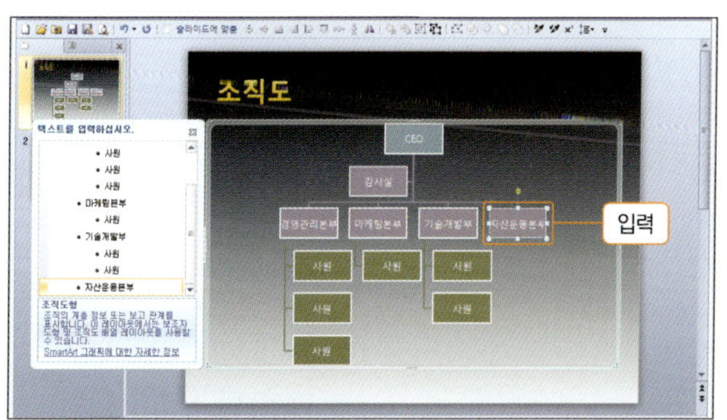

3 [텍스트] 창에 있는 '마케팅본부'를 드래그한 다음 Delete 를 눌러 지웁니다. [수준 2] 텍스트가 있을 때 [수준 1] 텍스트의 줄을 삭제하면, [수준 2] 텍스트의 첫 번째 줄이 [수준 1]로 변하는 것을 확인할 수 있습니다.

> *Tip* · [SmartArt 그래픽]에서 도형을 삭제하려면 삭제할 도형의 테두리를 선택하고 Delete 를 누릅니다.

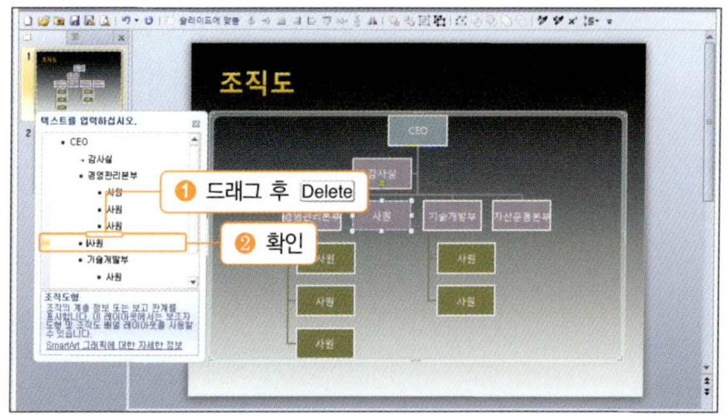

4 두 번째 슬라이드를 선택합니다. 그림을 삽입할 수 있는 레이아웃의 SmartArt 그래픽이 있습니다. SmartArt 그래픽에서 그림이 삽입된 도형을 삭제해 보겠습니다. 가운데 그림을 선택한 다음 Delete 를 눌러 삭제합니다. Delete 를 여러 번 눌러 그림을 삽입하기 위한 도형은 삭제되지 않는 것을 확인합니다.

> **Tip** · 더 큰 도형의 일부인 경우에는 도형을 삭제할 수 없습니다. 연결된 모든 도형을 선택해야만 큰 도형을 삭제할 수 있습니다.

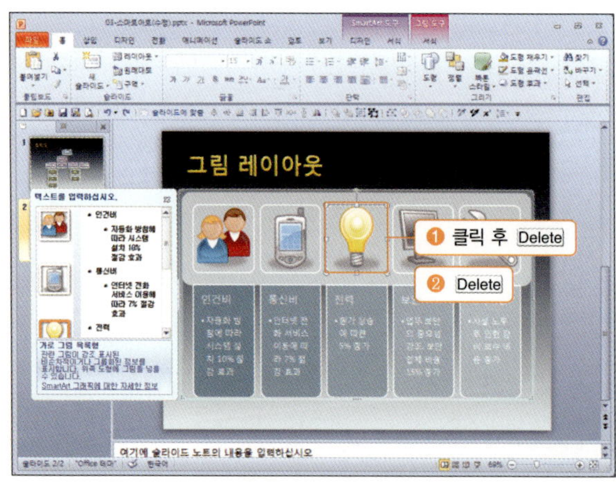

5 그림을 포함하는 아래쪽의 텍스트 도형을 선택하고 Delete 를 누르면 깔끔하게 모두 삭제됩니다.

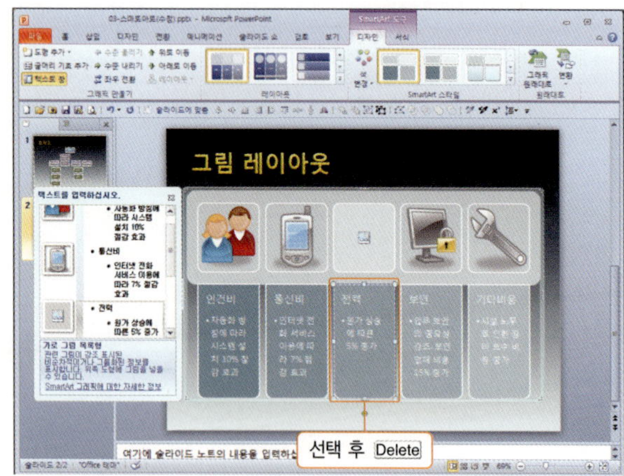

꼭! 알고가기 ▼ 지워지지 않는 SmartArt 그래픽 감추기

[연속 그림 목록형]으로 작성한 SmartArt 그래픽 중에 아래에 있는 화살표를 지우고 싶은데 Delete 를 눌러서는 지워지지 않는 경우 [SmartArt 도구] —[서식] 탭의 [도형 스타일] 그룹에서 도형의 채우기와 윤곽선을 '없음'으로 지정하여 감출 수 있습니다.

SmartArt 그래픽 응용해서 특별하게 사용하기

SmartArt 그래픽의 요소 중 직접 지정해서 사용하고 싶은 경우도 있습니다. SmartArt 그래픽의 대부분은 사용자가 지정할 수 있습니다.

직접 SmartArt 그래픽의 도형 모양과 서식을 수정하는 방법을 알아보겠습니다.

SmartArt 그래픽을 마음대로 변경하기

SmartArt 그래픽 기능은 레이아웃이 미리 만들어져서 편리하게 사용할 수 있지만 주어지는 레이아웃만으로 작업을 마치면 완성도가 떨어지고 다양한 형태로 사용할 수 없을 것입니다. SmartArt 그래픽은 응용해서 활용하면 무궁무진한 레이아웃으로 재창조할 수 있습니다.

• 소스 파일 : Part03\스마트아트(활용).pptx   • 결과 파일 : Part03\스마트아트(활용)_완성.pptx

참고 동영상 : 4강 3-3스마트아트활용.avi

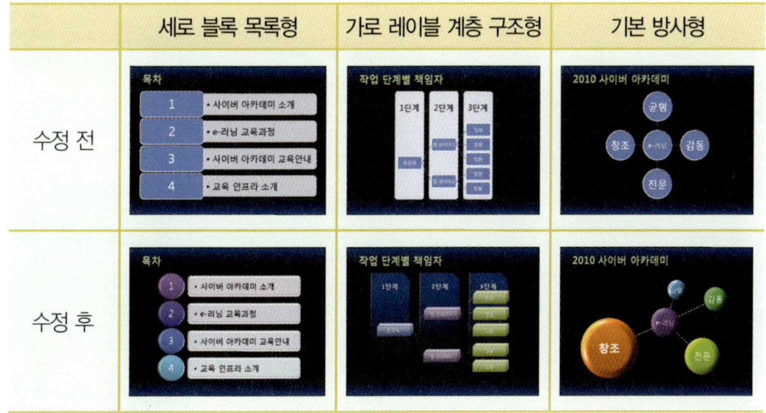

▲ SmartArt 그래픽 도형의 변형을 참고하세요. 각 도형의 서식은 Part 4에서 도형 부분을 공부하면 더욱 쉽게 알 수 있습니다.

1 Part03 폴더에서 '스마트아트(활용).pptx' 파일을 엽니다. 첫 번째 슬라이드에 작성한 내용은 [세로 블록 목록형] 레이아웃을 선택해서 작성한 SmartArt 그래픽입니다. 입력을 미리 한 상태라 [텍스트] 창이 필요하지 않기 때문에 SmartArt 그래픽을 누른 다음 [텍스트] 창의 '닫기' 버튼(☒)을 누릅니다.

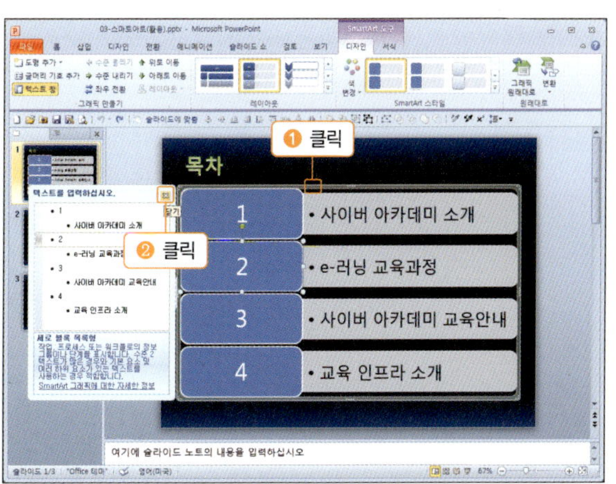

2 색상을 변경하기 위해 [SmartArt 도구]–[디자인] 탭의 [SmartArt 스타일] 그룹에서 '색 변경' 아이콘()을 누르고 빠른 스타일 중 원하는 색상 스타일을 선택합니다.

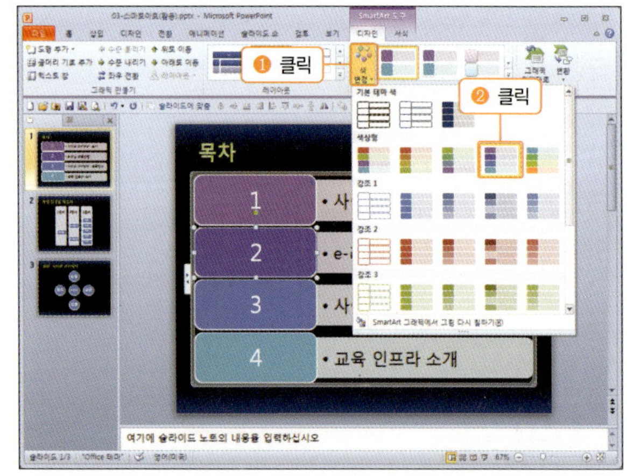

3 도형의 테두리와 3차원 효과 등을 지정하기 위해 [SmartArt 도구]–[디자인] 탭의 [Smart Art 스타일] 그룹에서 '자세히' 버튼()을 누릅니다. 표시되는 목록의 [3차원] 항목에서 [경사]를 선택합니다.

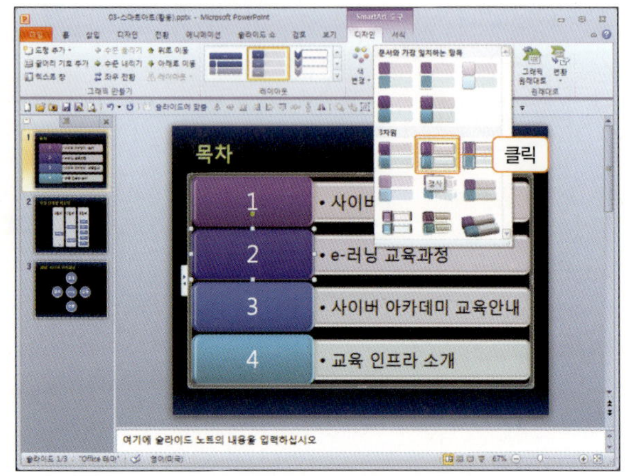

4 모양을 변경하기 위해 Shift 나 Ctrl 을 이용하여 숫자가 적힌 작은 사각형 도형을 모두 선택합니다. [SmartArt 도구]–[서식] 탭의 [도형] 그룹에 있는 '도형 모양 변경' 아이콘()을 누르고 [기본 도형] 항목의 [타원()]을 선택합니다.

> **Tip ·** 여러 도형을 선택하려면 첫 번째 도형을 누른 다음 두 번째 도형부터는 Ctrl 또는 Shift 를 누른 상태에서 다음 도형을 누릅니다.

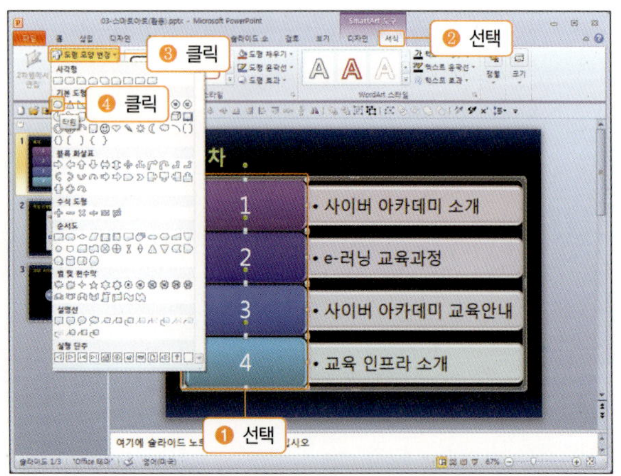

5 사각형 도형이 모두 타원으로 변경되었습니다. 네 개의 타원이 모두 선택된 상태에서 정원이 되도록 오른쪽 크기 조절점에 마우스 포인터를 위치시키고 마우스 포인터가 양방향 화살표 상태일 때 왼쪽으로 드래그합니다.

> **Tip** •
> • 양방향 화살표(↔) : 크기 조절 상태입니다
> • 사방 화살표(✛) : 이동 조절 상태입니다

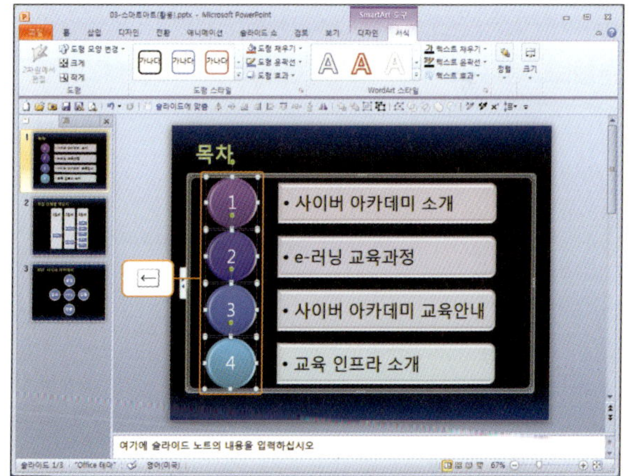

6 타원형의 도형이 모두 선택된 상태에서 방향키를 이용해 왼쪽으로 도형을 이동합니다.

> **Tip** • 마우스로 드래그해도 도형을 움직일 수 있지만 조금씩 움직일 때는 키보드로 움직이는 것이 편리합니다. ⌐Ctrl⌐을 누른 채 방향키를 함께 누르면 도형을 아주 조금씩 이동할 수 있습니다.

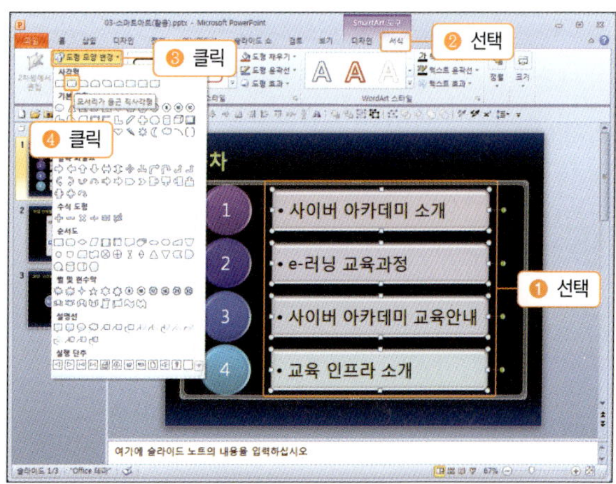

7 ⌐Shift⌐나 ⌐Ctrl⌐을 이용하여 오른쪽 긴 도형 네 개를 모두 선택합니다. [SmartArt 도구]-[서식] 탭의 [도형] 그룹에서 '도형 모양 변경' 아이콘(⬚)을 누르고 [사각형] 항목의 [모서리가 둥근 직사각형(▢)]을 선택합니다.

8 네 개의 도형이 모두 선택된 채로, [홈] 탭의 [글꼴] 그룹에서 글꼴 크기를 적당히 조절합니다.

> **Tip** • 글꼴 크기 작게 단축키 : Ctrl + Shift + <

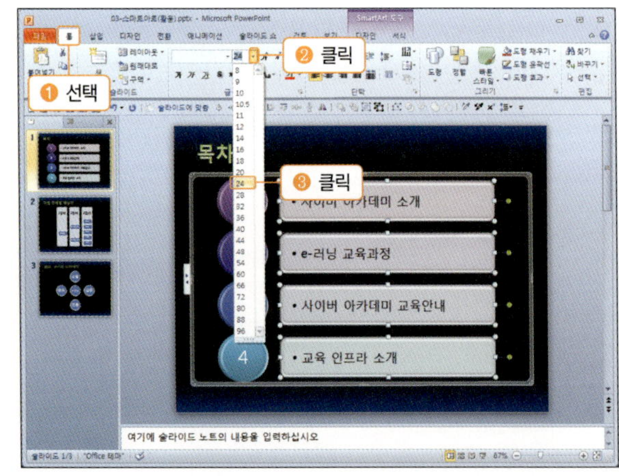

9 도형의 크기를 맞추기 위해 복사하거나 도형들 사이의 간격을 정렬하는 번거로움 없이 SmartArt 그래픽에 없는 형태의 도형으로 슬라이드를 쉽게 구성한 것을 확인합니다.

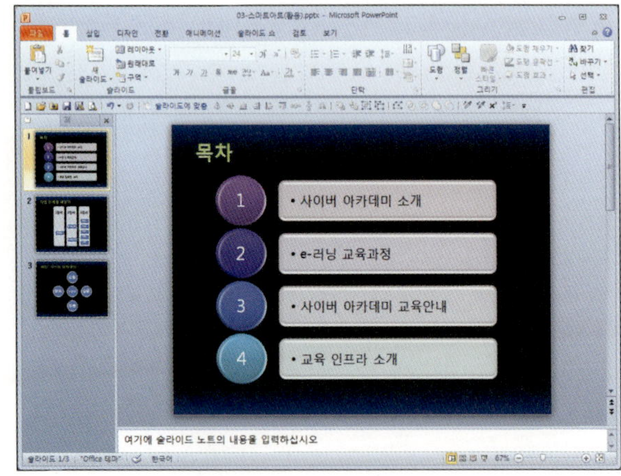

10 두 번째 슬라이드를 선택합니다. 슬라이드의 내용은 [가로 레이블 계층 구조형] 레이아웃의 SmartArt 그래픽입니다. SmartArt 그래픽의 각 도형을 선택할 때 [텍스트 창]을 활용하는 방법을 알아보겠습니다. [SmartArt 도구]-[디자인] 탭의 [그래픽 만들기] 그룹에서 '텍스트 창' 아이콘(▥)을 누르거나, SmartArt 개체 틀 왼쪽 중간에 있는 펼침 버튼(◑)을 눌러 [텍스트] 창을 표시합니다.

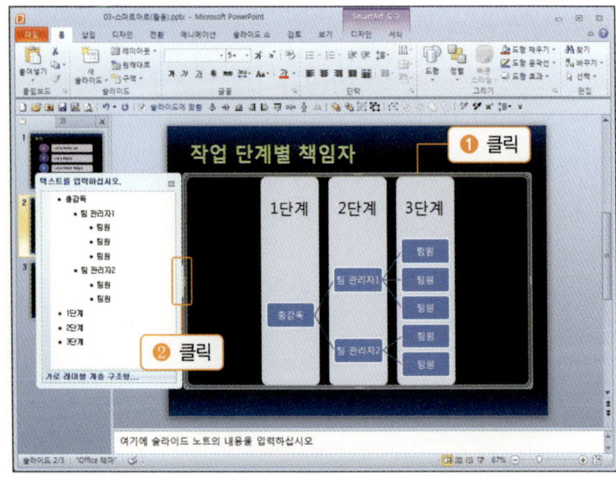

11 전체 도형의 가로 크기를 늘리기 위해 [텍스트] 창의 내용을 누른 다음 `Ctrl`+`A`를 누르거나 드래그하여 모든 도형을 선택합니다.

> *Tip* • [텍스트] 창의 내용을 모두 블록 지정해도 모든 도형이 선택됩니다.

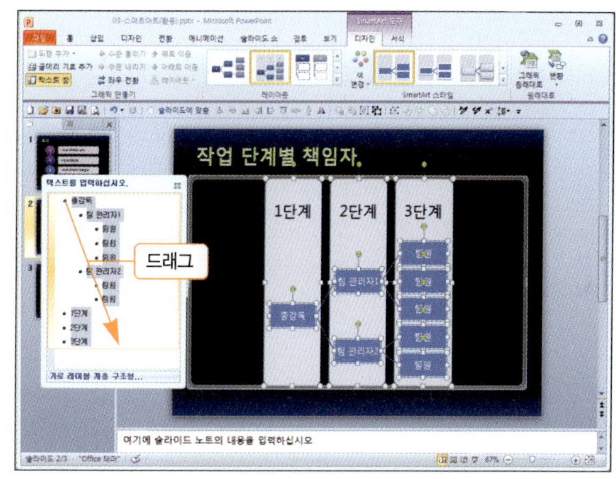

12 도형이 모두 선택되었다면 임의의 도형 가로 크기 조절점을 드래그해서 크기를 조정합니다.

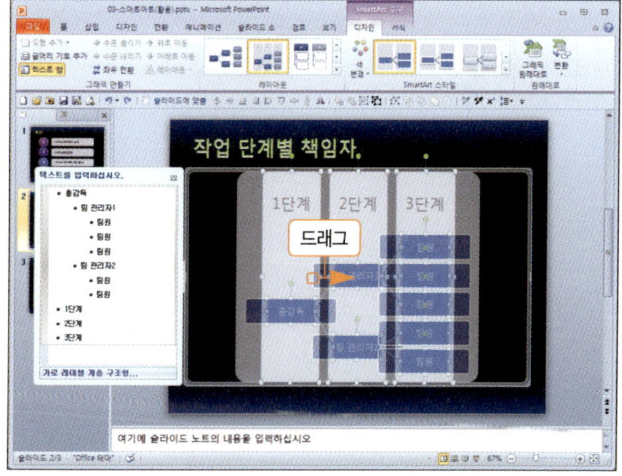

13 [텍스트] 창에서 '팀 관리자1' 부터 '팀원' 까지를 블록으로 지정하고 선택된 도형을 마우스로 드래그하여 오른쪽으로 이동합니다.

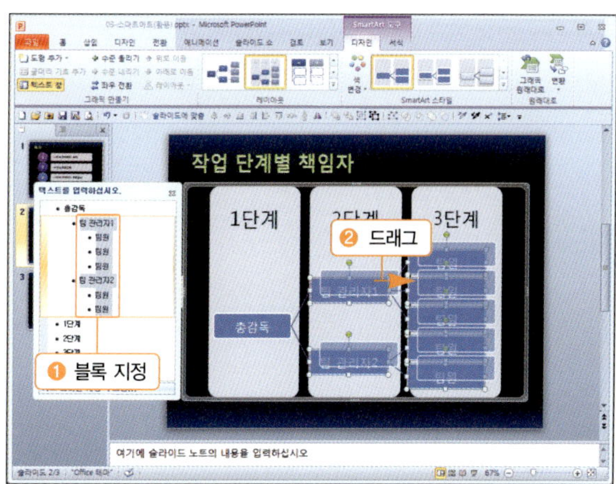

14 [텍스트] 창에서 '1단계' 부터 '3단계' 까지를 블록으로 지정하고, [SmartArt 도구]−[서식] 탭의 [도형] 그룹에서 '도형 모양 변경' 아이콘(⬚)을 누릅니다. 표시되는 모양 중에서 [사각형] 항목의 [한쪽 모서리가 잘린 사각형(⬚)]을 선택합니다.

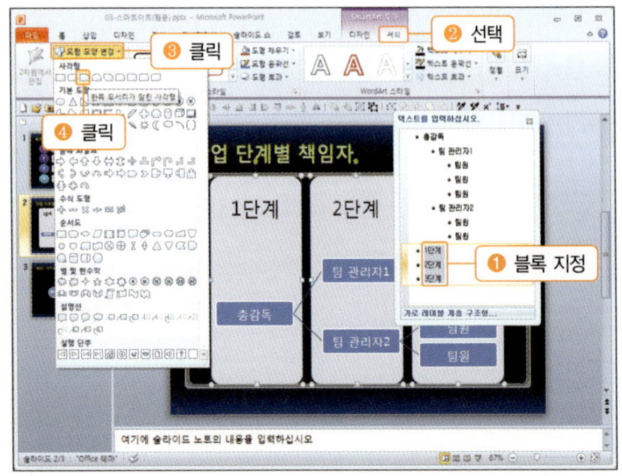

15 [텍스트] 창에서 '총감독' 부터 '팀원' 까지를 블록으로 지정하고, [SmartArt 도구]−[서식] 탭의 [도형] 그룹에 있는 '도형 모양 변경' 아이콘(⬚)을 누릅니다. 표시되는 모양 중에서 [기본 도형] 항목의 [정육면체(⬚)]를 선택합니다.

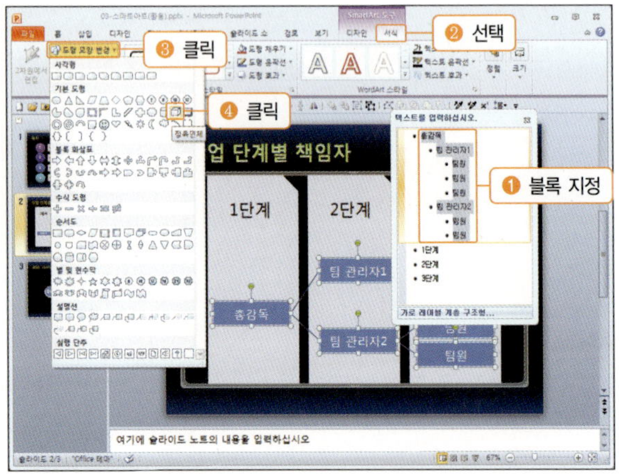

16 도형의 서식을 변경하기 위해 Shift 나 Ctrl 을 이용하여 여러 도형을 선택한 다음 [SmartArt 도구]−[서식] 탭의 [도형 스타일] 그룹에 있는 갤러리에서 원하는 스타일을 선택합니다.

> **Tip** • 기본 레이아웃으로 되돌리려면 SmartArt 그래픽 개체를 선택하고 [SmartArt 도구]−[디자인] 탭에서 [원래대로] 그룹의 '그래픽 원래대로' 아이콘(🖼)을 누릅니다.

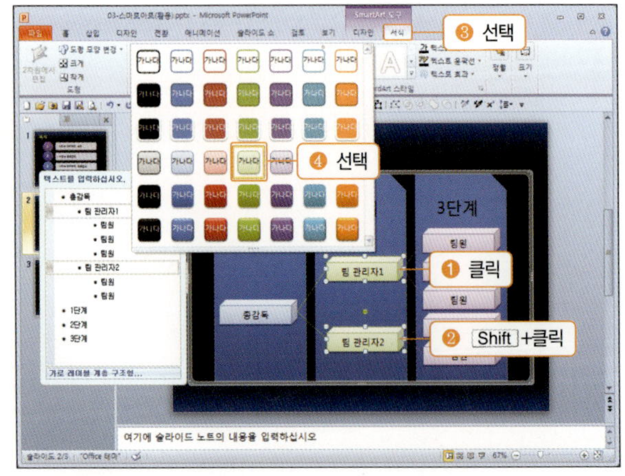

17 세 번째 슬라이드를 선택하고 [기본 방사형] 레이아웃의 SmartArt 그래픽을 선택합니다. [SmartArt 도구]–[디자인] 탭의 [SmartArt 스타일] 그룹에서 '색 변경' 아이콘()을 눌러 색을 지정하고, 스타일은 '자세히' 버튼 ()을 눌러 [문서와 가장 일치하는 항목] 항목에서 [강한 효과]를 선택합니다.

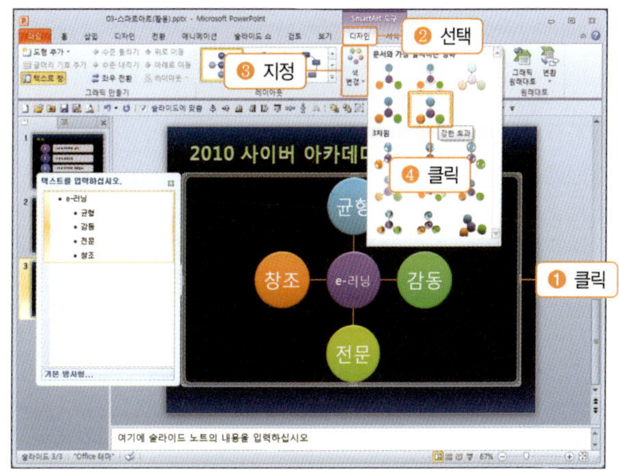

18 강한 효과의 입체감을 조금 더 강조하기 위해 직접 수치를 수정하겠습니다. [텍스트] 창의 내용을 누른 다음 Ctrl + A 를 눌러 원형 도형을 모두 선택합니다.

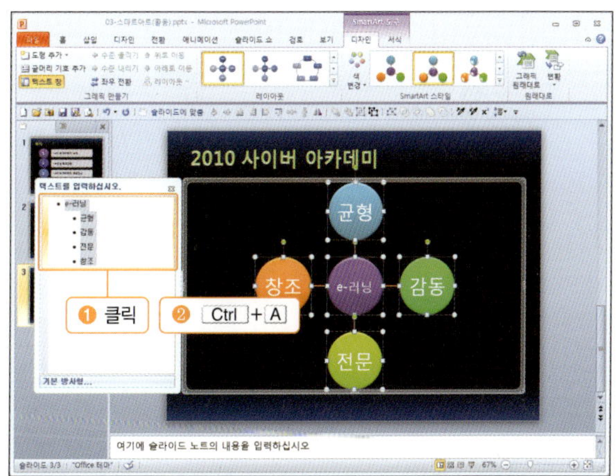

19 [SmartArt 도구]–[서식] 탭의 [도형 스타일] 그룹에서 '도형 효과' 아이콘()을 누르고 표시되는 목록에서 [입체 효과]–[3차원 옵션]을 선택합니다.

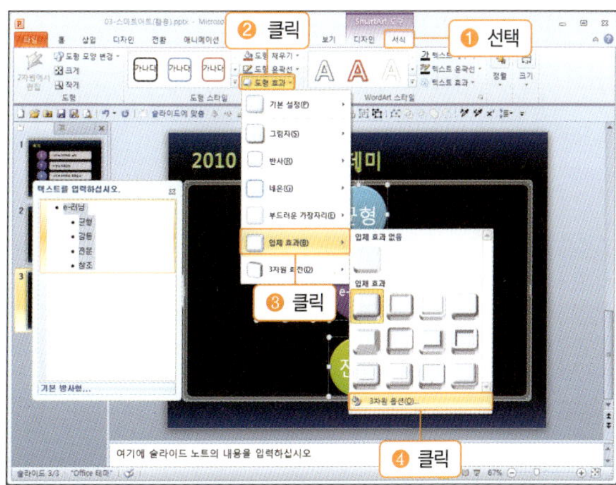

20 [도형 서식] 대화상자의 [3차원 서식] 메뉴
화면이 표시됩니다. [입체 효과] 항목의 '위쪽'
에서 '너비'를 '24pt', 높이를 '15pt'로 설정
하고 〈닫기〉 버튼을 누릅니다.

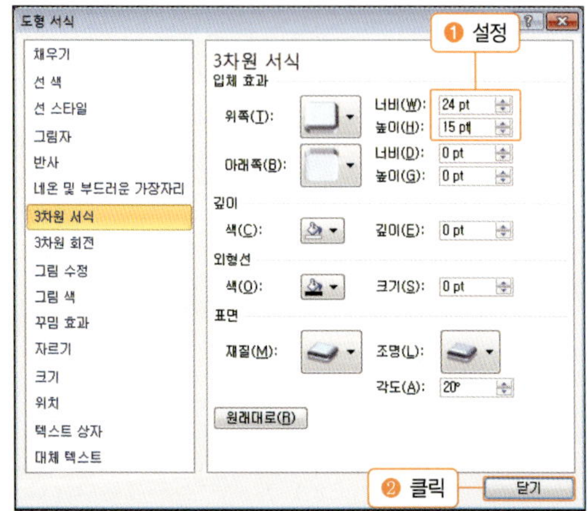

21 도형을 각각 선택하고 [SmartArt 도구]–
[서식] 탭의 [도형] 그룹에서 '크게' 아이콘(　)
과 '작게' 아이콘(　)을 이용하여 크기를 조정
합니다.

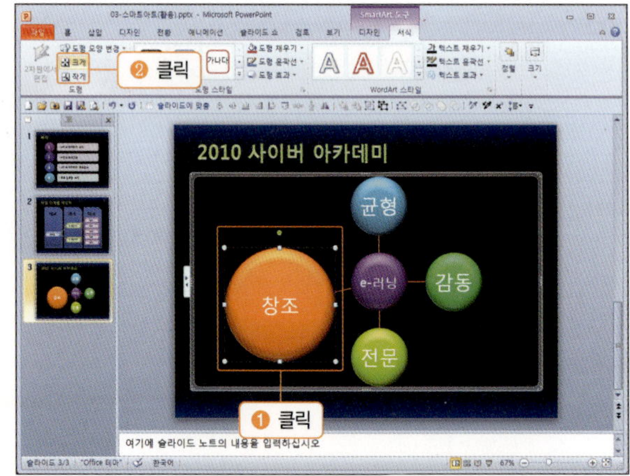

22 각각의 도형을 마우스로 드래그하면서 적
당한 위치로 이동시켜 완성합니다.

> **Tip** • SmartArt 그래픽에 있는 개별 도형의 크기를
> 변경할 때, 해당 도형이 SmartArt 그래픽의 레이아웃에
> 종속된 방식에 따라 나머지 도형의 크기와 위치가 조정
> 될 수 있습니다. 물론 수동으로 재조정할 수 있습니다.

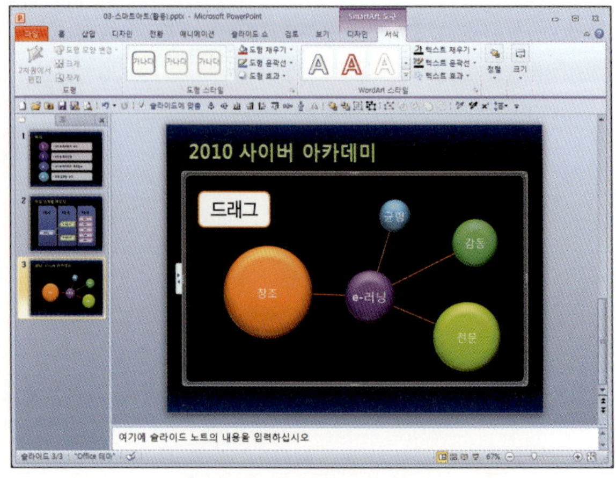

2 SmartArt 레이아웃 변경하고 테마에 따라 변화시키기

프레젠테이션 문서의 모든 도형이나 개체들과 마찬가지로 SmartArt 그래픽에 적용되는 색은 문서의 테마에 따라
자동으로 조정됩니다. 문서 전체에 통일감을 만드는 테마가 SmartArt 그래픽에는 어떻게 적용되는지 살펴봅니다.

• 소스 파일 : Part03\스마트아트(테마).pptx　　• 결과 파일 : Part03\스마트아트(테마)_완성.pptx

1 Part03 폴더에서 '스마트아트(테마).pptx'
파일을 불러오고 SmartArt 레이아웃을 변경하
기 위해 Smart Art 그래픽을 선택합니다.
[SmartArt 도구]–[디자인] 탭의 [레이아웃] 그
룹에서 '자세히' 버튼( )을 누릅니다. 제시되
는 갤러리 외의 다른 레이아웃을 선택하기 위해
아래에 있는 [기타 레이아웃]을 선택합니다.

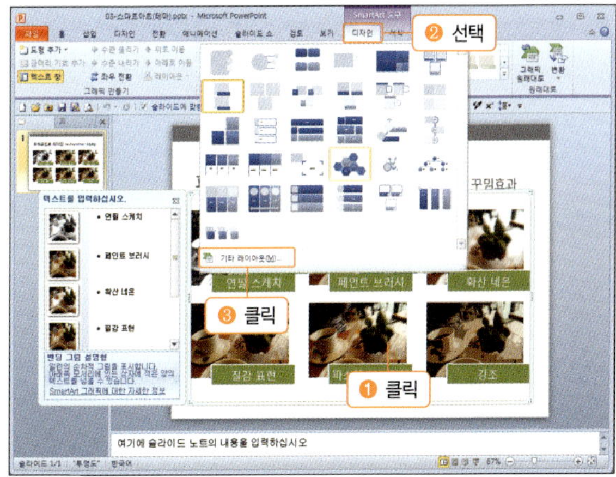

2 [관계형] 범주에서 [깔때기형]을 선택하고
〈확인〉 버튼을 눌러 레이아웃을 변경합니다.

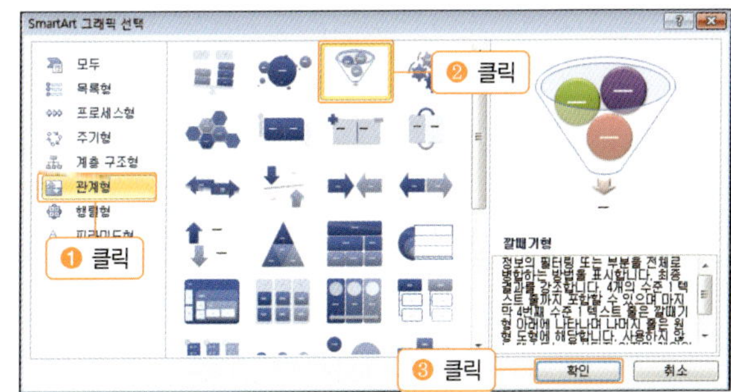

3 [깔때기형] 레이아웃은 그림을 포함하지 않
는 형태이기 때문에 그림을 사용할 수 없고, 텍
스트도 모두 표시되지 않는 것을 확인할 수 있
습니다.

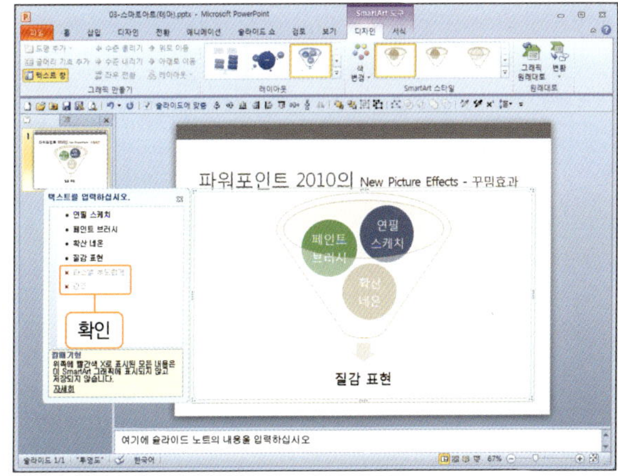

4 SmartArt 그래픽 유형 중에 제한된 수의 도형만 포함할 수 있을 경우 최대 도형 수를 초과하면 [텍스트] 창의 일부 텍스트만 SmartArt 그래픽에 나타납니다. 표시되지 않는 텍스트 내용은 [텍스트] 창에서 빨간색 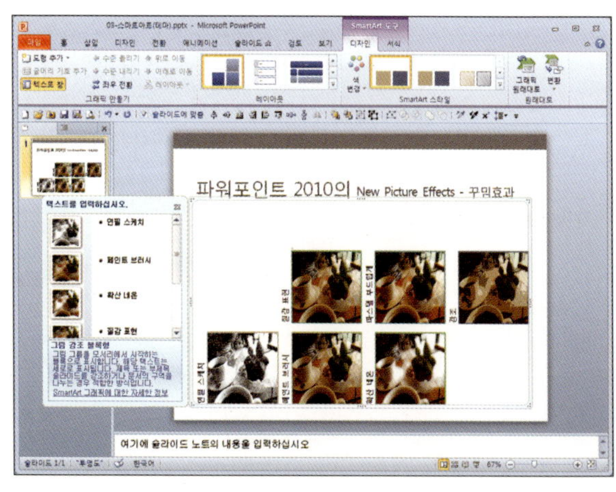 로 표시됩니다. 만일 빨간색 ▨가 표시된다면 레이아웃을 변경해서 텍스트가 모두 표시되도록 합니다.

> **Tip** · 저장하기 전에 빨간색 ▨가 표시된 내용이 있는지 확인하세요. 다른 유형으로 전환하면 표시되지 않는 콘텐츠를 계속 사용할 수 있지만, 동일한 유형을 유지한 채로 파일을 닫으면 표시되지 않는 정보는 저장되지 않습니다.

5 테마를 변경해서 색상이 바뀌는 것을 확인하기 위해 도형의 색상이 잘 보이도록 [SmartArt 도구]-[디자인] 탭의 [레이아웃] 그룹에서 '자세히' 버튼(▾)을 눌러 [육각형 클러스터형]으로 레이아웃을 변경합니다.

6 [텍스트] 창의 맨 마지막 항목에서 Enter를 누른 다음 "수채화 스펀지"라고 입력합니다. 도형이 추가되면서 전체적인 도형들의 크기와 간격이 자동으로 조정되는 것을 확인할 수 있습니다.

> **Tip** · 특별히 도형의 색상을 지정하지 않아도 새롭게 추가되는 도형의 색상은 다른 도형과 어울리게 지정됩니다.

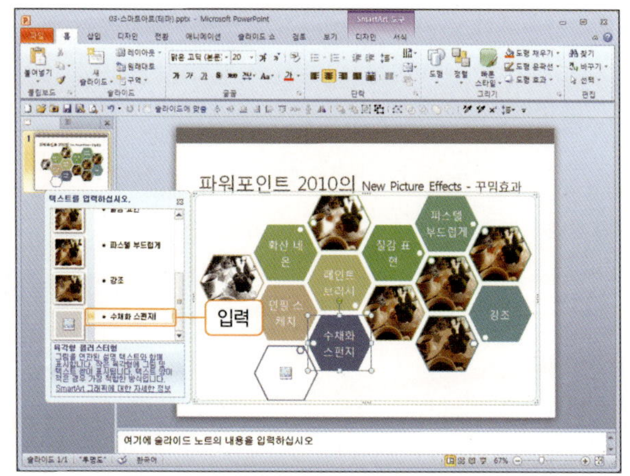

7 [SmartArt 도구]-[디자인] 탭의 [Smart Art 스타일] 그룹에서 '색 변경' 아이콘(　)을 누르고 원하는 색상 스타일을 선택합니다.

8 [디자인] 탭의 [테마] 그룹에서 '자세히' 버튼(　)을 누른 다음 마음에 드는 테마를 선택해서 현재 문서의 테마를 변경합니다.

9 선택한 테마의 색상에 어울리는 색으로 SmartArt 그래픽이 변경된 것을 확인할 수 있습니다.

> *Tip* · 테마를 변경할 경우 색상은 테마에 어울리는 색상 조합으로 구성되고, 또 다른 도형들이 추가될 때도 조화로운 색상이 자동으로 지정됩니다.

도형을 이용한 슬라이드 만들기

한 장의 슬라이드에 담기는 정보의 양은 한정되어 있습니다. 만일 가지고 있는 정보를 빽빽하게 구겨 넣어 작성한 슬라이드로 프레젠테이션을 한다면 청중이 내용을 판독하는 동안 흥미를 잃기 쉽습니다. 슬라이드는 텍스트의 나열보다는 생각을 적절히 도해화하여 단순하게 표현하는 것이 좋습니다. 도해화의 가장 기본이 되는 도형을 다루는 방법에 대해 알아보겠습니다.

PART

04

Section 01 도형 개체의 기본 살펴보기

Section 02 도형에 서식 지정하기

Section 03 도형 마음대로 다루기

Section 04 내가 원하는 도형 만들기

도형 개체의 기본 살펴보기

파워포인트 2010에서는 도형의 역할을 많은 부분 SmartArt 그래픽이 대신 처리합니다. 그러나 기본적인 도형을 다룰줄 알아야 훨씬 다양하게 활용할 수 있습니다.

도형과 SmartArt 그래픽을 서로 부족한 부분에 추가하면 더 멋진 결과물을 만들 수 있습니다.

슬라이드에 도형 삽입, 삭제하기

여러 가지 모양의 도형을 그리고 단축키를 이용하여 크기를 조절하는 다양한 방법을 알아보겠습니다. 그리기 잠금 모드를 사용하면 같은 도형을 그릴 때 다시 도형을 선택하지 않아도 여러 번 반복해서 그릴 수 있습니다.

• 소스 파일 : Part04\도형(삽입).pptx

1 Part04 폴더에서 '도형(삽입).pptx' 파일을 불러오고 [삽입] 탭의 [일러스트레이션] 그룹에서 '도형' 아이콘()을 누릅니다. [홈] 탭의 [그리기] 그룹에서도 '도형'을 선택할 수 있습니다. 도형들이 목록별로 표시되면 [사각형] 항목에서 [모서리가 둥근 직사각형()]을 선택합니다.

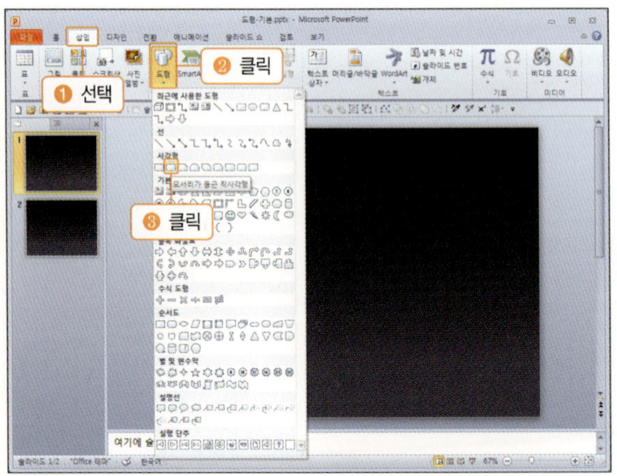

2 빈 슬라이드에 드래그하여 도형을 적당한 크기로 삽입합니다.

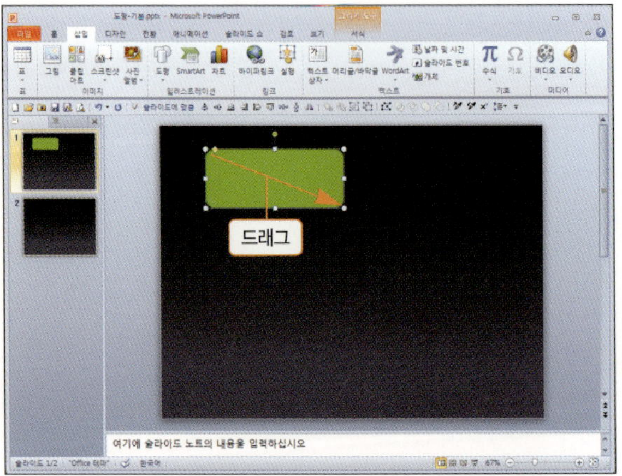

3 [삽입] 탭의 [일러스트레이션] 그룹에서 '도형' 아이콘(圖)을 누르고 표시되는 도형 목록 중 [기본 도형] 항목에서 [타원(◯)]을 선택합니다.

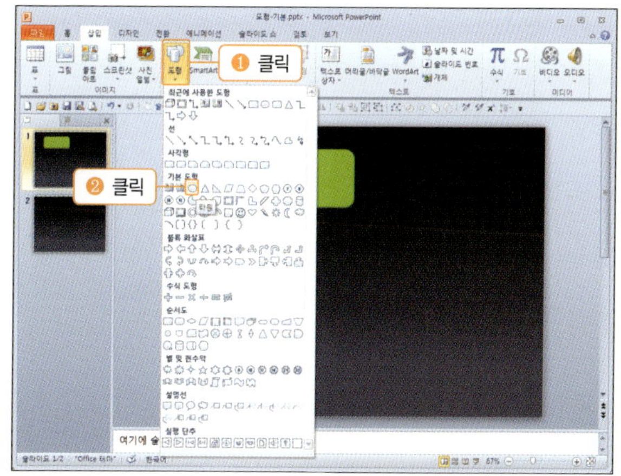

4 슬라이드의 빈 곳에서 Shift 를 누른 채 드래그하여 도형을 삽입합니다. 정원으로 그려지는 것을 확인할 수 있습니다.

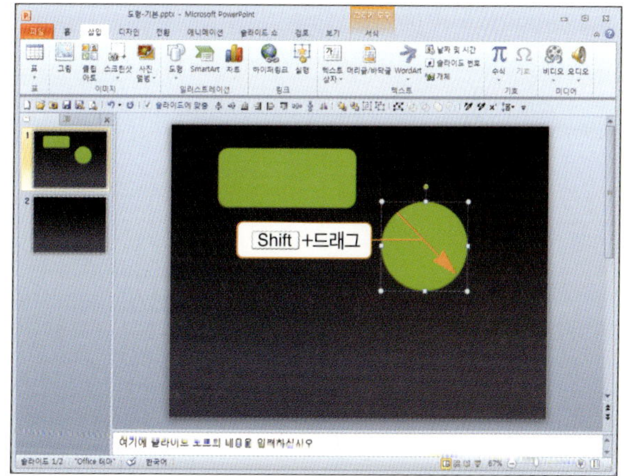

5 [삽입] 탭의 [일러스트레이션] 그룹에서 '도형' 아이콘(圖)을 누르고 표시되는 도형 목록 중 [기본 도형] 항목에서 [타원(◯)]을 선택합니다. 슬라이드의 빈 곳에서 Ctrl 을 누른 채 드래그하여 도형을 삽입합니다.

Ctrl 을 누른 채 도형을 그리면 처음 누른 곳을 중심적으로 하여 도형을 그릴 수 있습니다.

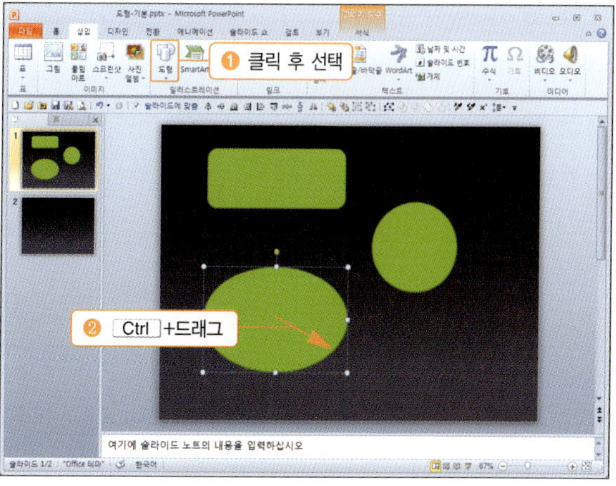

6 Ctrl + A 를 눌러 모든 도형을 선택하고 Delete 를 눌러 지금까지 그린 도형을 모두 삭제합니다.

> *Tip ·* 여러 개의 도형을 선택하려면 Ctrl 을 누른 채로 도형을 누르거나 선택할 도형이 포함되는 범위를 드래그합니다. 드래그한 영역에 걸쳐진 도형은 선택되지 않습니다.

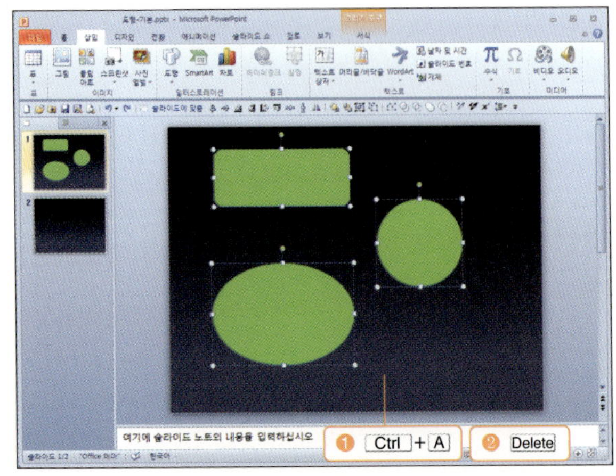

7 같은 도형을 삽입하는 쉬운 방법에 대해 알아보겠습니다. [삽입] 탭의 [일러스트레이션] 그룹에서 '도형' 아이콘( )을 누른 다음 [블록 화살표] 항목에서 [갈매기형 수장( )]을 마우스 오른쪽 버튼으로 누릅니다. 표시되는 바로 가기 메뉴에서 [그리기 잠금 모드]를 선택합니다.

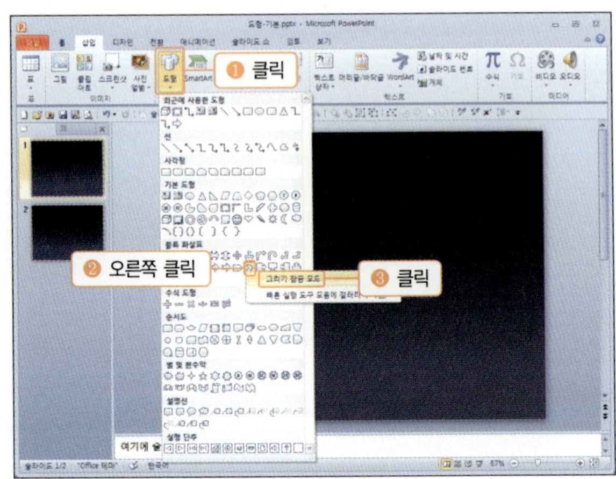

8 마우스 포인터가 도형이 선택된 상태로 표시됩니다. 도형을 선택하는 동작 없이 드래그하면 필요한 만큼 도형을 삽입할 수 있습니다. 도형을 다 그린 다음에는 Esc 를 누릅니다.
Ctrl + A 를 눌러 모든 도형을 선택하고 Delete 를 눌러 지금까지 그린 도형을 모두 삭제합니다.

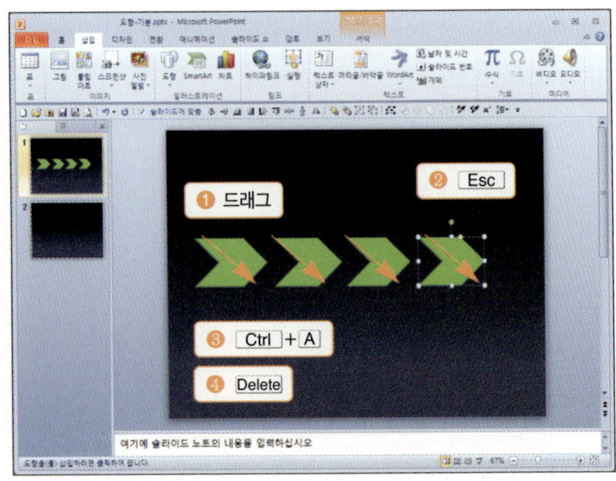

2 도형의 크기와 모양 변경하기

도형 종류에 따라서 모양을 조절하여 좀 더 다양하게 활용할 수 있습니다. 원하는 크기의 도형을 만들고 모양 조절 핸들을 이용하여 모양을 변형하는 방법을 알아보겠습니다. 도형의 크기를 정확히 지정하거나 배율을 조절하여 도형 크기를 설정할 수 있습니다.

1 [삽입] 탭의 [일러스트레이션] 그룹에서 '도형 아이콘(🗔)'을 누르고 [블록 화살표] 항목에서 [U자형 화살표(🔃)]를 선택한 다음 드래그하여 슬라이드에 삽입합니다.

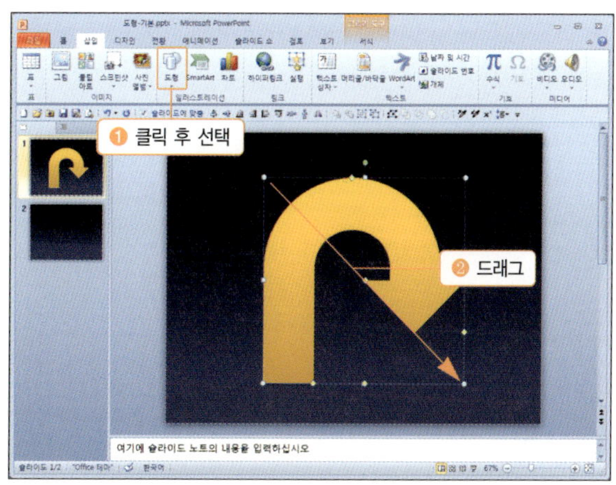

2 삽입된 도형을 선택하면 작은 원이나 사각형 모양이 여러 개 나타납니다. 이 점들을 모양 조절 핸들로 핸들을 끌어 개체의 크기를 변경하거나 모양을 변경할 수 있습니다. 먼저 화살표 위쪽에 있는 노란색 마름모 모양(◆)을 왼쪽이나 오른쪽으로 드래그합니다. 도형의 전체 크기는 유지하면서 화살표 U자 형태의 둥글기 정도가 조절됩니다.

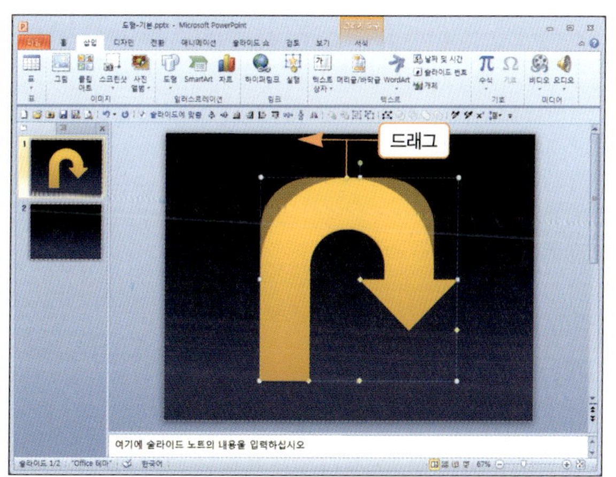

Tip •

- 모서리에 있는 크기 조절 핸들(◎) : 도형의 모서리에 있는 흰색 원형 점은 가로 세로 양방향으로 크기를 조절할 수 있습니다.
- 각 변에 있는 크기 조절 핸들(▢) : 도형의 변에 있는 흰색 사각형 점은 가로와 세로 중 한 방향으로 크기를 조절할 수 있습니다.
- 모양 조절 핸들(◆) : 노란색 다이아몬드 점은 전체 도형의 크기는 변하지 않고 모양만 변경합니다. 도형에 따라 없는 것도 있고 여러 개일 수도 있습니다.
- 회전 핸들(●) : 연두색 원형 점에 마우스를 가져가면 마우스 커서가 회전 가능 상태(⟳)로 표시되는 것을 확인할 수 있습니다. 연두색 점을 원하는 방향으로 드래그하면 회전할 수 있습니다.

3 도형의 전체 크기를 조절하기 위해 모서리의 크기 조절 핸들(○)을 드래그합니다. 도형 전체 크기의 가로세로가 함께 조절됩니다.

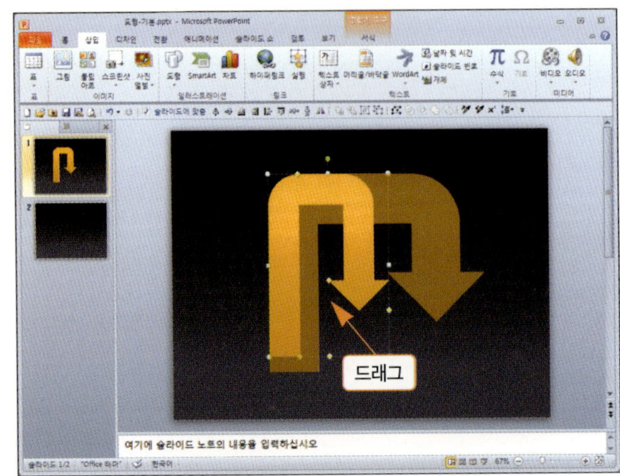

4 도형의 정확한 높이와 너비를 수치로 지정하겠습니다. 도형이 선택된 상태로 [그리기 도구]-[서식] 탭의 [크기] 그룹에서 '높이'를 '7cm', '너비'를 '7cm'로 설정한 다음 Enter 를 누릅니다.

> **Tip** · 도형을 더블클릭하면 [그리기 도구]-[서식] 탭이 바로 표시됩니다.

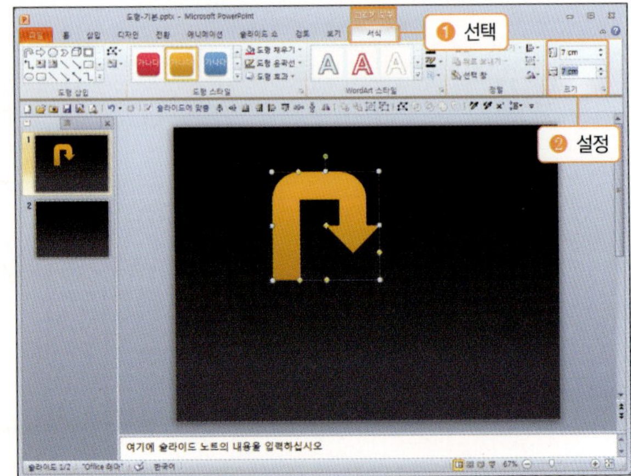

꼭! 알고가기 ▼ 도형의 크기 조절할 때 함께 사용하는 키

1. Shift +드래그

그려진 도형의 가로세로 비율을 유지하며 크기를 조절하려면 도형의 모서리 크기 조절 핸들(○)을 Shift 를 누른 채 드래그합니다.

2. Ctrl +드래그

도형의 중심으로부터 크기 조절을 하려면 크기 조절 핸들(○/□)을 Ctrl 를 누른 채 드래그합니다.

3. Ctrl + Shift +드래그

도형의 가로세로 비율을 유지하며 중심으로부터 크기 조절을 하려면 도형의 모서리 크기 조절 핸들(○)을 Ctrl + Shift 를 함께 누른 채 드래그합니다.

5 도형 크기를 정확한 비율로 조절하기 위해 도형이 선택된 채로 도형을 선택하고 [그리기 도구]–[서식] 탭의 [크기] 그룹에 있는 '창 표시' 버튼(▣)을 누릅니다.

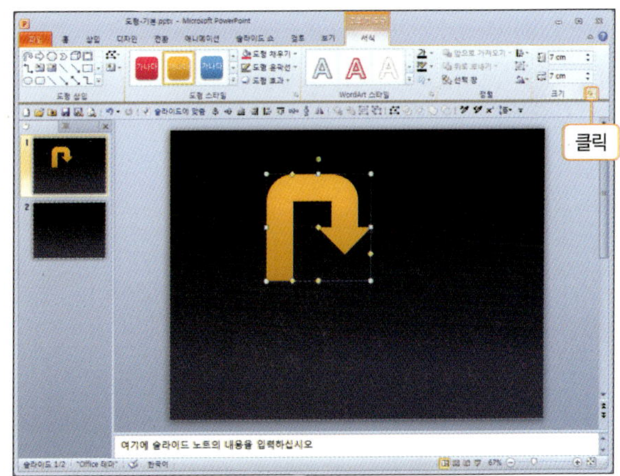

6 [도형 서식] 대화상자의 [크기] 메뉴 창에서 [배율] 항목의 '높이'와 '너비'를 설정합니다.

> **Tip** · '가로 세로 비율 고정'에 체크 표시하면 도형의 높이나 너비에 따라 현재 가로세로 비율을 유지하며 크기를 조절할 수 있습니다.

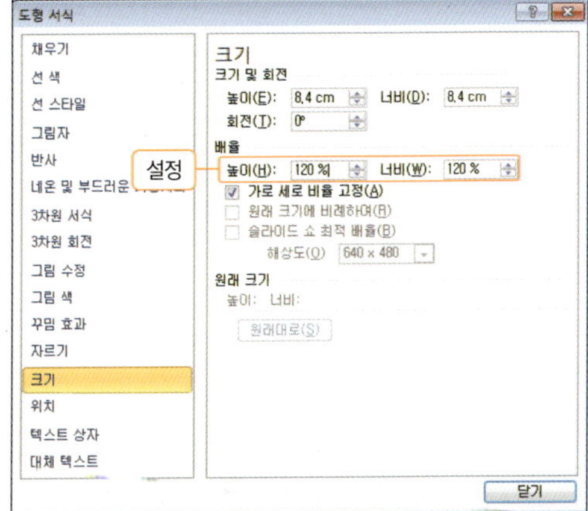

꼭! 알고가기 ▼ 장애가 있는 사용자를 위한 대체 텍스트 기능

Office 문서의 도형, 그림, 차트, 표, SmartArt 그래픽 또는 기타 개체에 대해 대체 텍스트를 만들 수 있습니다. 대체 텍스트는 화면 판독기 사용자가 그림 내용을 이해하는 데 도움이 됩니다. 화면 판독기를 사용하여 문서를 보거나 HTML 또는 DAISY(Digital Accessible Information System)와 같은 파일 형식으로 저장하면 대부분의 브라우저에서 그림 위로 포인터를 이동할 때 대체 텍스트가 나타납니다.

[도형 서식] 대화상자의 [대체 텍스트] 메뉴 창에 개체에 대한 설명을 입력합니다.

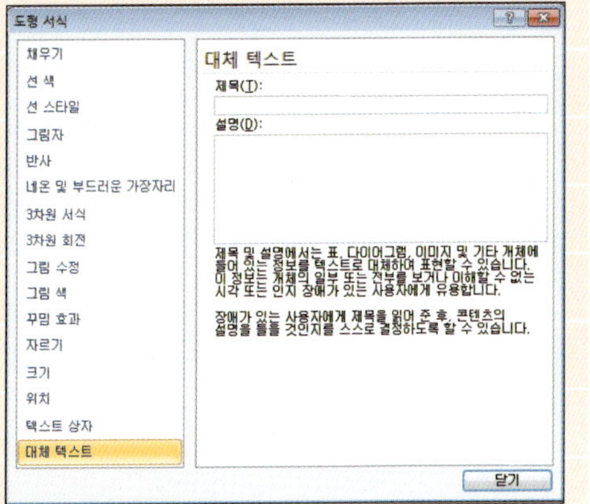

1. 클릭

기본 크기의 도형을 그립니다.

2. 드래그

원하는 크기로 도형을 그립니다.

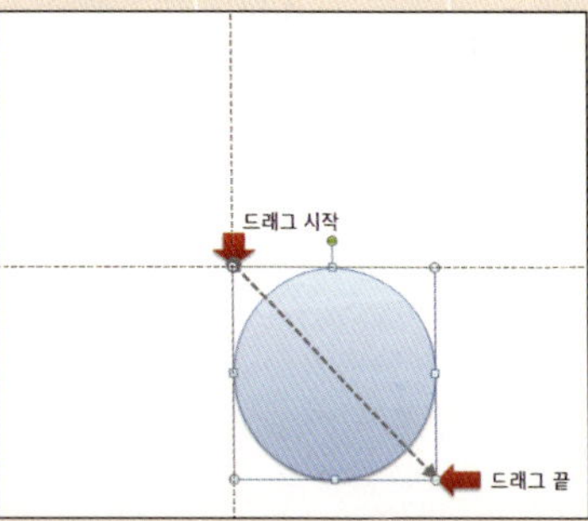

3. [Ctrl]+드래그

도형을 그릴 때 처음 드래그를 시작한 곳을 중심점으로 삼으며 도형을 그립니다. 여러 도형을 중심점을 맞추며 그릴 때 사용하면 편리합니다.

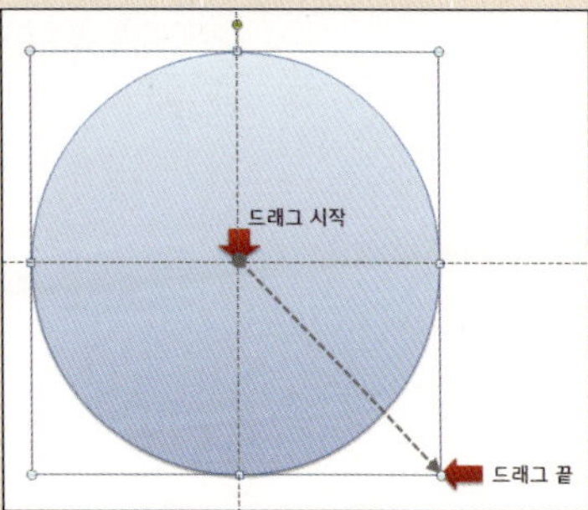

4. [Shift]+드래그

도형을 그릴 때 정원이나 정사각형처럼 도형의 가로 세로 비율을 유지하며 그립니다. 선의 경우는 수평 수직처럼 직선으로 곧게 그릴 수 있습니다.

5. [Ctrl]+[Shift]+드래그

도형을 그릴 때 처음 드래그를 시작한 곳을 중심점으로 삼는 [Ctrl]과 정원이나 정사각형처럼 가로 세로의 비율을 유지하는 [Shift]를 함께 사용하면 안쪽부터 그리면서 가로 세로의 비율이 유지되는 도형을 그릴 수 있습니다.

31 연결선 이용해서 내용 잇기

도형들 사이의 관계를 표시할 때 선들은 화살표의 유무나 종류만으로도 많은 이야기를 전달할 수 있습니다. 선을 이용해서 도형을 연관 짓는 방법을 알아보겠습니다. 도형과 연결되지 않으면 '선'이고 도형과 연결되면 '연결선'으로, 연결선에는 직선, 꺾인 선, 곡선이 있습니다.

• 소스 파일 : Part04\도형(연결선).pptx   • 결과 파일 : Part04\도형(연결선)_완성.pptx

1 Part04 폴더에서 '도형(연결선).pptx' 파일을 불러오고 [홈] 탭의 [그리기] 그룹에서 '도형' 아이콘(📋)을 누르거나 '자세히' 버튼(▼)을 누른 다음, 표시되는 메뉴에서 [선] 항목의 [선(＼)]을 선택합니다.

> **Tip** • 리본 메뉴에 바로 선택할 수 있는 도형들을 표시할 공간이 없다면 '도형' 아이콘이 표시됩니다.

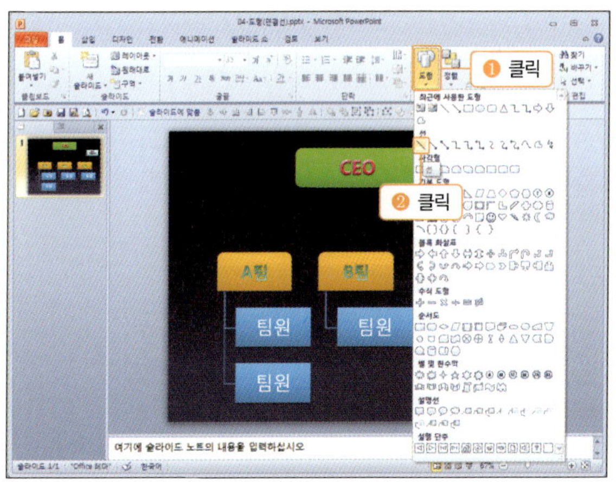

2 슬라이드에 있는 도형에 마우스 포인터를 위치시키면 빨간색 점(🔴)이 표시됩니다. 이러한 점은 연결선을 연결할 수 있는 위치를 표시하는 것으로 도형 종류에 따라 개수가 다르게 표시됩니다.

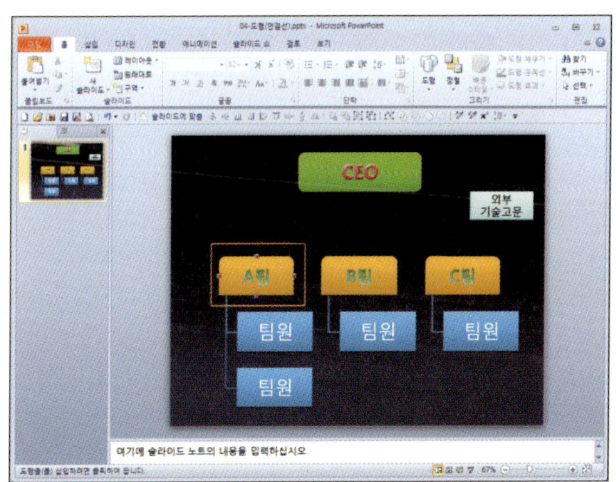

꼭! 알고가기 ▼ 선을 그릴 때 알아야 할 것

- **도형의 연결점(🔴)** : 선과 연결될 때 연결 상태로 만들어 줄 위치를 표시합니다.
- **선의 빨간색 원(🔴)** : 선에서 도형과 연결된 상태를 표시합니다.
- **선의 연한 파란색 원(◯)** : 도형과 분리된 상태를 표시합니다.
- **선의 노란색 마름모(◇)** : 선의 모양을 조절할 수 있는 조절점입니다.

3 도형을 연결하기 위해 'CEO' 도형 아래쪽에 있는 빨간색 점(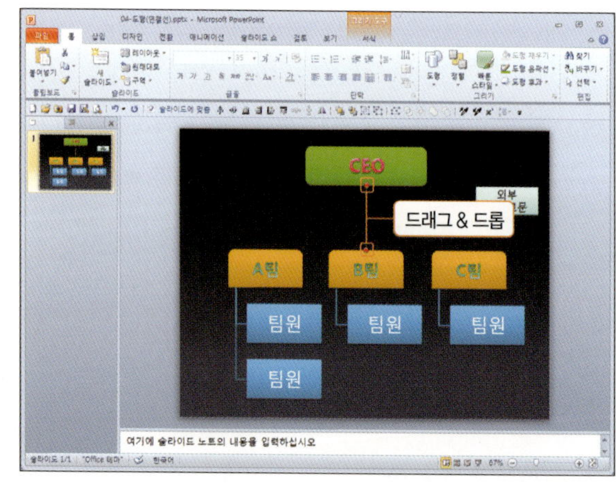)에서부터 드래그를 시작합니다. 아래에 있는 'B팀' 도형위에 마우스 포인터를 위치시키고 역시 선택할 수 있는 빨간색 점(█)들이 표시되면 드롭합니다.

4 [홈] 탭의 [그리기] 그룹에서 '도형' 아이콘(█)을 누르거나 '자세히' 버튼(█)을 누르고, 표시되는 메뉴에서 [선] 항목의 [꺾인 연결선(█)]을 선택한 다음 'A팀' 도형과 'C팀' 도형을 연결합니다. 'A팀' 도형의 위쪽에 있는 빨간색 점(█)에서 드래그를 시작해서 'C팀' 도형의 위쪽 빨간색 점(█)에서 드롭합니다.

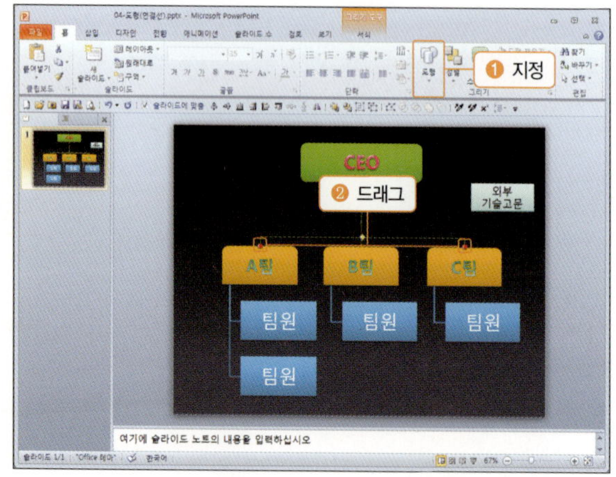

5 'A팀' 도형과 'C팀' 도형을 연결한 연결선의 모양 조절 핸들(◇)을 드래그해서 선의 모양을 적당히 조정합니다.

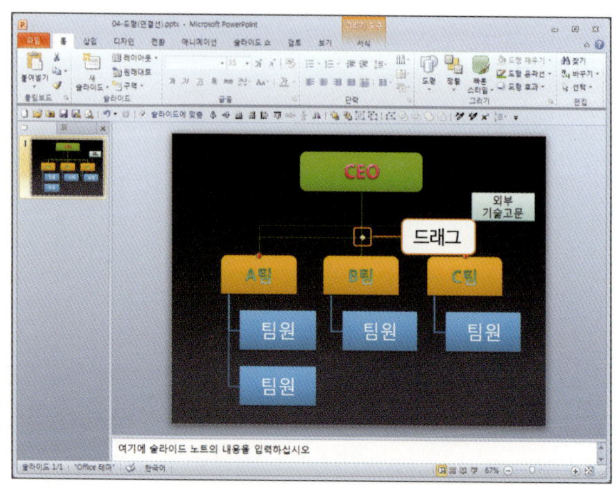

6 'CEO' 도형과 '외부 기술고문', 'C팀' 도형과 '외부 기술고문' 도형을 연결하겠습니다. [홈] 탭의 [그리기] 그룹에서 '도형' 아이콘(▣)을 누르거나 '자세히' 버튼(▾)을 누르고, 표시되는 메뉴에서 [꺾인 연결선(⌐)]을 마우스 오른쪽 버튼으로 누릅니다. 선을 여러 번 사용하기 위해 표시되는 바로 가기 메뉴에서 [그리기 잠금 모드]를 선택합니다.

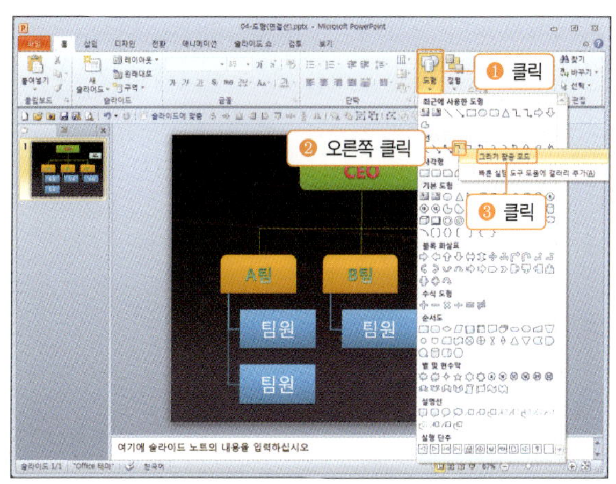

7 'CEO' 도형과 '외부 기술고문' 도형을 연결합니다.

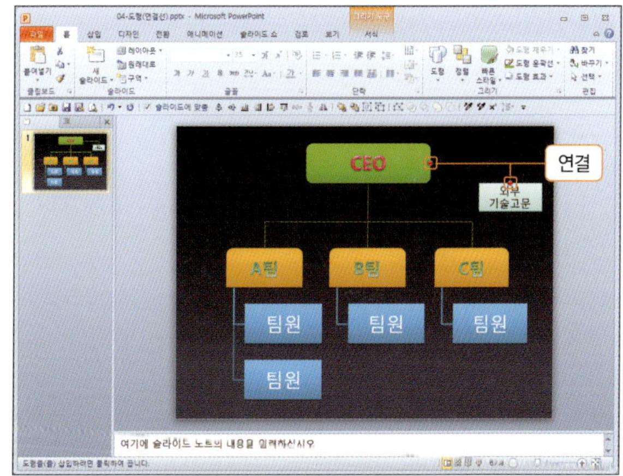

8 그리기 잠금 모드를 설정했기 때문에 계속 꺾인 연결선이 선택된 상태입니다. '외부 기술고문' 도형의 왼쪽 빨간색 점(■)에서 'A팀' 도형 왼쪽의 빨간색 점(■)을 연결합니다.

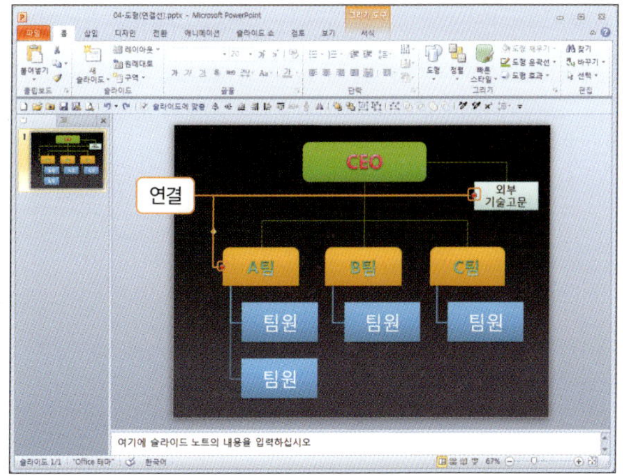

9 그림과 같이 도형이 연결되면 그리기 잠금 모드를 해지하기 위해 [Esc]를 누릅니다. '외부 기술고문' 도형과 연결된 선들이 너무 복잡해서 위치를 이동하겠습니다. '외부 기술고문' 도형에 마우스 포인터를 위치시키고 마우스 포인터가 사방 화살표(﹢) 상태가 되면 드래그해서 화면의 왼쪽으로 위치를 이동합니다.

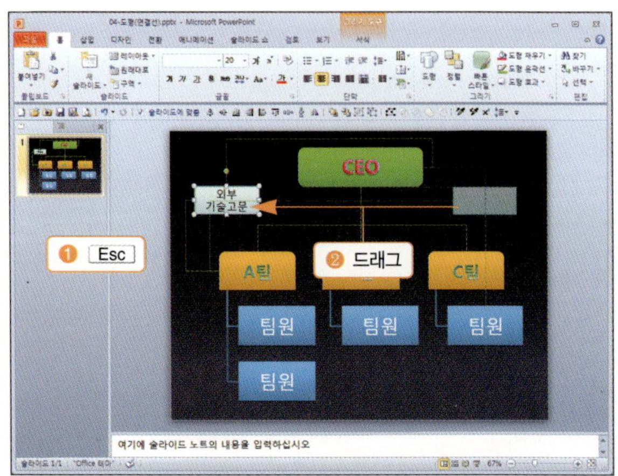

10 연결선으로 연결되었기 때문에 도형이 이동되어도 선이 함께 조정되는 것을 확인할 수 있습니다. 'CEO' 도형과 '외부 기술고문' 도형이 연결된 연결선을 선택합니다.

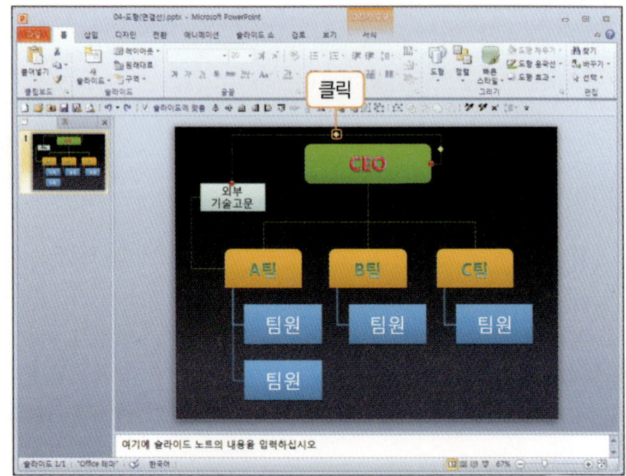

11 연결선이 선택된 상태에서 [그리기 도구]-[서식] 탭의 [도형 삽입] 그룹에 있는 '도형 편집' 아이콘(﹦)을 누르고 목록 중 [연결선 바꾸기]를 선택합니다.

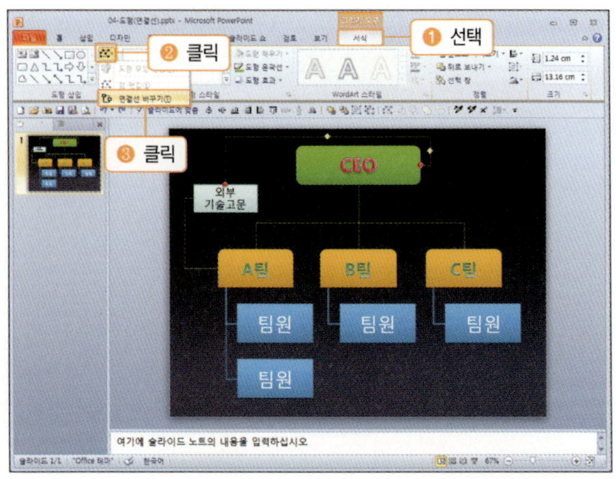

12 연결선을 최단 거리로 연결하는 것을 확인
할 수 있습니다.

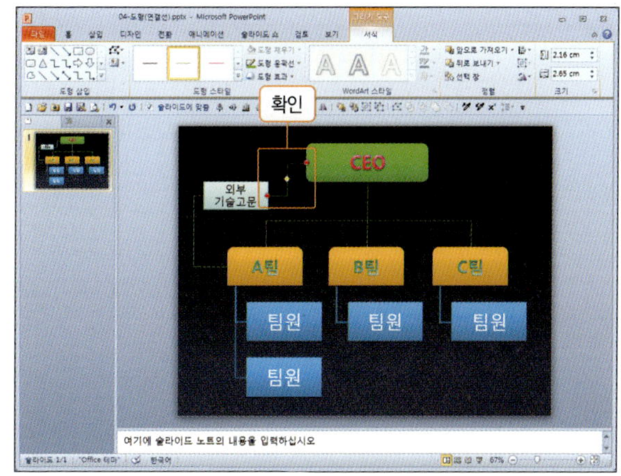

13 '외부 기술고문' 도형과 'A팀' 도형이 연
결된 연결선을 선택합니다. [그리기 도구]–[서
식] 탭의 [도형 스타일] 그룹에 있는 '도형 윤곽
선' 아이콘의 ▼부분을 누르고, 목록 중 [화살
표]를 선택한 다음 원하는 화살표 종류를 선택
합니다.

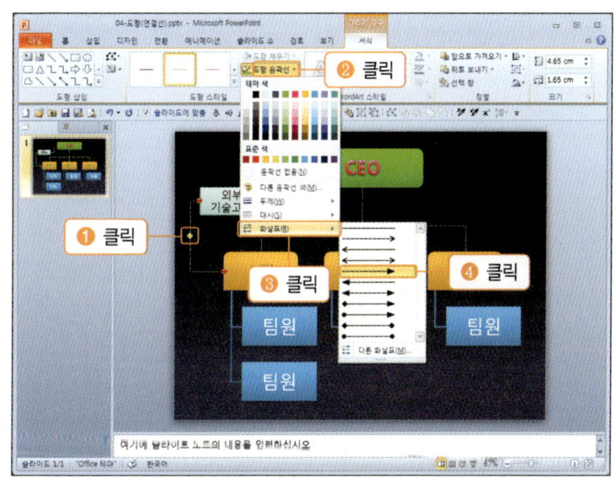

14 연결선이 계속 선택된 상태에서 [그리기
도구]–[서식] 탭의 [도형 스타일] 그룹에 있는
'도형 윤곽선' 아이콘의 ▼부분을 누릅니다.
목록 중 [대시]를 선택한 다음 원하는 선의 종
류를 선택하고 작업을 마칩니다.

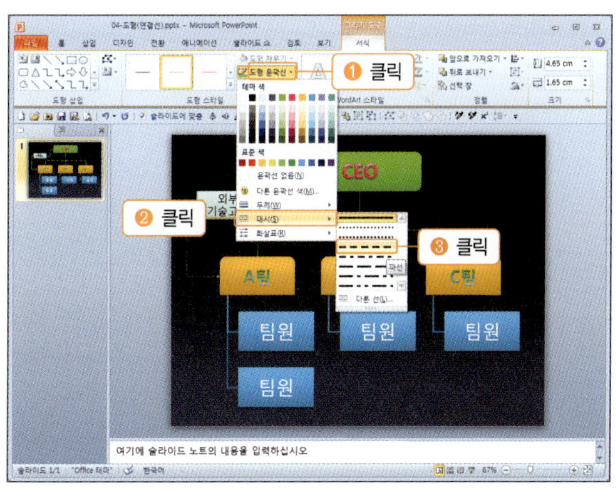

4 도형에 텍스트 입력하기

프레젠테이션 문서를 제작할 때 도형에 텍스트를 입력하는 경우가 많습니다. 도형에 텍스트를 삽입하는 방법과 도형과는 별도로 '텍스트 상자'로 입력해서 도형에 겹치는 방법을 알아보겠습니다.

• 소스 파일 : Part04\도형(텍스트).pptx   • 결과 파일 : Part04\도형(텍스트)_완성.pptx

1 Part04 폴더에서 '도형(텍스트).pptx' 파일을 불러오고 슬라이드에서 오른쪽 도형을 누른 다음 텍스트 내용을 입력합니다.

입력 내용

디자인

Design it yourself

Tip • 도형을 선택하고 커서가 안 보인다고 당황하지 마세요. 텍스트 입력은 도형을 선택하고 바로 내용을 입력하면 됩니다.

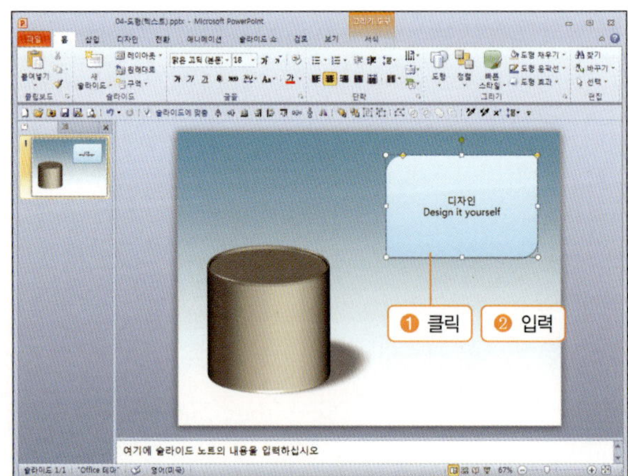

2 입력된 텍스트 중 '디자인' 부분을 블록으로 지정하면, 반투명의 [미니 서식 도구 모음]이 나타납니다. 마우스 커서를 [미니 서식 도구 모음]으로 가져가면 진하게 표시되면서 텍스트에 서식을 적용할 수 있습니다. 글자 크기를 '72'로 설정합니다.

Tip • [미니 서식 도구 모음] 위로 마우스를 가져가기 전에 도구 모음이 사라졌다면, 텍스트를 블록으로 지정하고 마우스 오른쪽 버튼을 눌러 바로 선택할 수 있습니다.

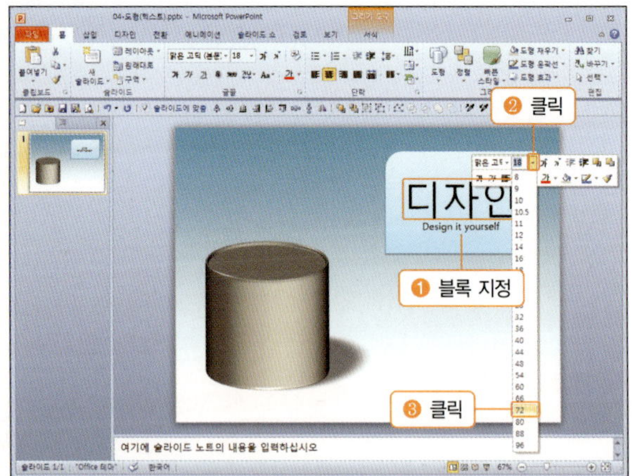

3 '디자인' 부분이 블록으로 지정된 상태로, [그리기 도구]–[서식] 탭의 [WordArt 스타일] 그룹에서 '빠른 스타일' 아이콘(가) 또는 '자세히' 버튼(▼)을 누르고, [선택한 텍스트에 적용] 항목에서 원하는 스타일을 선택합니다.

> **Tip ·** 텍스트의 일부분만 변경할 때는 반드시 블록을 지정해야 하지만, 전체를 변경할 때는 블록을 잡지 않고 도형을 마우스 오른쪽 버튼으로 누른 다음 [미니 서식 도구 모음]을 사용하여 적용합니다. 단, 도형 중 텍스트 부분이 아닌 곳을 눌러야 합니다.

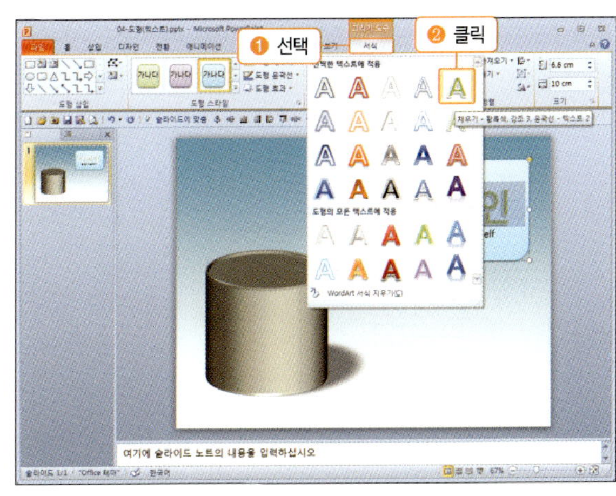

4 도형의 아래쪽 크기 조절점을 드래그해서 도형의 세로 높이를 크게 늘립니다.

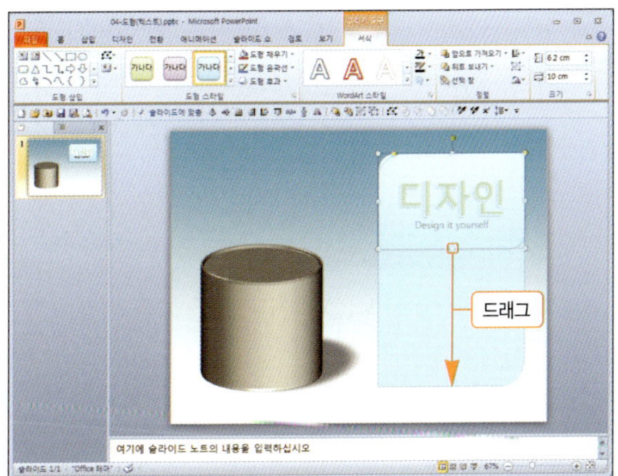

5 도형에 텍스트를 입력하면 기본적으로 가로 세로 가운데 맞춤이 되어 있습니다. [그리기 도구]–[서식] 탭의 [WordArt 스타일] 그룹에서 '창 표시' 버튼(▣)을 누릅니다.

6 [텍스트 효과 서식] 대화상자가 표시되고, [텍스트 상자] 메뉴가 선택되어 있습니다. [텍스트 레이아웃] 항목에서 '세로 맞춤'을 '위쪽'으로 지정하고 〈닫기〉 버튼을 누릅니다.

Tip • '세로 맞춤'을 '위쪽'으로 지정하는 것은 [홈] 탭의 [단락] 그룹에서 '텍스트 맞춤' 아이콘( )을 누르고 [위쪽]을 선택하는 것과 같습니다.

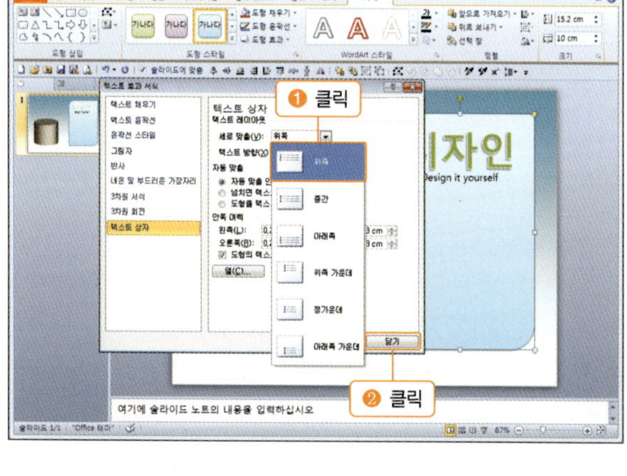

7 오른쪽 도형에 마우스 포인터를 위치시키고 마우스 포인터가 사방 화살표( ) 상태가 되면 화면의 왼쪽에 있는 캔 모양의 도형으로 드래그해서 위치를 이동합니다.

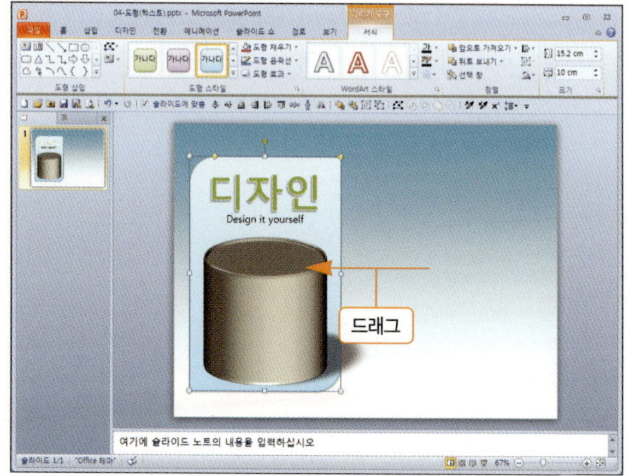

8 도형에 직접 입력하지 않고 텍스트에 효과를 주기 위해 '텍스트 상자'를 이용해서 입력하겠습니다. [그리기 도구]-[서식] 탭의 [도형 삽입] 그룹에서 [텍스트 상자( )]를 누릅니다.

Tip • [삽입] 탭의 [텍스트] 그룹에서 '텍스트 상자' 아이콘을 사용하는 것과 같은 기능입니다.

9 슬라이드의 오른쪽 아랫부분을 누르고 내용을 입력합니다. 도형 위를 눌러 글자를 입력하면 도형에 직접 입력하는 것으로 인식할 수 있으므로 우선 도형 밖에 입력한 다음 나중에 도형 위로 위치를 이동할 것입니다.

입력 내용

Put your logo here

10 입력한 텍스트 개체를 선택하고, [그리기 도구]–[서식] 탭의 [WordArt 스타일] 그룹에서 '자세히' 버튼( ) 또는 '빠른 스타일' 아이콘( )을 눌러 원하는 스타일을 지정합니다.

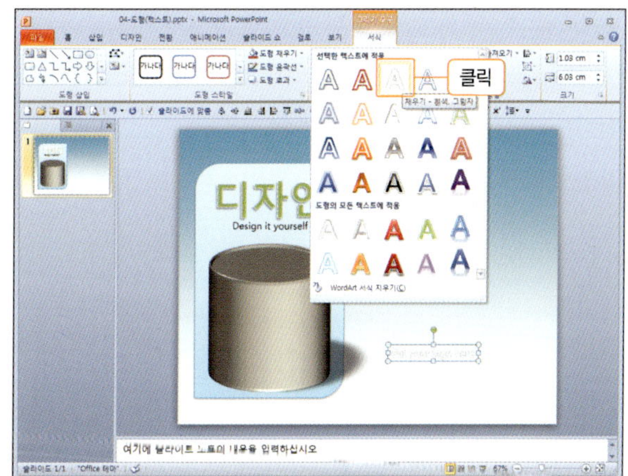

11 [그리기 도구]–[서식] 탭의 [WordArt 스타일] 그룹에서 '텍스트 효과' 아이콘( )을 누릅니다. [변환]–[원통 아래]를 선택합니다.

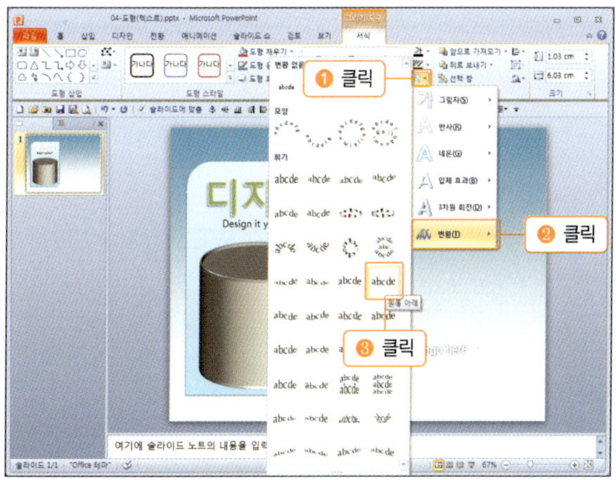

12 글자를 왼쪽으로 드래그하여 도형 위로 드래그합니다.

13 텍스트 개체를 캔 모양의 도형에 어울리도록 크기 조절 조절점 (□/○)과 모양 변경 조절점(◇)을 이용하여 적당한 크기와 둥글기를 만듭니다.

꼭! 알고가기 🔻 도형에 직접 입력과 텍스트 상자를 이용한 입력의 차이점

도형에 직접 입력한 텍스트는 도형을 이동하면 함께 움직입니다. 그러나 텍스트 상자로 입력해 도형 위에 위치한 내용은 겉으로 보기엔 같아 보이지만 도형이나 텍스트를 움직이면 각각 따로 움직입니다. 함께 움직이려면 한 덩어리로 묶어 줘야 하는데 이것을 '그룹'이라고 합니다.

도형에 직접 입력한 텍스트에 '텍스트 효과'를 지정하면 도형의 크기에 맞게 됩니다. 원하는 크기로 만들려면 별도의 텍스트 상자를 이용합니다.

도형에 직접 입력한 모습	별도의 텍스트 상자를 이용해 입력한 모습

도형에 텍스트를 입력할 때 생기는 문제점 해결하기

도형에 텍스트를 입력할 때 글꼴의 크기나 도형의 크기가 변하거나 도형 밖으로 텍스트가 넘쳐 표시될 때가 있습니다. 이런 상황에 당황하지 않도록 미리 도형 개체에 입력된 텍스트의 설정 사항을 체크해 보겠습니다.

도형을 선택하고 [그리기 도구]–[서식] 탭의 [WordArt 스타일] 그룹에서 '창 표시' 버튼(🗖)을 눌러 [텍스트 효과 서식] 대화상자의 [텍스트 상자] 메뉴 화면을 표시합니다.

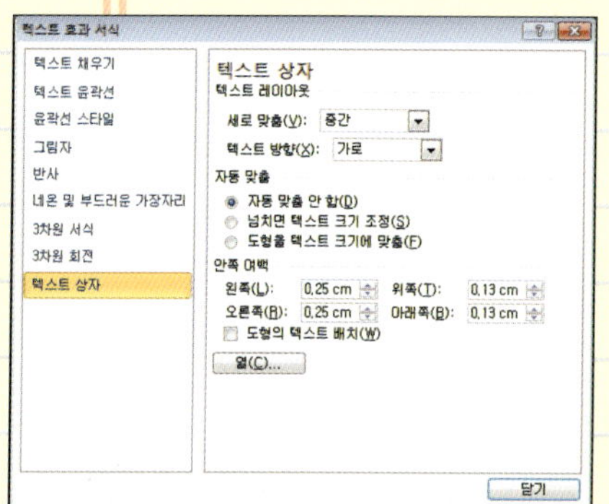

- [자동 맞춤] 항목에서 '자동 맞춤 안 함'을 선택하면, 도형의 크기보다 텍스트의 양이 많을 때 도형 밖에 텍스트가 입력됩니다.

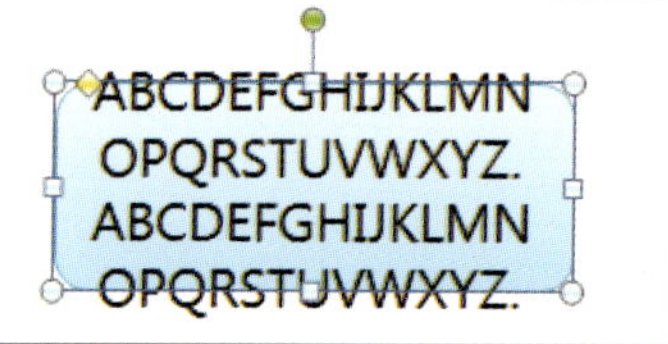

- [자동 맞춤] 항목에서 '넘치면 텍스트 크기 조정'을 선택하면, 도형의 크기에 맞춰 글꼴 크기가 작아진 것을 확인할 수 있습니다. '넘치면 텍스트 크기 조정'이 설정되었다면 처음에 그린 도형 크기에 따라 글꼴의 크기가 조정됩니다. 아래 그림에서 입력된 텍스트의 내용을 조금 더 많이 입력하면 글꼴 크기가 더 작아질 것입니다.

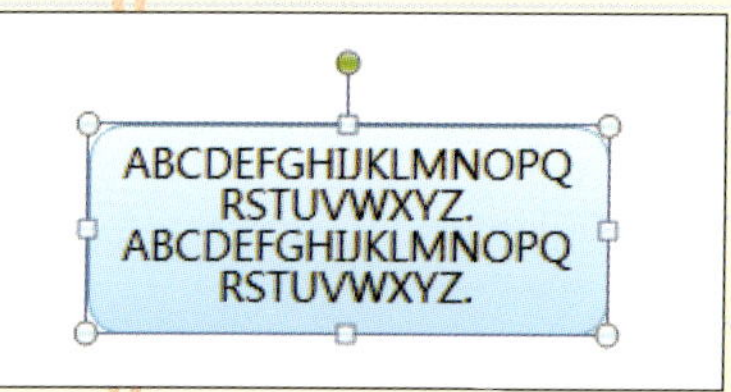

- [자동 맞춤] 항목에서 '도형을 텍스트 크기에 맞춤'을 선택하면, 글자에 맞춰 도형이 커진 것을 확인할 수 있습니다. '도형을 텍스트 크기에 맞춤'이 설정되어 있다면 처음에 입력된 글자의 양에 따라 세로의 크기가 조정됩니다. 아래 그림에서 입력된 텍스트 내용을 조금만 남기고 지우면 도형이 작아집니다.

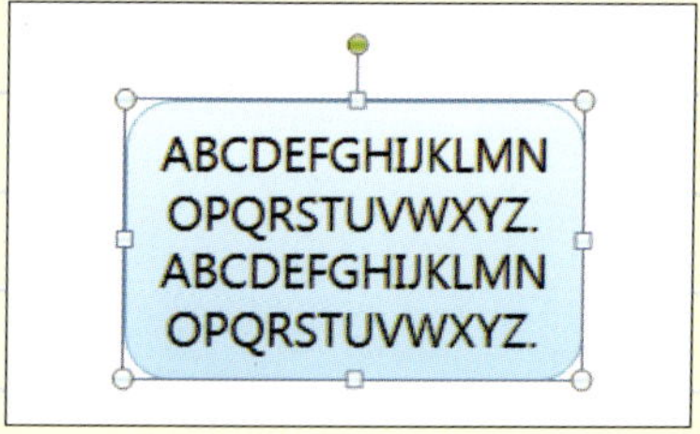

- [안쪽 여백] 항목에서 '도형의 텍스트 배치'에 체크 표시를 해제하면, 도형에 텍스트가 여러 줄로 표시되지 않습니다.

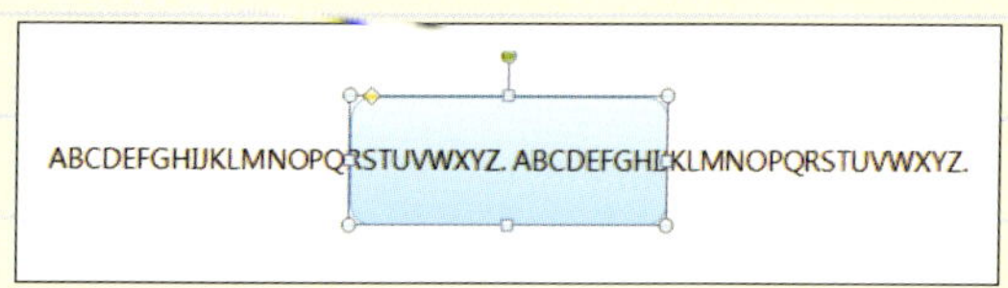

- 아래 그림처럼 왼쪽 정렬을 해도 텍스트가 왼쪽으로 가지 않거나 원하는 정렬이 다르게 적용되는 경우가 있습니다. 이런 경우는 [안쪽 여백] 항목을 확인합니다.

도형에 서식 지정하기

도형이나 텍스트를 꾸미기 위해 이미지 프로그램을 사용하면 작업에 어려움과 수정이 불가능하다는 단점 때문에 번거로웠습니다.

하지만, 파워포인트 2010의 서식 기능은 정말 다양하게 응용되기 때문에 별도의 프로그램 없이 간단하게 훌륭한 결과물을 만들 수 있습니다.

도형을 채우는 여러 가지 방법 살펴보기

채우기란 도형 또는 텍스트의 내부 장식을 말합니다. 도형을 색으로 채울 수도 있고 그림이나 무늬, 질감 등으로 채울 수도 있습니다.

• 소스 파일 : Part04\도형(서식).pptx　　　• 결과 파일 : Part04\도형(서식)_완성.pptx

참고 동영상 : 5강 4-2도형서식.avi

1. 빠른 스타일로 채우기

1 Part04 폴더에서 '도형(서식).pptx' 파일을 불러오고 [홈] 탭의 [그리기] 그룹에서 '도형'을 [직사각형(▢)]으로 선택합니다. Shift 를 누른 채 드래그해서 정사각형 도형을 삽입합니다.

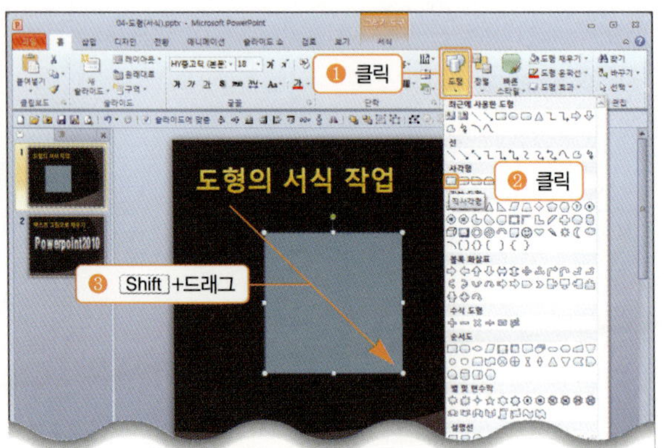

2 [그리기 도구]-[서식] 탭의 [도형 스타일] 그룹에서 '자세히' 버튼(▾)을 눌러 원하는 스타일을 지정합니다.

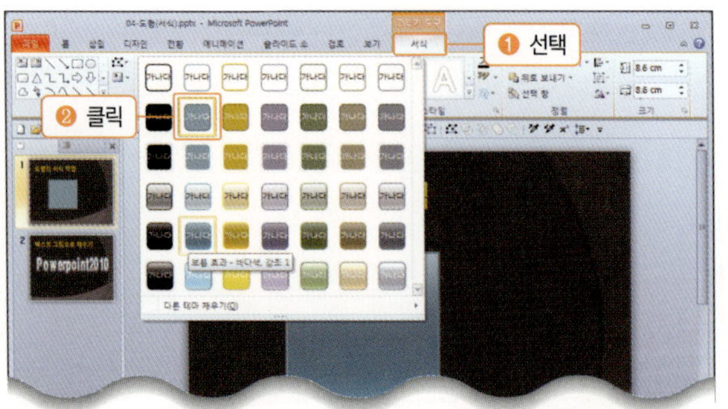

> **Tip •** 빠른 스타일은 지정된 테마 색을 사용하고 있어서 문서에 적용되는 도형을 이 범주에서만 선택한다면 색상 선택의 어려움 없이 간단하고 빠르게 서식을 전체 문서와 일관된 분위기로 적용할 수 있습니다.

2. 단색으로 채우기

1 만일 빠른 스타일에서 원하는 스타일이 없다면 직접 색상을 선택할 수 있습니다. [그리기 도구]-[서식] 탭의 [도형 스타일] 그룹에서 '도형 채우기' 아이콘의 ▼부분을 누릅니다.

> **Tip** • '도형 채우기' 아이콘에는 가장 최근에 선택한 색이 선택되어 있으며, 누르면 그 색이 바로 채워집니다.

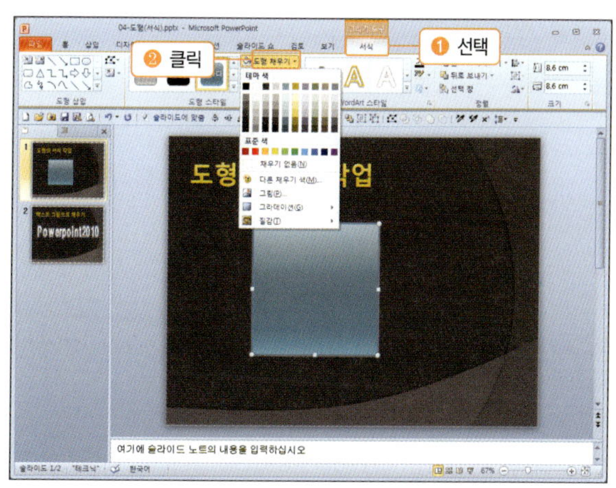

2 [테마 색], [표준 색], [최근에 사용한 색] 항목에 있는 색 이외에 다른 색을 지정하기 위해 [다른 채우기 색]을 선택합니다.

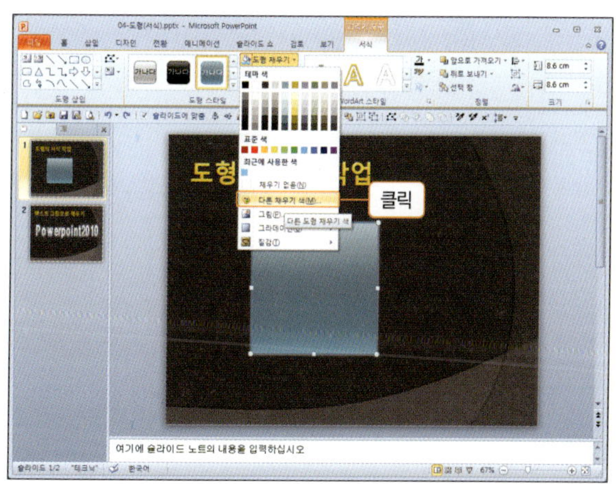

꼭! 알고가기 ▼ 도형 채우기

❶ **테마 색** : 작업 중인 문서의 테마에 지정된 색이 표시됩니다.

❷ **표준 색** : 가장 많이 사용되는 색이 표시됩니다.

❸ **최근에 사용한 색** : 최근에 사용한 색이 표시되어 사용한 색을 다시 사용할 때 편리합니다.

❹ **채우기 없음** : 투명하게 채웁니다.

❺ **다른 채우기 색** : 다른 단색으로 채웁니다.

❻ **그림** : 그림으로 채웁니다.

❼ **그라데이션** : 여러 색상을 점진적으로 채웁니다.

❽ **질감** : 질감으로 채웁니다.

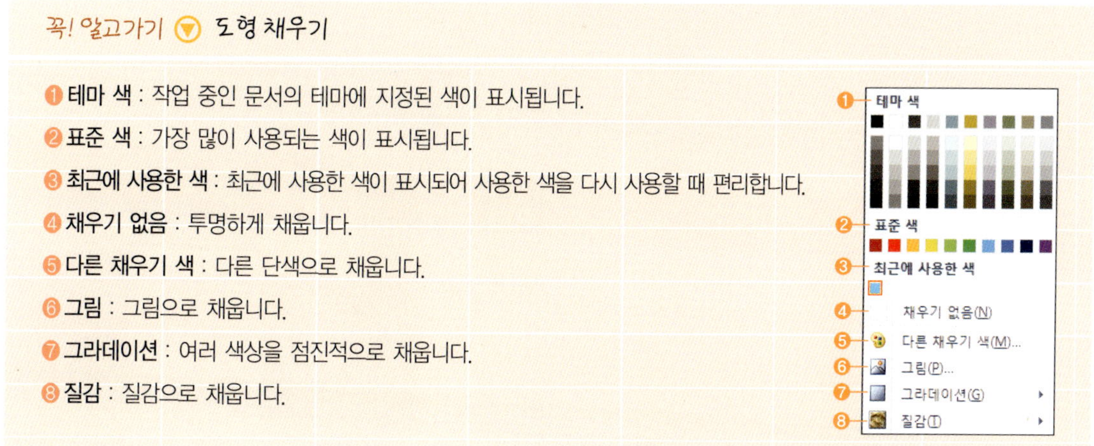

3 [색] 대화상자가 표시되면 [표준] 탭에서 원하는 '색'을 지정하고 '투명도'를 설정한 다음 〈확인〉 버튼을 누릅니다.

> **Tip ·** 테마 색은 프레젠테이션 문서 전체에 사용되는 색 집합으로 테마 글꼴 및 테마 효과와 함께 테마를 구성합니다. 테마 색 이외의 표준 색이나 사용자 지정 색을 사용하면 문서의 테마를 변경할 경우 변경되지 않습니다.

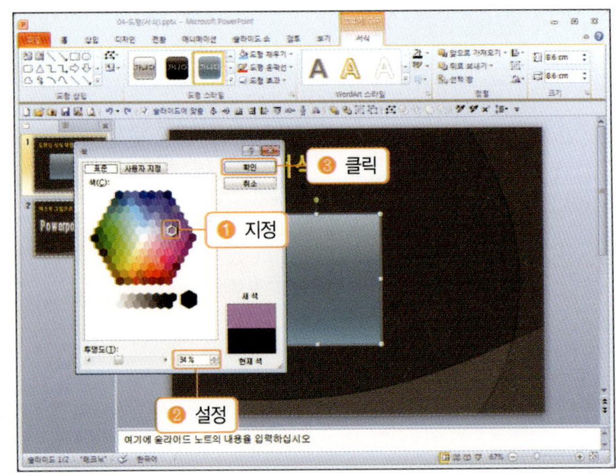

3. 그라데이션으로 채우기

1 [그리기 도구]–[서식] 탭의 [도형 스타일] 그룹에서 '도형 채우기' 아이콘의 ▼부분을 누르고 [그라데이션]을 선택합니다.

2 [어두운 그라데이션] 항목에서 첫 번째에 있는 [선형 대각선-왼쪽 위에서 오른쪽 아래로]를 선택합니다.

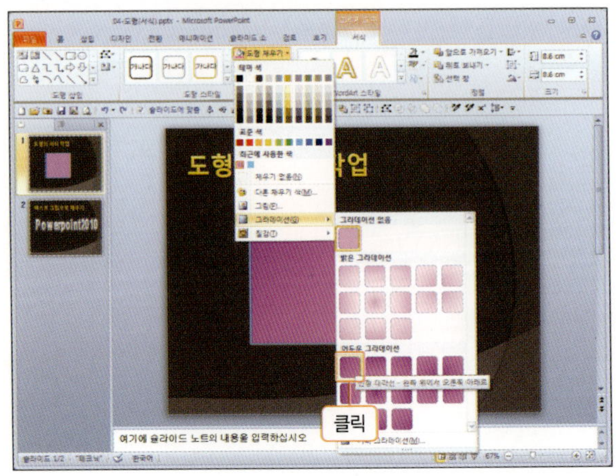

3 적용한 그라데이션을 수정하기 위하여 [그리기 도구]–[서식] 탭의 [도형 스타일] 그룹에서 '도형 채우기' 아이콘의 ▼부분을 누르고 [그라데이션]–[기타 그라데이션]을 선택합니다.

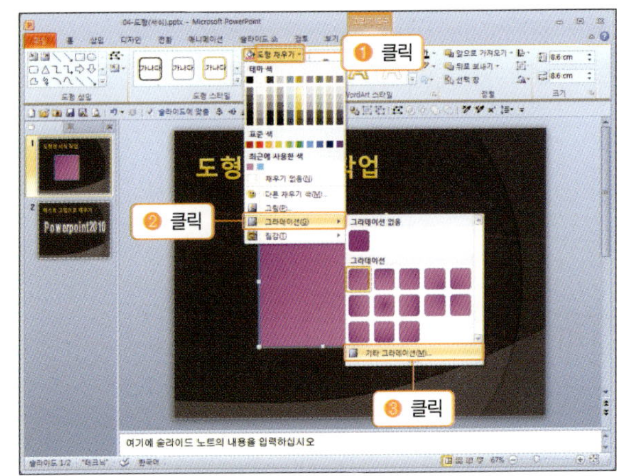

4 [도형 서식] 대화상자의 [채우기] 메뉴 화면에서 '그라데이션 채우기'가 선택되어 있는 것을 확인할 수 있습니다.

> **Tip** • [도형 서식] 대화상자의 위치를 이동하여 도형과 창을 동시에 볼 수 있도록 조정하고 작업합니다.

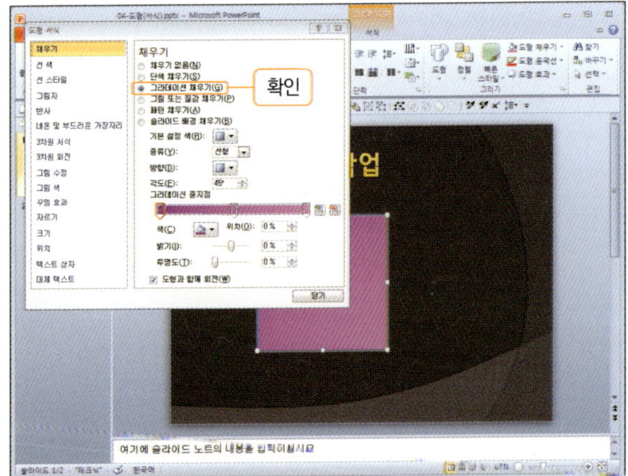

꼭! 알고가기 ▼ 그라데이션의 샘플 제공 형태 알아보기

그라데이션은 현재 선택된 도형의 색상을 기준으로 [밝은 그라데이션] 항목과 [어두운 그라데이션] 항목을 제공합니다. 왼쪽에 있는 아홉 개는 중심의 방사형을 기준으로 각 방향으로 퍼지는 선형 그라데이션이며, 오른쪽에 있는 네 개는 각 방향에서 안쪽으로 모아지는 방사형의 샘플을 제공합니다. 다른 그라데이션이 필요하다면 아래쪽에 [기타 그라데이션]을 선택합니다.

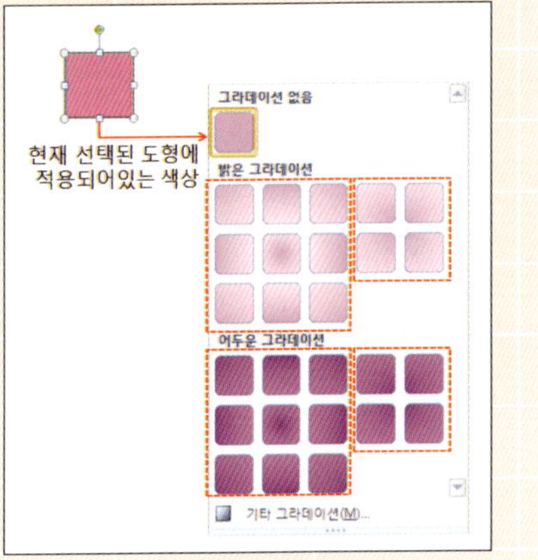

5 [그라데이션 중지점] 항목에서 첫 번째 중지점을 선택하여 원하는 색상을 지정합니다.

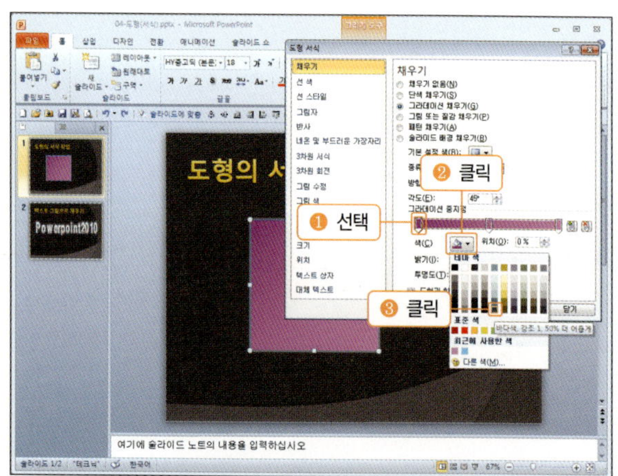

6 5번 과정과 같은 방법으로 두 번째, 세 번째 중지점의 '색'을 지정합니다. '색' 뿐만 아니라 '위치', '밝기', '투명도'도 지정할 수 있습니다.

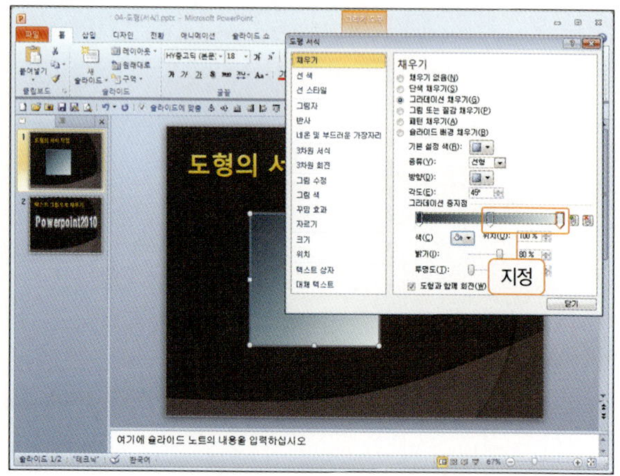

7 색 변화를 추가하기 위해 중지점이 더 필요하다면 슬라이더에서 필요한 위치를 누릅니다. 중지점을 슬라이더 밖으로 드래그하면 중지점이 삭제됩니다. 색상을 지정한 다음 〈닫기〉 버튼을 누릅니다.

> *Tip* • '그라데이션 중지점 추가' 아이콘(📑)과 '그라데이션 중지점 제거' 아이콘(📑)으로 그라데이션 중지점을 추가하거나 삭제할 수 있습니다. 그라데이션을 적용하려면 두 개 이상의 색상이 필요하기 때문에 중지점 두 개는 삭제할 수 없습니다.

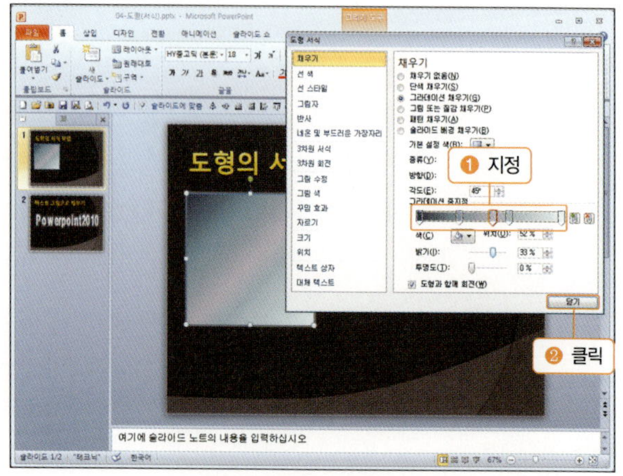

꼭! 알고가기 ▼ [도형 서식] 대화상자의 [채우기] 메뉴 중 '그라데이션 채우기' 살펴보기

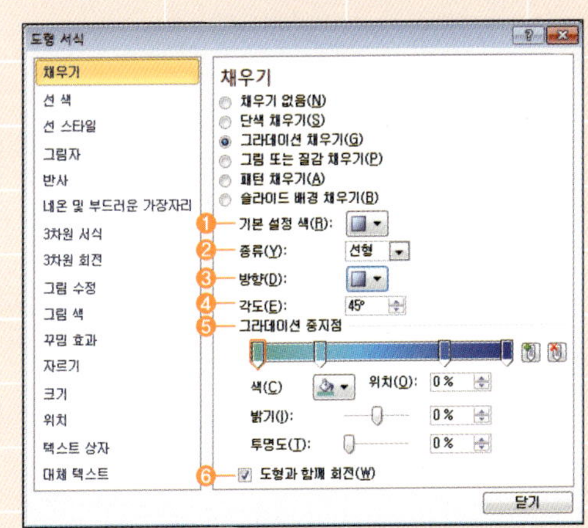

❶ **기본 설정 색** : 몇 가지 색상 조합으로 만들어져 제공되는 그라데이션을 사용하려면 기본 설정 색을 누른 다음 원하는 옵션을 선택합니다.

❷ **종류** : 그라데이션의 종류를 지정합니다. 선택하는 종류에 따라 사용할 수 있는 방향이 결정됩니다.

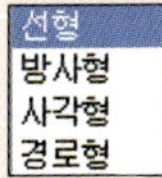

❸ **방향** : 색과 음영의 진행 방향을 지정합니다.

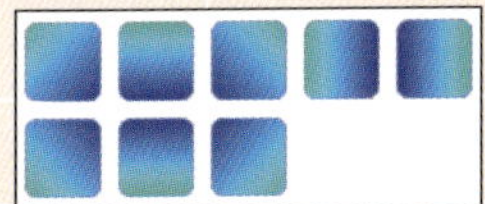

❹ **각도** : 원하는 각도 값을 입력하여 그라데이션이 채워지는 회전 각도를 지정할 수 있습니다. 이 옵션은 선형 그라데이션을 선택하는 경우에만 사용할 수 있습니다.

❺ **그라데이션 중지점** : 중지점이란 그라데이션에서 인접한 두 색상의 혼합이 끝나는 지점으로, '색', '위치', '밝기', '투명도'로 구성됩니다. 투명도가 지정되면 아래쪽에 있는 슬라이드의 내용이 비춰지는데, 도형을 겹쳐 효과를 낼 때 많이 사용합니다.

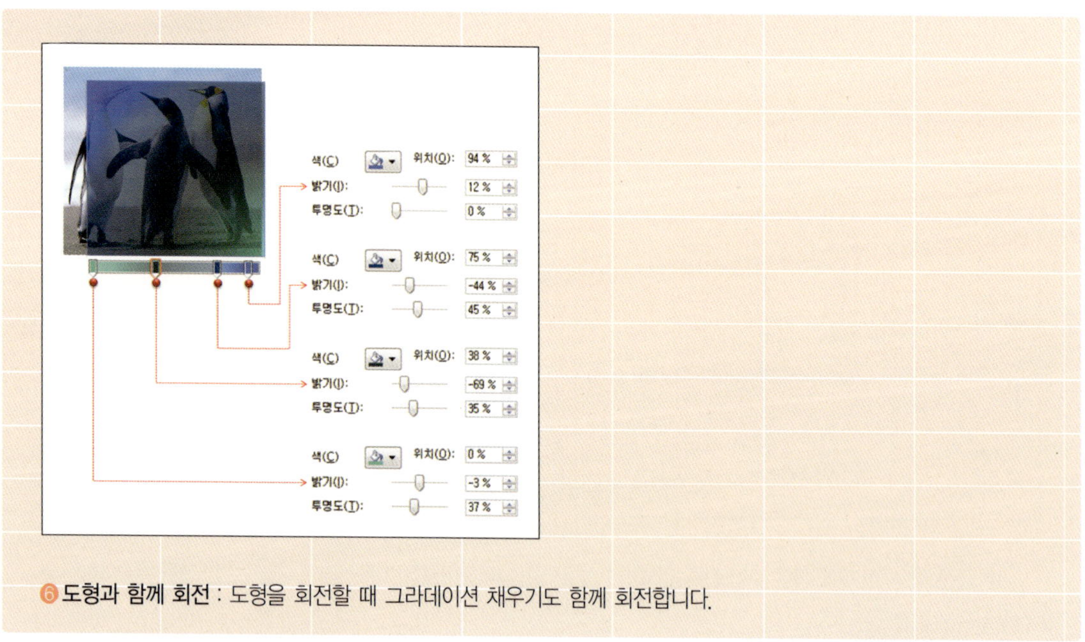

❻ **도형과 함께 회전** : 도형을 회전할 때 그라데이션 채우기도 함께 회전합니다.

4. 그림 또는 질감으로 채우기

1 도형이 선택된 채로 [그리기 도구]−[서식] 탭의 [도형 스타일] 그룹에서 '도형 채우기' 아이콘의 ▼부분을 누르고 [그림]을 선택합니다.

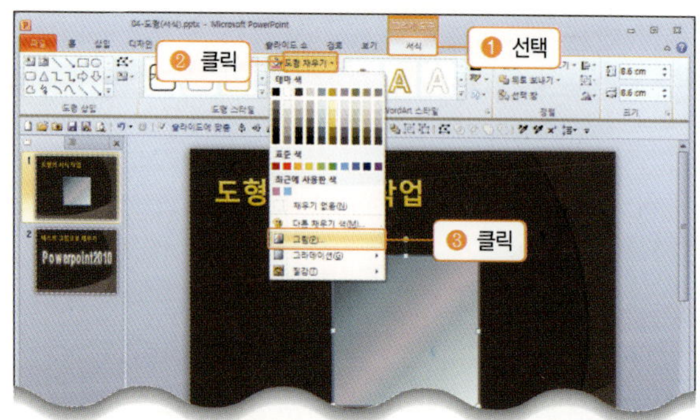

2 [그림 삽입] 대화상자가 표시되면 도형에 삽입할 임의의 그림 파일을 선택하고 〈삽입〉 버튼을 누릅니다.

3 도형에 그림이 채워진 것과 [그림 도구]–[서식] 탭이 표시된 것을 확인합니다. 도형에 그림이 채워지면 그림의 기능을 사용할 수 있습니다.

4 도형을 질감으로 채우려면 [그리기 도구]–[서식] 탭의 [도형 스타일] 그룹에서 '도형 채우기' 아이콘의 ▼부분을 누르고 [질감]에서 원하는 질감을 선택합니다.

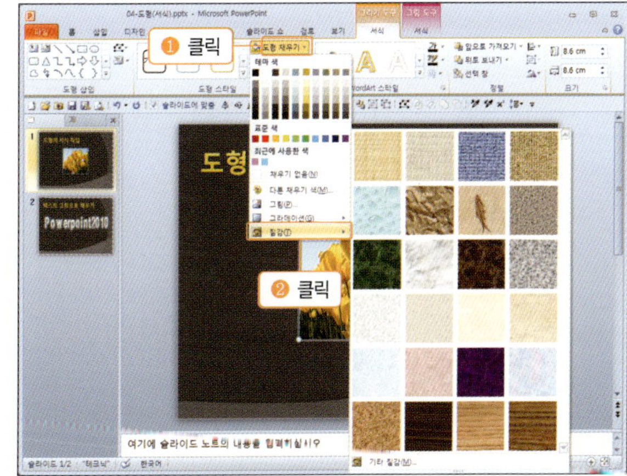

5. 패턴으로 채우기

개체가 선택된 채 [그리기 도구]–[서식] 탭의 [도형 스타일] 그룹에 있는 '창 표시' 버튼(⬜)을 눌러 대화상자를 표시합니다. 개체의 속성에 따라 [도형 서식] 대화상자나 [그림 서식] 대화상자가 표시됩니다.

대화상자의 [채우기] 메뉴에서 '패턴 채우기'를 선택하면 도형을 채울 패턴의 형태와 '전경색', '배경색'을 지정할 수 있습니다.

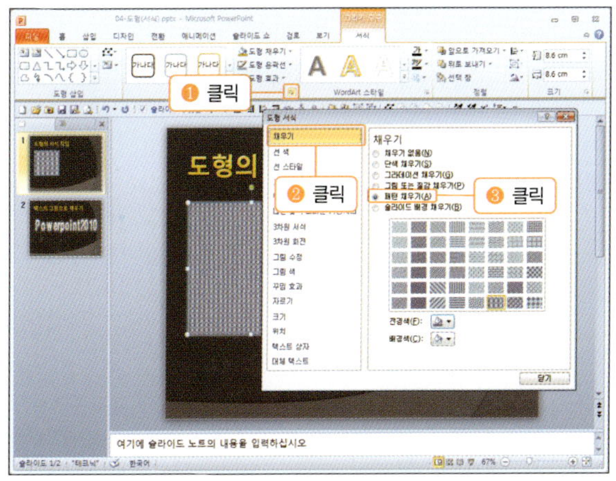

6. 슬라이드 배경 채우기

[도형 서식] 대화상자의 [채우기] 메뉴 화면에서 '슬라이드 배경 채우기'를 선택합니다. 도형을 프레젠테이션 문서의 배경으로 채웁니다.

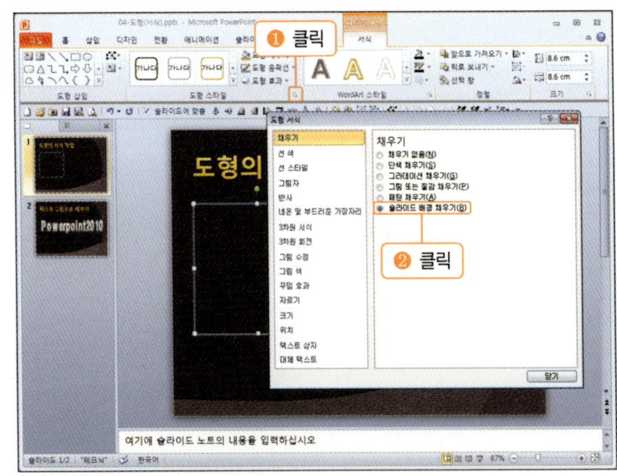

2 도형 윤곽선 내용 살펴보기

윤곽선은 도형 테두리 부분의 종류, 색, 모양을 말합니다. 도형을 만든 다음 [도형 서식] 대화상자를 표시하고 [선 색] 메뉴와 [선 스타일] 메뉴에서 색상, 선의 종류, 두께 등의 세부적인 내용을 지정합니다.

참고 동영상 : 5강 4-2도형서식.avi

1. [도형 서식] 대화상자 표시하기

1 [삽입] 탭의 [일러스트레이션] 그룹에서 '도형' 아이콘(🔲)을 누르고 [기본 도형] 항목에서 [정육면체(🔲)]를 선택하여 슬라이드에 삽입합니다.

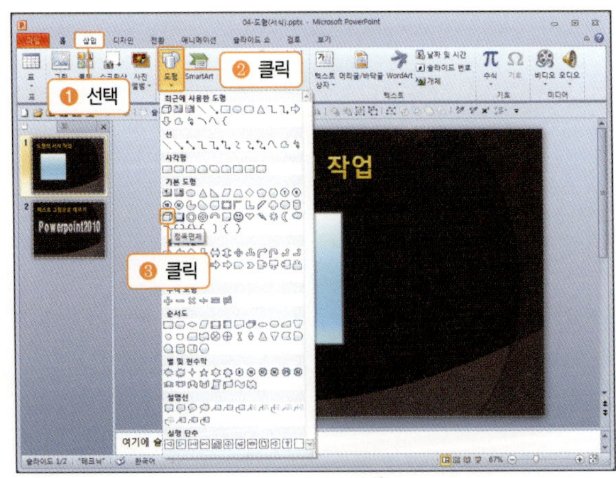

2 [그리기 도구]-[서식] 탭의 [도형 스타일] 그룹에서 '도형 윤곽선' 아이콘의 ▼부분을 누르고 [테마 색] 항목에서 윤곽선의 색상을 지정합니다. 표시되는 메뉴에서 윤곽선의 색상과 선의 종류, 두께 등을 지정할 수 있습니다.

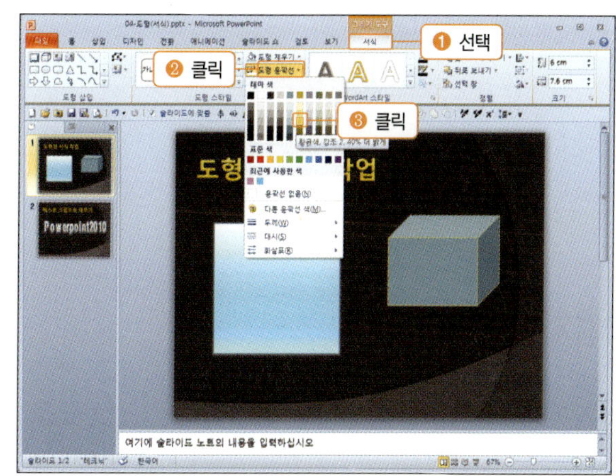

3 윤곽선에 관한 자세한 내용을 한꺼번에 한 화면에서 보기 위하여 [그리기 도구]-[서식] 탭의 [도형 스타일] 그룹에 있는 '창 표시' 버튼(　)을 눌러서 [도형 서식] 대화상자를 표시합니다.

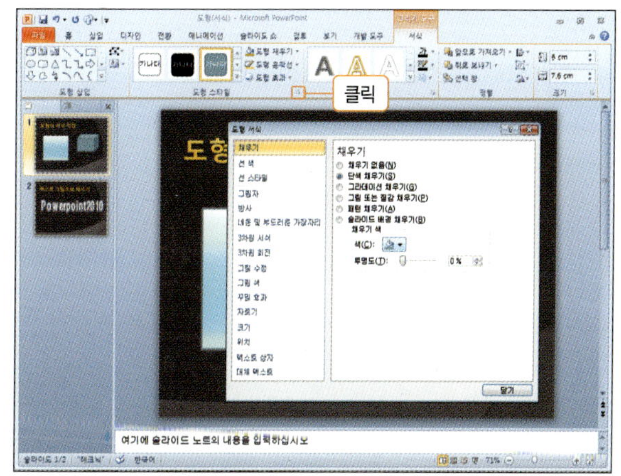

꼭! 알고가기 ▼ 도형 윤곽선 알아보기

❶ **테마 색** : 작업 중인 문서의 테마에 지정된 색입니다.

❷ **표준색** : 가장 많이 사용되는 개의 색이 표시됩니다.

❸ **최근에 사용한 색** : 최근에 사용한 색이 표시되어 똑같은 색을 다시 사용할 때 편리합니다.

❹ **윤곽선 없음** : 흰색과는 다릅니다. 윤곽선을 투명하게 합니다.

❺ **다른 채우기 색** : 단색 중 다른 색으로 지정하고 싶을 때 사용합니다.

❻ **두께** : 선의 두께를 지정합니다.

❼ **대시** : 선의 모양을 지정합니다.

❽ **화살표** : 선의 시작과 끝 지점의 모양을 지정합니다.

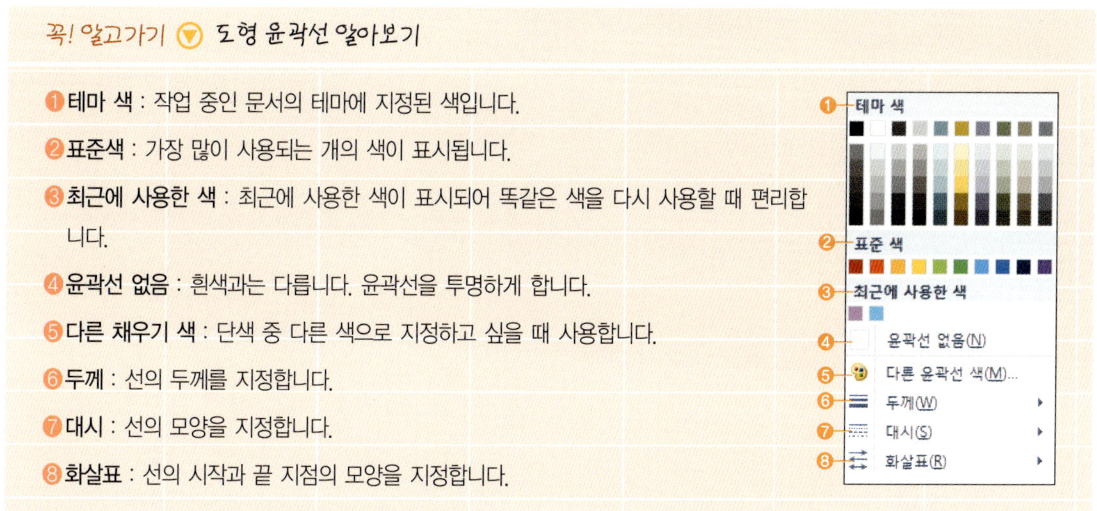

2. [선 색] 메뉴 알아보기

선의 표시 여부와 선의 색을 단색으로 표시할 것인지 그라데이션으로 표시할 것인지 지정합니다.

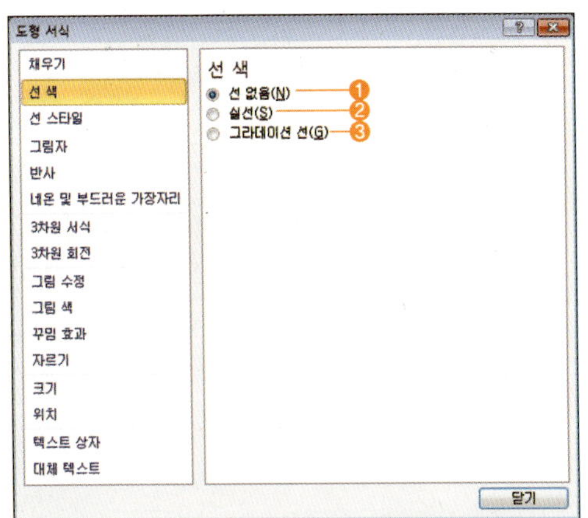

❶ **선 없음** : 도형의 입체감이나 채우기에서 투명도 등을 적용할 때 윤곽선을 보이지 않게 지정하는 경우가 많습니다.

❷ **실선** : 단색으로 지정할 때 사용합니다. 색상과 투명도를 지정할 수 있습니다.

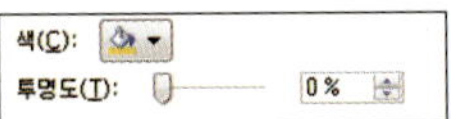

❸ **그라데이션** : 윤곽선을 그라데이션으로 지정할 수 있습니다.

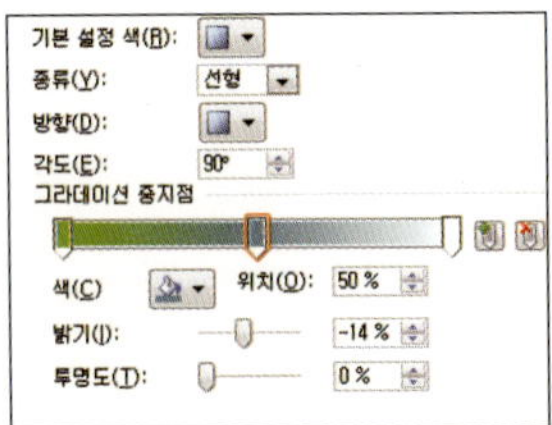

3. [선 스타일] 메뉴 알아보기

선의 두께와 종류, 끝 모양 등을 지정합니다.

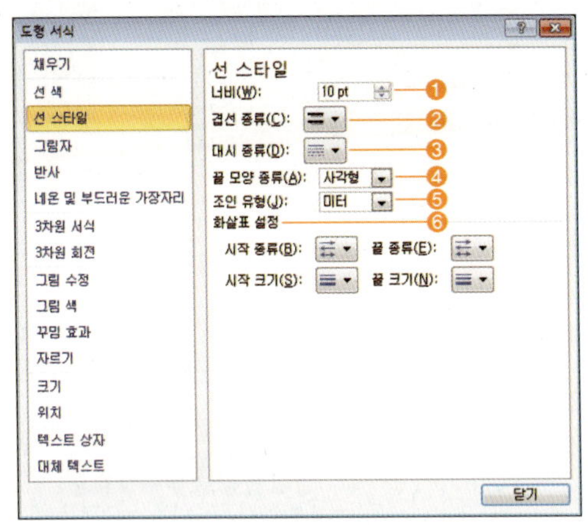

❶ **너비** : 선의 두께를 지정합니다.

❷ **겹선 종류** : 겹선의 종류를 지정합니다.

❸ **대시 종류** : 선의 종류를 지정합니다.

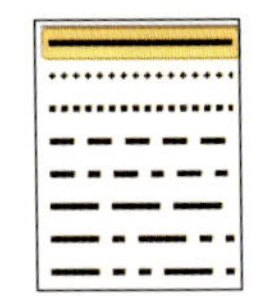

❹ **끝 모양 종류** : 선의 끝 모양을 지정합니다.

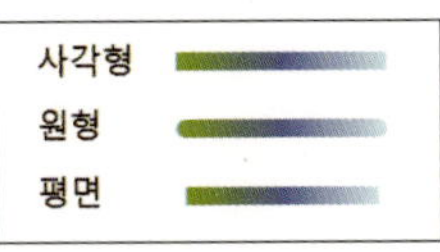

❺ **조인 유형** : 선이 겹치는 부분의 모양을 지정합니다.

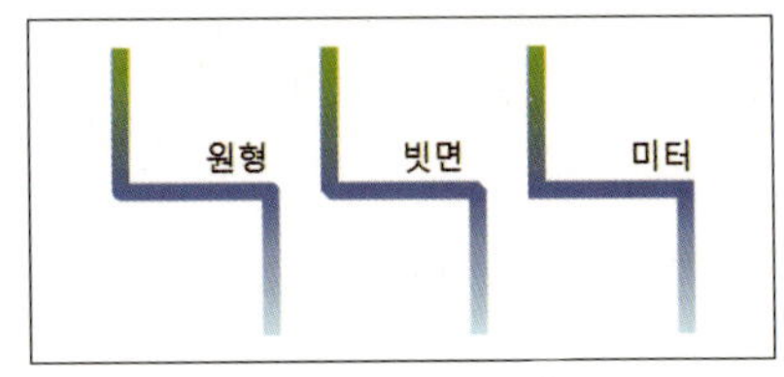

❻ **화살표 설정** : 선의 시작점과 끝 지점의 모양과 크기를 지정합니다.

31 도형 효과의 종류 살펴보기

도형 효과를 적용하려면 [그리기 도구]–[서식] 탭의 [도형 스타일] 그룹에서 '도형 효과' 아이콘을 누릅니다. 텍스트에 동일한 방법으로 서식을 지정하려면 [그리기 도구]–[서식] 탭의 [WordArt 스타일] 그룹에 있는 아이콘을 이용하면 됩니다.

참고 동영상 : 5강 4–2도형서식.avi

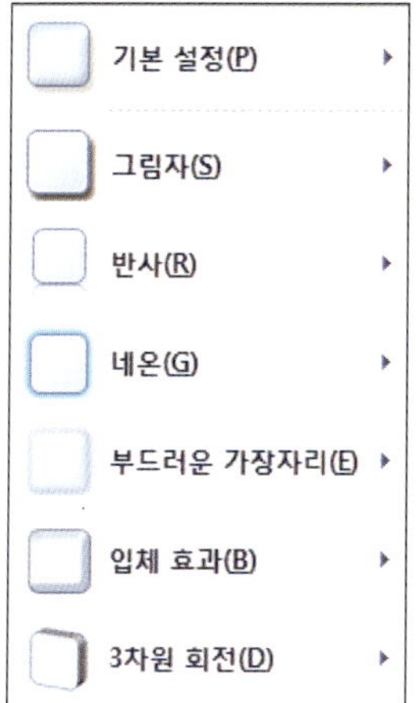

1. 기본 설정

미리 만들어져 제공되는 기본 효과 열두 가지를 선택할 수 있습니다. 도형을 작성하고 기본 설정 중 원하는 효과를 적용한 다음 3차원 옵션으로 좀 더 세밀히 설정값을 수정하면 편리합니다.

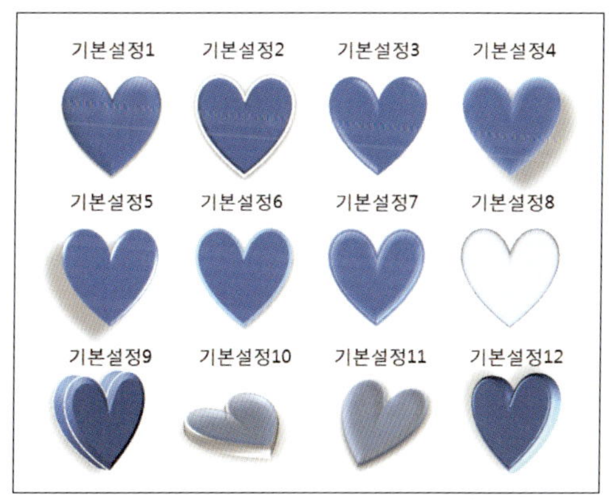

2. 그림자

도형에 그림자 효과를 적용합니다.

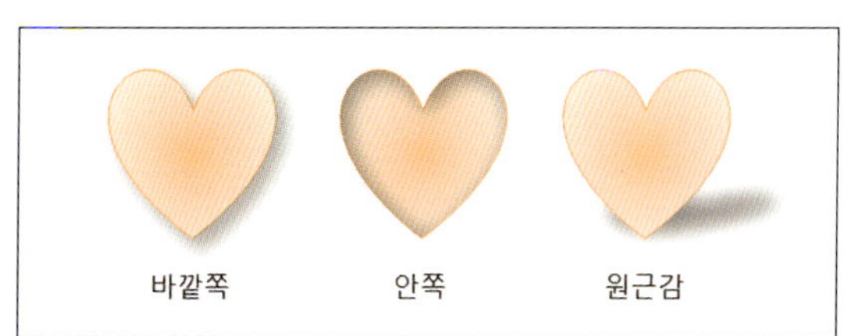

① **미리 설정** : 기본적으로 제공하는 그림자를 선택할 수 있습니다.

② **색** : 그림자의 색을 선택합니다.

③ **투명도** : 그림자의 투명도를 지정합니다. 수치가 높을수록 투명도가 높아지고 그림자는 흐리게 표현됩니다.

④ **크기** : 그림자의 크기를 지정합니다.

⑤ **흐리게** : 수치가 커질수록 그림자가 넓게 퍼져 보입니다.

⑥ **각도** : 조명이 들어오는 각도를 지정합니다.

⑦ **간격** : 개체와 그림자 사이의 거리를 지정합니다.

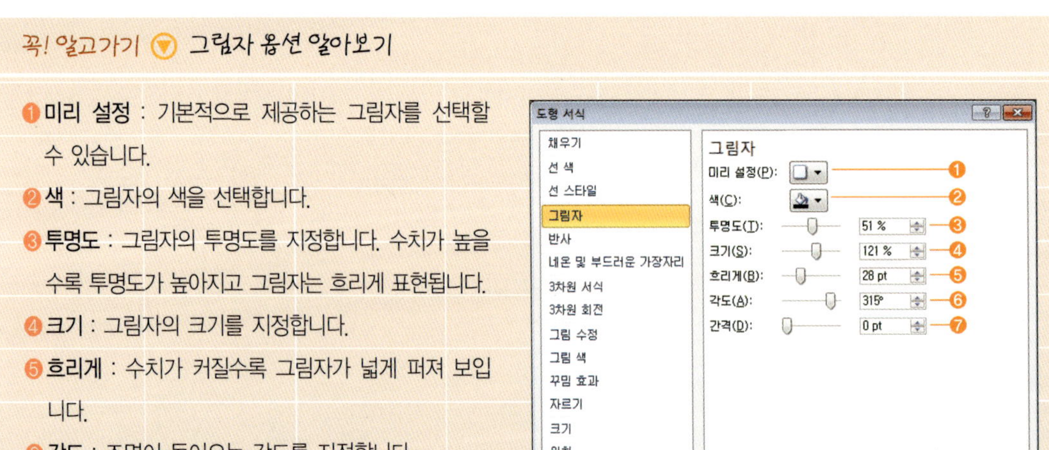

3. 반사

도형이 거울에 비친 듯한 반사 효과를 적용합니다. [반사 옵션]을 선택하면 투명도, 크기, 간격 등의 옵션 값을 수정하여 자세히 표현할 수 있습니다.

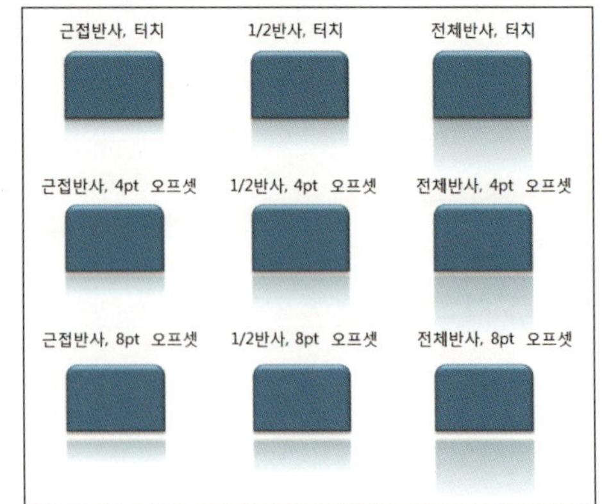

4. 네온

도형에 네온사인처럼 사방으로 특정 색의 빛이 둘러지는 효과를 적용합니다. 다른 색을 지정하고 싶다면 [다른 네온 색]을 선택합니다. [네온 옵션]을 선택하면 좀 더 세밀하게 설정 값을 수정할 수 있습니다.

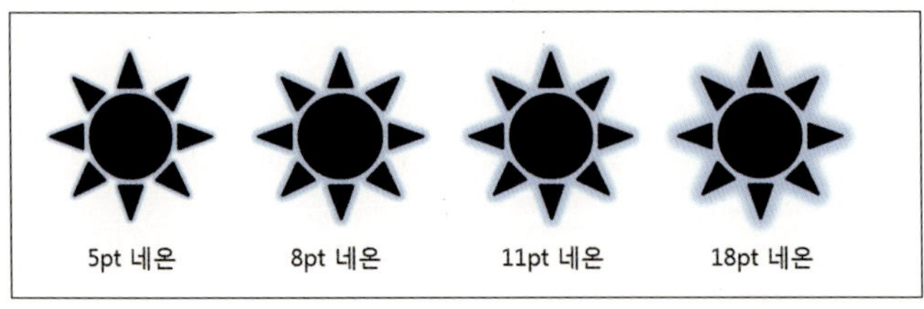

5. 부드러운 가장자리

　도형에 부드러운 가장자리 효과를 적용합니다. [부드러운 가장자리 옵션]을 선택하면 좀 더 세밀하게 설정 값을 수정할 수 있습니다.

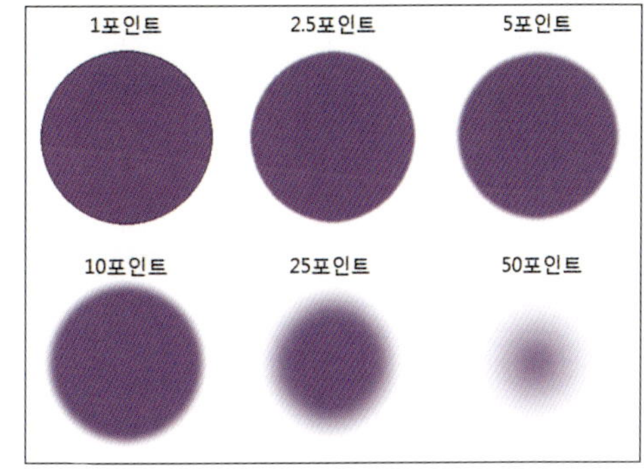

6. 입체 효과

도형에 입체 효과를 적용합니다.

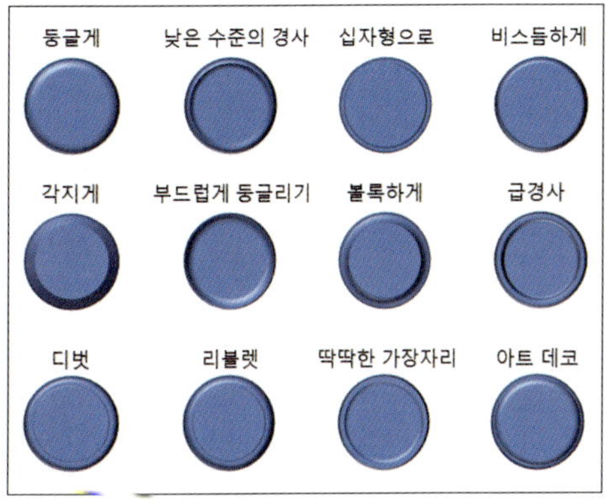

7. 3차원 회전

도형에 3차원 회전 효과를 적용합니다.

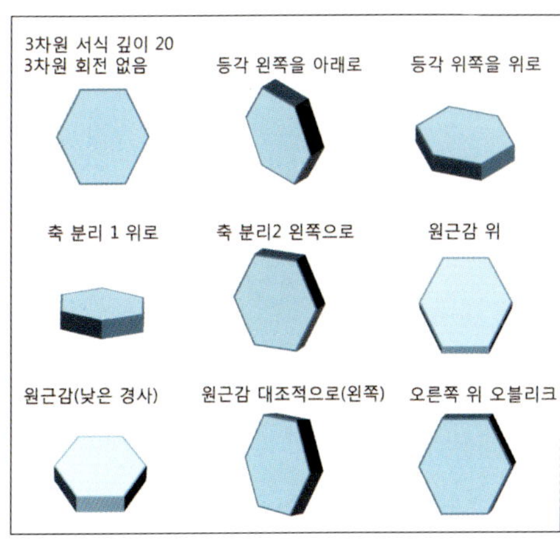

[입체 효과]–[3차원 옵션]을 선택하면 좀 더 세밀하게 설정 값을 수정할 수 있습니다.

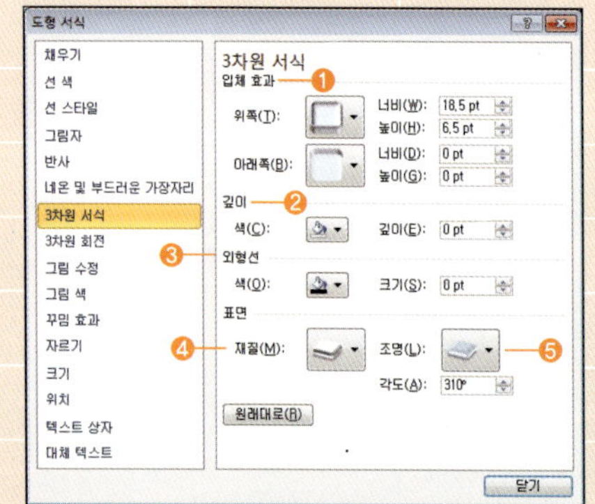

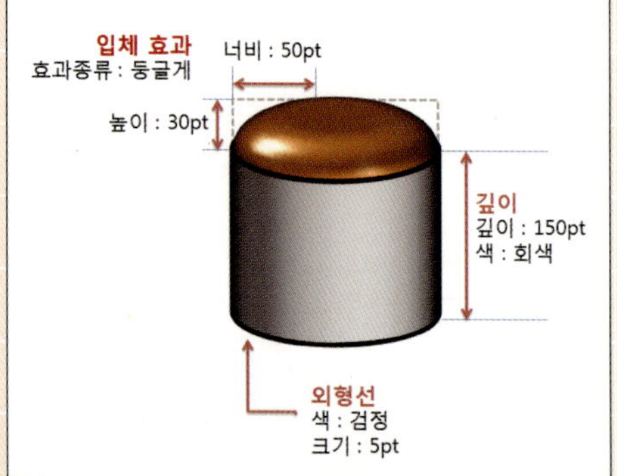

❶ **입체 효과** : 위쪽 면과 아래쪽 면의 입체 효과 종류와, 너비와 높이를 지정합니다. 아래 그림은 같은 크기(너비와 높이)의 입체 효과를 종류만 변경한 것입니다.

❷ **깊이** : 입체 효과의 깊이와 색상을 설정합니다. 3차원 회전을 하면 깊이를 확인할 수 있습니다

❸ **외형선** : 도형의 가장자리에 표시되는 선으로, 3차원 회전을 하지 않은 상태에는 윤곽선처럼 보입니다.

❹ **재질** : 플라스틱, 금속, 반투명 등의 표면 효과를 적용합니다.

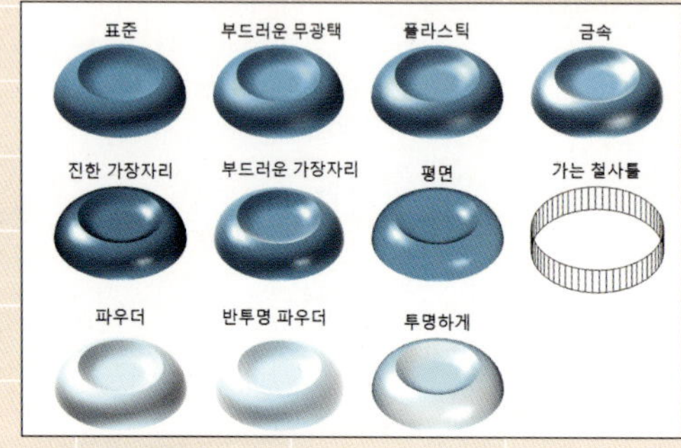

❺ **조명** : 따뜻한 느낌, 차가운 느낌 등의 빛에 따른 느낌을 표현합니다.

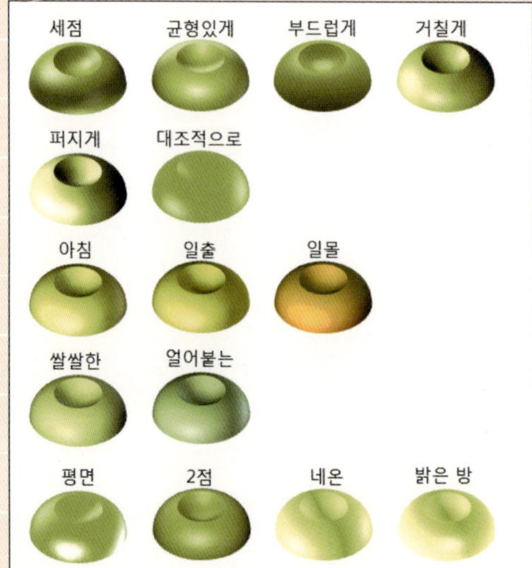

꼭! 알고가기 ▼ 3차원 회전 옵션 알아보기

[3차원 회전 옵션]을 선택하면 좀 더 세밀하게 설정 값을 수정할 수 있습니다.

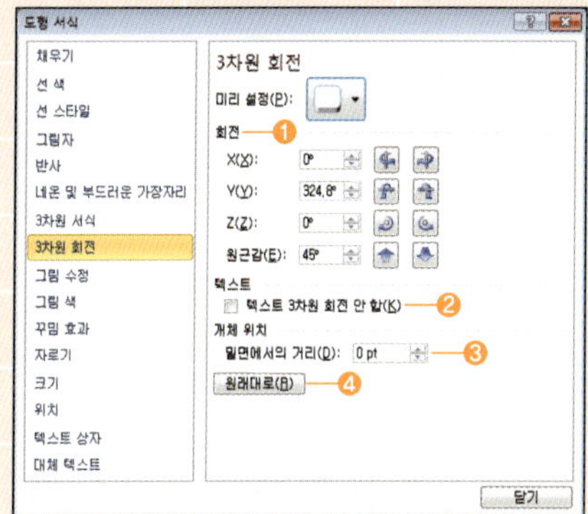

❶ **회전** : 직접 각도를 입력하거나 버튼을 이용하여 X, Y, Z축으로 회전할 수 있습니다. '미리 설정'에서 종류를 선택하고 각도를 수정합니다.

❷ **텍스트 3차원 회전 안 함** : 텍스트가 입력된 도형을 회전하는 경우, 도형만 회전하도록 합니다.

❸ **밑면에서의 거리** : 원래 위치에서부터의 거리를 지정합니다.

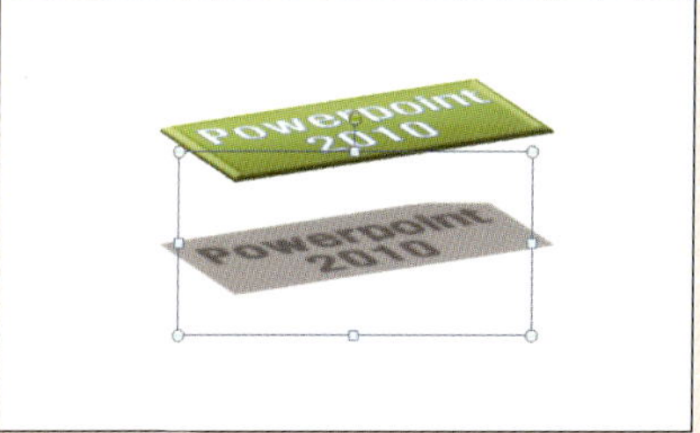

❹ **원래대로** : 3차원 회전과 원근감 효과를 제거하고 기본 설정으로 복구합니다.

도형 효과는 도형에 적용되는 그림자나 3차원 장식 등을 말합니다. 그림자, 부드러운 가장자리, 네온, 3차원 효과처럼 포토샵으로 처리했던 기능들이 도형 효과에서 제공됩니다. 도형 효과를 활용하는 방법을 알아보겠습니다.

· 소스 파일 : Part04\도형(효과).pptx   · 결과 파일 : Part04\도형(효과)_완성.pptx

1 Part04 폴더에서 '도형(효과).pptx' 파일을 불러오고 첫 번째 슬라이드에서 왼쪽 원형 도형을 선택한 다음 [그리기 도구]–[서식] 탭의 [도형 스타일] 그룹에서 '창 표시' 버튼( )을 누릅니다.

> **Tip** · 도형을 더블클릭하면 [그리기 도구]–[서식] 탭이 활성화됩니다.

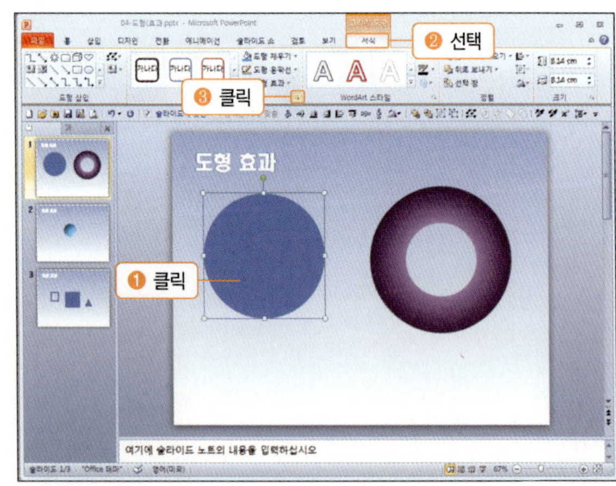

2 [도형 서식] 대화상자가 표시되면 [3차원 회전] 메뉴를 선택하고 '미리 설정'을 [평행] 항목에서 '축 분리 1 위로'로 선택합니다.

> **Tip** · [도형 서식] 대화상자는 도형 효과에 관한 자세한 옵션까지 지정할 수 있습니다.

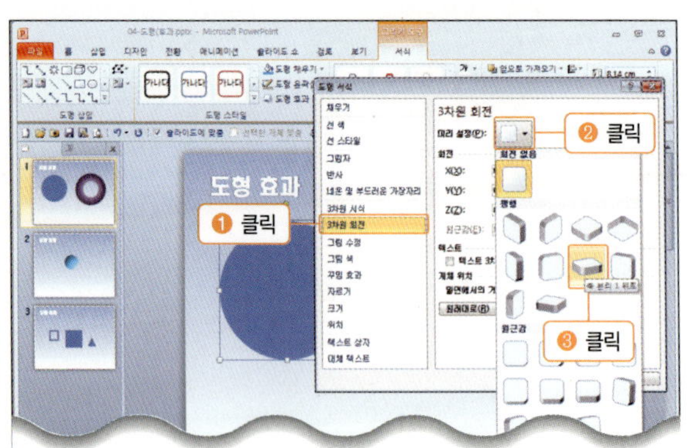

3 [도형 서식] 대화상자의 [3차원 서식] 메뉴를 선택하고 '위쪽'을 '급경사', '아래쪽'을 '급경사', '깊이'를 '250pt', '재질'을 '금속'으로 지정합니다.

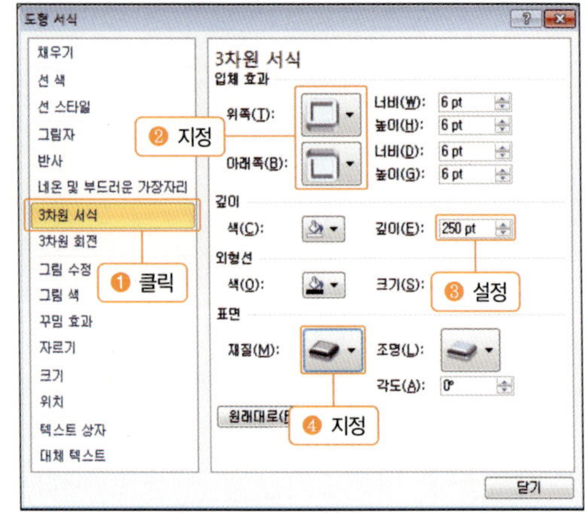

4 원형이 드럼통처럼 변경된 것을 확인할 수 있습니다. [도형 서식] 대화상자가 표시된 상태에서 오른쪽의 도넛모양 도형을 선택합니다.

> *Tip* · [도형 서식] 대화상자는 여러 개체에서 공통으로 사용하기 때문에 모든 작업이 끝날 때 까지 계속 열어 두는 것이 편리합니다. 설정에 대한 변화를 바로 확인하려면 서식 수정 작업하는 도형이 보이도록 대화상자의 위치를 이동해서 사용합니다.

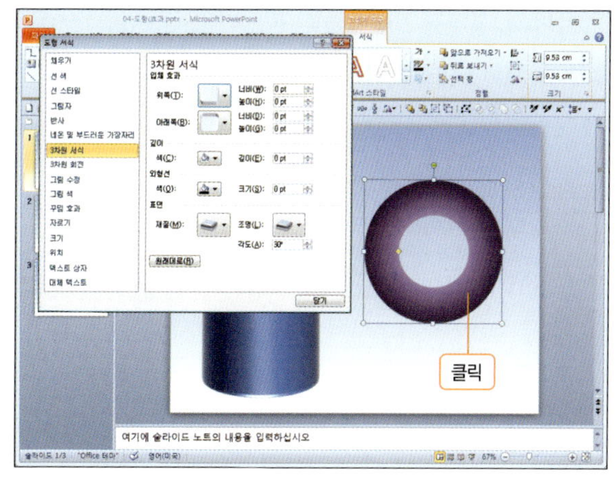

5 [도형 서식] 대화상자에서 [3차원 회전] 메뉴를 선택하고 '미리 설정'의 [평행] 항목에서 '축 분리 1 위로'를 선택합니다.

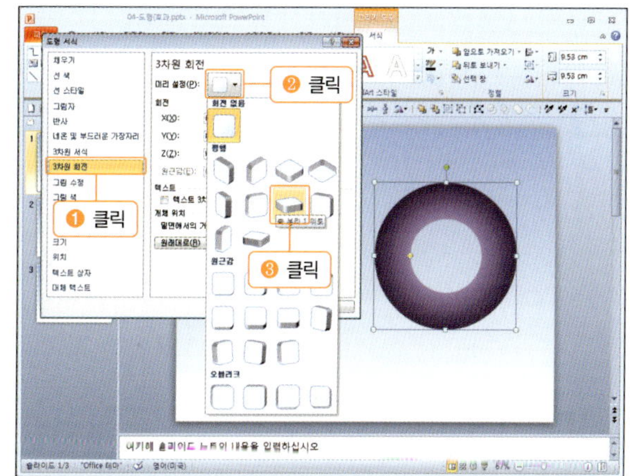

6 [도형 서식] 대화상자의 [3차원 서식] 메뉴를 선택하고 '위쪽'을 '볼록하게', '아래쪽'을 '볼록하게', '깊이'를 '30pt', '재질'을 '부드러운 무광택'으로 지정한 다음 〈닫기〉 버튼을 누릅니다.

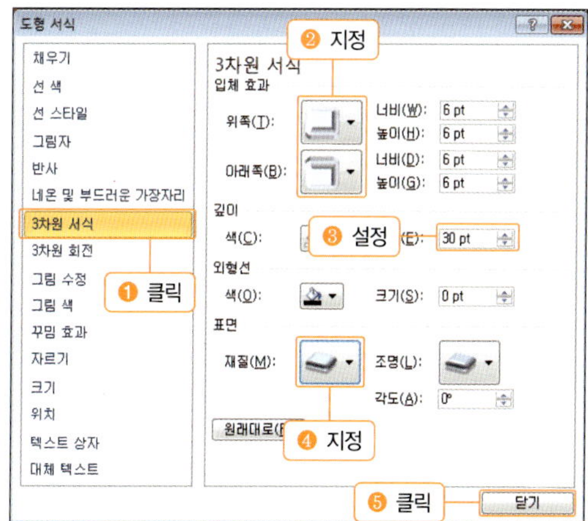

7 하나의 형태를 만든 다음 복사하고 색이나 그림자 효과를 수정하여 활용할 수 있습니다.

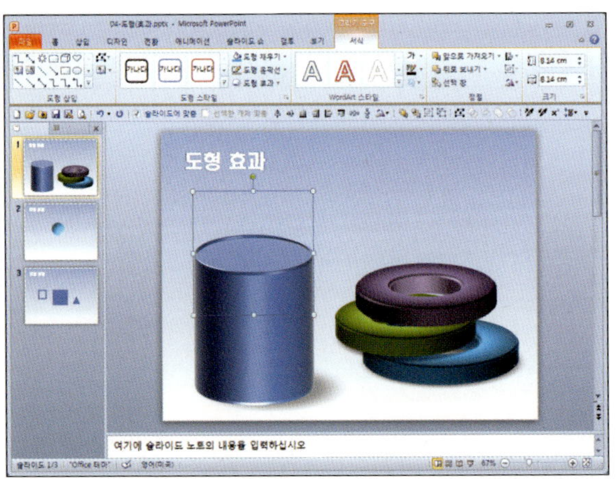

8 3차원 효과를 이용해 여러 개의 도형을 겹쳐서 만들었던 버튼을 간단히 만들어 보겠습니다. 두 번째 슬라이드에서 원형 도형을 선택합니다. [도형 서식] 대화상자를 닫았다면 [그리기 도구]→[서식] 탭의 [도형 스타일] 그룹에서 '창 표시' 버튼(□)을 눌러 다시 표시합니다.

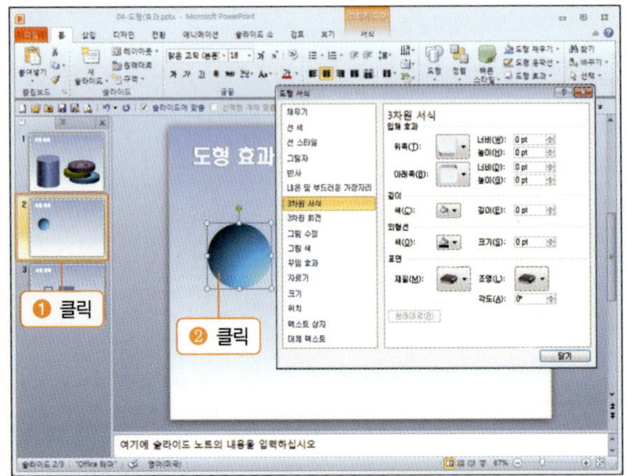

9 [도형 서식] 대화상자의 [3차원 서식] 메뉴를 선택하고 [입체 효과] 항목에서 '위쪽'을 '부드럽게 둥글리기', '위쪽'의 '너비'를 '20pt', '높이'를 '7pt', [표면] 항목에서 '재질'을 '파우더', '조명'을 '평면', '각도'를 '310°'로 지정한 다음 〈닫기〉 버튼을 누릅니다.

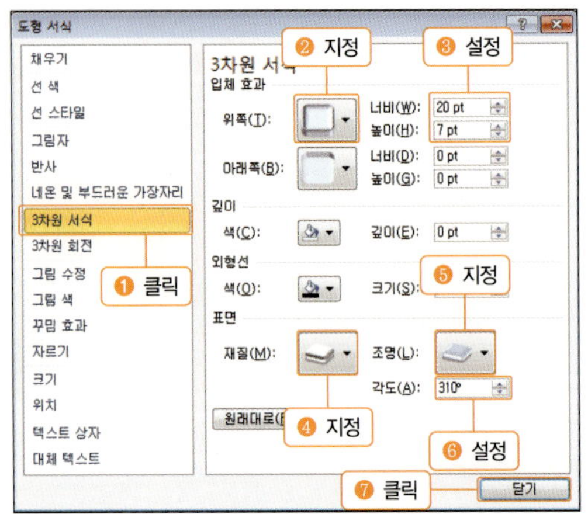

10 만들어진 도형은 버튼으로 사용해도 되고 복사한 다음 연결선으로 연결하여 그림과 같이 활용해도 좋습니다.

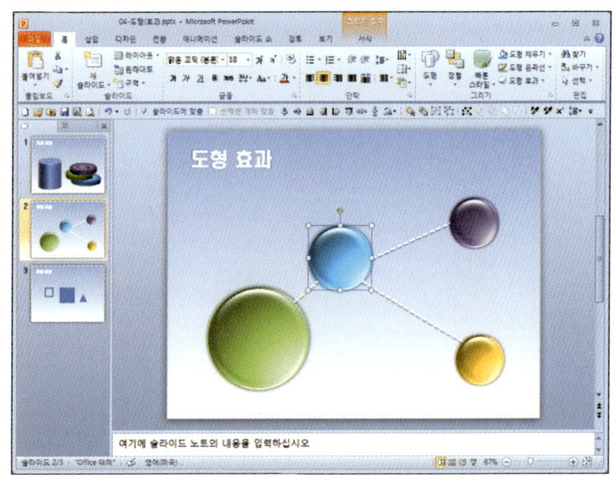

11 배경으로 사용하기 좋은 도형 효과를 적용해 보겠습니다. 세 번째 슬라이드에서 첫 번째 도형을 선택합니다.

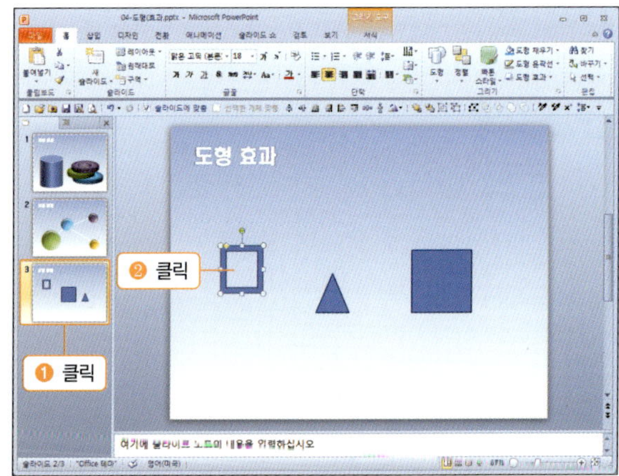

12 [도형 서식] 대화상자의 [3차원 회전] 메뉴를 선택한 다음 '미리 설정'을 [평행]에 '축 분리 1 위로'로 지정합니다.

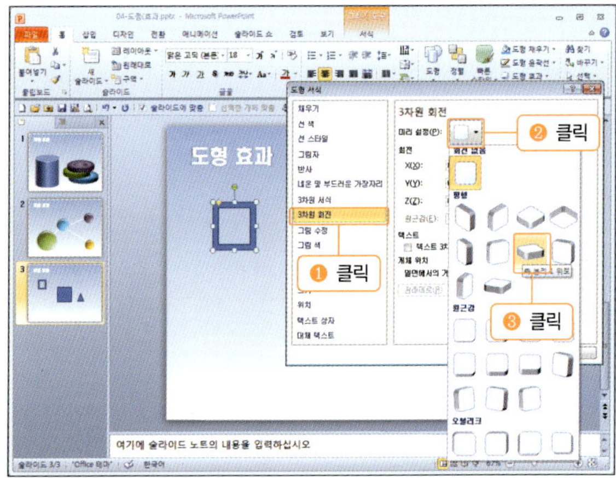

13 [도형 서식] 대화상자에서 [3차원 서식] 메뉴를 선택하고 '깊이'를 '200pt', '재질'을 '가는 철사 틀'로 지정합니다.

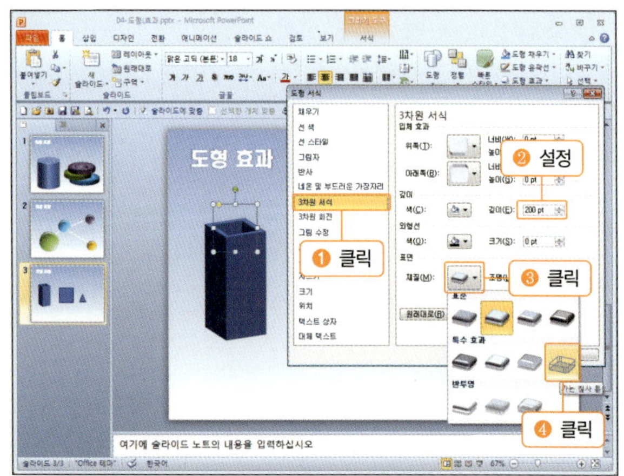

14 크기와 깊이를 다양하게 지정하여 색다른 느낌의 슬라이드 배경으로 활용할 수 있습니다.

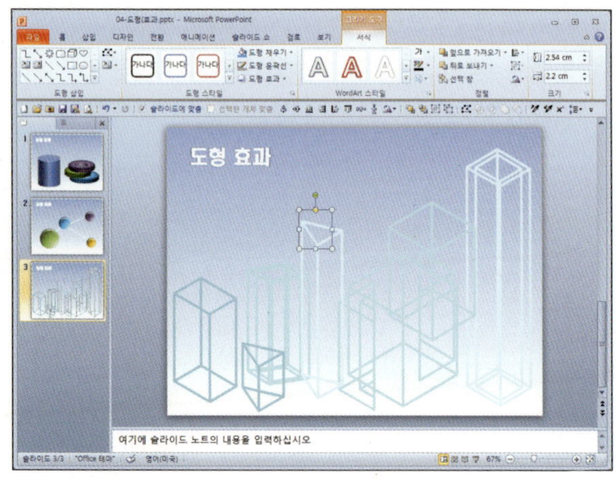

도형의 서식(채우기, 윤곽선, 효과)처럼 텍스트에 동일한 방법으로 서식을 적용할 수 있습니다. [그리기 도구]–[서식] 탭의 [WordArt 스타일 그룹]에서 [텍스트 채우기], [텍스트 윤곽선], [텍스트 효과]를 이용하여 그림으로 채우거나 그림자, 3차원 등의 효과를 지정합니다.

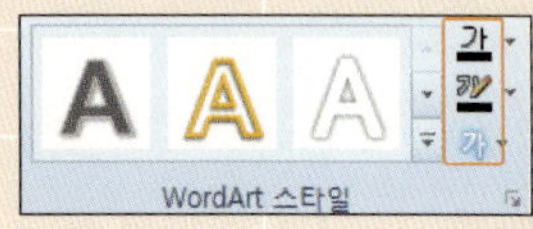

실무노트 — 기본 도형과 기본 선 설정해서 빠르게 작업하기

도형의 효과는 무척 다양하지만 실제로 작업을 하다 보면 가장 많이 사용하는 형태가 있습니다.
자주 사용하는 형태를 기본 도형으로 지정하면 작업 시간을 줄일 수 있습니다.

1 자주 사용하는 형태로 채우기, 윤곽선, 그림자 효과 등 원하는 서식을 지정합니다.

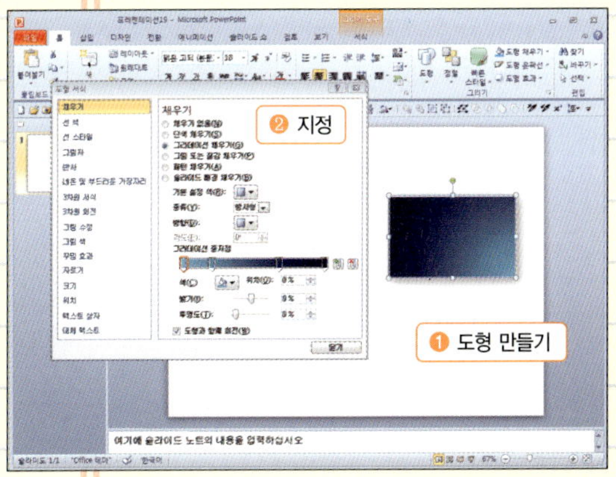

2 완성된 도형의 서식을 앞으로 문서 내에서 다른 도형을 그릴 때 기본 값으로 지정되도록 하겠습니다.

서식을 지정한 도형을 마우스 오른쪽 버튼으로 클릭한 다음 표시되는 바로 가기 메뉴에서 [기본 도형으로 설정]을 선택합니다.

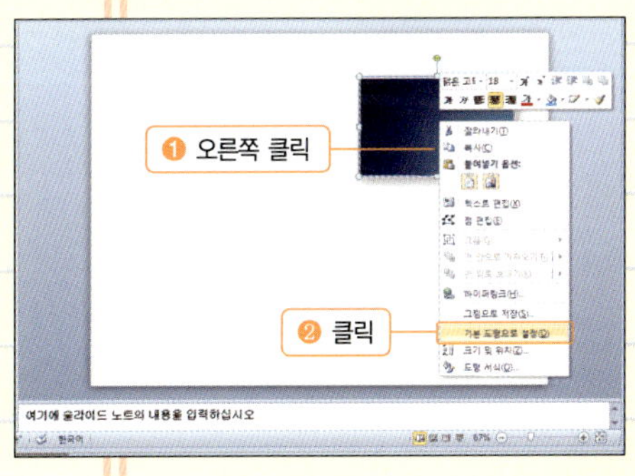

Tip ▪ 도형에 입력하는 텍스트의 색상, 크기, 폰트, 글머리까지 지정한 다음 기본 도형으로 등록하면 도형에 사용하는 텍스트 서식도 함께 유지됩니다.

3 몇 개의 도형을 삽입해 보면 도형이 지정한 서식으로 그려지는 것을 확인할 수 있습니다.

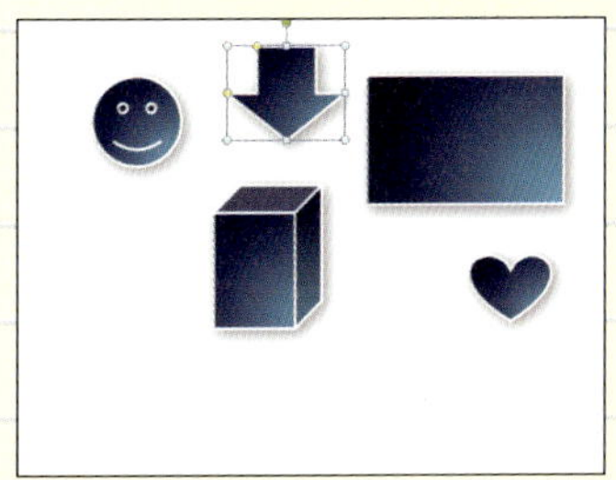

4 선을 자주 사용하는 서식으로 만들고 마우스 오른쪽 버튼을 누른 다음 표시되는 바로 가기 메뉴에서 [기본 선으로 설정]을 선택하면 기본 선으로 설정할 수 있습니다.

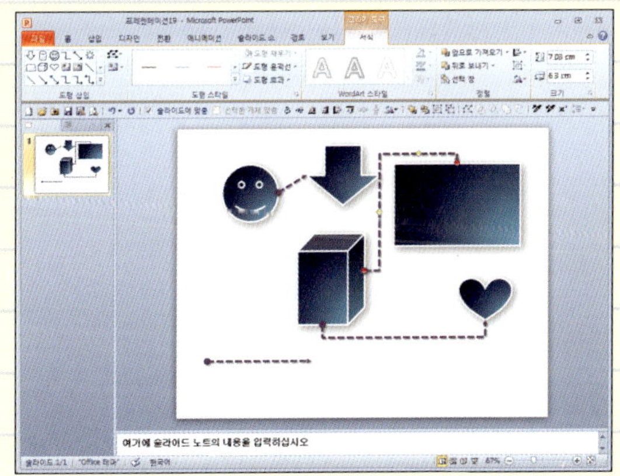

Tip ▪ 도형을 그려도 흰색 점만 나왔다 사라지거나, 선을 그려도 흰색 점만 나타나는 경우는 대부분 채우기와 윤곽선이 없는 상태에서 기본 도형으로 선택된 경우입니다. 주로 텍스트 개체에서 입력할 때 텍스트에 관한 내용을 설정하려고 마우스 오른쪽 버튼을 눌렀다가 [기본 도형 설정]을 누른 경우가 많습니다. 도형이 흰색 점만 보이는 상태에서 채우기, 윤곽선 등을 지정한 다음 기본 도형으로 설정하면 이후부터는 원하는 형태로 그려집니다.

도형 마음대로 다루기

슬라이드에 삽입된 도형을 겹칠 때도 있고 정렬할 때도 있습니다.
슬라이드에서 여러 개의 도형 사이에 순서와 간격을 조절하고, 이미 만들어진 도형을 변경하는 방법을 알아보겠습니다.

스마트 가이드로 편리하게 원하는 위치로 이동하기

도형 작업을 하면서 처음부터 정확한 위치에 도형을 그리는 일은 드물 것입니다. 대부분 적당한 위치에 도형을 그린 다음 이동합니다. 도형을 이동하는 방법을 알아보고, '스마트 가이드' 기능을 이용해서 다른 도형과의 위치를 지정하는 방법도 익혀보겠습니다.

· 소스 파일 : Part04\도형다루기.pptx　　· 결과 파일 : Part04\도형다루기_완성.pptx

참고 동영상 : 6강 4-3도형이동복사.avi

1 Part04 폴더에서 '도형다루기.pptx' 파일을 불러오고 도형을 선택한 다음 도형 위에 마우스 포인터를 위치시키면 마우스 포인터가 사방 화살표(⛶) 상태가 됩니다. 이동할 수 있는 상태를 표시하는 것으로, '컴퓨터' 도형을 드래그해서 원하는 위치로 이동합니다.

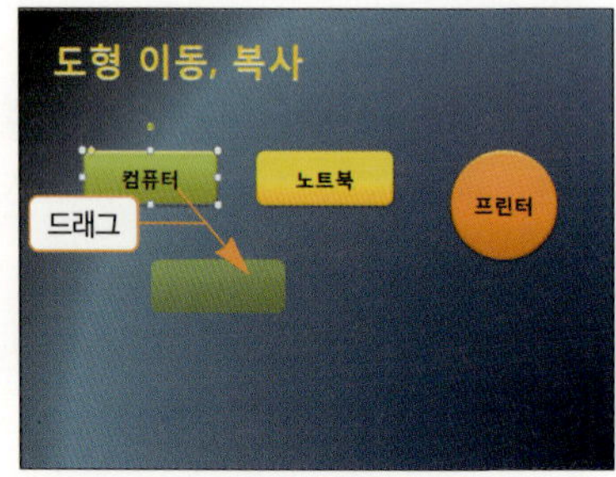

Tip · 크기 조절점(○,□) 위에 마우스 포인터를 가져가면 크기를 조절하는 양방향 화살표(↔)가 표시됩니다. 이때 도형의 크기를 조절할 수 있습니다.

2 정확하게 수평 방향과 수직 방향으로만 움직이고 싶다면, 도형을 Shift를 누른 상태에서 드래그합니다.

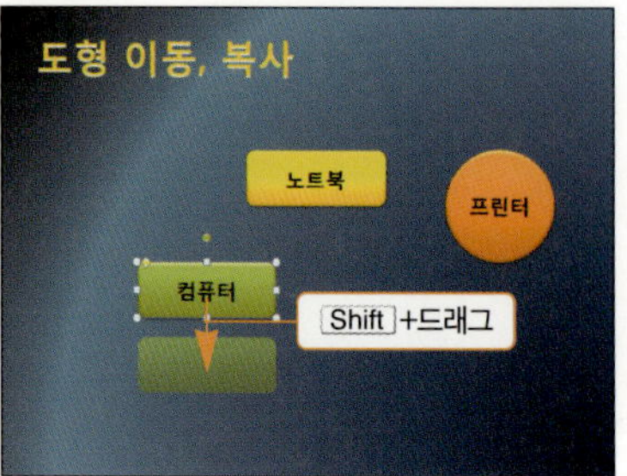

Tip · 이동 위치로 왔을 때는 마우스에서 먼저 손을 떼야 합니다.

3 파워포인트 2010에서는 도형을 이동하면서 주변에 있는 도형들과 중심이나 수평, 수직, 중심, 왼쪽, 오른쪽 등 위치가 일치할 때 맞춤선이 표시됩니다. '컴퓨터' 도형을 '노트북' 도형 옆으로 드래그합니다.

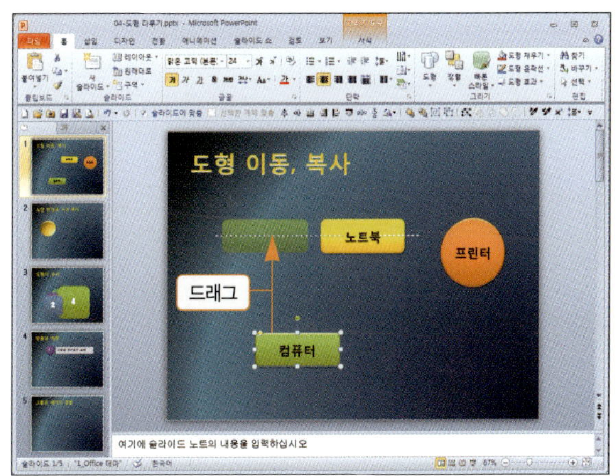

4 '컴퓨터' 도형을 '프린터' 도형 아래로 드래그해서 이동합니다. 왼쪽이 맞춰졌을 때 세로 점선이 표시됩니다.

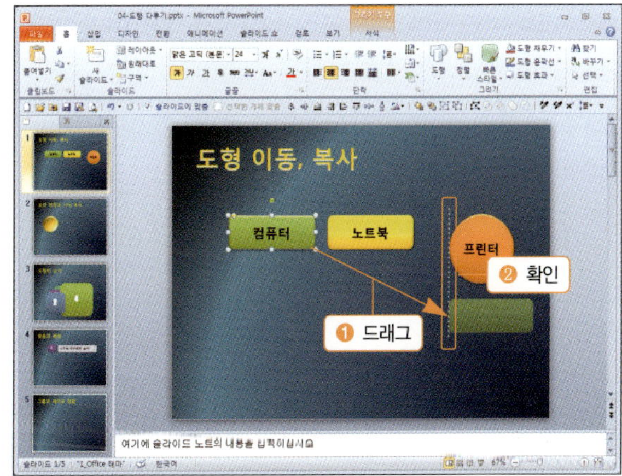

꼭! 알고가기 ▼ 스마트 가이드가 표시되지 않는 경우 표시하기

1. 슬라이드의 빈 영역을 마우스 오른쪽 버튼으로 누른 다음 표시되는 바로 가기 메뉴에서 [눈금 및 안내선]을 선택합니다.

2. [눈금 및 안내선] 대화상자가 표시되면 [안내선 설정] 항목에서 '도형 맞춤 시 스마트 가이드 표시'에 체크 표시를 합니다. 도형 작업에서 스마트 가이드 선을 이용한다면 작업 시간을 훨씬 단축할 수 있습니다.

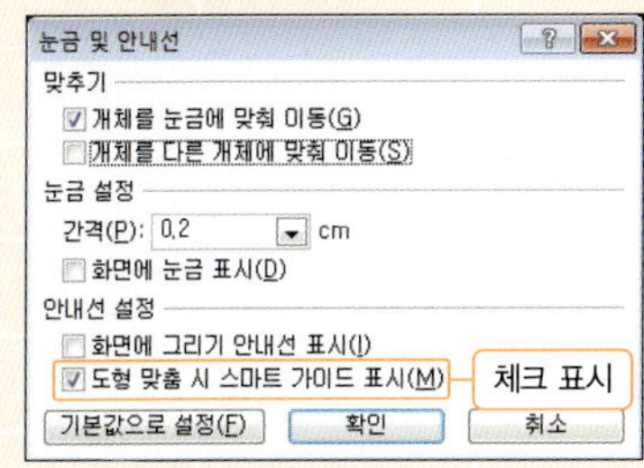

5 짧은 거리를 수직이나 수평으로 이동할 때는 키보드의 방향키를 이용해도 됩니다. '프린터' 도형을 선택하고 ←를 눌러서 이동합니다.

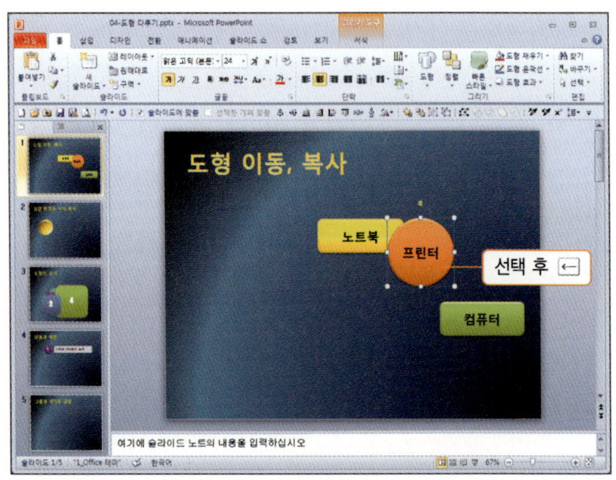

6 '프린터' 도형이 선택된 상태에서 Ctrl 을 누른 채 키보드의 왼쪽 방향키를 눌러서 이동합니다. 아주 미세하게 이동하는 것을 확인할 수 있습니다.

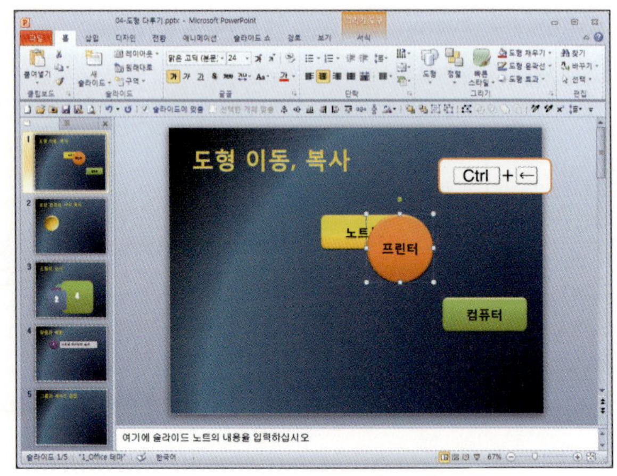

7 만일 수치로 이동 위치를 정확하게 지정하고 싶다면, 도형을 선택하고 [그리기 도구]-[서식] 탭의 [크기] 그룹에 있는 '창 표시' 버튼(□)을 눌러서 [도형 서식] 대화상자를 표시합니다. [위치] 메뉴에서 직접 값을 설정하고 〈닫기〉 버튼을 누릅니다.

> *Tip* • '기준'은 도형을 이동할 때 시작 위치를 슬라이드의 '왼쪽 위 모서리'로 할 것인지, 슬라이드의 '가운데'로 할 것인지를 지정하는 것입니다.

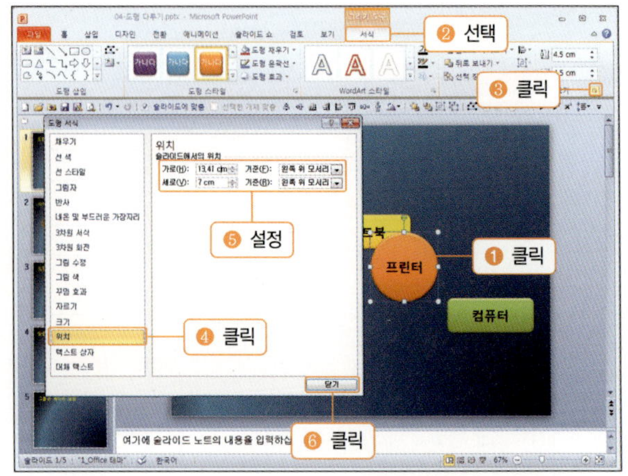

8 도형을 회전하기 위해 '컴퓨터' 도형을 선택하고 도형 위쪽에 있는 연두색 원 모양의 회전 핸들(●)에 마우스 포인터를 위치시킨 다음 마우스 포인터가 둥근 화살표 모양(⟳)으로 변경되면 회전하려는 방향으로 드래그합니다.

> ***Tip*** · Shift 를 누른 채 드래그하면 15°씩 회전할 수 있습니다.

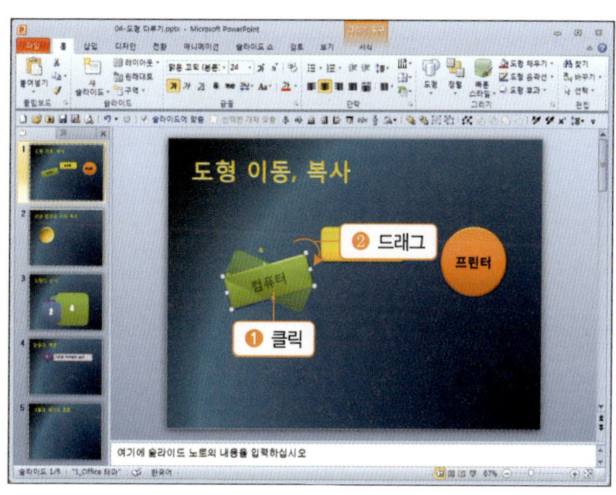

9 회전이나 대칭 명령은 [홈] 탭의 [그리기] 그룹에서 '정렬' 아이콘(▣)을 누른 다음 [개체 위치] 항목의 [회전] 메뉴를 사용합니다.

> ***Tip*** · 회전이나 대칭은 자주 사용하는 명령이므로 [빠른 실행 도구 모음]이나 [사용자 지정] 탭에 등록하면 편리합니다.
>
> 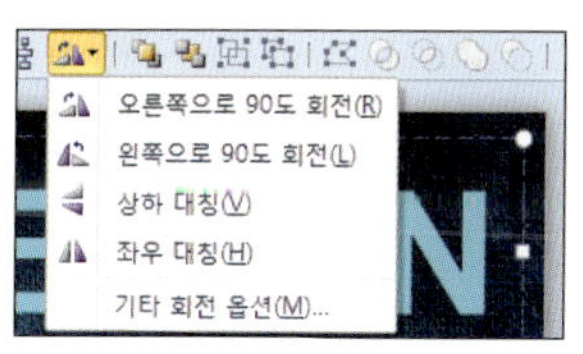
>

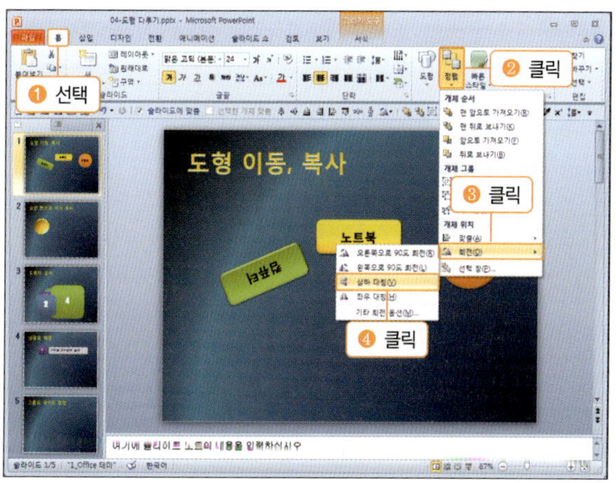

개체를 다루는 작업을 할 때는 항상 마우스 포인터를 주의 깊게 확인하면서 작업하는 습관이 필요합니다.

크기 조절	이동	복사
도형의 크기 조절점(○, ▫) 위에 마우스 포인터를 가져가면 양방향 화살표가 나타나고 이때 드래그하면 크기 조절이 됩니다.	도형위에 마우스 포인터를 가져가면 사방향 화살표가 나타나고 이때 드래그하면 위치가 이동됩니다.	이동 상태에서 Ctrl 을 누르면 마우스 포인터의 모양에 +부호가 붙으면서 복사 상태로 변환됩니다. 이때 드래그하면 도형이 복사됩니다.

동일한 형태의 도형을 색상과 내용만 변경하고 사용하는 경우가 많습니다. 그런 경우 도형 하나를 완성한 다음 복사해서 사용하면 작업을 훨씬 빠르게 할 수 있습니다. 도형을 복사하는 여러 가지 방법을 알아보겠습니다.

• 소스 파일 : Part04\도형다루기.pptx　　참고 동영상 : 6강 4-3도형이동복사.avi

1 복사할 도형을 마우스 오른쪽 버튼으로 누르면 표시되는 바로 가기 메뉴에서 [복사]를 선택합니다.

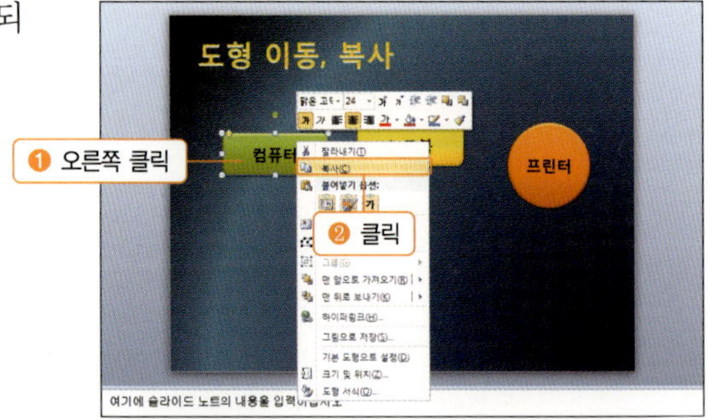

2 마우스 오른쪽 버튼을 눌러 표시되는 바로 가기 메뉴에서 [붙여넣기 옵션] 위에 마우스 포인터를 위치시키고 복사되는 모양을 미리 확인하면서 원하는 옵션을 선택합니다.

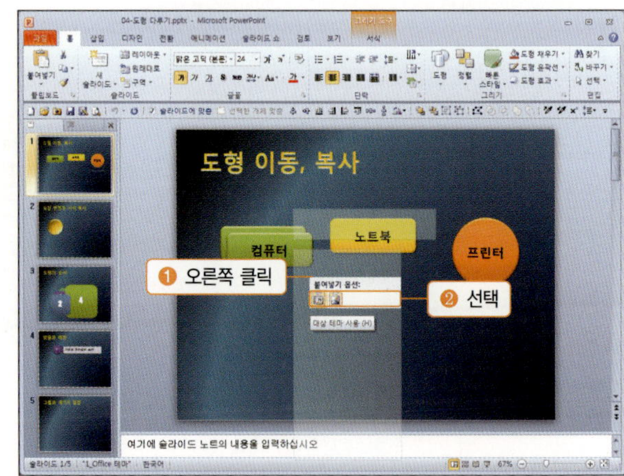

꼭! 알고가기 ▼ 결과를 미리 보고 선택할 수 있는 똑똑해진 붙여넣기

슬라이드를 마우스 오른쪽 버튼으로 누르거나 [홈] 탭의 [클립보드] 그룹에서 '붙여넣기' 아이콘(📋) ▼부분을 누르면 바로 가기 메뉴에서 붙여넣기 옵션이 표시되는 것을 확인할 수 있습니다. 이 기능을 이용하면 붙이기 전에 미리 붙여진 상태를 미리 보기로 확인할 수 있습니다.

[붙여넣기 옵션]은 클립보드에 저장된 내용물의 형식에 따라 [대상 테마 사용], [원본 서식 유지], [그림], [텍스트만 유지] 등으로 다양하게 나타납니다.

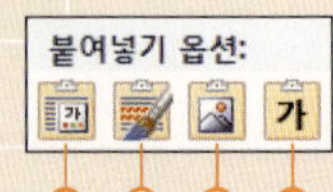

❶ **대상 테마 사용** : 복사할 개체의 서식을 복사될 대상 문서의 서식으로 변경합니다.

❷ **원본 서식 유지** : 복사할 개체의 서식을 작성한 원본 문서의 서식으로 유지합니다.

❸ **그림** : 복사할 개체의 서식을 유지하지만, 수정 불가능한 그림으로 붙입니다.

❹ **텍스트만 유지** : 텍스트만 붙입니다.

3 더 빠르게 작업하려면, 복사할 도형을 선택한 다음 [Ctrl]을 누른 상태에서 복사할 위치까지 드래그합니다. '복제'를 연습하기 위해서 슬라이드에 연습하던 도형을 하나만 남기고 삭제합니다.

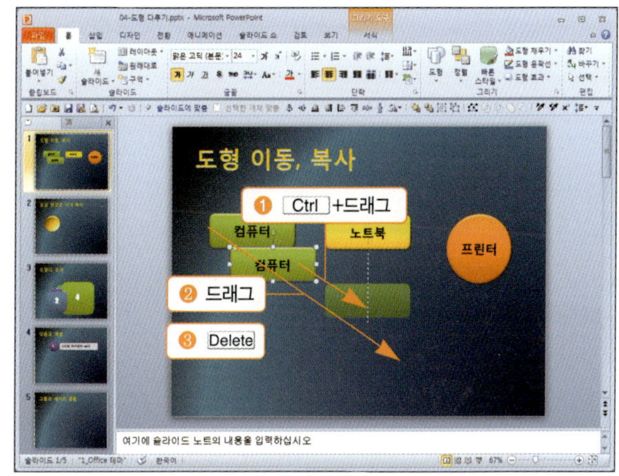

4 도형을 선택한 다음 [Ctrl]+[D]를 눌러 복제를 합니다.

> **Tip ·** '복사'와 '복제'의 차이점은 도형을 두 개 이상 복사해야 알 수 있습니다. [Ctrl]+[C], [Ctrl]+[V] 두 번 해야 할 것을 [Ctrl]+[D]를 이용하여 한 번에 하는 것에도 차이가 있지만 큰 차이점은 '복제'는 이동 거리와 위치까지 복사한다는 것입니다.

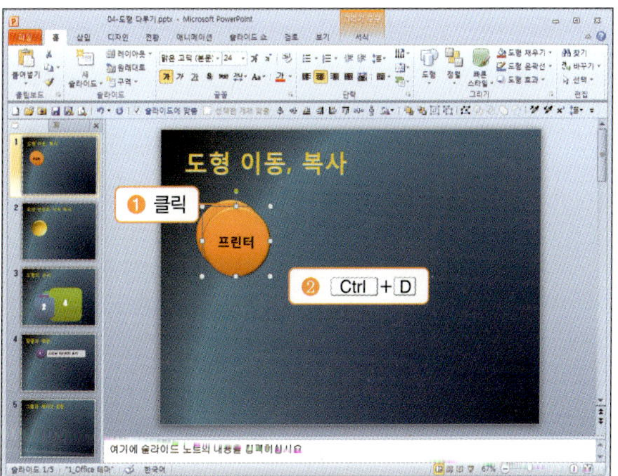

5 키보드의 방향키나 마우스를 이용하여 복제된 도형을 이동합니다.

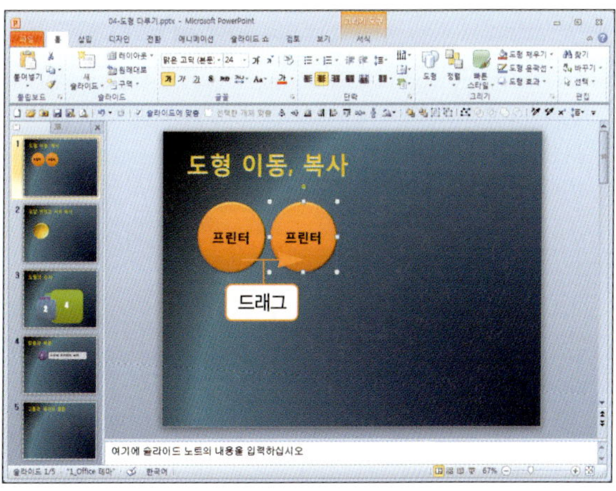

6 Ctrl + D 를 복제하고자 하는 도형의 개수 만큼 계속 누릅니다. 처음 복제하고 위치를 지정한 다음 Ctrl + D 를 누르면 지정된 간격에 맞추어 복제할 수 있습니다.

Tip • Ctrl + D 를 누른 다음 위치를 이동할 때 슬라이드 빈 공간을 눌러 선택을 해제했다가 다시 도형을 선택한 경우 복제가 되지 않습니다. 처음에 삽입된 도형은 다음 Ctrl + D 를 누를 때까지, 계속 선택된 상태를 유지해야 합니다.
도형을 선택해 처음 Ctrl + D 를 누르고 위치를 이동하여 지정한 다음 다시 Ctrl + D 를 누릅니다.

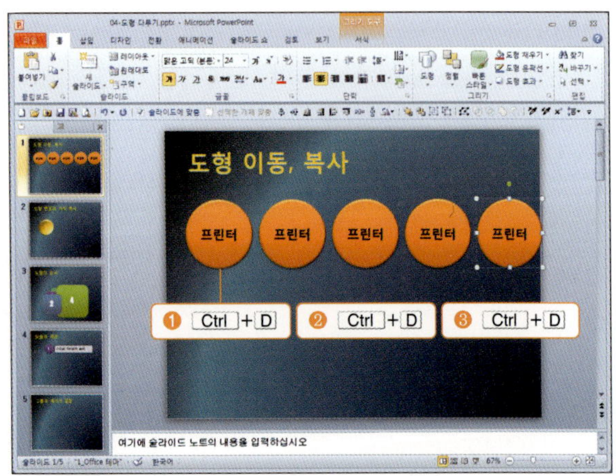

31 안내선으로 정밀한 작업하기

인쇄나 슬라이드 쇼 상태에는 보이지 않지만, 개체 작업할 때 위치를 쉽게 지정할 수 있도록 '안내선'을 활용할 수 있습니다. 세밀한 도형 작업을 할 때는 안내선을 이용하면 편리합니다.

1 '도형다루기.pptx' 파일의 두 번째 슬라이드를 선택합니다. [보기] 탭의 [표시] 그룹에 있는 '눈금자' 와 '안내선' 에 체크 표시합니다.

Tip •
• 눈금자 표시 단축키 : Shift + Alt + F9
• 눈금선 표시 단축키 : Shift + F9
• 안내선 표시 단축키 : Alt + F9

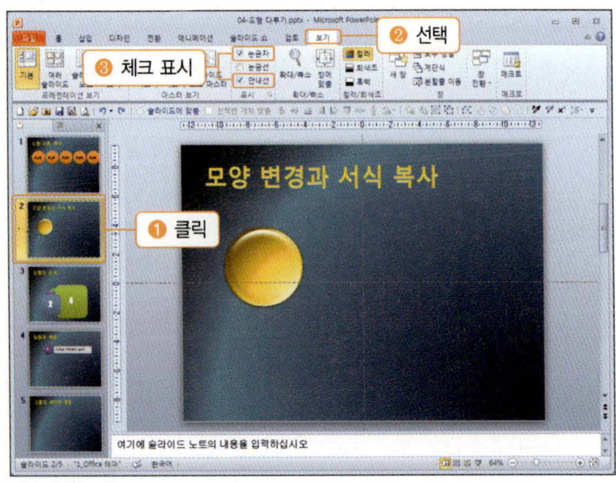

2 화면의 중심에 가로 세로 안내선이 표시됩니다. 안내선을 추가로 만들어 봅니다. 슬라이드 개체가 많은 경우라면 개체가 선택될 수 있으니 슬라이드 영역 밖 안내선을 선택합니다.

> **Tip**
> • 안내선 위치 이동 : 드래그
> • 안내선 추가 : 기존의 안내선을 Ctrl 을 누른 상태에서 드래그
> • 안내선 삭제 : 작업 영역 밖으로 드래그

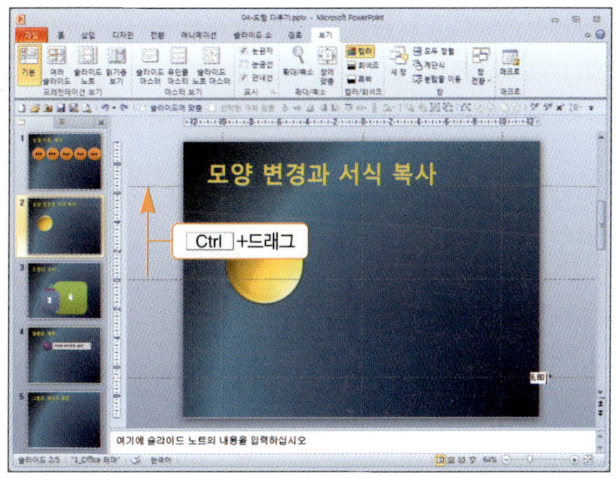

4 도형 모양 변경하고 서식 복사하기

도형에 대한 작업을 한 다음 모양만 변경하기 위해 기존에 작업한 도형을 지우고 다시 그려야 한다면 똑같은 작업을 반복해야 합니다. 스타일과 텍스트는 유지한 채 모양만 변경하는 방법과 스타일만 다른 도형 복사하는 방법에 대해 알아보겠습니다.

참고 동영상 : 6강 4-3도형이동복사.avi

1 '도형다루기.pptx' 파일의 두 번째 슬라이드를 선택합니다. 두 번째 슬라이드에서 원형 도형을 선택하고 Ctrl 을 누른 상태로 드래그해서 도형을 세 개 복사합니다.

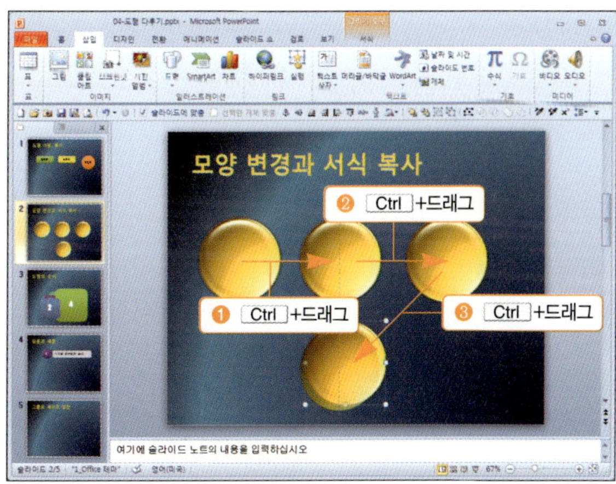

2 [그리기 도구]–[서식] 탭의 [도형 삽입] 그룹에서 '도형 편집' 아이콘(⬚)을 누르고 [도형 모양 변경]을 선택합니다. [사각형] 항목에서 [모서리가 둥근 직사각형(⬚)]을 선택합니다.

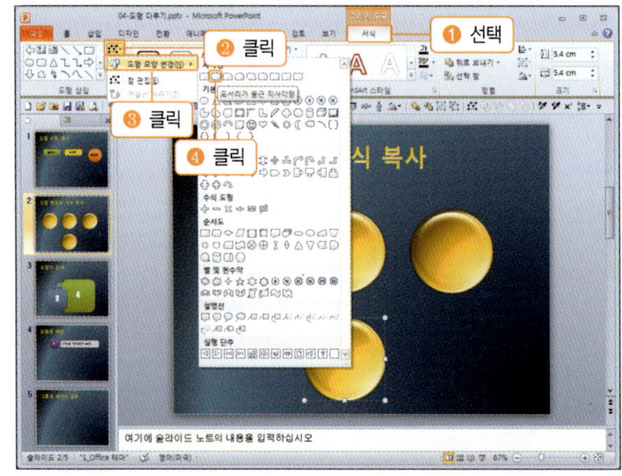

3 도형의 스타일을 유지하면서 모양만 변경되었습니다.

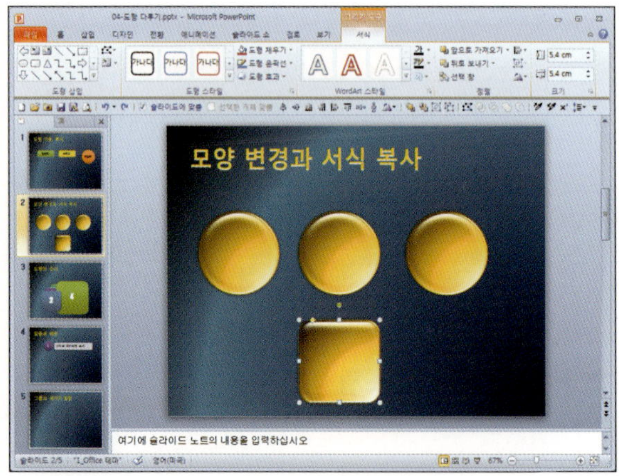

4 여러 개의 도형을 선택하고 한꺼번에 변경해도 됩니다. Shift 나 Ctrl 을 이용해 윗줄에 있는 도형 중 가운데 도형과 오른쪽 도형을 함께 선택합니다. [그리기 도구]–[서식] 탭의 [도형 삽입] 그룹에서 '도형 편집' 아이콘(⬚)을 누르고 [도형 모양 변경]을 선택하여 원하는 모양으로 변경합니다. 예제에서는 [기본 도형] 항목의 [원형(◗)]을 선택했습니다.

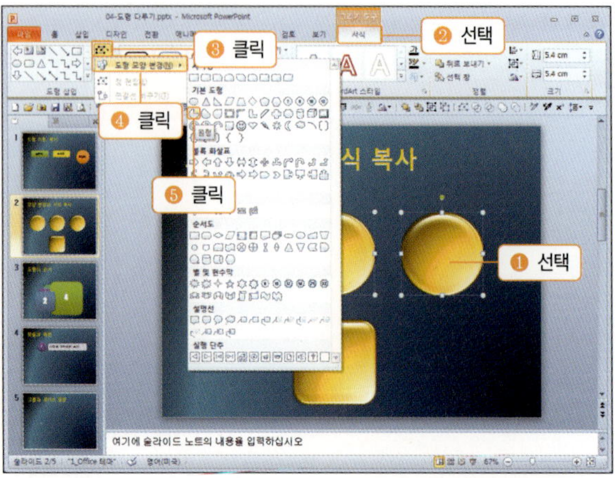

5 도형의 모양은 유지하면서 서식만 복사하여 변경하겠습니다. 첫 번째 도형을 선택한 다음 [그리기 도구]-[서식] 탭의 [도형 스타일] 그룹에 있는 빠른 스타일 중 하나를 선택합니다.

6 지정한 서식으로 나머지 도형을 서식 복사하겠습니다. 복사하려는 서식이 지정된 첫 번째 도형이 선택된 상태로 [홈] 탭의 [클립보드] 그룹에 있는 '서식 복사' 아이콘(📋)을 누릅니다.

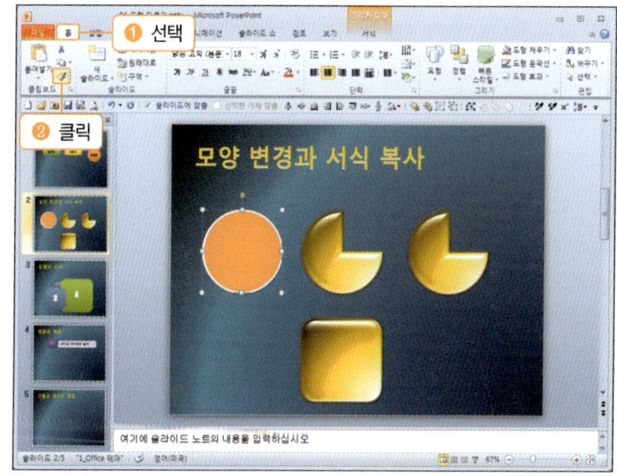

7 서식을 적용할 도형을 누릅니다. 텍스트와 모양은 유지한 채 서식만 복사되었습니다.

> **Tip** ● 복사된 서식을 여러 개의 도형에 적용하고 싶을 때는 '서식 복사' 아이콘(📋)을 더블클릭하고 복사되는 도형들을 계속 누릅니다. 더 이상 사용하지 않을 때는 Esc 를 누르거나 다시 한번 '서식 복사' 아이콘을 누릅니다.

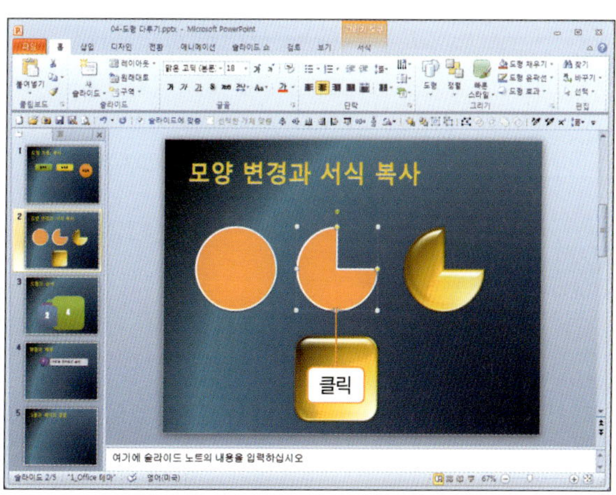

개체의 순서는 슬라이드에 삽입된 순서로, 최근에 삽입된 것이 위쪽에 위치합니다. 여러 개의 개체가 중복되어 삽입된 경우 개체의 순서를 지정해서 어떤 개체를 위쪽에 표시할 것인지를 지정할 수 있습니다. 개체의 순서를 바꾸고 선택하는 방법을 알아보겠습니다.

1 '도형다루기.pptx' 파일의 세 번째 슬라이드를 선택합니다. 슬라이드에는 네 개의 도형이 겹쳐져 있습니다. 4번 도형을 맨 뒤에 표시하기 위해 4번 도형을 누르고 [홈] 탭의 [그리기] 그룹에서 '정렬' 아이콘(▥)을 누른 다음 표시되는 메뉴에서 [개체 순서] 항목의 [맨 뒤로 보내기]를 선택합니다.

> **Tip** · [그리기 도구]-[서식] 탭의 [정렬] 그룹을 이용해도 됩니다.

2 4번 도형이 맨 뒤로 이동한 것을 확인합니다.

3 3번 도형의 순서를 한 단계만 앞으로 바꾸기 위해 3번 도형을 선택하고, [홈] 탭의 [그리기] 그룹에서 '정렬' 아이콘(▥)을 누른 다음 표시되는 메뉴에서 [개체 순서] 항목의 [앞으로 가져오기]를 선택합니다.

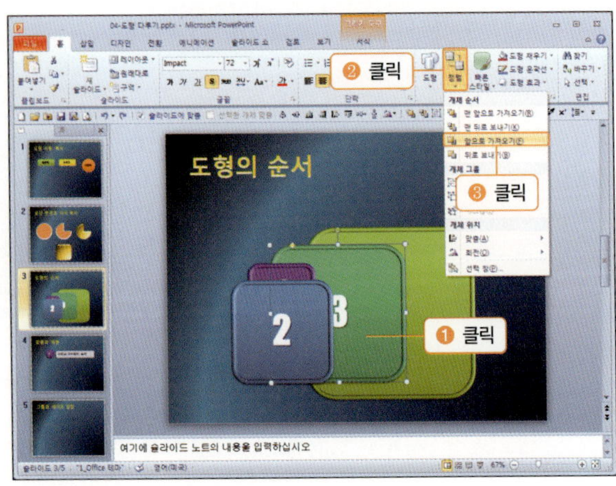

4 3번 도형이 한 단계 앞으로 순서가 바뀐 것을 확인합니다.

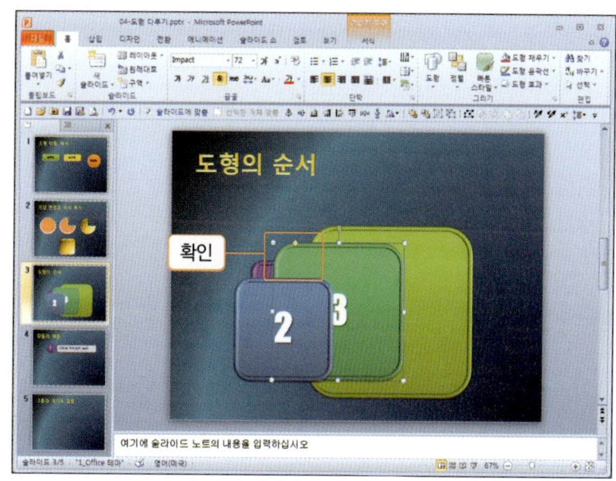

5 만일 보이는 영역이 너무 작아 누르기 어렵다면 [선택 및 표시] 창에서 작업하는 것이 편리합니다. [홈] 탭의 [편집] 그룹에서 '선택' 아이콘(   )을 누른 다음 [선택 창]을 선택합니다.

> *Tip* • [홈] 탭의 [그리기] 그룹에서 '정렬' 아이콘(   )을 눌렀을 때 표시되는 메뉴에서 [선택 창]을 선택하는 것과 같습니다.

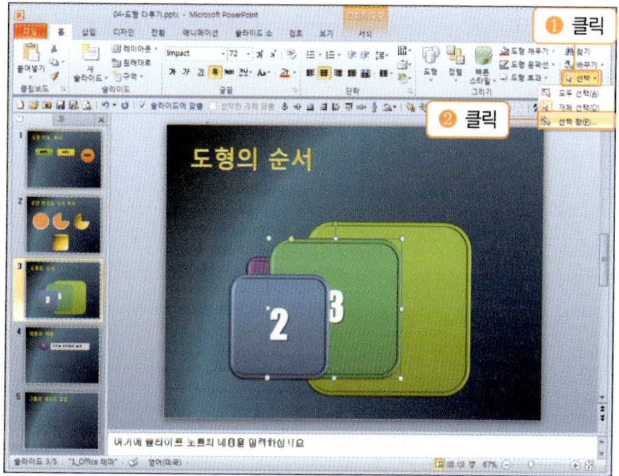

6 화면 오른쪽에 [선택 및 표시] 창에서 1번 도형인 '모서리가 둥근 직사각형 1'을 선택한 다음 방향키를 이용해 도형의 위치를 약간 이동합니다. [선택 및 표시] 창 아래쪽에 있는 '앞으로 가져오기' 버튼(   )을 두 번 눌러 순서를 앞으로 이동합니다.

> *Tip* • [선택 및 표시] 창에서 슬라이드에 등록된 모든 개체를 한 번에 확인할 수 있습니다. 눈 아이콘(   )을 클릭할 때마다 화면에 보이기와 감추기를 반복합니다.

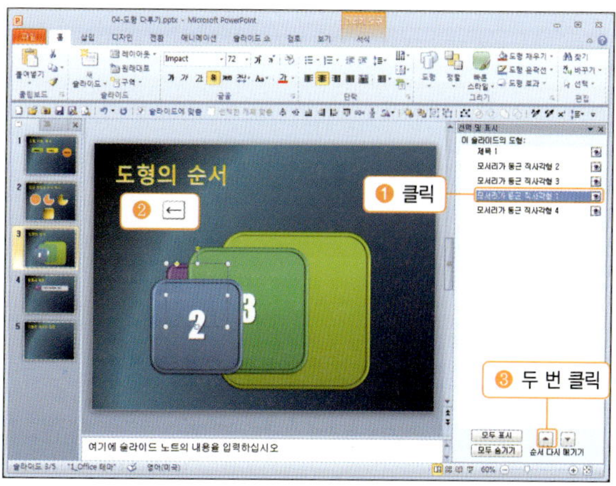

1. [홈] 탭에서 개체 선택하기

[홈] 탭의 [편집] 그룹에서 '선택' 아이콘(🗔)을 누르면 개체를 선택할 수 있는 다양한 명령을 확인할 수 있습니다.

- **모두 선택** : 슬라이드의 모든 개체 및 개체 틀을 선택합니다.
- **개체 선택** : 숨겨진 개체나 겹쳐진 개체, 텍스트 뒤에 있는 개체를 선택하려면 [개체 선택]을 선택한 다음 개체를 넓게 포함하도록 드래그합니다. 드래그할 때 걸쳐지는 개체는 선택되지 않습니다.
- **선택 창** : 하나 이상의 개체를 선택하거나 개체를 표시하고 숨길 때 개체의 순서를 변경할 수 있는 선택 창을 표시합니다.

2. 단축키로 개체 선택하기

- **전체 선택 단축키** : Ctrl + A
- **여러 개체 선택** : 처음 개체는 누르고 두 번째부터는 Ctrl 을 누른 상태에서 클릭
- **선택 해제** : 선택 해제하려는 개체를 Ctrl 을 누른 상태에서 클릭
- **선택한 개체보다 위쪽 개체를 선택하는 단축키** : Tab
- **선택한 개체보다 아래쪽 개체를 선택하는 단축키** : Shift + Tab

6 도형의 맞춤과 배분 알아보기

슬라이드에 삽입된 여러 개체들을 마우스와 키보드의 방향키만으로 정확하게 정렬하는 것은 스마트 가이드 기능을 사용한다고 해도 어렵습니다. 선택한 개체들을 상대적인 위치를 기준으로 조정하는 방법과 절대적인 위치를 기준으로 정렬하는 방법을 알아보겠습니다.

1 '도형다루기.pptx' 파일의 네 번째 슬라이드를 선택합니다. 두 개체가 모두 포함되도록 넓게 드래그하여 선택합니다.

> **Tip** • 전체 개체를 선택하기 위해 Ctrl + A 를 눌렀을 때, 정렬 대상이 아닌 다른 개체가 있으면 그 개체까지 모두 선택되어 원하는 정렬이 안 될 수 있습니다.

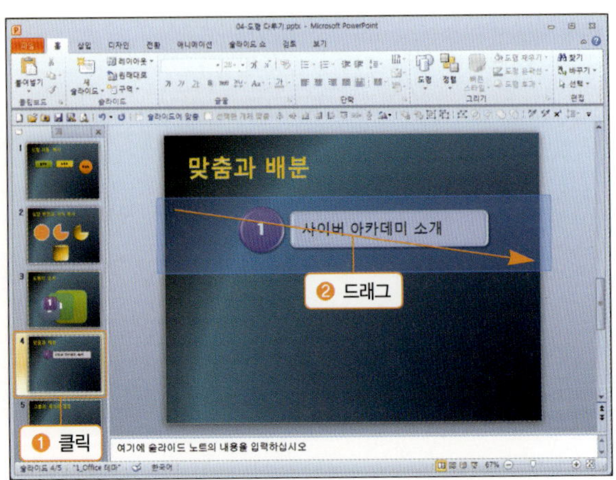

2 두 개의 도형이 모두 선택된 상태에서 Ctrl + Shift 를 누른 채로 아래로 드래그하여 복사합니다.

> **Tip** ▸ 개체를 처음 복사할 때는 기준 도형이 없기 때문에 스마트 가이드가 표시되지 않습니다. 수직 방향으로 드래그하기 위해 Ctrl + Shift 를 누른 채 드래그합니다.
> 두 번째 복사할 때는 Ctrl +드래그만 해도 스마트 가이드가 표시되어 수직으로 복사할 수 있습니다.

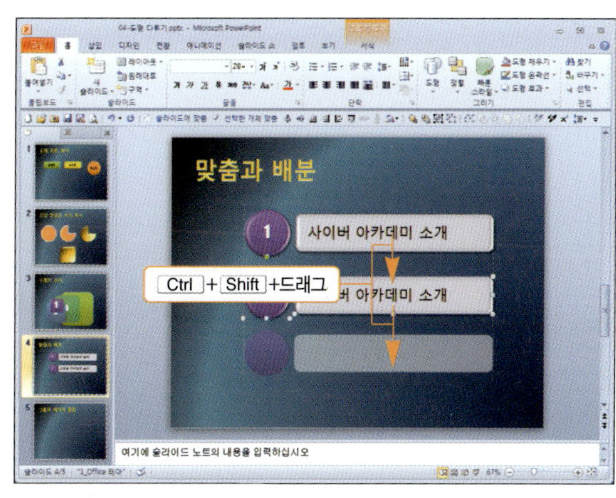

3 수직으로 가운데 맞춤은 되었으나 개체들 사이의 간격도 다르고 슬라이드에서 한쪽으로 치우쳐 있을 수 있습니다. 도형들을 정렬하기 위해 넓게 드래그해서 모든 도형을 선택합니다.

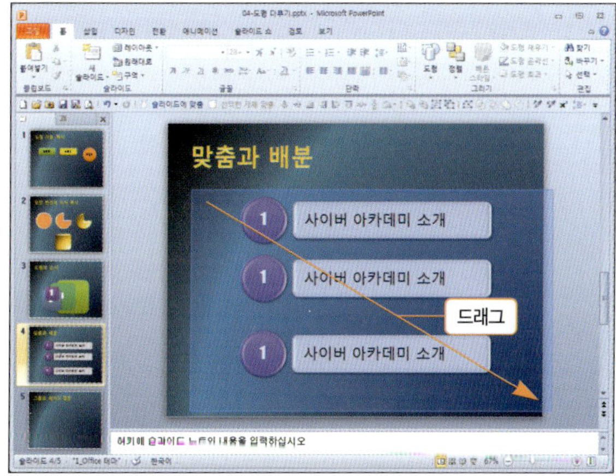

4 간격을 조정하기 위해 [그리기 도구]-[서식] 탭의 [정렬] 그룹에서 '맞춤' 아이콘(을 누른 다음 [세로 간격을 동일하게]를 선택합니다.

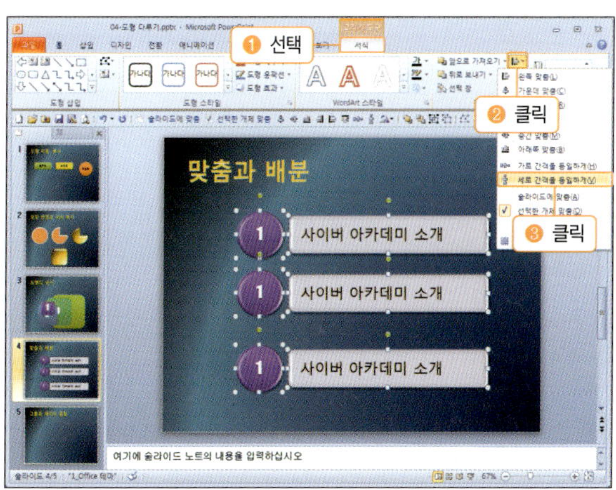

5 결과가 생각한 것과는 다르게 되었습니다. 파워포인트에서 맞춤은 개체별로 적용됩니다. 파워포인트는 선택된 여섯 개 도형의 세로 간격을 조정한 것입니다. [빠른 실행 도구 모음]에 '작업 취소' 아이콘(↶)을 눌러서 이전 작업을 취소합니다.

> **Tip** · Ctrl + Z 를 눌러도 이전 작업을 취소할 수 있습니다.

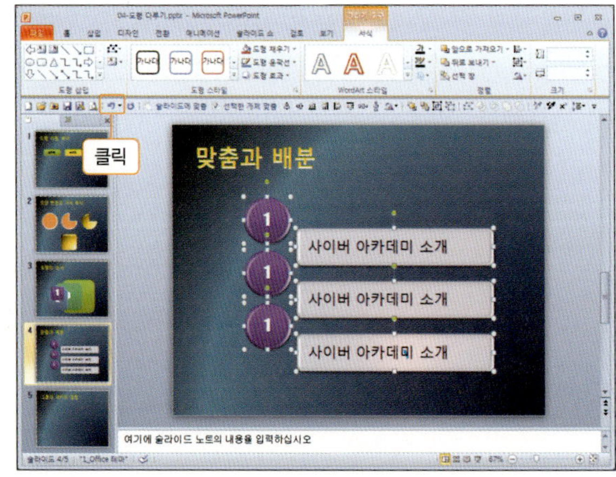

6 한 묶음의 번호와 내용을 선택하고, [홈] 탭의 [그리기] 그룹에서 '정렬' 아이콘(🔳)을 누른 다음 [개체 그룹] 항목에서 [그룹]을 선택합니다.

> **Tip** · 그룹 단축키 : Ctrl + G

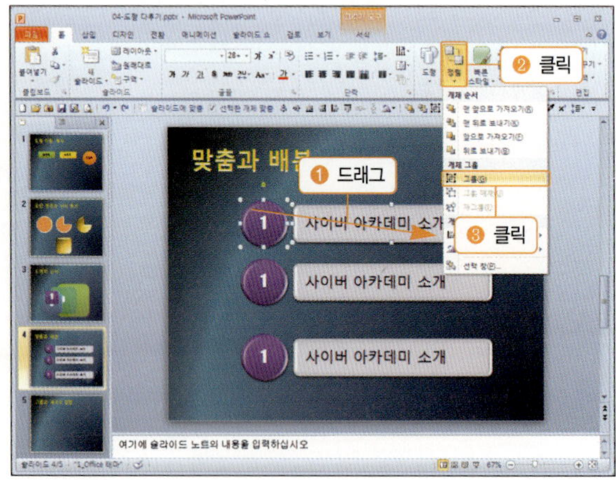

7 같은 방법으로 나머지 도형도 두 개씩 그룹으로 만듭니다.

> **Tip** · 복사한 다음 그룹화하는 작업을 했기 때문에 그룹 작업을 세 번이나 했습니다. 동일한 형태의 도형을 복사한다면 필요한 글꼴 관련 서식이나 그룹을 만들고 복사하여 작업 시간을 단축할 수 있습니다.

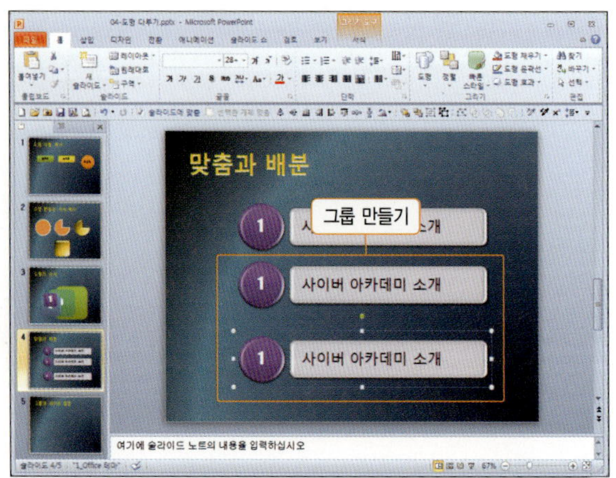

8 간격을 조정하기 위해 모든 도형을 드래그하여 선택하고 [그리기 도구]–[서식] 탭의 [정렬] 그룹에서 '맞춤' 아이콘( )을 누른 다음 [세로 간격을 동일하게]를 선택합니다.

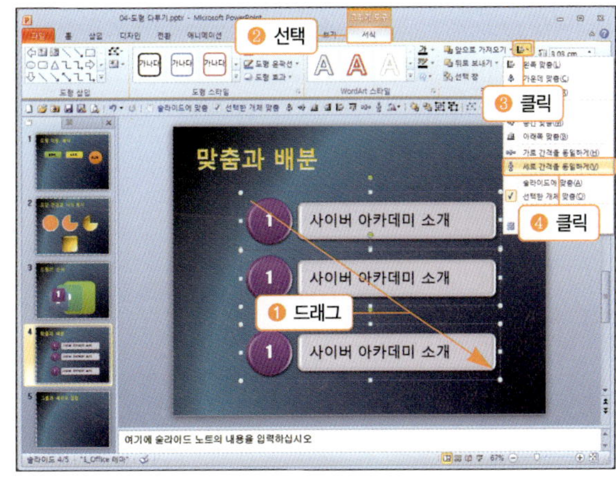

9 개체의 세로 간격이 조정되었습니다. 개체를 슬라이드의 가운데로 맞추기 위해 [그리기 도구]–[서식] 탭의 [정렬] 그룹에서 '맞춤' 아이콘( )을 누르고 [슬라이드에 맞춤]에 체크 표시하여 정렬할 기준을 슬라이드로 지정합니다.

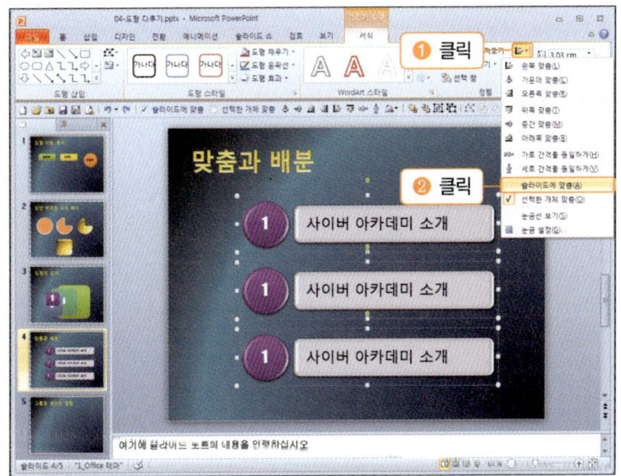

10 [그리기 도구]–[서식] 탭의 [정렬] 그룹에서 '맞춤' 아이콘( )을 누른 다음 [가운데 맞춤]을 선택합니다.

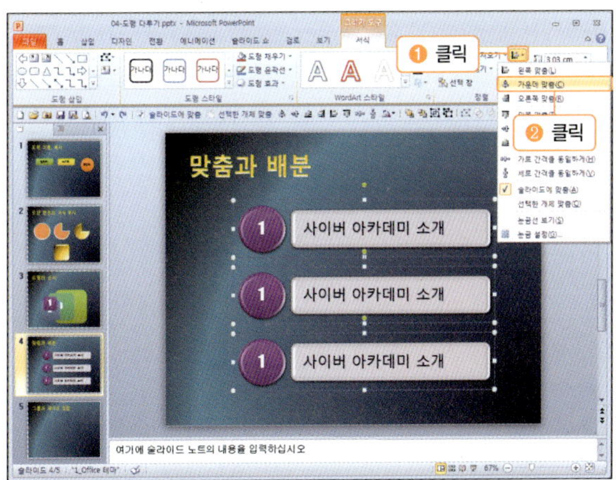

[그리기 도구]-[서식] 탭의 [정렬] 그룹에서 '맞춤' 아이콘()을 누르거나, [홈] 탭의 [그리기] 그룹에서 '정렬' 아이콘()을 누르면 맞춤 명령을 사용할 수 있습니다.

1. 맞춤이나 배분 작업의 순서

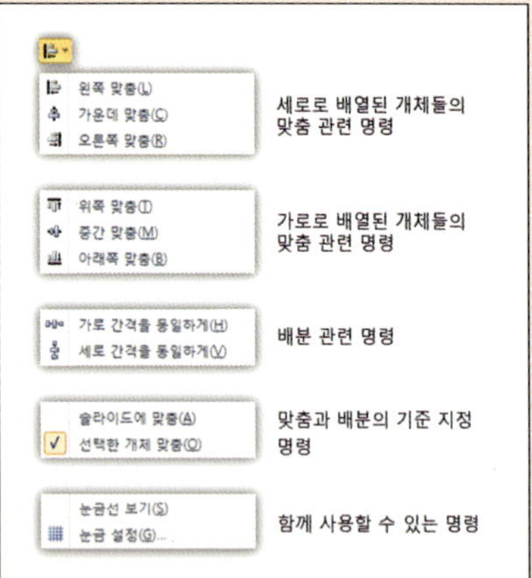

❶ 선택 : 정렬하려는 개체들을 선택합니다. 개체를 선택하지 않으면 명령도 활성화되지 않습니다.

❷ 기준 지정 : 맞춤이나 배분을 할 때는 무엇을 '기준'으로 하는지가 중요합니다. 정렬을 하고자 선택한 개체들끼리 맞출 것인지, 전체 슬라이드의 크기를 기준으로 슬라이드의 왼쪽, 오른쪽, 가운데, 위, 아래, 중간에 맞출 것인지를 선택합니다.

❸ 맞춤이나 배분 : 개체의 위치를 맞추려면 '맞춤'에 해당하는 명령을, 개체 사이의 간격을 조정하려면 '배분'에 해당하는 명령을 선택합니다.

2. 배분 명령을 사용하기 위한 개체의 개수

배분 관련 명령은 개체가 적어도 세 개 이상 선택되어야 활성화됩니다. 세로든 가로든 간격이라는 의미는 개체가 세 개 이상은 되어야 의미가 있기 때문입니다.

3. 개체가 하나만 선택된 경우

맞춤과 배분의 기준이 자동으로 [슬라이드에 맞춤]으로 선택됩니다. 한 개의 개체를 맞추는 방법은 슬라이드를 기준으로 하는 방법 밖에 없습니다.

4. [선택한 개체를 기준]으로 맞춤이나 배분을 할 경우

기준으로 삼을 개체를 원하는 위치로 이동하면 그 개체를 기준으로 왼쪽, 오른쪽, 위, 아래, 가운데, 중간 등이 상대적으로 정해집니다. 그 다음에 정렬하려는 개체들을 모두 선택하고 정렬하면 됩니다. 배분이라면 가장 위와 아래, 왼쪽과 오른쪽 두 개의 개체로 기준 위치를 지정합니다.

5. 맞춤 후 개체가 한쪽으로 몰린 경우

세로로 배열된 개체들을 가로 맞춤하거나, 가로로 배열된 개체들을 세로 맞춤했을 때입니다. Ctrl + Z 를 누르거나 [빠른 실행 도구 모음]에 등록된 '취소' 아이콘()을 눌러서 실행 취소한 다음 다시 작업합니다.

7 그룹과 셰이프 결합 이용하기

여러 개의 개체들에 대한 이동, 회전, 맞춤, 복사 등의 작업을 편리하게 하기 위해서는 그룹으로 묶어 관리하는 것이 좋습니다. 파워포인트 2010부터는 셰이프 결합 기능이 추가되어 더욱 다양하게 도형을 활용할 수 있습니다.

1 '도형다루기.pptx' 파일의 다섯 번째 슬라이드를 선택합니다. 슬라이드에 있는 개체 중 위쪽의 두 개를 선택합니다.

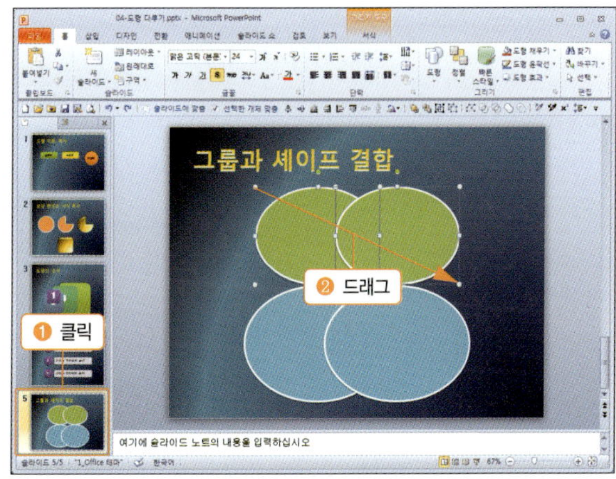

2 [홈] 탭의 [그리기] 그룹에서 '정렬' 아이콘(□)을 누른 다음 표시되는 메뉴에서 [그룹]을 선택합니다.

> *Tip* • [그리기 도구]-[서식] 탭의 [정렬] 그룹에서 '그룹' 아이콘(□)을 누르고 표시되는 메뉴에서 [그룹]을 선택하거나, 선택된 도형들 중에 임의에 도형을 마우스 오른쪽 버튼으로 누른 다음 표시되는 바로 가기 메뉴에서 [그룹]-[그룹]을 선택해도 그룹 명령을 실행할 수 있습니다.

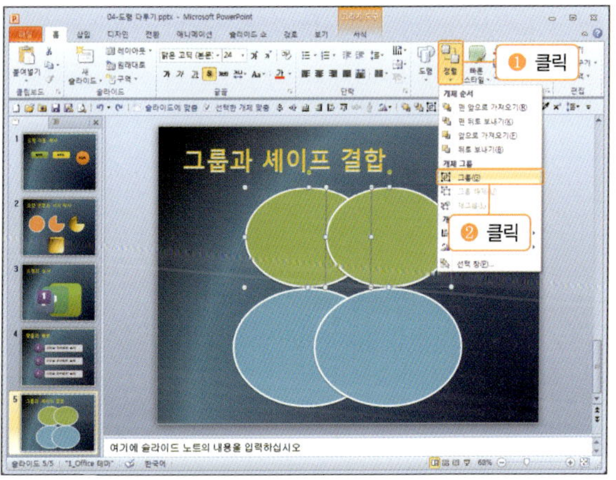

3 그룹으로 지정된 도형들이 같이 이동되는 것을 확인합니다.

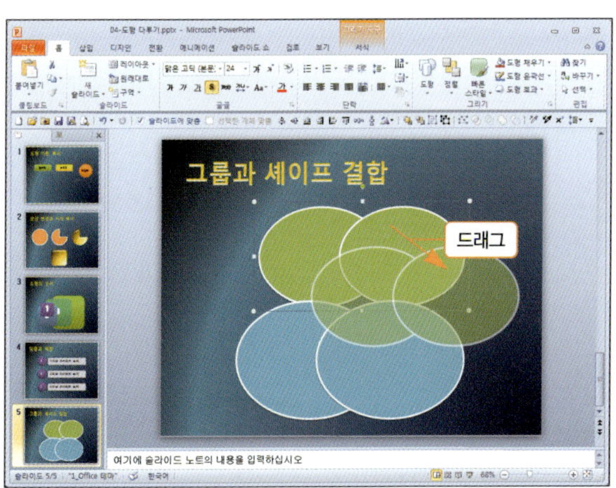

4 그룹을 해제하기 위해 [홈] 탭의 [그리기] 그룹에서 '정렬' 아이콘(█)을 누른 다음 표시되는 메뉴에서 [그룹 해제]를 선택합니다.

> *Tip* • [그리기 도구]─[서식] 탭의 [정렬] 그룹에서 '그룹' 아이콘(█)을 누르고 표시되는 메뉴에서 [그룹 해제]를 선택하거나, 선택된 도형들 중에 임의에 도형을 마우스 오른쪽 버튼으로 누른 다음 표시되는 바로 가기 메뉴에서 [그룹]─[그룹 해제]를 선택해도 그룹 해제 명령을 실행할 수 있습니다.

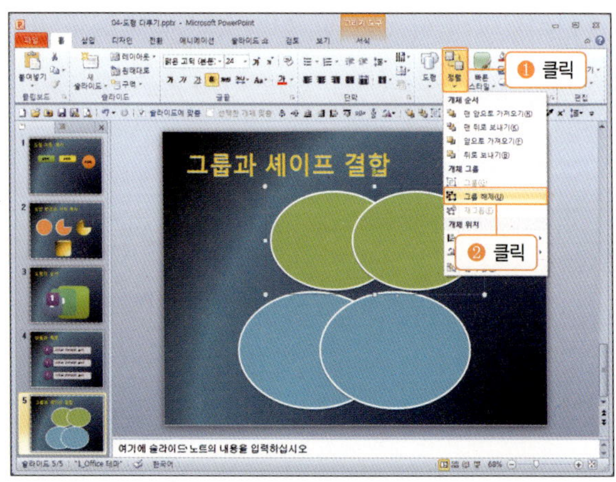

5 선택을 해제하기 위해 슬라이드 빈 영역을 한 번 누르고, 그룹 해제된 도형을 하나 선택합니다. 분리되어 움직이는 도형을 확인합니다.

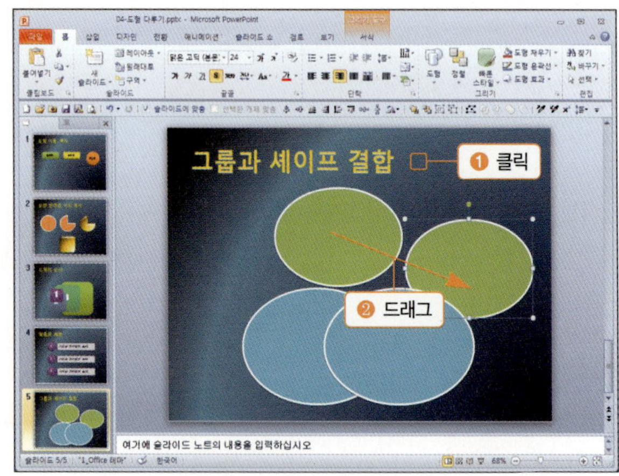

6 Ctrl + Z 를 눌러 이전 과정에서 이동한 작업을 취소하고, [홈] 탭의 [그리기] 그룹에서 '정렬' 아이콘(█)을 누른 다음 표시되는 메뉴에서 [재그룹]을 선택합니다. 한 번 그룹으로 만들어진 개체들이 자동으로 다시 묶어집니다.

> *Tip* • [그리기 도구]─[서식] 탭의 [정렬] 그룹에서 '그룹' 아이콘(█)을 누르고 표시되는 메뉴에서 [재그룹]을 선택하거나, 선택된 도형들 중에 임의에 도형을 마우스 오른쪽 버튼으로 누른 다음 표시되는 바로 가기 메뉴에서 [그룹]─[재그룹]을 선택해도 재그룹 명령을 실행할 수 있습니다.

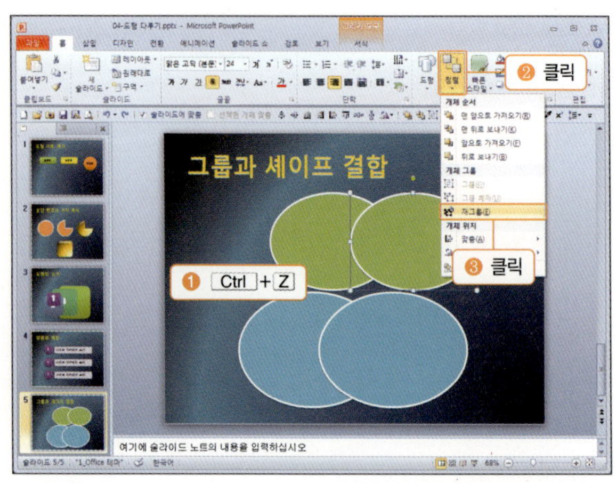

7 가로세로 비율을 유지하기 위해 [Shift]를 누른 상태에서 그룹 개체의 모서리에 있는 크기 조절점(○)을 안쪽으로 드래그합니다. 그룹에 있는 개체들이 모양은 유지한 채 크기가 함께 조정되는 것을 확인합니다.

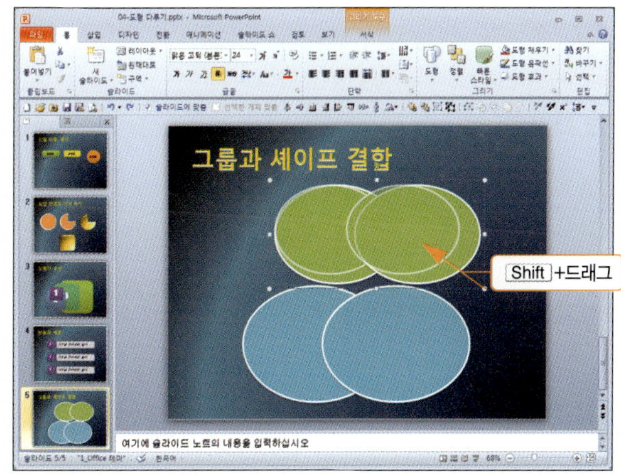

8 그룹 개체가 선택된 상태에서 왼쪽의 도형을 눌러 그룹 중 특정 개체만 선택합니다.

> **Tip** · 그룹이 선택된 상태에서 포함된 도형을 다시 누르면 하나의 도형만 선택되고 그룹의 테두리도 편집 상태로 점선으로 표시됩니다.

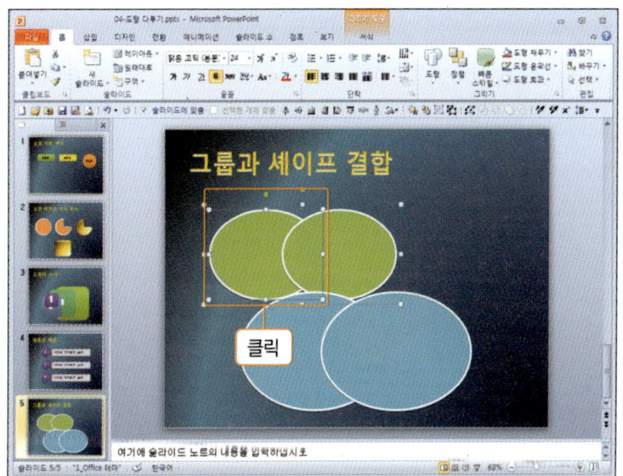

9 [홈] 탭의 [그리기] 그룹에서 '빠른 스타일' 아이콘(▧)을 누르고 표시되는 갤러리에서 [색 채우기–자주, 강조 4]를 선택합니다.

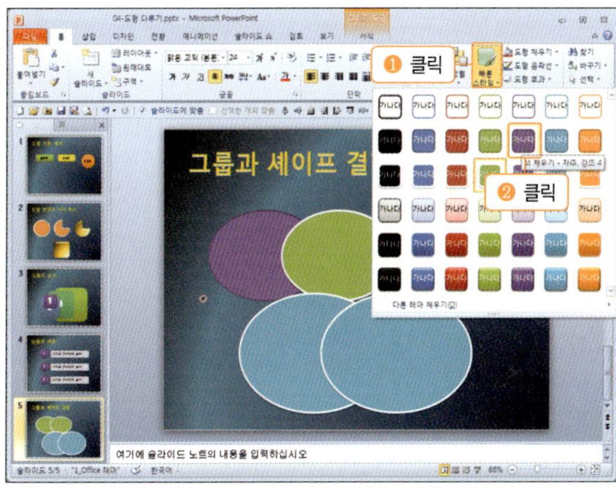

10 그룹으로 표현하지 못하는 것을 셰이프 결합으로 표현하겠습니다. 아래쪽 두 개의 도형을 선택합니다.

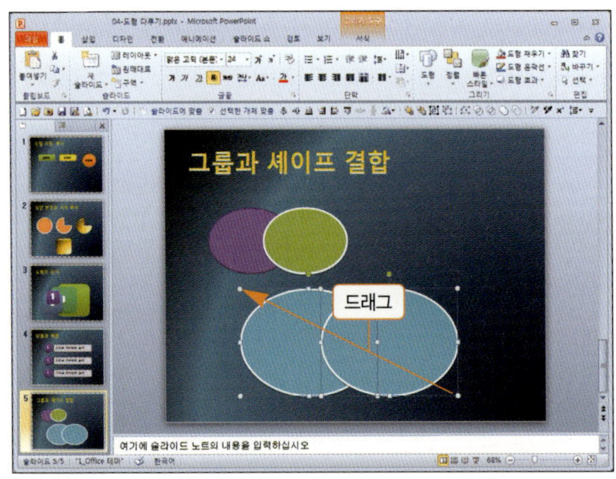

11 [빠른 실행 도구 모음]에 등록해 놓은 '셰이프 병합' 아이콘(◯)을 누릅니다. 셰이프 병합된 도형은 그룹으로 묶은 것과는 다르게 완전한 하나의 도형입니다. 셰이프 결합 기능으로 묶여진 도형은 해제 기능이 없습니다. 해제하려면 Ctrl+Z를 눌러 적용한 작업을 취소합니다.

> *Tip* · 셰이프 결합을 하려면 도형에 텍스트가 입력되기 전에 합니다. 결합한 다음 텍스트를 입력하세요.

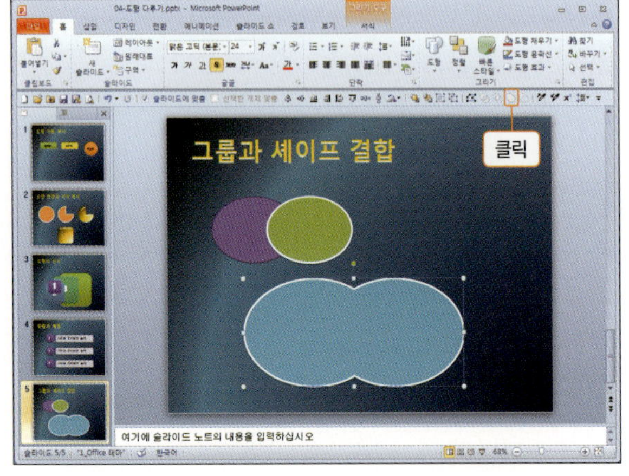

꼭! 알고가기 ▽ 그룹에서 채우기와 일반 채우기의 차이 알아보기

그룹에서 특정 도형만 선택하여 텍스트 삽입, 색상, 크기, 위치 등을 변경할 수 있으며 삭제할 수도 있습니다.

그룹을 선택하고 그림을 채운 경우	그룹 중 특정 도형을 선택하고 그림을 채운 경우
그림 하나가 도형에 연결되어 채워짐	각 도형마다 그림이 채워짐

12 셰이프 기능과 그룹 기능을 활용하면 다양한 도형을 표현할 수 있습니다.

결과	방법
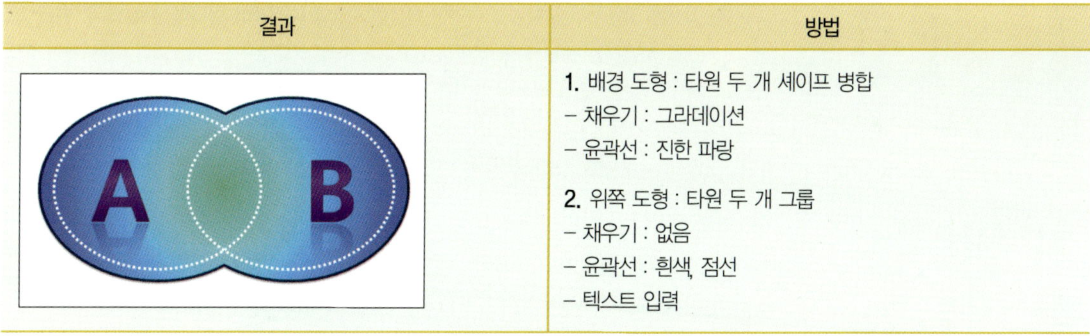	1. 배경 도형 : 타원 두 개 셰이프 병합 – 채우기 : 그라데이션 – 윤곽선 : 진한 파랑 2. 위쪽 도형 : 타원 두 개 그룹 – 채우기 : 없음 – 윤곽선 : 흰색, 점선 – 텍스트 입력

꼭! 알고가기 ▼ 셰이프 병합 명령을 [빠른 실행 도구 모음]에 추가하기

[빠른 실행 도구 모음]에 셰이프 결합 관련 명령들은 '리본 메뉴에 없는 명령'에서 추가합니다.

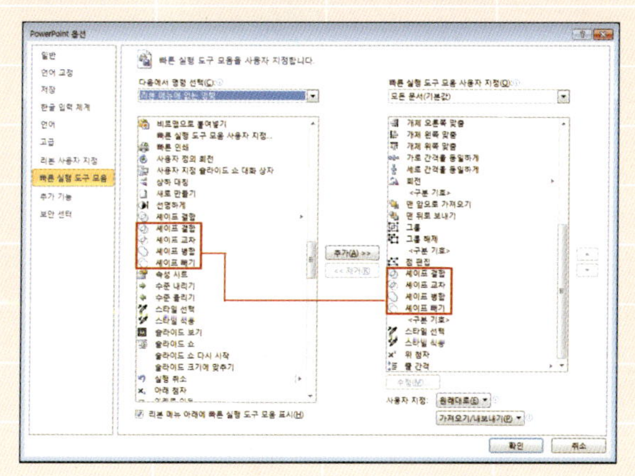

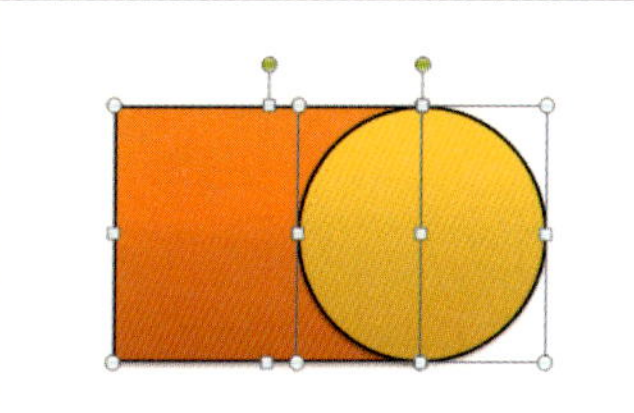

셰이프 결합	셰이프 교차	셰이프 병합	셰이프 빼기
먼저 그린 도형의 서식이 적용되고, 교집합 부분은 삭제됩니다.	먼저 그린 도형의 서식이 적용되고, 교집합 부분만 남습니다.	먼저 그린 도형의 서식이 적용되고, 합집합 부분이 하나의 도형으로 됩니다.	먼저 그린 도형의 서식이 적용되고, 나중에 그린 도형의 부분을 제거합니다.

내가 **원하는** **도형** 만들기

도형을 좀 더 자유롭게 사용하려면 기본적으로 제공되는 형태만으로는 부족할 때가 있습니다. 직접 그리거나 그려진 도형을 편집하는 것도 필요합니다.

자유형 도형으로 원하는 형태를 만들고 점 편집으로 모양을 수정하는 방법을 알아보겠습니다.

자유형 도형 그리기

곡선과 직선을 이용하여 도형을 그리려면 자유형 도형을 사용해야 합니다. 자유형 도형으로 곡선과 직선을 사용하는 방법 등을 알아보겠습니다. 자유형 도형으로 선을 그린 다음 서식 작업을 하여 둥근 점선을 만들거나 끝 종류를 지정할 수 있습니다.

• 소스 파일 : Part04\도형(자유형).pptx   • 결과 파일 : Part04\도형(자유형)_완성.pptx

1 [홈] 탭의 [그리기] 그룹에서 '도형' 아이콘()을 누르거나 '자세히' 버튼()을 누르고, [선] 항목에서 [자유형()]을 선택합니다.

2 슬라이드의 아무 곳이나 누른 다음 드래그하여 원하는 물결 모양을 그립니다.

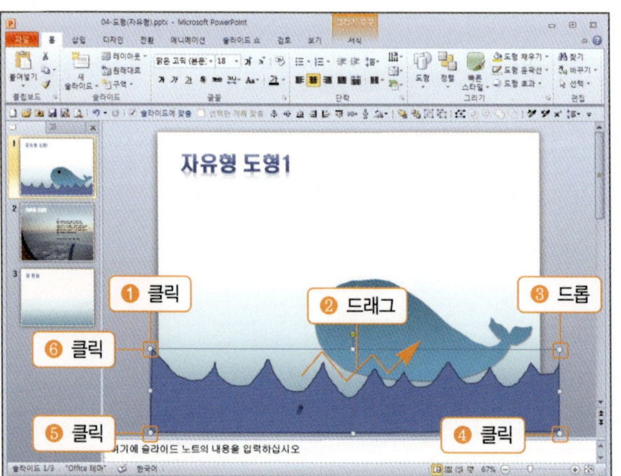

3 고래 위에 물줄기를 그리겠습니다. [홈] 탭의 [그리기] 그룹에서 '도형' 아이콘( )을 누르거나 '자세히' 버튼( )을 누르고 [선] 항목에서 [자유형( )]을 선택합니다.

4 드래그해서 물줄기를 그립니다. 도형 작성을 끝내려면 Esc 를 누르거나 더블클릭합니다.

> **Tip** 시작점과 끝점이 만나 닫히면 면으로 인식해서 도형에 색이 채워집니다. 시작점과 끝점이 만나지 못해 열린 도형을 닫힌 도형으로 만들려면 '점 편집' 상태에서 '경로 닫기' 명령을 실행합니다.

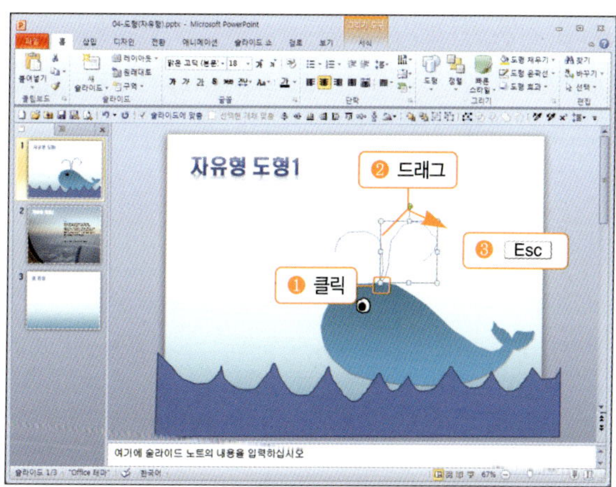

꼭! 알고가기 ▼ 자유형 선 그리기

- **곡선을 그리려면** : 드래그
- **직선을 그리려면** : 시작 위치를 누른 다음 드래그하지 않고 다른 위치로 포인터를 이동한 다음 다시 누릅니다. 즉 누른 점과 점 사이를 직선으로 드리게 되는 것입니다.

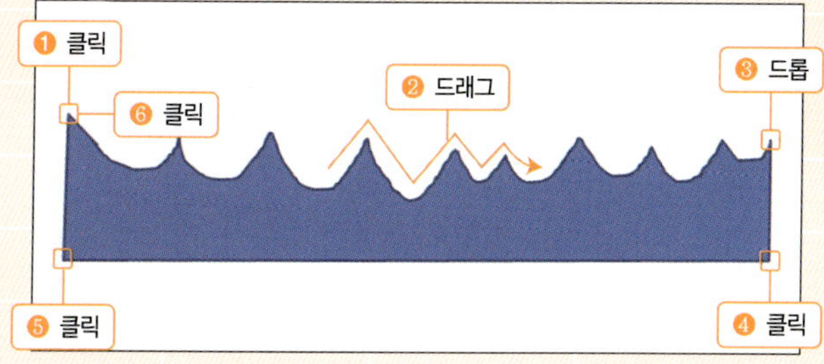

5 삽입된 물줄기와 파도에 서식 작업을 합니다. 예제에서는 물줄기의 '너비'를 '3pt', '대시 종류'를 '둥근 점선', 파도에는 그라데이션 채우기와 그림자 서식을 주었습니다.

> *Tip* • 그린 도형을 마우스 오른쪽 버튼으로 누른 다음 [도형 서식]을 실행하면 [도형 서식] 대화상자를 표시할 수 있습니다.

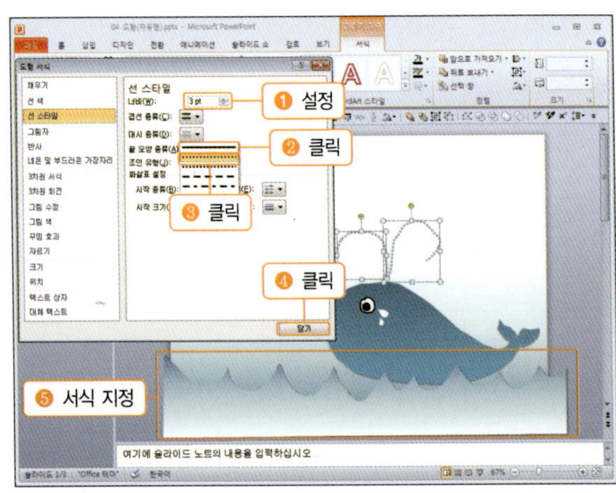

6 두 번째 슬라이드의 텍스트 부분에 테두리 장식을 하겠습니다. [홈] 탭의 [그리기] 그룹에서 '도형' 아이콘(🔲)을 누르거나 '자세히' 버튼(🔽)을 누르고, [선] 항목에서 [자유형(🔾)]을 선택합니다.

7 텍스트를 둘러싸는 형태로 열린 모양의 선을 그리고 더블클릭하여 선 그리기를 마칩니다. 삽입된 열린 도형의 서식을 지정하겠습니다. 열린 도형은 선으로 인식되기 때문에, [그리기 도구]-[서식] 탭의 [도형 스타일] 그룹에서 '자세히' 버튼(🔽)을 누르면 선에 관한 스타일만 제시됩니다.

> *Tip* • 정확하게 거리를 맞추기 위해 화면에 '눈금선'을 표시하면 편리합니다.

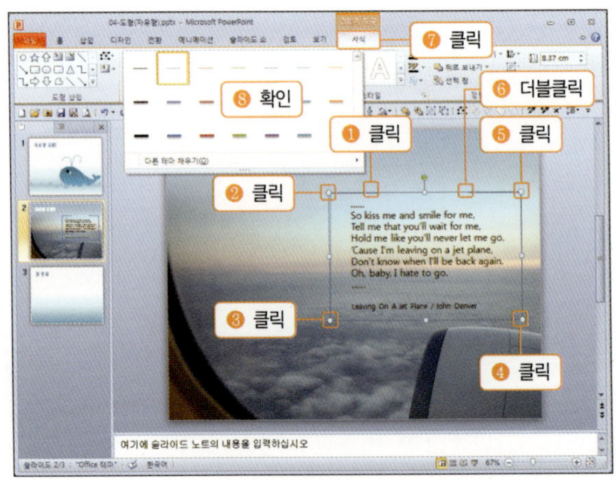

8 [그리기 도구]–[서식] 탭의 [도형 스타일] 그룹에서 오른쪽 아랫부분에 '창 표시' 버튼(🔲)을 눌러 [도형 서식] 대화상자를 표시합니다.

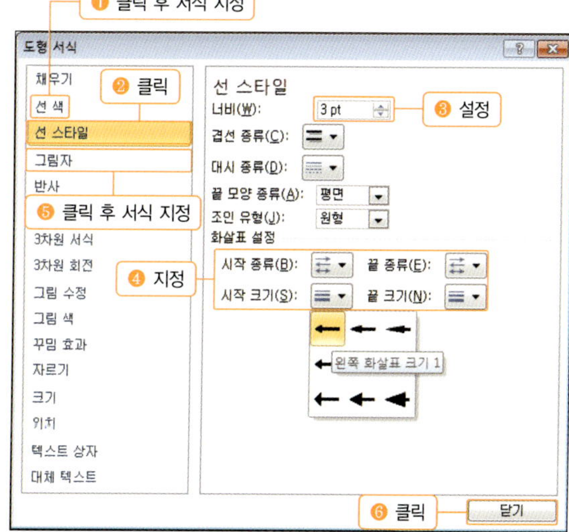

9 [선 색] 메뉴를 누르고 '선 색'을 '흰색'으로 지정합니다. [선 스타일] 메뉴를 누르고 '너비'를 '3pt', [화살표 설정] 항목에서 '시작 종류'를 '타원 화살표', '끝 종류'를 '타원 화살표', '시작 크기'를 '왼쪽 화살표 크기 1', '끝 크기'를 '오른쪽 화살표 크기 1'로 지정합니다. [그림자] 메뉴를 누르고 '미리 설정'을 [바깥쪽] 항목에서 [오프셋 가운데]로 지정하고 〈닫기〉 버튼을 누릅니다.

10 자유형으로 다양한 도형 작업을 할 수 있습니다.

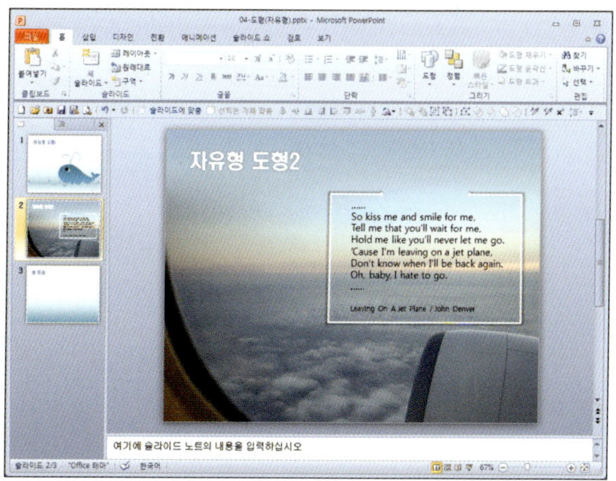

일반 도형이나 자유형으로 그린 도형은 정점을 편집할 수 있으며, '점 편집'을 이용하면 점을 추가하거나 삭제하면서 원하는 모양으로 변경할 수 있습니다. 이전 버전에서는 자유형으로 변환을 먼저 해야 했지만 파워포인트 2010에서는 바로 '점 편집'을 할 수 있습니다.

1 자유형으로 그린 도형은 그림과 같이 점들로 이루어졌습니다. 일반 도형을 편집하려면 이전 버전에서는 자유형으로 변환 작업을 했어야 합니다. 하지만 파워포인트 2010에서는 바로 [점 편집]이 가능합니다.

2 '도형(자유형).pptx' 파일의 세 번째 슬라이드를 선택합니다. [홈] 탭의 [그리기] 그룹에서 '도형' 아이콘( )을 누르거나 '자세히' 버튼( )을 누르고, [직사각형( )]을 선택한 다음 슬라이드에 적당한 크기로 드래그하여 삽입합니다.

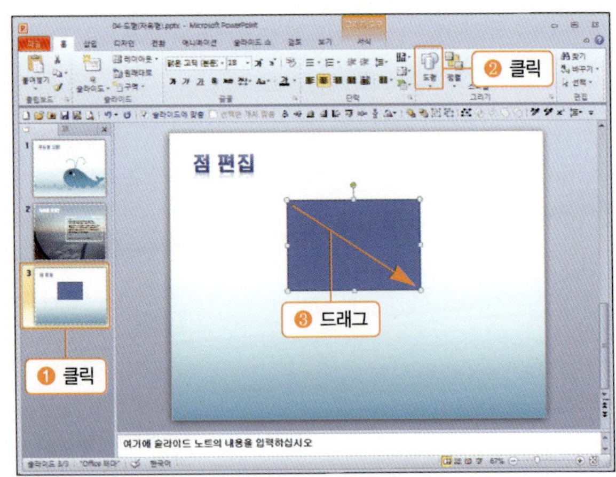

3 [그리기 도구]-[서식] 탭의 [도형 삽입] 그룹에서 '도형 편집' 아이콘( )을 누르고, [점 편집]을 선택합니다.

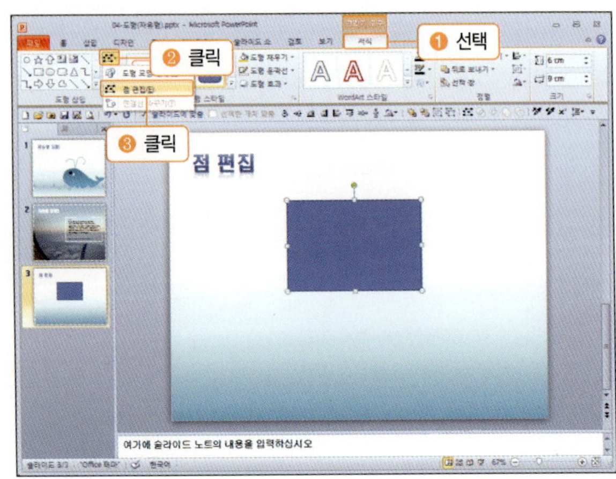

4 '점 편집' 상태가 되면 도형에 있는 정점이 표시됩니다. 정점 위에 마우스 포인터가 ⊕ 상태가 되었을 때 드래그하면 위치를 이동할 수 있습니다.

> **Tip ·** 마우스 포인터가 ⊕ 상태일 때 드래그하면 점이 추가됩니다.

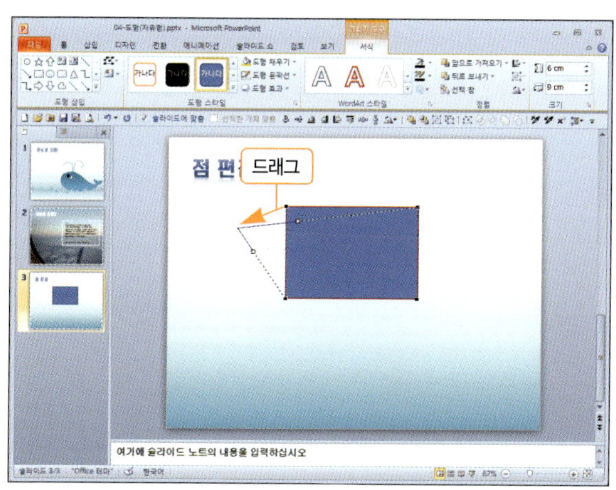

5 점이나 선분을 마우스 오른쪽 버튼으로 누르면 표시되는 바로 가기 메뉴에서 여러 가지 관련 명령을 적용할 수 있습니다.

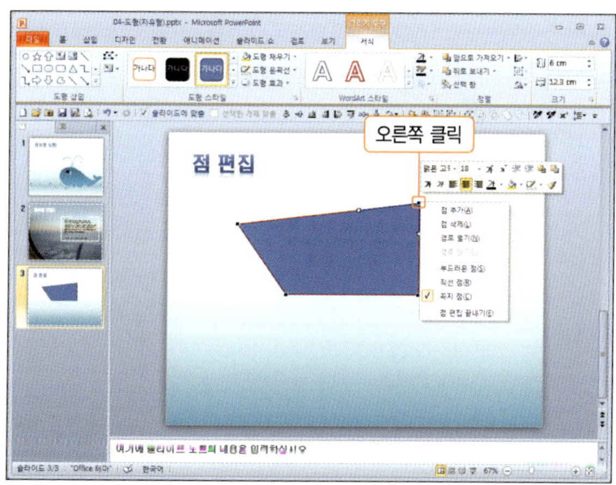

꼭! 알고가기 ▼ 점 편집 상태의 마우스 포인터 모양 알아보기

⊕ 선 위에서 마우스 포인터 모양	⊕ 점 위에서 마우스 포인터 모양
• 클릭하면 점이 추가됩니다. • 점을 추가하거나, 열린 경로를 열고 닫거나, 선의 종류를 변경할 수 있습니다.	• 클릭하면 점이 선택됩니다. • 점을 추가하고, 삭제하거나, 열린 경로를 열고 닫거나, 점의 종류를 변경할 수 있습니다.
점 추가(A) 세그먼트 삭제(L) 경로 열기(N) 경로 닫기(L) 직선 세그먼트(S) 곡선 세그먼트(C) 점 편집 끝내기(E) ▲ 선 위에서 바로 가기 메뉴	점 추가(A) 점 삭제(L) 경로 열기(N) 경로 닫기(L) 부드러운 점(S) 직선 점(R) ✓ 꼭지 점(C) 점 편집 끝내기(E) ▲ 점 위에서 바로 가기 메뉴

6 사각형이 선택된 채 Delete 를 눌러 연습한 사각형 도형을 삭제합니다. [홈] 탭의 [그리기] 그룹에서 '도형' 아이콘()을 누르거나 '자세히' 버튼()을 누르고, [별 및 현수막] 항목에서 [포인트가 5개인 별()]을 선택합니다.

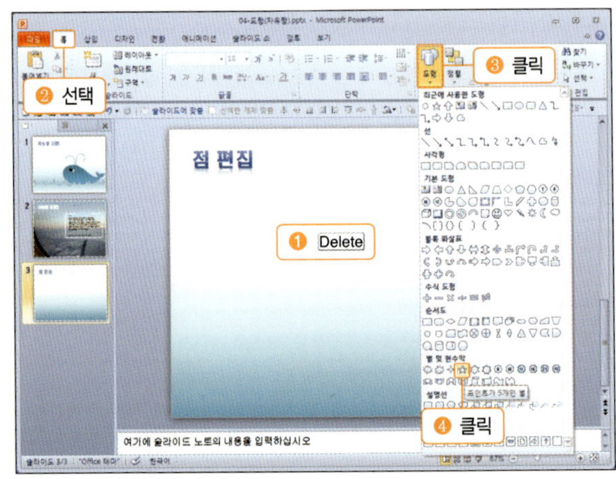

7 드래그하여 슬라이드에 적당한 크기로 삽입합니다. [그리기 도구]–[서식] 탭의 [도형 삽입] 그룹에서 '도형 편집' 아이콘()을 누르고, [점 편집]을 선택합니다.

> *Tip* • 도형 위에서 마우스 오른쪽 버튼을 누르면 표시되는 바로 가기 메뉴에서 [점 편집]을 선택해도 됩니다.

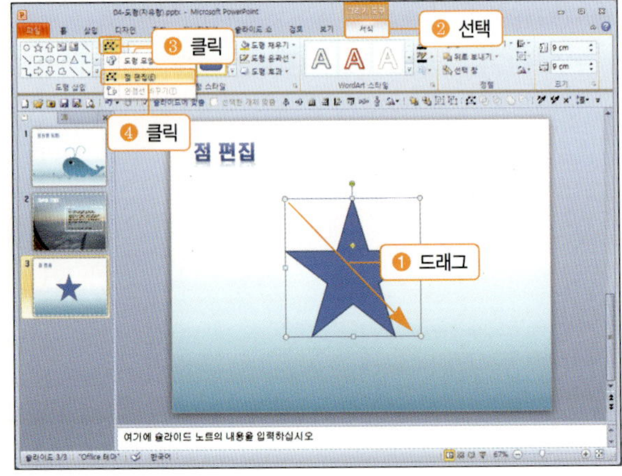

8 도형이 점 편집 상태가 되었습니다. 작업하기 편리하도록 상황 표시줄에서 화면 비율을 누른 다음 '200%'를 선택하고 〈확인〉 버튼을 누릅니다.

9 도형의 검은색 점(■)을 누르면 점마다 두 개의 선과 흰색 점(□)이 표시됩니다. 이 선과 흰색 점은 방향선과 방향점입니다. 방향점의 위치와 선의 길이에 따라 선분의 모양이 달라집니다. 별모양을 곡선으로 만들기 위해 검은색 점을 누르고 표시되는 방향점을 바깥쪽으로 드래그합니다.

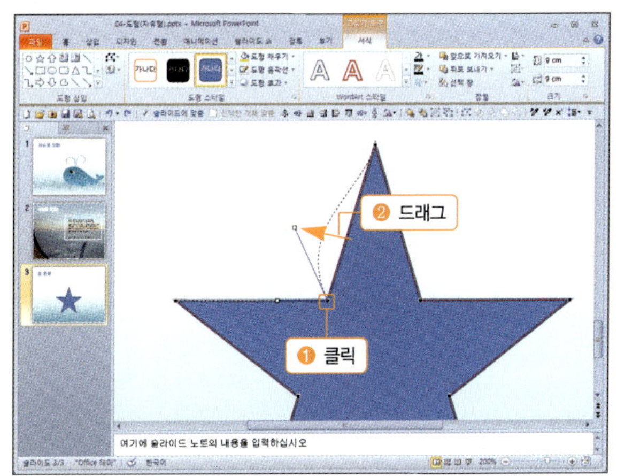

10 별 도형의 나머지 안쪽 꼭짓점 네 군데를 모두 같은 방법으로 곡선 처리합니다.

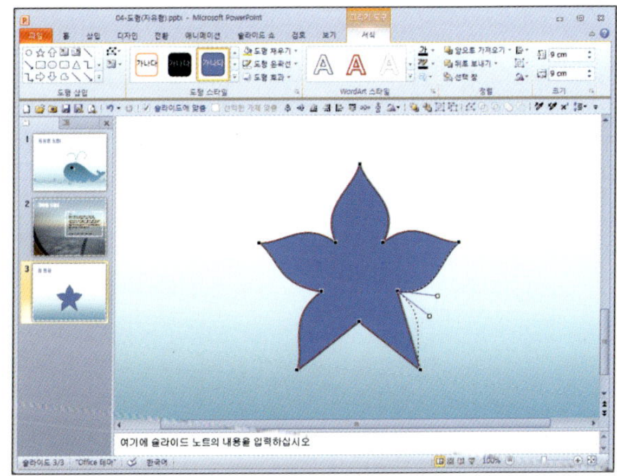

11 모양이 곡선으로 만들어졌으면 [홈] 탭의 [그리기] 그룹에서 '빠른 스타일' 아이콘(▨)을 눌러 원하는 스타일을 적용합니다. 복사해서 크기를 조정해도 됩니다.

인상적인 프레젠테이션을 위한 그림 활용하기

복잡한 화면은 청중의 주의를 집중시키기 어렵습니다. 많은 내용은 간략하게 정리하고 나머지는 발표자가 설명하는 것이 좋습니다. 정보를 제공하는 여러 방법 중 그림에 의한 표현은 간결하면서도 강력하게 의사를 전달할 수 있습니다. 내용을 쉽고 인상적으로 표현하는데 도움을 주는 그림의 삽입 방법과 다양한 그림 자료를 다루는 방법, 포토샵 없이도 훌륭한 이미지 작업을 할 수 있는 향상된 그림 기능을 살펴보겠습니다.

PART

Microsoft Office PowerPoint 2010

05

Section 01 그림 자료 기본 사용법 익히기

Section 02 포토샵이 필요 없는 강력해진 그림 기능 활용하기

Section 03 여러 장의 그림을 이용한 슬라이드 빠르게 만들기

그림 자료
기본 사용법
익히기

파워포인트 2010에서는 사용자가 직접 촬영하거나 준비한 사진이나 그림, 혹은 클립 아트로 검색한 그림, 파워포인트의 스크린 샷 기능으로 화면을 캡처한 그림 등을 삽입할 수 있습니다.

준비한 그림 파일 삽입하기

그림을 슬라이드에 삽입하고 삭제하는 방법을 알아보겠습니다. 주의할 점은 내용에 맞는 그림을 삽입하는 것이 가장 중요하다는 것입니다. 단지 멋있다는 이유로 내용과 관련 없는 그림을 삽입한다면 청중들에게 제공되는 정보를 혼돈스럽게 할 뿐입니다.

· 소스 파일 : Part05\그림(기본).pptx, img_001.jpg, img_002.jpg　　· 결과 파일 : Part05\그림(기본)_완성.pptx

1 Part05 폴더에서 '그림(기본).pptx' 파일을 불러오고 [삽입] 탭의 [이미지] 그룹에서 '그림' 아이콘(　)을 누릅니다.

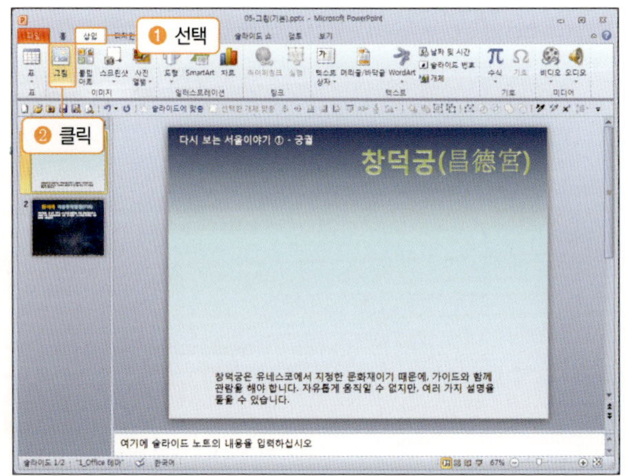

2 [그림 삽입] 대화상자가 표시되면 Part05 폴더에 있는 'img_002.jpg' 파일을 선택하고 〈삽입〉 버튼을 누릅니다.

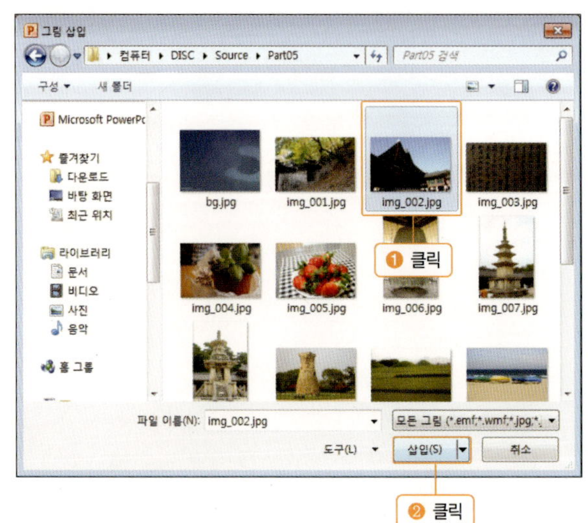

3 삽입된 그림을 적당한 크기로 조절합니다. 이미지의 가로세로 배율을 유지하면서 크기 조절을 하려면 Shift 를 누른 채 모서리의 크기 조절점(○)을 드래그합니다.

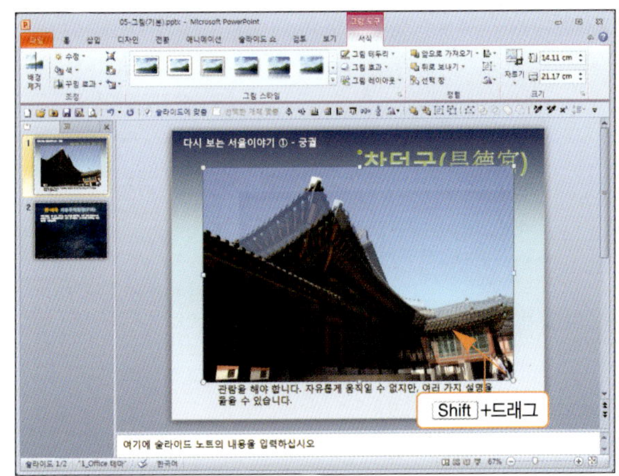

4 [그림 도구]-[서식] 탭의 [그림 스타일] 그룹에서 '자세히' 버튼(▼)을 누르고, [회전, 흰색]을 선택합니다.

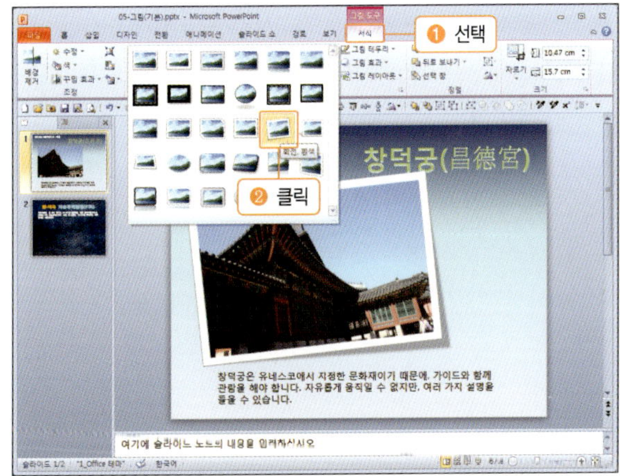

꼭! 알고가기 ▼ 그림 삽입 유형 알아보기

파워포인트 2010에서 그림은 기본적으로 프레젠테이션 문서에 포함됩니다. 만약 그림을 파일에 연결하여 관리하려면 [그림 삽입] 대화상자에서 〈삽입〉 버튼의 ▼부분을 누르고 [파일에 연결] 또는 [삽입 및 연결]을 선택합니다.

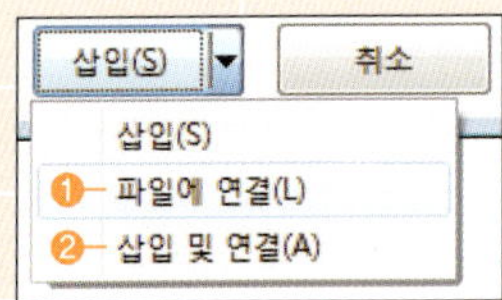

❶ **파일에 연결** : 그림을 연결합니다. 원본 그림이 수정되면 수정된 결과가 반영되고, 원본 그림이 없으면 그림이 표시되지 않습니다.

❷ **삽입 및 연결** : 그림을 삽입과 함께 연결합니다. 원본 그림이 수정되면 수정된 결과가 반영되고, 원본이 없어도 그림이 표시됩니다.

삽입   삽입 및 연결   파일에 연결

5 삽입된 그림을 [Ctrl]을 누른 채 드래그하여 그림을 하나 더 복사합니다.

6 [Shift]를 누른 채 모서리의 크기 조절점(◎)을 드래그하여 크기를 작게 조절합니다.

7 작은 그림 위쪽의 회전 조절점(●) 위에 마우스 포인터를 위치시키고 마우스 포인터가 ● 모양으로 변하면 드래그해서 회전합니다.

8 작은 그림의 이미지를 변경하기 위해 작은 그림이 선택된 채로 [그림 도구]–[서식] 탭의 [조정] 그룹에서 '그림 바꾸기' 아이콘(▣)을 누릅니다.

9 [그림 삽입] 대화상자가 표시되면 Part05 폴더에 있는 'img_001.jpg' 파일을 선택하고 〈삽입〉 버튼을 누릅니다.

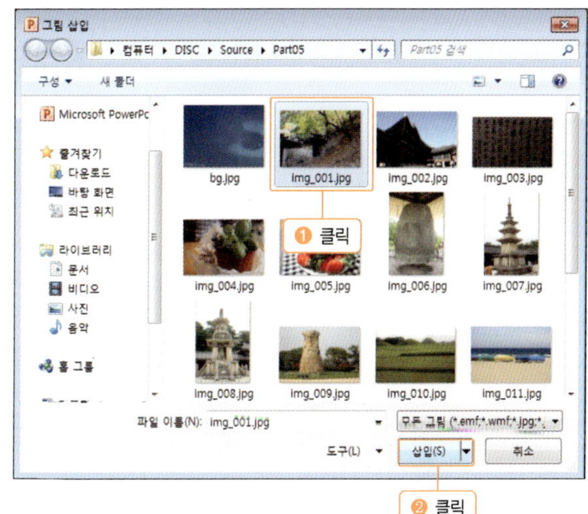

10 그림이 변경된 것을 확인합니다. 그림을 직접 삽입할 수도 있고 삽입한 그림을 변경할 수도 있습니다.

> **Tip** • '그림 바꾸기' 아이콘(▣)은 크기와 정렬 방식을 그대로 유지하면서 삽입한 사진을 다른 사진으로 바꿀 수 있습니다.

내용에 맞게 준비한 그림이 없다면 클립 아트를 검색해서 사용할 수 있습니다. 슬라이드에 클립 아트를 삽입하고, 삭제하는 방법과 원하는 클립을 Microsoft Office Online에서 검색하는 방법을 알아보겠습니다.

1 두 번째 슬라이드를 선택하고 [삽입] 탭의 [이미지] 그룹에서 '클립 아트' 아이콘( )을 누릅니다.

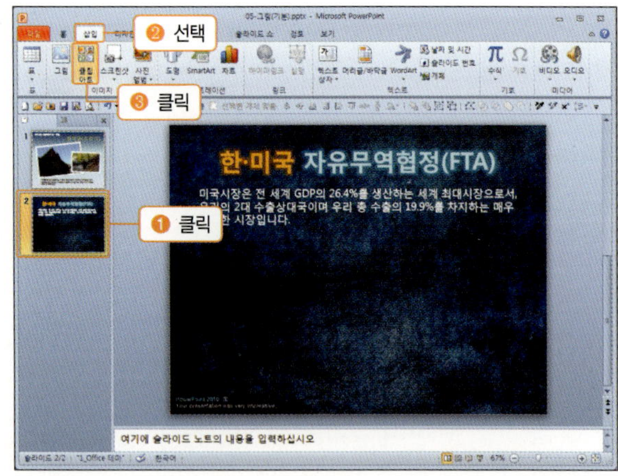

꼭! 알고가기 ▼ [클립 아트] 창 살펴보기

❶ **검색 대상** : 원하는 클립 아트를 설명하는 단어 또는 문구를 입력하거나, 클립 아트의 파일 이름 전체 또는 일부를 입력합니다.

❷ **검색할 형식** : 그림, 사진, 비디오, 오디오 등 검색할 미디어의 형식을 지정합니다.

❸ **Office.com 콘텐츠 포함** : 마이크로소프트에서 제공하는 클립 아트까지 검색합니다.

❹ **검색 결과** : 검색된 미디어가 표시됩니다. 검색 결과 중 원하는 미디어를 누르면 슬라이드에 바로 삽입됩니다.

❺ **Office.com에서 더 찾아보기** : 마이크로소프트에서 제공하는 클립 아트 및 미디어 사이트로 이동해서 검색합니다.

• 이전 버전에서 사용하던 '검색 위치'를 파워포인트 2010에서는 사용할 수 없기 때문에 더 이상 특정 콘텐츠 모음으로 검색 범위를 제한할 수 없습니다. 검색 범위를 좁히려면 '검색 대상'에 여러 검색어를 입력합니다.

• 이전 버전에서 사용하던 '클립 구성'은 사용할 수 없습니다. Clip Organizer를 실행하려면 'Microsoft Office 2010 도구'를 이용해서 수동으로 Microsoft Clip Organizer를 실행하여 사용합니다.

2 오른쪽으로 [클립 아트] 창이 표시되는 것을 확인합니다.

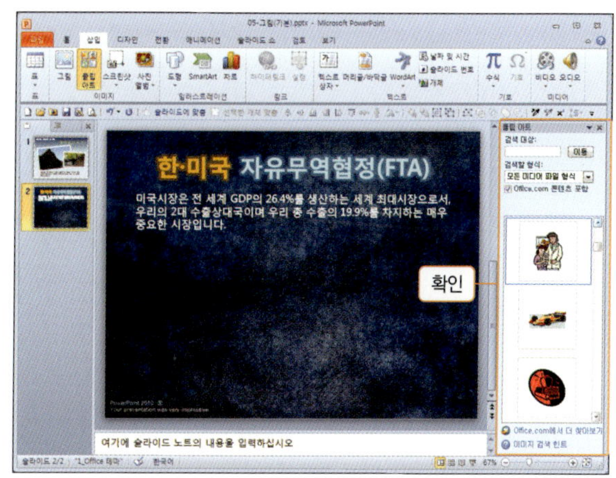

3 '검색 대상'에 "대한민국 국기"라고 입력하고 'Office.com 콘텐츠 포함'에 체크 표시한 다음 Enter를 누르거나, 〈이동〉 버튼을 누릅니다.

4 '검색 결과' 중에서 내용에 적합한 클립을 누릅니다. 슬라이드에 바로 삽입되는 것을 확인할 수 있습니다.

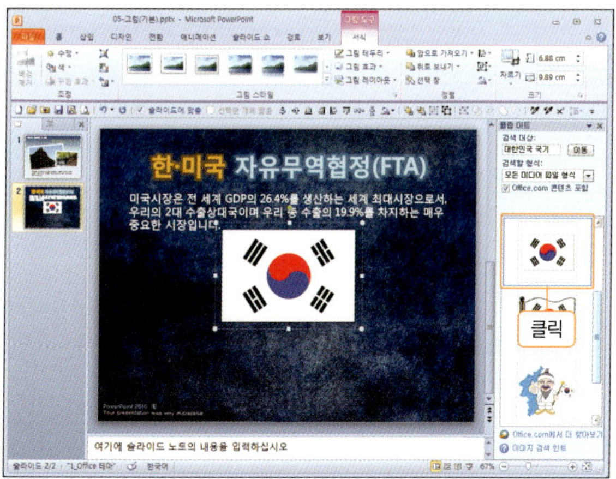

5 적당한 위치로 드래그합니다.

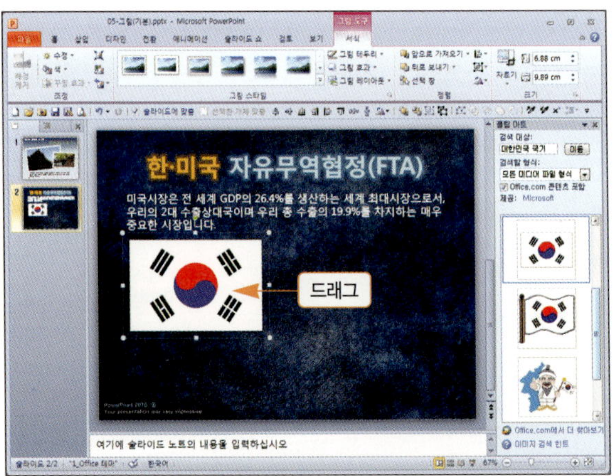

6 '검색 대상'을 "미국 국기"라고 입력하고
Enter 를 누르거나 〈이동〉 버튼을 누른 다음
클립 아트를 선택하여 삽입합니다.

7 삽입된 클립 아트는 그림이나 도형 개체와
동일한 방법으로 스타일을 지정하고 크기를 조
정할 수 있습니다.

> **Tip** • 클립 아트 중 사진 종류는 좀 더 풍부한 이야기
> 를 만듭니다. 적당한 클립아트를 삽입하고, [그리기 도
> 구]-[서식] 탭을 이용해서 다양한 스타일을 지정합니다.

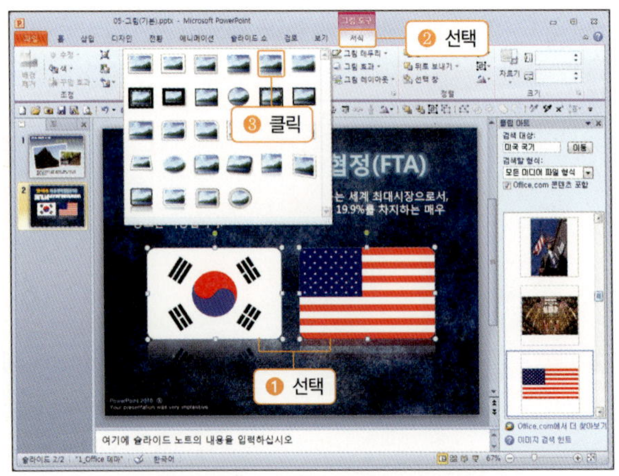

필요한 클립 아트를 검색해서 삽입한 다음에도 색상을 바꾸거나, 필요 없는 부분을 지우거나, 도형 효과를 적용해서 원하는 형식으로 장식할 수 있습니다. 클립 아트를 '그리기 개체'로 변경해서 수정하는 방법을 알아보겠습니다.

1. 클립 아트를 마우스 오른쪽 버튼으로 누른 다음 표시되는 바로 가기 메뉴에서 [그림 편집]을 선택합니다.
   Microsoft Windows 메타 파일(WMF)을 삽입한 경우 [그림 편집]을 선택할 수 있습니다. 그림이 비트맵, JPG, GIF 또는 PNG 파일이면 그리기 개체로 변환하고 그룹을 해제할 수 없습니다.

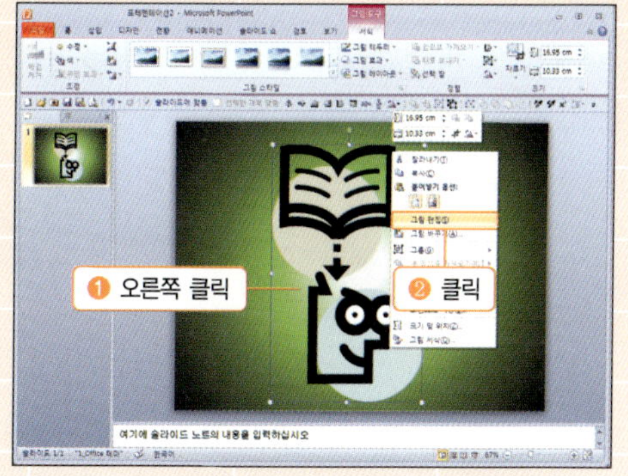

2. 그림 속성을 버리고 그리기 개체로 바꿀 것인지 묻는, 대화상자가 표시되면 〈예〉 버튼을 누릅니다.

3. 겉으로 보기는 차이가 없지만, 그림 하나하나가 따로 선택되어 삭제나 색상 변경을 할 수 있습니다. 전체 클립을 표시하는 사각형 안에 선택한 부분만 다시 사각형이 생깁니다. [그리기 도구]–[서식] 탭의 [도형 스타일] 그룹에서 도형 채우기를 이용해 색상을 바꾸거나 도형 변경으로 색다른 느낌을 표현할 수 있습니다.

파워포인트 2010에서 추가된 기능으로 '스크린 샷'을 삽입할 수 있습니다. 작동 중인 프로그램을 그대로 유지한 채 화면을 캡처하거나 가독성을 높이기 위해 오피스 파일에 스크린 샷을 쉽고 빠르게 추가할 수 있습니다.

• 소스 파일 : Part05\그림(스크린샷).pptx

1 Part05 폴더에서 '그림(스크린샷).pptx' 파일을 불러오고 [삽입] 탭의 [이미지] 그룹에서 '스크린 샷' 아이콘(🖼)을 누릅니다. 열린 프로그램 창은 [사용할 수 있는 창] 항목에 축소판 그림으로 표시되며, 축소판 그림 위에 마우스 포인터를 올려놓으면 프로그램 이름 및 문서 제목과 함께 도구 설명이 표시됩니다. 전체 창을 추가하려는 축소판 그림을 누릅니다.

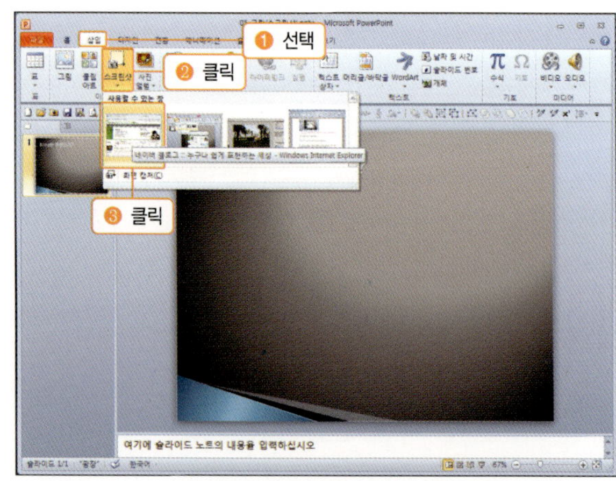

> **Tip** · [화면 캡처]를 선택하면 작업 중인 프로그램이 최소화되고 뒤에 있는 창만 캡처할 수 있습니다.

2 삽입된 전체 화면의 그림 크기를 조정하고 [그림 도구]-[서식] 탭의 그림 스타일을 지정해서 사용합니다.

> **Tip** · 스크린 샷은 한 번에 하나씩만 추가할 수 있습니다. 여러 개의 스크린 샷을 추가하려면 반복해서 삽입해야 합니다.

3 창의 일부를 추가하려면 [삽입] 탭의 [이미지] 그룹에서 '스크린 샷' 아이콘(　)을 누르고 [화면 캡처]를 선택합니다.

> **Tip** 여러 개의 창이 열려 있으면 캡처하려는 창을 누른 다음 [화면 캡처]를 선택합니다.

4 마우스 포인터가 십자모양이 되면 드래그해서 캡처할 화면의 영역을 선택합니다.

5 삽입한 전체 화면 그림의 크기를 조정하고, [그림 도구]–[서식] 탭에서 그림 스타일을 지정합니다.

Office.com과 Microsoft Clip Organizer 활용하기

마이크로소프트에서 제공하는 온라인 지원 사이트에는 다양한 클립 아트와 소리 등 여러 가지 미디어 파일을 다운로드할 수 있습니다.

❶ Office.com에서 제공되는 클립 활용하기

Office.com에서 제공되는 클립은 인터넷이 연결된 상태라면 언제든 사용할 수 있습니다.

1 [삽입] 탭의 [이미지] 그룹에서 '클립 아트' 아이콘(📑)을 누릅니다. [클립 아트] 창 아래쪽에 있는 'Office.com에서 더 찾아보기'를 선택합니다.

2 인터넷 익스플로러가 실행되면서 마이크로소프트에서 제공하는 이미지 검색 사이트로 이동합니다. 화면의 검색창에 검색어를 입력하거나 오른쪽의 이미지 범주에서 원하는 클립을 검색합니다.

3 [미디어 유형] 항목의 '모두'와 [이미지 크기] 항목의 '모두'에서 검색한 결과가 표시됩니다. 화면 왼쪽에서 미디어 유형이나 이미지 크기를 필요한 클립 아트에 맞게 지정하면 바로 반영됩니다. 필요한 클립을 누릅니다.

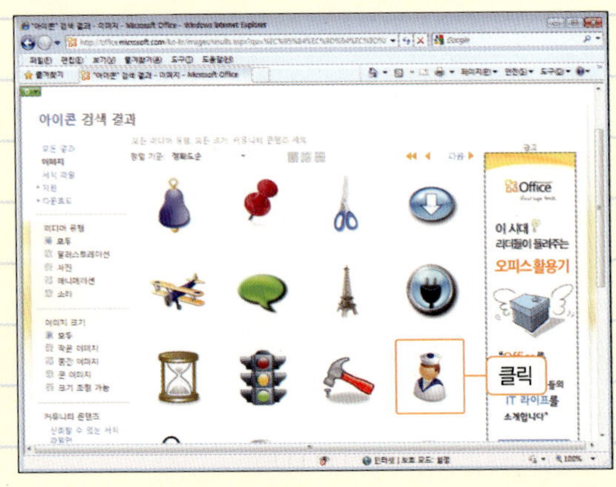

4 클립에 대한 자세한 설명과 사용할 수 있는 방법을 제시하며 필요한 클립에 마우스 포인터를 위치해도 클립에 대한 설명과 사용할 수 있는 방법을 제시합니다.

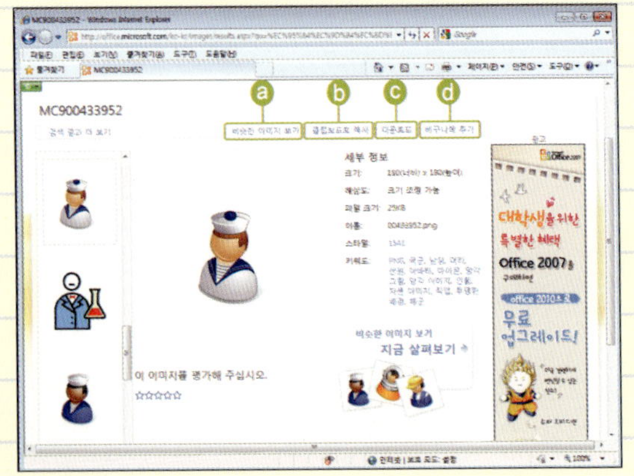

ⓐ 비슷한 이미지 보기

프레젠테이션 문서를 작성할 때 전체적인 테마와 삽입되는 클립 아트, 그림들이 비슷한 스타일인 것이 좋습니다. 처음 검색어와는 일치하지 않지만 표시 스타일 및 공유 키워드에서 유사성이 있는 이미지를 표시합니다. 하나의 프레젠테이션 문서에서는 유사한 스타일의 클립 아트를 사용하세요. 위쪽 스크롤을 이동하면 더 많은 그림을 선택할 수 있습니다.

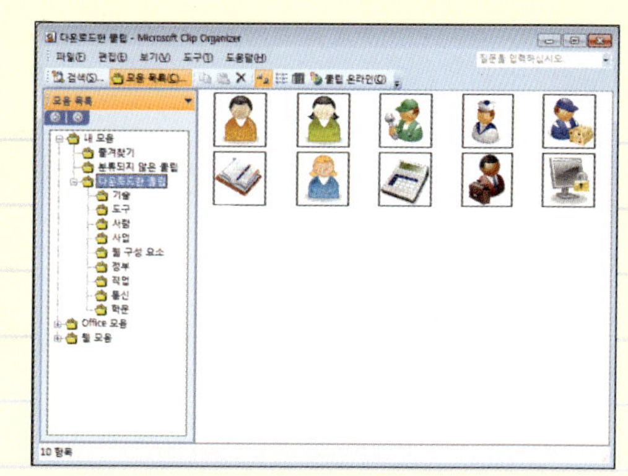

ⓑ 클립보드로 복사

클립을 클립보드에 임시로 복사합니다. 붙일 곳에서 [Ctrl]+[V]를 눌러 바로 사용할 수 있습니다. 클립을 한 번만 사용할 때 편리합니다.

ⓒ 다운로드

저장하고 사용하기 위해 선택한 클립 아트를 다운로드합니다.

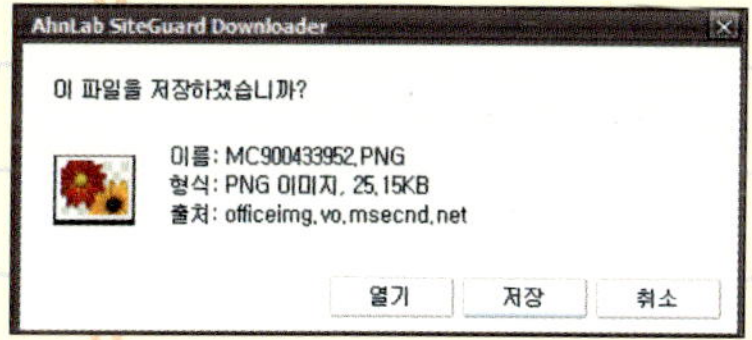

ⓓ 바구니에 추가

여러 개의 클립 아트를 다운로드하여 사용하기 위해 바구니에 담습니다.

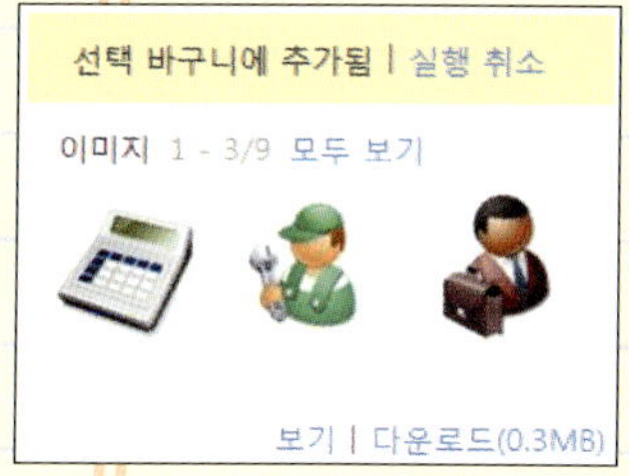

바구니에서 담겨진 클립 아트를 한눈에 확인하고 제거하거나 다운로드할 수 있습니다. 다운로드한 클립들은 [모음 목록] 중 [내 모음]에 있는 [다운로드한 클립] 폴더에 범주에 따라 저장됩니다.

❷ Microsoft Clip Organizer 활용해서 미디어 파일 쉽게 사용하기

Microsoft Clip Organizer는 클립 아트나 사용자의 컴퓨터에 있는 이미지 파일들을 관리하는 프로그램입니다. 이미지들을 모음 목록별로 관리하기 때문에 사용하기 편리합니다. Clip Organizer를 이용해서 클립을 삽입하는 방법과 Clip Organizer에 클립을 등록하는 방법을 살펴보겠습니다.

1 [시작] 메뉴에서 [모든 프로그램]–[Microsoft Office 2010]–[Microsoft Office 도구]를 차례로 선택한 다음 [Microsoft Clip Organizer]를 선택합니다. Microsoft Clip Organizer는 오피스 프로그램과 관계없이 실행할 수 있습니다. 한글 프로그램을 사용할 때도 Microsoft Clip Organizer로 미디어 파일을 불러 이용할 수 있습니다.

2 Clip Organizer에서 [모음 목록] 창에 있는 모음 종류를 살펴보겠습니다.

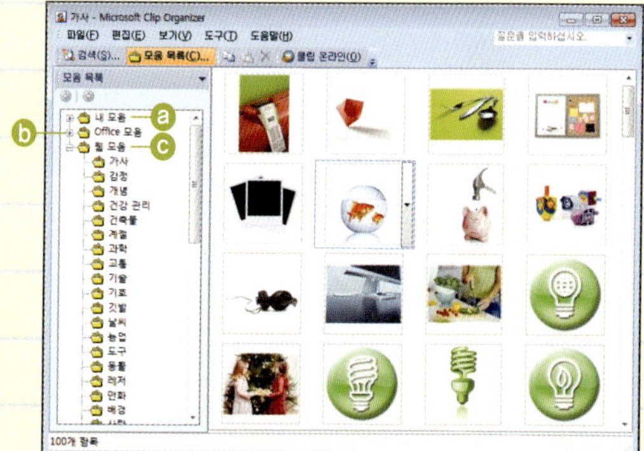

ⓐ 내 모음

사용자가 자신의 모음을 만들면 이 모음은 기본적으로 내 모음에 위치하게 됩니다. Clip Organizer가 하드디스크의 폴더에서 사진을 찾으면 드라이브에 있는 기존 폴더에 해당하는 이름으로 새 모음을 만듭니다. 사용자가 추가하거나 모음을 나중에 다시 분류해서 사용할 수 있습니다. Microsoft Office Online을 통해 다운로드한 클립은 웹 사이트의 클립용으로 만들어진 '다운로드한 클립' 폴더에 저장됩니다.

ⓑ Office 모음

기본으로 오피스와 함께 제공되는 모든 미디어 파일의 모음입니다.

ⓒ 웹 모음

웹 모음 폴더 내부에는 Microsoft Office.com 모음이 있습니다. 이 모음을 찾아보거나 검색에 포함하면 클립 아트 및 미디어 홈페이지에서 사용 가능한 수천 개의 클립을 찾을 수 있습니다.

ⓓ 공유 모음

이 모음에는 회사에서 자주 사용되는 회사용 클립 같이 여러 사용자가 공유하는 클립이 포함됩니다. 이 모음의 클립은 일반적으로 파일 서버나 일반 워크스테이션에 보관됩니다. 이 종류의 모음은 회사의 네트워크 관리자가 공유 네트워크 장치에서 사용할 수 있도록 클립 모음을 만들어 공개한 경우에만 사용할 수 있습니다.

3 Clip Organizer에 있는 미디어 파일을 찾을 경우, [모음 목록] 창에서 사용하고 싶은 클립이 있는 카테고리로 이동하거나 [검색] 창으로 전환해서 직접 파일을 검색합니다.

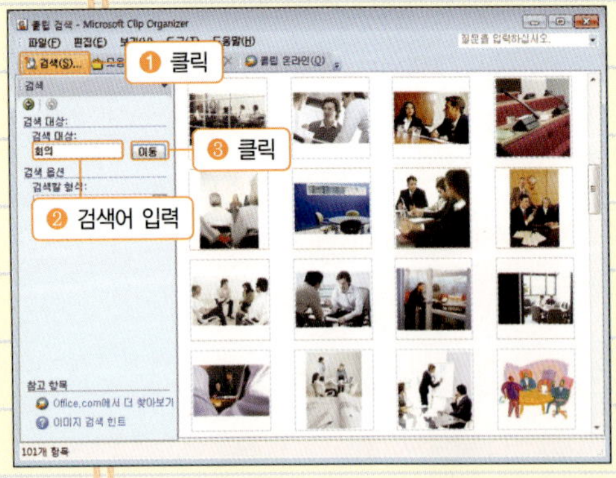

4 적당한 클립을 찾았으면, 클립 위로 마우스 포인터를 가져갑니다. 오른쪽에 바로 가기 메뉴 ▼버튼이 표시됩니다. 메뉴에서 [복사]를 선택합니다.

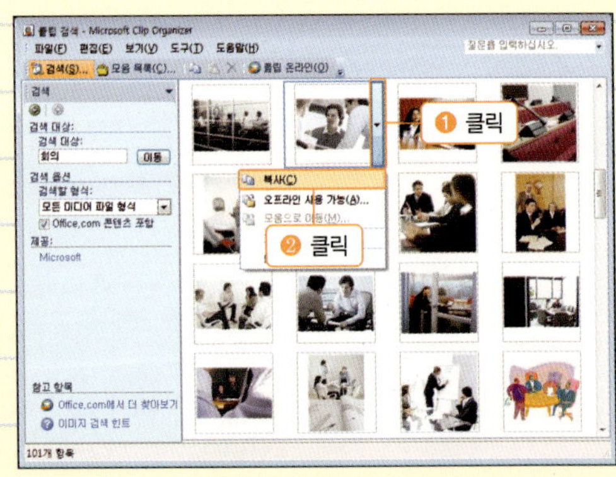

5 붙일 곳에서 마우스 오른쪽 버튼을 누른 다음 표시되는 바로 가기 메뉴에서 [붙이기]를 선택합니다. 단축키 Ctrl + V 를 사용해도 됩니다.

6 Clip Organizer에 새로운 미디어 파일을 추가하려면, 기존의 목록에 추가하거나 [파일]-[새 모음]을 선택해서 새로운 폴더를 만들어 추가합니다.

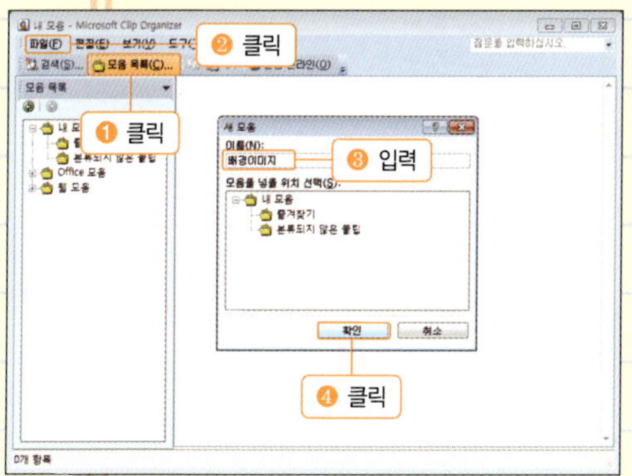

7 [파일]-[클립 추가]-[직접]을 선택합니다.

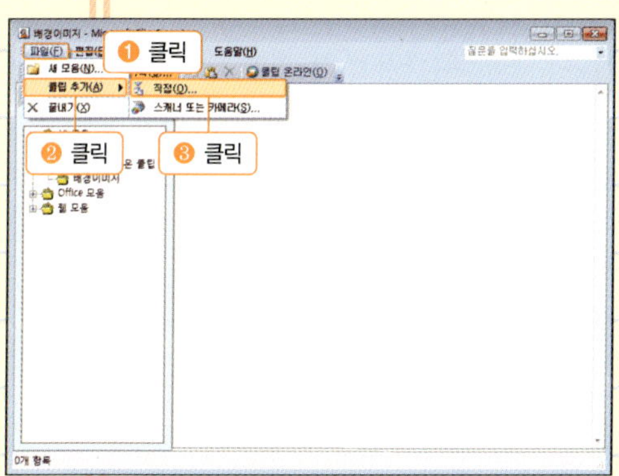

8 창에서 추가하고 싶은 파일을 선택하고 〈추가〉 버튼을 누릅니다.

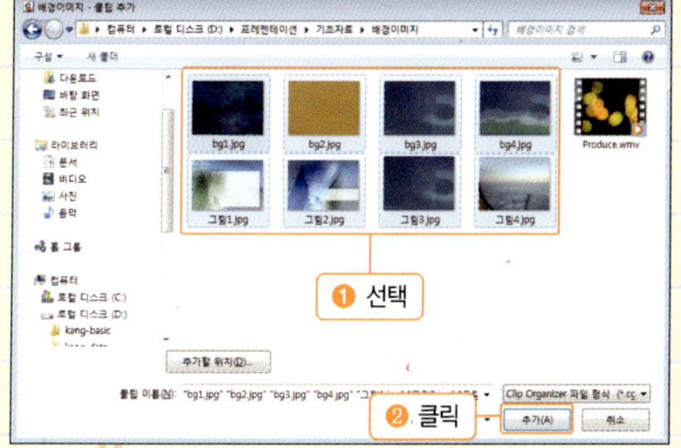

9 직접 등록한 파일을 사용하는 방법도 동일합니다.

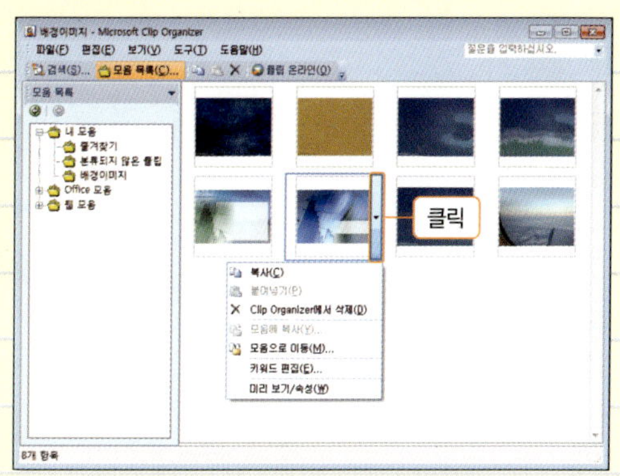

10 직접 등록한 파일은 검색어 키워드 편집을 할 수 있습니다.

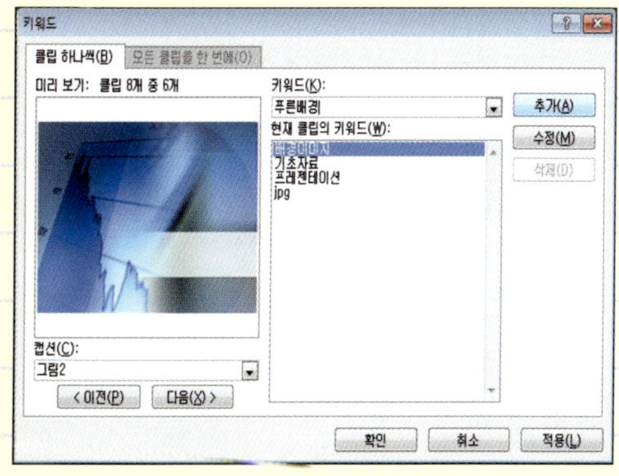

SECTION 02

PowerPoint 2010

포토샵이 필요 없는 강력해진 **그림 기능 활용**하기

파워포인트 2010에서는 밝기, 색조 등의 조절뿐만 아니라 다양한 꾸밈 기능으로 풍부한 아트 효과까지 가능하고, 필요 없는 배경 부분을 깔끔하게 제거하는 등 강력해진 그림 관련 기능을 제공합니다. 파워포인트 2010의 그림 효과의 종류와 사용 방법을 살펴보겠습니다.

01 '수정' 명령 사용하기

포토샵 등 이미지 편집 전문 프로그램에서 수정했던 이미지의 밝기 조절을 파워포인트에서 할 수 있게 되었습니다. '수정' 명령으로 그림의 밝기, 그림의 가장 어두운 영역과 가장 밝은 영역의 차이(대비) 및 그림의 흐리기(선명도)를 조정하는 방법을 알아보겠습니다.

• 소스 파일 : Part05\그림(수정).pptx, img_003.jpg • 결과 파일 : Part05\그림(수정)_완성.pptx

참고 동영상 : 7강 5-2그림기능.avi

1 Part05 폴더에서 '그림(수정).pptx' 파일을 불러옵니다. [삽입] 탭의 [이미지] 그룹에서 '그림' 아이콘( )을 누릅니다. [그림 삽입] 대화상자가 표시되면, Part05 폴더에 있는 'img_003.jpg' 파일을 선택하고 〈삽입〉 버튼을 누릅니다.

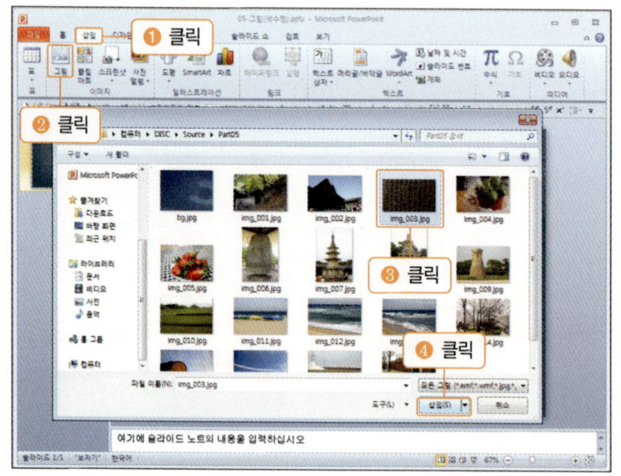

2 삽입된 그림의 크기를 조절하고 색 수정 전후를 비교하기 위해 Ctrl 을 누른 채 드래그하여 복사합니다.

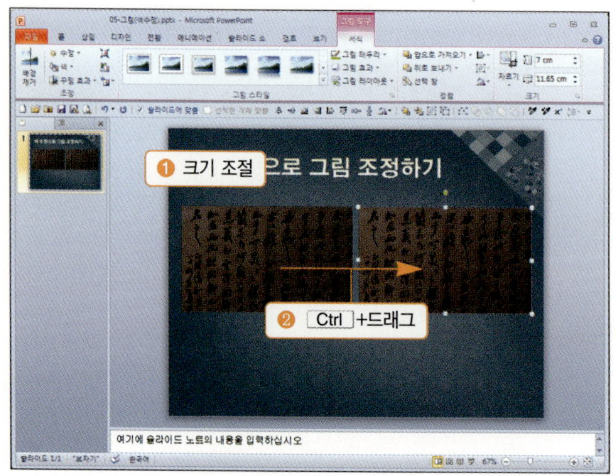

3 노출이 부족해서 어둡게 나온 사진은 수정을 하여 품질 좋은 프레젠테이션 문서를 작성할 수 있습니다. 오른쪽의 그림을 선택하고 [그림 도구]-[서식] 탭의 [조정] 그룹에서 '수정' 아이콘을 누릅니다.

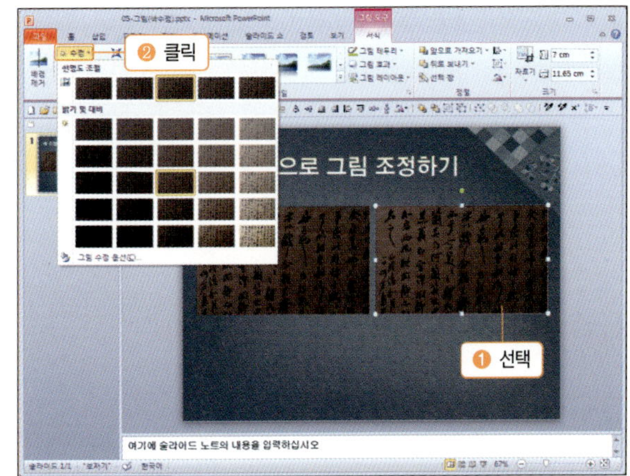

4 [밝기 및 대비] 항목에서 [밝기: +40% 대비 : +20%]를 선택합니다. 사진이 훨씬 밝아지고, 명암 대비가 분명해진 것을 확인할 수 있습니다.

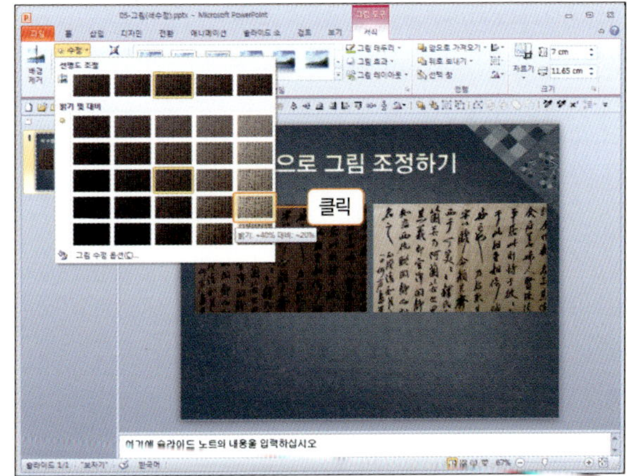

5 '선명도'를 조절하겠습니다. 분명한 비교를 위해 화면 배율을 '130%' 정도로 설정합니다.

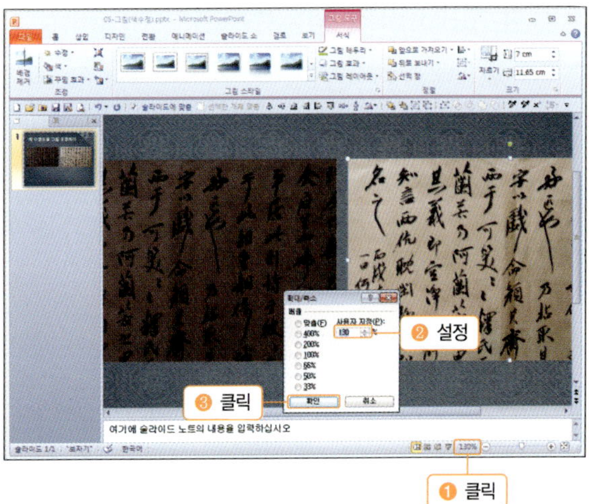

6 [그림 도구]–[서식] 탭의 [조정] 그룹에서 '수정' 아이콘( )을 누르고, [선명도 조절] 항목에서 [선명하게: 50%]를 선택합니다. 사진이 훨씬 선명해진 것을 확인할 수 있습니다.

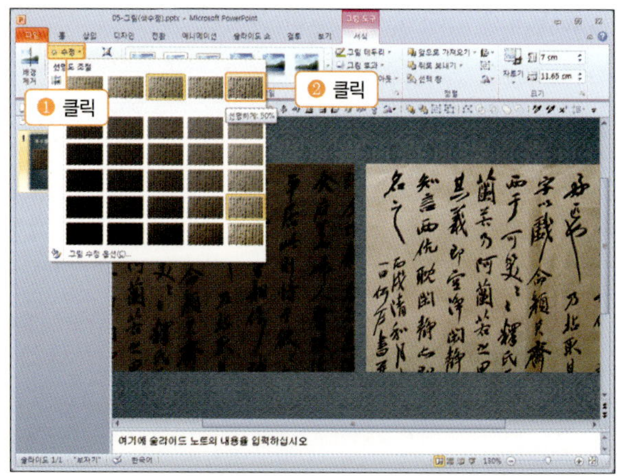

7 갤러리에서 제공하는 값 이외에 사용자가 직접 값을 설정하려면, [그림 도구]–[서식] 탭의 [조정] 그룹에 있는 '수정' 아이콘( )을 누른 다음 [그림 수정 옵션]을 선택합니다.

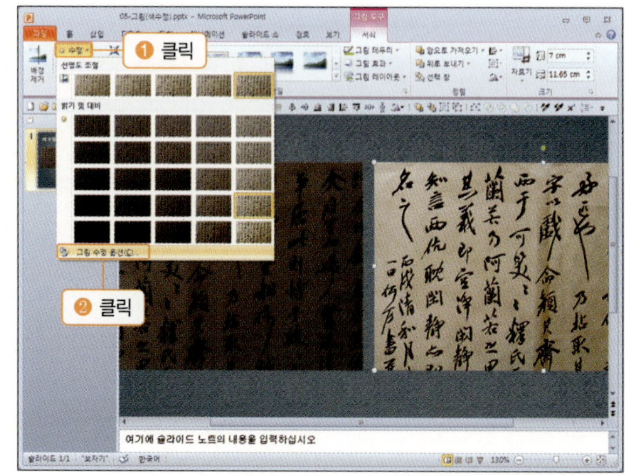

8 [그림 서식] 대화상자의 [그림 수정] 메뉴에서 값을 직접 지정합니다.

> **Tip** ● 〈원래대로〉 버튼을 누르면 설정 값을 원래대로 되돌릴 수 있습니다.

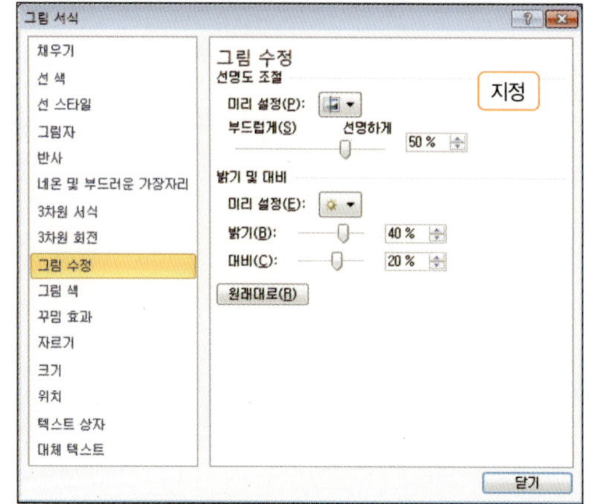

☑ '색' 사용하기

'색' 명령을 이용해서 그림의 색 농도(채도)와 색 온도(색조)를 조정하거나, 다시 칠하거나, 그림에 여러 가지 색 효과를 적용할 수 있습니다. 파워포인트 2010에서는 '꾸밈 효과'를 통해 스케치 느낌이나 수채화 느낌을 만들 수 도 있습니다.

• 소스 파일 : Part05\그림(색).pptx   • 결과 파일 : Part05\그림(색)_완성.pptx   🎬 참고 동영상 : 7강 5–2그림기능.avi

1 Part05 폴더에서 '그림(색).pptx' 파일을 불러옵니다. 1번 그림을 더블클릭해서 [그림 도구]–[서식] 탭을 활성화합니다.

2 1번 그림이 선택된 상태로 [그림 도구]–[서식] 탭의 [조정] 그룹에서 '색' 아이콘을 누릅니다.

3 표시되는 갤러리의 [색 채도] 항목에서 [채도 : 200%]를 선택합니다. 사진이 선명해진 것을 확인할 수 있습니다.

4 2번 사진을 선택하고, '색조'를 조절해 보겠습니다. 카페나 백열등 아래에서 촬영한 경우 노란색 색조가, 새벽이나 형광등 아래에서 촬영한 경우 푸른색 색조가 있을 수 있습니다. '색' 아이콘을 누르고 [색조] 항목에서 [온도 : 4700K]를 선택하면 비닐 부분에 노란색 색조가 빠진 것을 확인할 수 있습니다.

5 그림의 전체적인 색상 톤을 변경하겠습니다. 흑백 사진을 세피아 톤으로 인화하는 것과 비슷합니다. 3번 사진을 선택하고 '색' 아이콘을 누른 다음 [다시 칠하기] 항목에서 [남색, 밝은 강조색 5]를 선택합니다. 사진이 푸른색으로 칠해진 것을 확인할 수 있습니다.

> *Tip* • 다른 색으로 다시 칠하고 하고 싶다면, '색' 아이콘 갤러리에서 [기타 변형]을 선택합니다.

6 색에 관한 설정 값을 직접 지정하려면 [그림 도구]-[서식] 탭의 [조정] 그룹에 있는 '색' 아이콘을 누르고 [그림 색 옵션]을 선택합니다.

> *Tip* • [투명한 색 설정]은 색상을 투명하게 만들고 싶은 색을 투명하게 할 수 있습니다. 세밀한 작업이 필요하다면 270쪽을 참고하여 '배경 제거'를 하는 것이 좋습니다.

7 [그림 서식] 대화상자의 [그림 색] 메뉴에서 값을 지정합니다.

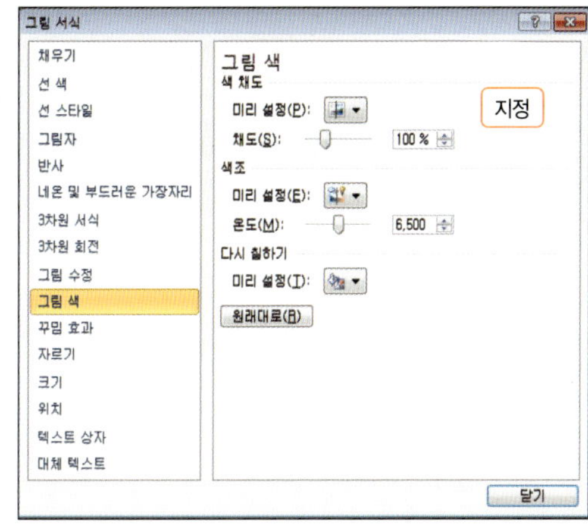

꼭! 알고가기 ▼ [그림 서식] 대화상자의 [그림 색] 메뉴 설정하기

1. 색 채도

- **미리 설정** : 갤러리에서 제시되는 일곱 가지 채도를 지정할 수 있습니다.

- **채도 설정** : 채도는 색의 선명한 정도입니다. 채도가 높으면 맑고 선명하며 원색에 가깝습니다. 반대로 채도가 낮으면 선명하지 않은 흐릿하고 탁한 색이 됩니다. 채도 0%이면 회색조의 무채색이 됩니다.

2. 색조

- **미리 설정** : 갤러리에서 제시되는 일곱 가지 색조를 지정할 수 있습니다.

- **온도** : 색에는 온도(단위 켈빈도 K)가 있습니다. 광원에 따라 전구의 빛은 2,800K, 형광등의 빛은 4,500~6,500K, 정오의 태양빛은 5,400K, 흐린 날의 빛은 6,500~7,000K, 맑은 날의 푸른 하늘빛은 1만 2,000~1만 8,000K 정도로 '색조'는 마치 색 온도 보정 필터를 끼운 것처럼 색 온도에 따라 달라진 사진의 색상을 보정합니다.

3. 다시 칠하기

- **미리 설정** : 갤러리에서 제시되는 스물한 가지 다시 칠하기를 지정할 수 있습니다.

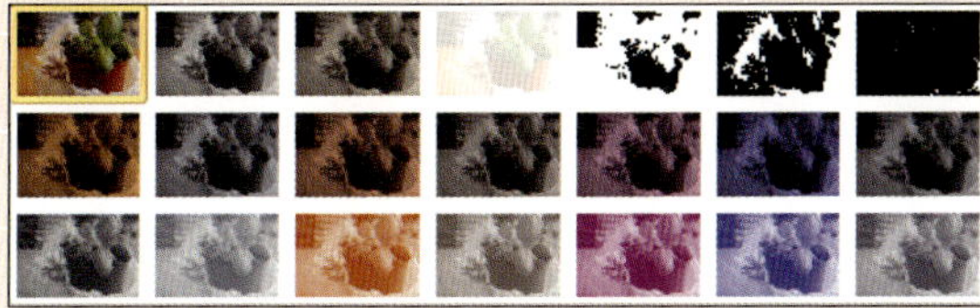

4. 원래대로

설정 값을 원래대로 되돌립니다.

31 '배경 제거' 사용하기

그림에서 배경을 제거하면 주제를 강조하거나 그림 자료를 좀 더 깔끔하게 보일 수 있습니다. 자동 배경 제거 기능을 사용하여 선을 이용해 그림 배경에서 유지할 영역과 제거할 영역을 조정해 보겠습니다.

· 소스 파일 : Part05\그림(배경제거).pptx, img_002.jpg　　· 결과 파일 : Part05\그림(배경제거)_완성.pptx

참고 동영상 : 7강 5-2그림기능.avi

1 Part05 폴더에서 '그림(배경제거).pptx' 파일을 불러옵니다. [삽입] 탭의 [이미지] 그룹에서 '그림' 아이콘()을 누릅니다. [그림 삽입] 대화상자가 표시되면, Part05 폴더에 있는 'img_002.jpg' 파일을 선택하고 〈삽입〉 버튼을 누릅니다.

2 배경을 제거할 그림이 선택된 상태로 [그림 도구]-[서식] 탭의 [조정] 그룹에서 '배경 제거' 아이콘()을 누릅니다.

3 [배경 제거] 탭이 표시되면서 그림에서 제거될 부분이 보라색으로 표시됩니다. 일반적으로 추가 작업 없이도 원하는 결과를 얻을 수 있지만, 원하는 영역보다 작아졌다면 유지할 그림 부분이 포함되도록 크기 조절점을 드래그하여 조정합니다.

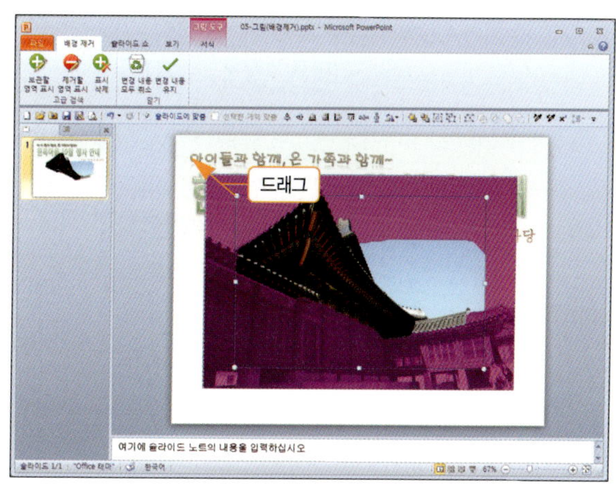

4 건물이 모두 포함되도록 크기 조절점을 드래그합니다.

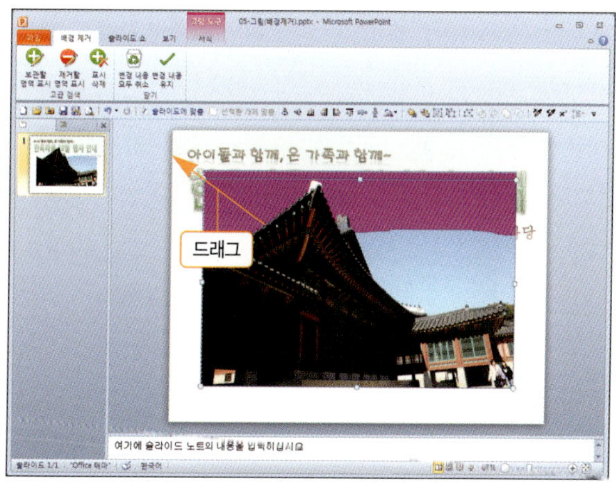

5 유지하려는 영역을 지정하고 난 다음에도 필요 없는 부분이 남아 있거나, 영역 중에서 지울 부분이 있다면 수동으로 표시할 수 있습니다. 예제에서는 영역 안의 하늘 부분을 제거하려고 합니다. [배경 제거] 탭의 [고급 검색] 그룹에서 '제거할 영역 표시' 아이콘(⊖)을 누르고 제거하려는 하늘을 드래그합니다.

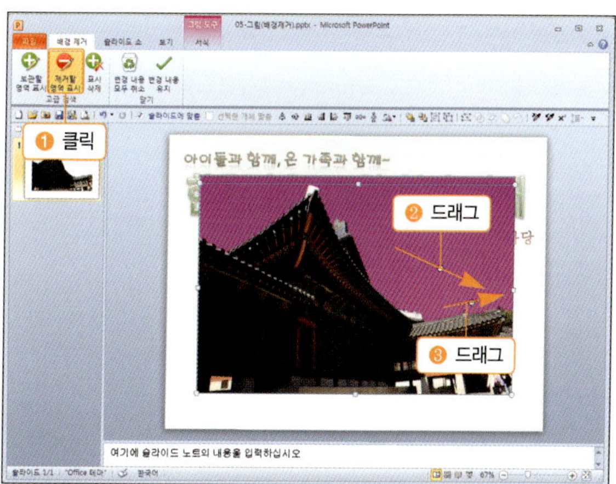

6 제거하려는 내용이 모두 보라색 영역으로 표시되었다면, [배경 제거] 탭의 [닫기] 그룹에서 '변경 내용 유지' 아이콘(✔)을 누릅니다.

> **Tip** • 자동 배경 제거를 취소하려면 [닫기] 그룹에서 '변경 내용 모두 취소' 아이콘(🔄)을 누릅니다.

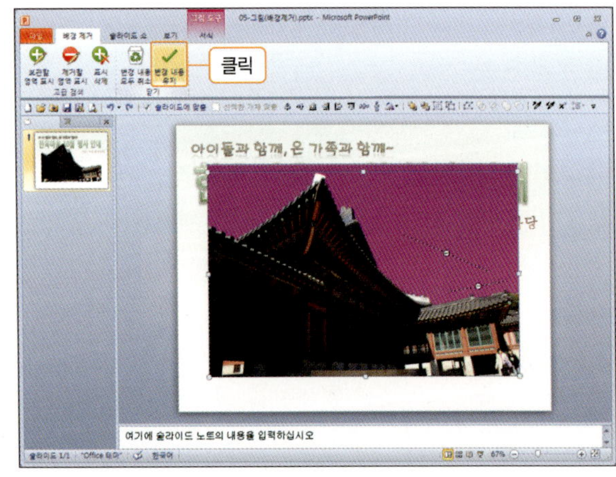

7 배경이 제거된 그림의 크기와 위치를 조절합니다. 배경을 제거한 그림에 그림자, 반사 및 네온과 같은 효과를 추가할 수 있습니다. 이러한 효과는 표시되는 그림에만 적용됩니다.

> **Tip** • '배경 제거' 아이콘(🖼) 버튼을 다시 누르면 설정 창이 표시되어 영역을 수정할 수 있습니다.

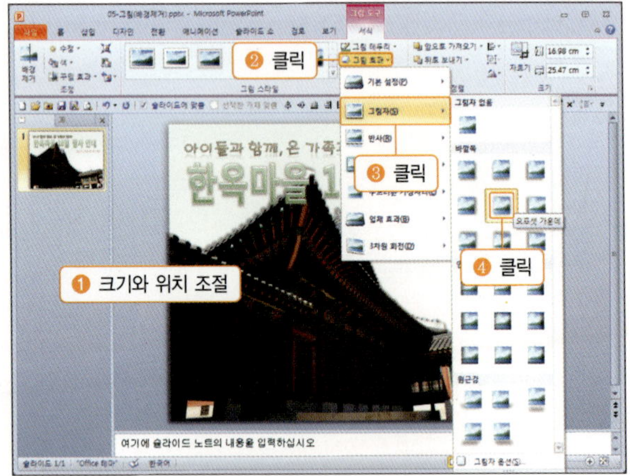

꼭! 알고가기 ⏬ 자동으로 제거된 영역 직접 수정하기

- 자동으로 제거하지 않을 그림 부분을 나타내려면 '보관할 영역 표시' 아이콘(➕)을 누르고 유지할 영역에 선을 그립니다.
- 자동으로 표시된 부분 외에도 제거할 그림 부분을 나타내려면 '제거할 영역 표시' 아이콘(➖)을 누르고 제거할 영역에 선을 그립니다.
- 선으로 표시한 영역에 대한 작업을 변경하여 영역을 유지하거나 제거하려는 경우 '표시 삭제' 아이콘(✖)을 누른 다음 선을 눌러 변경합니다.
- ※ 미세한 영역에 '보관할 영역 표시'나 '제거할 영역 표시'를 하려면, 화면 배율을 확대해서 작업하는 것이 편리합니다.

4 '자르기' 사용하기

자르기 핸들을 이용해서 쉽게 자르기, 특정 도형에 맞게 잘라 채우기, 일반 그림의 가로세로 비율을 유지하여 자르기 등 파워포인트 2010에서 향상된 자르기 기능을 알아보겠습니다.

• 소스 파일 : Part05\그림(자르기).pptx

1 Part05 폴더에서 '그림(자르기).pptx' 파일을 불러옵니다. 자를 그림을 선택하고 [그림 도구]-[서식] 탭의 [크기] 그룹에서 '자르기' 아이콘(🖾)을 누릅니다.

> **Tip** • [그림 도구]-[서식] 탭이 표시되지 않는 경우 그림을 선택했는지 확인합니다. 그림을 더블클릭하면 [그림 도구]-[서식] 탭이 활성화됩니다.

2 자르기 핸들을 안쪽으로 드래그하고 Esc 를 누릅니다.

> **Tip** • 양쪽을 모두 자르려면 Ctrl 을 누른 채 자르기 핸들을 안쪽으로 드래그합니다.

3 특정 도형으로 자르기 위해 그림을 원래대로 되돌리겠습니다. 그림이 선택된 채로 [그림 도구]-[서식] 탭의 [조정] 그룹에서 '그림 원래대로' 아이콘(🖾)의 ▼부분을 누른 다음 [그림 및 크기 다시 지정]을 선택합니다.

4 특정 도형으로 자를 그림을 선택하고 [그림 도구]-[서식] 탭의 [크기] 그룹에서 '자르기' 아이콘(⬚)의 ▼부분을 누릅니다. [도형에 맞춰 자르기]를 선택한 다음 자르려는 도형을 선택합니다.

---

1. 그림을 정확한 크기로 자르기

[그림 도구]-[서식] 탭의 [크기] 그룹에서 '창 표시' 버튼(⬚)을 누릅니다. [그림 서식] 대화상자가 표시되면 [자르기] 메뉴를 선택하고 [자르기 위치] 항목의 너비 및 높이를 설정합니다.

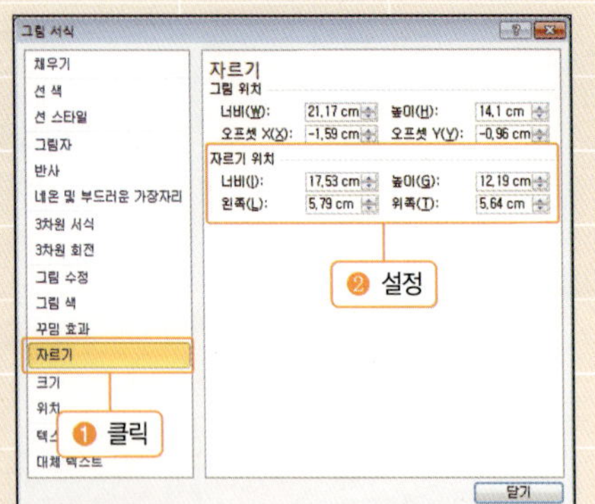

2. 그림 주위에 여백을 추가하면서 자르기

자르기 핸들을 그림의 중앙에서 바깥쪽으로 드래그합니다.

5 선택한 도형 모양으로 잘려진 것을 확인합니다.

> **Tip** · 여러 그림을 자르는 경우 같은 도형으로 자릅니다. 다른 모양으로 자르려면 그림을 개별적으로 잘라야 합니다.

6 `Ctrl`+`Z`를 눌러 다시 원래 그림으로 되돌립니다. [그림 도구]-[서식] 탭의 [크기] 그룹에서 '자르기' 아이콘( )의 ▼부분을 누릅니다. [가로세로 비율]을 선택한 다음 자르려는 비율을 지정합니다.

> **Tip** ·
> ⓐ 채우기 : 그림의 가로세로 비율은 유지하면서 영역이 채워지노독 그림의 크기를 조정합니다. 그림 영역을 벗어나는 그림 부분은 잘립니다.
> ⓑ 맞춤 : 그림의 가로세로 비율은 유지하면서 전체 그림이 그림 영역 내에 표시되도록 크기를 조정합니다.

7 작업을 마치려면 `Esc`를 누릅니다.

> **Tip** · 그림을 일반 사진 비율로 자르거나 가로세로 비율을 유지하여 자르면 그림 프레임에 쉽게 맞출 수 있습니다.

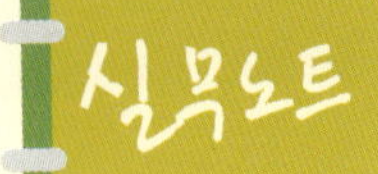

잘려진 그림 영역 삭제하고 파일 크기 줄이기

그림 일부에 자르기를 수행한 다음에도 그림 파일에는 잘린 부분이 남아 있게 됩니다. 자르기를 통해 제거한 그림 부분을 완전히 삭제하면 파일 크기를 줄일 수 있습니다.

1 잘려진 그림 영역을 삭제하거나 파일 크기를 줄이려는 그림을 선택하고 [그림 도구]–[서식] 탭의 [조정] 그룹에서 '그림 압축' 아이콘을 누릅니다. [그림 압축] 대화상자가 표시됩니다.

2 원하는 항목을 설정합니다. 형식이 드로잉 유형(벡터 그래픽)인 그림(WMF, EMF, EPS 등)은 최적화할 수 없습니다. 압축에 사용할 수 있는 파일 형식은 PNG, JPEG, JPG, TIFF, BMP, GIF 등으로 사진과 같은 고해상도 이미지에 매우 적합합니다.

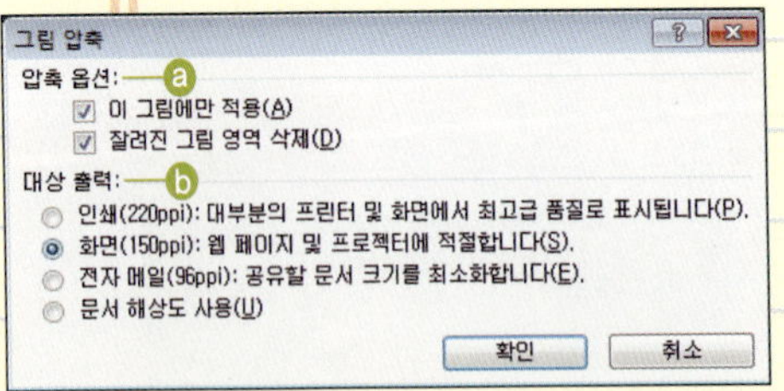

ⓐ 압축 옵션

• 이 그림에만 적용 : 프레젠테이션 문서에 있는 모든 그림이 아닌 선택한 그림만 압축할 때 체크 표시합니다.

• 잘려진 그림 영역 삭제 : 그림의 일부에 자르기를 수행한 다음에도 잘린 부분이 그림 파일의 일부로 남아 있게 됩니다. 그림 파일에서 잘린 부분을 제거하여 파일 크기를 줄입니다.

ⓑ 대상 출력 항목

• 인쇄용, 화면용, 전자 메일용 등 목적에 맞는 파일의 해상도를 지정합니다.

3 프레젠테이션 문서를 저장할 때 [저장] 대화상자에서 〈도구〉 버튼을 눌러 [그림 압축]을 실행할 수 있습니다.

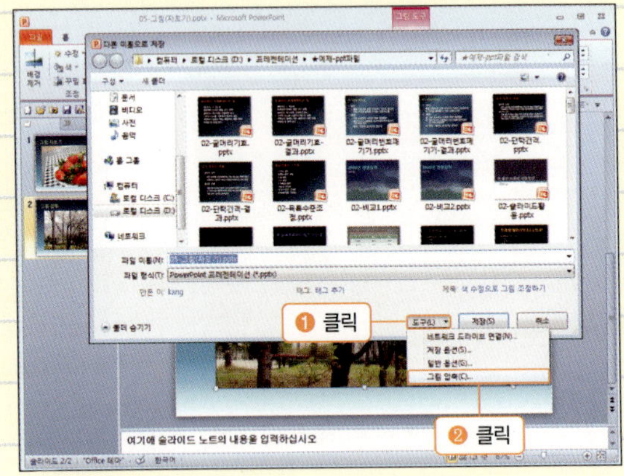

5 그림 스타일 지정하기

그림을 삽입하고 테두리를 장식하거나 주변 부위를 부드럽게 처리하는 등 파워포인트 2010에서 다양하게 제공되는 그림 스타일 기능을 이용해서 슬라이드를 작성하는 방법을 알아보겠습니다.

· 소스 파일 : Part05\그림(스타일).pptx, img_007.jpg, img_008.jpg　　　· 결과 파일 : Part05\그림(스타일)_완성.pptx

1 Part05 폴더에서 '그림(스타일).pptx' 파일을 불러옵니다. 그림에 여러 스타일을 한꺼번에 지정하기 위해 [그림 서식] 대화상자를 이용하여 작업하겠습니다.
삽입된 그림 파일을 선택한 다음 [그림 도구]–[서식] 탭의 [그림 스타일] 그룹에서 '창 표시' 버튼(🔳)을 누릅니다.

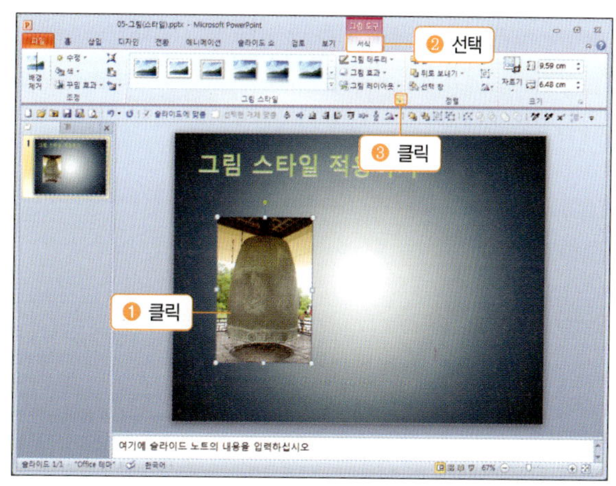

2 [그림 서식] 대화상자가 표시되면 [선 색] 메뉴에서 선의 종류를 '실선'으로 선택하고 원하는 색상을 지정합니다.

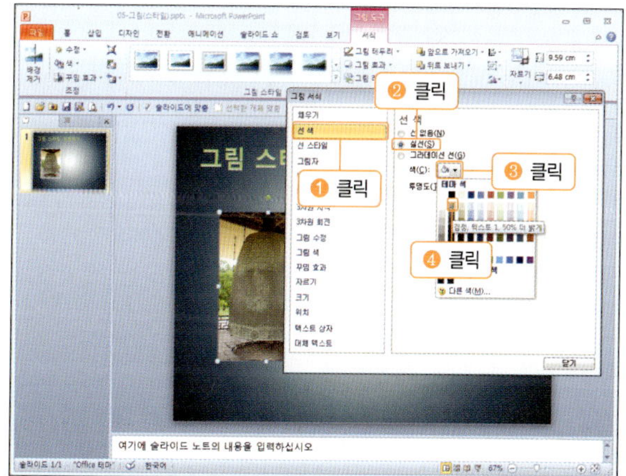

3 [선 스타일] 메뉴에서 '너비'를 '8pt'로 설
정합니다.

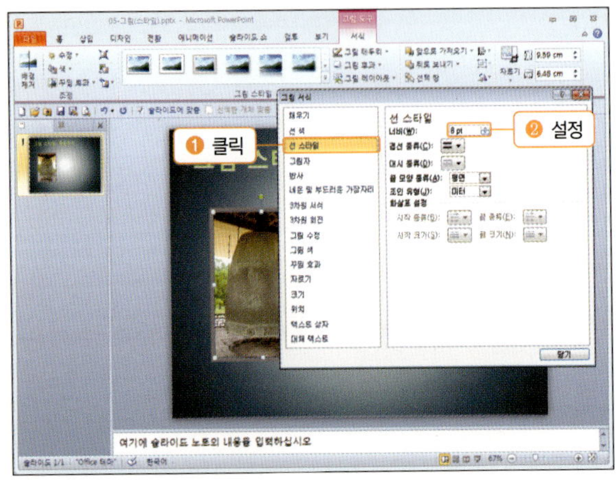

4 [3차원 회전] 메뉴에서 '미리 설정'을 '원근
감 강조(오른쪽)'으로 지정합니다.

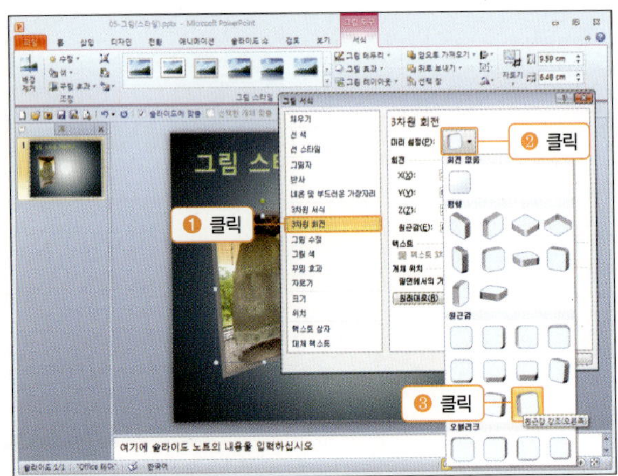

5 [3차원 서식] 메뉴의 [입체 효과] 항목에서
'위쪽'을 '낮은 수준 경사', '위쪽'의 '너비'를
'8pt', '높이'를 '6pt', '깊이'를 '10pt', '표
면 재질'을 '파우더'로 지정합니다.

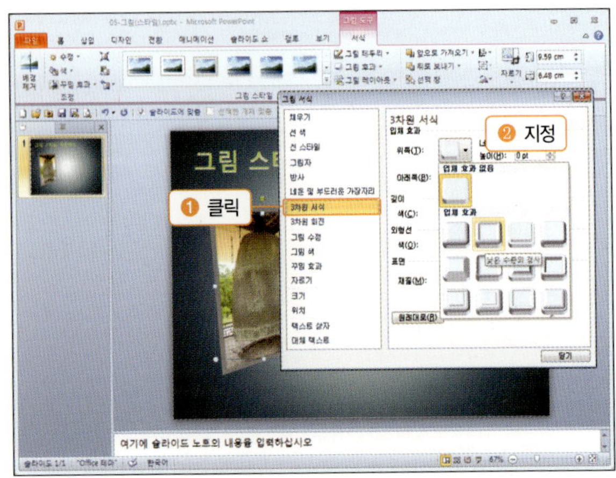

6 [그림 서식] 대화상자가 표시된 상태로 Ctrl 을 누른 채 그림을 드래그하여 두 개 더 복사합니다.

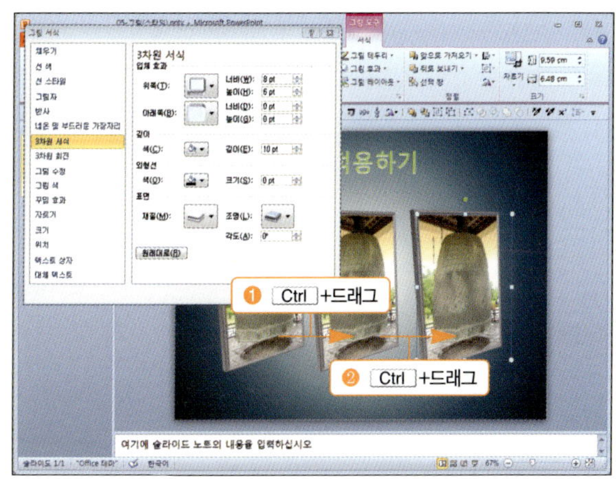

효과를 적용할 그림을 선택하고 갤러리에 있는 스타일을 누르면 바로 적용됩니다. 더 많은 스타일을 보려면 '자세히' 버튼(▼)을 누릅니다. 적용된 스타일은 [그림 서식] 대화상자를 통해 수정할 수 있습니다.

사용하려는 도형을 삽입하고 '채우기'를 이용해 그림을 도형에 채우면 파워포인트 2007에 있던 '그림 도형'과 같은 효과를 적용할 수 있습니다.

7 가운데 그림을 선택하고, [그림 서식] 대화 상자의 [3차원 회전] 메뉴에서 'X'를 '0°', 'Y'를 '5°', 'Z'를 '0°', '원근감'을 '45°'로 설정합니다.

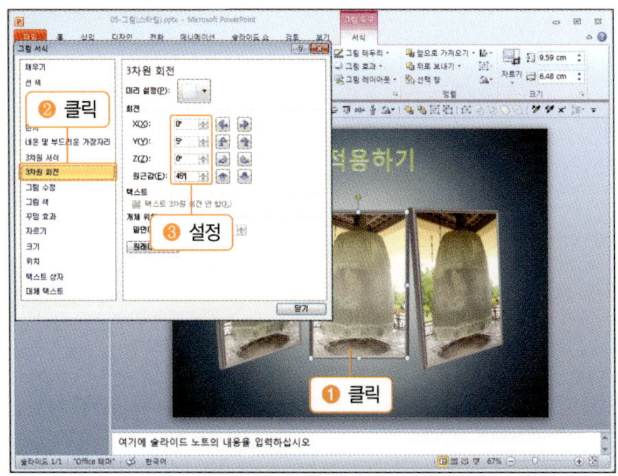

8 오른쪽 그림을 선택하고 [그림 서식] 대화상자의 [3차원 회전] 메뉴에서 'X'를 '33.5°', 'Y'를 '8.1°', 'Z'를 '357°', '원근감'을 '80°'로 설정합니다.

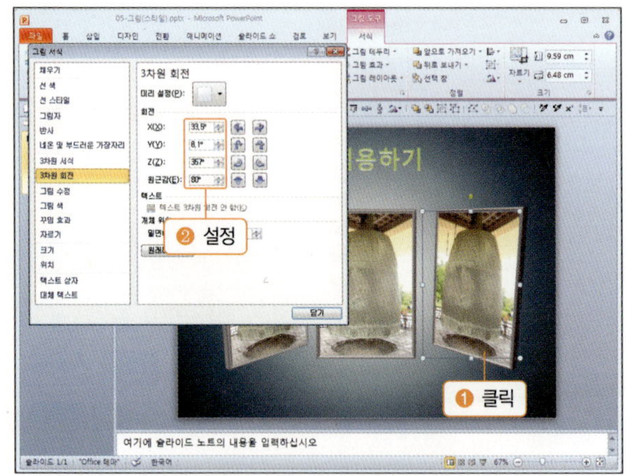

9 드래그하거나 단축키를 이용하여 그림 세 개를 모두 선택하고 [그림 서식] 대화상자의 [그림자] 메뉴에서 적당한 그림자를 지정합니다. 모든 설정이 끝났으면 〈닫기〉 버튼을 누릅니다.

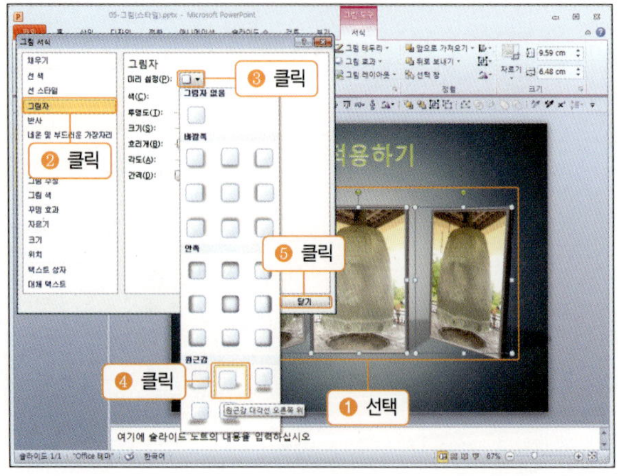

10 원근감 방향과 효과에 따라 조금씩 달라 보이는 그림의 크기를 적당히 맞춰서 조정합니다.

11 복사한 두 개의 사진을 바꾸도록 하겠습니다. 가운데 그림을 선택하고, [그림 도구]-[서식] 탭의 [조정] 그룹에 있는 '그림 바꾸기' 아이콘(🖼)을 누릅니다. [그림 삽입] 대화상자가 표시되면 Part05 폴더에서 'img_007.jpg' 파일을 선택하고 〈삽입〉 버튼을 누릅니다. 나머지 오른쪽 그림도 같은 방법으로 'img_008.jpg' 파일로 변경합니다.

12 지정된 스타일을 유지한 상태에서 그림이 바뀐 것을 확인할 수 있습니다.

> **Tip** ● 그림에 적용된 서식을 되돌리려면 [그림 도구]-[서식] 탭의 [조정] 그룹에서 '그림 원래대로' 아이콘(🖼)을 누릅니다.

여러 장의 그림을 이용한 슬라이드 빠르게 만들기

여러 장의 그림 자료를 사용할 때는 개체 사이의 정렬이나 크기 조정 등 할 작업이 많습니다.
여러 장의 그림을 슬라이드에 삽입하는 방법과 스마트 아트를 이용해서 정리하는 방법을 알아보겠습니다.

여러 장의 그림을 한 번에 정리하기

여러 장의 그림 자료를 삽입하고 정렬한 다음 설명을 넣는 번거로운 작업을 파워포인트 2010에 추가된 스마트 아트 레이아웃으로 한 번에 해결할 수 있습니다. 내용이 추가되거나 삭제될 때도 개체 사이의 간격이나 정렬을 수동으로 할 필요가 없어 편리합니다.

· 소스 파일 : Part05\그림(스마트아트).pptx   · 결과 파일 : Part05\그림(스마트아트)_완성.pptx

1 Part05 폴더에서 '그림(스마트아트).pptx' 파일을 불러옵니다. 그림을 드래그하여 다섯 장의 사진을 모두 선택한 다음 [그림 도구]-[서식] 탭의 [그림 스타일] 그룹에 있는 '그림 레이아웃' 아이콘()을 누릅니다.

2 그림 레이아웃 중 [강조된 그림형]을 선택합니다.

3 [SmartArt 도구]–[디자인] 탭의 [그래픽 만들기] 그룹에서 원하는 대로 순서를 변경하고 스마트 아트의 [텍스트] 창에 그림에 대한 설명을 입력합니다.

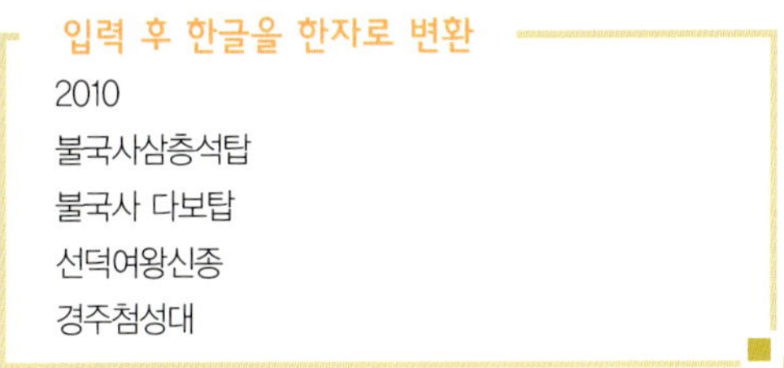

입력 후 한글을 한자로 변환

2010
불국사삼층석탑
불국사 다보탑
선덕여왕신종
경주첨성대

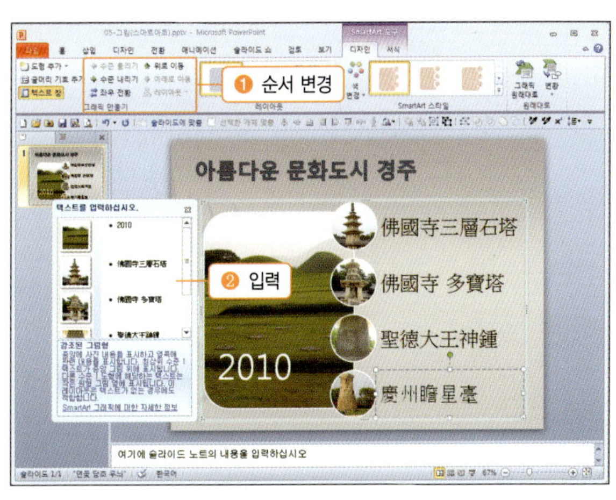

4 스마트 아트가 선택된 채로 [SmartArt 도구]–[디자인] 탭의 [Smart Art 스타일] 그룹에서 스타일을 지정합니다. 예제에서는 [보통 효과]를 사용하였습니다.

5 서식을 변경하려는 텍스트를 드래그하여 선택하고 [SmartArt 도구]–[서식] 탭의 [Word Art 스타일] 그룹에서 스타일을 지정합니다.

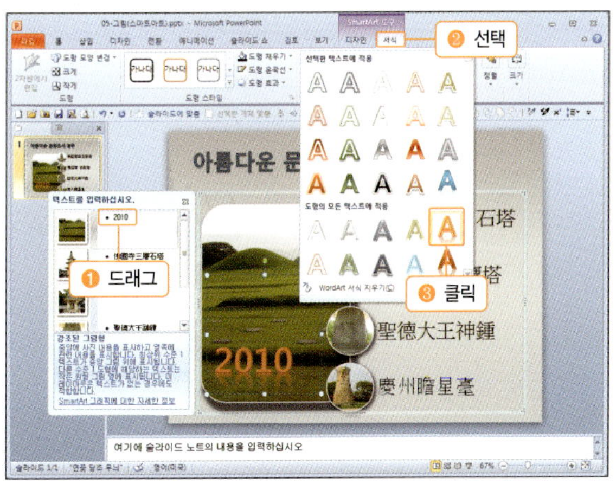

6 SmartArt 그래픽을 이용해서 간단하게 그림을 배열하고 캡션을 삽입할 수 있으며 레이아웃을 변경하거나 내용을 수정할 수 있습니다.

② 많은 사진 한 번에 삽입하는 사진 앨범 이용하기

사진 앨범 기능으로 삽입되는 그림들은 새로운 프레젠테이션 문서를 만들면서 각 슬라이드에 삽입될 그림의 개수와 형식, 캡션 등을 지정할 수 있습니다. 사진 앨범 기능을 이용해서 많은 분량의 그림을 한 번에 슬라이드에 삽입하는 방법을 알아보겠습니다.

· 소스 파일 : Part05\img011.jpg~img018.jpg　　· 결과 파일 : Part05\그림(앨범)_완성.pptx

1 [삽입] 탭의 [이미지] 그룹에서 '사진 앨범' 아이콘(　)을 누릅니다.

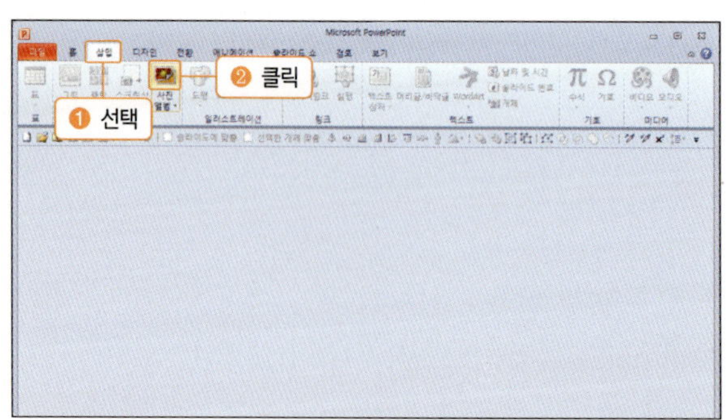

2 [사진 앨범] 대화상자에서 〈파일/디스크〉 버튼을 누릅니다.

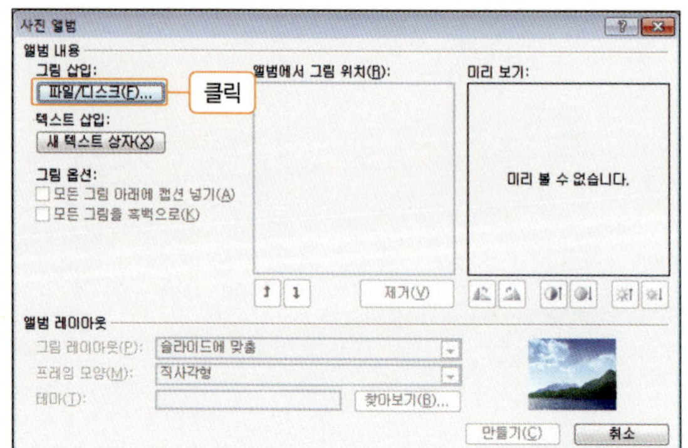

3 [새 그림 삽입] 대화상자가 표시되면 삽입할 그림이 있는 Part05 폴더에서 'img_011.jpg' ~ 'img_018.jpg' 파일을 선택한 다음 〈삽입〉 버튼을 누릅니다.

> **Tip** • 사진을 하나씩 삽입해도 되지만, 한 번에 선택해서 삽입하는 것이 편리합니다. 첫 번째 사진을 누른 다음 Shift 를 누른 채 마지막 사진을 누르면 연속된 파일을 모두 선택할 수 있습니다.

4 [사진 앨범] 대화상자에서 그림 파일을 미리 보려면 '앨범에서 그림 위치'에서 파일 이름을 선택한 다음 '미리 보기'에서 그림을 확인합니다. 슬라이드에서 그림이 표시되는 순서를 변경하려면, 아래에 있는 화살표 버튼(↑, ↓)을 사용하여 목록에서 파일을 위 또는 아래로 이동합니다.

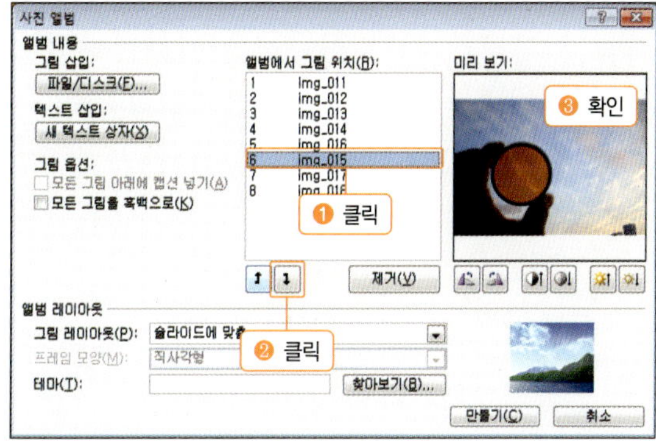

5 '미리 보기' 아래에 있는 '회전' 아이콘(⬙, ⬙), '대비' 아이콘(◲, ◲), '명암' 아이콘(☀, ☀)으로 삽입된 그림을 수정할 수 있습니다. '명암' 아이콘을 여러 번 눌러 사진을 밝게 조절합니다.

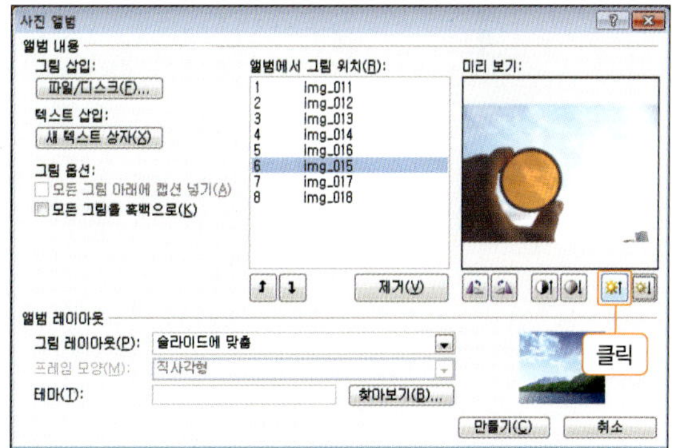

6 [사진 앨범] 대화상자 중 [앨범 레이아웃] 항목은 슬라이드에 사진이 보이는 형태를 지정하는 것입니다. '그림 레이아웃' 을 '그림 2개' 로 지정합니다.

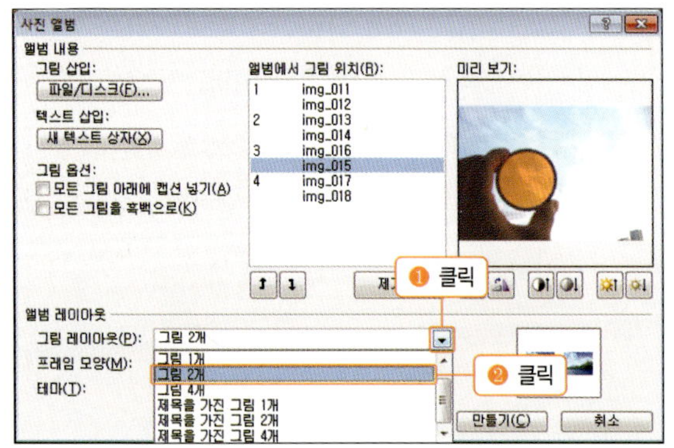

7 레이아웃을 지정하면 그림에 적용할 프레임을 선택할 수 있습니다. '프레임 모양' 을 '단순형 프레임, 흰색' 으로 지정합니다. 레이아웃과 프레임 모양은 오른쪽 작은 이미지로 확인할 수 있습니다.

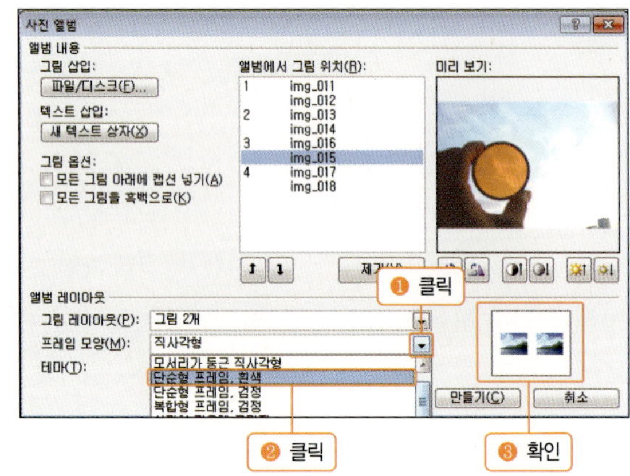

8 '테마' 는 문서에 적용할 테마를 지정하는 것입니다. 〈찾아보기〉 버튼을 누르고 'Metro.thmx' 파일을 선택한 다음 〈선택〉 버튼을 누릅니다.

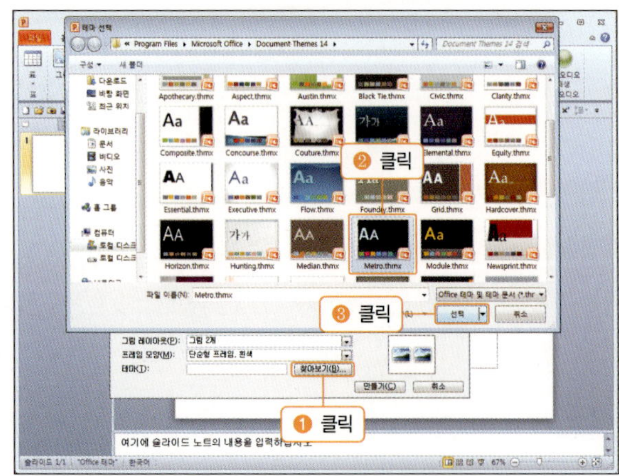

9 각 그림마다 설명을 입력하는 텍스트 상자를 만들고 싶다면 '모든 그림 아래에 캡션 넣기'에 체크 표시합니다. [사진 앨범] 대화상자에서 〈만들기〉 버튼을 누릅니다.

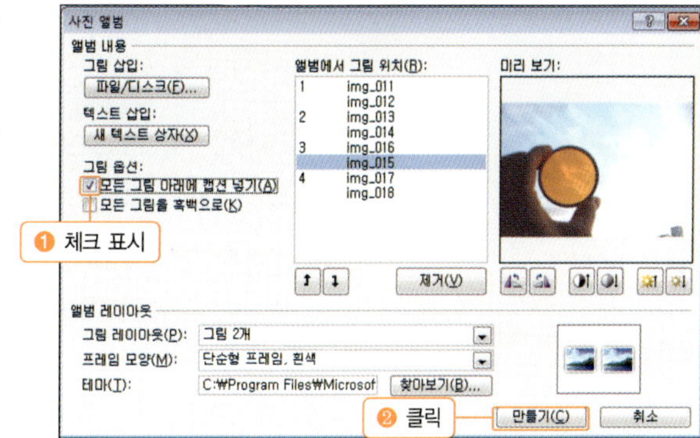

10 새로운 프레젠테이션 파일에 사진 앨범이 만들어진 것을 확인할 수 있습니다.

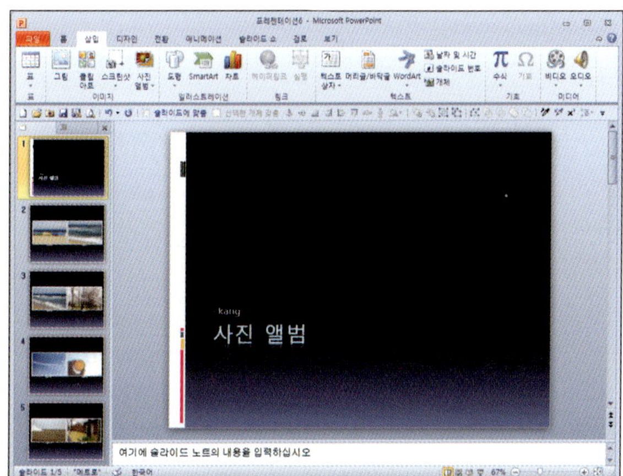

11 제목을 수정하고 각 슬라이드의 사진 아래에 있는 캡션을 수정하면서 내용을 정리합니다.

작성한 '사진 앨범'은 다시 불러와 편집할 수 있습니다. [삽입] 탭에 있는 [이미지] 그룹에서 '사진 앨범' 아이콘( )의 ▼부분을 누르고 [사진 앨범 편집]을 선택합니다.

31 모든 슬라이드에 배경으로 그림 삽입하기

배경에 관한 설정은 주로 마스터에서 다루게 되지만 '배경 서식'을 이용해도 슬라이드에 배경을 지정할 수 있습니다. '배경 서식'을 이용하는 방법을 알아보겠습니다. 배경으로 지정한 그림은 일반 그림과 같이 선택되지 않습니다.

• 소스 파일 : Part05\그림(배경).pptx, bg.jpg　　• 결과 파일 : Part05\그림(배경)_완성.pptx

1 Part05 폴더에서 '그림(배경).pptx' 파일을 불러옵니다. [디자인] 탭의 [배경] 그룹에서 '배경 스타일' 아이콘(⬛)을 누르고 [배경 서식]을 선택합니다. [배경 서식] 대화상자의 [채우기] 메뉴에서 [그림 또는 질감 채우기] 옵션을 선택하고, 〈파일〉 버튼을 누릅니다.

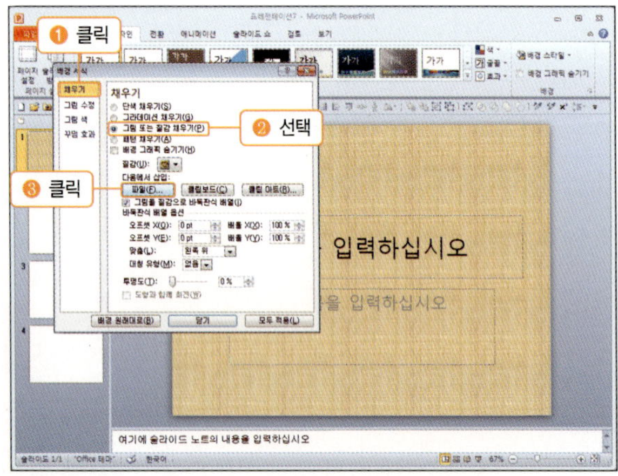

2 [그림 삽입] 대화상자가 표시되면 Part05 폴더에서 'bg.jpg' 파일을 선택하고 〈삽입〉 버튼을 누릅니다. 배경으로 선택한 그림이 슬라이드에 삽입됩니다.

> **Tip** •
> • 배경 원래대로 : 슬라이드 배경이 마스터의 기본 디자인으로 됩니다.
> • 닫기 : 현재 슬라이드에만 선택한 그림이 배경으로 적용됩니다.
> • 모두 적용 : 현재 프레젠테이션의 모든 슬라이드에 삽입되며 마스터에도 배경으로 삽입됩니다.

3 모든 슬라이드에 동일한 그림이 배경으로 지정된 것을 확인할 수 있습니다. 배경으로 지정된 그림은 슬라이드에서 선택되지 않습니다.

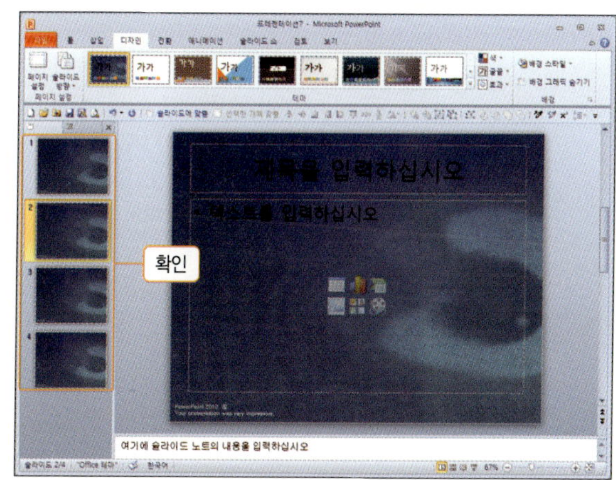

꼭! 알고가기 ▼ 서식 지정한 그림 파일 원본 저장하기

삽입한 그림에 [그림 도구]–[서식] 탭의 색이나 스타일 등을 지정해서 여러 가지 효과로 원하는 모양으로 변경시켰는데 원본은 남기고 싶은 경우에는 그림 원본을 저장할 수 있습니다.

❶ 그림을 마우스 오른쪽 버튼으로 누른 다음 표시되는 바로 가기 메뉴에서 [그림으로 저장]을 선택합니다.

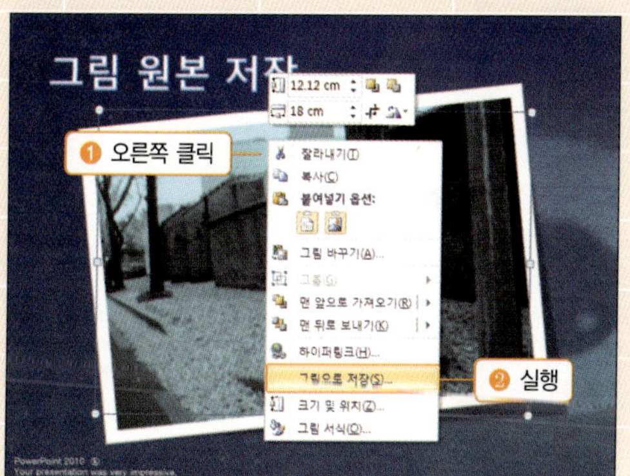

❷ [저장] 대화상자가 표시되면 저장 위치를 선택하고, '파일 이름'을 입력합니다. 〈저장〉 버튼의 ▼부분을 누른 다음 [원본 그림 저장]을 선택합니다.

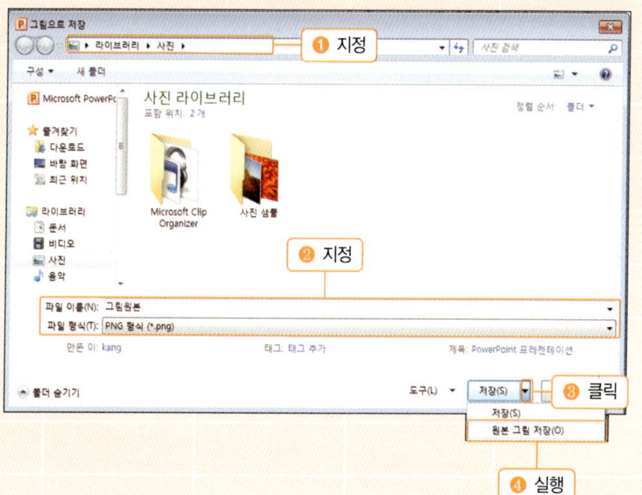

자료를 알기 쉽게 정리하는 표와 차트 만들기

프레젠테이션 문서에서 표만으로 슬라이드를 구성하는 일이 많지 않지만 자료에 따라서는 표를 이용하여 복잡한 내용을 간단하게 정리할 수 있습니다.

엑셀이나 워드에서 표 형태로 만들어진 자료가 있다면 파워포인트에 표로 쉽게 가져와서 사용할 수 있고 작성한 이후에도 레이아웃을 쉽게 변경할 수 있습니다. 표와 차트를 이용해서 슬라이드를 작성하는 방법을 알아보겠습니다.

PART

06

Section 01 표를 이용해서 슬라이드 꾸미기
Section 02 복잡한 수치 자료를 차트로 정리하기
Section 03 나만의 차트 서식 파일로 저장해서 사용하기

표를
이용해서
슬라이드
꾸미기

프레젠테이션 문서에서 '표'를 만드는 방법은 크게 두 가지로 볼 수 있습니다. 하나는 직접 슬라이드에서 표를 작성하는 것이고, 또 다른 하나는 이미 만들어진 것을 가져와서 사용하는 것입니다. 이 두 가지를 하나씩 알아보겠습니다.

슬라이드에 표 삽입하고, 스타일 적용하기

파워포인트 2010에서는 표를 쉽게 만들고, 미리 준비된 다양한 스타일을 적용하여 깔끔한 표를 작성할 수 있습니다. 이런 기능을 사용해서 슬라이드에서 직접 표를 만드는 방법을 알아보겠습니다.

· 소스 파일 : Part06\표.pptx   · 결과 파일 : Part06\표_완성.pptx

참고 동영상 : 8강 6-1표.avi

1 Part06 폴더에서 '표.pptx' 파일을 불러옵니다. [삽입] 탭의 [표] 그룹에서 '표' 아이콘(▦)을 누릅니다. 표시되는 메뉴에는 마우스 포인터의 위치에 따라 만들어질 표 형태가 빨간색으로 표시되고 슬라이드에서 만들어질 표를 미리 확인할 수 있습니다.

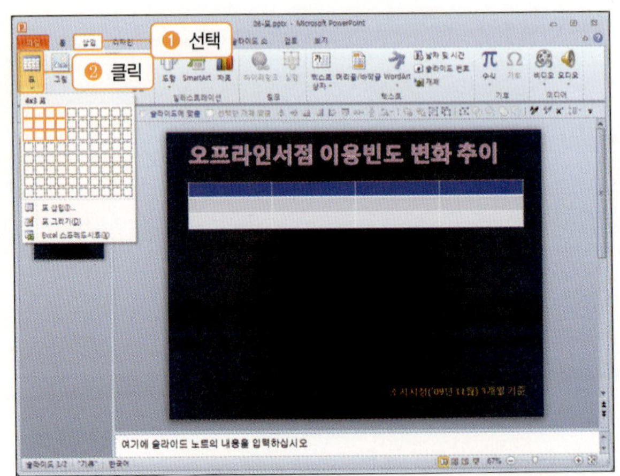

2 마우스 포인터를 조절하여 [3×6 표]를 만듭니다.

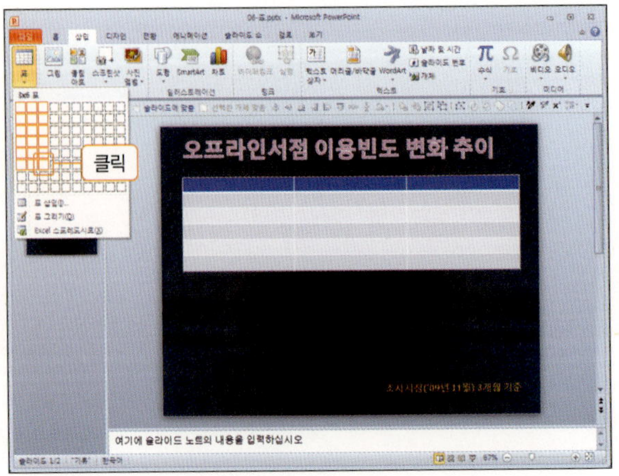

꼭! 알고가기 ▼ 표 만드는 방법 알아보기

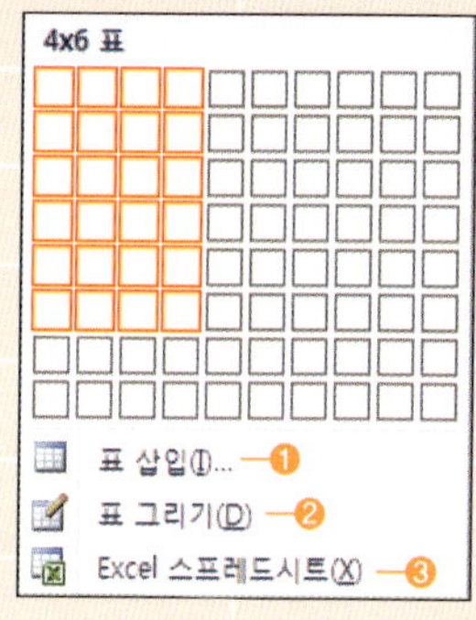

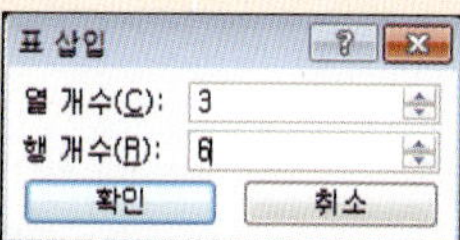

❶ **표 삽입** : 행과 열의 개수를 직접 입력해서 표를 만듭니다.

❷ **표 그리기** : 직접 드래그해서 표를 그립니다. 연필 모양 마우스 포인터 상태에서 전체 표와 행, 열을 드래그하여 표를 작성합니다.

❸ **Excel 스프레드시트** : 엑셀 창에 직접 내용을 입력하는 방식입니다. 텍스트를 입력한 다음 표 바깥쪽을 누릅니다. 엑셀 표를 편집하려면 표를 더블클릭합니다. 엑셀 입력 상태에는 리본 메뉴도 엑셀로 전환됩니다.

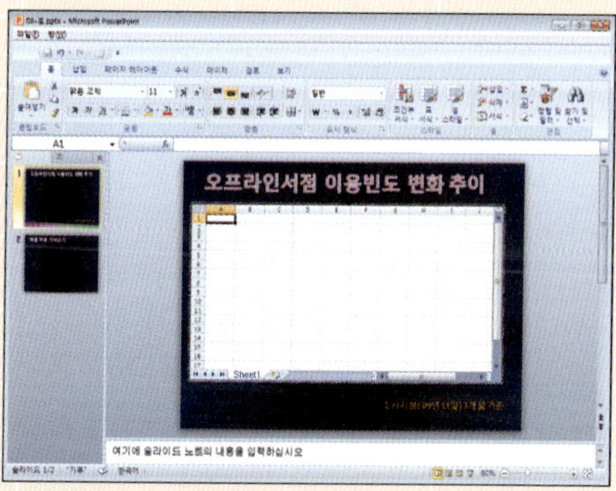

❹ **슬라이드 개체** : 본문 개체 종류 중 [표]를 선택합니다.

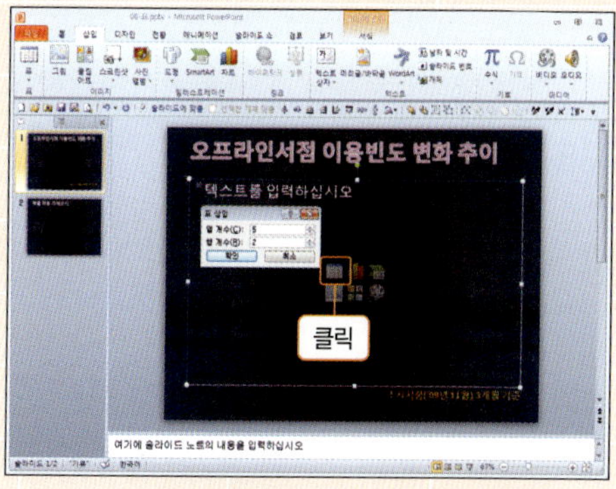

3 지정한 행과 열의 개수로 표가 삽입된 것을 확인하고 아래의 내용을 입력합니다.

	2008년	2009년
없음	45.8	50.8
1회	15.4	12.8
2회	13.5	13.1
3회	9.0	7.7
4회 이상	16.3	15.6

4 표가 선택된 상태에서 개체 테두리 가운데로 마우스 포인터를 옮기면, 마우스 포인터가 흰색 양방향 화살표로 표시됩니다. 드래그하여 크기를 슬라이드에 맞도록 적당히 조정합니다.

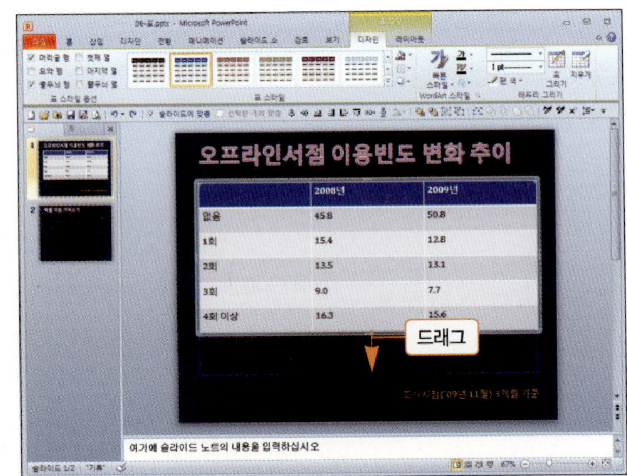

5 [표 도구]-[디자인] 탭의 [표 스타일 옵션] 그룹에서 '머리글 행'과 '줄무늬 행'에 체크 표시가 되어 있는 것을 확인합니다.

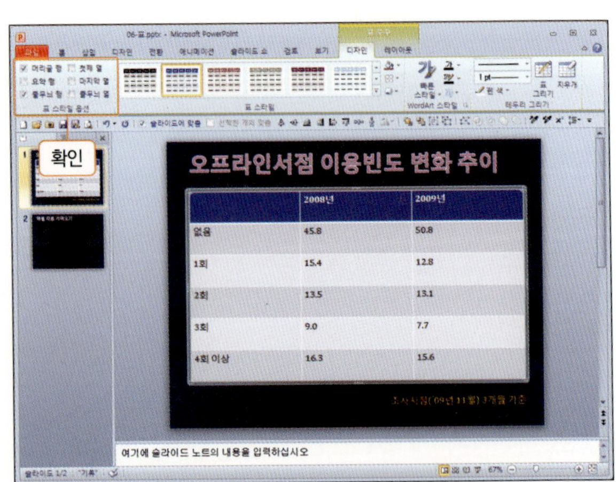

> **Tip**
> - 머리글 행 : 표의 가장 윗줄에 다른 행과는 다르게 서식을 적용
> - 요약 행 : 표의 가장 아랫줄에 다른 행과는 다르게 서식을 적용
> - 첫째 열 : 표의 가장 왼쪽 열에 다른 열과는 다르게 서식을 적용
> - 마지막 열 : 표의 가장 오른쪽 열에 다른 열과는 다르게 서식을 적용
> - 줄무늬 행 : 내용을 구별하기 좋게 한 행씩 번갈아가며 배경 색을 다르게 적용
> - 줄무늬 열 : 내용을 구별하기 좋게 한 열씩 번갈아가며 배경 색을 다르게 적용

6 왼쪽 제목열도 구별을 하기 위해 [표 도구]–[디자인] 탭의 [표 스타일 옵션] 그룹에 있는 '첫째 열'에 체크 표시합니다.

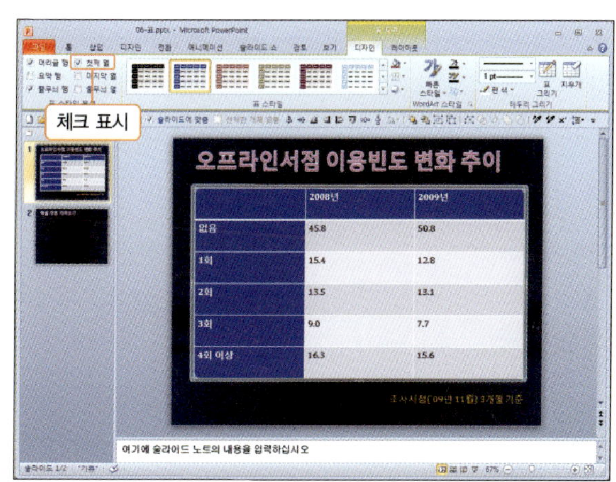

7 전체적인 표 스타일을 바꾸기 위해, [표 도구]–[디자인] 탭의 [표 스타일] 그룹에 있는 스타일을 선택합니다. 더 많은 스타일을 보려면 갤러리에 표시된 '자세히' 버튼(▼)을 누르고 테두리 색을 변경하기 위해 표 개체를 선택합니다.

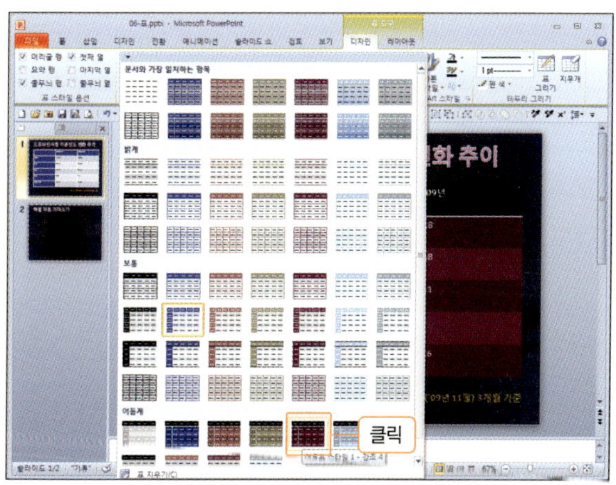

8 [표 도구]–[디자인] 탭의 [테두리 그리기] 그룹에 있는 '펜 스타일'을 '점선', '펜 두께'를 '3pt'로 지정하고 '펜 색' 아이콘을 누른 다음 원하는 색을 지정합니다.

> **Tip** ・ 표 개체의 테두리 부분을 누르거나, 표 안에서 커서가 깜박거리는 상태라면 Esc 를 눌러 표 개체를 선택합니다.

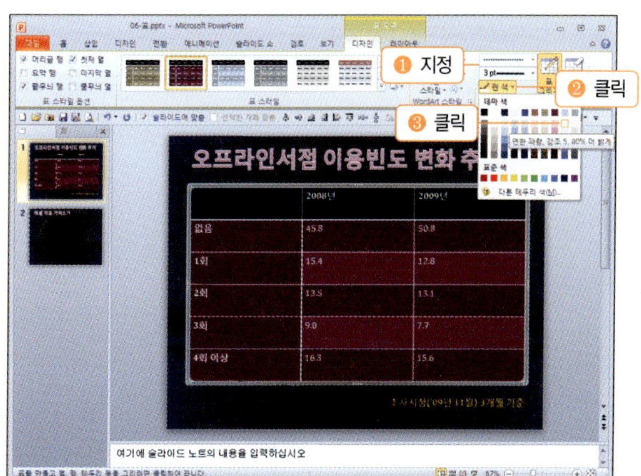

9 테두리를 그릴 펜이 준비되었다면 [표 도구]-[디자인] 탭의 [표 스타일] 그룹에 있는 '테두리' 아이콘의 ▼부분을 누르고 [모든 테두리]를 선택합니다.

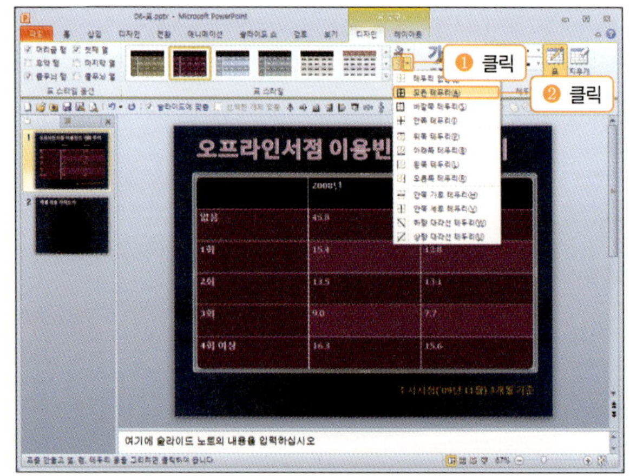

10 전체 표 개체가 선택된 상태로 [홈] 탭의 [글꼴] 그룹에서 '글꼴 크기 크게' 아이콘(가)을 두 번 정도 누릅니다.

> **Tip**
> • 글꼴 크기 크게 단축키 : Ctrl + Shift + >
> • 글꼴 크기 작게 단축키 : Ctrl + Shift + <

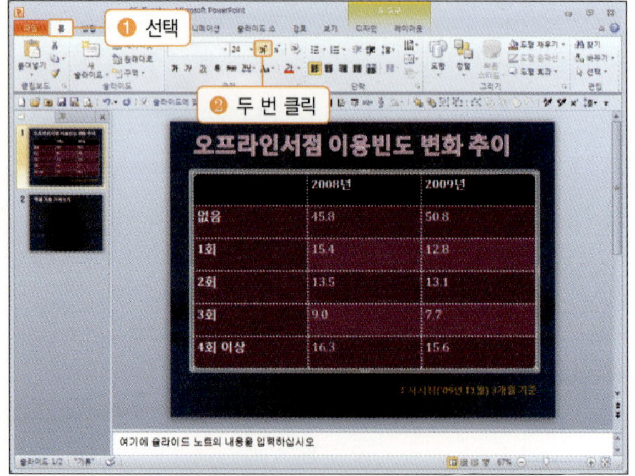

11 텍스트가 셀의 위쪽에 맞춰진 상태입니다. 표 개체가 계속 선택되어 있는 상태로 [표 도구]-[레이아웃] 탭의 [맞춤] 그룹에서 '세로 가운데 맞춤' 아이콘(回)을 누릅니다.

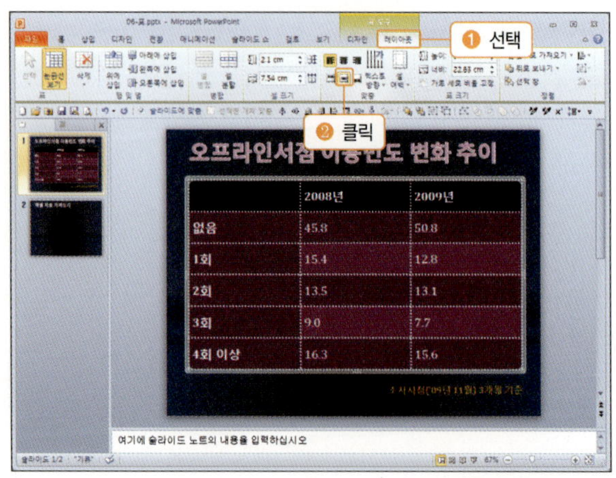

12 [표 도구]-[레이아웃] 탭의 [맞춤] 그룹에서 '가운데 맞춤' 아이콘(▤)을 누릅니다.

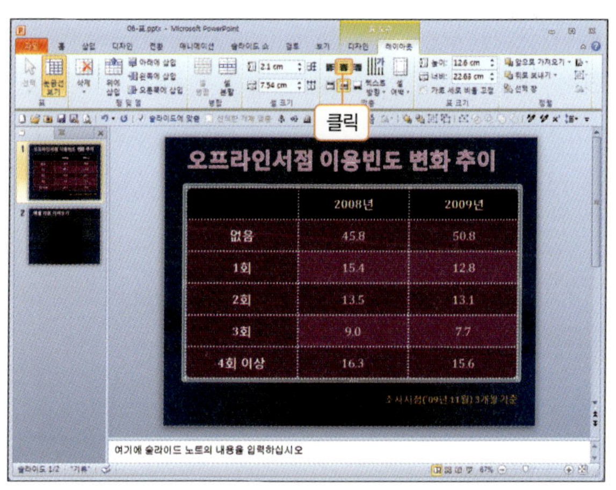

> **Tip**
> - 가운데 맞춤 단축키 : Ctrl + E
> - 오른쪽 맞춤 단축키 : Ctrl + R
> - 왼쪽 맞춤 단축키 : Ctrl + L

2 다른 프로그램에 미리 작성한 데이터 가져와서 표 만들기

엑셀이나 흔글에서 이미 작성한 표가 있다면 바로 프레젠테이션 문서에 사용할 수 있습니다. 다른 프로그램에서 작성한 자료를 표로 만드는 방법을 알아보겠습니다. 엑셀에서 수식 작업한 것을 가져온다면 오타를 줄일 수 있고 신뢰할 수 있는 데이터를 만들 수 있습니다.

• 소스 파일 : Part06\표자료.xlsx

1 Part06 폴더의 '표.pptx' 파일에서 두 번째 슬라이드를 선택하고 엑셀을 실행한 다음 Part06 폴더에 있는 '표자료.xlsx' 파일을 실행합니다.

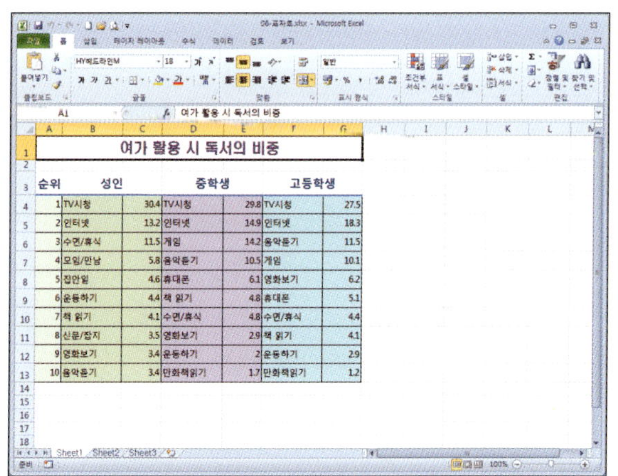

2 프레젠테이션 문서로 가져갈 부분을 드래그
하여 블록으로 지정하고, [홈] 탭의 [클립보드]
그룹에서 '복사' 아이콘(📋)을 누릅니다.

> **Tip ·**
> • 복사 단축키 : `Ctrl` + `C`
> • 붙여넣기 단축키 : `Ctrl` + `V`

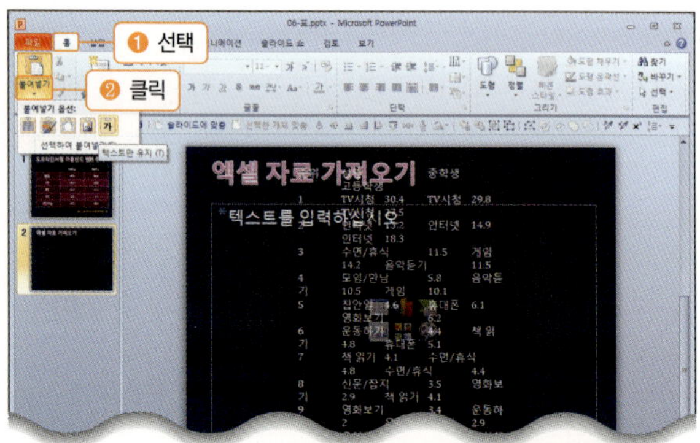

3 파워포인트 '표.pptx' 작업창에서 [홈] 탭의
[클립보드] 그룹에 있는 '붙여넣기' 아이콘(📋)
의 ▼부분을 누릅니다. [붙여넣기 옵션]에서 아
이콘에 마우스 포인터를 위치시키고 조금만 기
다리면 붙여넣기 전에 삽입된 상태를 미리 확
인할 수 있습니다.

꼭! 알고가기 ▼ [붙여넣기 옵션]을 선택해서 다양한 형태로 붙여넣기

❶ 대상 스타일 사용 : 복사할 개체의 서식을 복사될 대상 문서의 서식으로 변경합니다.
파워포인트 2010의 표 개체로 삽입되어 [표 도구]를 사용할 수 있습니다.

❷ 원본 서식 유지 : 복사할 개체의 서식을 작성한 원본 문서의 서식으로 유지합니다.
파워포인트 2010의 표 개체로 삽입되어 [표 도구]를 사용할 수 있습니다.

❸ 포함 : 엑셀 스프레드시트가 포함된 상태로 삽입됩니다. 파워포인트 2010의 [표 도구]는 사용할 수 없습니다. 포함
으로 삽입된 개체를 수정하려면 더블클릭해서 스프레드시트 상태에서 편집합니다.

❹ 그림 : 복사할 개체의 서식을 유지하지만 수정 불가능한 그림으로 붙입니다. 파워포인트 2010의 그림 개체로 삽입
되어 [그림 도구]를 사용할 수 있습니다.

❺ 텍스트만 유지 : 텍스트만 붙입니다.

❻ 선택하여 붙여넣기 : 파워포인트 2010에 삽입된 개체가 원본 엑셀 파일과 연동되게 하려면, [선택하여 붙여넣기]를
선택한 다음 표시되는 대화상자에서 '연결하여 붙여넣기'를 선택하고 〈확인〉 버튼을 누릅니다.
파워포인트 2010의 [표 도구]는 사용할 수 없지만, 더블클릭하면 엑셀 상태에서 자료를 편집할 수 있습니다.

4 '대상 스타일 사용' 아이콘(▣)을 눌러 엑셀 데이터를 표로 삽입합니다.

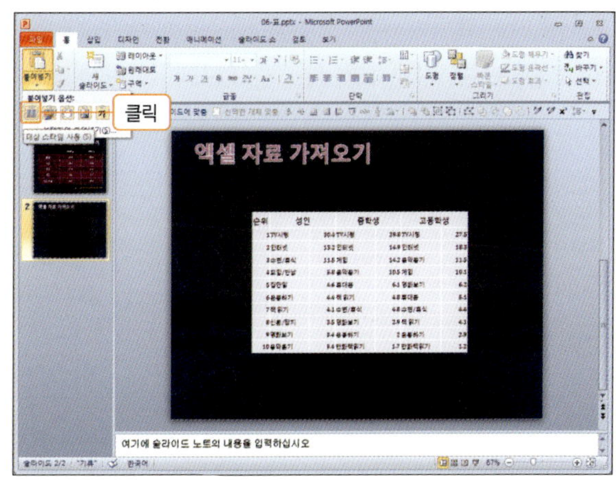

5 [표 도구]-[디자인] 탭의 [표 스타일 옵션] 그룹에서 '머리글 행'과 '첫째 열', '줄무늬 열'에 체크 표시합니다.

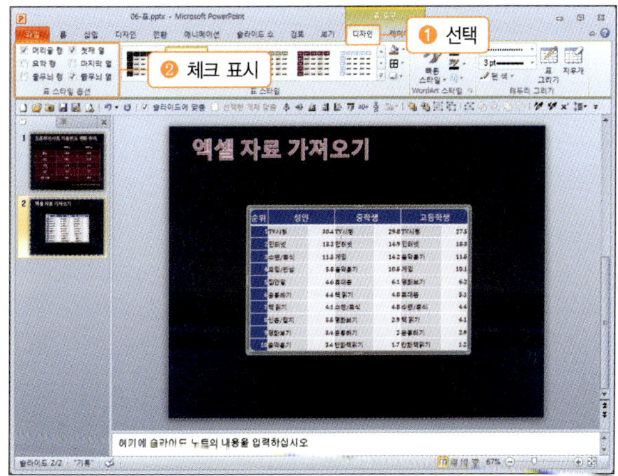

6 전체적인 표 스타일을 바꾸기 위해 [표 도구]-[디자인] 탭의 [표 스타일] 그룹에서 스타일 중 마음에 드는 스타일을 선택합니다.

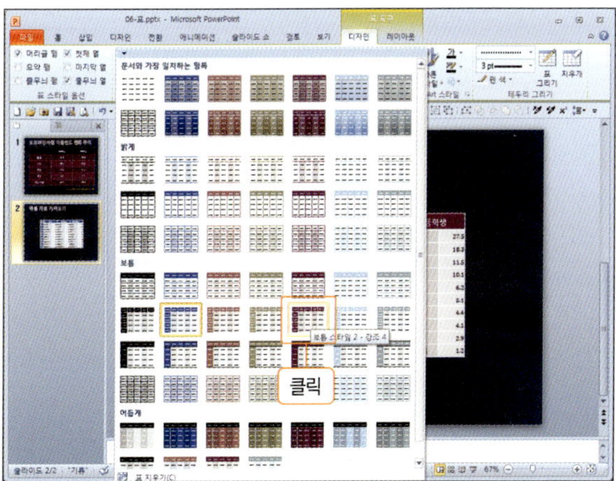

7 표를 선택한 다음 테두리를 드래그해서 크기를 조정합니다. [홈] 탭의 [글꼴] 그룹에서 '글자 크기 크게' 아이콘(가)과 '글자 크기 작게' 아이콘(가)을 눌러 글자 크기를 조절한 다음 [단락] 그룹의 '가운데 맞춤' 아이콘(≡)을 누르고 가운데 맞춤하여 작업을 마칩니다.

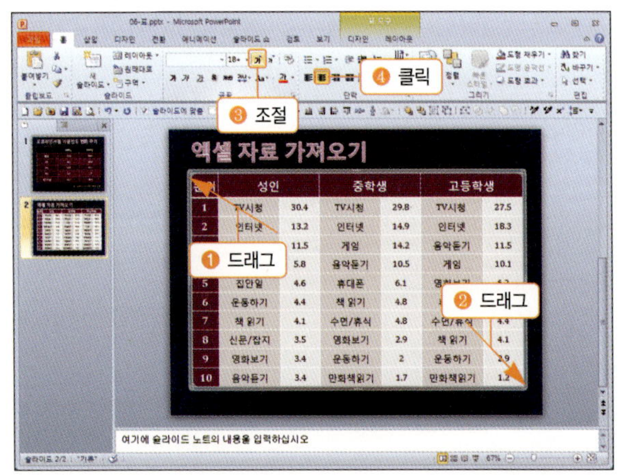

❸❶ 표의 레이아웃 변경하고 서식 적용하기

리본 메뉴의 아이콘을 이용하여 열이나 행의 수를 삽입하거나 삭제하여 조절할 수 있습니다. 원하는 만큼의 행과 열의 수를 조절하는 방법과 셀을 병합하는 방법, 정렬을 맞추거나 선을 그리는 다양한 레이아웃 명령을 알아보겠습니다.

· 소스 파일 : Part06\표(레이아웃).pptx   · 결과 파일 : Part06\표(레이아웃)_완성.pptx   참고 동영상 : 8강 6-1표.avi

1 Part06 폴더에서 '표(레이아웃).pptx' 파일을 불러옵니다. '국민체력 실태 조사'에 대한 표가 있는 것을 확인합니다.

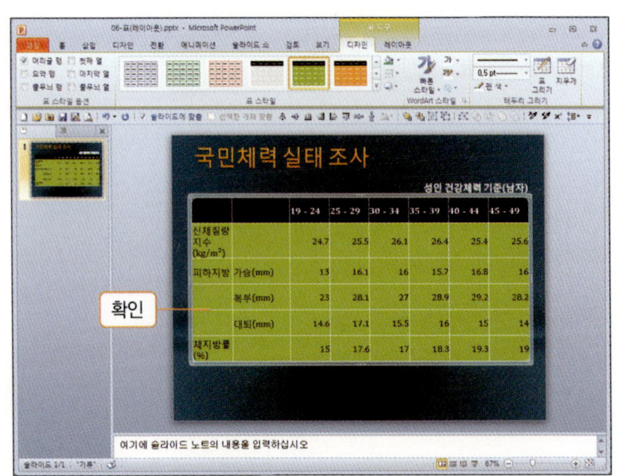

2 작성한 표에 새로운 내용을 추가하려고 합니다. [표]에서 가장 마지막 행을 누르고, [표 도구]-[레이아웃] 탭의 [행 및 열] 그룹에서 '아래에 삽입' 아이콘(▦)을 눌러 새로운 행을 삽입합니다.

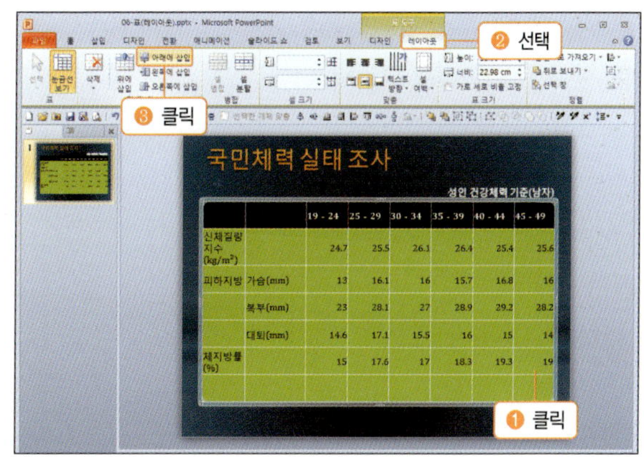

3 다음과 같이 데이터를 입력합니다.

입력 내용

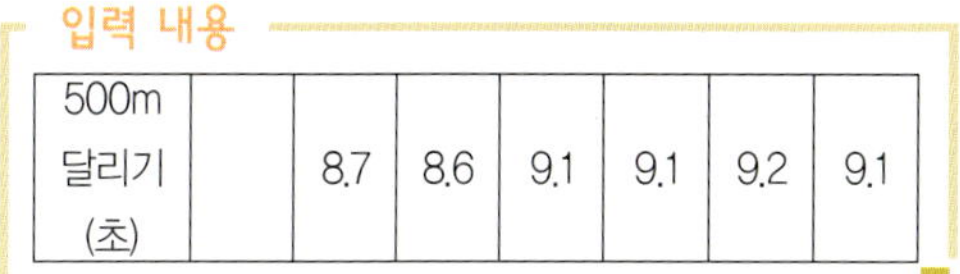

500m 달리기 (초)		8.7	8.6	9.1	9.1	9.2	9.1

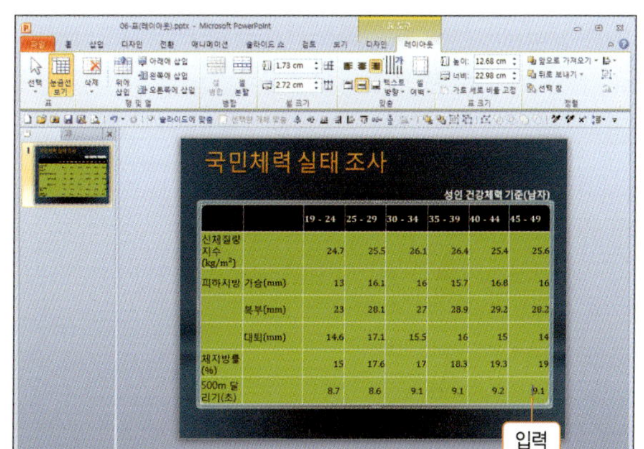

꾹! 알고가기 ▼ 행과 열 삽입하거나 삭제하기

1. 마지막 행 다음에 행을 삽입하는 방법

마지막 칸에서 [Tab]을 누르면 다음 줄에 새로운 행이 삽입됩니다.

2. 한 번에 여러 행이나 열을 삽입하는 방법

전체 행의 개수를 늘리고 싶은 경우는 삽입하려는 위치의 행을 모두 블록 지정하고, [표 도구]-[레이아웃] 탭의 [병합] 그룹에서 '셀 분할' 아이콘(▦)을 누릅니다. 열의 개수를 "1"로 입력하고, 행의 개수를 삽입하려는 개수로 지정합니다.

3. 행이나 열 전체를 쉽게 선택하는 방법

표의 테두리에 마우스 포인터를 위치시키면 마우스 포인터가 검은색 화살표(➡)로 변경됩니다. 이 때 누르면 커서가 있던 부분의 행이나 열이 블록으로 선택됩니다.

4. 행이나 열을 삭제하는 방법

삭제하려는 열이나 행에 마우스 커서를 위치시키고 [표 도구]-[레이아웃] 탭의 [행 및 열] 그룹에서 '삭제' 아이콘(☒)을 누른 다음 [행 삭제]나 [열 삭제]를 선택합니다.

4 첫째 줄의 두 칸을 블록으로 지정한 다음 [표 도구]–[레이아웃] 탭의 [병합] 그룹에 있는 '셀 병합' 아이콘(▦)을 눌러 셀을 병합하고 같은 방법으로 2행 1, 2열과 3, 4, 5행 1열을 병합합니다. 6행 1, 2열과 7행 1, 2열도 병합합니다.

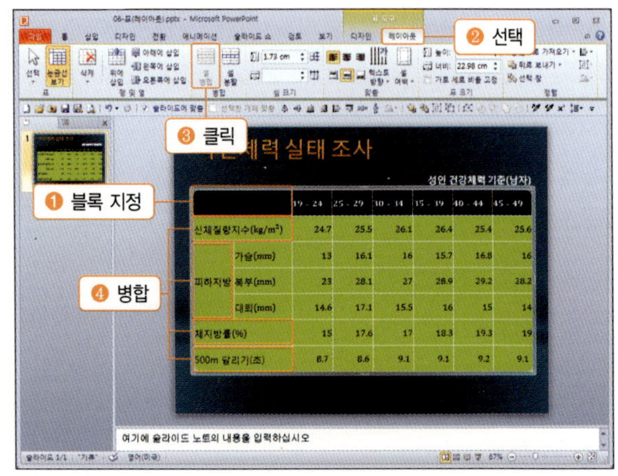

5 표 전체 크기를 조정하기 위해 [표 도구]–[레이아웃] 탭의 [표 크기] 그룹에서 '높이'를 '13.5㎝'로 설정합니다.

> **Tip** • 표의 크기를 조정할 때 '높이'나 '너비'에 따라 비례적으로 조정하려면 '가로, 세로 비율 고정'에 체크 표시합니다.

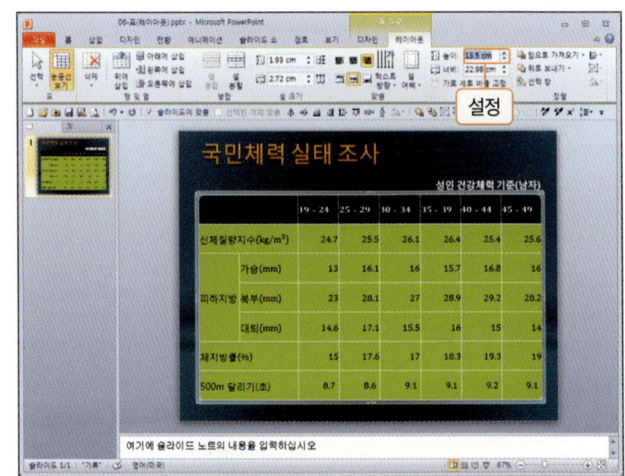

꼭! 알고가기 ▼ 지우개로 셀 병합하기

[표 도구]–[디자인] 탭의 [테두리 그리기] 그룹에서 '지우개' 아이콘(▨)을 누르고, 마우스 포인터가 지우개 모양(◿)이 되면 셀 경계선을 누릅니다. 누른 경계선이 삭제되면서 셀들이 합쳐집니다. Esc 를 누르면 마우스 포인터가 원래 상태로 돌아옵니다.

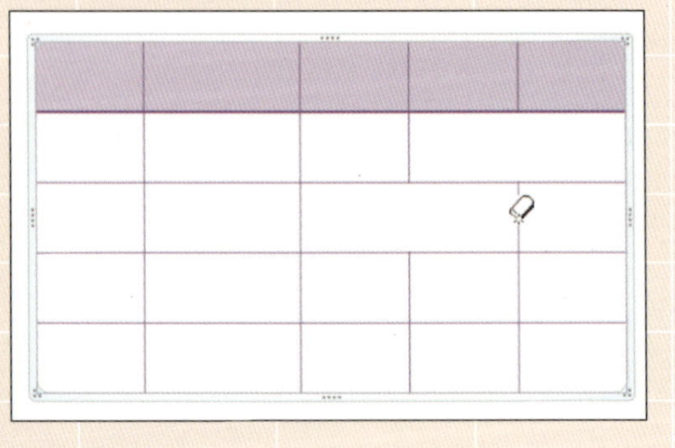

6 첫 번째 칸에 '연령'을 입력한 다음 Enter 를 누르고 '항목'을 입력합니다.

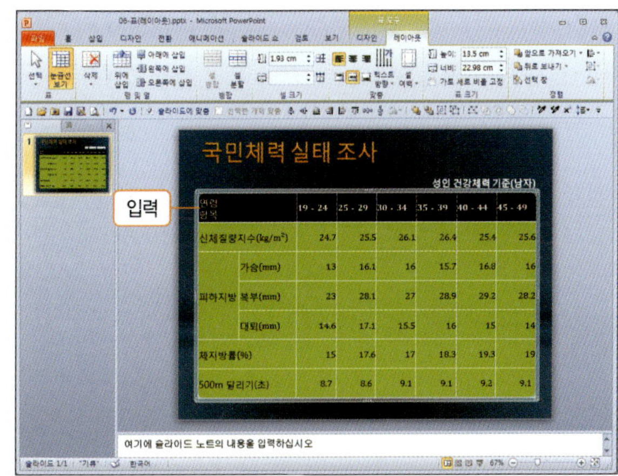

꼭! 알고가기 ▼ 표에서 셀의 크기와 표의 크기

1. 정확한 크기 설정하기

[표 도구]-[레이아웃] 탭의 [셀 크기] 그룹과 [표 크기] 그룹에서 크기를 직접 설정합니다.

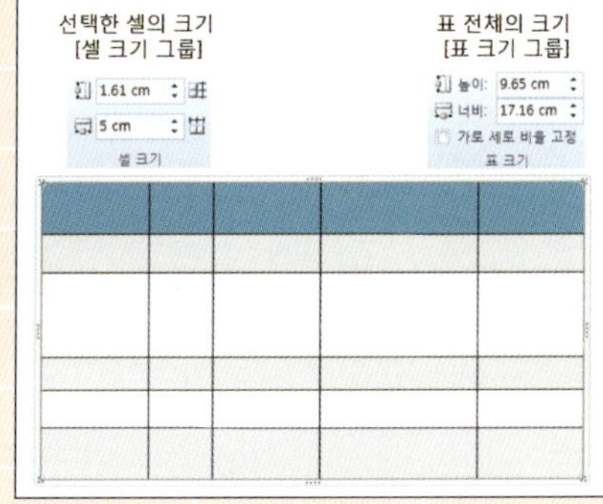

2. 높이나 너비 같게 하기

[표 도구]-[레이아웃] 탭의 [셀 크기] 그룹에서 행 높이와 열 너비를 같게 만들 수도 있습니다.

- '행 높이를 같게' 아이콘(⊞) : 선택된 행의 높이가 동일해집니다.
- '열 너비를 같게' 아이콘(⊞) : 선택된 열의 너비가 동일해집니다.

셀에 마우스 커서를 위치시키고 명령을 실행하면 표 전체 행 높이와 열 너비가 동일해집니다.

7 첫 번째 칸에서 '연령' 단락을 누르고 [표 도구]-[레이아웃] 탭의 [맞춤] 그룹에서 '텍스트 오른쪽 맞춤' 아이콘(▤)을 누릅니다.

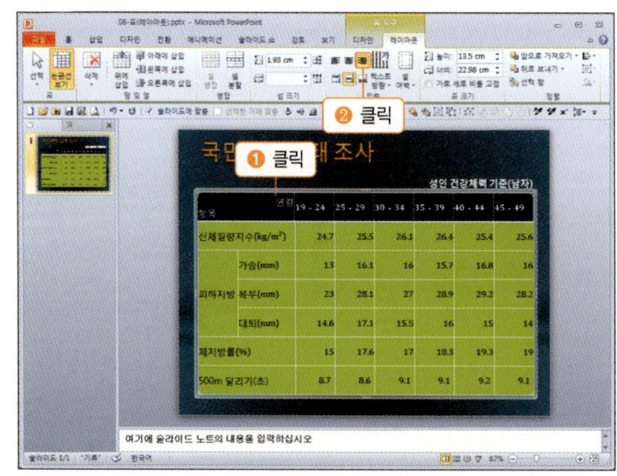

8 [표 도구]-[디자인] 탭의 [테두리 그리기] 그룹에서 '펜 스타일'을 '실선', '펜 두께'를 '0.5pt', '펜 색'을 '흰색'으로 지정합니다.

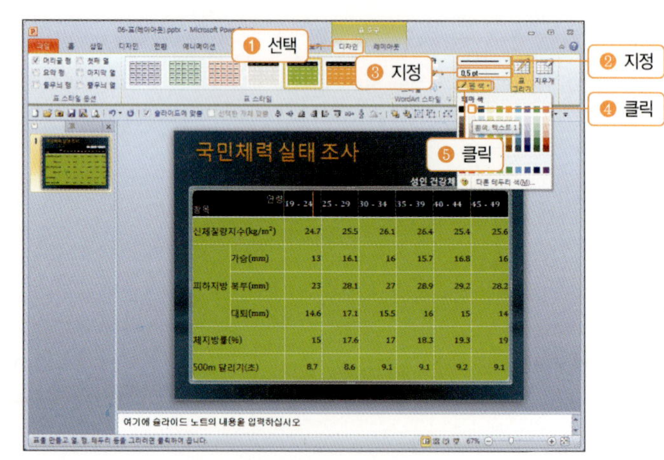

9 펜의 종류나 색을 지정하면 [표 도구]-[디자인] 탭의 [테두리 그리기] 그룹에 있는 '표 그리기' 아이콘(▨)이 선택된 것을 확인할 수 있습니다. 마우스 포인터가 연필 모양(✐)으로 바뀝니다. 이 상태에서 첫 번째 칸을 윗부분부터 왼쪽 오른쪽 아랫부분으로 드래그하여 대각선을 그립니다. Esc 를 눌러 표 그리기를 해제합니다.

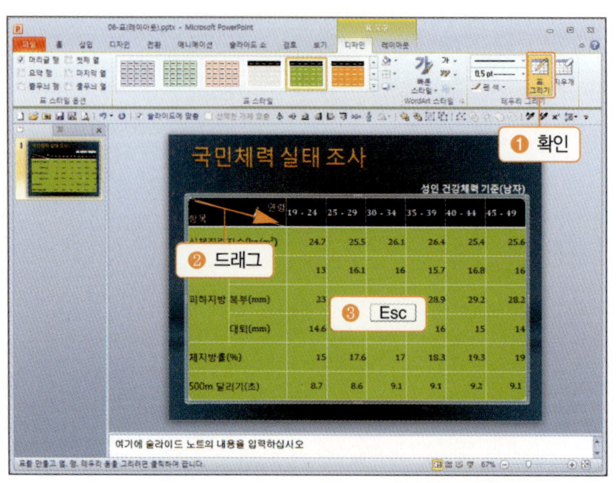

10 2행부터 1, 2열을 블록 지정하고 [표 도구]-[레이아웃] 탭의 [맞춤] 그룹에서 '가운데 맞춤' 아이콘(≡)을 누릅니다.

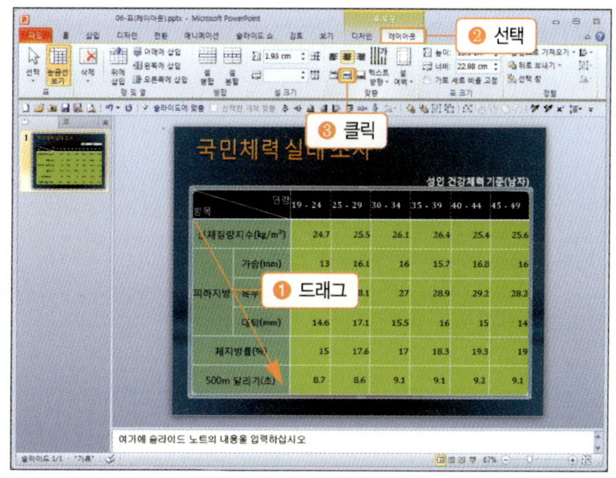

11 1열의 '피하지방' 문구를 누르고, [표 도구]-[레이아웃] 탭의 [맞춤] 그룹에서 '텍스트 방향' 아이콘(Ⅲ)을 누른 다음 [세로]를 선택합니다.

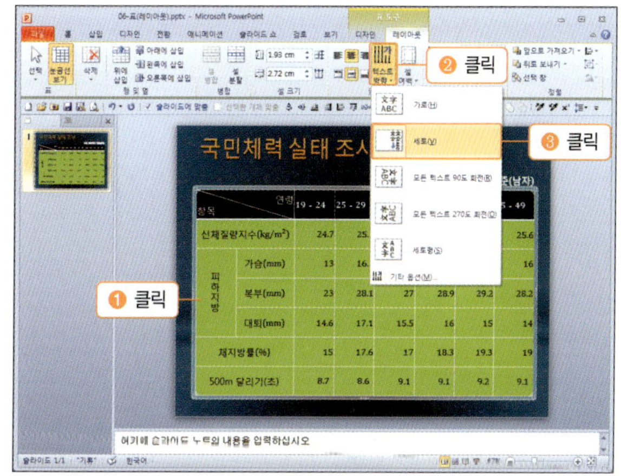

12 숫자 데이터 부분을 블록으로 지정하고, [표 도구]-[레이아웃] 탭의 [맞춤] 그룹에서 '셀 여백' 아이콘(▦)을 누른 다음 [사용자 지정 여백]을 선택합니다.

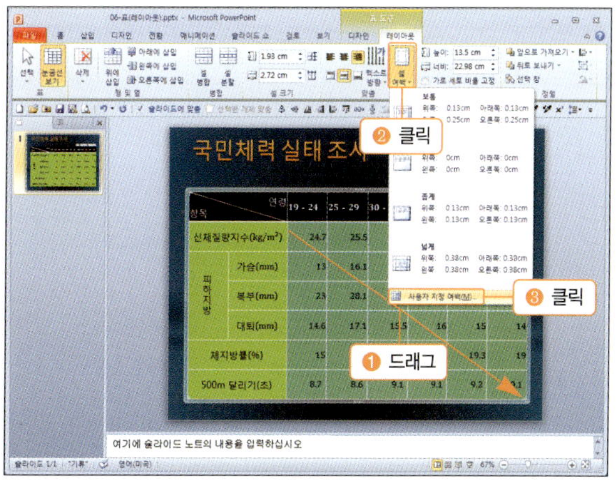

13 [셀 텍스트 레이아웃] 대화상자가 표시되면 [안쪽 여백] 항목에서 '왼쪽'을 '0cm', '위쪽'을 '0cm', '오른쪽'을 '0.7cm', '아래쪽'을 '0cm'로 설정하고 〈확인〉 버튼을 누릅니다.

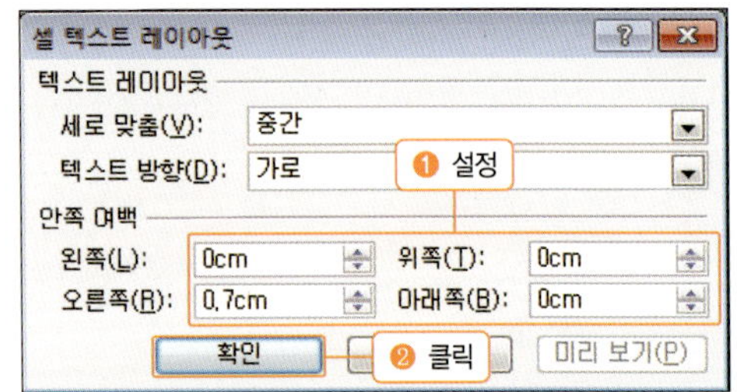

14 2행부터 1, 2열을 블록 지정하고 [표 도구]-[디자인] 탭의 [표 스타일] 그룹에서 '음영' 아이콘의 ▼ 부분을 누릅니다. [테마 색] 그룹에서 [라임, 강조 1, 40%, 더 밝게]를 선택합니다.

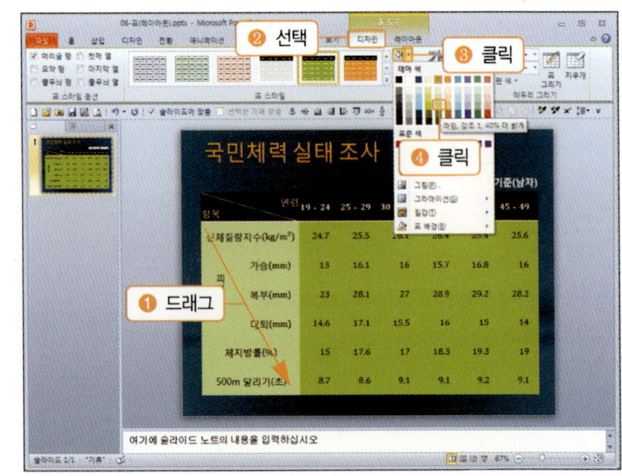

15 표에 그림자 효과를 주기 위해 [표 도구]-[디자인] 탭의 [표 스타일] 그룹에서 '효과' 아이콘(□)을 누르고 [그림자]-[그림자 옵션]을 선택합니다.

> **Tip** • 효과 중 [그림자]와 [반사]는 개별적인 셀에는 적용되지 않고 전체 표에만 적용됩니다.

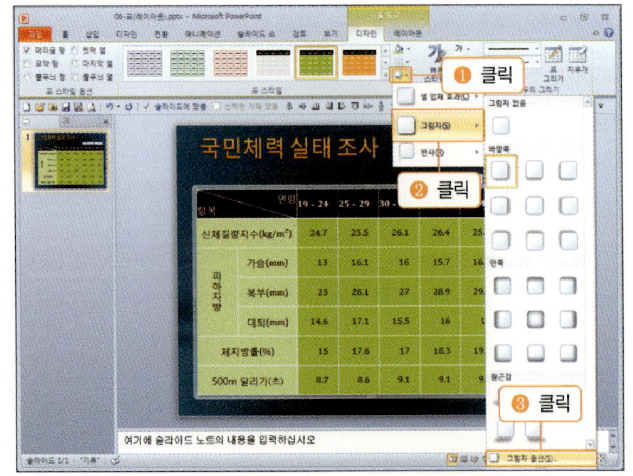

16 [도형 서식] 대화상자의 위치를 이동하여 [표]에 적용되는 상태를 확인하면서 거리와 그림자 크기, 색 등을 조정하고 〈닫기〉 버튼을 누릅니다.

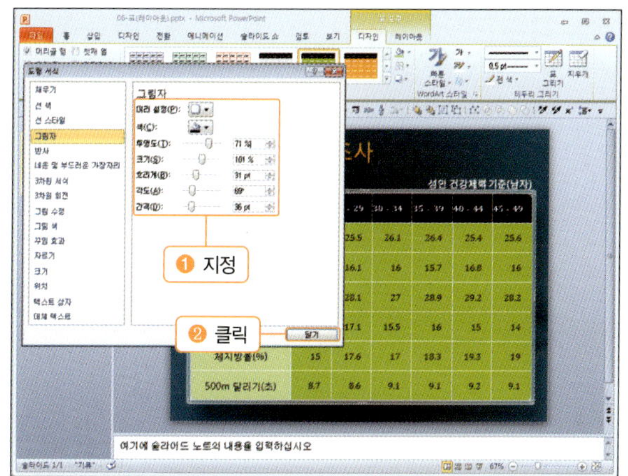

17 표를 슬라이드 가운데 배치하기 위해 [표 도구]–[레이아웃] 탭의 [정렬] 그룹에서 '맞춤' 아이콘()을 누르고 [가운데 맞춤]을 선택합니다.

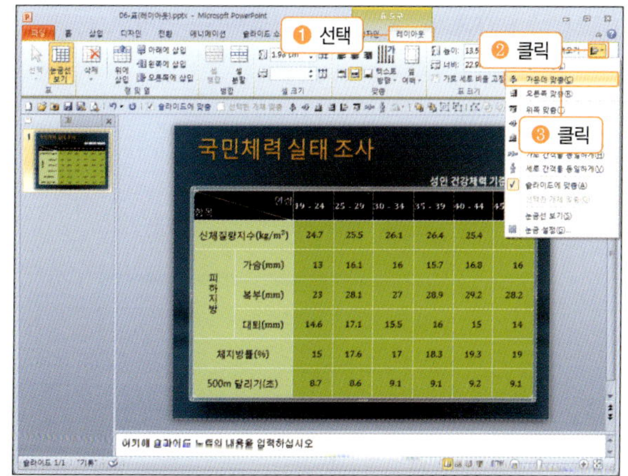

꼭! 알고가기 ▽ 표 관련 지우기

1. 표 내용 지우기

내용을 지울 곳을 블록 지정하고 Delete 를 누릅니다.

2. 표 서식 지우기

[표 도구]–[디자인] 탭의 [표 스타일] 그룹에 있는 '자세히' 버튼()을 누른 다음 [표 지우기]를 선택합니다.

3. 전체 표 삭제하기

전체 표를 삭제하려면, [표 도구]–[레이아웃] 탭의 [행 및 열] 그룹에서 '삭제' 아이콘()을 누른 다음 [표 삭제]를 선택합니다. 또는 삭제하려는 표를 선택하고 Delete 를 누릅니다.

복잡한
수치 자료를
차트로
정리하기

파워포인트 2010에서는 전문가 수준의 차트를 쉽게 만들 수 있으며, 차트 종류, 레이아웃, 스타일 등을 선택할 수 있습니다. 또한 자주 사용하는 차트를 서식 파일로 저장하면 새로운 차트를 만들 때 신속하게 적용할 수 있습니다.

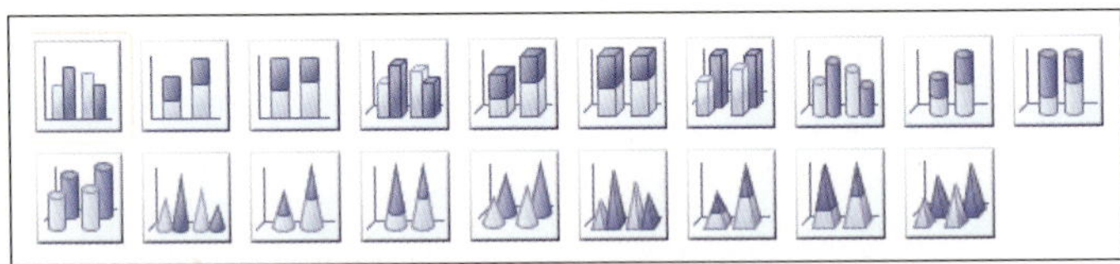

파워포인트 2010에서는 엑셀에서 제공하는 다양한 차트 기능을 사용할 수 있습니다. 사용자가 데이터를 표시할 수 있도록 제공되는 차트의 종류를 살펴보고 적절한 형태의 차트를 선택할 수 있도록 특징을 알아보겠습니다.

1. 세로 막대형

세로 막대형 차트는 시간 경과에 따른 데이터 변동을 표시하거나 항목별 비교를 나타내는데 유용합니다. 세로 막대형 차트에서는 일반적으로 항목이 가로축에 표시되고 값은 세로축에 표시됩니다.

① 묶은 세로 막대형 차트와 3차원 묶은 세로 막대형 차트

묶은 세로 막대형 차트에서는 전체 항목의 값을 비교하여 2차원 세로 직사각형으로 값을 표시합니다. 3차원 묶은 세로 막대형 차트에서는 3차원 원근감만 사용하여 데이터를 표시합니다.

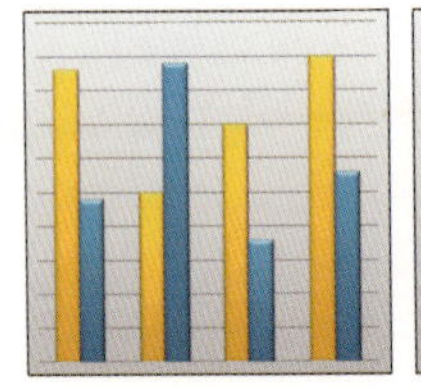
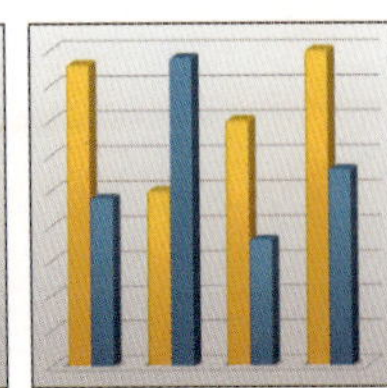

② 누적 세로 막대형 차트와 3차원 누적 세로 막대형 차트

누적 세로 막대형 차트에서는 전체 항목의 합계를 기준으로 각 값의 기여도를 비교하여 전체와 개별 항목 사이의 관계를 표시합니다. 누적 세로 막대형 차트에서 값은 2차원 세로 누적 직사각형에 표시하며, 3차원 누적 세로 막대형 차트에서는 3차원 원근감만 사용하여 데이터를 표시합니다. 데이터 계열이 여러 개 있고 합계를 강조하려는 경우 누적 세로 막대형 차트를 사용할 수 있습니다.

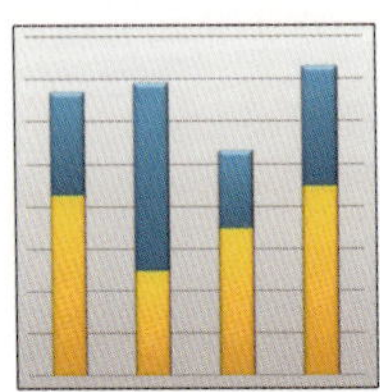
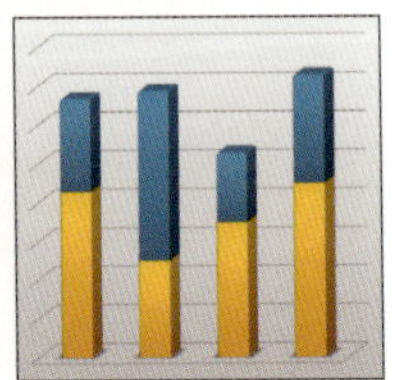

③ 100% 기준 누적 세로 막대형 차트와 3차원 100% 기준 누적 세로 막대형 차트

100% 기준 누적 세로 막대형 차트 및 3차원 100% 기준 누적 세로 막대형 차트에서는 전체 항목의 합계를 기준으로 각 값의 백분율을 비교합니다. 100% 기준 누적 세로 막대형 차트에서 값은 2차원 세로 100% 기준 누적 직사각형으로 표시하고 3차원 100% 기준 누적 세로 막대형 차트에서는 3차원 원근감만 사용하여 데이터를 표시합니다.

데이터 계열이 두 개 이상 있고 전체에 대한 기여도를 강조하려는 경우, 특히 각 항목의 합계가 동일한 경우에 100% 기준 누적 세로 막대형 차트를 사용할 수 있습니다.

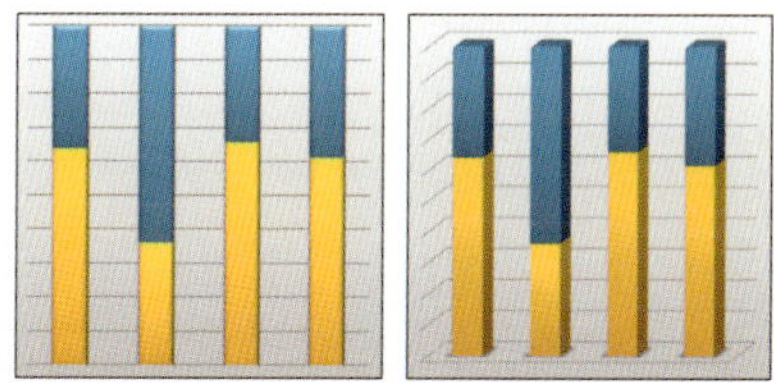

④ 3차원 세로 막대형 차트

3차원 세로 막대형 차트에서는 사용자가 수정할 수 있는 세 축(가로축, 세로축 및 깊이 축)이 사용되며 가로축 및 깊이 축을 따라 데이터 요소가 비교됩니다.

3차원 세로 막대형 차트에서는 가로축 및 깊이 축을 따라 항목이 표시되고 세로축에 값이 표시되므로 전체 항목 및 전체 계열에서 동시에 데이터를 비교하려는 경우 이 차트 종류를 사용할 수 있습니다.

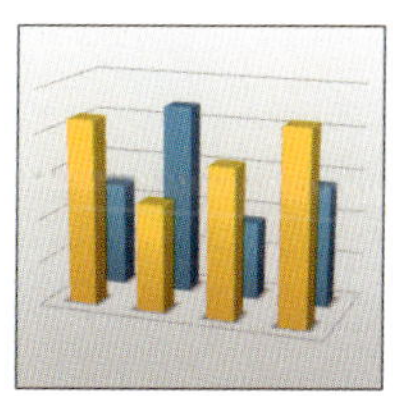

⑤ 원통형, 원뿔형 및 피라미드형 차트

원통형 차트, 원뿔형 차트 및 피라미드형 차트도 직사각형 세로 막대형 차트와 동일하게 네 가지 차트 종류(묶은, 누적, 100% 기준 누적 및 3차원)로 사용할 수 있습니다. 이러한 차트에서 데이터를 표시하고 비교하는 방식은 세로 막대형 차트에서 사용되는 방식과 일치합니다. 다만 세로 막대형 차트와 달리 직사각형 대신 원통형, 원뿔형 및 피라미드 모양을 표시한다는 차이점이 있습니다.

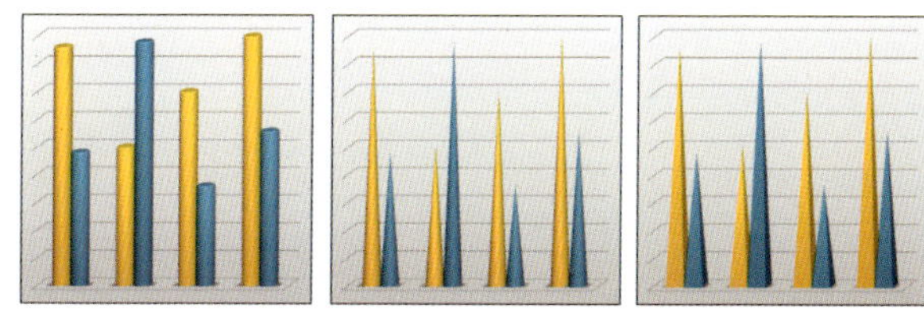

2. 꺾은선형

꺾은선형 차트는 일반적인 척도를 기준으로 설정된 시간에 따라 연속적인 데이터를 표시할 수 있으므로 일정 간격에 따라 데이터의 추세를 표시하는데 유용합니다. 꺾은선형 차트에서 항목 데이터는 가로축을 따라 일정한 간격으로 표시되고 모든 값은 세로축을 따라 일정한 간격으로 표시됩니다.

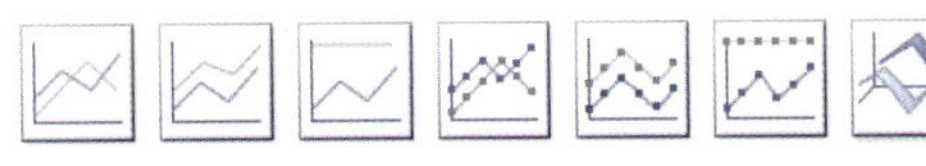

① 꺾은선형 차트와 데이터 표식이 있는 꺾은선형 차트

개별 데이터 값을 나타내는 표식이 있거나 없는 꺾은선형 차트는 시간의 흐름이나 순서별 항목에 따른 추세를 표시하는데 유용하며, 특히 데이터 요소가 많고 데이터 요소를 표시하는 순서가 중요한 경우에 적합합니다. 항목이 많거나 값이 추정 값인 경우에는 표식이 없는 꺾은선형 차트를 사용하는 것이 좋습니다.

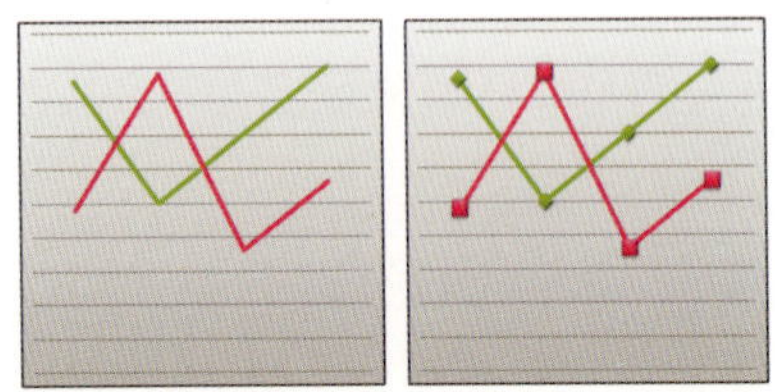

② 누적 꺾은선형 차트와 데이터 표식이 있는 누적 꺾은선형 차트

개별 데이터 값을 나타내는 표식이 있거나 없는 누적 꺾은선형 차트는 시간의 흐름이나 순서별 항목에 따른 각 값의 기여도 추세를 표시하는데 사용할 수 있습니다.

③ 100% 기준 누적 꺾은선형 차트와 데이터 표식이 있는 100% 기준 누적 꺾은선형 차트

개별 데이터 값을 나타내는 표식이 있거나 없는 100% 기준 누적 꺾은선형 차트는 시간의 흐름이나 순서별 항목에 따른 각 값의 기여도 백분율의 추세를 표시하는데 유용합니다. 항목이 많거나 값이 추정 값인 경우에는 표식이 없는 100% 기준 누적 꺾은선형 차트를 사용하는 것이 좋습니다.

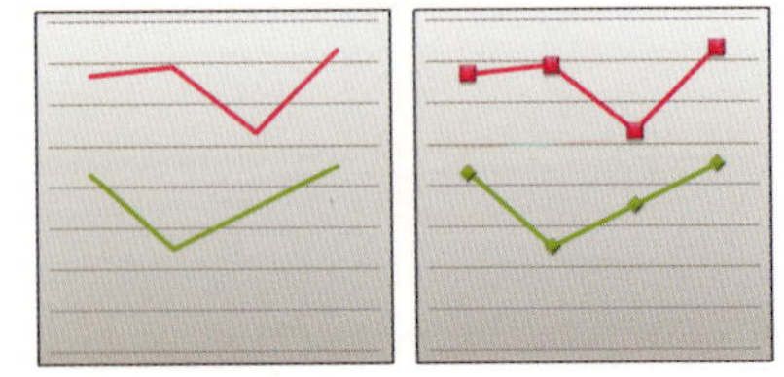

④ 3차원 꺾은선형 차트

3차원 꺾은선형 차트에서는 각 데이터 행이나 열을 3차원 표식으로 표시합니다. 3차원 꺾은선형 차트
에는 수정 가능한 가로, 세로, 깊이 축이 있습니다.

3. 원형

원형 차트에서는 데이터 계열 하나에 있는 항목의 크기가 항목 합계에 비례하여 표시됩니다. 원형 차트
의 데이터 요소는 원형 전체에 대한 백분율로 표시됩니다.

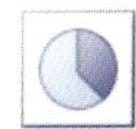    

① 원형 차트와 3차원 원형 차트

원형 차트는 각 값이 합계에서 차지하는 부분을 2차원 또는 3차원 형식으로 표시합니다. 원형 차트의
조각을 수동으로 따로 분리하여 특정 원형 조각을 강조할 수 있습니다.

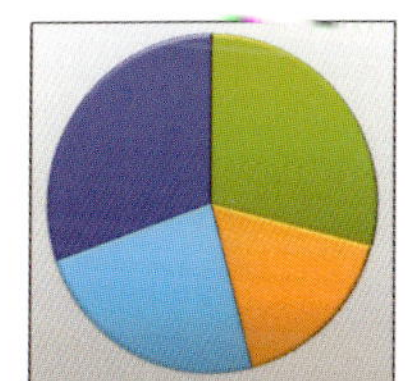 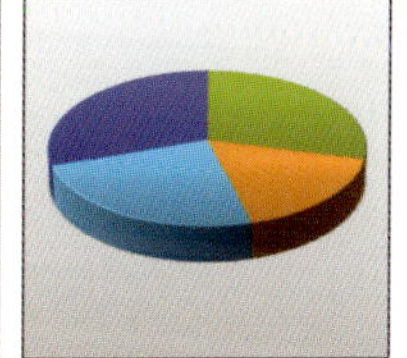

② 원형 대 원형 차트와 원형 대 가로 막대형 차트

원형 대 원형 차트나 원형 대 가로 막대형 차트는 기본 원형 차트에서 추출하여 보조 원형 차트나 누
적 가로 막대형 차트로 결합한 사용자 정의 값을 통해 원형 차트를 표시합니다. 이러한 차트 종류는
기본 원형 차트의 작은 원형 조각을 더 쉽게 구분할 수 있도록 하려는 경우에 유용합니다.

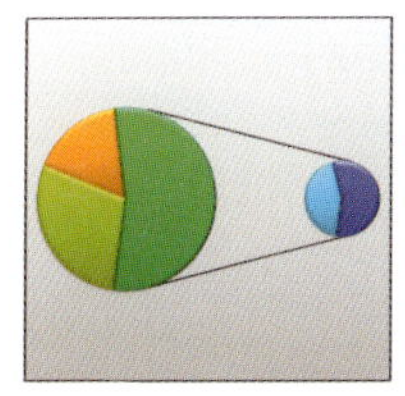 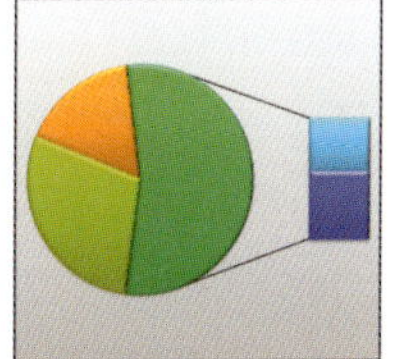

③ 쪼개진 원형 차트와 3차원 쪼개진 원형 차트

쪼개진 원형 차트는 개별 값을 강조하면서 각 값이 합계에서 차지하는 부분을 표시합니다. 쪼개진 원형 차트를 3차원 형식으로 표현할 수도 있습니다. 모든 원형 조각 또는 개별 원형 조각의 쪼개진 원형 설정을 변경할 수 있습니다.

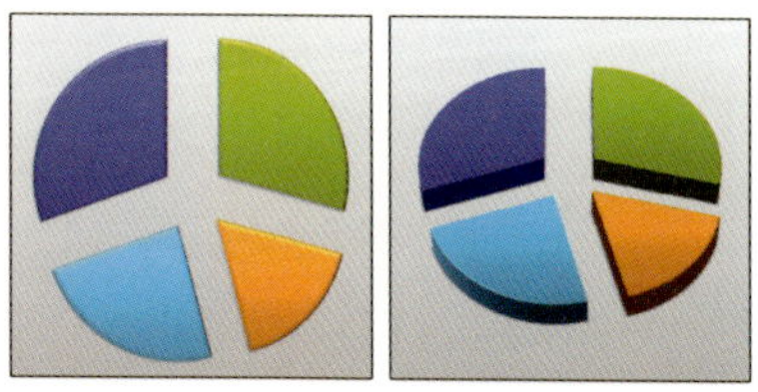

4. 가로 막대형

가로 막대형 차트에서는 개별 항목을 비교하여 표시합니다. 가로 막대형 차트는 축 레이블이 긴 경우, 표시되는 값이 기간인 경우에 많이 사용합니다.

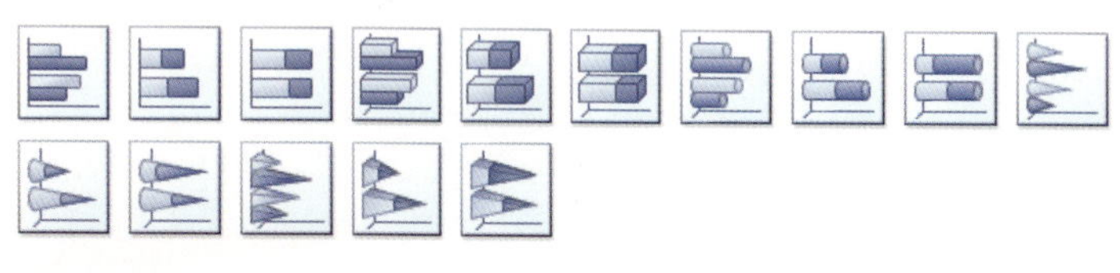

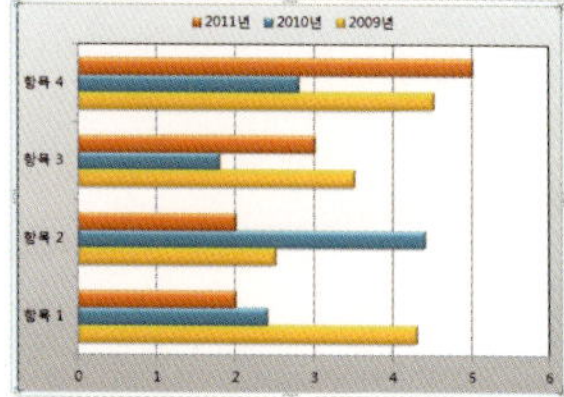

5. 영역형

영역형 차트는 시간에 따른 변동의 크기를 강조하여 나타내며 합계 값을 추세와 함께 살펴볼 때 사용할 수 있습니다. 예를 들어 시간에 따른 수익을 나타내는 데이터를 영역형 차트로 그려서 총 수익을 강조할 수 있습니다. 영역형 차트에서는 각 값의 합계를 표시하며 전체에 대한 부분의 관계도 표시합니다.

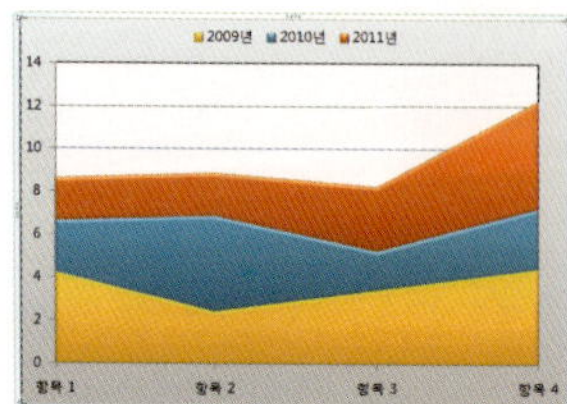

6. 분산형

분산형 차트는 여러 데이터 계열에 있는 숫자 값 사이의 관계를 나타내거나 두 개의 숫자 그룹을 XY 좌표로 이루어진 하나의 계열로 표시합니다.

분산형 차트에는 두 개의 값 축이 있으며 가로축(X 축)과 세로축(Y 축)에 각각 다른 숫자 데이터 집합이 표시되며 과학, 통계 및 공학 데이터와 같은 숫자 값을 표시하고 비교하는데 주로 사용합니다.

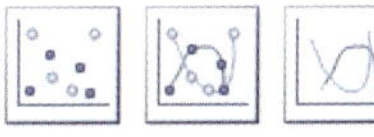
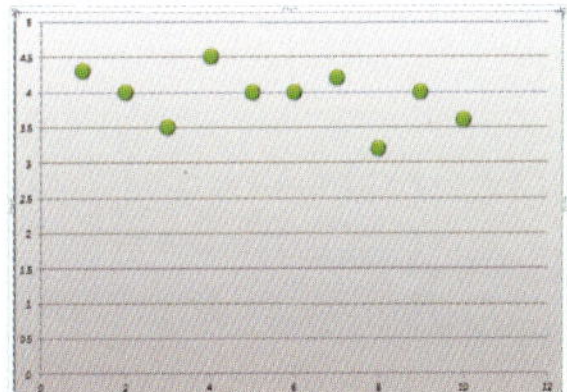

7. 주식형

이름에서 알 수 있듯이 주가 변동을 나타내는데 주로 사용하며 과학 데이터에도 이 차트를 사용할 수 있습니다. 예를 들어 주식형 차트를 사용하여 일일 기온 또는 연간 기온의 변동을 나타낼 수 있습니다.

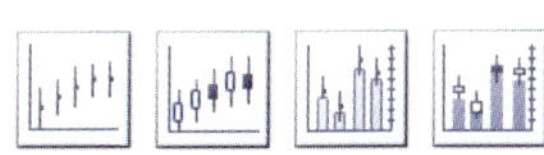
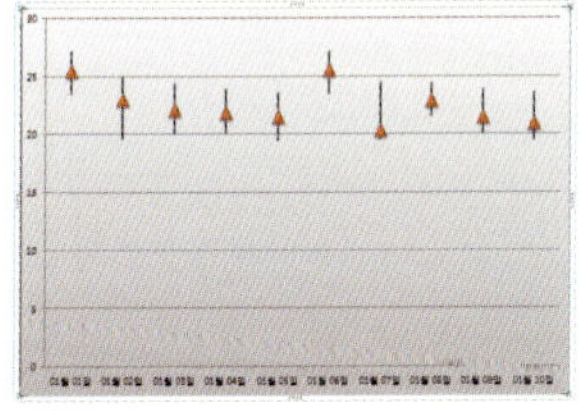

8. 표면형

표면형 차트는 두 데이터 집합 사이의 최적 조합을 찾을 때 유용합니다. 지형도에서와 마찬가지로 색과 무늬는 같은 값 범위에 있는 영역을 나타냅니다. 표면형 차트는 항목과 데이터 계열이 모두 숫자 값인 경우에 사용할 수 있습니다.

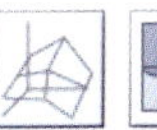

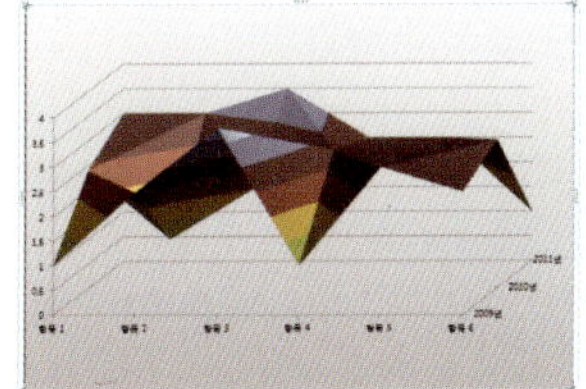

9. 도넛형

도넛형 차트에서는 원형 차트와 마찬가지로 전체에 대한 각 부분의 관계를 나타내지만 데이터 계열을 두 개 이상 포함할 수 있다는 점이 다릅니다.

  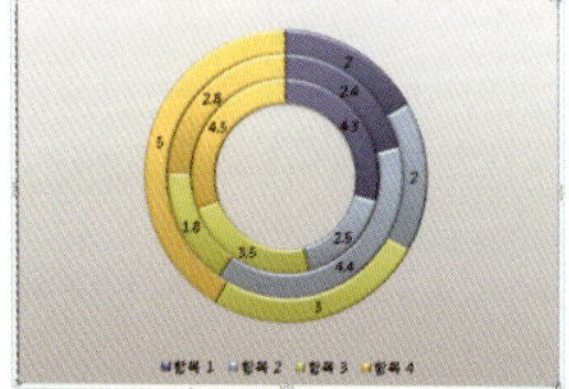

10. 거품형

거품형 차트는 첫 번째 열에 나열된 값이 X 값을 나타내고 인접한 열에 나열된 값은 해당 Y 값과 거품 크기를 나타냅니다.

11. 방사형

방사형 차트에서는 여러 데이터 계열의 집계 값을 비교합니다.

   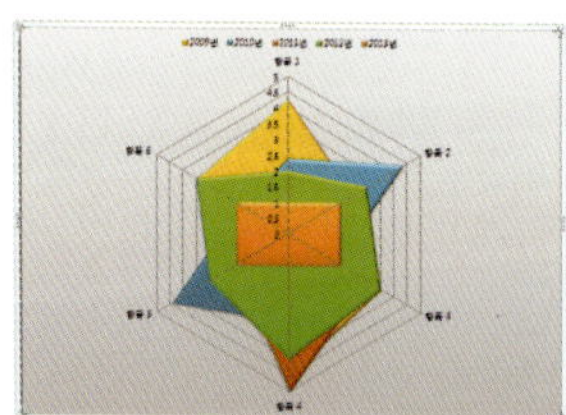

2 간단하게 차트 작성하기

숫자 자료를 알아보기 쉽게 표현하는 방법 중 가장 간단한 것이 차트입니다. 기본 레이아웃과 스타일을 적용해서 차트를 만드는 방법과 작성한 차트의 종류를 변경하고, 행과 열을 변경하는 방법을 알아보겠습니다.

· 소스 파일 : Part06\차트.pptx   · 결과 파일 : Part06\차트_완성.pptx

1 Part06 폴더에서 '차트.pptx' 파일을 불러옵니다. [삽입] 탭의 [일러스트레이션] 그룹에서 '차트' 아이콘(📊)을 누릅니다.

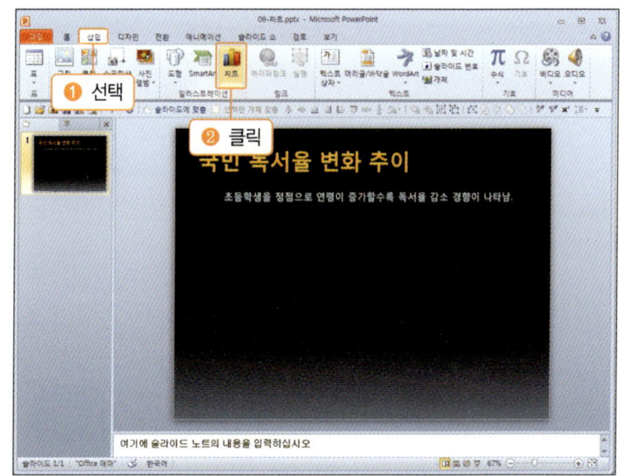

2 [차트 삽입] 대화상자가 표시되면 [세로 막대형] 메뉴에서 [묶은 세로 막대형]을 선택하고 〈확인〉 버튼을 누릅니다.

> **Tip** · 차트를 만들 때 자주 사용하는 특정 차트 종류가 있으면, 해당 차트 종류가 선택된 상태로 표시되게 설정할 수 있습니다. [차트 삽입] 대화상자에서 차트 종류를 선택한 다음 〈기본 차트로 설정〉 버튼을 누릅니다. 이후부터 차트를 삽입할 때 기본 차트로 설정된 차트가 선택된 상태로 표시됩니다.

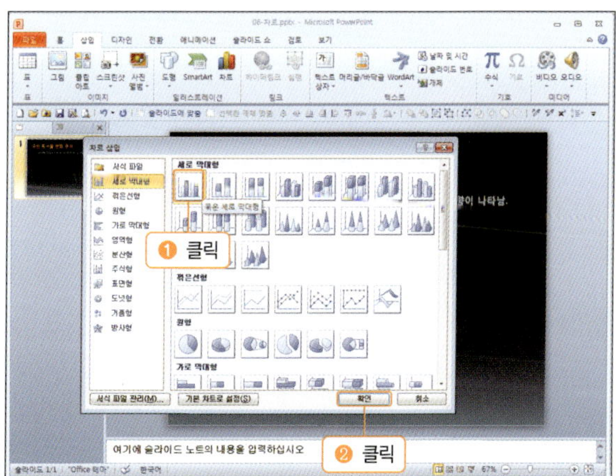

3 차트가 삽입되면 데이터를 나타내는 엑셀 창이 표시됩니다.

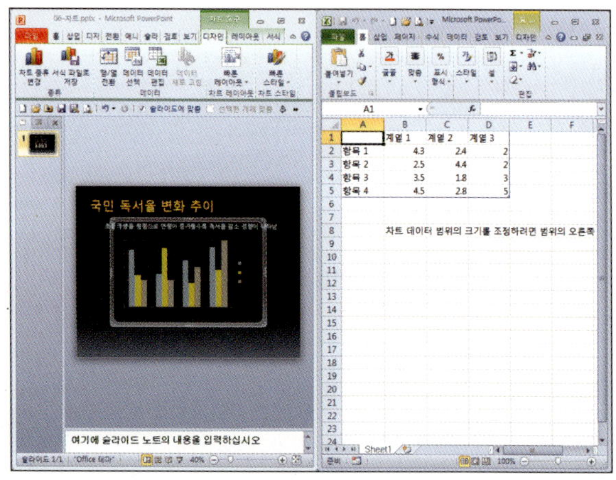

4 엑셀 창에서 실제 차트로 만들 데이터를 그림과 같이 입력합니다.

	성인	학생
94년	86.8	97.6
95년	79	97.1
96년	77.2	96.7
99년	77.8	93.9
02년	72	89.6
04년	76.3	89
06년	75.9	89.6
07년	76.7	90.6
08년	72.2	89.1
09년	71.7	93.7

5 차트 데이터 범위가 자동으로 확장되지 않는다면 파란색 오른쪽 아래 모서리 점을 드래그하여 확장합니다.

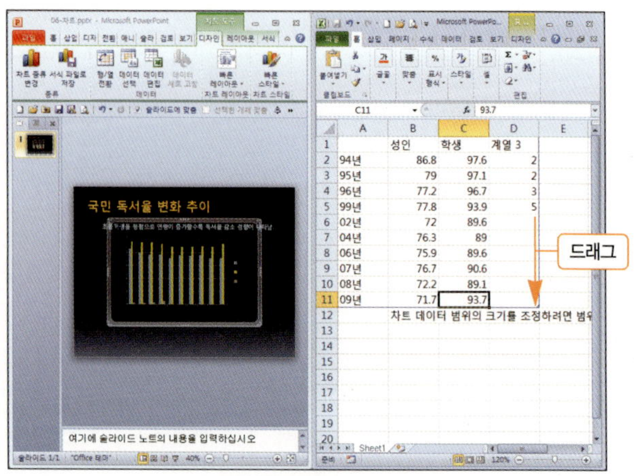

6 '계열3'의 데이터는 차트 데이터 범위에서 제거하겠습니다. 차트 데이터 범위의 파란색 오른쪽 아래 모서리 점을 왼쪽으로 드래그해서 사용하려는 범위만 지정합니다. 데이터의 입력을 마쳤으면 엑셀 창을 닫습니다.

> **Tip** ∙ 차트 데이터 범위를 조정할 때 사용하지 않는 데이터의 행이나 열 전체를 삭제하는 것보다는 모서리에 있는 조절점을 드래그해서 범위를 지정하는 것이 좋습니다. 엑셀 데이터의 일부분을 사용해서 차트를 그리는 경우가 많고, 엑셀 자료를 보관해야 하는 경우도 많기 때문입니다.

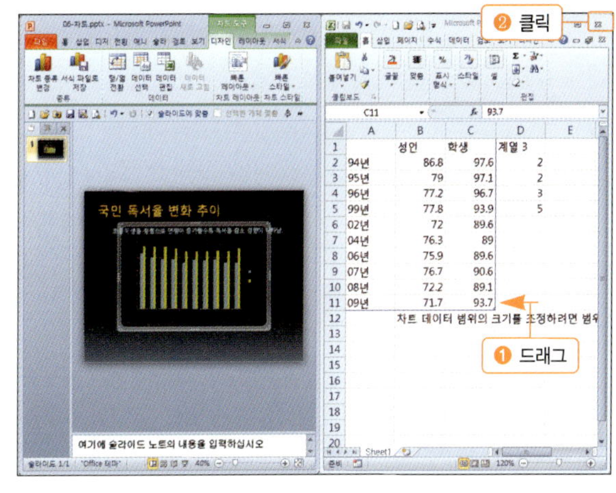

7 입력한 데이터의 차트가 삽입되었습니다. 차트 개체 테두리에 있는 크기 조절 핸들을 드래그해서 차트 전체의 크기를 슬라이드에 맞게 조절합니다.

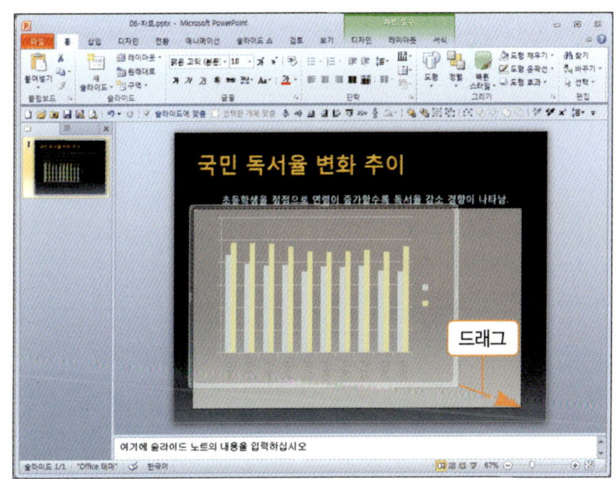

8 데이터의 의미를 좀 더 잘 표현하기 위해 꺾은선형으로 표현하겠습니다. 작성한 차트의 종류를 변경하기 위해 [차트 도구]-[디자인] 탭의 [종류] 그룹에 있는 '차트 종류 변경' 아이콘(📊)을 누릅니다. [꺾은선형] 메뉴에서 [표식이 있는 꺾은선형]을 선택한 다음 〈확인〉 버튼을 누릅니다.

> **Tip** ∙ 하나의 계열만 선택하고, '차트 종류 변경' 아이콘을 누르면 그 계열의 차트만 변경됩니다.

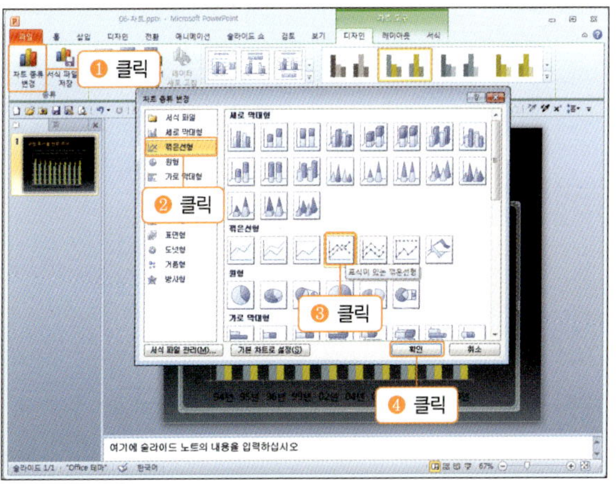

9 차트가 선택된 상태로 [차트 도구]–[디자인] 탭의 [차트 스타일] 그룹에서 마음에 드는 스타일을 선택합니다. 더 많은 스타일을 보려면 [차트 스타일] 그룹에 있는 '자세히' 버튼(▾)을 누릅니다. 예제에서는 [스타일 26]을 선택했습니다.

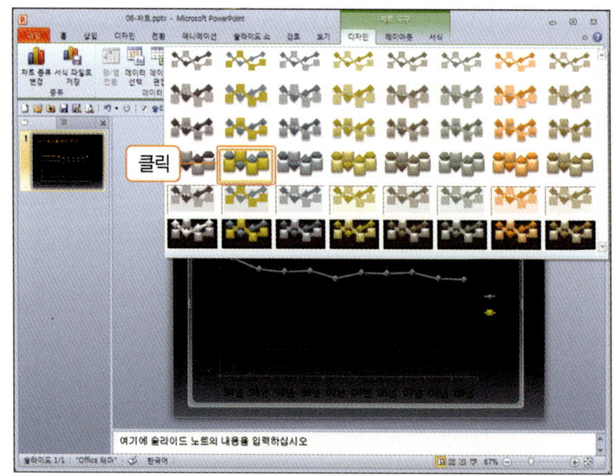

10 차트 전체에 있는 텍스트의 서식을 지정하겠습니다. 차트가 선택된 상태로 [차트 도구]–[서식] 탭의 [WordArt 스타일] 그룹에서 원하는 스타일을 선택합니다.

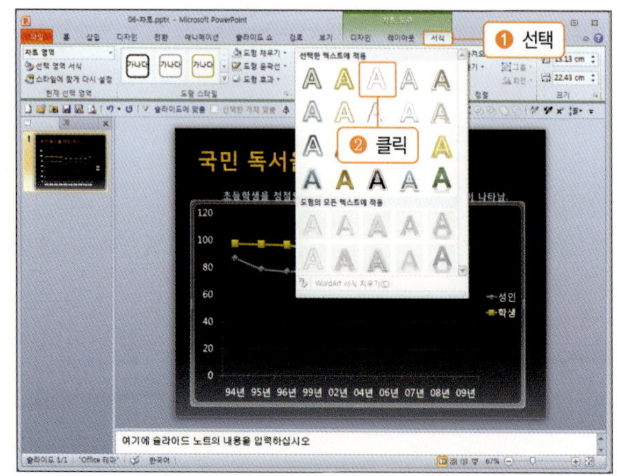

꼭! 알고가기 ▼ 차트를 작성하면 사용할 수 있는 상황별 탭 세 가지

1. [차트 도구]–[디자인] 탭

차트의 종류를 변경하거나 엑셀 데이터를 불러와 편집할 수 있고, [차트 도구]–[레이아웃] 탭과 [차트 도구]–[서식] 탭에서 사용자가 직접 지정할 수 있는 내용들을 사용하기 편리하도록 미리 만들어 놓은 [레이아웃] 그룹과 [차트 스타일] 그룹이 있습니다.

2. [차트 도구]–[레이아웃] 탭

차트를 구성하는 각 요소를 설정하는 메뉴가 있습니다.

3. [차트 도구]–[서식] 탭

차트를 구성하는 여러 개체의 도형이나 텍스트 스타일을 지정하는 메뉴가 있습니다.

11 [차트 도구]–[레이아웃] 탭의 [레이블] 그룹에서 '범례' 아이콘(📊)을 누르고 [아래쪽에 범례 표시]를 선택합니다.

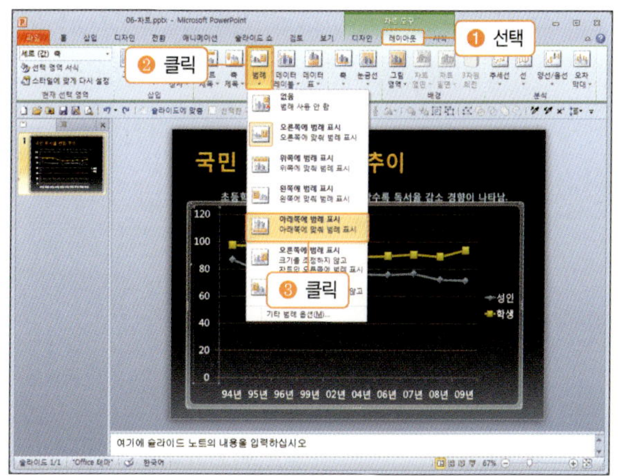

12 세로축을 선택하고 [차트 도구]–[레이아웃] 탭의 [현재 선택 영역] 그룹에서 '선택 영역 서식' 아이콘(🖫)을 누릅니다.

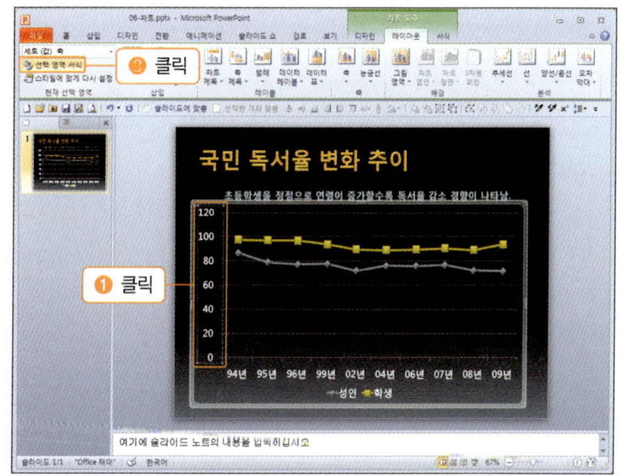

13 [축 서식] 대화상자가 표시되면 [축 옵션] 메뉴에서 '최소값'을 '고정, 60', '주 단위'를 '고정, 20'으로 지정합니다.

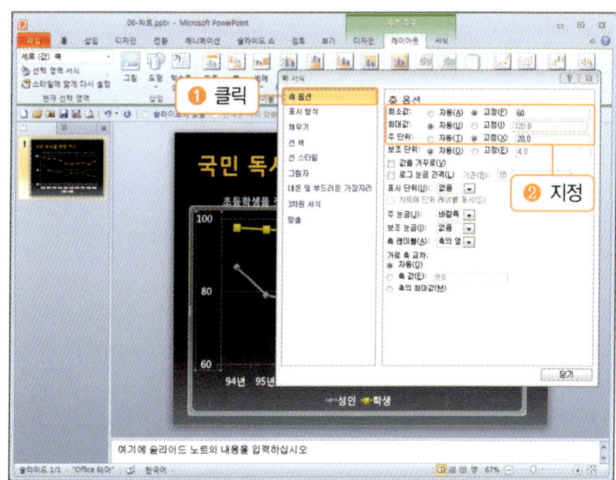

14 [축 서식] 대화상자가 열린 상태로 '학생' 데이터의 표식 부분을 누르면 [축 서식] 대화상자가 [데이터 계열 서식] 대화상자로 변경되는 것을 확인할 수 있습니다.

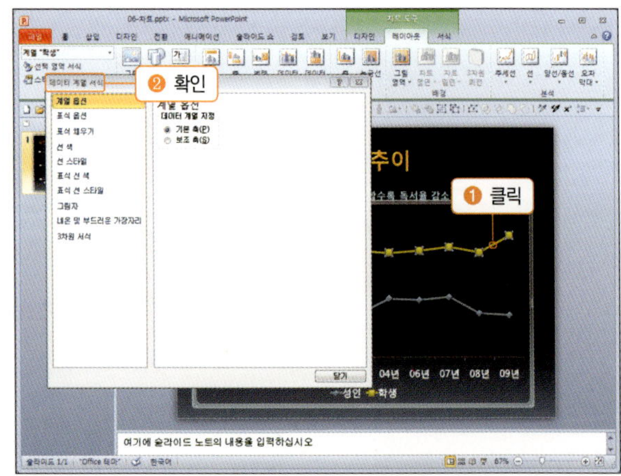

15 [데이터 계열 서식] 대화상자의 [표식 옵션] 메뉴를 선택하고 '표식 종류'를 '기본 제공', '형식'을 '원형', '크기'를 '15'로 지정합니다.

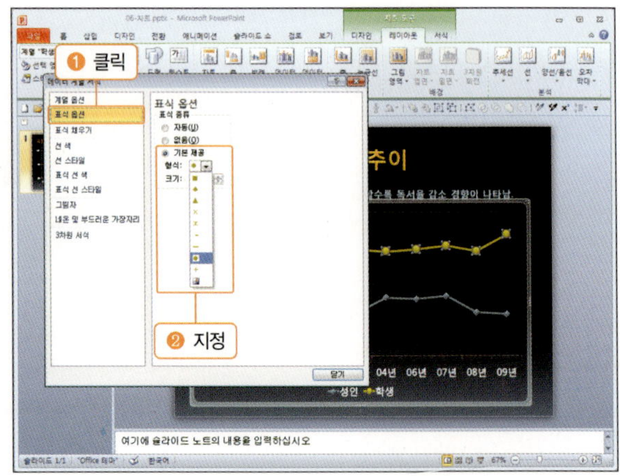

16 [데이터 계열 서식] 대화상자에서 [3차원 서식] 메뉴를 선택하고 [입체 효과] 항목에서 '위쪽'을 '낮은 수준의 경사'로 지정합니다.

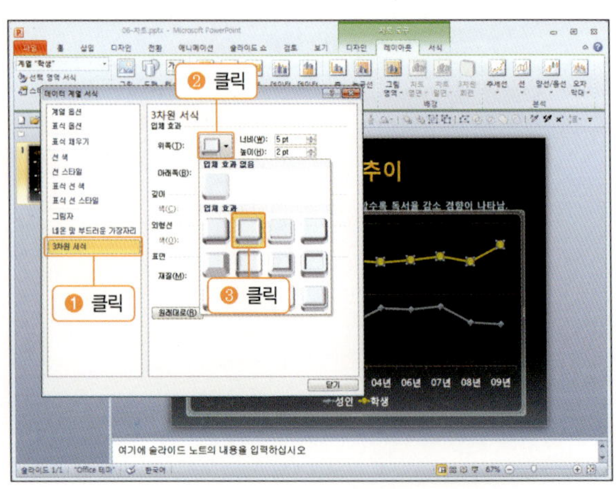

17 선 스타일에서 선의 굵기나, 그림자 등의 효과를 더 지정해도 됩니다. 위와 같은 방법으로 '성인' 계열의 서식도 수정합니다. 모두 다 지정했다면 〈닫기〉 버튼을 누릅니다.

> **Tip** · 차트에서 수정하려는 요소를 더블클릭하면 창에서 해당하는 구성 요소의 설정 값을 수정할 수 있습니다.

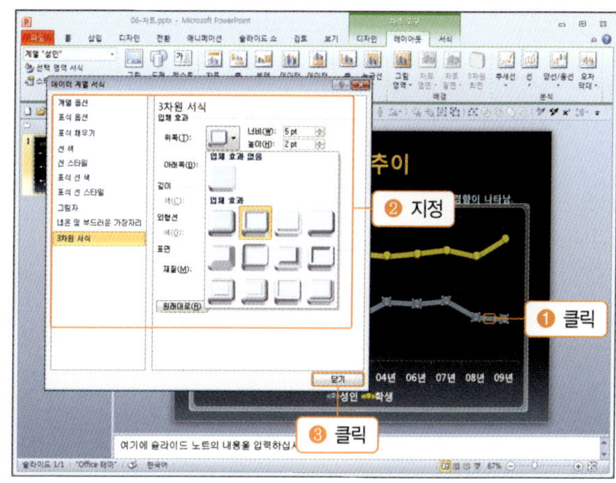

18 텍스트 개체의 글꼴이나 글꼴 크기는 [홈] 탭의 [글꼴] 그룹이나 마우스 오른쪽 버튼을 누르면 표시되는 [미니 서식 도구 모음]을 이용해서 수정합니다.

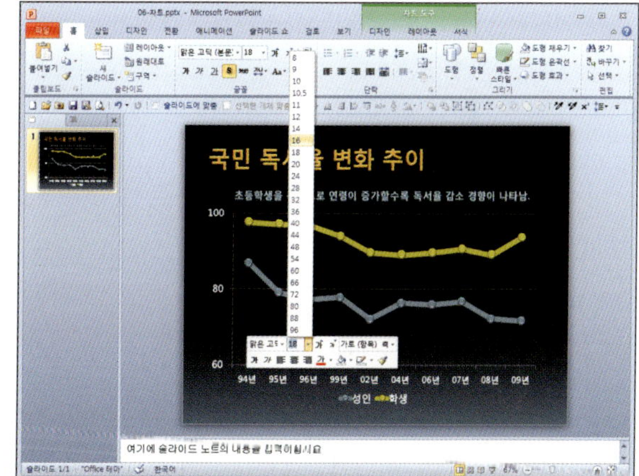

[차트 도구]-[디자인] 탭의 [데이터] 그룹 아이콘을 이용하면 차트 작업을 하다가 원본 데이터를 열어 수정할 수 있습니다.

- '데이터 편집' 아이콘() : 차트에서 사용하는 엑셀 데이터를 표시합니다.
- '데이터 선택' 아이콘() : 원본 데이터의 영역을 수정하거나 레이블을 편집합니다.
- '행/열 전환' 아이콘() : 데이터의 행과 열을 바꿉니다. '행/열 전환' 아이콘은 엑셀의 데이터 창이 표시된 상태에만 활성화됩니다.

❶ **대상 테마 사용 및 통합 문서 포함** : 복사할 개체의 서식을 복사될 대상 문서의 서식으로 변경합니다. 파워포인트 2010의 표 개체로 삽입되어 [차트 도구]를 사용할 수 있습니다.

❷ **원본 서식 유지 및 통합 문서 포함** : 복사할 개체의 서식을 작성한 원본 문서의 서식으로 유지합니다. 파워포인트 2010의 표 개체로 삽입되어 [차트 도구]를 사용할 수 있습니다.

❸ **대상 테마 사용 및 데이터 연결** : 복사할 개체의 서식을 복사될 대상 문서의 서식으로 변경합니다. 파워포인트 2010의 표 개체로 삽입되어 [차트 도구]를 사용할 수 있습니다. 원본 엑셀 파일과 연결되어 업데이트된 데이터를 표시하는 [차트 도구]-[디자인] 탭의 [데이터] 그룹에서 '데이터 새로 고침' 아이콘(🔃)을 사용할 수 있습니다.

❹ **원본 서식 유지 및 데이터 연결** : 복사할 개체의 서식을 작성한 원본 문서의 서식으로 유지합니다. 파워포인트 2010의 표 개체로 삽입되어 [차트 도구]를 사용할 수 있습니다. 원본 엑셀 파일과 연결되어 업데이트된 데이터를 표시하는 [차트 도구]-[디자인] 탭의 [데이터] 그룹에서 '데이터 새로 고침' 아이콘(🔃)을 사용할 수 있습니다.

❺ **그림** : 복사할 개체의 서식을 유지하지만, 수정 불가능한 그림으로 붙입니다. 파워포인트 2010의 그림 개체로 삽입되어 [그림 도구]를 사용할 수 있습니다.

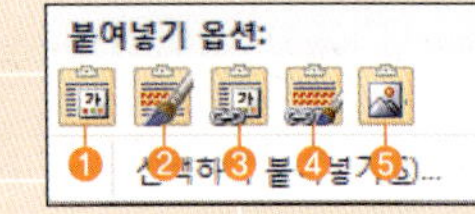

❸ 엑셀에서 차트 가져와 사용하기

엑셀에서 차트를 만들었다면 작성한 차트를 복사하여 파워포인트 프레젠테이션에 붙여 넣어 사용할 수 있습니다. 붙여 넣은 차트는 [차트 도구]-[레이아웃] 그룹에서 데이터 표 표시 등의 레이아웃 수정도 가능합니다.

• 소스 파일 : Part06\차트(복사).pptx, Part06\차트자료.xlsx　　• 결과 파일 : Part06\차트(복사)_완성.pptx

1 Part06 폴더에서 '차트자료.xlsx' 엑셀 파일을 불러옵니다. 작성한 차트를 마우스 오른쪽 버튼을 누른 다음 표시되는 바로 가기 메뉴에서 [복사]를 선택합니다.

> **Tip** • 차트를 선택한 다음 Ctrl + C 를 누르거나 [홈] 탭의 [클립보드] 그룹에서 '복사' 아이콘(📋)을 눌러도 됩니다.

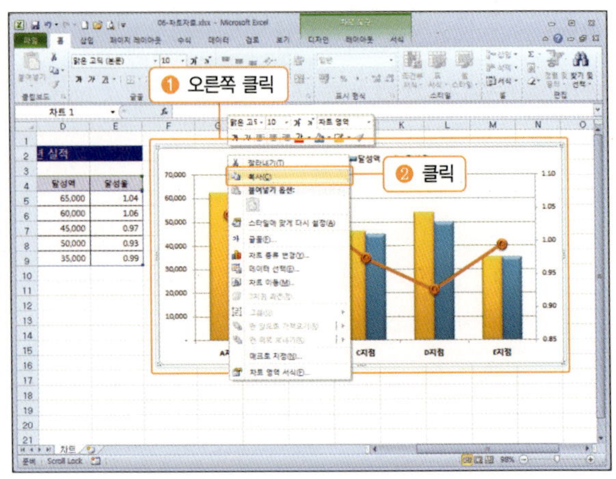

2 Part06 폴더의 '차트(복사).pptx' 파일을 불러옵니다. [홈] 탭의 [클립보드] 그룹에서 '붙여넣기' 아이콘(📋)의 ▼부분을 누르고 '대상 테마 사용 및 통합 문서 포함' 아이콘(📊)을 누릅니다.

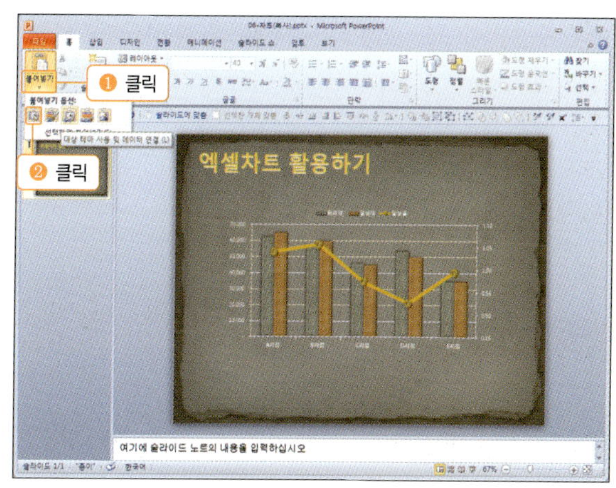

3 엑셀 차트가 슬라이드에 삽입됩니다.

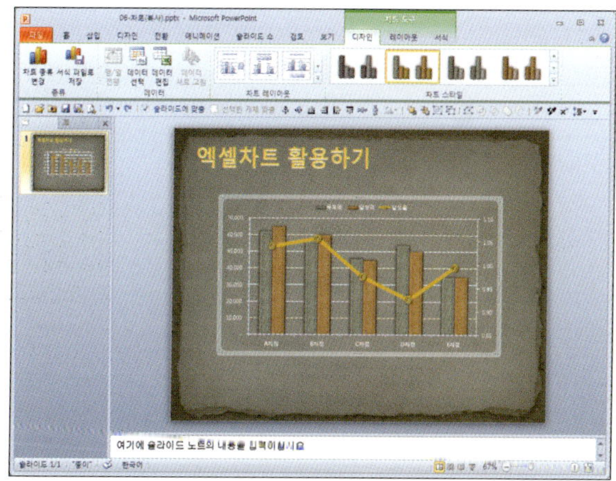

4 [차트 도구]-[레이아웃] 탭의 [레이블] 그룹에서 '데이터 표' 아이콘(📊)을 누르고 [데이터 표 표시]를 선택합니다. 엑셀에서 가져온 차트를 파워포인트에서 수정해 보고 작업을 마칩니다.

> **Tip** · 차트를 삭제하려면 차트를 선택하고 Delete 를 누릅니다.

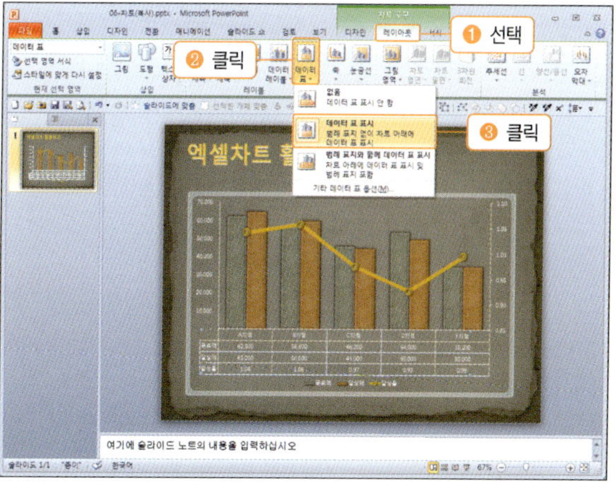

나만의 차트 서식 파일로 저장해서 사용하기

직접 서식을 지정한 차트를 서식 파일로 저장하면 언제든 형태를 불러서 사용할 수 있습니다. 나만의 서식을 미리 준비하고 사용하면 슬라이드 작성 속도가 빨라지고 작업도 쉬워집니다. 차트 서식을 저장하는 방법을 알아보고 요소를 변경하는 방법도 살펴보겠습니다.

차트를 수정하려면 수정하고 싶은 부분을 선택하여 서식 창을 표시해야 합니다. 차트 요소를 선택하는 방법은 여러 가지가 있습니다. 차트를 구성하는 여러 가지 요소를 알아보고 서식 창을 표시하는 방법을 살펴보겠습니다.

1. 차트의 구성 요소

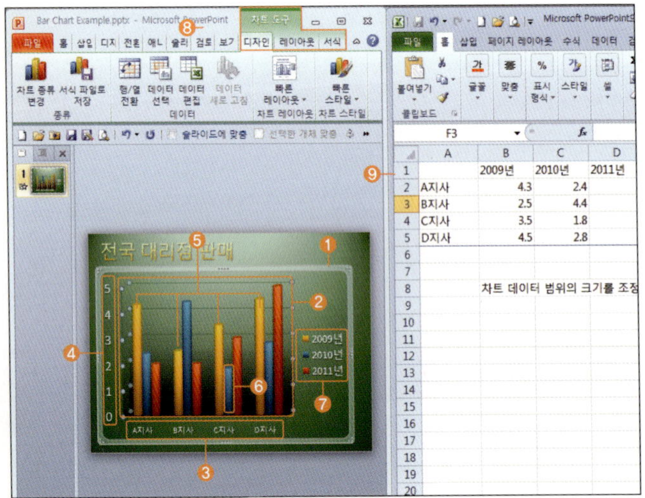

❶ **차트 영역** : 전체 차트가 차지하는 영역

❷ **그림 영역** : 범례를 제외한 차트 영역

❸ **가로(항목) 축** : 차트의 수평 좌표축

❹ **세로(값) 축** : 차트의 수직 좌표축

❺ **데이터 계열** : 데이터 시트에 입력한 값을 도형으로 나타낸 것

❻ **데이터 계열 요소** : 데이터 계열 중 하나의 데이터

❼ **범례** : 데이터 계열의 레이블을 표시

❽ **차트 개체 상황 탭** : [차트 도구]-[디자인], [차트 도구]-[레이아웃], [차트 도구]-[서식] 탭

❾ **데이터 편집 창** : 차트를 만들기 위한 데이터 값을 입력하는 창

2. 마우스로 직접 차트 요소를 선택하는 방법

1 선택할 차트 요소에 마우스 포인터를 위치합니다. 선택할 요소의 이름이 표시됩니다.

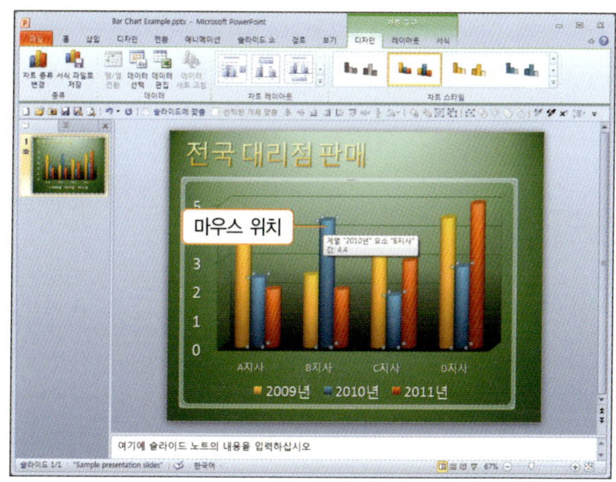

2 선택된 차트 요소를 마우스 오른쪽 버튼으로 누르면 표시되는 바로 가기 메뉴에 각 요소에 해당하는 서식에 관련된 메뉴가 표시됩니다.

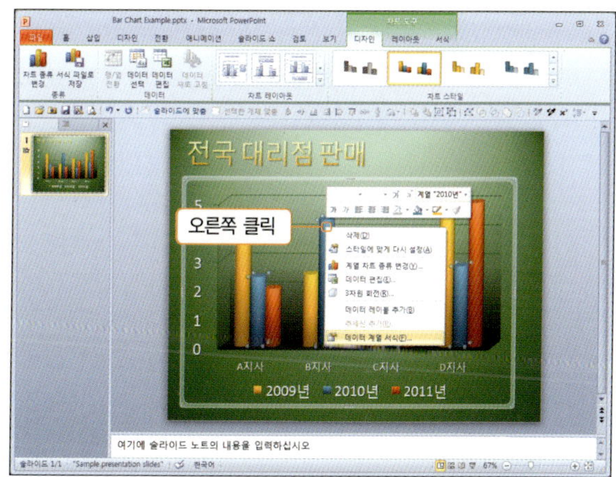

3 데이터 계열이나 데이터 레이블 등을 누르면, 같은 계열의 모든 항목이 선택됩니다. 그중 개별 요소를 선택하려면 원하는 요소만 다시 누릅니다. 점이 하나의 데이터 요소에만 표시됩니다. 그 상태에서 마우스 오른쪽 버튼을 누른 다음 표시되는 바로 가기 메뉴에서 [데이터 요소 서식]을 선택하면 선택한 요소만 서식을 지정할 수 있습니다.

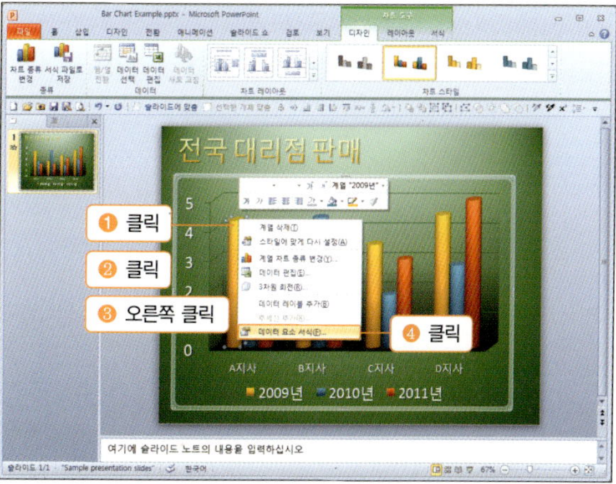

3. [차트 요소 목록 상자]에서 차트 요소를 선택하는 방법

1 차트를 선택한 다음 [차트 도구]-[레이아웃] 탭이나 [차트 도구]-[서식] 탭의 [현재 선택 영역] 그룹에서 '차트 요소'의 ▼부분을 누르고 선택할 차트 요소를 지정합니다.

> **Tip**. 누르거나 마우스 오른쪽 버튼을 누르기 어려운 좁은 공간인 경우 사용하면 편리합니다.

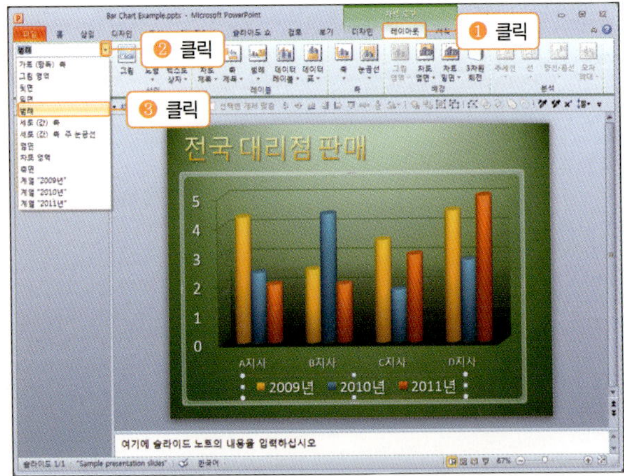

2 차트 요소 목록 상자에서 차트 요소를 지정한 다음 [현재 선택 영역] 그룹에서 '선택 영역 서식' 아이콘(📄)을 누릅니다.

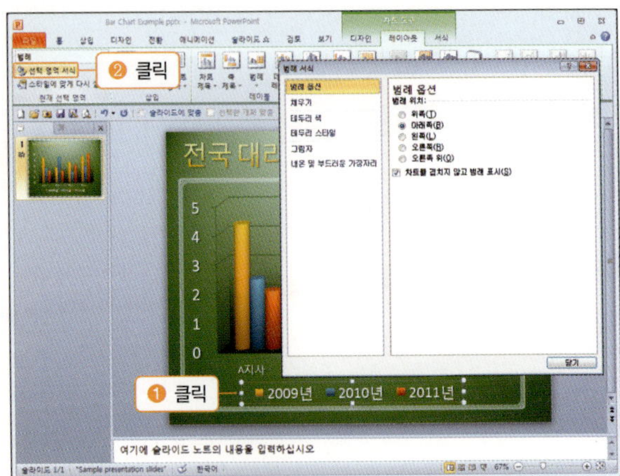

4. [미니 서식 도구 모음]에서 차트 요소 선택하는 방법

1 차트를 마우스 오른쪽 버튼으로 누른 다음 표시되는 [미니 서식 도구 모음]에서 '차트 요소'의 ▼부분을 누르고 차트 요소를 지정합니다.

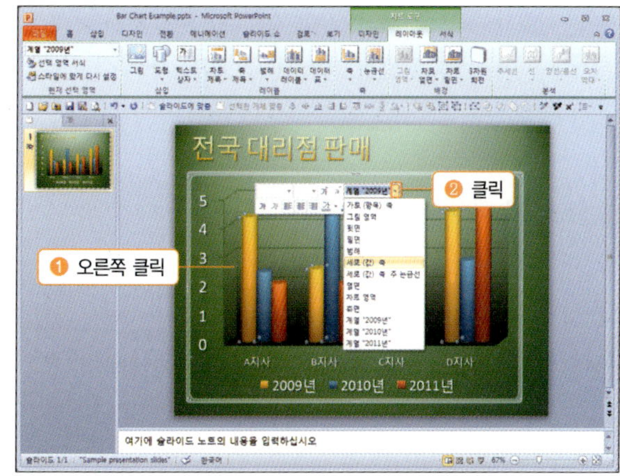

2 서식 창을 표시하기 위해 선택된 차트 요소를 마우스 오른쪽 버튼으로 누른 다음 표시되는 바로 가기 메뉴에 각 요소에 해당하는 메뉴를 선택하거나, [차트 도구]-[레이아웃] 탭 또는 [차트 도구]-[서식] 탭의 [현재 선택 영역] 그룹에 있는 '선택 영역 서식' 아이콘(🔲)을 누릅니다.

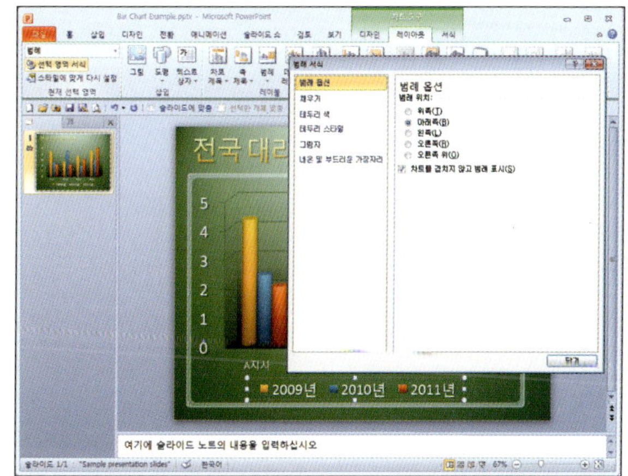

5. 키보드를 사용하여 차트 요소 선택하는 방법

차트를 선택한 다음, 다음과 같이 키보드의 방향키를 사용하여 개별 차트 요소를 선택할 수 있습니다.

- ↓ : 차트에서 이전 요소 그룹을 선택합니다.
- ↑ : 차트에서 다음 요소 그룹을 선택합니다.
- → : 그룹에서 다음 요소를 선택합니다. 현재 요소가 그룹의 마지막 요소이면 →를 누를 때 다음 그룹이 선택됩니다. 다음 그룹의 첫째 요소를 선택하려면 →를 한 번 더 누릅니다.
- ← : 그룹에서 이전 요소를 선택합니다. 현재 요소가 그룹의 첫째 요소이면 ←를 누를 때 이전 그룹이 선택됩니다. 이전 그룹의 마지막 요소를 선택하려면 ←를 한 번 더 누릅니다.
- Esc : 선택 내용을 취소합니다.

한 번 작성한 스타일을 계속 사용하고 싶거나 프레젠테이션 문서에 모든 차트를 같은 스타일로 통일감을 주고 싶을 때는 작성한 차트의 서식을 저장해서 계속 사용하면 편리합니다. 차트를 구성하는 요소를 수정하는 방법과 서식을 지정하는 다양한 방법을 살펴보겠습니다.

• 소스 파일 : Part06\차트(서식).pptx　　• 결과 파일 : Part06\차트(서식)_완성.pptx　　참고 동영상 : 9강 6-3차트.avi

1 Part06 폴더에서 '차트(서식).pptx' 파일을 불러옵니다. 본문 내용 개체 틀에 있는 개체 삽입 종류 중 '차트 삽입' 아이콘(📊)을 누릅니다.

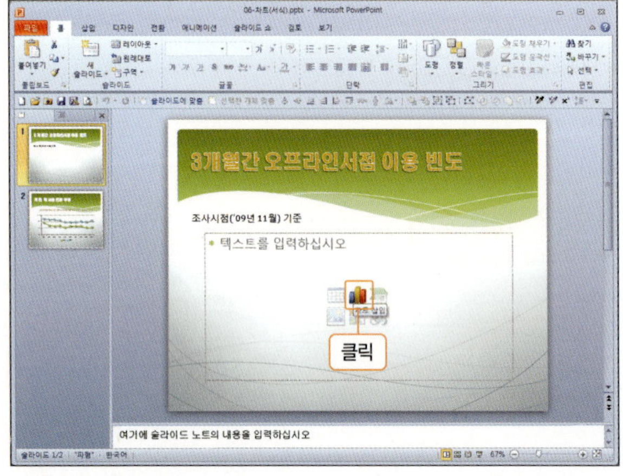

2 [차트 삽입] 대화상자가 표시되면 [원형] 메뉴에서 [3차원 원형]을 선택하고 〈확인〉 버튼을 누릅니다.

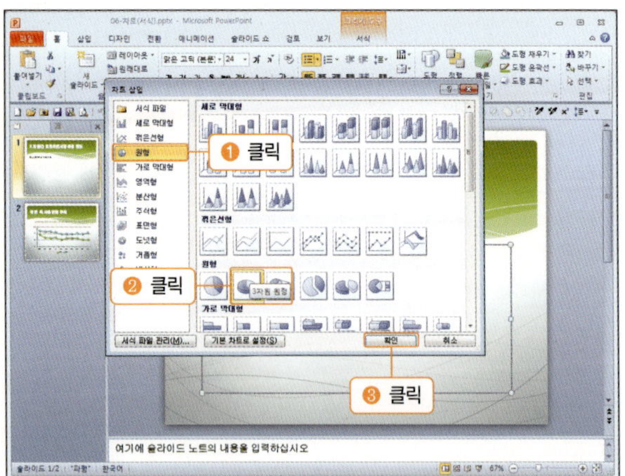

3 엑셀 창에 그림과 같이 입력합니다.

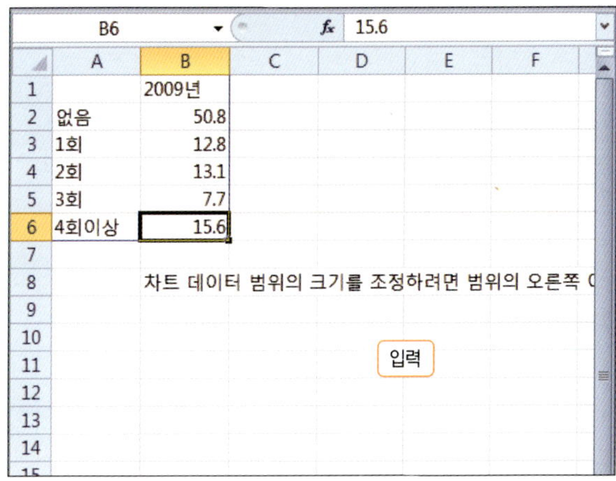

4 엑셀을 닫습니다.

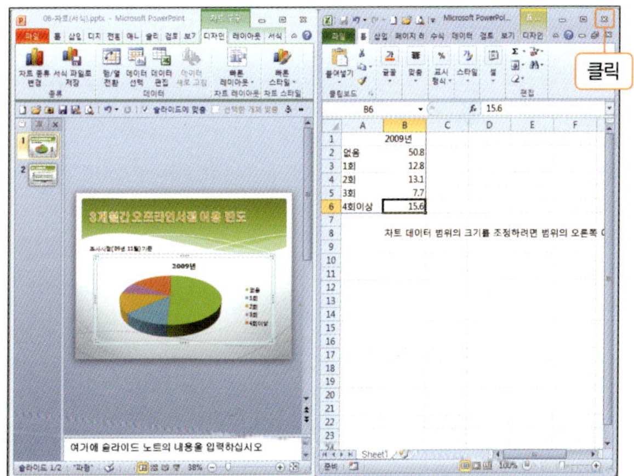

5 [차트 도구]–[레이아웃] 탭의 [레이블] 그룹에서 '차트 제목' 아이콘(　)을 누르고 [없음]을 선택합니다.

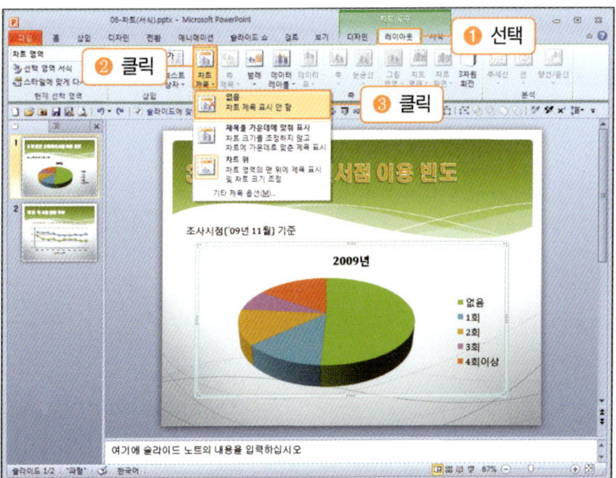

6 [차트 도구]-[레이아웃] 탭의 [레이블] 그룹에서 '데이터 레이블' 아이콘을 누르고 [기타 데이터 레이블 옵션]을 선택합니다.

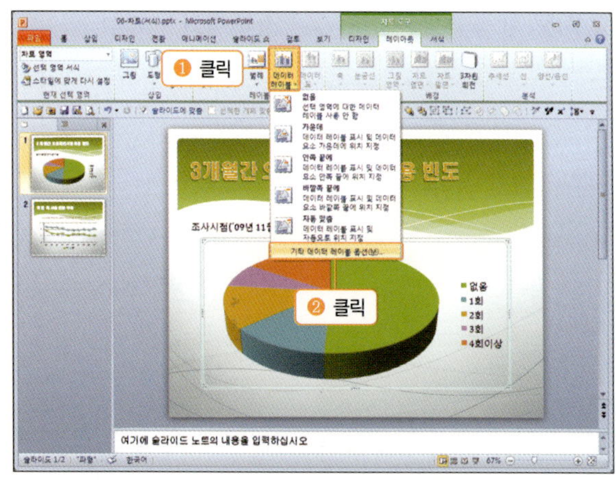

7 [데이터 레이블 서식] 대화상자가 표시되면 [레이블 옵션] 메뉴를 선택하고 [레이블 내용] 항목에서 '백분율'에 체크 표시한 다음 [레이블 위치] 항목에서 '안쪽 끝에'를 선택합니다.

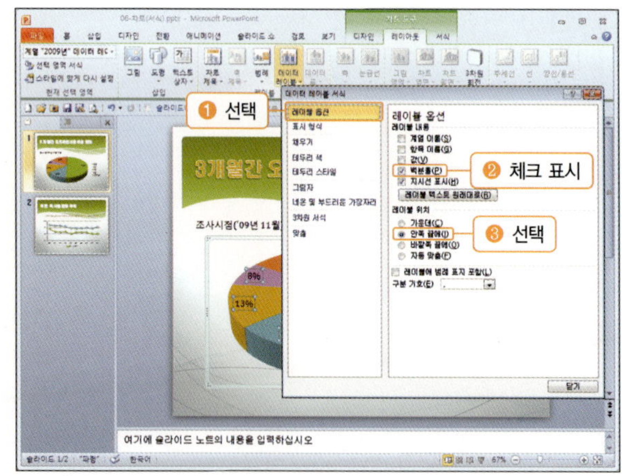

8 대화상자가 열려진 상태에서 차트의 계열 부분을 누릅니다. [데이터 레이블 서식] 대화상자가 [데이터 계열 서식] 대화상자로 변경되는 것을 확인합니다.

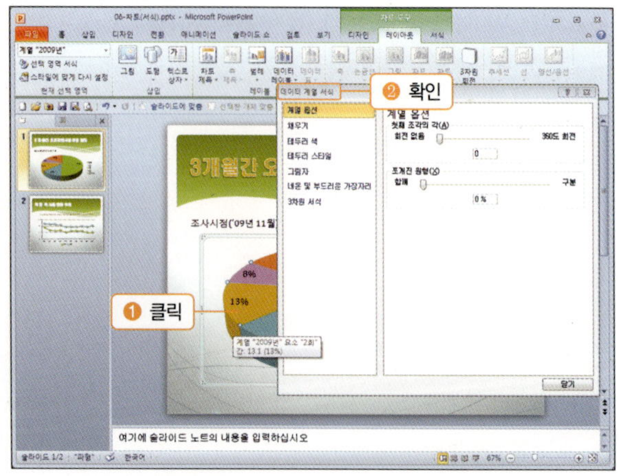

9 [데이터 계열 서식] 대화상자에서 [3차원 서식] 메뉴를 선택하고 [입체 효과] 항목에서 '위쪽'을 '둥글게'로 지정합니다.

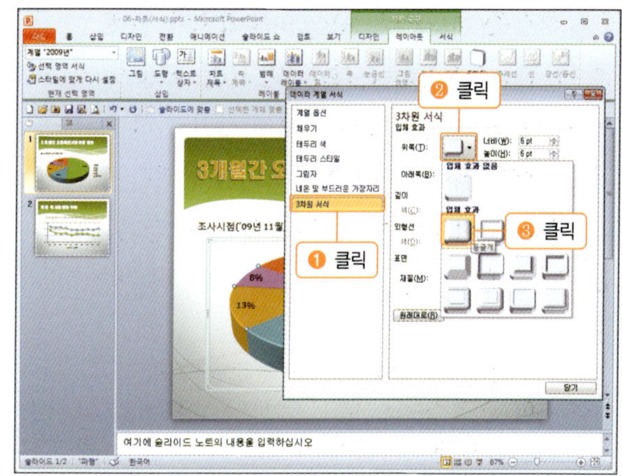

10 대화상자가 열려진 상태에서 차트나 범례가 없는 차트 영역을 누릅니다. [데이터 계열 서식] 대화상자가 [차트 영역 서식] 대화상자로 변경되는 것을 확인합니다.

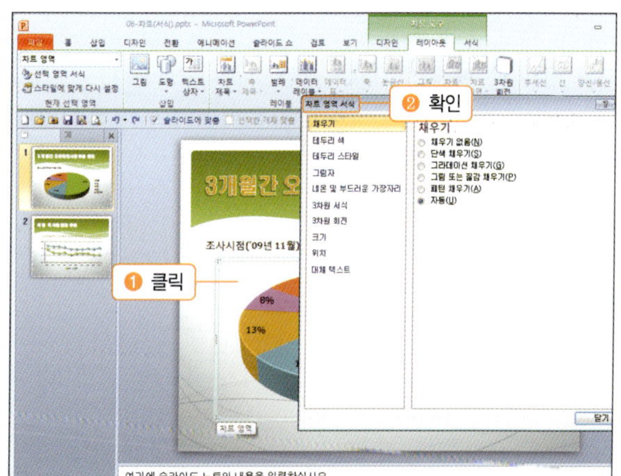

11 [차트 영역 서식] 대화상자에서 [3차원 회전] 메뉴를 선택하고, [차트 배율] 항목에서 '크기 자동 조정'에 체크 표시를 해제한 다음 '높이'를 '30'으로 설정합니다. 모든 설정이 끝나면 〈닫기〉 버튼을 누릅니다.

> *Tip* • 3차원 회전은 차트 종류가 3차원 차트인 경우에만 표시됩니다.

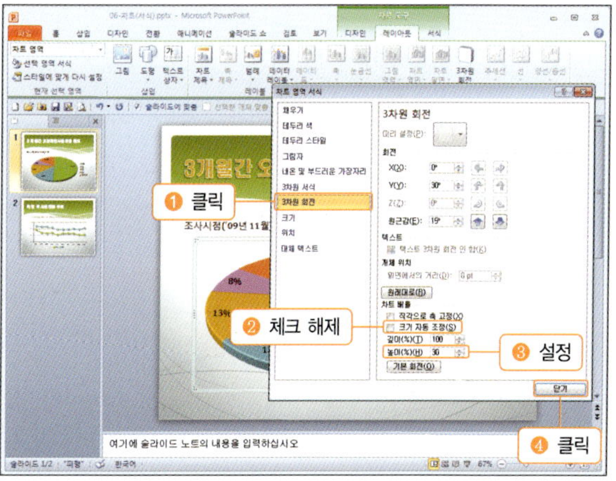

12 계열 중 하나를 누르면 모든 요소가 선택됩니다. 이 상태에서 다시 한 번 특정 계열 요소를 누르면 다른 요소엔 점이 사라지고 하나의 요소에만 점이 모아지면서 하나만 선택됩니다. 가장 큰 비율을 차지하는 연두색의 '없음' 요소를 선택합니다.

> **Tip** • 개별 요소를 선택할 때 주의할 점으로 데이터 레이블이 표시된 상태에는 데이터 레이블을 누르지 않도록 합니다. 데이터의 요소를 선택하려면 데이터 레이블이 없는 빈 곳을 눌러야 합니다.

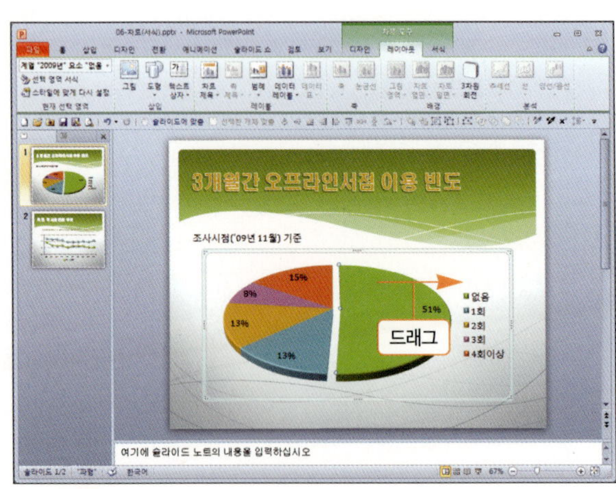

13 하나의 요소만 선택한 상태에서 마우스로 드래그하여 차트의 요소를 떨어트립니다.

꼭! 알고가기 ▼ **쪼개진 요소의 위치와 거리 지정하기**

[데이터 요소 서식] 대화상자의 [계열 옵션] 메뉴에서 [첫째 조각의 각] 항목과 [쪼개진 요소] 항목을 설정하여 계열 위치와 간격을 조절할 수 있습니다.

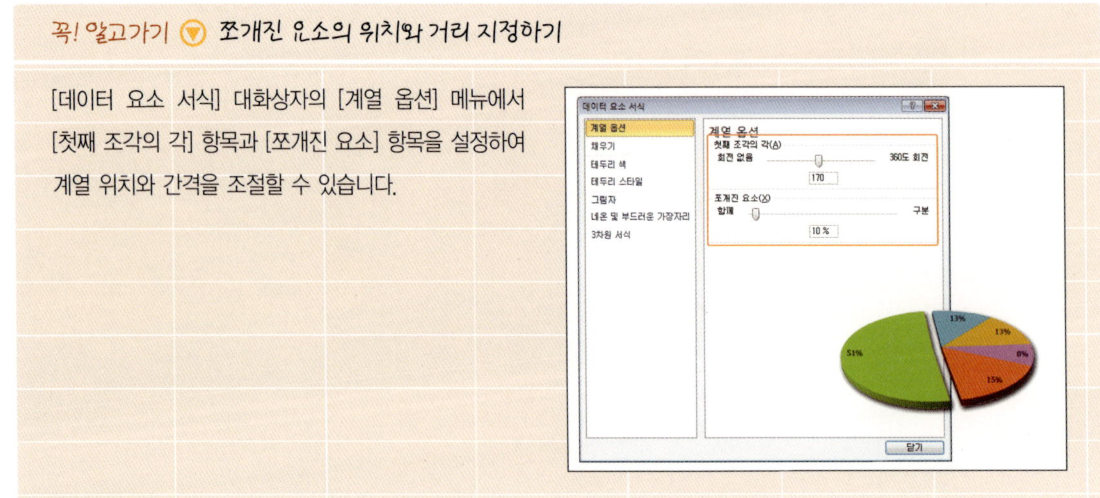

14 데이터 레이블을 마우스 오른쪽 버튼으로 누르면 표시되는 [미니 서식 도구 모음]에서 글자 색이나 크기를 조정합니다.

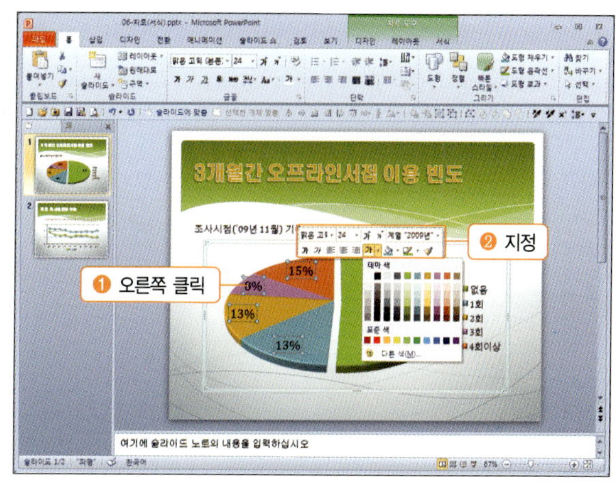

15 작성한 차트의 서식을 저장하기 위해 [차트 도구]–[디자인] 탭의 [종류] 그룹에서 '서식 파일로 저장' 아이콘(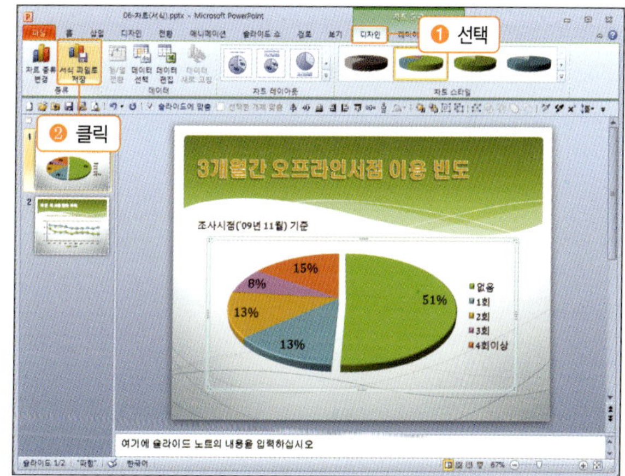)을 누릅니다.

16 [차트 서식 파일 저장] 대화상자가 표시되면 저장 위치와 '파일 형식'은 변경하지 않고, '파일 이름'을 "원형차트서식"으로 입력한 다음 〈저장〉 버튼을 누릅니다.

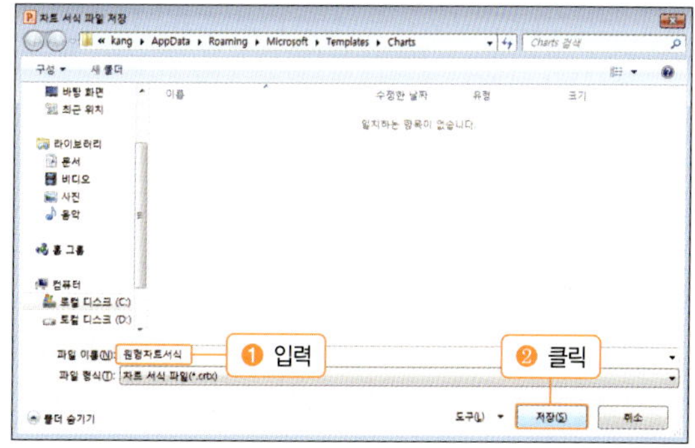

17 두 번째 슬라이드를 선택합니다. 꺾은선 차트의 서식을 저장하기 위해 차트를 선택하고 [차트 도구]-[디자인] 탭의 [종류] 그룹에서 '서식 파일로 저장' 아이콘을 누릅니다.

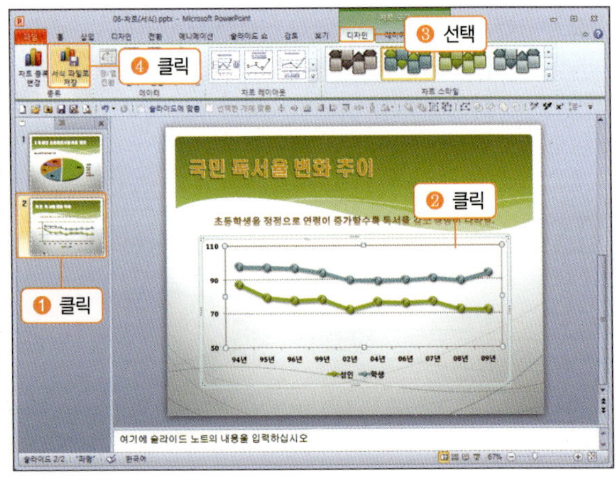

18 저장 위치와 '파일 형식'은 변경하지 않고, '파일 이름'을 "꺾은선차트서식"으로 입력한 다음 〈저장〉 버튼을 누릅니다.

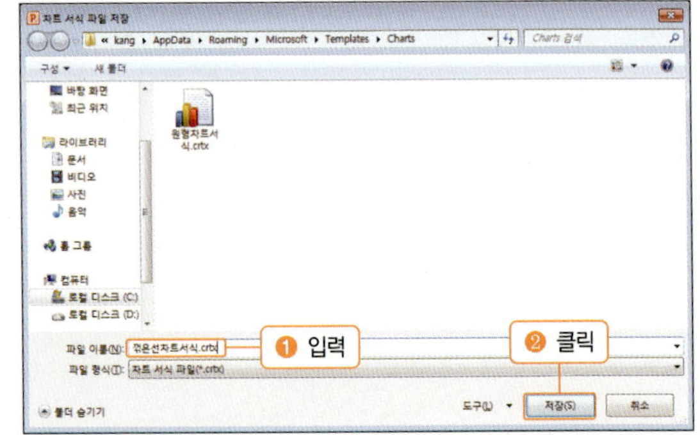

19 저장한 차트 서식을 사용하는 방법을 알아 보기 위해 [홈] 탭의 [슬라이드] 그룹에서 '새 슬라이드' 아이콘을 눌러 빈 슬라이드를 추가합니다.

> **Tip** • 새 슬라이드 단축키 : Ctrl + M

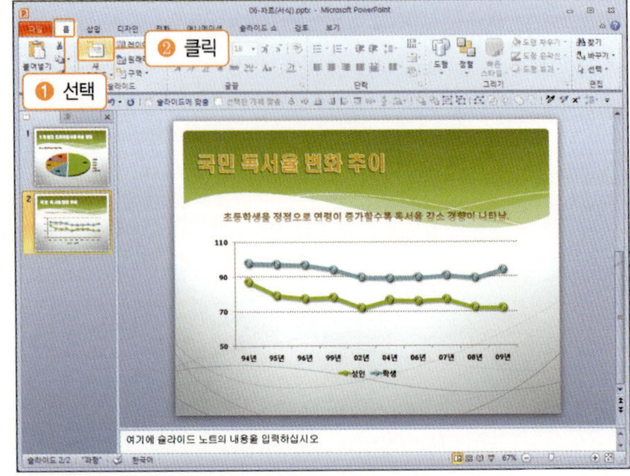

20 [삽입] 탭의 [일러스트레이션] 그룹에 있는 '차트' 아이콘(📊)을 누릅니다. [차트 삽입] 대화상자에서 [서식 파일] 메뉴를 선택하면, 저장한 차트 서식이 표시됩니다. 원하는 차트 서식을 선택한 다음 〈확인〉 버튼을 누릅니다.

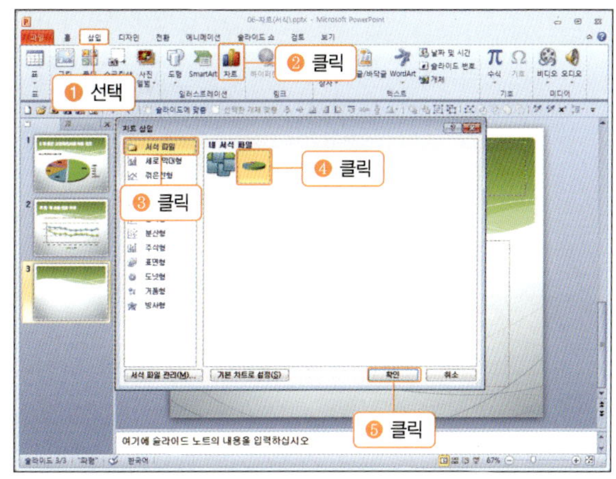

21 제목, 범례, 데이터 레이블, 색상 등 지정한 서식으로 간편하게 차트를 만들 수 있습니다. 이런 식으로 차트 종류별로 적당한 서식을 몇 가지 만들고 데이터만 변경하면서 사용하면 편리합니다.

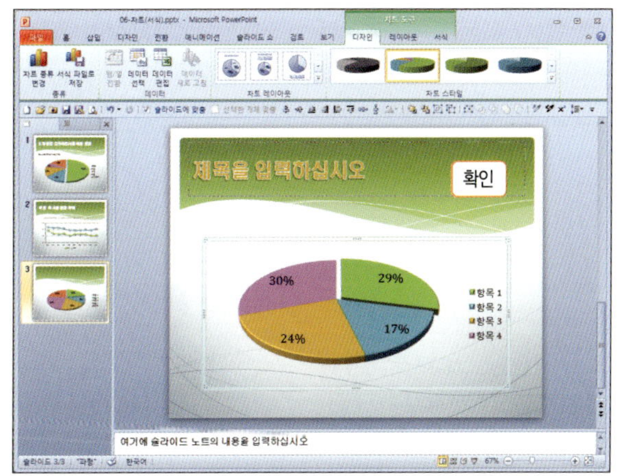

22 작성한 차트의 종류를 변경할 때도 서식 파일을 사용할 수 있습니다. 만든 차트가 선택된 상태로 [차트 도구]-[디자인] 탭의 [종류] 그룹에 있는 '차트 종류 변경' 아이콘(📊)을 누릅니다. 변경할 서식 파일을 선택하고 작업을 마칩니다.

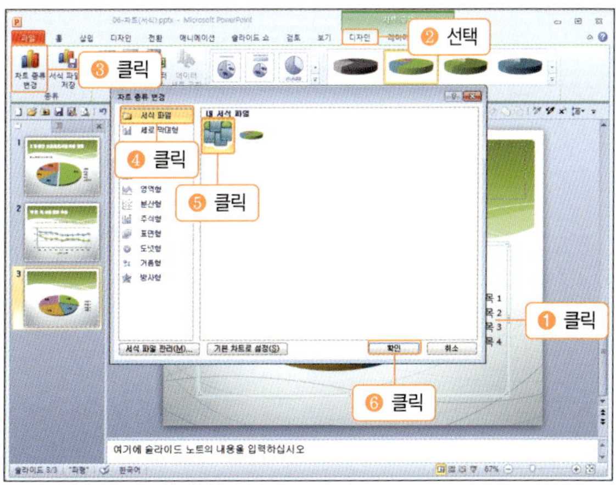

파워포인트 2010의 차트 기능으로 작성한 차트에 도형이나 그림을 삽입하여 좀 더 시각적으로 표현하는 방법을 알아보겠습니다. 내용에 맞는 그림을 준비한 다음 '채우기' 기능을 이용하면 훨씬 효과적으로 내용을 전달할 수 있습니다.

• 소스 파일 : Part06\차트(그림).pptx　　• 결과 파일 : Part06\차트(그림)_완성.pptx

1 Part06 폴더에서 '차트(그림).pptx' 파일을 불러옵니다. 차트 배경을 그림으로 채우기 위해 적절한 이미지를 클립 아트로 찾아 사용하려고 합니다. [삽입] 탭의 [이미지] 그룹에서 '클립 아트' 아이콘()을 누릅니다.

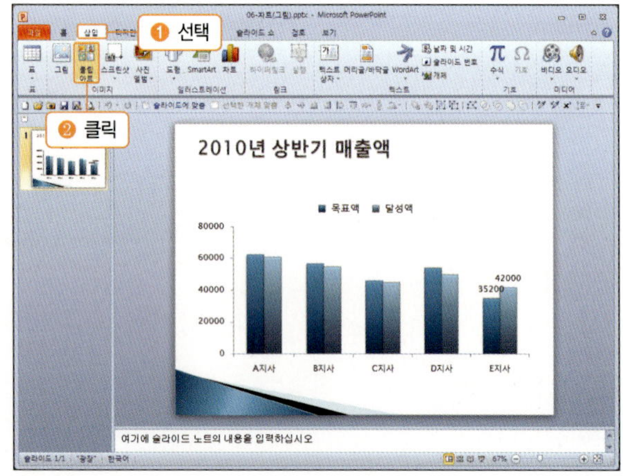

2 [클립 아트] 창이 표시되면, '검색 대상'에 "노트북"을 입력하고 〈이동〉 버튼을 누른 다음 적당한 그림을 선택하여 슬라이드에 삽입합니다.

3 [그림 도구]–[서식] 탭의 [조정] 그룹에서 '색' 아이콘을 눌러 원하는 색조로 조정합니다.

4 [그림 도구]–[서식] 탭의 [조정] 그룹에서 '꾸밈 효과' 아이콘()을 눌러 원하는 그래픽 효과를 적용합니다. 예제에서는 [분필 스케치]를 선택하였습니다.

5 삽입된 그림을 마우스 오른쪽 버튼으로 누른 다음 표시되는 바로 가기 메뉴에서 [그림으로 저장]을 선택합니다. [그림으로 저장] 대화 상자가 표시되면 저장 위치와 '파일 이름'을 입력하고 〈저장〉 버튼을 누릅니다.

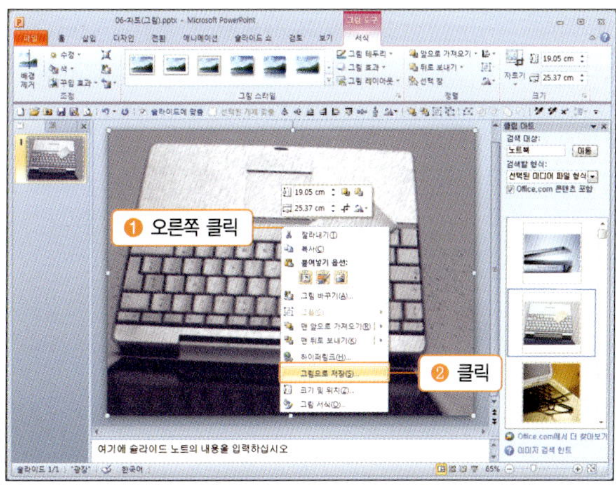

6 사용할 그림을 저장했기 때문에 삽입되어 있는 꾸밈 효과와 그림은 Delete 를 눌러 삭제합니다. 차트의 배경 부분을 마우스 오른쪽 버튼으로 누른 다음 표시되는 바로 가기 메뉴에서 [차트 영역 서식]을 선택합니다.

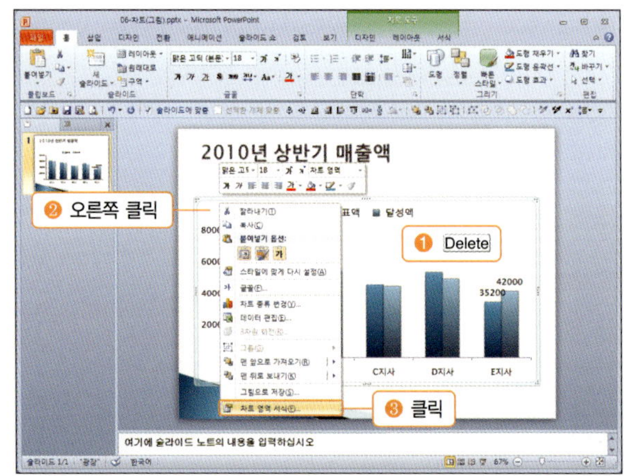

7 [차트 영역 서식] 대화상자의 [채우기] 메뉴에서 '그림 또는 질감 채우기'를 선택합니다. '다음에서 삽입'에서 〈파일〉 버튼을 누릅니다.

> **Tip** ● 이 단계에서 〈클립 아트〉 버튼을 눌러 클립 아트로 배경을 채우면 배경으로 채워진 다음 그림에 색 조정이나 꾸밈 효과 등을 적용할 수 없습니다.

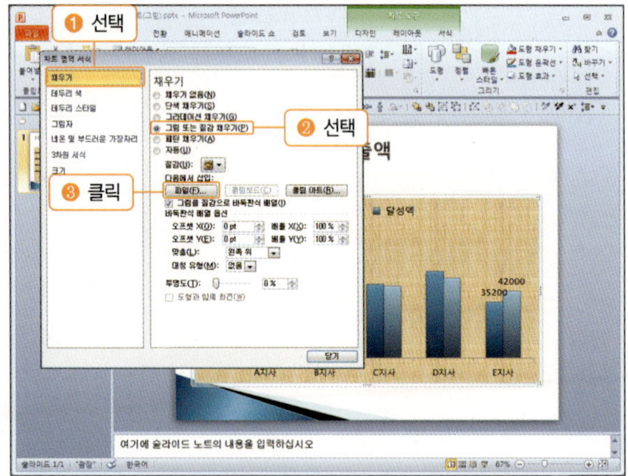

8 [그림 삽입] 대화상자가 표시되면 저장한 클립 아트 그림을 선택하고 〈삽입〉 버튼을 누릅니다.

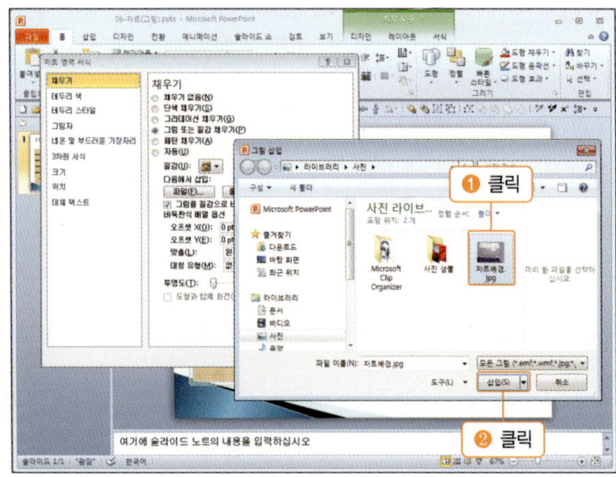

9 배경으로 삽입된 그림의 '투명도'를 적절하게 설정합니다. 아직 [차트 영역 서식] 대화상자를 닫지 않습니다.

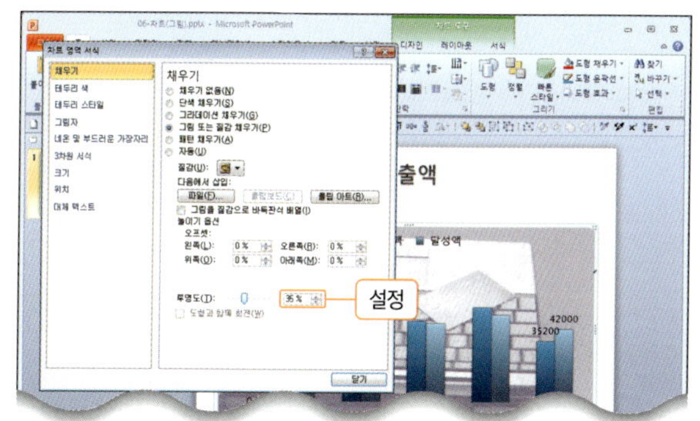

10 [차트 영역 서식] 대화상자의 [테두리 스타일] 메뉴에서 '둥근 모서리'에 체크 표시합니다. 설정이 끝나면 〈닫기〉 버튼을 누릅니다.

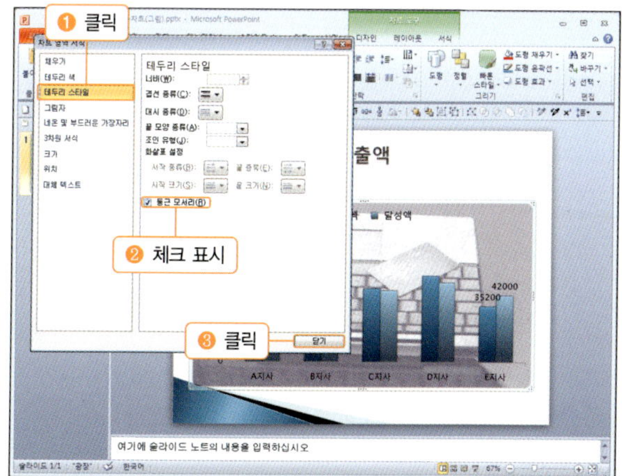

꼭! 알고가기 ▼ 계열을 그림으로 채우기

계열의 막대를 그림으로 채울 수 있습니다.

구분	결과	설명
다음에서 삽입: 파일(F)... 클립보드(C) 클립 아트(R)... ◉ 늘이기(H) ○ 쌓기(K) ○ 다음 배율에 맞게 쌓기(W) 단위/그림 늘이기 옵션 오프셋: 왼쪽(L) 0% 오른쪽(R) 0% 위쪽(O) 0% 아래쪽(M) 0%		'늘리기'를 선택하면 계열의 막대 안에 그림이 늘어나서 채워집니다. 채워지는 그림의 오프셋을 지정할 수 있습니다.
다음에서 삽입: 파일(F)... 클립보드(C) 클립 아트(R)... ○ 늘이기(H) ◉ 쌓기(K) ○ 다음 배율에 맞게 쌓기(W) 1 단위/그림		'쌓기'를 선택하면 계열의 막대 안에 그림의 가로세로 비율을 유지한 채 막대 크기만큼 반복됩니다.
다음에서 삽입: 파일(F)... 클립보드(C) 클립 아트(R)... ○ 늘이기(H) ○ 쌓기(K) ◉ 다음 배율에 맞게 쌓기(W) 15,000 단위/그림		'다음 배율에 맞게 쌓기'를 선택하면 원하는 단위마다 하나의 그림으로 쌓을 수 있습니다.

11 차트의 테두리가 둥글게 되고 그림으로 채워진 것을 확인할 수 있습니다. 차트를 선택하고 [차트 도구]-[레이아웃] 탭의 [삽입] 그룹에 있는 '도형' 아이콘( )을 누른 다음 [설명선] 항목에서 [모서리가 둥근 사각형 설명선( )]을 선택합니다.

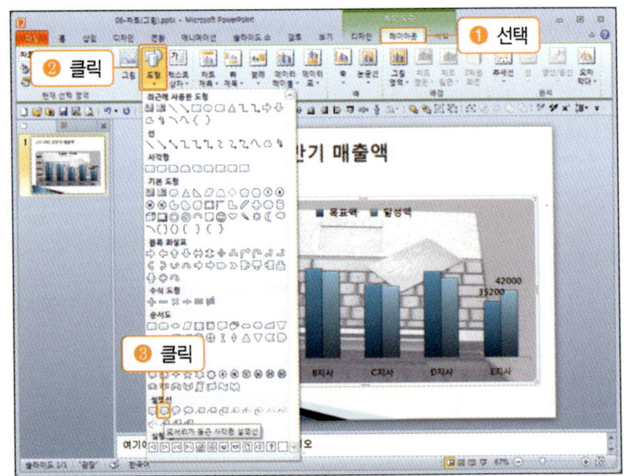

12 'E지사' 막대 윗부분에 드래그하여 도형을 삽입합니다.

> **Tip** · [삽입] 탭이나 [홈] 탭에서 [도형]을 눌러서 삽입해도 되지만, 꼭 차트가 선택된 상태에서 삽입해야 합니다. 차트가 선택된 상태에서 삽입한 그림이나 도형은 차트를 이동시켜도 함께 움직입니다.

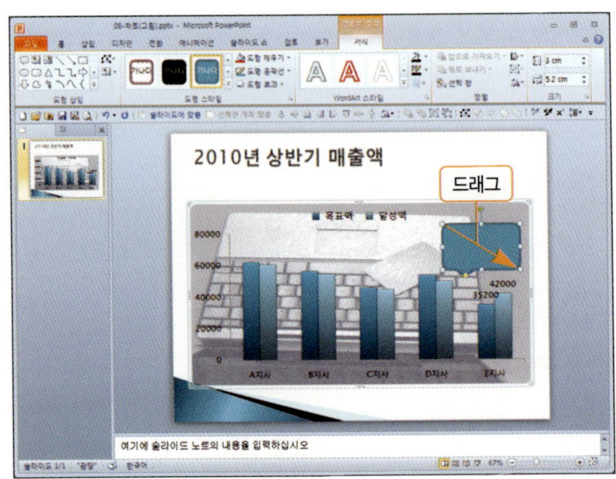

13 "목표액 초과달성"이라고 텍스트를 입력합니다. 입력한 텍스트를 블록 지정하고 표시되는 [미니 서식 도구 모음]을 이용해서 글꼴 색, 크기, 정렬 등을 조정합니다.

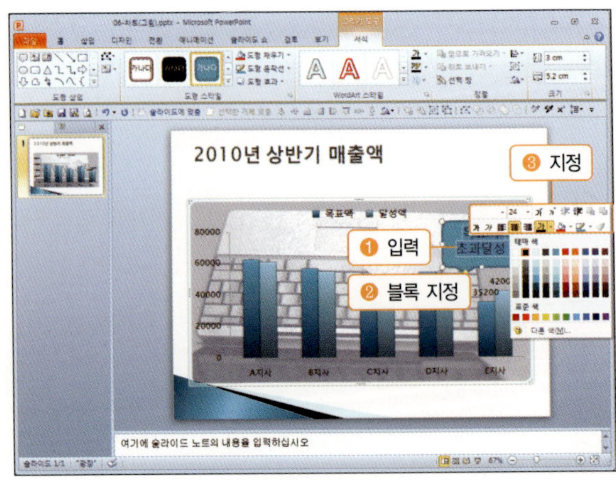

14 도형을 선택하고 [그리기 도구]-[서식] 탭의 [도형 스타일] 그룹에서 갤러리에 등록된 스타일 중 마음에 드는 스타일을 적용합니다.

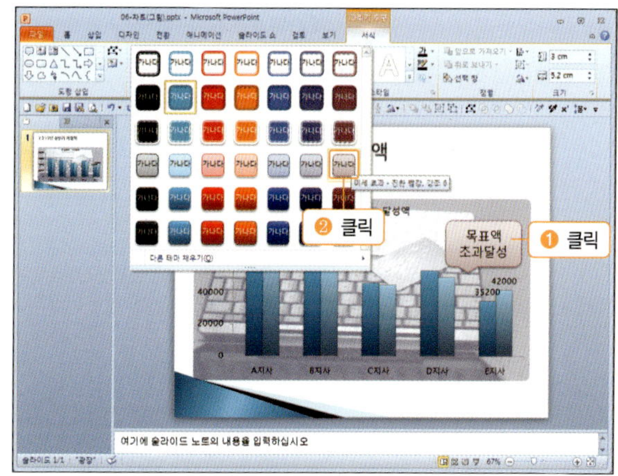

15 도형의 노란색 마름모 모양 조절점(◇)을 드래그하여 위치를 조정합니다.

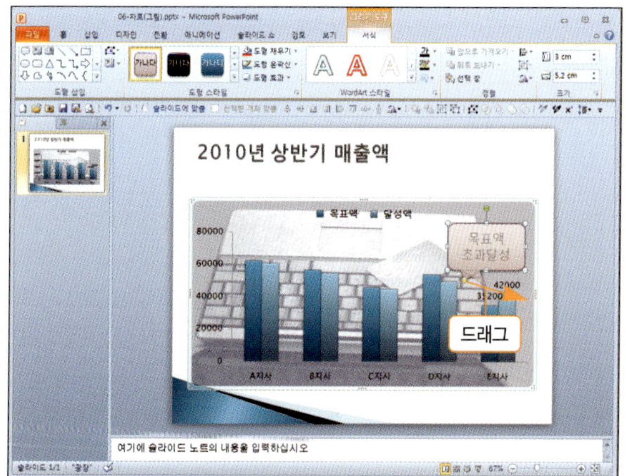

16 차트를 선택한 상태에서 삽입된 도형(그림, 텍스트 등)이 차트의 위치나 크기가 변경되었을 때 함께 변경되는 것을 확인합니다.

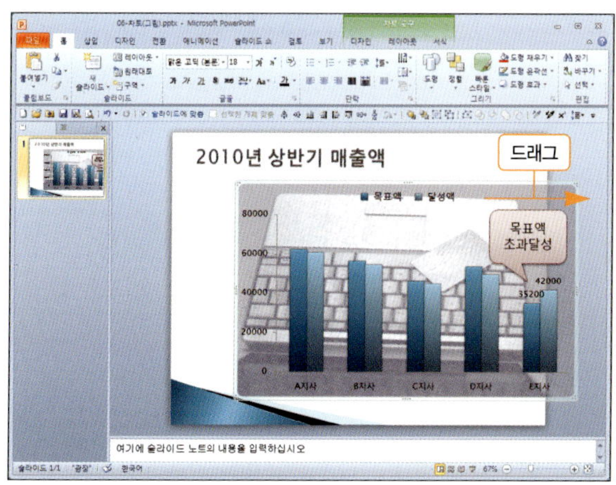

현장감 있는 프레젠테이션을 위한 비디오와 오디오 편집하기

프레젠테이션 문서에서 설명하려는 내용과 관련된 비디오를 활용하면 더욱 효과적이고 현장감 있는 설명을 할 수 있습니다. 비디오와 사운드를 슬라이드에 삽입하고, 삽입된 비디오와 사운드를 제어하는 방법을 알아보겠습니다. 삽입한 비디오와 사운드는 트리밍으로 원하는 부분만 잘라 사용하거나 책갈피로 빨리 찾을 수 있으며, 직접 녹음한 파일을 삽입할 수도 있습니다.

PART

07

Section 01 슬라이드에 비디오 삽입하여 설명 효과 높이기
Section 02 프레젠테이션에 배경 음악과 효과음 삽입하기
Section 03 프레젠테이션에 플래시 애니메이션 삽입하기

슬라이드에 **비디오 삽입**하여 설명 효과 높이기

파워포인트 2010에서는 슬라이드에 비디오를 삽입하고, 재생하는 것뿐만 아니라 필요한 부분만 편집하거나 비디오에 특수 효과를 지정할 수 있습니다. 더욱 강력해진 비디오 관련 기능을 자세히 살펴보겠습니다.

비디오 삽입하고 재생하기

준비한 비디오 또는 클립 아트에서 검색하거나 웹 사이트에 있는 동영상 및 애니메이션 GIF파일 또는 준비한 비디오 파일을 슬라이드에 추가할 수 있습니다. 슬라이드에 비디오를 삽입해서 재생하는 방법과 비디오 옵션을 알아보겠습니다.

• 소스 파일 : Part07\동영상.pptx , ocean blue.wmv　　• 결과 파일 : Part07\동영상_완성.pptx

참고 동영상 : 10강 7-1동영상.avi

1 Part07 폴더에서 '동영상.pptx' 파일을 불러옵니다. [삽입] 탭의 [미디어] 그룹에 있는 '비디오 삽입' 아이콘(🎬)을 누릅니다.

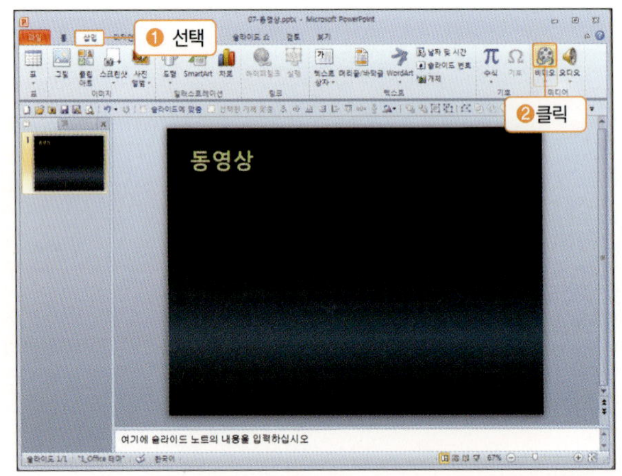

> **Tip** • '비디오 삽입' 아이콘의 ▼부분을 누르면 삽입할 비디오를 찾는 방법을 선택할 수 있습니다.

2 [비디오 삽입] 대화상자가 표시되면 Part07 폴더에서 'ocean blue.wmv' 파일을 선택한 다음 〈삽입〉 버튼을 누릅니다.

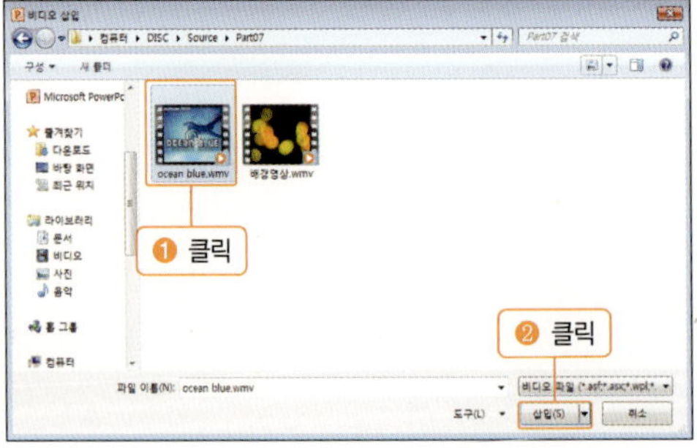

> **Tip** • 파워포인트 2010에서 지원되는 비디오 파일 형식은 ASF, AVI, MPG(MPEG), WMV, SWF가 있습니다.

3 슬라이드에 비디오가 삽입되었습니다. 재생하려면 [비디오 도구]-[서식] 탭이나 [비디오 도구]-[재생] 탭에 있는 [미리 보기] 그룹에서 '재생' 아이콘(▶)을 누릅니다.

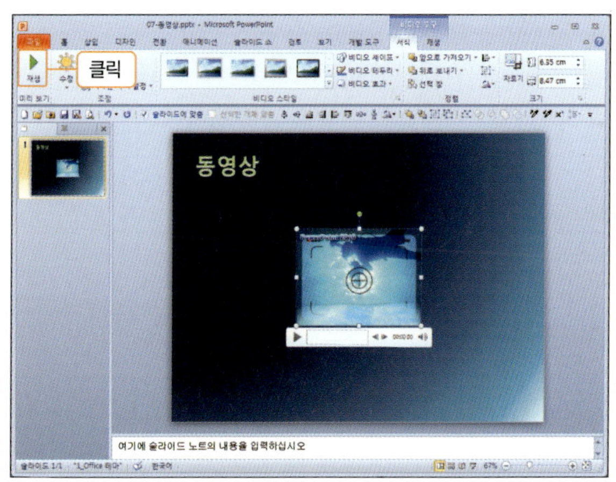

> **Tip ·** 삽입된 비디오 아래쪽에 있는 [미디어 컨트롤] 도구에서 '재생' 버튼(▶)을 눌러도 됩니다.

꼭! 알고가기 ▼ 비디오를 삽입할 때 문서에 포함하거나 연결하기

이전 버전에서 비디오 파일은 연결 파일로만 관리되어 프레젠테이션 문서나 동영상 파일을 이동하면 연결이 끊어지는 문제가 있었습니다. 다른 장소로 파일을 가져갈 때 프레젠테이션 문서와 비디오 파일까지 함께 관리해야 하는 번거로움을 파워포인트 2010에서는 문서에 포함하여 해결할 수 있습니다.
[비디오 삽입] 대화상자에서 〈삽입〉 버튼의 ▼부분을 누르고 [삽입]이나 [파일에 연결]을 선택합니다.

❶ **삽입** : 비디오를 포함하는 경우 모든 파일이 프레젠테이션 문서에 있으므로 프레젠테이션을 할 때 파일이 손실될 염려가 없습니다. 프레젠테이션 문서의 크기가 커지기 때문에 크기를 제한하려면 YouTube 등의 웹 사이트에 업로드한 비디오 파일에 연결합니다.

❷ **파일에 연결** : 프레젠테이션 문서와 비디오 파일을 연결합니다. 비디오를 연결하면 프레젠테이션 파일의 크기를 줄일 수 있습니다. 연결 끊김 관련 문제가 발생하지 않도록 하려면 비디오를 프레젠테이션 문서와 동일한 폴더에 복사한 다음 해당 폴더에서 비디오에 연결하는 것이 좋습니다.

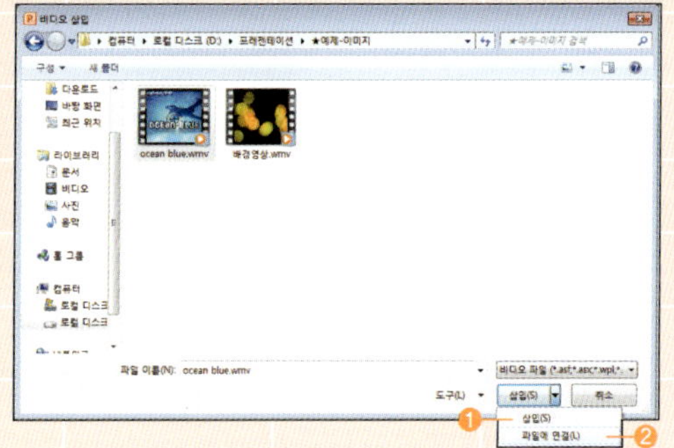

4 비디오를 전체 화면으로 재생하지 않으려는 경우 원하는 크기로 조정할 수 있습니다. 비디오의 모서리를 원하는 크기만큼 드래그합니다.

> **Tip** ● 삽입한 비디오를 삭제하려면, 비디오를 선택한 다음 Delete를 누릅니다.

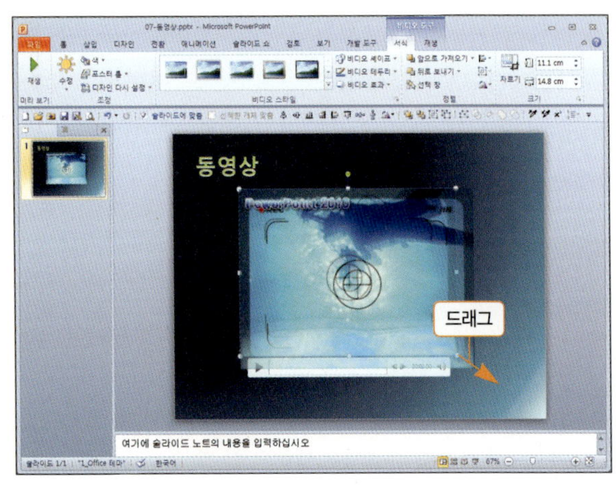

5 슬라이드에 삽입된 비디오의 가로세로 비율과 비디오 파일 원래의 가로세로 비율이 다르면 비디오가 재생될 때 왜곡되어 표시됩니다. 만일 왜곡된 비디오를 처음 삽입된 원본 상태로 돌리려면, [비디오 도구]–[서식] 탭의 [조정] 그룹에 있는 '디자인 다시 설정' 아이콘(🖼)의 ▼부분을 누르고 [디자인 및 크기 다시 설정]을 선택합니다.

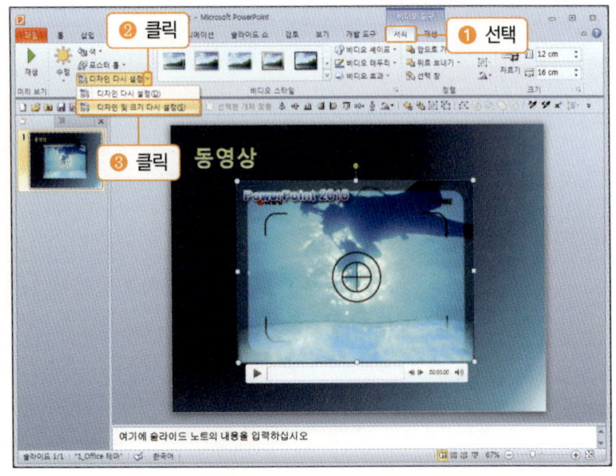

꼭! 알고가기 🔽 비디오 파일에 서식이 지정된 상태에서 크기만 원래대로 되돌리기

1. [비디오 도구]–[서식] 탭에 있는 [크기] 그룹에서 '창 표시' 버튼(🖼)을 눌러 [비디오 형식 지정] 대화상자를 표시합니다.

2. [비디오 형식 지정] 대화상자의 [크기] 메뉴에서 〈원래대로〉 버튼을 누릅니다. 비디오 파일의 가로세로 비율을 유지하려면 [배율] 항목에서 '가로세로 비율 고정'에 체크 표시합니다.

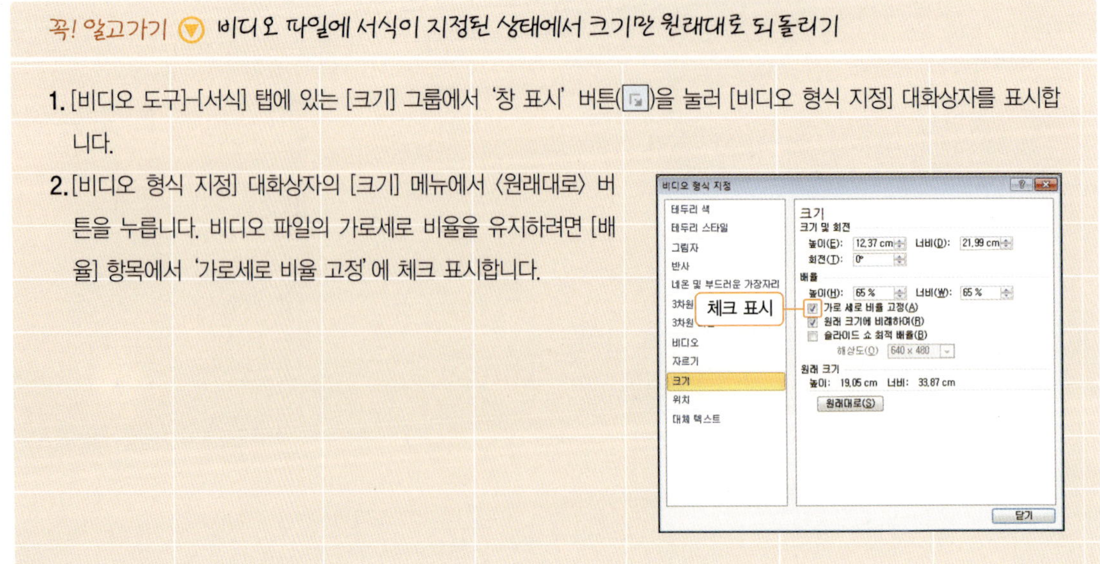

6 프레젠테이션을 진행할 때 슬라이드가 표시되면 비디오가 자동으로 실행되도록 조정하기 위해 [비디오 도구]-[재생] 탭의 [비디오 옵션] 그룹에서 '시작'을 '자동 실행'으로 지정합니다. 쇼 진행 상태에서 비디오가 제대로 재생되는지 확인하기 위해 화면 아래 상태 표시줄의 [보기 바로 가기]에서 '읽기용 보기' 아이콘( )을 누릅니다.

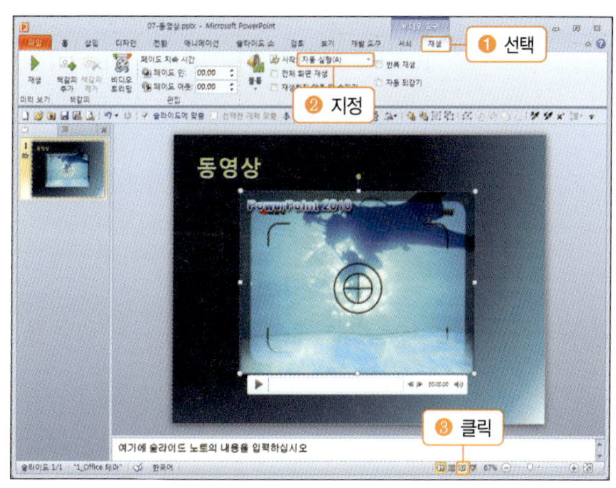

7 슬라이드가 표시되면 자동으로 비디오가 실행되는 것을 확인할 수 있습니다. 실행 중인 비디오 화면 위에 마우스 포인터를 위치시키면 화면 아래쪽으로 재생 버튼과 현재 비디오 위치 등이 [미디어 컨트롤]로 표시됩니다.

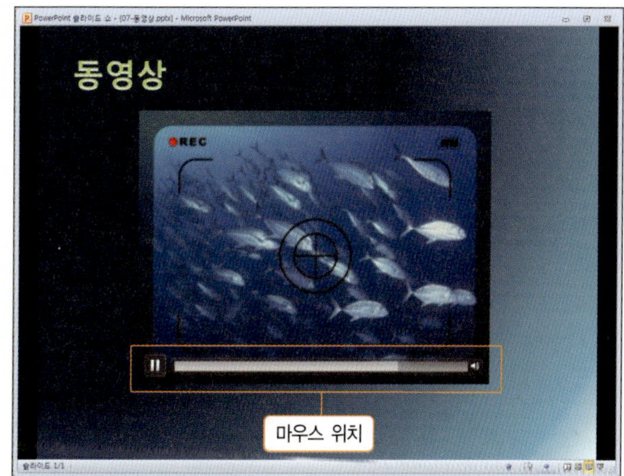

8 기본 보기로 돌아오려면, 화면 아래 상태 표시줄의 [보기 바로 가기]에서 '기본 보기' 아이콘( )을 누릅니다.

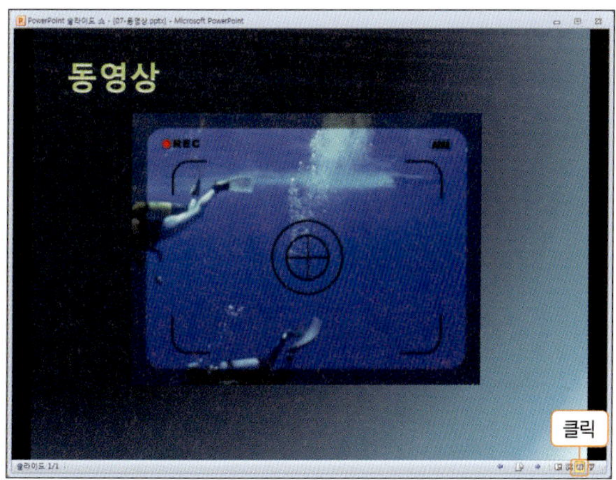

이전 버전까지는 프레젠테이션 문서에 사용하는 비디오에서 관련 없는 부분을 제거하기 위해 비디오 편집 프로그램을 사용해야 했습니다. 파워포인트 2010에서 새롭게 추가된 비디오 트리밍 기능을 사용하면 원하는 부분만 사용하거나 원하는 위치를 빨리 찾아갈 수 있습니다.

참고 동영상 : 10강 7-1동영상.avi

1 슬라이드의 비디오를 선택하고 [비디오 도구]-[재생] 탭의 [편집] 그룹에서 '비디오 트리밍' 아이콘(🎞)을 누릅니다.

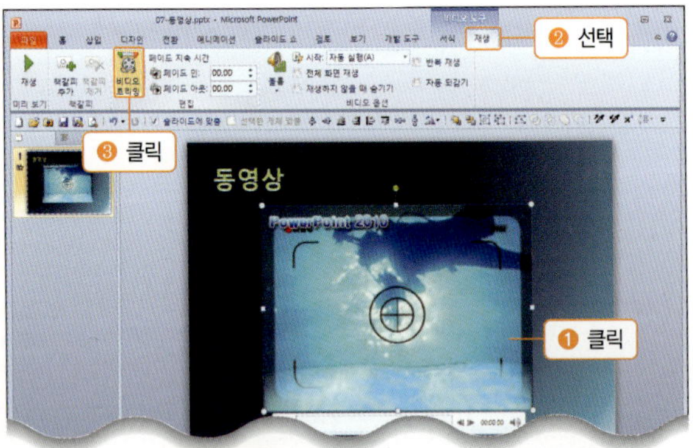

2 [비디오 맞추기] 대화상자가 표시되면, 미리 보기 화면을 확인하면서 시작부분을 트리밍하려면 시작 지점(▌)을 비디오를 시작하려는 위치로 드래그하고, 끝부분을 트리밍하려면 종료 지점(▌)을 비디오를 종료하려는 위치로 드래그합니다. 지정이 끝나면 〈확인〉 버튼을 누릅니다.

> **Tip** ● 미세하게 위치를 지정하려면 '이전 프레임' 버튼(◀)과 '다음 프레임' 버튼(▶)을 이용하여 움직입니다.

3 화면 아래 상태 표시줄의 [보기 바로 가기]에서 '읽기용 보기' 아이콘(📖)을 눌러 원하는 분량만큼 트리밍된 것을 확인합니다.

> **Tip** ● 만일 비디오의 처음 부분과 끝 부분이 몇 초간 서서히 나타났다가 서서히 사라지는 페이드 효과와 함께 재생하고 싶다면 [비디오 도구]-[재생] 탭의 [편집] 그룹에서 '페이드 지속 시간'을 지정합니다.
> - 페이드 인 : 비디오 시작 부분에 페이드 효과
> - 페이드 아웃 : 비디오 종료 부분에 페이드 효과

4 비디오에 책갈피를 추가하여 원하는 지점을 표시할 수 있습니다. 비디오 아래쪽에 있는 [비디오 컨트롤]에서 '재생' 버튼(▶)을 눌러 비디오가 재생되면 원하는 지점을 찾습니다. 원하는 지점이 되면 [비디오 도구]-[재생] 탭의 [책갈피] 그룹에서 '책갈피 추가' 아이콘( )을 누릅니다.

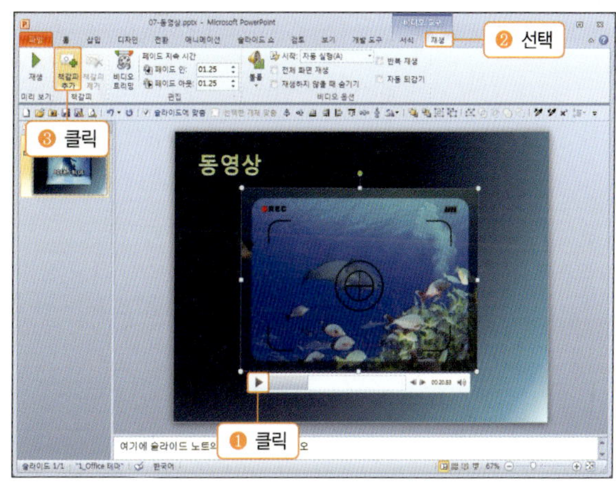

5 책갈피가 지정되면 원형으로 표시됩니다. 같은 방법으로 여러 개의 책갈피를 지정할 수 있습니다.

> **Tip** · 책갈피는 비디오의 특정 위치로 이동하는데 사용할 수 있으며 비디오나 오디오 클립의 특정 지점을 빠르게 검색할 수 있습니다.

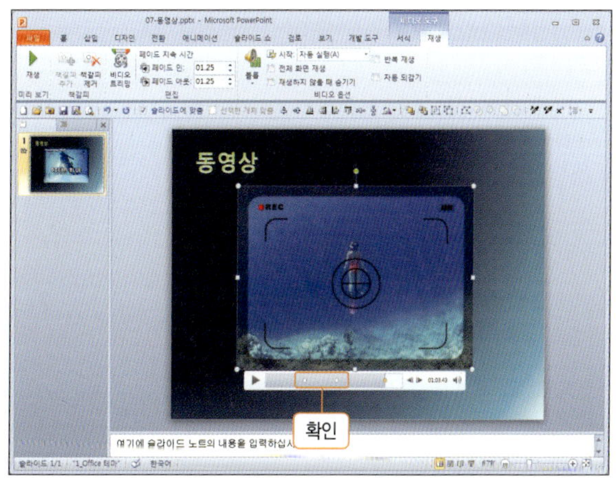

6 책갈피를 제거하려면 시간 표시 막대에서 제거할 책갈피를 찾아 누르고, [비디오 도구]-[재생] 탭의 [책갈피] 그룹에서 '책갈피 제거' 아이콘( )을 누릅니다.

> **Tip** ·
> • 이전 책갈피 선택 단축키 : **Alt** + **Home**
> • 다음 책갈피 선택 단축키 : **Alt** + **End**

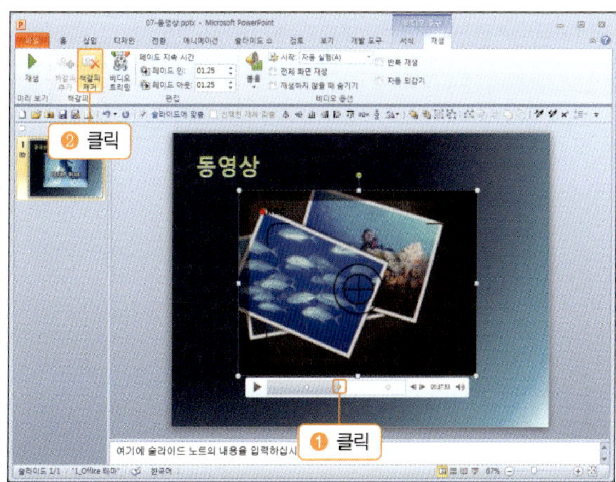

파워포인트 2010에서는 비디오 관련된 서식 기능도 놀라울 정도로 강화되었습니다. 비디오의 밝기를 조정하고 일부 영역을 자르거나 원하는 모양으로 지정할 수도 있으며, 좌우 대칭이나 첫 화면 지정 등의 상세 설정도 가능합니다.

· 소스 파일 : Part07\포스터.jpg   참고 동영상 : 10강 7-1동영상.avi

1 사용하려는 비디오 자료가 너무 어두운 곳에서 촬영되었거나, 너무 밝은 곳에서 촬영되었다면 밝기 및 대비를 조정할 수 있습니다. 슬라이드의 비디오를 선택하고 [비디오 도구]–[서식] 탭의 [조정] 그룹에서 '수정' 아이콘(☀)을 누릅니다.

2 현재 비디오의 상태에 맞도록 밝기 및 대비를 선택합니다.

3 비디오의 스타일을 변경하고 싶다면 [비디오 도구]-[서식] 탭의 [비디오 스타일] 그룹에서 스타일 갤러리 중 원하는 스타일을 선택합니다.

4 서식은 모두 유지한 채 비디오의 모양을 변경하고 싶다면 [비디오 도구]-[서식] 탭의 [비디오 스타일] 그룹에서 '비디오 셰이프' 아이콘(🔲)을 누르고 원하는 모양을 지정합니다.

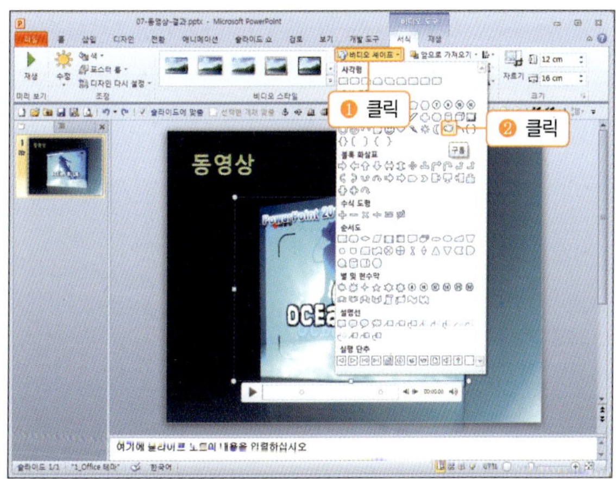

5 비디오의 일부 영역을 자르고 싶다면, [비디오 도구]-[서식] 탭의 [크기] 그룹에서 '자르기' 아이콘(🔲)을 누르고, 자르기 조절 표식을 원하는 너비와 높이로 드래그합니다.

> **Tip ·** 비디오를 자를 경우 비례로 자르거나 채우기, 맞춤 등의 옵션은 사용할 수 없습니다.

6 비디오에 지정된 도형 모양 서식을 삭제하고 싶다면, [비디오 도구]–[서식] 탭의 [조정] 그룹에서 '디자인 다시 설정' 아이콘(🖼)을 누릅니다.

> **Tip ·** 원래의 비디오 크기나 자르기 작업까지 되돌리고 싶다면, '디자인 다시 설정' 아이콘의 ▼부분을 누르고 [디자인 및 크기 다시 설정]을 선택합니다.

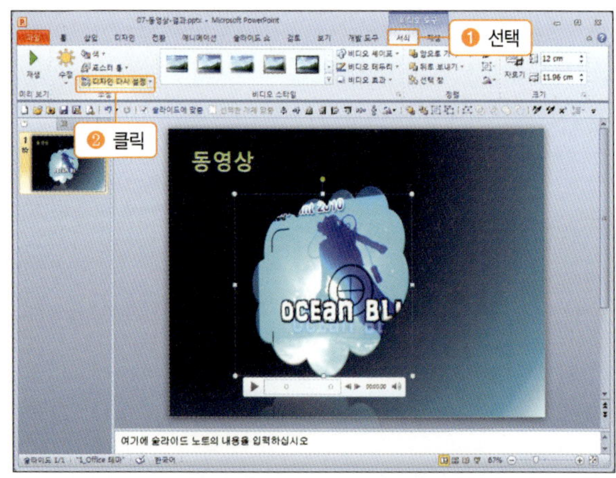

7 비디오를 선택하고 Ctrl 를 누른 채 오른쪽으로 드래그해서 하나 더 복사합니다.

8 오른쪽 복사된 비디오가 선택된 상태로, [비디오 도구]–[서식] 탭의 [정렬] 그룹에서 '회전' 아이콘(🖼)을 누르고 [좌우 대칭]을 선택합니다.

9 화면 아래 상태 표시줄의 [보기 바로 가기]에서 '읽기용 보기' 아이콘(　)을 눌러 원하는 만큼 잘라지고 회전되어 재생되는 비디오를 확인합니다.

> *Tip* ● 두 개의 비디오가 동시에 자동적으로 재생되게 하려면, 각각 [비디오 도구]–[재생] 탭의 [비디오 옵션] 그룹에서 '시작'을 '자동 실행'으로 지정하고, 두 번째 비디오만 선택한 다음 [애니메이션] 탭의 [타이밍] 그룹에서 '시작'을 '이전 효과와 함께'로 지정합니다.
> 애니메이션 미리 보기 상태에서는 정확히 동시에 재생되어도, 실제 슬라이드 쇼에서는 나중에 복사된 개체가 미세하게 늦게 재생됩니다.

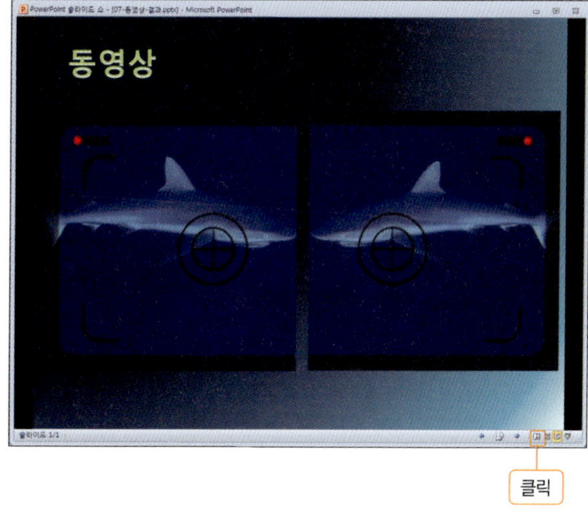

10 비디오를 슬라이드에 삽입하면 재생 전에 비디오의 첫 화면이 보입니다. 그 미리 보기 화면을 원하는 것으로 지정할 수 있습니다. 비디오를 재생하여 미리 보기로 사용하고 싶은 장면을 찾습니다.

11 [비디오 도구]–[서식] 탭의 [조정] 그룹에서 '포스터 틀' 아이콘(　)을 누르고 [현재 틀]을 선택합니다.

12 포스터 틀이 지정되면 비디오 아래쪽에 있는 [비디오 컨트롤]에서 재생 전에 미리 보는 첫 화면이 지정한 화면으로 변경된 것을 확인할 수 있습니다.

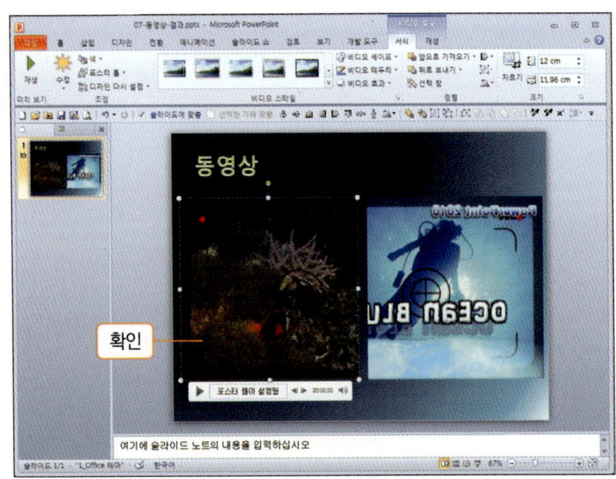

13 미리 보기 화면으로 사용할 파일을 준비했다면, 동영상을 선택하고 [비디오 도구]–[서식] 탭의 [조정] 그룹에서 '포스터 틀' 아이콘( )을 누른 다음 [파일의 이미지]를 선택합니다.

14 [그림 삽입] 대화상자가 표시되면 Part07 폴더에서 '포스터.jpg' 파일을 선택하고 〈삽입〉 버튼을 누릅니다.

15 지정한 포스터 틀이 비디오 재생 전에 미리 보기로 적용되는 것을 확인할 수 있습니다.

16 왼쪽 비디오를 선택하고 Delete 를 눌러 삭제한 다음 오른쪽에 있던 비디오를 다시 처음처럼 자르기나 회전을 되돌려 보겠습니다. 동영상을 선택하고 [비디오 도구]-[서식] 탭의 [조정] 그룹에 있는 '디자인 다시 설정' 아이콘(🖼)의 ▼부분을 누른 다음 [디자인 및 크기 다시 설정]을 선택합니다.

꼭! 알고가기 ▼ **미디어 컨트롤이 표시되지 않는 경우**

슬라이드 쇼를 진행할 때 비디오 파일에 [미디어 컨트롤]을 표시하려면 [슬라이드 쇼 탭]의 [설정 그룹]에서 [미디어 컨트롤 표시] 확인란에 체크 표시를 합니다.

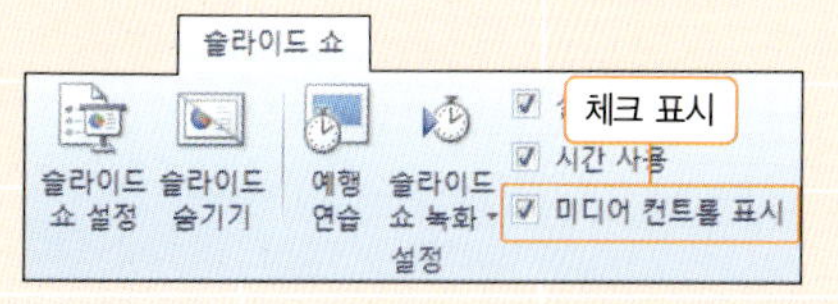

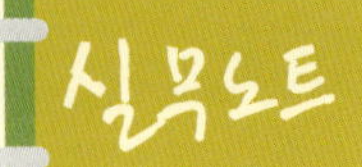

미디어 파일이 삽입된 프레젠테이션 문서 문제없이 다루기

동영상은 프레젠테이션에서 집중도를 높이는 중요한 요소입니다. 하지만 다루고 관리하는 것이 어렵게 느껴지곤 합니다. 미디어 파일을 압축하고 호환성 문제를 해결하는 방법을 소개합니다.

❶ 미디어 파일 압축하기

미디어가 포함된 프레젠테이션 문서는 압축하여 재생 성능을 향상시키고 디스크 공간을 절약할 수 있습니다.

1 오디오 또는 비디오 파일이 포함된 프레젠테이션을 열고 [파일] 탭의 [정보] 메뉴 화면에서 [미디어 크기 및 성능] 항목에서 〈미디어 압축〉 버튼을 누릅니다. 비디오 품질을 지정하여 비디오 크기를 결정하고 제시되는 품질 중 하나를 선택합니다.

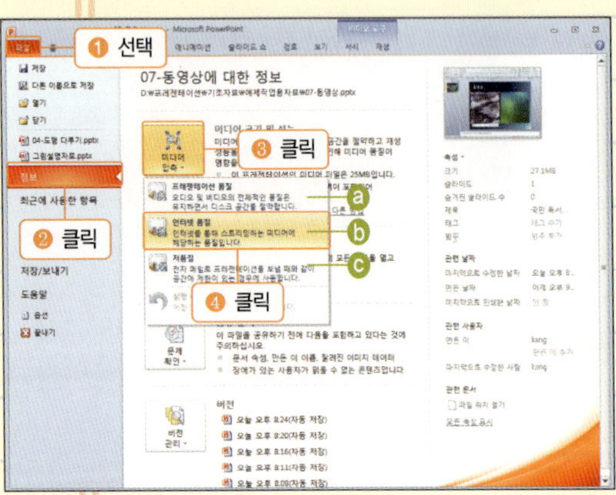

ⓐ **프레젠테이션 품질** : 전체 오디오 및 비디오 품질은 유지하면서 공간을 절약합니다.

ⓑ **인터넷 품질** : 인터넷을 통해 스트리밍되는 미디어와 유사한 품질이 지정됩니다.

ⓒ **저품질** : 전자 메일로 프레젠테이션을 보내는 등 공간이 제한된 경우 사용합니다.

2 [미디어 압축] 대화상자가 표시됩니다. 압축이 완료되면 〈닫기〉 버튼을 누릅니다. 처음의 미디어 파일 크기보다 압축된 미디어 파일의 크기를 확인할 수 있습니다.

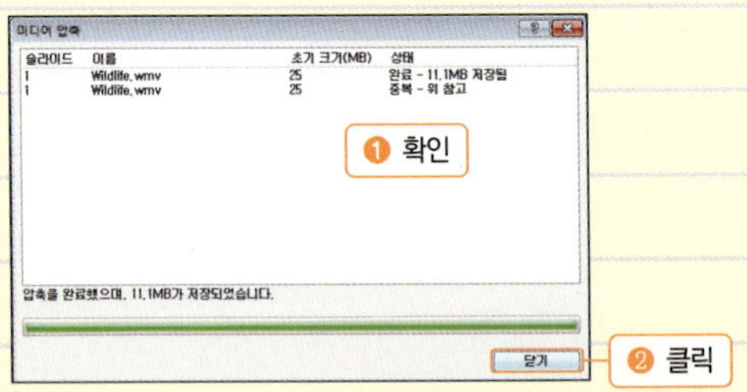

❷ 미디어의 호환성 최적화로 재생 문제 해결

프레젠테이션에 비디오나 오디오 파일과 같은 미디어가 포함되어 있는 경우 재생 문제를 방지하기 위해 미디어 파일의 호환성을 최적화할 수 있습니다. 프레젠테이션을 다른 사람과 공유하거나 다른 위치로 가져가는 것이 쉬워지며 슬라이드 쇼가 올바르게 재생됩니다.

1 연결한 비디오가 있는 프레젠테이션 문서의 경우, [파일] 탭의 [정보] 메뉴에서 [미디어 호환성 최적화] 항목을 확인하면 비디오를 포함해야 한다고 알립니다. '연결 보기'를 누릅니다.

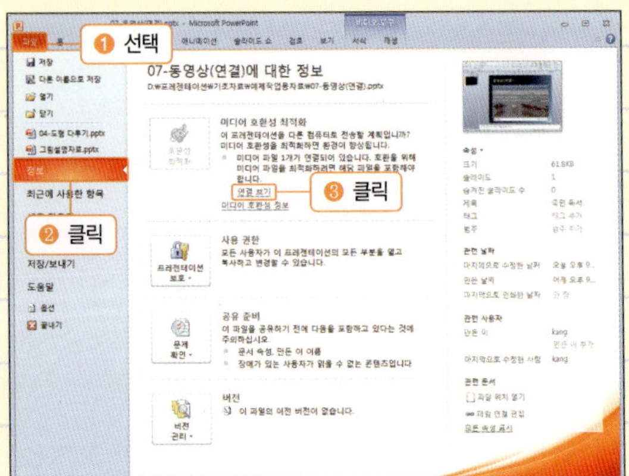

2 [연결] 대화상자에 포함할 각 미디어 항목에 대해 〈연결 끊기〉 버튼을 누르면 간단하게 비디오를 포함할 수 있습니다.

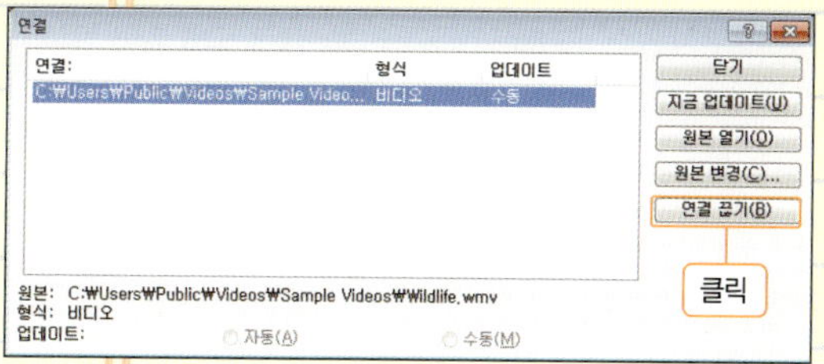

3 연결된 미디어 목록에 내용이 사라지면 〈닫기〉 버튼을 누릅니다.

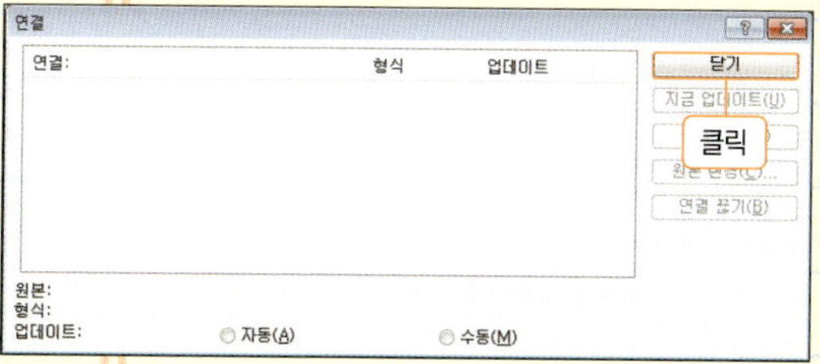

4 미디어가 프레젠테이션 문서에 포함되어, [파일] 탭의 [정보] 메뉴를 선택한 다음 [미디어 크기 및 성능] 항목에서 미디어 압축을 할 수 있습니다.

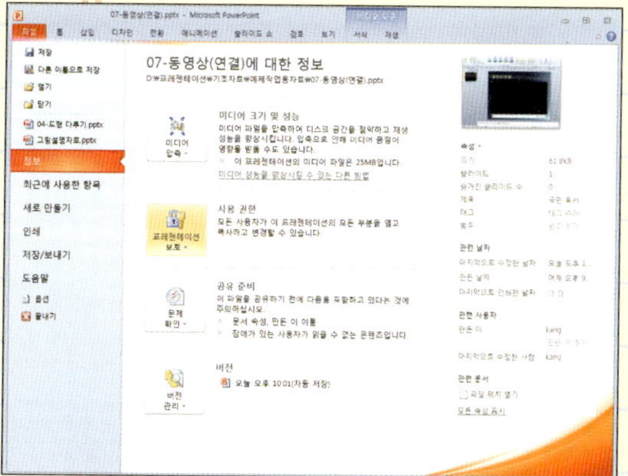

❸ 파워포인트 2007에서 비디오가 삽입된 문서의 호환
파워포인트 2007과 같은 이전 버전의 파워포인트를 사용하여 삽입한 비디오가 있는 경우 미디어 파일 형식을 업그레이드해야 파일이 재생됩니다.

1 이전 버전에서 작성한 프레젠테이션 문서를 열고 [파일] 탭의 [정보] 메뉴에서 [호환 모드] 구역에 있는 [변환]을 누릅니다. 업그레이드하면 이러한 미디어 파일이 자동으로 업데이트되어 새 형식으로 포함됩니다.

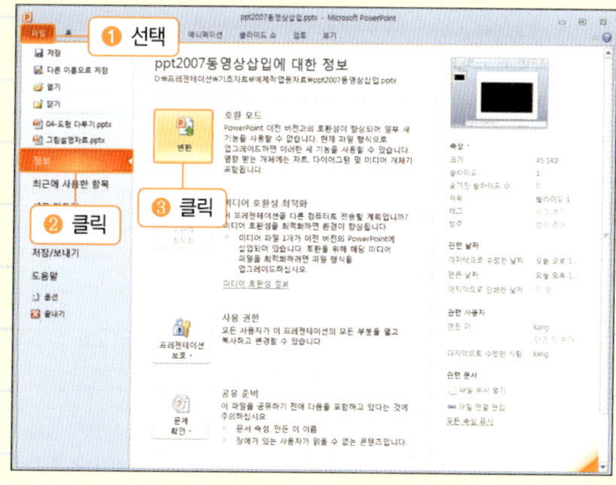

2 [다른 이름으로 저장] 대화상자가 표시되면, '파일 이름'을 입력하고 〈저장〉 버튼을 누릅니다. 파워포인트 2010으로 업그레이드되고 연결된 파일을 포함합니다. 업그레이드한 다음 〈미디어 압축〉 버튼을 누릅니다.

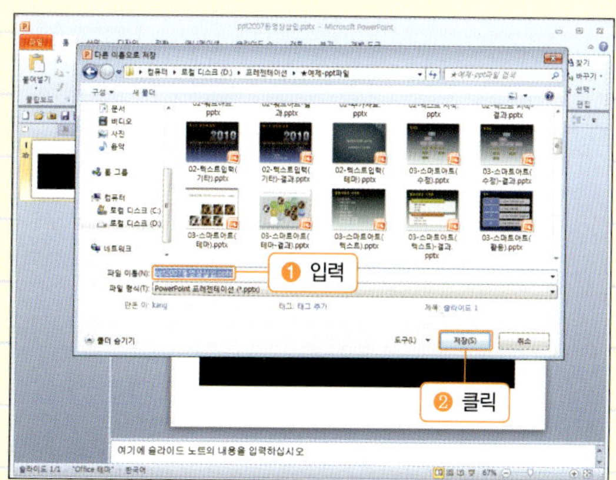

🔲 인터넷 사이트의 비디오를 내 슬라이드에 연결하기

파워포인트 2010에서는 YouTube, Daum tv팟 등의 웹 사이트에 업로드한 비디오 파일을 연결할 수 있습니다. 웹 사이트에서 연결할 비디오의 코드를 복사한 다음 '웹 사이트의 비디오' 기능을 이용하여 코드를 붙여 넣어 비디오를 삽입합니다.

• 소스 파일 : Part07\동영상(인터넷).pptx

1 Part07 폴더에서 '동영상(인터넷).pptx' 파일을 불러옵니다.

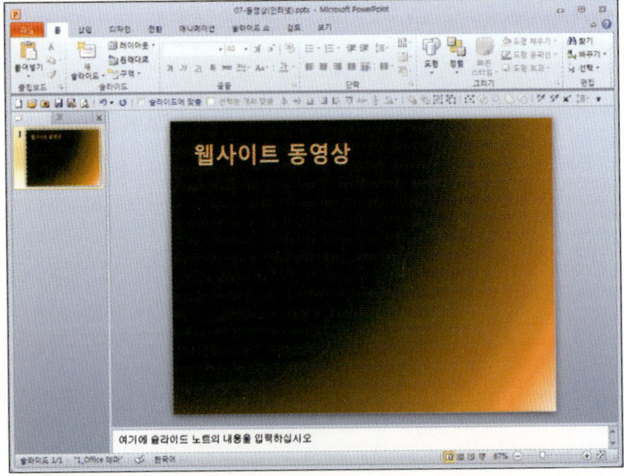

2 브라우저에서 연결할 비디오가 포함된 YouTube나 Daum tv팟 같은 웹 사이트로 이동합니다.

3 웹 사이트에서 연결할 비디오를 선택합니다.

4 비디오의 Embed 또는 소스 코드를 찾아 복사합니다. YouTube에서 Embed 또는 소스 코드는 비디오 아래쪽에 〈소스 코드〉 버튼을 누르고 '이전 소스 코드 사용'에 체크 표시한 다음 표시되는 소스를 복사합니다.

꼭! 알고가기 ▼ Embed 코드 찾기

비디오가 있는 대부분의 웹 사이트는 Embed 코드를 포함하고 있지만 Embed 코드 위치는 웹 사이트마다 다릅니다.
Embed 코드가 없는 비디오는 연결할 수 없으며 Embed 코드를 이용하여 실제 사이트의 비디오를 프레젠테이션에 포함하는 것은 아니고 주소를 연결하는 것입니다.
Daum tv팟에서는 비디오 아래 〈퍼가기〉 버튼을 눌러 소스를 볼 수 있습니다.

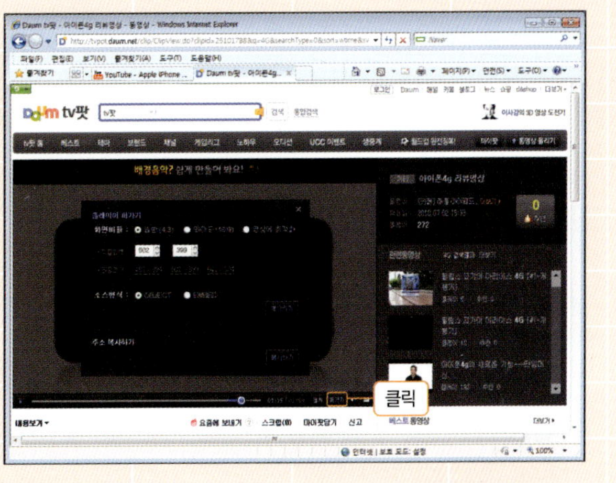

5 파워포인트의 슬라이드로 돌아와서, [삽입] 탭의 [미디어] 그룹에 있는 '비디오 삽입' 아이콘(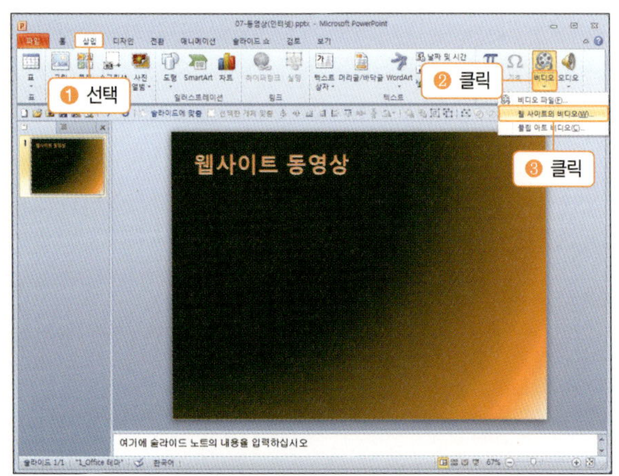)의 ▼부분을 누르고 [웹 사이트의 비디오]를 선택합니다.

6 [웹 사이트에서 가져온 비디오 삽입] 대화상자에서 복사한 소스를 붙인 다음 〈삽입〉 버튼을 누릅니다.

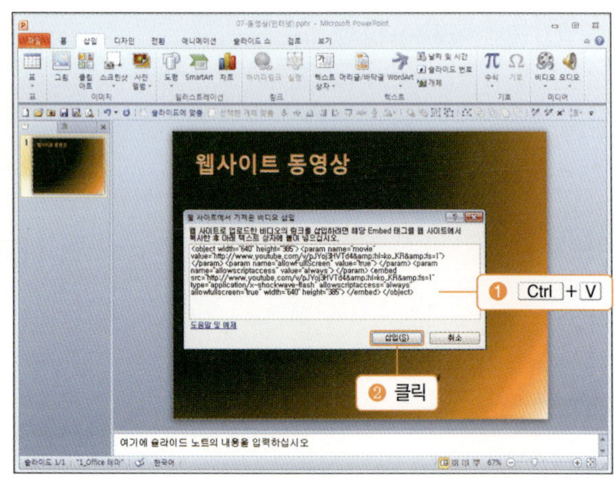

7 슬라이드에 연결된 비디오를 확인할 수 있습니다. 웹 사이트에 연결된 비디오는 프레젠테이션을 진행하기 전에 비디오가 정상적으로 재생되는지 꼭 확인하는 것이 좋습니다. 웹에서 지워지면 연결된 비디오를 볼 수 없습니다.

> **Tip** • 64비트 플래시 플레이어가 없기 때문에 64비트 파워포인트에서 이 기능을 사용할 수 없습니다. 32비트 파워포인트에서는 어도비 플래시 플레이어가 설치되어 있어야 합니다.

실무노트

프레젠테이션 배경으로 비디오 사용하기와 텍스트 오버레이하기

비디오 파일을 프레젠테이션 문서의 배경으로 사용하고, 비디오 위에 텍스트를 오버레이해서 항상 비디오 위에 특정 문구가 표시되도록 활용할 수 있습니다.

• 소스 파일 : Part07\배경영상.wmv   • 결과 파일 : Part07\동영상(배경).pptx

1 마스터에 관한 내용은 Part 09에서 자세히 다루기 때문에 과정에서는 마스터를 이용하여 배경만 지정하겠습니다. 파워포인트를 실행하고 [보기] 탭의 [마스터 보기] 그룹에서 '슬라이드 마스터' 아이콘(▭)을 누릅니다.

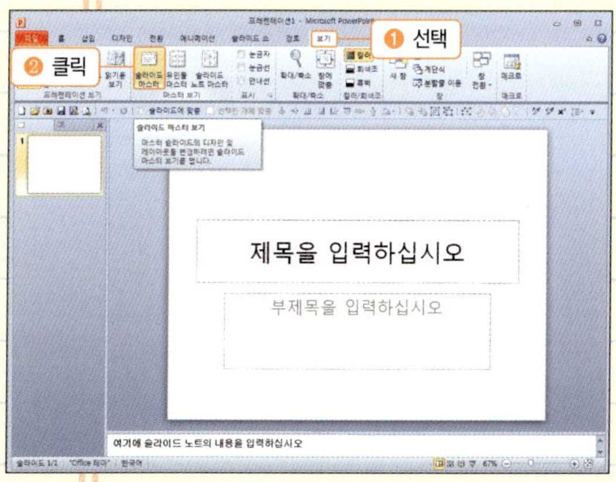

2 화면 왼쪽의 슬라이드 레이아웃 종류들이 표시된 화면에서 가장 위쪽에 커다란 [슬라이드 마스터]를 선택합니다.

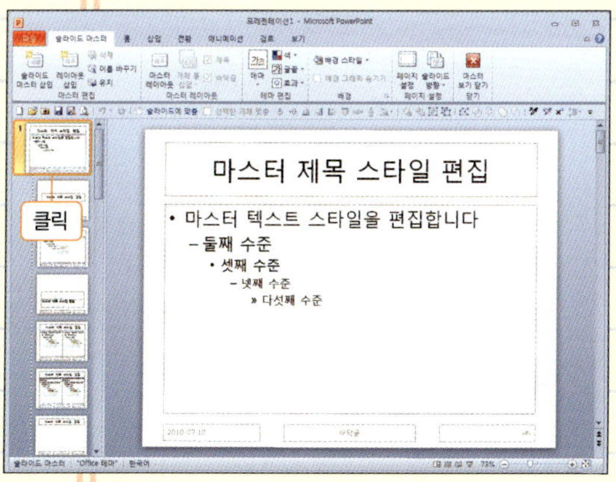

3 [삽입] 탭의 [미디어] 그룹에서 '비디오 삽입' 아이콘(▦)을 누릅니다.

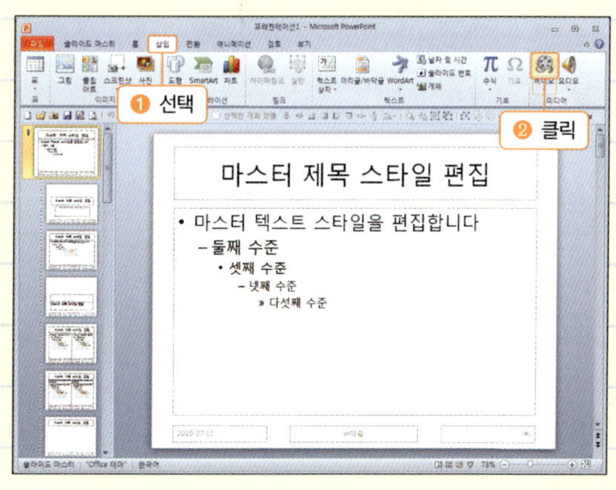

4 [비디오 삽입] 대화상자에서 Part07 폴더에 있는 '배경영상.wmv' 파일을 선택한 다음 〈삽입〉 버튼을 누릅니다.

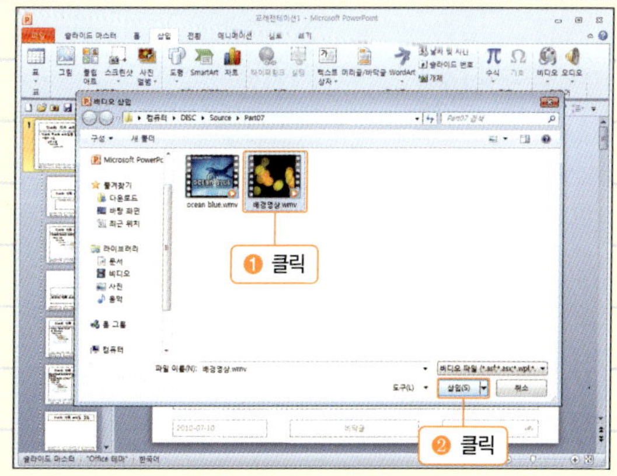

5 삽입된 비디오 모서리의 크기 조절점을 드래그하여 화면에 가득 차도록 조절합니다.

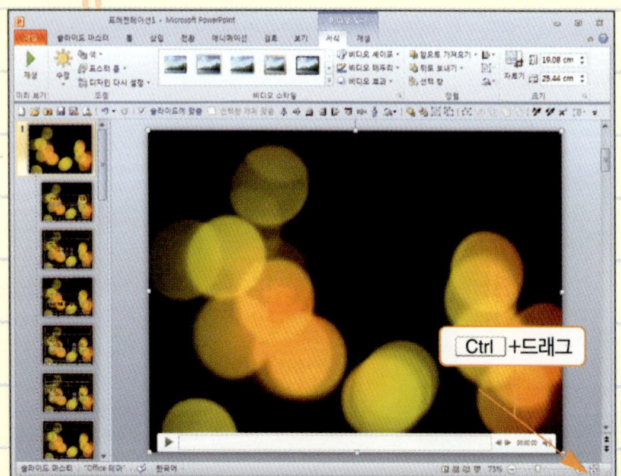

6 [비디오 도구]-[서식] 탭의 [조정] 그룹에서 '색' 아이콘을 누르고 원하는 색상을 지정합니다. 배경으로 사용하기 위해 단색으로 비디오를 조정한 것입니다.

7 [삽입] 탭의 [텍스트] 그룹에 있는 '텍스트 상자' 아이콘(가)을 누릅니다.

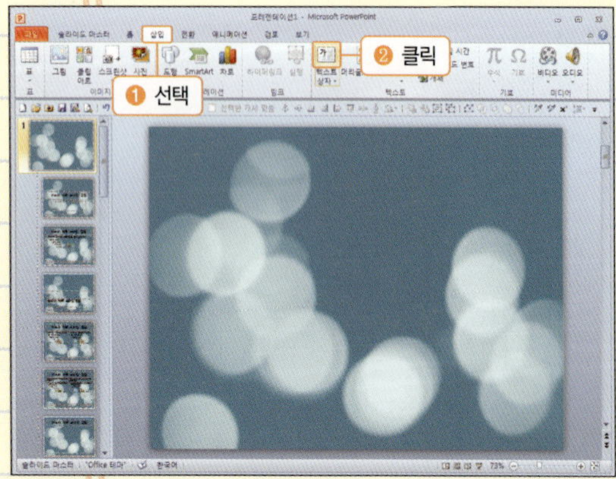

8 슬라이드에 텍스트를 입력할 위치를 지정하고 원하는 텍스트를 입력한 다음 입력한 텍스트를 눌러 선택합니다. [그리기 도구]-[서식] 탭의 [WordArt 스타일] 그룹에서 서식을 지정합니다.

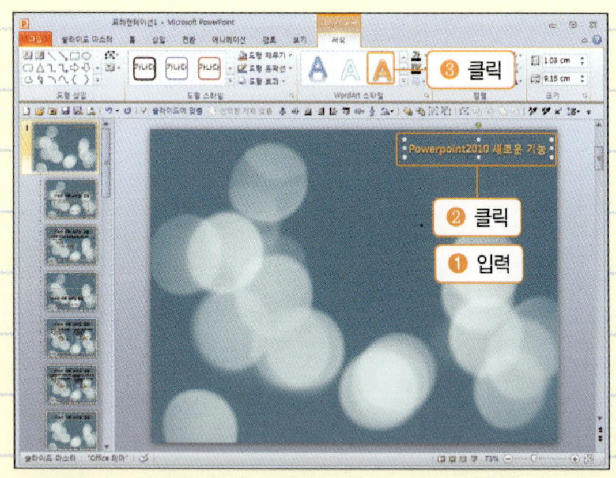

9 슬라이드 쇼에서 슬라이드가 바뀔 때마다 자동으로 배경 비디오가 재생되도록 지정하겠습니다. 삽입된 비디오를 선택하고 [비디오 도구]-[재생] 탭의 [비디오 옵션] 그룹에서 '시작'을 '자동 실행'으로 지정한 다음 '반복 재생'에 체크 표시합니다.

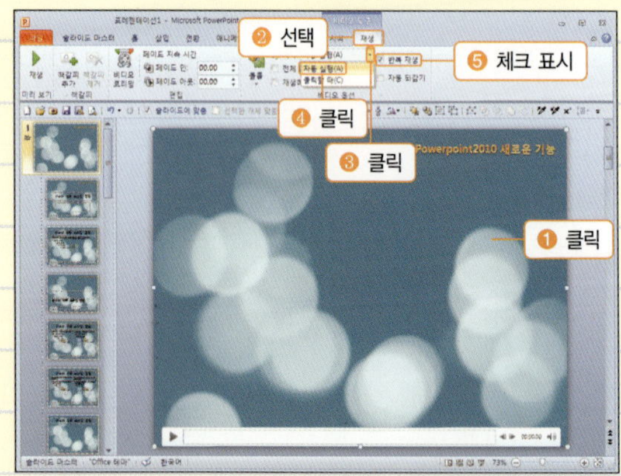

10 [슬라이드 마스터] 탭의 [닫기] 그룹에서 '마스터 보기 닫기' 아이콘(⊠)을 누릅니다.

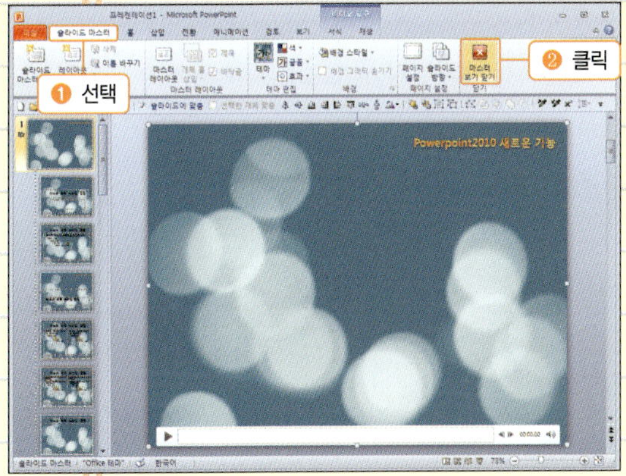

11 슬라이드 쇼에서 확인하기 위해 몇 장의 슬라이드를 삽입하고 제목만 입력하여 페이지를 구분합니다. 화면 아래 상태 표시줄의 [보기 바로 가기]에서 '읽기용 보기' 아이콘(▤)을 누릅니다.

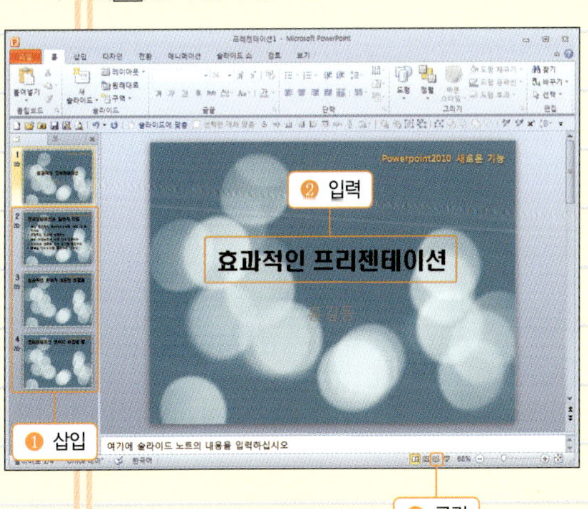

12 배경으로 지정한 비디오 파일이 재생되는 것을 확인할 수 있습니다.

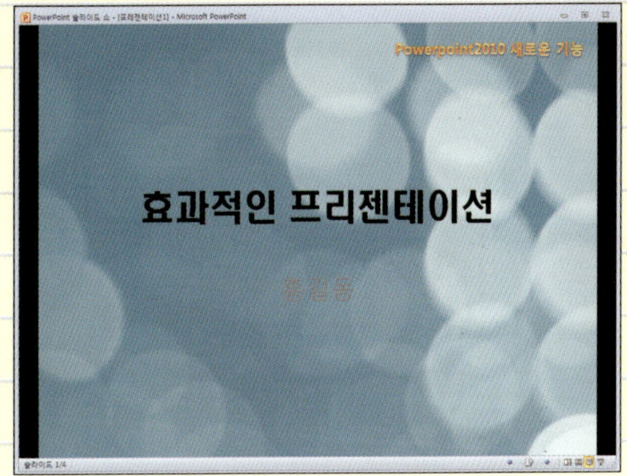

> *Tip* ▸ 실행 아이콘이 없는 상태에서 다음 슬라이드로 넘어가려면 화면 아래 상태 표시줄의 '다음' 아이콘(▶)을 이용합니다.

13 삽입된 비디오가 재생될 때, 비디오 위로 마우스를 위치시키면 비디오를 제어할 수 있는 미디어 컨트롤 도구가 표시됩니다.

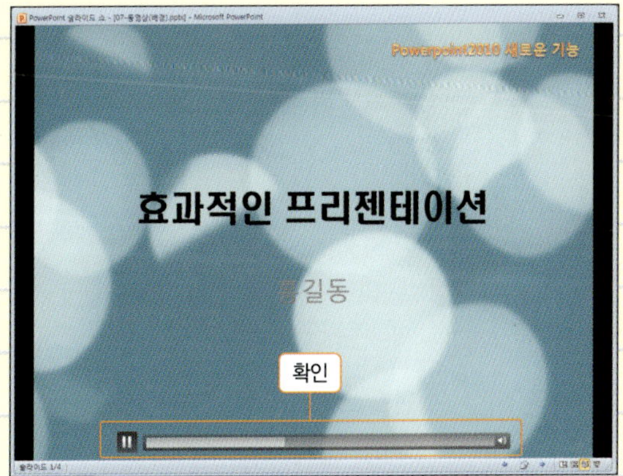

> *Tip* ▸ 배경으로 비디오가 사용되고 있다면, 미디어 컨트롤 표시를 하지 않는 것이 좋습니다.

SECTION 02

PowerPoint 2010

프레젠테이션에 **배경 음악과 효과음 삽입**하기

프레젠테이션을 배경 음악이 삽입된 상태에서 진행하는 경우는 거의 없지만, 발표자 없이 자동 실행되는 프레젠테이션이라면 배경 음악을 삽입하는 것이 훨씬 효과적입니다. 이번에는 보다 멋지게 프레젠테이션 문서를 만들 수 있도록, 준비된 음악 파일을 이용하거나 사용자가 직접 소리를 녹음해서 프레젠테이션에 사용하는 방법을 알아보겠습니다.

01 소리 삽입하고 재생하기

오디오를 삽입하는 방법과 재생 옵션을 설정하는 방법을 알아보겠습니다. 파워포인트 2010에서 지원되는 오디오 파일 형식은 AIFF, AU, MID(MIDI), MP3, WAV, WMA가 있으며, 재생 옵션을 조절하면 슬라이드가 넘어가도 음악이 끊어지지 않도록 조정할 수 있습니다.

1 [파일] 탭의 [새로 만들기] 메뉴에서 [예제 서식 파일]을 누릅니다.

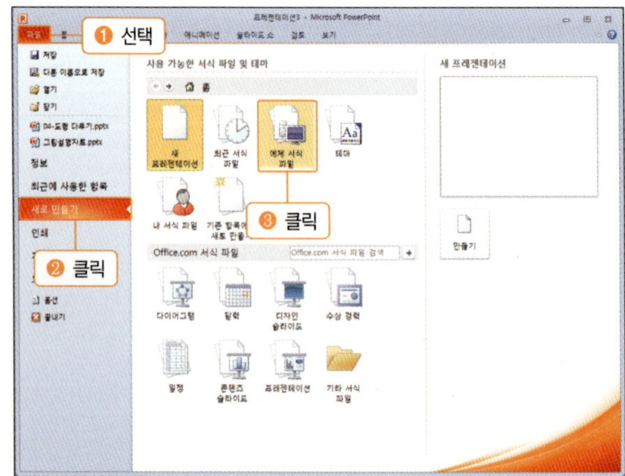

2 예제 서식 파일 중 [사진 앨범(도시)]를 선택하고 오른쪽에서 〈만들기〉 버튼을 누릅니다.

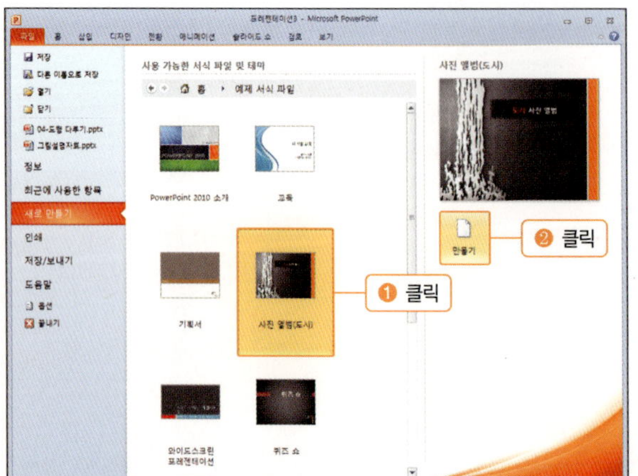

3 [삽입] 탭의 [미디어] 그룹에서 '오디오 삽입' 아이콘(🔊)의 ▼부분을 누르고 [클립 아트 오디오]를 선택합니다.

> *Tip* ∘ 삽입할 음악 파일이 준비되어 있다면, [삽입] 탭의 [미디어] 그룹에서 '오디오' 아이콘을 누르고 파일을 선택합니다. 재생 문제가 발생하지 않도록 하려면 프레젠테이션에 오디오 파일을 포함하는 것이 좋습니다.

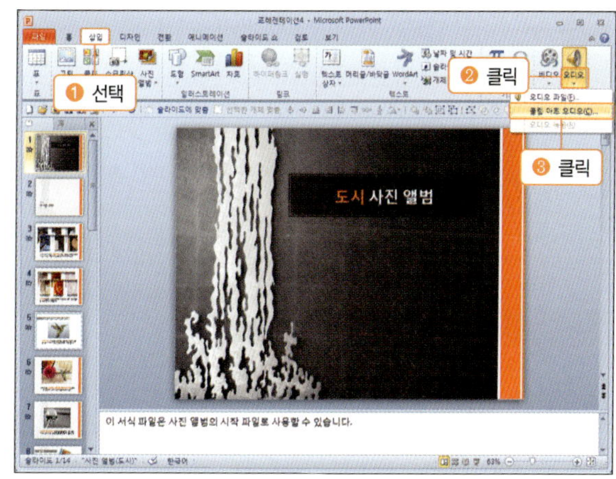

4 화면 오른쪽에 [클립 아트] 창이 표시됩니다. 원하는 오디오 클립을 찾은 다음 해당 클립을 눌러 슬라이드에 추가합니다.

> *Tip* ∘ 프레젠테이션에 추가하기 전에 오디오 클립을 미리 들어볼 수 있습니다. [클립 아트] 창의 사용 가능한 클립에 마우스 포인터를 위치시키고 표시되는 아래쪽 화살표를 누른 다음 [미리 보기/속성]을 선택합니다.

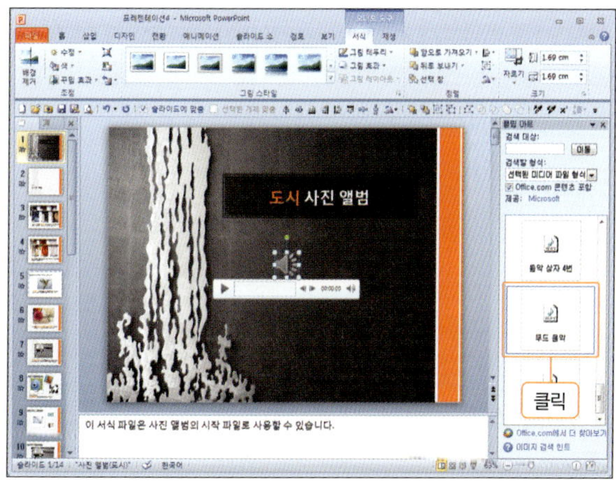

5 슬라이드에 '오디오 개체' 아이콘(🔊)이 표시되면서 오디오가 삽입됩니다. 기본 보기 상태에서 미리 재생하려면 [오디오 도구]-[재생] 탭에 있는 [미리 보기] 그룹에서 '재생' 아이콘(▶)을 누릅니다.

> *Tip* ∘ 삽입된 오디오 아래쪽에 있는 미디어 컨트롤에서 '재생' 버튼(▶)을 눌러도 됩니다.

6 쇼 진행 상태에서 오디오가 제대로 재생되는지 확인하기 위해 화면 아래 상태 표시줄의 [보기 바로 가기]에서 '읽기용 보기' 아이콘(📖)을 누릅니다.

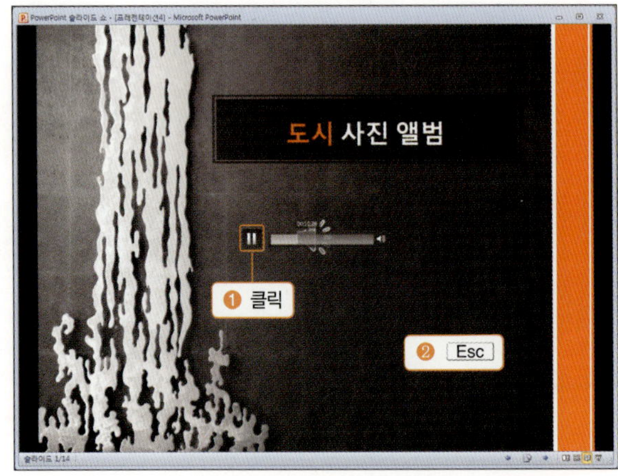

7 프레젠테이션이 진행된 다음 '오디오 개체' 아이콘(🔊)을 클릭하면 소리 파일이 재생되는 것을 확인할 수 있습니다. 그러나 다른 슬라이드로 넘어가면 음악이 끊깁니다. 이런 소리 파일 재생에 관한 옵션을 다시 조정하겠습니다. Esc 를 눌러 읽기용 보기 상태에서 기본 보기 상태로 전환합니다.

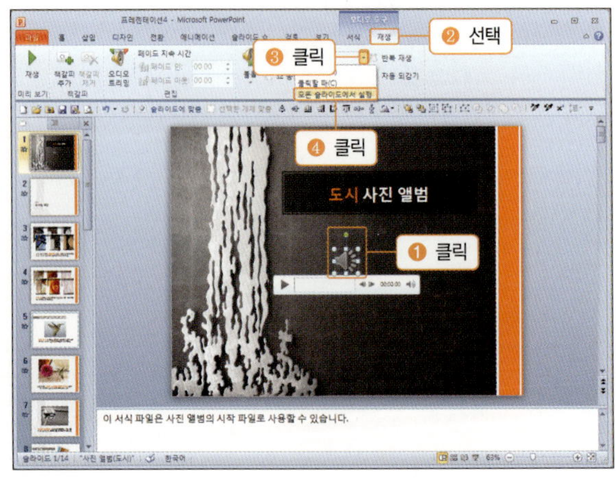

8 삽입된 '오디오 개체' 아이콘(🔊)을 선택한 다음 [오디오 도구]-[재생] 탭을 누릅니다. [오디오 옵션] 그룹에서 '시작'을 '모든 슬라이드에서 실행'으로 지정합니다.

9 화면 아래 상태 표시줄의 [보기 바로 가기]에서 '읽기용 보기' 아이콘(📖)을 누릅니다. 슬라이드가 표시되면 자동으로 오디오가 실행됩니다. 다음 슬라이드로 넘어가도 계속 오디오가 나오는 것을 확인합니다.

> **Tip** ▪ 삽입된 오디오를 삭제하려면 삽입된 '오디오 개체' 아이콘(🔊)을 선택한 다음 `Delete`를 누릅니다.

꼭! 알고가기 ▼ [오디오 도구]-[재생] 탭에 있는 [오디오 옵션 그룹]의 내용 살펴보기

비디오 제작에 필요한 효과음 중 사람들 또는 군중들이 내는 다양한 소리(박수 소리, 웃음 소리 등)를 들어보고 다운로드할 수 있습니다.

❶ 볼륨

슬라이드 쇼 진행시 볼륨(낮음, 중간, 높음, 음소거)을 조정할 수 있습니다. 슬라이드 쇼 진행시 재생 컨트롤 막대의 볼륨 슬라이더를 사용하여 볼륨을 설정할 수도 있습니다.

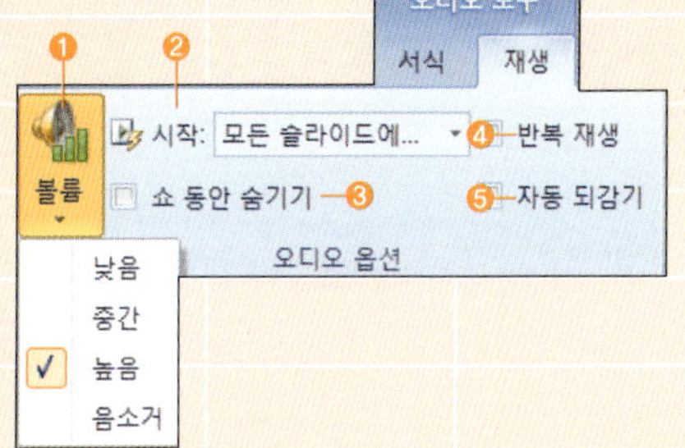

❷ 시작

- **자동 실행** : 슬라이드가 표시될 때 소리가 자동으로 시작됩니다.
- **클릭하여 실행** : 슬라이드의 소리를 누를 때 소리가 시작됩니다.
- **모든 슬라이드에서 실행** : 슬라이드 쇼 상태에서 모든 슬라이드에서 소리가 재생됩니다.

❸ 쇼 동안 숨기기

[슬라이드 쇼] 보기 상태에서 [소리 개체 아이콘]을 숨깁니다. 오디오 클립이 자동으로 재생되도록 설정한 경우나 재생하려고 할 때 누를 다른 종류의 컨트롤을 만든 경우에만 이 옵션을 사용합니다.

[기본 보기]상태에서는 개체를 선택할 수 있어야 하기 때문에, [소리 개체 아이콘]을 슬라이드 밖으로 끌지 않는 한 항상 표시됩니다.

❹ 반복 재생

마우스를 눌러 중지할 때까지 소리를 반복 재생하려고 할 때 표시합니다.

❺ 자동 되감기

오디오를 되감도록 설정하면 재생이 한 번 끝난 후 자동으로 첫 번째 프레임으로 돌아가서 중지됩니다.

파워포인트 이전 버전에서는 오디오의 메시지와 크게 관련이 없는 부분을 제거하려는 경우에 다른 오디오 편집 프로그램을 사용해야 했습니다. 하지만 파워포인트 2010에는 추가된 오디오 트리밍 기능을 사용하여 이러한 문제를 해결할 수 있습니다.

1 슬라이드에서 '오디오 개체' 아이콘(📢)을 선택하고 [오디오 도구]–[재생] 탭의 [편집] 그룹에서 '오디오 트리밍' 아이콘(✂)을 누릅니다.

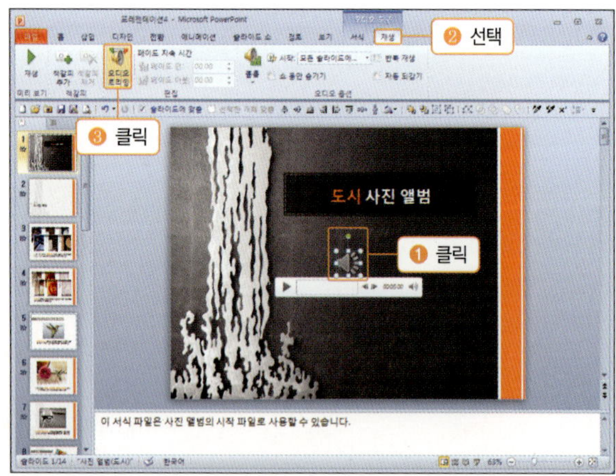

2 [오디오 맞추기] 대화상자가 표시됩니다. 처음을 트리밍하려면 시작 지점(📗)을 오디오를 시작하려는 위치로 드래그하고, 끝을 트리밍하려면 종료 지점(📕)을 오디오를 종료하려는 위치로 드래그합니다. 지정이 끝나면 〈확인〉 버튼을 누릅니다.

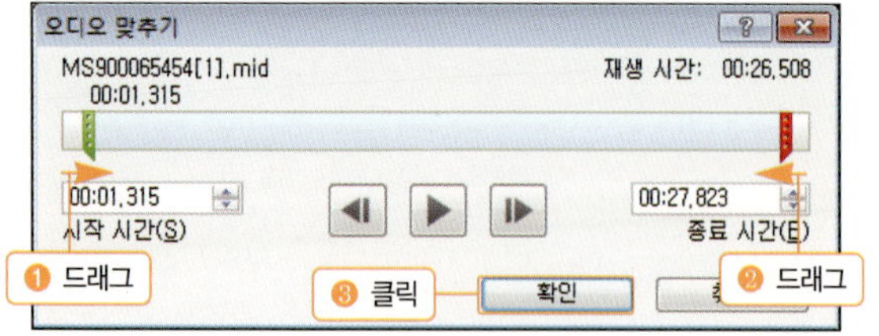

> **Tip** · 미세하게 위치를 지정하려면 '이전 프레임' 버튼(◀)과 '다음 프레임' 버튼(▶)을 이용하여 움직입니다.

3 슬라이드에 삽입된 '오디오 개체' 아이콘(📢)을 선택하고, 아래쪽에 있는 '재생' 버튼(▶)을 눌러 원하는 분량으로 오디오가 조정된 것을 확인합니다.

4 오디오에 책갈피를 추가하여 원하는 지점을 표시할 수 있습니다. 오디오 아래쪽에 있는 [오디오 컨트롤]에서 '재생' 버튼(▶)을 누릅니다. 원하는 지점이 되면 [오디오 도구]-[재생] 탭의 [책갈피] 그룹에서 '책갈피 추가' 아이콘을 누릅니다.

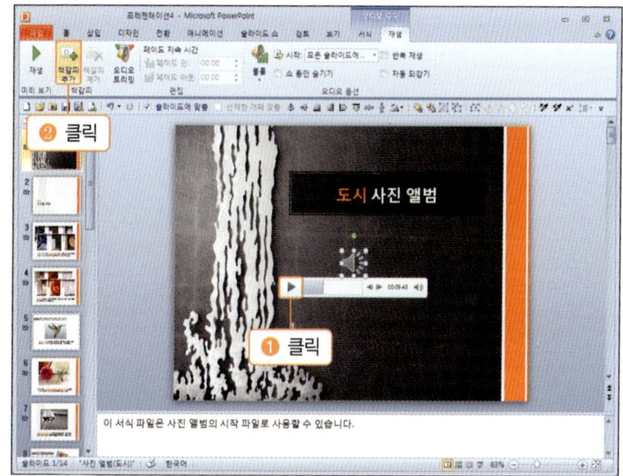

5 책갈피가 지정되면 노란색 원형으로 표시됩니다.

> **Tip** · 책갈피는 애니메이션을 시작하거나 오디오의 특정 위치로 이동하는데 사용할 수 있습니다. 책갈피를 사용하면 비디오나 오디오 클립의 특정 지점을 빠르게 검색할 수 있습니다.

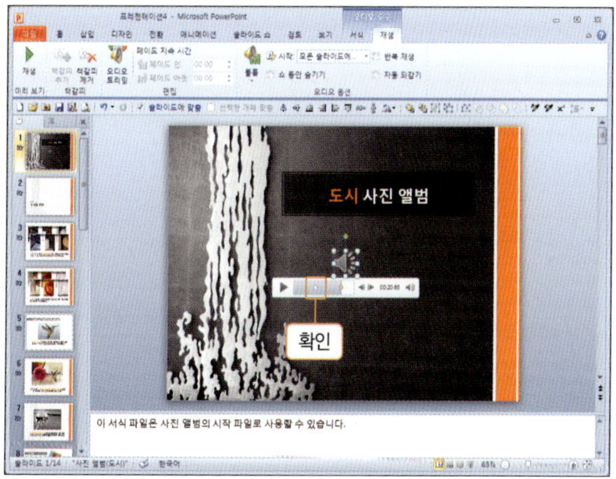

6 책갈피를 제거하려면 시간 표시 막대에서 제거할 책갈피를 찾아 누르고 [오디오 도구]-[재생] 탭의 [책갈피] 그룹에서 '책갈피 제거' 아이콘(✗)을 누릅니다.

> **Tip** ·
> • 이전 책갈피 선택 단축키 : Alt + Home
> • 다음 책갈피 선택 단축키 : Alt + End

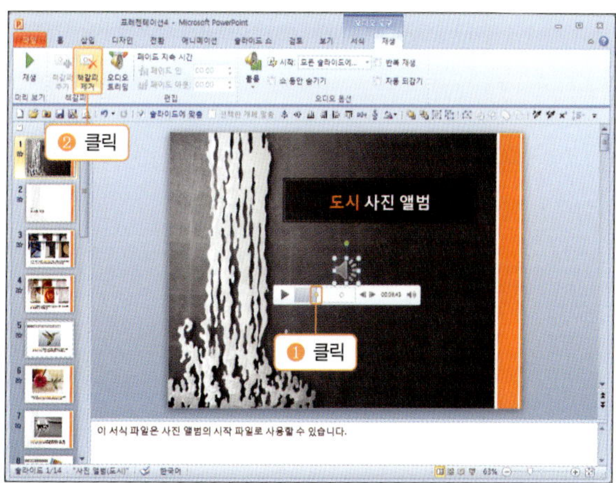

'오디오 녹음'은 슬라이드에 소리를 직접 녹음해서 삽입하는 기능입니다. 추가적인 설명 등을 녹음해서 메모하고 프레젠테이션에서 활용하면 유용합니다. 오디오 녹음 기능을 사용하려면, 컴퓨터에 사운드 카드, 마이크 및 스피커가 장착되어 있어야 합니다.

• 소스 파일 : Part07\오디오녹음.pptx

1 Part07 폴더에서 '오디오녹음.pptx' 파일을 불러옵니다. [삽입] 탭의 [미디어] 그룹에 있는 '오디오' 아이콘( )의 ▼부분을 누르고 [오디오 녹음]을 선택합니다.

2 [소리 녹음] 대화상자가 표시되면 '녹음' 버튼( )을 누릅니다.

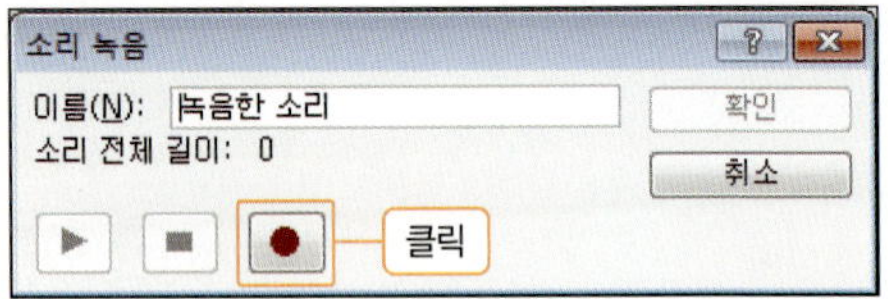

3 녹음을 모두 마치면 '정지' 버튼( )을 누릅니다.

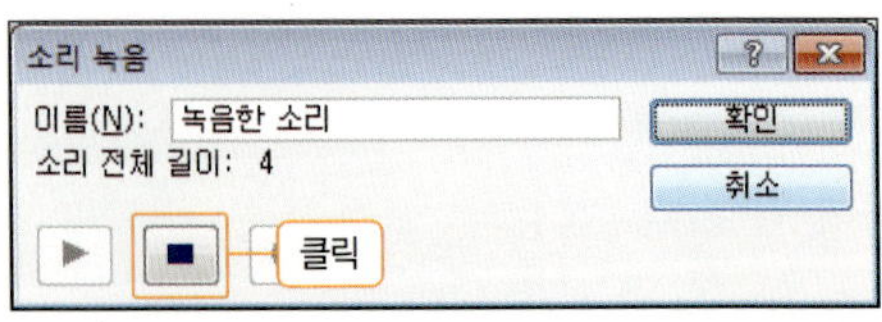

4 '재생' 버튼( )을 눌러 녹음된 소리를 확인하고, '이름'을 입력한 다음 〈확인〉 버튼을 누릅니다. 오디오 녹음된 개체가 삽입된 것을 확인할 수 있습니다. [오디오 도구]-[재생] 탭에서 재생에 관한 설정을 할 수 있습니다.

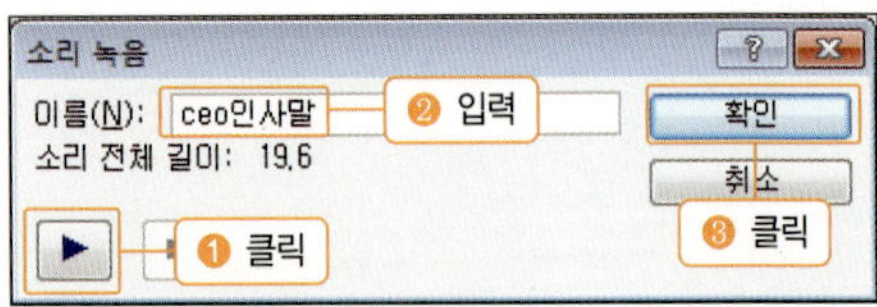

4 프레젠테이션을 실행하면서 CD 재생하기

자동 실행 프레젠테이션을 만든 경우 CD 음악을 추가하여 프레젠테이션과 함께 재생할 수 있습니다. CD의 음악은 프레젠테이션에 추가되지 않으므로 프레젠테이션 파일 크기가 커지지 않습니다. 그리고 프레젠테이션을 발표할 때 반드시 CD를 준비해야 합니다.

• 소스 파일 : Part07\오디오녹음.pptx

1 [삽입] 탭의 [미디어] 그룹 다음으로 그룹을 만들기 위해 [PowerPoint] 옵션 대화상자의 [리본 사용자 지정] 메뉴에서 '다음에서 명령 선택'을 '리본 메뉴에 없는 명령'으로 지정하고 'CD 오디오 재생' 명령을 등록한 다음 〈확인〉 버튼을 누릅니다.

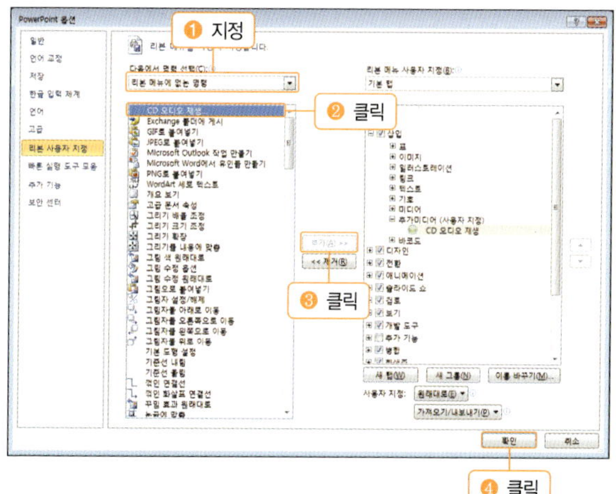

2 CD 드라이브에 CD를 삽입합니다. CD를 재생할 슬라이드를 선택한 다음 리본 메뉴에 등록한 'CD 오디오 재생' 아이콘(🔵)을 누릅니다.

> **Tip** • 사용자 지정 그룹에 추가된 새 사용자 지정 그룹 또는 명령에 대한 아이콘을 추가하지 않은 경우 리본 메뉴에 초록색 공이 표시됩니다.

3 [CD 오디오 삽입] 대화상자가 표시되면 [클립 선택 영역] 항목의 '시작 트랙'과 '종료 트랙' 번호를 설정합니다. 트랙을 하나만 재생하거나 트랙의 일부만 재생하려면 두 상자에 같은 번호를 입력합니다. 음악을 반복해서 재생하려면 [재생 옵션] 항목에서 '반복 재생'에 체크 표시합니다. 설정을 마치고 〈확인〉 버튼을 누릅니다.

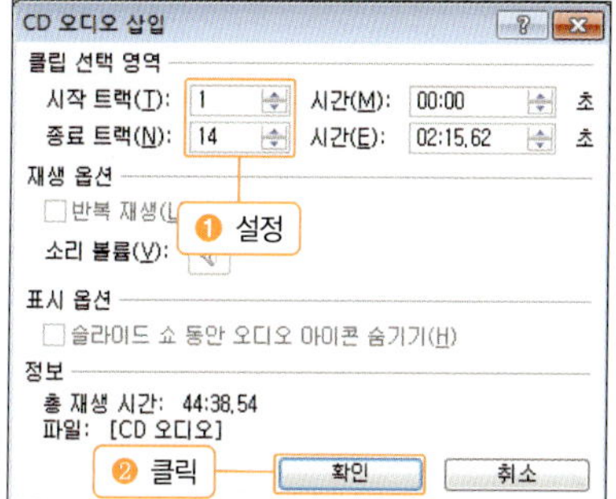

4 'CD 개체' 아이콘(　)이 슬라이드에 표시되면 선택하고 [CD 오디오 도구]-[옵션] 탭의 [설정] 그룹에서 재생 시작 트랙과 중지 트랙, 반복 재생 등 여러 가지 설정을 할 수 있습니다.

> *Tip* • 슬라이드마다 서로 다른 CD 트랙을 재생하려면 과정을 반복하여 'CD 오디오 재생' 아이콘을 누르고 소리를 추가한 다음 각 슬라이드와 함께 실행할 트랙 번호와 시간을 설정합니다.

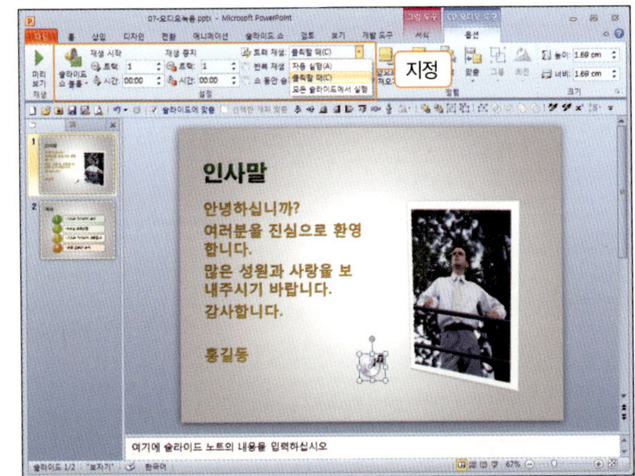

꼭! 알고가기 ▼ 사람들이 내는 다양한 효과음 사용하기

비디오 제작에 필요한 효과음 중 사람들 또는 군중들이 내는 다양한 소리(박수 소리, 웃음 소리 등)를 들어보고 다운로드할 수 있습니다.

• http://www.audiencesounds.com

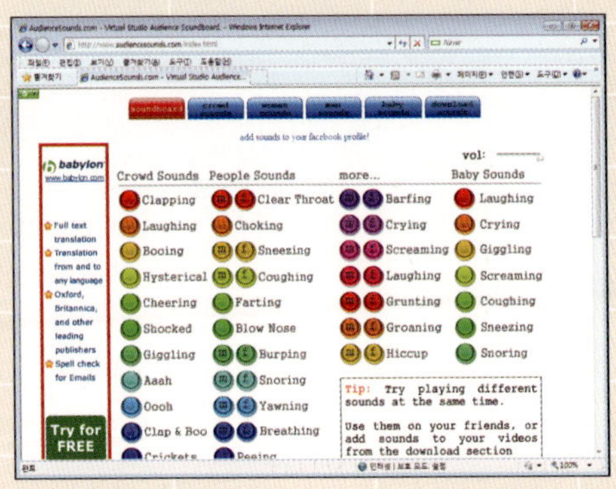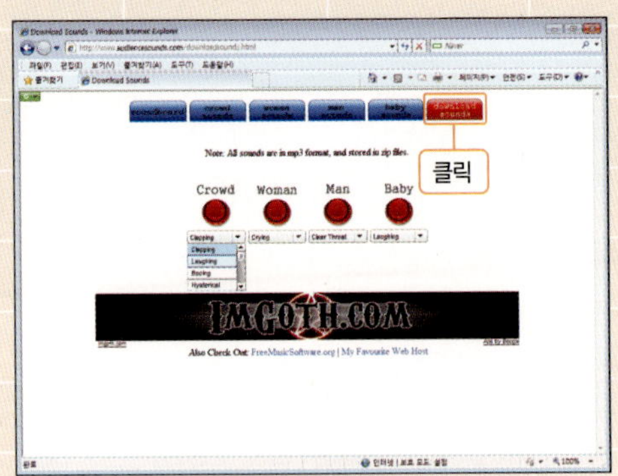

상단 탭에 군중, 여성, 남성, 아기 소리별로 구분되어 있습니다. 각 카테고리에서 박수소리, 웃음소리 등 여러 가지 소리를 들은 다음 다운로드하고 싶다면 위쪽 탭에서 [download sounds]를 눌러 원하는 소리를 선택하고 빨간색 버튼을 누릅니다.

압축 파일의 다운로드가 시작됩니다. 다운로드한 파일의 압축을 풀면 MP3 파일을 확인할 수 있습니다.

프레젠테이션에 **플래시 애니메이션 삽입**하기

비디오, 소리와 함께 플래시 파일을 삽입하여 생동감 있는 프레젠테이션을 만들 수 있습니다.

다양한 멀티미디어 파일을 이용하면 좀 더 효과적으로 내용을 전달할 수 있는 프레젠테이션을 작성할 수 있습니다.

플래시 애니메이션 삽입하기

컴퓨터에 있는 플래시 파일이나 인터넷 주소를 삽입해서 플래시 애니메이션을 슬라이드에 추가할 수 있습니다. 플래시 애니메이션을 삽입하는 방법을 알아보겠습니다.

· 소스 파일 : Part07\플래시.pptx

1 [개발 도구] 탭은 리본 메뉴에 표시되지 않기 때문에 [개발 도구] 탭을 표시하도록 지정하기 위해 [파일] 탭을 누르고 [옵션] 메뉴를 선택합니다. [PowerPoint 옵션] 대화상자가 표시되면 [리본 사용자 지정] 메뉴에서 '리본 메뉴 사용자 지정'을 '기본 탭'으로 지정하고 '개발 도구'에 체크 표시한 다음 〈확인〉 버튼을 누릅니다.

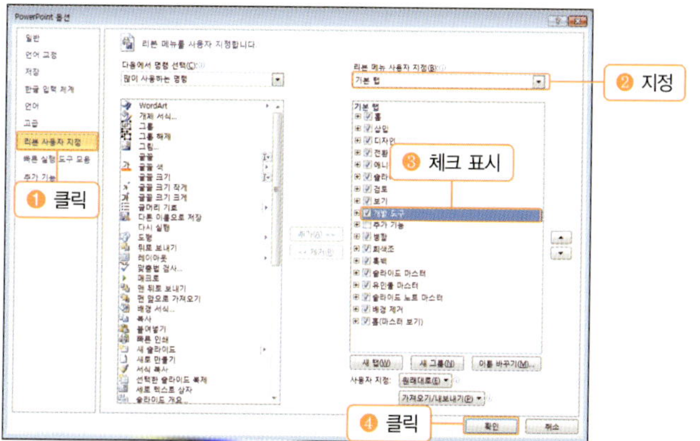

2 Part07 폴더에서 '플래시.pptx' 파일을 불러옵니다. [개발 도구] 탭의 [컨트롤] 그룹에 있는 '기타 컨트롤' 아이콘(\[\]\)을 누릅니다.

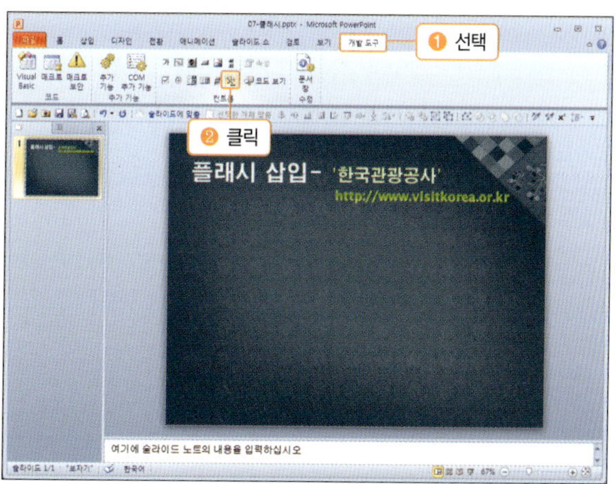

3 [기타 컨트롤] 대화상자가 표시되면 [Shockwave Flash Object]를 선택하고 〈확인〉 버튼을 누릅니다.

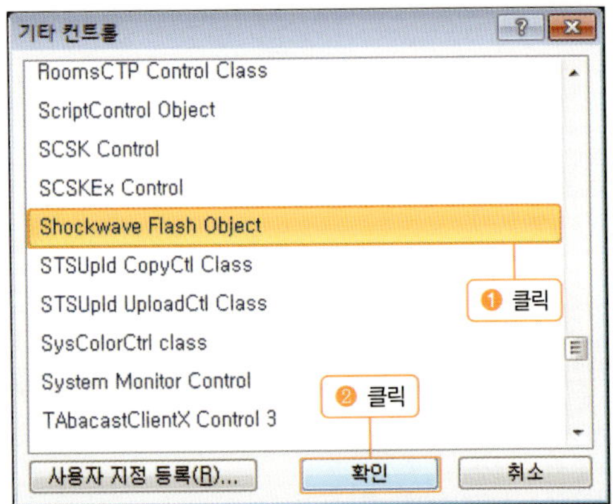

4 플래시 파일을 삽입할 적당한 크기로 드래그합니다.

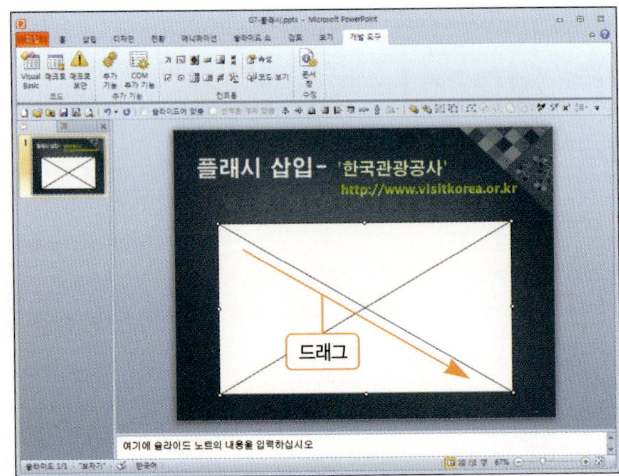

5 [개발 도구] 탭의 [컨트롤] 그룹에 있는 '속성' 아이콘( )을 눌러 [속성] 대화상자를 표시합니다.

> **Tip** · 삽입된 미디어 플레이어를 마우스 오른쪽 버튼으로 누른 다음 표시되는 바로 가기 메뉴에서 [속성]을 선택해도 됩니다.

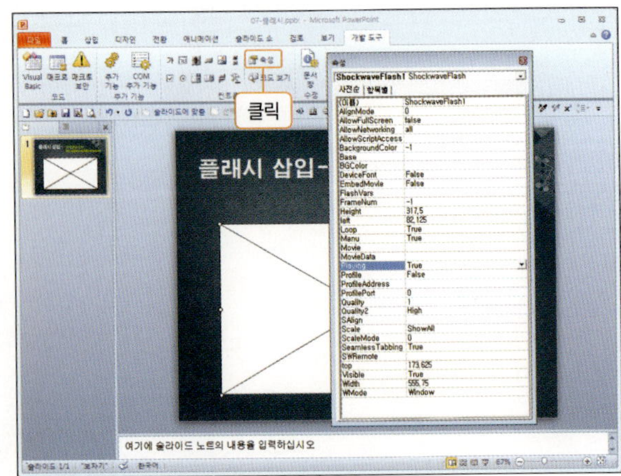

6 [속성] 대화상자의 [사전순] 탭에서 'movie' 항목을 누른 다음 웹에 있는 플래시 파일을 링크하기 위해 "http://www.visitkorea. or.kr/intro/images/intro2.swf"을 입력합니다. [속성] 대화상자를 닫습니다.

> **Tip ·** 만일 삽입할 플래시 파일이 프레젠테이션 문서와 같은 위치에 플래시 파일이 있다면 파일 이름(예: korea.swf)만, 다르나 위치에 있다면 절대 경로까지 포함한 파일 이름(예: C:\플래시\korea.swf)을 직접 입력합니다.

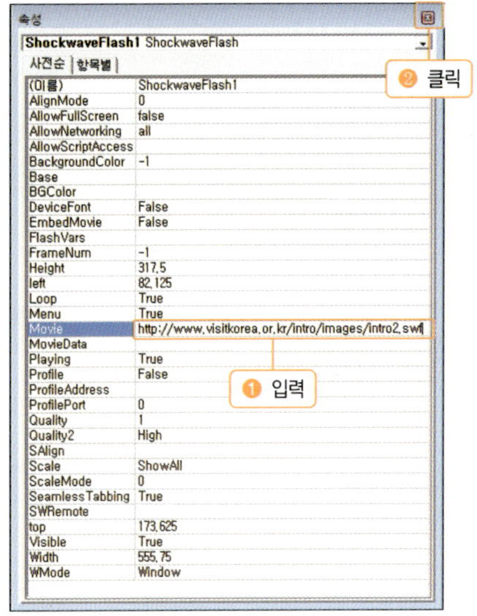

7 화면 아래 상태 표시줄의 [보기 바로 가기]에서 '읽기용 보기' 아이콘(📖)을 누르고 플래시 애니메이션이 재생되는지 확인합니다.

프레젠테이션에 활력을 주는 화면 전환과 애니메이션

파워포인트 문서를 작성하는 최종적인 목적은 프레젠테이션 진행입니다. 성공적인 프레젠테이션을 위한 마지막 마무리로, 슬라이드 쇼에서 사용하는 기능과 프레젠테이션에 생동감 있는 효과를 적용할 수 있는 다양한 화면 전환 효과 및 애니메이션 설정 등을 살펴보겠습니다. 멋진 슬라이드 쇼와 애니메이션을 통해 청중의 시선을 붙잡을 수 있을 것이며, 하이퍼링크를 이용하여 여러 형태의 개체를 프레젠테이션과 연결할 수 있을 것입니다.

PART

08

Section 01 멋진 슬라이드 쇼 프레젠테이션
Section 02 슬라이드가 바뀔 때 생동감 있는 전환 적용하기
Section 03 청중의 시선을 붙잡는 애니메이션 효과 지정하기
Section 04 원하는 위치로 연결하는 하이퍼링크 이용하기

멋진 슬라이드 쇼 프레젠테이션

열심히 제작한 파워포인트 문서로 청중 앞에서 실수 없이 프레젠테이션을 진행하려면 기본적으로 사용하는 프레젠테이션 툴의 슬라이드 쇼 기능을 잘 숙지해야 합니다.

슬라이드 쇼를 진행하는 방법과 쇼 진행 상태에 사용하는 기능들을 살펴보겠습니다.

슬라이드 쇼 진행하기

프레젠테이션에서 청중이 보는 화면은 지금껏 슬라이드를 제작하는 화면과는 다르게 슬라이드 내용만 전체 화면으로 보게 됩니다. 이것을 슬라이드 쇼 보기 상태라고 합니다. 슬라이드 쇼를 실행하는 여러 가지 방법과 사용하는 명령을 알아보겠습니다.

• 소스 파일 : Part08\슬라이드쇼.pptx

1 Part08 폴더에서 '슬라이드쇼.pptx' 파일을 불러옵니다. [슬라이드 쇼] 탭의 [슬라이드 쇼 시작] 그룹에서 '처음부터' 아이콘(▶)을 누릅니다.

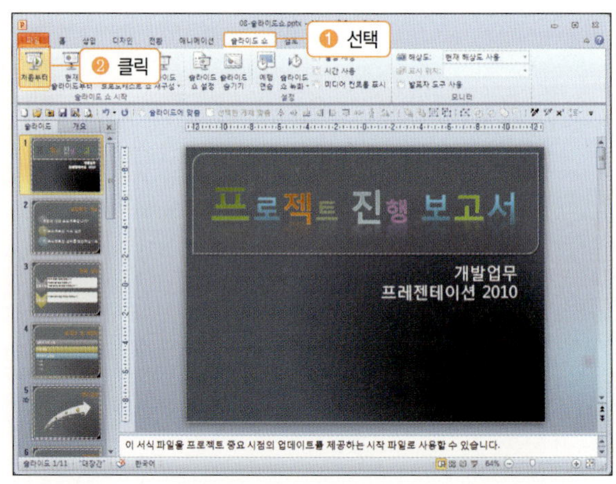

2 첫 번째 슬라이드부터 슬라이드 쇼가 진행되는 것을 확인할 수 있습니다.

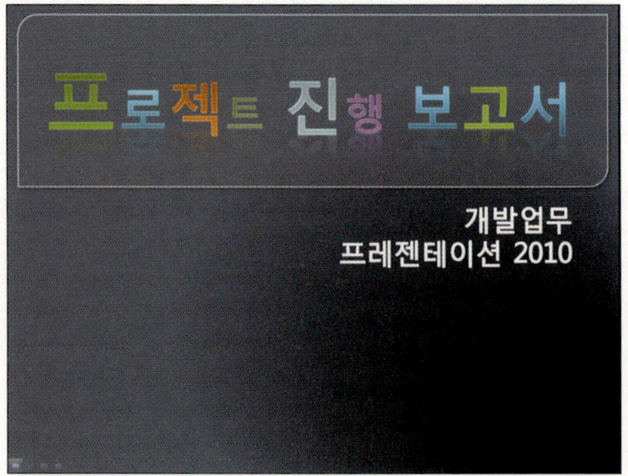

> **Tip** • 슬라이드 쇼를 시작하려면 F5, 슬라이드 쇼를 중지하려면 Esc 를 누릅니다.

꼭! 알고가기 ▼ 슬라이드 쇼 보는 방법

1. 현재 슬라이드 쇼 보기

- [슬라이드 쇼] 탭의 [슬라이드 쇼 시작] 그룹에서 '현재 슬라이드부터' 아이콘(🖳)을 누릅니다.
- 화면 아래 상태 표시줄의 [보기 바로 가기]에서 '슬라이드 쇼' 아이콘(🖳)을 누릅니다.
- Shift + F5 를 누릅니다.

2. 작은 창으로 슬라이드 쇼 보기

작업 중에 기본 보기 상태에서 슬라이드 쇼를 확인하려면 Ctrl 을 누른 상태로 [슬라이드 쇼] 탭의 [슬라이드 쇼 시작] 그룹에서 '처음부터' 아이콘(🖳)을 누릅니다.

현재 슬라이드부터 작은 창으로 보고 싶다면, Ctrl 을 누른 상태로 [슬라이드 쇼] 탭의 [슬라이드 쇼 시작] 그룹에 있는 '현재 슬라이드부터' 아이콘(🖳)을 누릅니다. 또는 Ctrl 을 누른 상태로 화면 아래 상태 표시줄의 [보기 바로 가기]에서 '슬라이드 쇼' 아이콘(🖳)을 누릅니다.

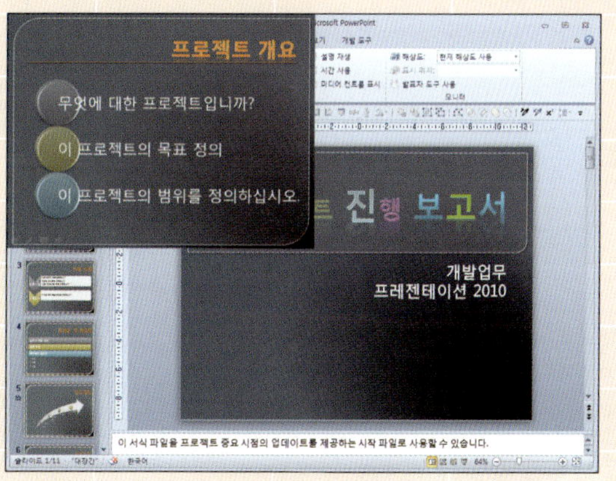

3 슬라이드를 누르거나 Enter , Page Down 등을 눌러 다음 슬라이느로 이동합니다.

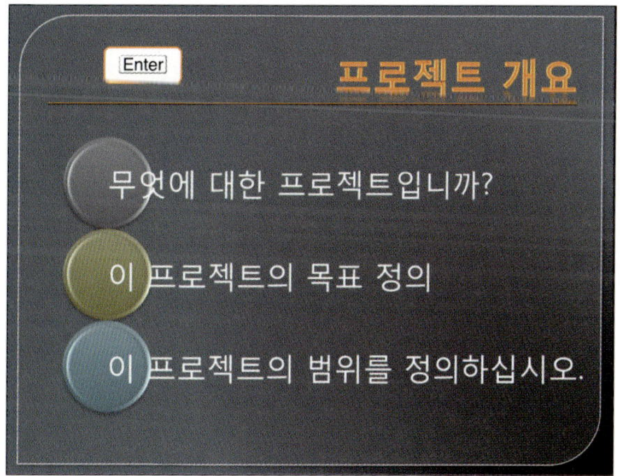

4 슬라이드 쇼 진행 중 특정 슬라이드로 바로 이동하려면 마우스 오른쪽 버튼을 누른 다음 표시되는 바로 가기 메뉴에서 [슬라이드로 이동]을 선택하고 이동하려는 슬라이드의 제목을 누릅니다.

> **Tip** · 이동할 슬라이드 번호를 알고 있다면 슬라이드 번호를 입력하고 Enter 를 눌러도 됩니다. (예 : 9번 슬라이드로 이동하려면 9 , Enter)

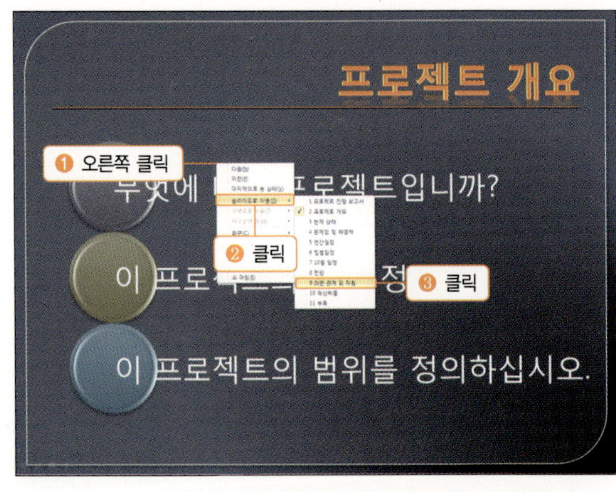

5 마우스 오른쪽 버튼을 누른 다음 표시되는 바로 가기 메뉴에서 [포인터 옵션]을 선택하고 펜의 종류와 색상을 선택합니다.

> **Tip** · 펜 단축키 : Ctrl + P

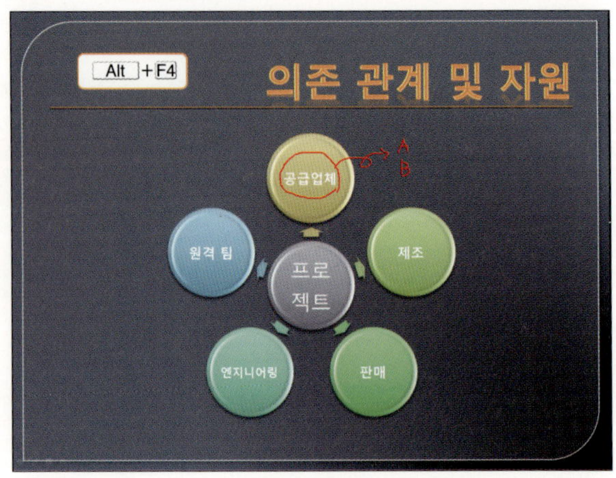

6 그린 선을 선택해서 지울 때는 마우스 오른쪽 버튼을 누른 다음 표시되는 메뉴에서 [포인터 옵션]-[지우개]를 선택하여 사용하고, 모두 한꺼번에 그린 선을 지우고 싶다면 [포인터 옵션]-[슬라이드의 모든 잉크 삭제]를 선택하거나 E 를 누릅니다. Alt +F4 를 눌러 쇼를 마칩니다.

> **Tip** · 한글 입력 상태라면 [한/영]을 눌러 영문 상태에서 E 를 누릅니다.

7 슬라이드 쇼에서 펜으로 추가적인 설명을 했었다면 쇼를 마칠 때 사용한 주석을 유지할지 묻는 대화상자가 표시됩니다. 〈예〉 버튼을 누르면 주석은 슬라이드 안에 도형처럼 포함되어 사용할 수 있습니다.

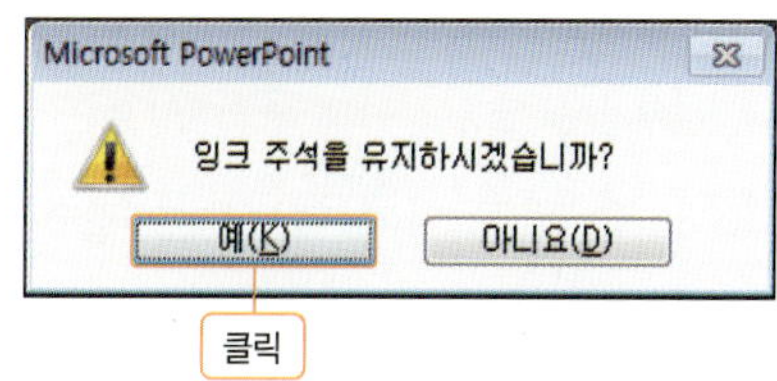

8 잉크 주석을 선택하고 [그리기 도구]–[서식] 탭이나 [잉크 도구]–[펜] 탭에서 도형의 윤곽선 을 변경할 수 있습니다.

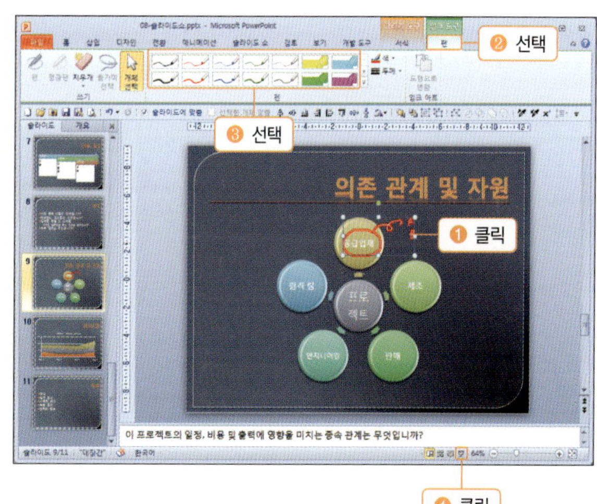

9 프레젠테이션할 때 3초 동안 동작이 없으면 마우스 포인터가 자동으로 숨겨집니다. 마우스 를 이동하면 포인터가 다시 나타납니다. 포인 터를 항상 표시하려면 마우스 오른쪽 버튼을 눌러 표시되는 바로가기 메뉴에서 [포인터 옵 션]–[화살표 옵션]–[표시]를 선택합니다.

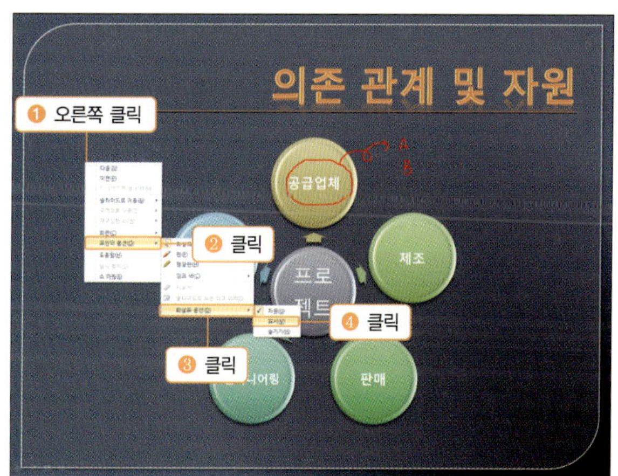

10 마우스 오른쪽 버튼을 눌렀을 때 표시되는 메뉴에서 [도움말]을 선택하면 슬라이드 쇼에 서 사용하는 단축키를 확인할 수 있습니다.

> *Tip* • 슬라이드 쇼 상태에서 동작할 때 단축키를 사 용하는 것이 좋습니다. 바로 가기 메뉴를 사용하면 청 중들이 내용에 집중하는데 방해가 될 수 있습니다.

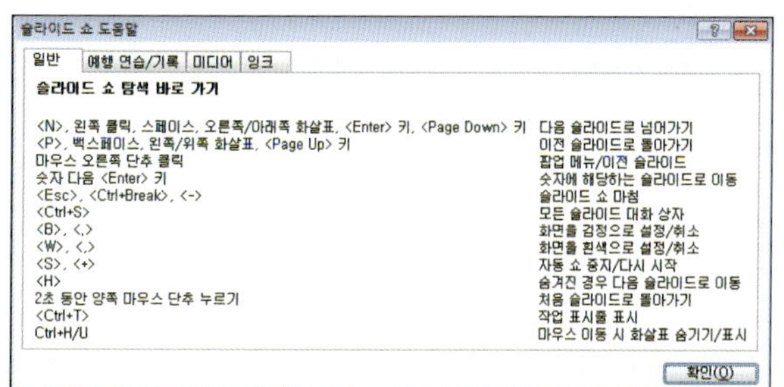

사용할 수 있는 발표 시간이 갑자기 예기치 않은 상황으로 줄어들었다 해도 당황하지 않고, 내용 중 어디를 생략해도 좋을지 미리 알고 있어야 합니다. 이런 경우 파일을 복사해서 준비하는 것이 아니라 [재구성한 쇼]를 만들어 다양한 요구에 맞게 구성해서 사용합니다.

1 [슬라이드 쇼] 탭의 [슬라이드 쇼 시작] 그룹에 있는 '슬라이드 쇼 재구성' 아이콘(🖳)을 누르고 [쇼 재구성]을 선택합니다.

2 [쇼 재구성] 대화상자가 표시되면, 〈새로 만들기〉 버튼을 누릅니다.

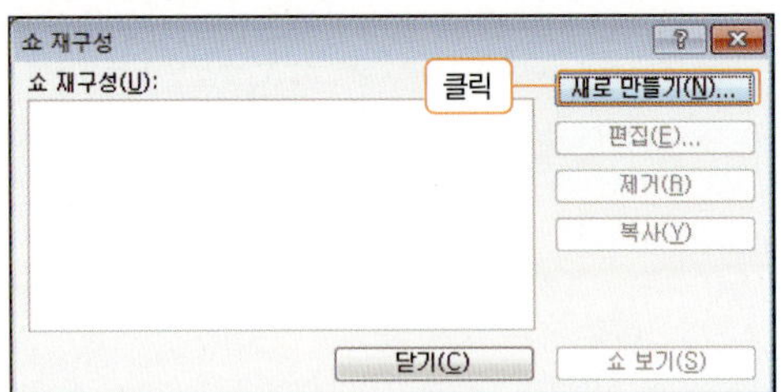

3 '슬라이드 쇼 이름'을 "핵심요약 발표용"으로 입력하고 왼쪽의 프레젠테이션에 있는 슬라이드 목록에서 사용할 슬라이드를 선택한 다음 〈추가〉 버튼을 누릅니다. 추가할 슬라이드를 모두 선택한 다음 〈확인〉 버튼을 누릅니다.

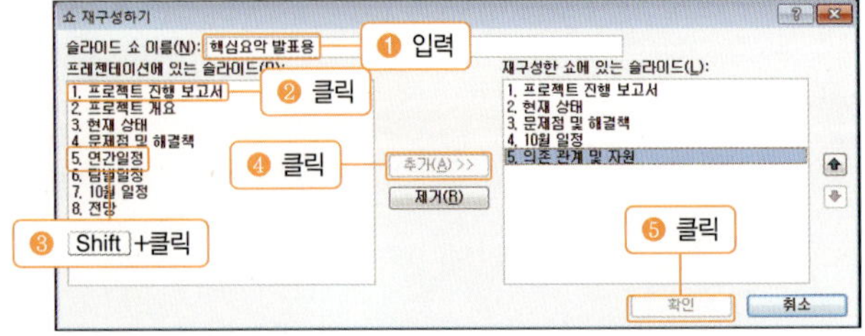

4 재구성한 쇼가 등록된 것을 확인할 수 있습니다. 〈닫기〉 버튼을 누릅니다.

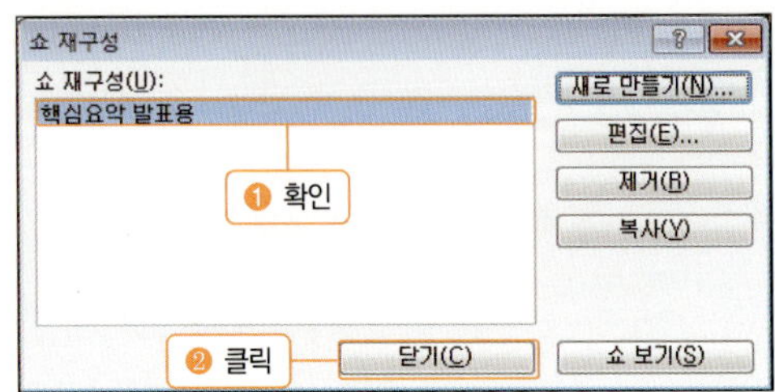

5 같은 방법으로 하나의 프레젠테이션 파일을 다양하게 재구성해 봅니다.

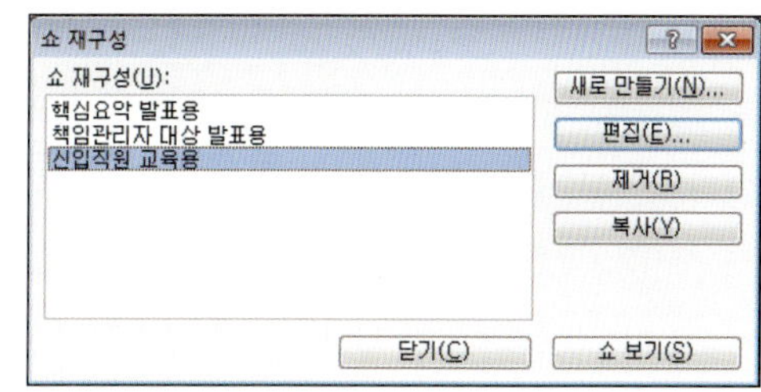

6 재구성한 쇼를 실행하려면 [슬라이드 쇼] 탭의 [슬라이드 쇼 시작] 그룹에서 '슬라이드 쇼 재구성' 아이콘(📺)을 누른 다음 목록에 등록되어 있는 쇼를 선택합니다.

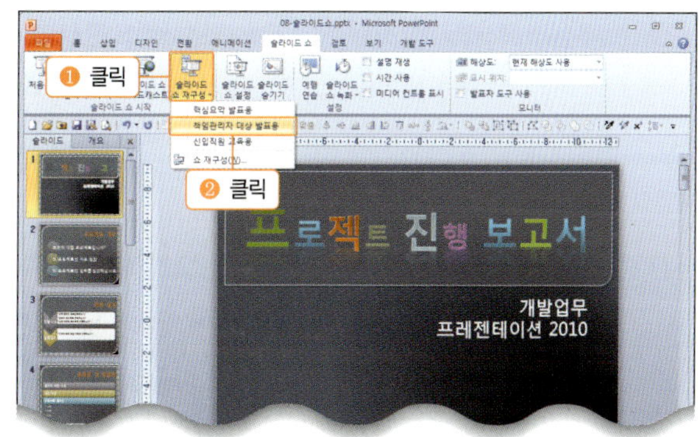

7 재구성한 쇼를 수정하려면 [슬라이드 쇼] 탭의 [슬라이드 쇼 시작] 그룹에 있는 '슬라이드 쇼 재구성' 아이콘(📺)을 누른 다음 [쇼 재구성]을 선택합니다.
수정할 쇼를 선택한 다음 〈편집〉 버튼을 누르고 추가된 슬라이드를 선택한 다음 오른쪽의 위로 버튼(⬆)과 아래로 버튼(⬇)으로 순서를 변경하거나, 슬라이드를 새롭게 추가 또는 삭제합니다.

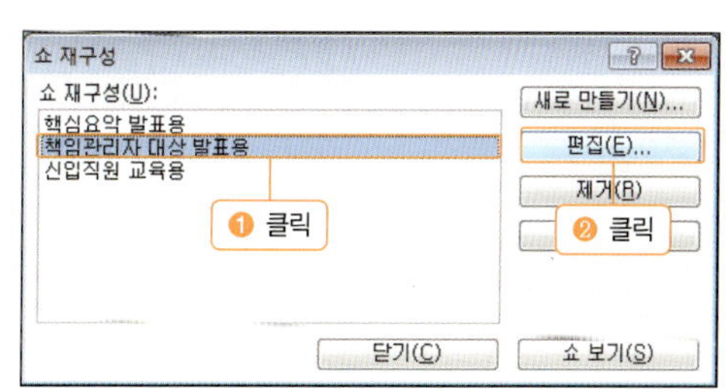

8 재구성한 쇼를 인쇄하려면 [파일] 탭의 [인쇄] 메뉴를 선택하고, [설정] 항목에서 인쇄 대상을 목록을 선택합니다. [재구성한 쇼] 항목이 표시됩니다. 그중에서 인쇄하려는 재구성한 쇼를 선택합니다.

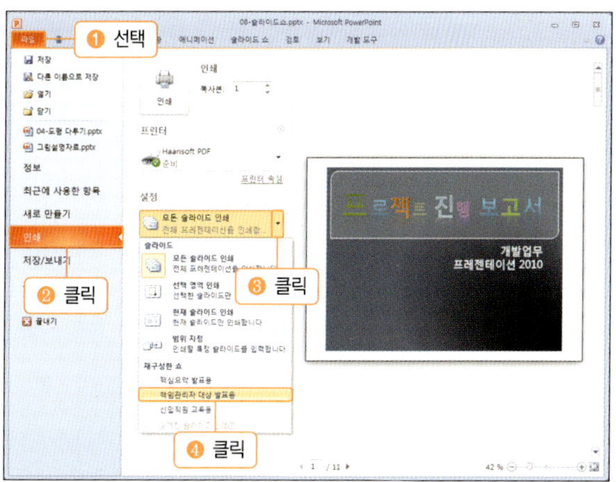

9 쇼 재구성까지는 하지 않더라도 슬라이드 쇼 진행시 특정 슬라이드만 숨길 수 있습니다. 숨기고 싶은 슬라이드를 선택한 다음 [슬라이드 쇼] 탭의 [설정] 그룹에 있는 '슬라이드 숨기기' 아이콘을 누릅니다.

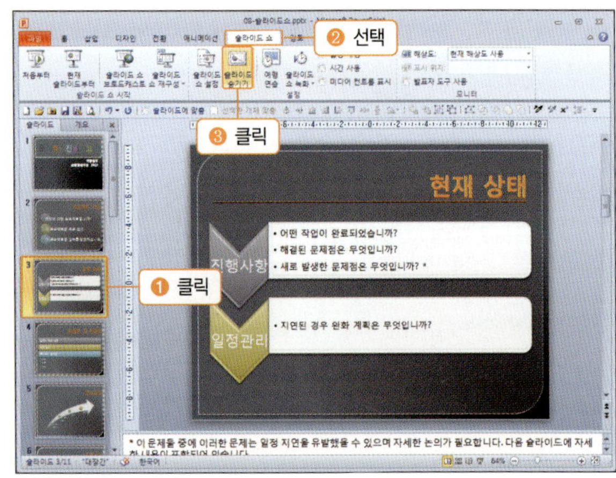

10 숨기기가 된 슬라이드는 슬라이드 창에서 흐리게 표시되고, 대각선이 있는 슬라이드 번호가 표시됩니다. '슬라이드 숨기기' 아이콘을 누르면 숨기기가 취소됩니다.

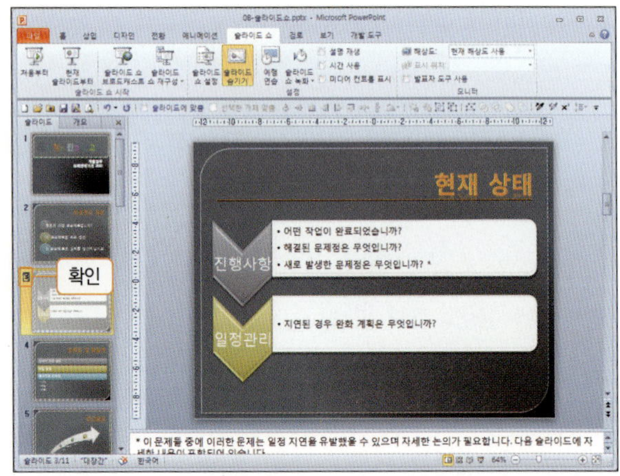

11 슬라이드 쇼에 관한 설정을 하려면, [슬라이드 쇼] 탭의 [설정] 그룹에 있는 '슬라이드 쇼 설정' 아이콘을 누릅니다. [쇼 설정] 대화상자가 표시되면 쇼 진행에 관한 여러 가지 설정을 할 수 있습니다. 쇼 설정 값을 지정하고 작업을 마무리합니다.

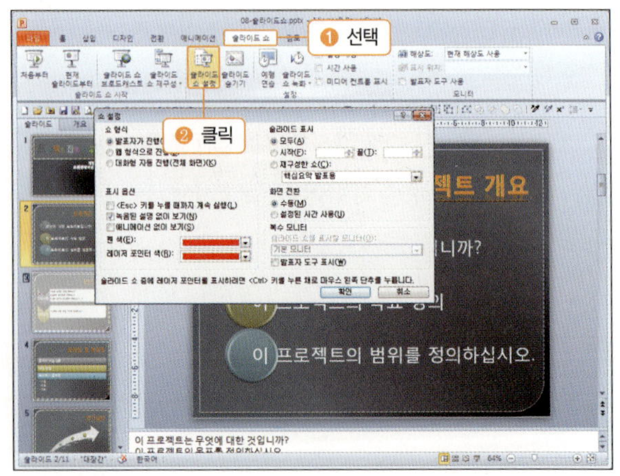

> **Tip** · [슬라이드 쇼] 탭의 [모니터] 그룹에 있는 '해상도'는 슬라이드 쇼를 진행할 때 사용할 해상도로 사용자의 컴퓨터나 프로젝터의 성능에 따라 해상도를 선택합니다. 해상도가 낮으면 쇼의 품질은 좀 떨어지지만 속도가 빨라집니다.

꼭! 알고가기 ▼ [쇼 설정] 대화상자 살펴보기

❶ 쇼 형식

- **발표자가 진행(전체 화면)** : 일반적으로 쇼 보기 상태입니다. 발표자가 Enter 나 마우스 클릭으로 다른 슬라이드로 전환하면서 발표할 수 있습니다.
- **웹 형식으로 진행** : 인터넷 웹 페이지 형식으로 표시됩니다.
- **대화형 자동 진행(전체 화면)** : 이 옵션을 선택하면 슬라이드 쇼에서 Enter 나 마우스 클릭은 전혀 사용할 수 없습니다. 단지, 하이퍼링크가 설정된 개체를 누르는 방법으로만 슬라이드 쇼가 실행됩니다.

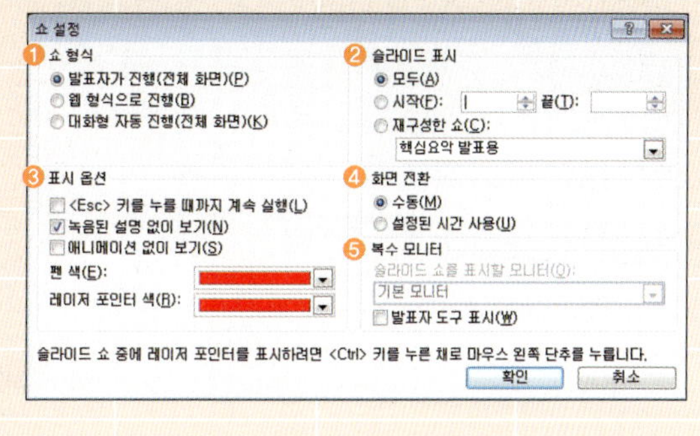

❷ 슬라이드 표시

슬라이드 쇼에서 표시할 슬라이드를 지정합니다. 시작과 끝을 지정하거나, 재구성한 쇼를 선택할 수 있습니다. 만약 재구성한 쇼를 선택하면 F5 를 눌렀을 때 재구성한 쇼가 실행됩니다.

❸ 표시 옵션

- **Esc 를 누를 때까지 계속 실행** : 슬라이드 쇼는 기본적으로 맨 마지막 슬라이드에서 Enter 를 누르면 종료됩니다. 하지만 Enter 를 눌렀을 때 다시 첫 번째 슬라이드로 되돌아와서 계속 실행되도록 하고 싶다면 이 옵션을 선택합니다. 자동으로 슬라이드 쇼를 진행하면서 이 옵션을 설정하면 계속해서 반복 실행됩니다.
- **녹음된 설명 없이 보기** : 프레젠테이션에 설명을 녹음한 경우 이 녹음 없이 슬라이드 쇼를 진행합니다.
- **애니메이션 없이 보기** : 지정된 애니메이션을 사용하지 않고 슬라이드 쇼를 진행합니다.
- **펜 색** : 슬라이드 쇼 상태에서 Ctrl + P 를 누르면 펜 기능을 실행해 밑줄이나 코멘트를 달 수 있는데, 이 때 펜의 기본 색상을 지정합니다.
- **레이저 포인트 색** : 파워포인트 2010에서 추가된 기능입니다. 슬라이드 쇼 상태에서 Ctrl 를 누른 채 마우스 왼쪽 버튼을 누르면 레이저 포인트를 사용할 수 있습니다. 이때 레이저 포인트의 기본 색상을 지정합니다.

❹ 화면 전환

- **수동** : 화면 전환 시간을 사용하지 않게 됩니다.
- **설정된 시간 사용** : 시간을 설정한 경우, 그 시간을 사용해서 화면을 전환합니다.

❺ 복수 모니터

컴퓨터가 복수 모니터를 볼 수 있는 기능이 있다면 이 기능을 사용해 발표자의 컴퓨터 모니터와 스크린에 표시되는 내용을 다르게 설정할 수 있습니다. 발표자는 컴퓨터에서 발표할 슬라이드 노트를 보고 진행하고, 청중이 보는 스크린에는 슬라이드만 표시되도록 할 수 있습니다.

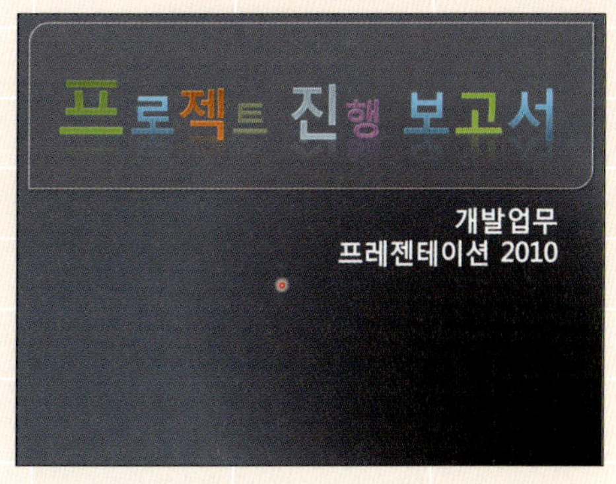

31 예행연습을 통해 소요 시간 계산하기

실제 프레젠테이션의 소요 시간을 알면 주어진 시간 안에 발표를 마무리할 수 있습니다. 실전에서 주어진 시간보다 늦게 끝나거나 빨리 끝나는 실수를 범하지 않도록 '예행연습'을 통해 프레젠테이션 시간을 맞추어 보겠습니다.

1 [슬라이드 쇼] 탭의 [설정] 그룹에서 '예행연습' 아이콘(📷)을 누릅니다.

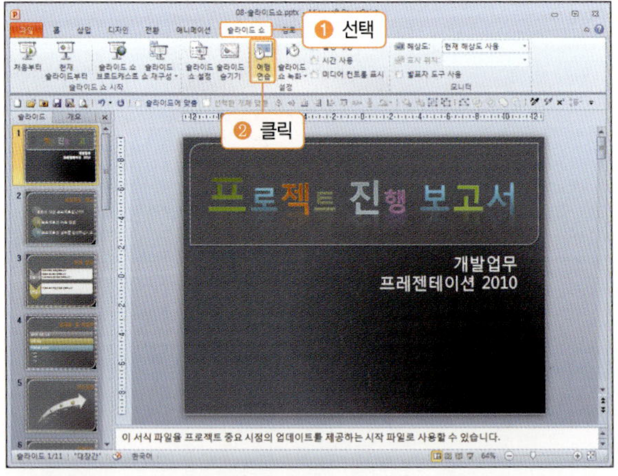

2 슬라이드 쇼 상태가 진행되면서, [예행연습 도구 모음]이 화면 왼쪽 위에 표시되고 슬라이드 시간 상자에 프레젠테이션 시간이 기록됩니다.

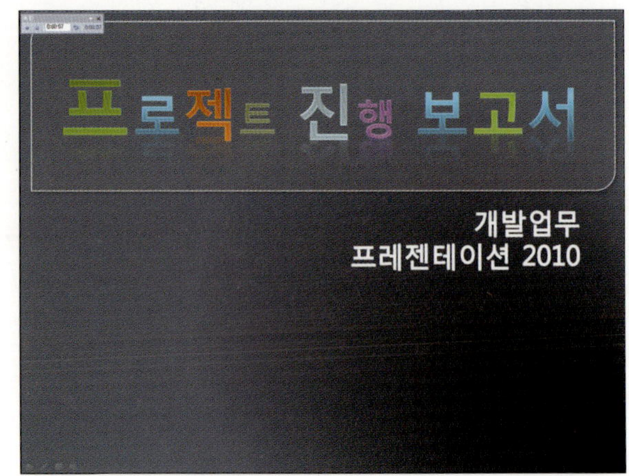

3 발표하는 것과 동일하게 프레젠테이션을 진행합니다. 순수한 쇼 진행 시간만 기록하기 위해 [예행연습 도구 모음]에 있는 '일시 중지' 버튼(Ⅱ)을 누르거나 '다음 슬라이드' 버튼(➡)을 누르면서 진행합니다.

4 마지막 슬라이드까지 슬라이드 쇼가 끝나면 기록된 슬라이드 시간을 사용할 것인지 묻는 대화상자가 표시됩니다. 〈예〉 버튼을 누릅니다.

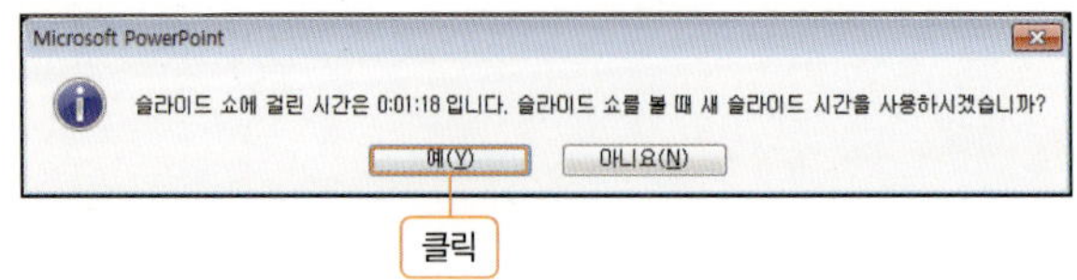

5 여러 슬라이드 보기 상태로 보이고, 각 슬라이드의 시간이 표시됩니다. 이 시간을 참고하여 실제 프레젠테이션에서 소요되는 시간을 확인합니다.

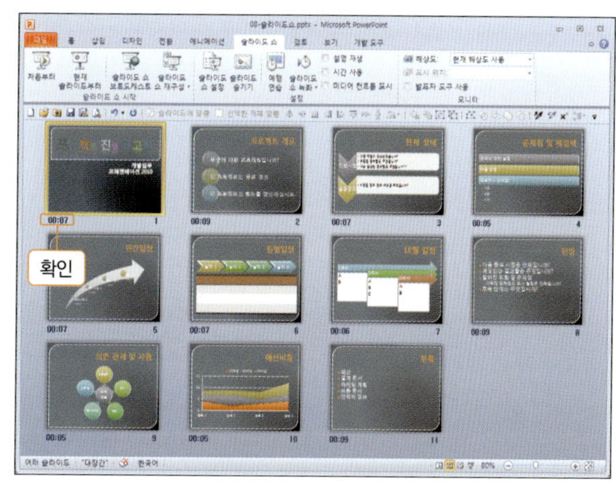

6 이 시간을 이용해서 슬라이드 쇼를 자동으로 진행하려면, [슬라이드 쇼] 탭의 [설정] 그룹에서 '시간 사용'에 체크 표시합니다. F5 를 눌러 자동으로 프레젠테이션이 진행되는지 확인합니다.

> **Tip ·** 시간은 참고하면서 자동으로 재생하지 않으려면 [슬라이드 쇼] 탭의 [설정] 그룹에서 '시간 사용'에 체크 표시를 해제합니다.

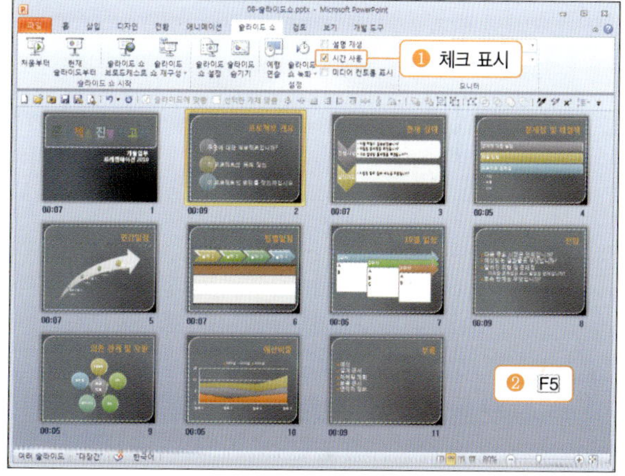

7 프레젠테이션에 기록된 슬라이드 시간을 삭제하려면 [슬라이드 쇼] 탭의 [설정] 그룹에서 '슬라이드 쇼 녹화' 아이콘(🕐)의 ▼부분을 누른 다음 [지우기]-[모든 슬라이드의 타이밍 지우기]를 선택합니다.

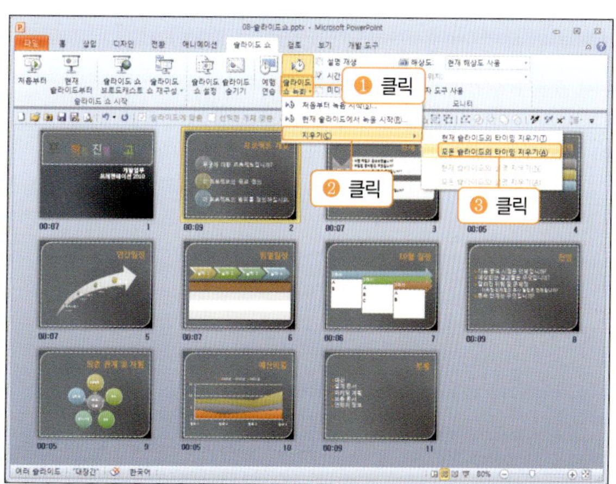

슬라이드 쇼 녹화는 프레젠테이션을 진행하면서 발생하는 마이크를 통한 소리, 발표자의 레이저 포인터의 움직임, 시간 등 모든 것을 저장하는 것입니다. 웹 기반 프레젠테이션이나 자체 실행되는 프레젠테이션, 발표 상황 검토에 유용합니다.

1 [슬라이드 쇼] 탭의 [설정] 그룹에 있는 '슬라이드 쇼 녹화' 아이콘()을 누릅니다.

> **Tip ∙** 설명을 녹음하고 듣기 위해서는 사운드 카드, 마이크 및 스피커가 장착되어 있어야 합니다. 먼저 녹음이 가능한지 컴퓨터 성능을 확인합니다.

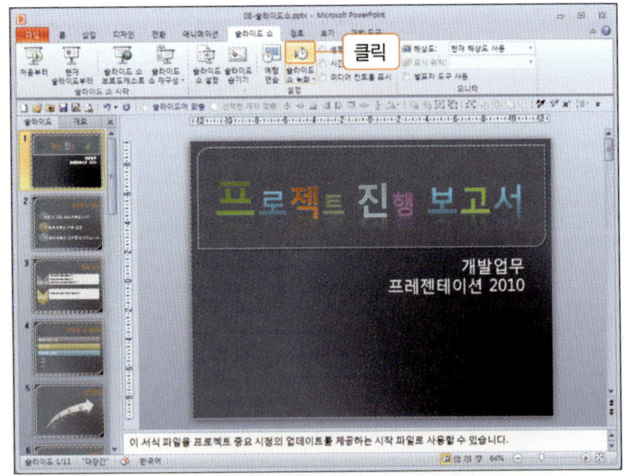

2 [슬라이드 쇼 녹화] 대화상자가 표시됩니다. 녹화할 항목에 체크 표시하고 〈녹화 시작〉 버튼을 누릅니다.

> **Tip ∙ ⓐ** 슬라이드 및 애니메이션 시간 : 각 슬라이드 또는 애니메이션의 표시 시간을 기록합니다.
> **ⓑ** 설명 및 레이저 포인터 : 설명과 설명하는 동안 레이저 포인터를 사용했다면 그 움직임까지 기록합니다.

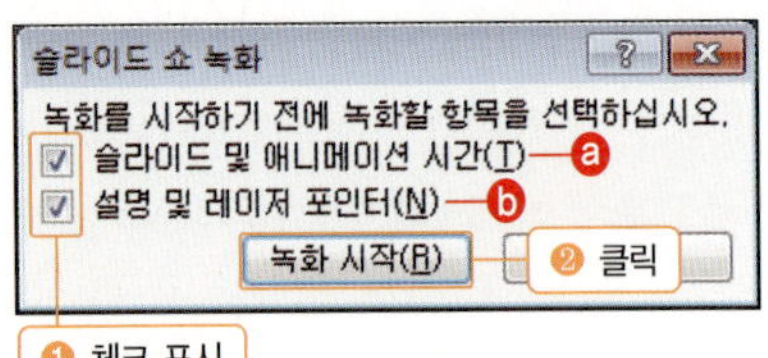

3 처음부터 녹음이 시작됩니다. 설명할 내용을 마이크에 말하고, 레이저 포인터로 위치도 가리키면서 프레젠테이션을 진행합니다. 다음 슬라이드로 이동하여 이 과정을 반복합니다.

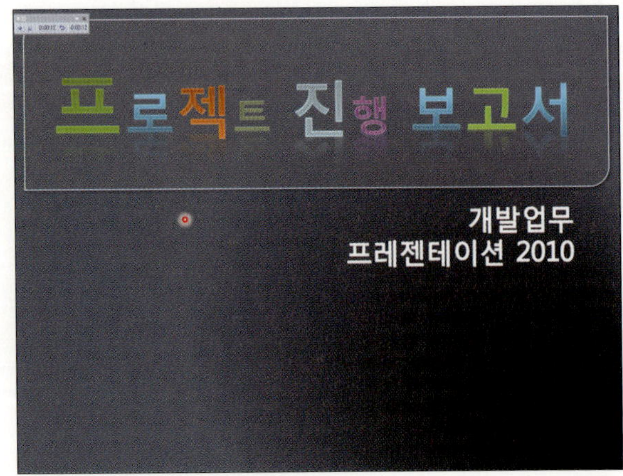

4 마지막 슬라이드까지 슬라이드 쇼가 끝나면 기록된 슬라이드 시간을 사용할 것인지 묻는 대화상자가 표시됩니다. 〈예〉 버튼을 누릅니다. 여러 슬라이드 보기로 슬라이드가 나타나며 각 슬라이드 아래에 슬라이드 시간이 표시됩니다.

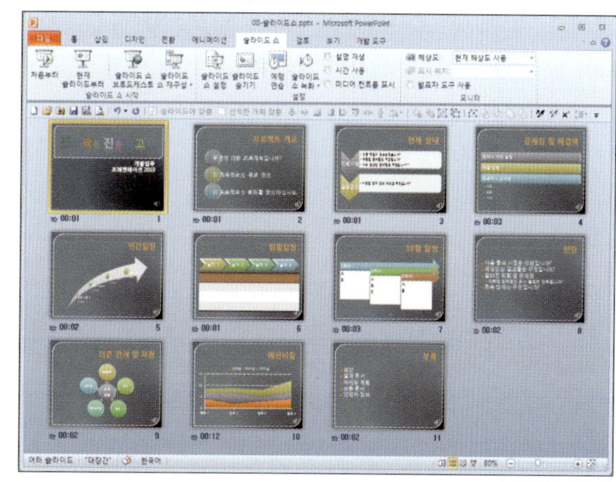

5 녹화된 설명을 확인하려면, 기본 보기 상태에서 각 슬라이드에 삽입된 '소리' 아이콘(🔊)의 미디어 컨트롤 중 '재생' 버튼(▶)을 누릅니다. 기록한 시간을 이용해서 슬라이드 쇼를 자동으로 진행하면서 설명을 재생하고 싶다면, [슬라이드 쇼] 탭의 [설정] 그룹에서 '설명 재생'과 '시간 사용'에 체크 표시합니다.

6 F5 를 눌러 녹음된 오디오나 레이저 포인터의 움직임이 재생되는지 확인합니다.

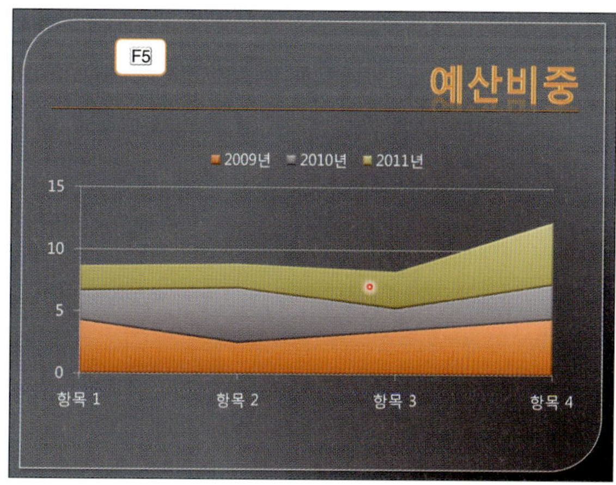

7 일부 슬라이드의 내용만 다시 녹화하려면 기본 보기에서 녹화를 다시 시작할 슬라이드를 선택합니다. [슬라이드 쇼] 탭의 [설정] 그룹에서 '슬라이드 쇼 녹화' 아이콘(📷)의 ▼부분을 누르고 [현재 슬라이드에서 녹음 시작]을 선택한 다음 녹화할 항목을 선택합니다. 녹음을 중지하려면 Esc 를 누릅니다.

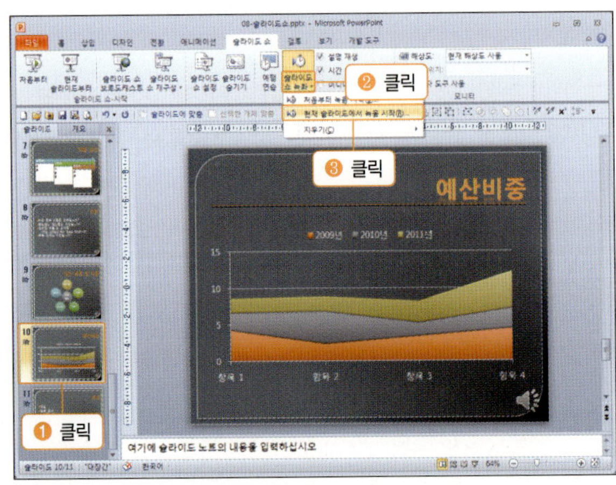

8 녹화된 설명은 유지하면서 재생되지 않도록 하려면 [슬라이드 쇼] 탭의 [설정] 그룹에서 '설명 재생'에 체크 표시를 해제합니다. 또는 [슬라이드 쇼] 탭의 [설정] 그룹에 있는 '슬라이드 쇼 설정' 아이콘(📷)을 누른 다음 [쇼 설정] 대화상자가 표시되면 [표시 옵션] 항목의 '녹음된 설명 없이 보기'에 체크 표시합니다.

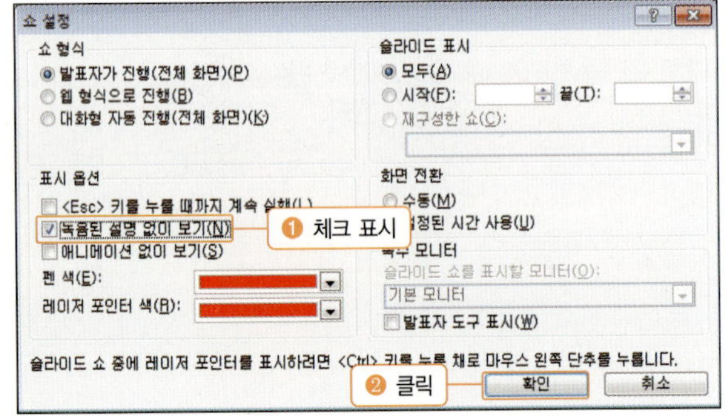

9 설명을 완전히 삭제하려면, [슬라이드 쇼] 탭의 [설정] 그룹에서 '슬라이드 쇼 녹화' 아이콘(📷)의 ▼부분을 누르고 [지우기]-[모든 슬라이드의 설명 지우기]를 선택합니다.

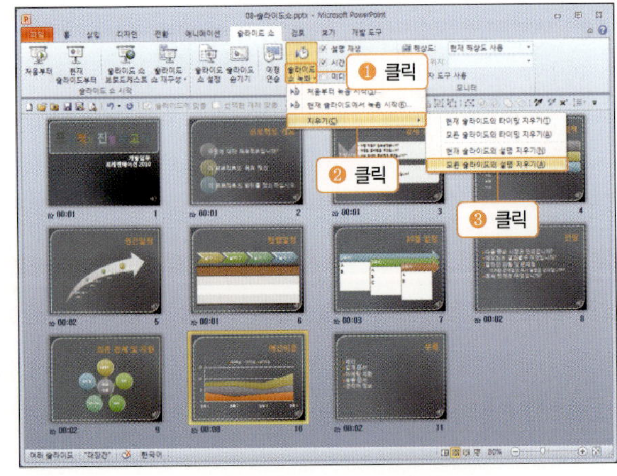

슬라이드가 바뀔 때 **생동감 있는 전환 적용**하기

파워포인트 2010에서는 슬라이드 시이 전환 효과의 입체감이 강화되었습니다.

프레젠테이션에서 슬라이드가 바뀔 때마다 움직임을 주고 속도를 제어하거나 소리도 추가하면서 다양하게 활용할 수 있도록 전환 효과에 대해 알아보겠습니다.

화면 전환 효과 적용하기

프레젠테이션을 생동감 있게 진행한다면 청중의 지루함을 없애고 중간마다 분위기를 바꿀 수 있습니다. 화면 전환 효과를 적용하는 방법을 살펴보겠습니다.

• 소스 파일 : Part08\화면전환.pptx

1 Part08 폴더에서 '화면전환.pptx' 파일을 불러옵니다. [전환] 탭의 [슬라이드 화면 전환] 그룹에서 화면 전환 효과를 [실선 무늬]로 지정합니다.

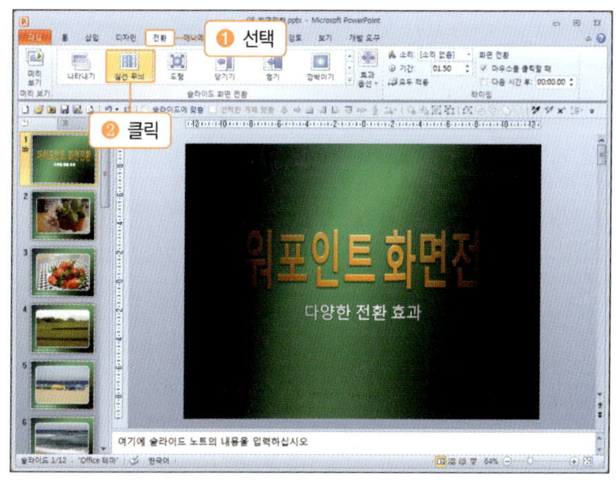

꼭! 알고가기 ▼ 슬라이드 화면 전환 효과의 종류

전환 효과 없음, 은은한 효과, 화려한 효과, 동적 콘텐츠의 범주로 나누어져 나양한 전환 효과를 사용할 수 있습니다. 효과 세부 설정은 효과 옵션에서 지정할 수 있게 되었습니다.

2 화면 전환에 소리를 추가하려면 [전환] 탭의 [타이밍] 그룹에서 '소리'를 원하는 소리로 지정합니다.

3 목록에 없는 소리를 추가하려면 '소리'를 '다른 소리'로 선택하고 추가하려는 소리 파일을 찾은 다음에 〈확인〉 버튼을 누릅니다.

> *Tip* • 쇼 진행 상태에서 슬라이드가 표시되는 동안 계속 효과음을 재생하려면 '소리'에서 [반복 재생]을 선택한 다음 목록에서 원하는 소리 파일을 지정합니다.

4 화면 전환 속도를 조정하고 싶다면 [전환] 탭의 [타이밍] 그룹에서 '기간'을 원하는 속도로 설정합니다. 기간을 길게 지정하면 전환되는 속도가 느려집니다.

5 현재 슬라이드에서 다음 슬라이드로 넘어가는 방법 중 마우스를 누를 때 넘어가도록 하려면 [전환] 탭의 [타이밍] 그룹에서 '마우스를 클릭할 때'에 체크 표시합니다. 만일, 지정된 시간이 지난 다음에 슬라이드가 자동으로 넘어가도록 하려면 [전환] 탭의 [타이밍] 그룹에 있는 '다음 시간 후'에 원하는 시간(초)을 입력합니다.

6 나머지 슬라이드도 같은 방법으로 화면 전환 효과를 지정합니다. 만일 모든 슬라이드에 동일한 화면 전환 효과를 지정하려면 [전환] 탭의 [타이밍] 그룹에서 '모두 적용' 아이콘(🔳)을 누릅니다.

7 화면 전환 효과가 지정된 슬라이드에는 애니메이션을 실행할 수 있는 표시(⭐)가 나타납니다. 누르면 효과를 확인할 수 있습니다.

8 여러 슬라이드 보기 상태에서 슬라이드를 선택하며 화면 효과를 지정하면 쉽습니다.

2 화면 전환 효과를 변경 또는 삭제하기

프레젠테이션에 지정한 화면 전환 효과는 [전환] 탭의 [슬라이드 화면 전환] 그룹에서 변경하거나 삭제할 수 있으며, 하나의 슬라이드뿐만 아니라 전체 슬라이드에 적용할 수 있습니다. 전환에 대해 다양한 옵션을 설정하는 방법도 함께 살펴보겠습니다.

1 화면 전환 효과를 변경하려면 해당 슬라이드를 선택한 다음 [전환] 탭의 [슬라이드 화면 전환] 그룹에서 다른 화면 전환 효과를 선택합니다. 소리와 속도도 다시 지정할 수 있습니다.

2 화면 전환 효과를 삭제하려면 해당 슬라이드를 선택한 다음 [전환] 탭의 [슬라이드 화면 전환] 그룹에서 화면 전환 효과를 [없음]으로 지정합니다.

3 파워포인트 2010에서 사용하는 대부분의 전환에는 사용자가 설정할 수 있는 사용자 지정 가능 속성이 있습니다. [전환] 탭의 [슬라이드 화면 전환] 그룹에서 화면 전환 효과를 선택하면 '효과 옵션' 아이콘이 활성화됩니다. '효과 옵션' 아이콘을 누르면 효과의 종류에 따라 옵션을 선택할 수 있습니다.

4 모든 슬라이드의 화면 전환 효과를 삭제하려면 슬라이드 중 하나를 선택하고, [전환] 탭의 [슬라이드 화면 전환] 그룹에서 화면 전환 효과를 [없음]으로 지정한 다음 [전환] 탭의 [타이밍] 그룹에서 '모두 적용' 아이콘을 누릅니다.

전환 효과를 다양하게 응용하면 플래시로 제작한 것 같은 멋진 작품을 만들 수 있습니다.

다음과 같이 슬라이드에 텍스트나 특정 개체가 있는 경우, 전환 효과 중 [회전]을 지정하면 슬라이드 쇼 상태에서는 텍스트에 동적 움직임이 주어진 것처럼 보입니다.

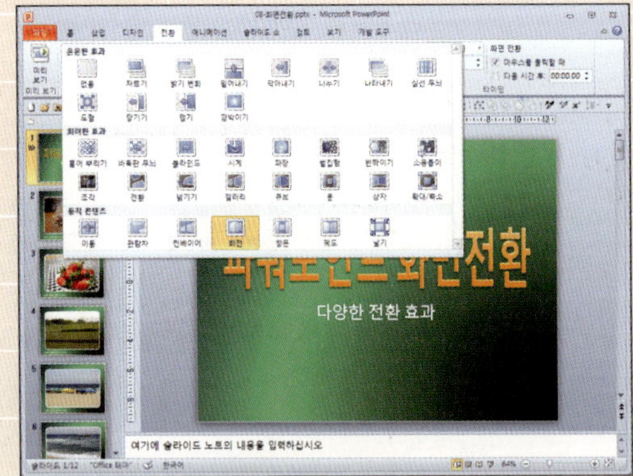

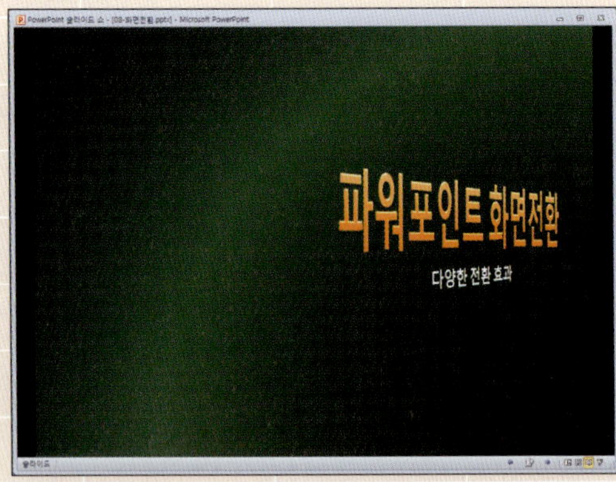

▲ 슬라이드 쇼 상태

다음과 같이 두 장의 슬라이드가 배경, 그림의 크기까지 모두 동일하고 단지 그림만 다르다면 이때 적용된 전환 효과 는 그림에만 적용되는 듯이 느껴집니다. 전환 효과 중 [밝기 변화]를 적용하면 슬라이드 쇼 상태에서 자연스럽게 그림 만 변경되는 것을 볼 수 있습니다.

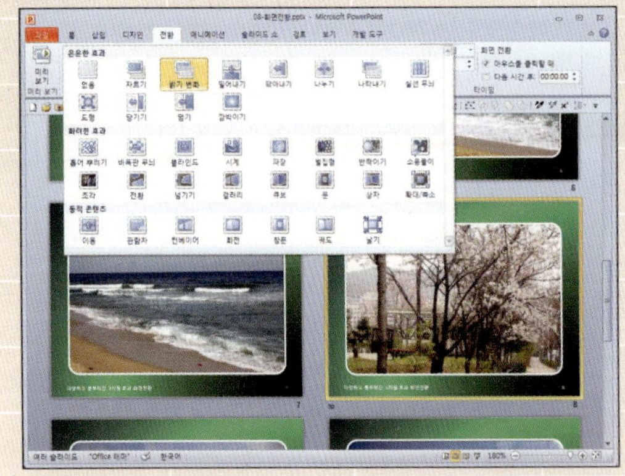

▲ 슬라이드 쇼 상태

청중의 시선을 붙잡는 애니메이션 효과 지정하기

애니메이션은 프레젠테이션 중 중요한 사항을 강조하고 정보의 흐름을 제어하여 청중의 관심을 집중시키는 좋은 방법입니다. 하지만, 너무 화려하고 많은 애니메이션은 주제를 산만하게 만들 수도 있습니다.

애니메이션을 지정하는 기본 방법 살펴보기

효과적으로 내용을 전달하기 위해 적절한 애니메이션을 적용하는 것이 좋습니다. 발표자가 생각한 순서와 방향으로 개체를 움직이는 애니메이션 효과를 지정하는 기본 방법과 다양한 애니메이션 효과의 종류를 알아보겠습니다.

• 소스 파일 : Part08\애니메이션.pptx　　참고 동영상 : 11강 8-3애니메이션.avi

1 Part08 폴더에서 '애니메이션.pptx' 파일을 불러옵니다. 두 번째 슬라이드를 선택하고 [애니메이션] 탭을 누릅니다.

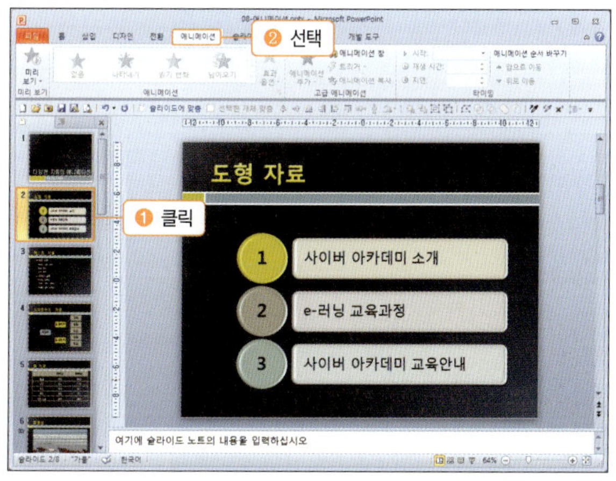

> **Tip** • 개체를 선택해야 [애니메이션] 그룹에 있는 효과들이 활성화됩니다. 슬라이드에 삽입된 개체를 누를 수 없는 여러 슬라이드 보기 상태에서는 [애니메이션] 그룹에 있는 효과를 사용할 수 없습니다.

2 애니메이션을 지정할 개체를 선택하고 [애니메이션] 탭의 [애니메이션] 그룹에서 '자세히' 버튼(▼)을 누른 다음 [나타내기] 항목의 '날아오기'를 선택합니다.

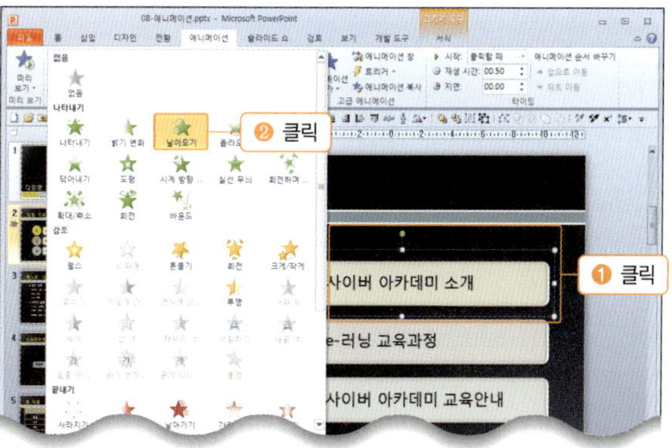

3 [애니메이션] 탭의 [애니메이션] 그룹에서 '효과 옵션' 아이콘을 누르고, [오른쪽에서]를 선택합니다.

> *Tip* • 애니메이션 효과에는 크게 네 가지의 항목이 있고, 그 중 [나타내기], [강조], [끝내기]에는 [기본 효과], [은은한 효과], [온화한 효과], [화려한 효과]의 네 가지 다양한 효과가 있습니다. [나타내기] 항목의 더 많은 애니메이션을 보고 싶다면 애니메이션 목록 아래쪽의 [추가 나타내기 효과]를 선택합니다.

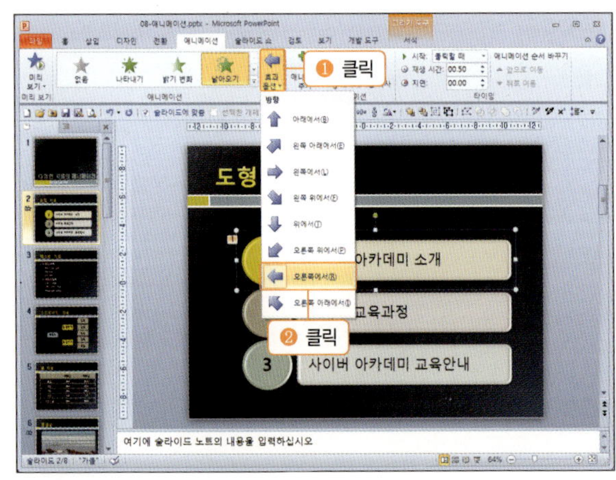

4 애니메이션 효과가 지정되면 개체에는 애니메이션이 진행되는 순번이 표시됩니다. 표시되는 순번은 인쇄나 슬라이드 쇼 상태에는 보이지 않으며 [애니메이션 창]에 표시되는 애니메이션 목록의 순번과 일치합니다.

> *Tip* • 표시되는 순번은 애니메이션이 진행할 때의 순서이면서, 좀 더 정확히 말하면 클릭 횟수입니다.

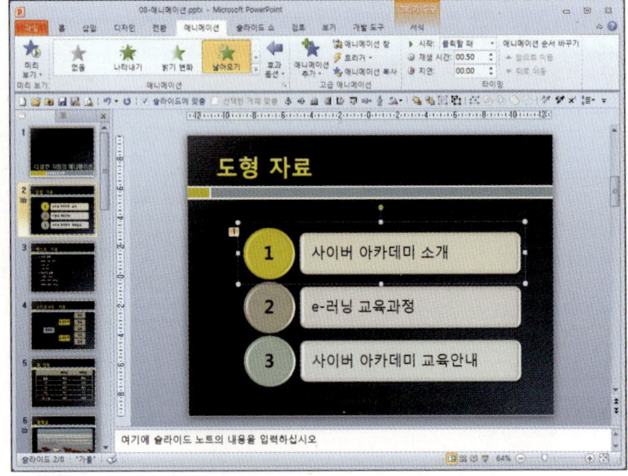

5 애니메이션 효과를 기본 보기 상태에서 미리 보려면 [애니메이션] 탭의 [미리 보기] 그룹에 있는 '미리 보기' 아이콘(★)을 누르거나, [슬라이드 및 개요] 창의 [슬라이드] 창에서 해당 슬라이드 앞부분에 표시된 '애니메이션 실행' 아이콘(☆)을 누르면 확인할 수 있습니다.

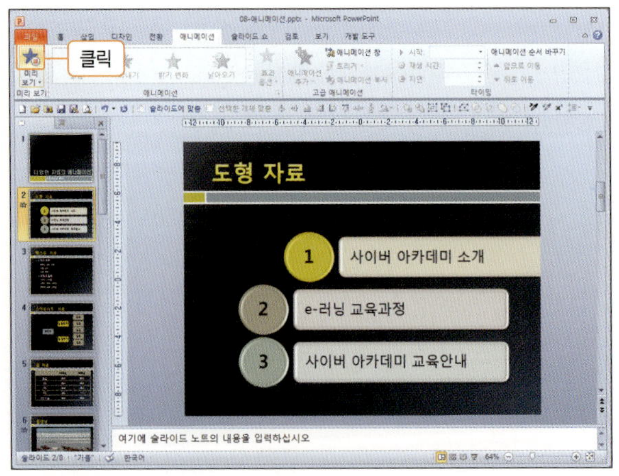

6 두 번째 도형 그룹을 선택하고 [애니메이션] 탭의 [애니메이션] 그룹에서 '자세히' 버튼(▼)을 누른 다음 [나타내기] 항목의 [확대/축소]를 선택합니다. 슬라이드 쇼 상태에서 어떻게 진행되는지 확인하기 위해 화면 아래 상태 표시줄의 [보기 바로 가기]에서 '읽기용 보기' 아이콘(📖)을 누릅니다.

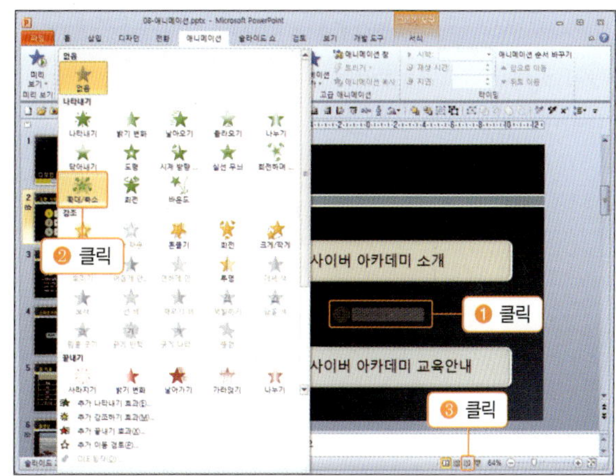

7 Enter 나 마우스 클릭으로 재생되는지 확인하고 Esc 를 눌러 작업창으로 이동합니다.

> *Tip* • [애니메이션] 탭의 [미리 보기] 그룹에서 '미리 보기' 아이콘(⭐)으로는 클릭으로 진행되는 것을 확인할 수 없습니다.

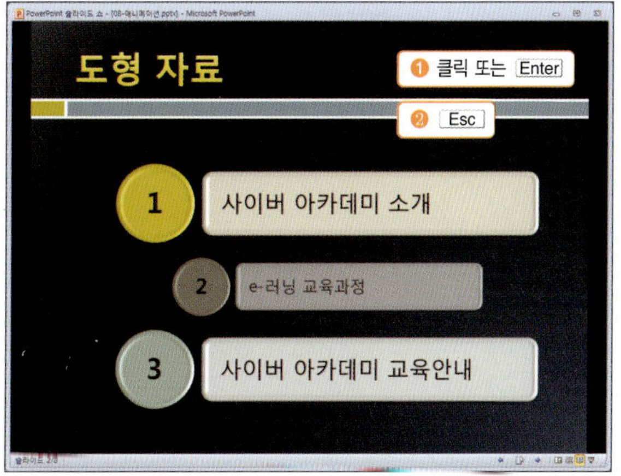

8 동일한 애니메이션을 다른 개체에도 지정하려면 파워포인트 2010에 추가된 '애니메이션 복사' 기능을 사용하면 편리합니다. 첫 번째 도형 그룹과 동일한 애니메이션을 세 번째 도형 그룹에 지정하겠습니다. 첫 번째 도형 그룹을 선택하고 [애니메이션] 탭의 [고급 애니메이션] 그룹에서 '애니메이션 복사' 아이콘(⭐)을 누릅니다.

> *Tip* • 여러 개체에 애니메이션을 복사하려면 '애니메이션 복사' 아이콘을 더블클릭합니다.

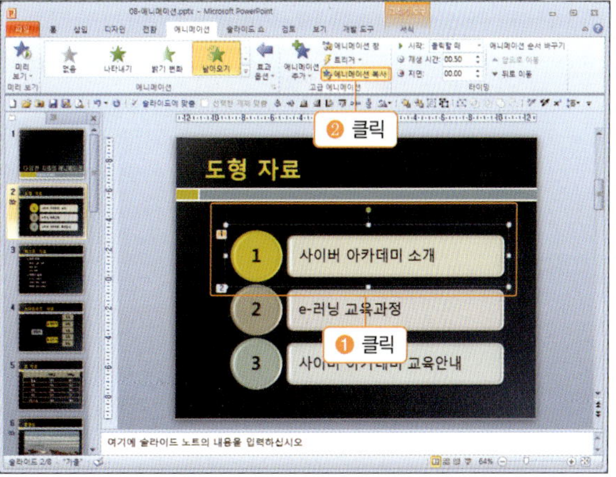

9 세 번째 도형 그룹을 누릅니다. 동일한 애니메이션이 바로 지정됩니다.

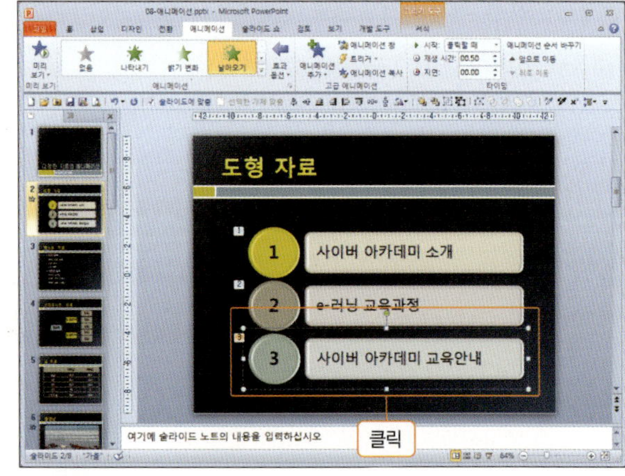

10 슬라이드 쇼를 진행할 때 애니메이션을 시작하는 방법을 클릭할 때뿐만 아니라 다양하게 지정할 수 있습니다. 두 번째 개체를 선택하고, [애니메이션] 탭의 [타이밍] 그룹에서 '시작'을 '이전 효과 다음에'로 지정합니다.

Tip •
- 클릭할 때 : 슬라이드를 클릭할 때 애니메이션 효과가 시작됩니다.
- 이전 효과와 함께 : 목록에 있는 이전 효과와 동시에 애니메이션 효과가 시작됩니다. 즉 한 번 클릭하면 두 개 이상의 효과가 실행됩니다.
- 이전 효과 다음에 : 목록에 있는 이전 효과의 재생이 끝나는 즉시 애니메이션 효과가 시작됩니다. 즉 다음 애니메이션 효과를 시작하기 위해 다시 클릭하지 않아도 됩니다.

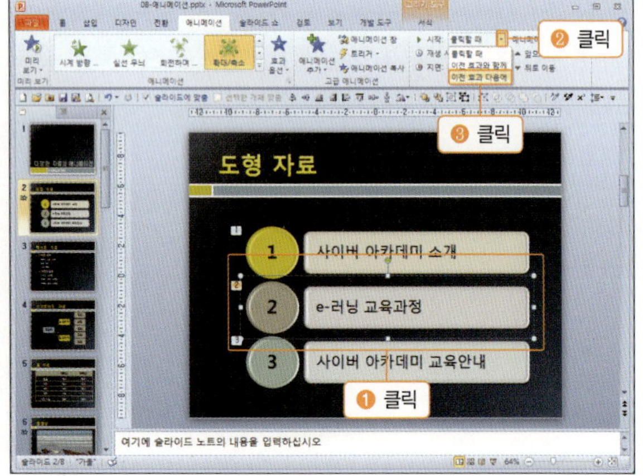

11 두 번째 개체가 선택된 상태로 [애니메이션] 탭의 [타이밍] 그룹에서 '지연'을 '00.50'으로 설정합니다.

Tip •
- 재생 시간 : 애니메이션이 재생되는 시간, 즉 길이를 지정합니다. 재생 시간이 길면 애니메이션 속도가 느리게 진행됩니다.
- 지연 : 몇 초 후에 애니메이션을 표시할지 지정합니다.

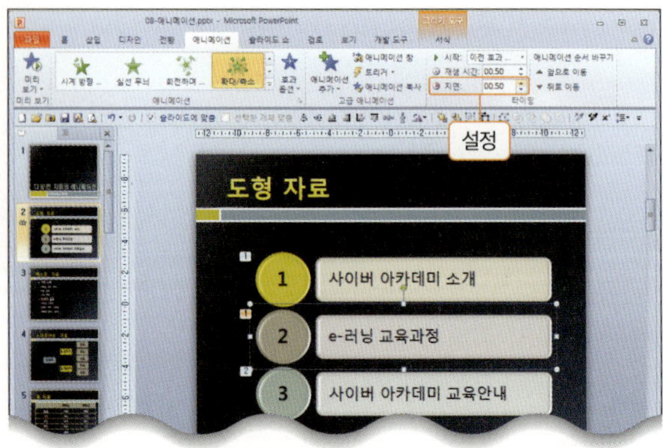

12 두 번째 개체가 1번으로 변경되고, 세 번째 개체는 2번으로 변경되는 것을 확인합니다.

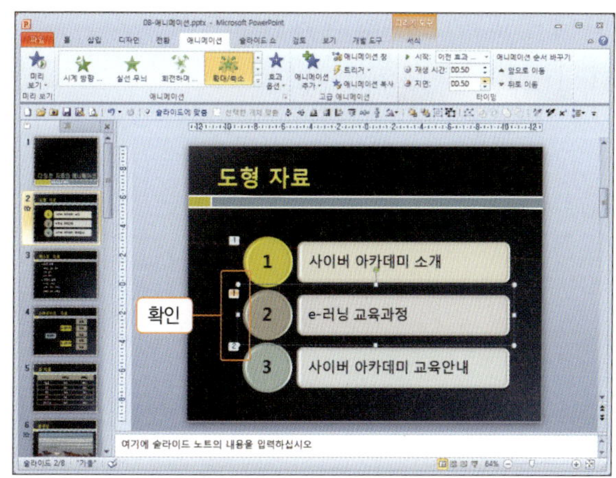

13 세 번째 개체를 선택하고 [애니메이션] 탭의 [타이밍] 그룹에서 '시작'을 '이전 효과와 함께'로 지정합니다. 애니메이션이 진행되는 순서를 나타내는 순번이 모두 1번으로 표시되는 것은 애니메이션이 모두 한 번에 실행된다는 뜻입니다. 화면 아래 상태 표시줄의 [보기 바로 가기]에서 '읽기용 보기' 아이콘(📖)을 선택합니다.

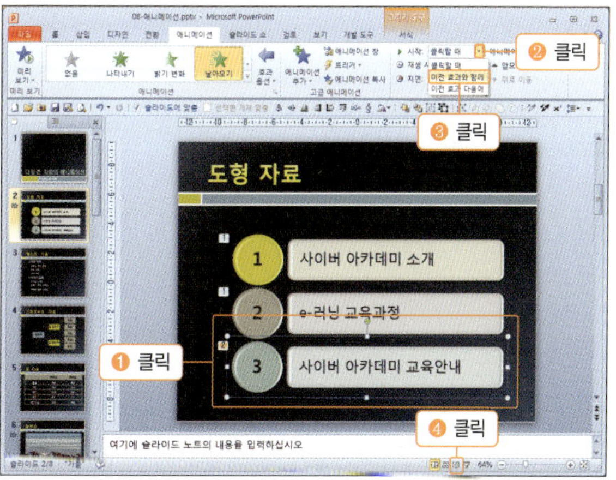

14 애니메이션을 지정하지 않은 항목들만 보입니다.

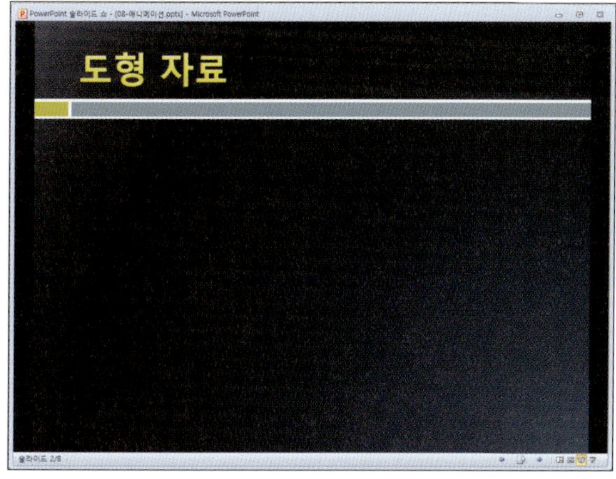

15 클릭 또는 Enter 를 누르면 첫 번째 개체가 나타나는 효과 시작됩니다.

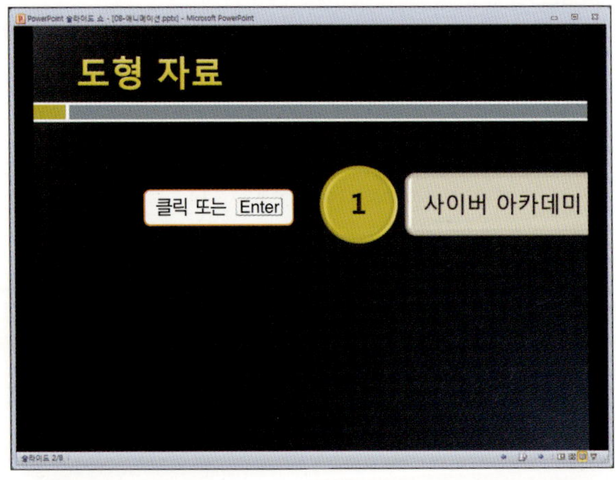

16 '이전 효과 다음에'로 순서 첫 번째 애니메이션이 끝나면 '00.50초' 후 두 번째 개체가 나타나는 효과 시작되고, '이전 효과와 함께'를 지정한 세 번째 개체가 두 번째 개체와 함께 나타납니다. 시작 타이밍만 바꿔서 클릭 한 번으로 모든 애니메이션이 재생되는 것을 확인할 수 있습니다.

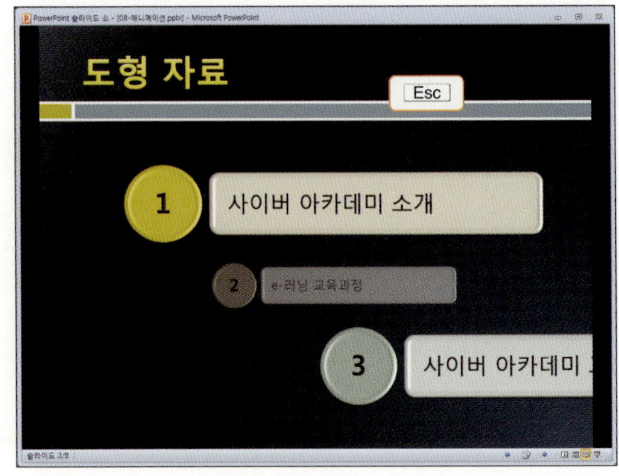

17 지정된 애니메이션 효과를 변경하려면 변경할 애니메이션 효과가 포함된 개체를 누른 다음 [애니메이션] 탭의 [애니메이션] 그룹 목록에서 변경할 애니메이션을 선택합니다.

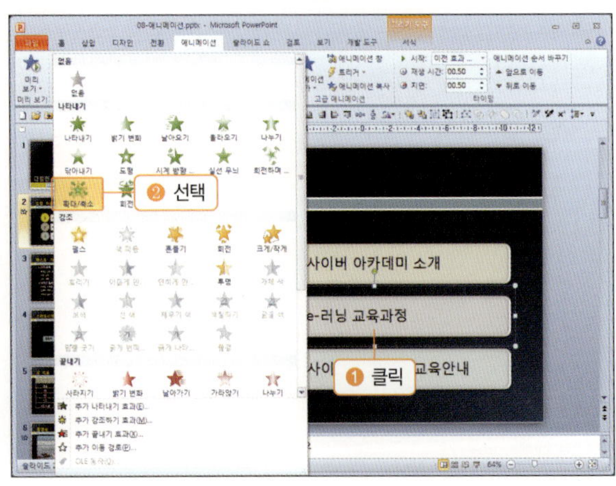

18 같은 개체에 여러 애니메이션을 적용하려면 개체를 선택하고 [애니메이션] 탭의 [고급 애니메이션] 그룹에서 '애니메이션 추가' 아이콘(★)을 눌러 원하는 애니메이션을 추가합니다.

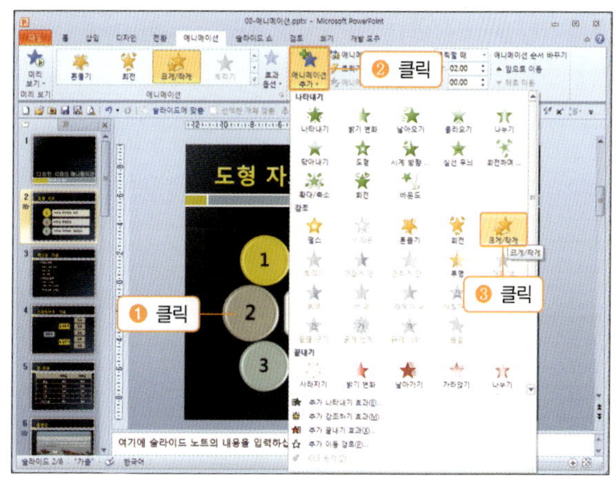

19 지정된 애니메이션 효과를 삭제하려면 삭제할 애니메이션 효과가 포함된 개체를 누른 다음 [애니메이션] 탭의 [애니메이션] 그룹 목록에서 [없음]을 선택합니다.

> *Tip* • 슬라이드의 모든 개체에서 애니메이션을 제거하려면 슬라이드에 있는 개체를 모두 선택한 다음 [애니메이션] 탭의 [애니메이션] 그룹에 있는 목록에서 [없음]을 선택합니다.

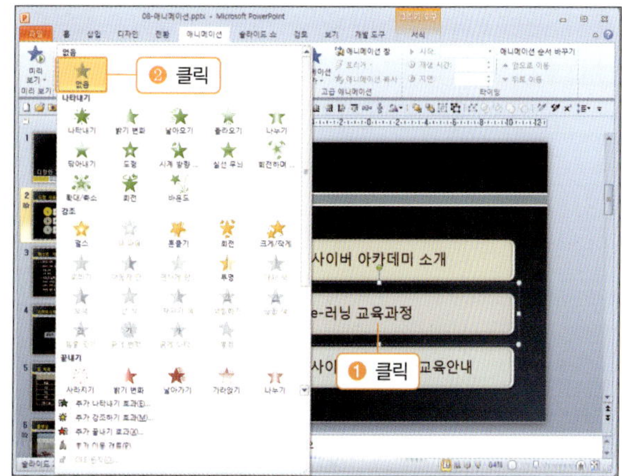

꼭! 알고가기 ▼ 애니메이션 종류를 선택할 때 적용된 모습이 바로 표시되지 않는 경우

애니메이션을 추가하거나 변경할 때 애니메이션 종류를 선택할 때 개체에 적용된 모습을 바로 확인할 수 없다면, [애니메이션] 탭의 [미리보기] 그룹에서 [미리보기] 버튼의 ▼부분을 누르고, 표시되는 목록 중 [내용 조금 보기]를 선택합니다.

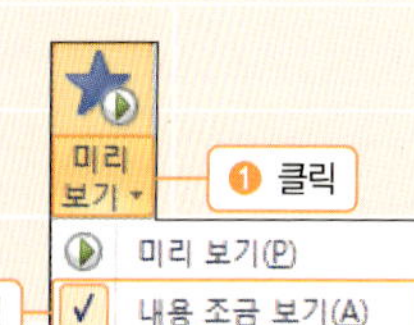

애니메이션 효과는 대상이 되는 개체에 따라 지정할 수 있는 효과 옵션이 조금씩 다릅니다. 텍스트 , 스마트 아트, 차트, 동영상 등 개체에 따라 애니메이션 효과를 지정하는 방법을 알아보겠습니다.

참고 동영상 : 11강 8-3애니메이션.avi

1. 텍스트 개체에 애니메이션 효과 지정하기

1 세 번째 슬라이드에 있는 본문 텍스트 개체를 누르고 [애니메이션] 탭의 [애니메이션] 그룹에서 '자세히' 버튼(⤓)을 누른 다음 [나타내기] 항목의 [닦아내기]를 선택합니다. 효과를 선택하면 바로 미리 보기로 확인할 수 있습니다.

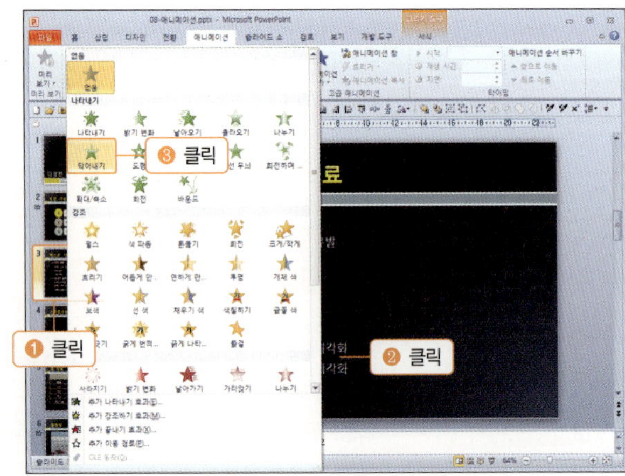

2 단락별로 번호가 나눠진 것은 애니메이션을 단락별로 진행한다는 뜻이고, 슬라이드 쇼를 진행할 때 두 번의 클릭으로 내용을 나누어 나타낸다는 뜻입니다. 지정한 애니메이션을 자세히 살펴보고 직접 애니메이션을 수정하겠습니다. [애니메이션] 탭의 [고급 애니메이션] 그룹에서 '애니메이션 창' 아이콘(▦)을 누릅니다.

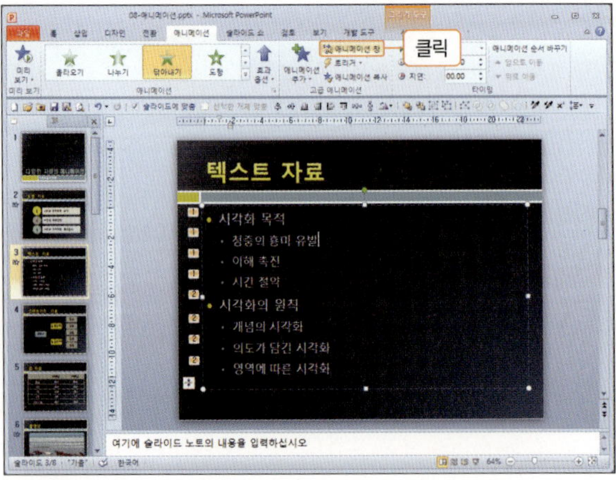

> **Tip** ∙ 단락 구분이 있는 텍스트 개체인 경우 '효과 옵션' 아이콘을 눌러 단락이 나오는 방법을 지정할 수 있습니다.

3 [애니메이션 창]에서 등록된 애니메이션을 확인합니다.

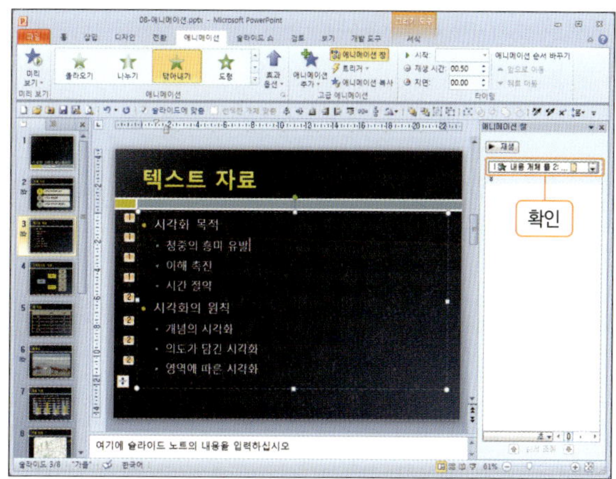

4 [애니메이션 창]에 등록된 애니메이션 목록에서 애니메이션 끝에 있는 내림 버튼(▼)을 누르거나 마우스 오른쪽 버튼을 눌렀을 때 표시되는 바로 가기 메뉴에서 [효과 옵션]을 선택합니다.

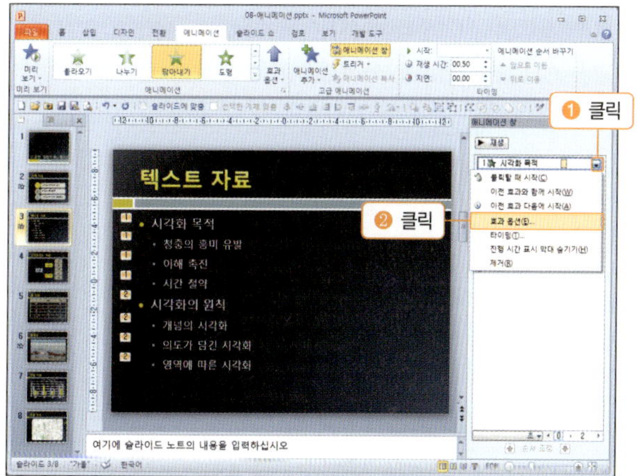

5 [닦아내기] 대화상자는 [효과], [타이밍], [텍스트 애니메이션]의 세 가지 탭으로 구성되어 있습니다. [효과] 탭에서 '방향'을 '오른쪽에서', '소리'를 '타자기', '텍스트 애니메이션'을 '문자 단위로'로 지정합니다.

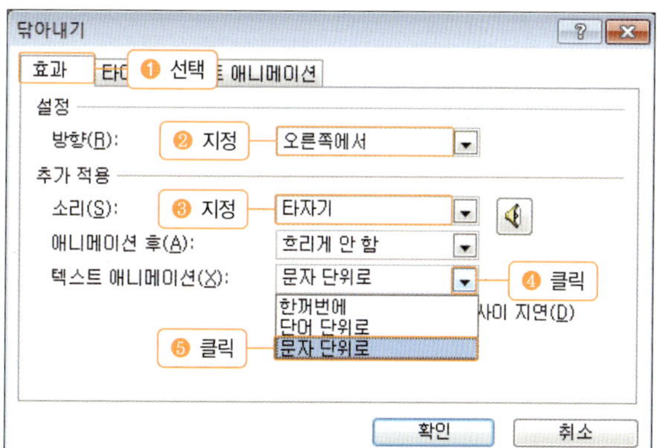

6 [타이밍] 탭에서 '재생 시간'을 '1초(빠르게)'로 지정합니다.

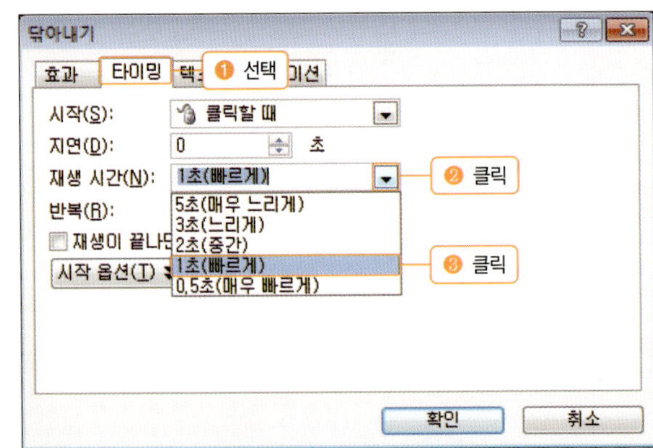

7 [텍스트 애니메이션] 탭에서 '텍스트 묶는 단위'를 '둘째 수준까지'로 지정하고 〈확인〉 버튼을 누릅니다.

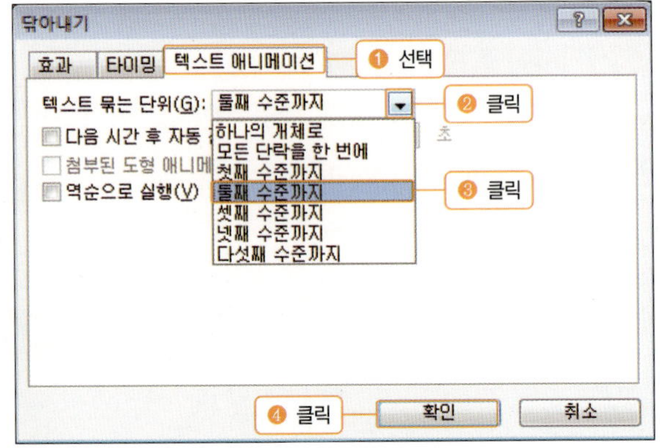

8 [애니메이션 창]에 등록된 애니메이션 목록을 확장하여 애니메이션 내용을 모두 펼쳐 봅니다. 각각의 텍스트 앞에는 둘째 수준까지 따로 효과를 실행한다는 뜻으로 구분 지어져 번호가 매겨진 것을 확인할 수 있습니다.

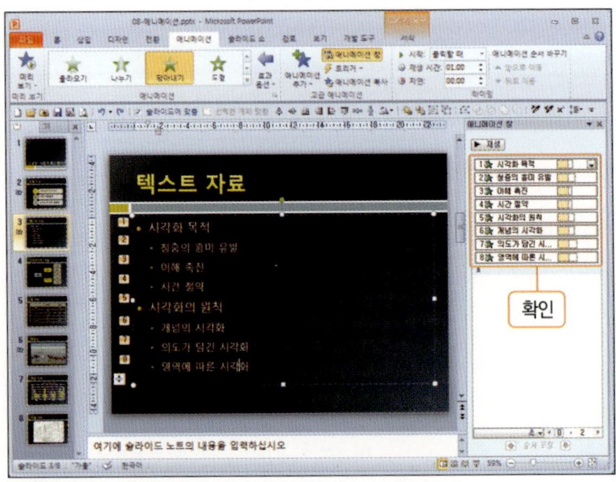

9 [애니메이션 창]에 등록된 애니메이션 목록에서 [Shift]나 [Ctrl]을 이용하여 3번과 4번 애니메이션을 함께 선택하고 [애니메이션] 탭의 [타이밍] 그룹에서 '시작'을 '이전 효과와 함께'로 지정합니다.

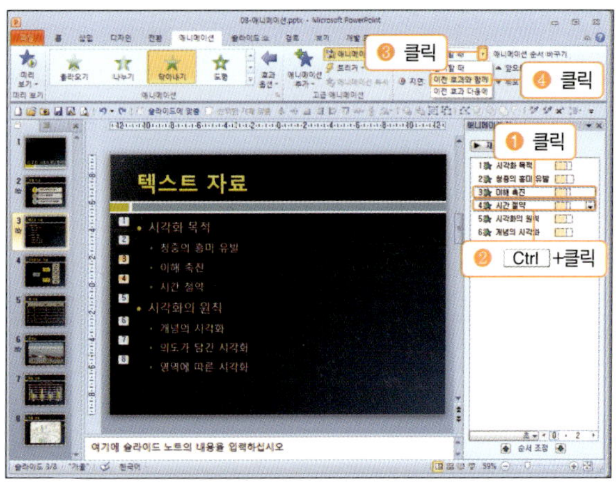

10 선택된 애니메이션의 숫자 표시가 사라지고 전체적인 번호도 조정되는 것을 확인할 수 있습니다.

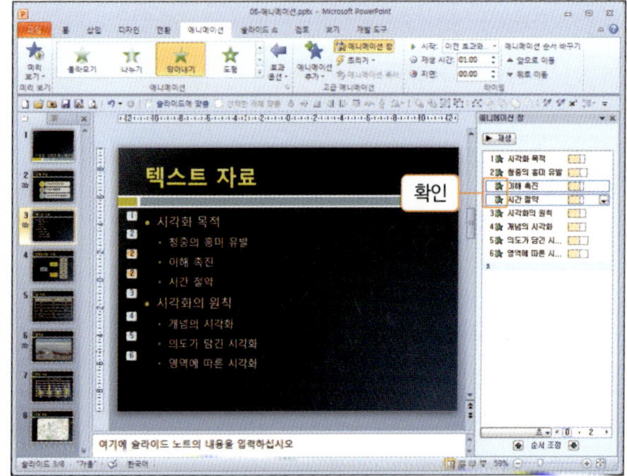

11 [애니메이션 창]에 등록된 애니메이션 목록에서 [Shift]나 [Ctrl]을 이용하여 5번과 6번 애니메이션을 함께 선택하고 [애니메이션] 탭의 [타이밍] 그룹에서 '시작'을 '이전 효과와 함께'로 지정합니다.

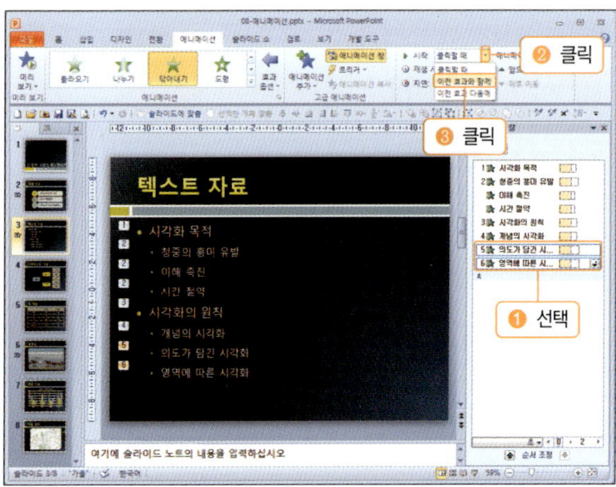

12 선택된 애니메이션의 숫자 표시가 사라지고, 전체적인 번호도 조정되는 것을 확인할 수 있습니다. 슬라이드 쇼를 진행할 때 네 번의 클릭을 하면 내용을 모두 볼 수 있다는 뜻입니다.

> **Tip ·** 개별적인 애니메이션을 선택하고 자세하게 옵션을 수정하려면 [애니메이션 창]을 이용합니다.

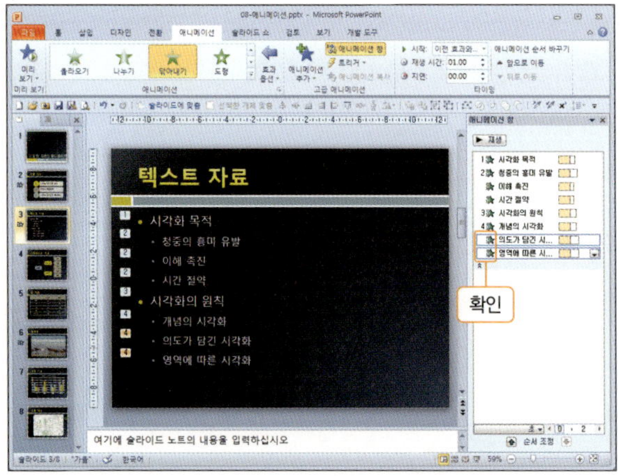

2. SmartArt 그래픽 개체에 애니메이션 효과 지정하기

1 네 번째 슬라이드에 있는 SmartArt 그래픽 개체를 선택하고 [애니메이션] 탭의 [애니메이션] 그룹에서 애니메이션 목록 중 '자세히' 버튼(⟱)을 누릅니다. 더 많은 효과를 보기 위해 [추가 나타내기 효과]를 선택합니다.

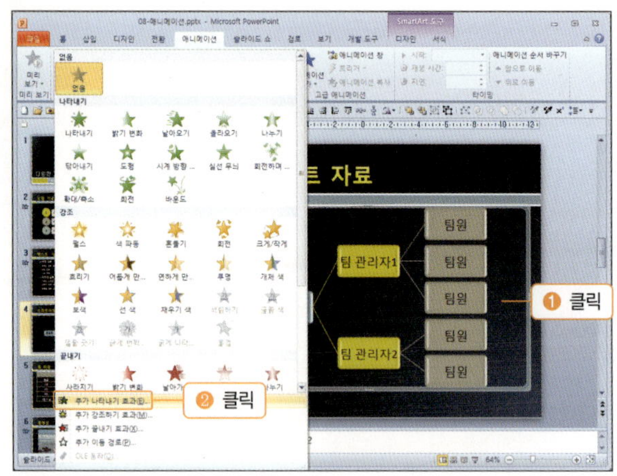

2 [나타내기 효과 변경] 대화상자가 표시되면 종류를 눌러 화면에 바로 적용된 모습을 미리 볼 수 있습니다. 적용할 애니메이션을 선택하고 〈확인〉 버튼을 누릅니다.

> **Tip ·** 효과 미리 보기에 체크 표시가 없으면 미리 볼 수 없습니다.

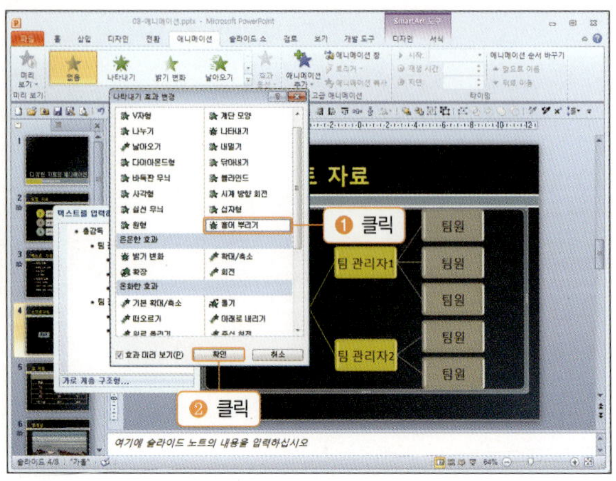

3 [애니메이션] 탭의 [애니메이션] 그룹에서 '효과 옵션' 아이콘을 누르고 [수준(한 번에)]을 선택합니다.

> **Tip** · '효과 옵션' 아이콘은 선택한 개체와 애니메이션에 따라 다르게 표시됩니다. 방향을 지정할 수 있는 애니메이션인 경우 방향에 따라 표시되며 방향을 지정할 수 없는 애니메이션은 개체에 따라 표시됩니다.

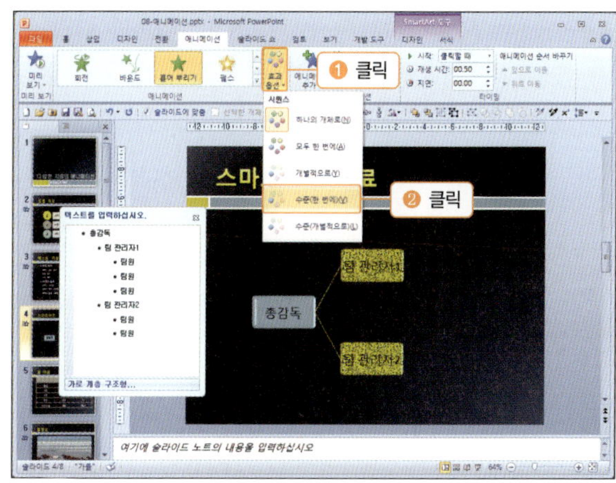

4 [애니메이션] 탭의 [고급 애니메이션] 그룹에서 '애니메이션 창' 아이콘(🔳)을 선택합니다.

> **Tip** · 도형을 삽입해서 SmartArt 그래픽처럼 작성한 개체라면, 애니메이션 지정할 때도 도형을 하나씩 선택하면서 지정해야 합니다. 파워포인트 2010에서 제공되는 'SmartArt 그래픽 개체'는 애니메이션 효과를 지정할 때 편리하게 수준별로 지정할 수 있습니다.

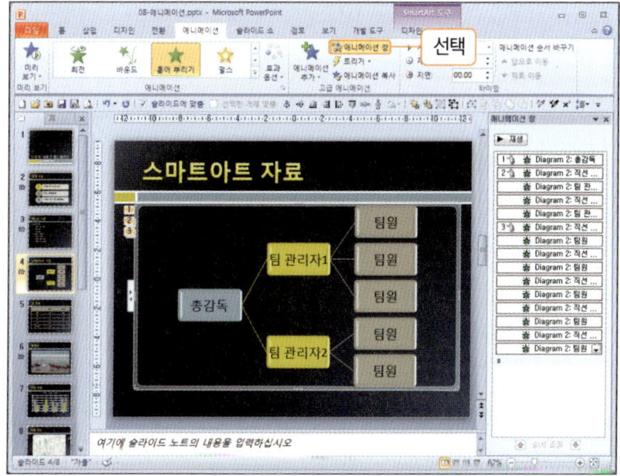

5 [애니메이션] 탭의 [애니메이션] 그룹에서 '창 표시' 버튼(🔳)을 누릅니다.

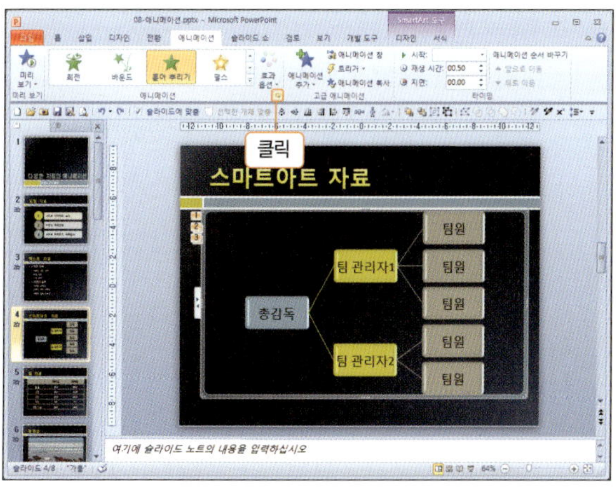

6 [흩어 뿌리기] 대화상자가 표시되면, 소리나 타이밍, 그래픽 묶는 단위 등을 지정할 수 있습니다.

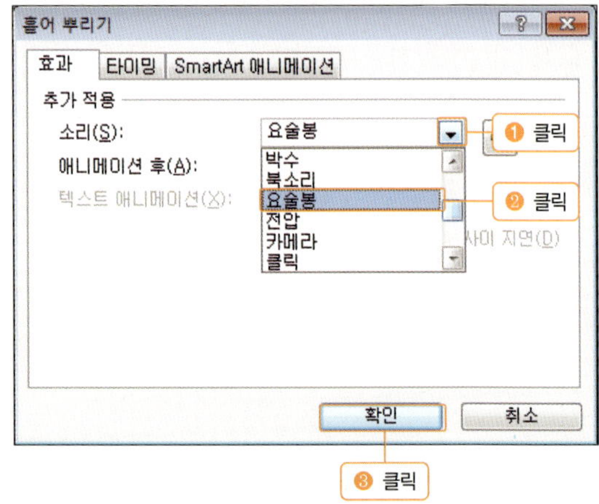

3. 차트 개체에 애니메이션 효과 지정하기

1 여섯 번째 슬라이드에 있는 차트 개체를 선택합니다. 다음 [애니메이션] 탭의 [애니메이션] 그룹에서 '자세히' 버튼(▼)을 누른 다음 [나타내기] 항목에서 [닦아내기]를 선택합니다.

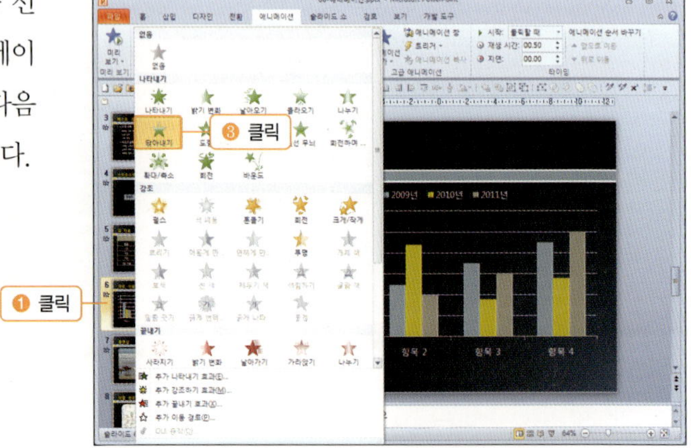

2 [애니메이션] 탭의 [애니메이션] 그룹에서 '효과 옵션' 아이콘을 누르고 [시퀀스] 항목에서 [계열별로]를 선택합니다.

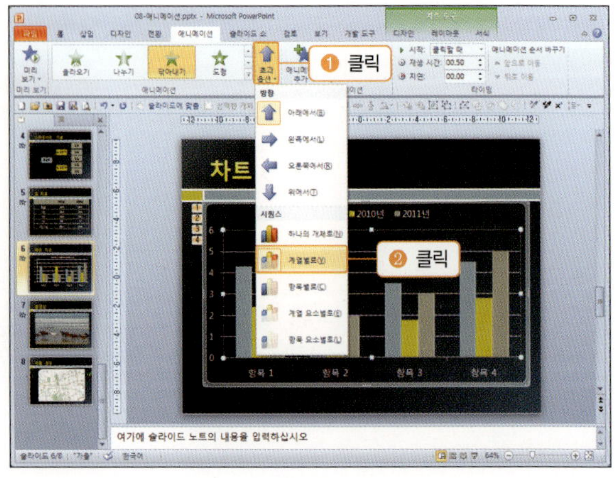

3 [애니메이션] 탭의 [고급 애니메이션] 그룹에서 '애니메이션 창' 아이콘(　)을 선택합니다. 배경과 계열별로 번호가 나눠진 것을 확인할 수 있습니다.

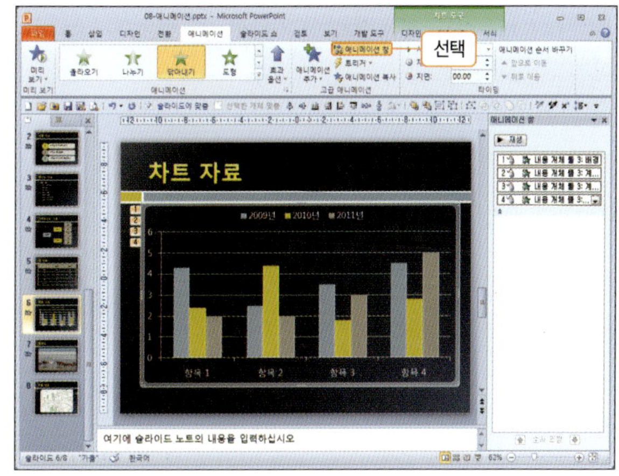

4 슬라이드 쇼에서 계열들이 하나씩 모두 나타난 다음 특정 계열을 한 번 더 강조하려고 합니다. [애니메이션] 탭의 [고급 애니메이션] 그룹에서 '애니메이션 추가' 아이콘(　)을 누릅니다.

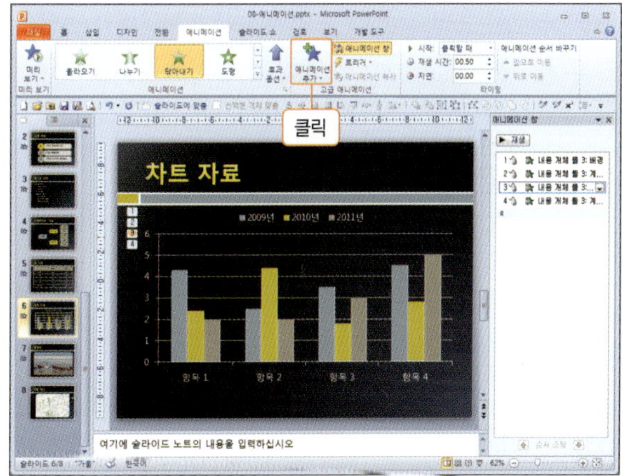

5 [강조] 항목에서 [펄스]를 선택합니다.

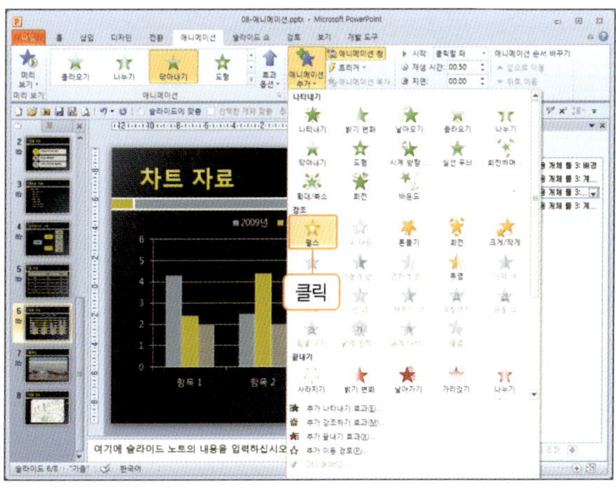

6 [애니메이션 창]의 애니메이션 목록을 보면 나타나는 효과 다음으로 강조되는 효과가 추가된 것을 확인할 수 있습니다.

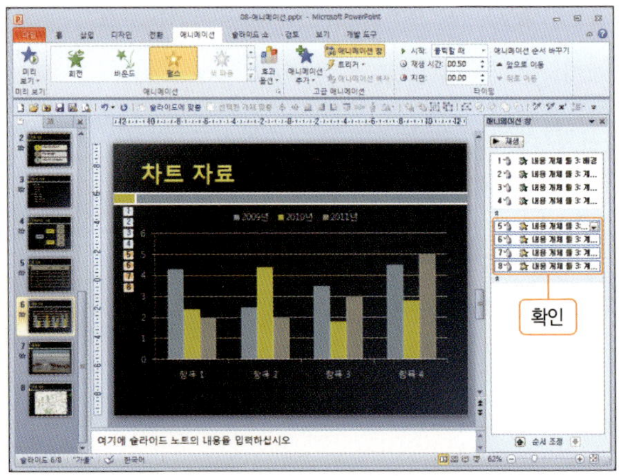

7 마우스를 가져가면 애니메이션 내용이 나타납니다. 계열 2(2010년 계열)를 강조하는 효과만 남기고 나머지 강조 효과는 Delete를 눌러 삭제합니다. 지정한대로 애니메이션이 적용되는지 확인하기 위해상태 표시줄의 [보기 바로 가기]에서 '읽기용 보기' 아이콘(📖)을 누릅니다.

> **Tip** • 차트 계열은 데이터시트 창의 세로축, 차트 항목은 데이터시트 창에서 가로축입니다.

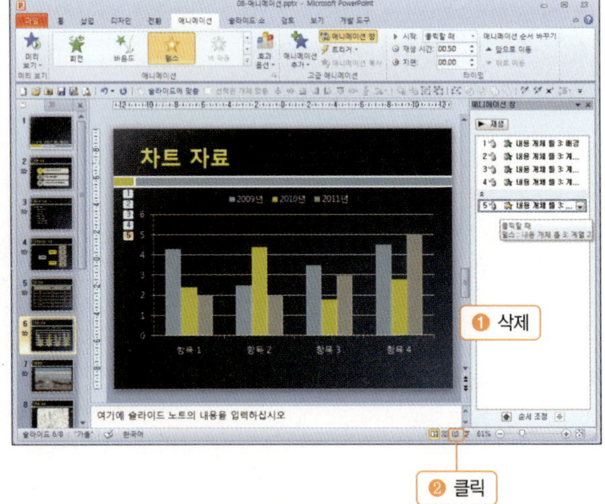

8 Enter 나 클릭으로 재생을 확인합니다. Esc 를 눌러 작업창으로 이동합니다.

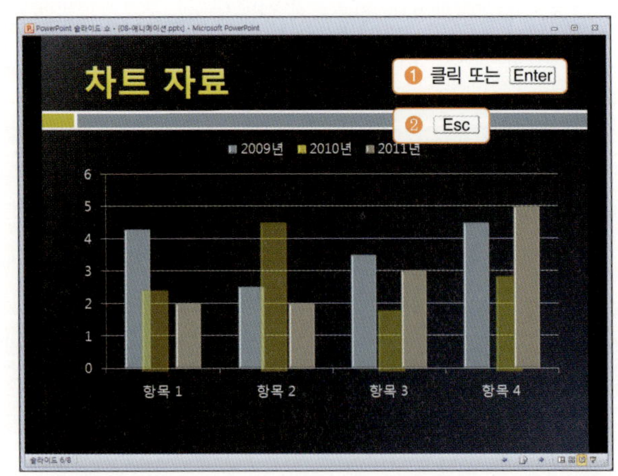

4. 동영상 개체에 트리거 이용해서 애니메이션 효과 지정하기

1 일곱 번째 슬라이드를 선택하고 [애니메이션] 탭을 눌러 보면 이미 애니메이션이 지정되어 있는 것을 확인할 수 있습니다. 애니메이션의 자세한 내용을 보기 위해 [애니메이션] 탭의 [고급 애니메이션] 그룹에서 '애니메이션 창' 아이콘(🔊)을 선택합니다.

> **Tip** · 비디오는 슬라이드 쇼에서 자동으로 재생되도록 설정되어 있고, 책갈피도 두 개가 지정되어 있습니다. 이런 설정은 [비디오 도구]-[재생] 탭에서 지정할 수 있습니다.
> 파워포인트에 비디오나 오디오 자료가 삽입되면 재생에 관련된 애니메이션이 자동으로 지정됩니다.

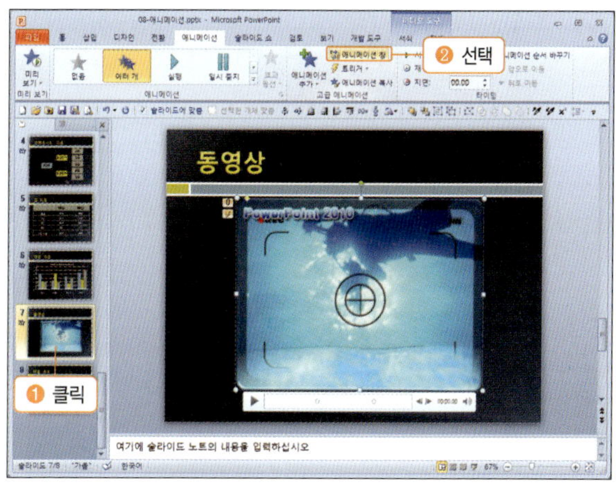

2 [애니메이션 창]을 보면 이미 비디오의 '실행'과 '일시 중지'에 관한 두 개의 애니메이션이 적용되어 있는 것을 확인합니다.

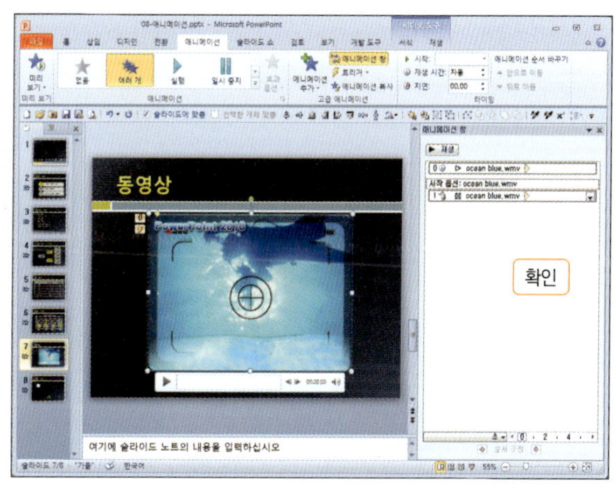

3 비디오를 삽입하고 자동 실행으로 설정한 경우 기본적으로 지정되는 애니메이션을 자세히 살펴보겠습니다. [애니메이션 창]에서 첫 번째 삽입된 애니메이션을 선택하고 오른쪽의 끝에 있는 버튼(▼)을 누른 다음 [타이밍]을 선택합니다.

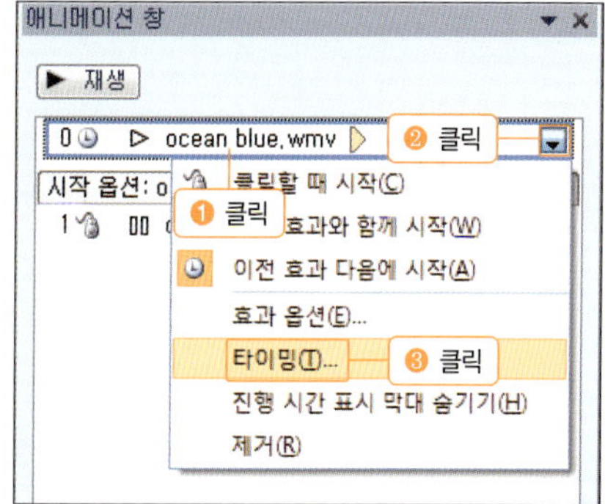

4 [비디오 재생] 대화상자가 표시되면 [타이밍] 탭에서 '시작'이 '이전 효과 다음에', '시작 옵션'이 '마우스 클릭할 때 애니메이션 시작'으로 지정되어 있는 것을 확인합니다. 비디오는 슬라이드가 표시되는 효과 다음에 자동으로 실행되며, 눌러도 실행된다는 의미입니다.

> **Tip** · 시작 옵션의 세부 항목이 안 보이는 경우 〈시작 옵션〉 버튼을 눌러 표시할 수 있습니다.

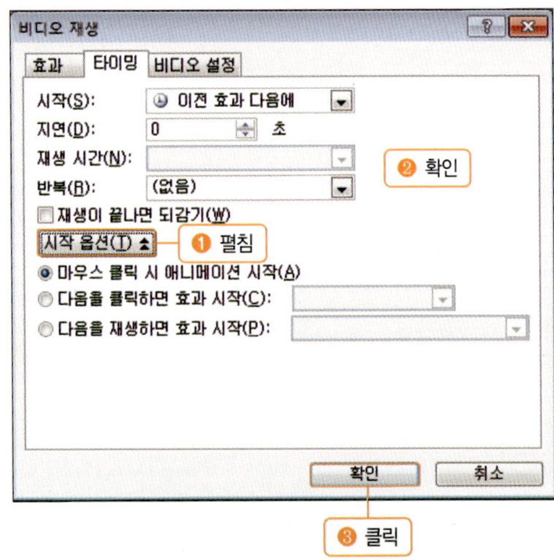

5 [애니메이션 창]에서 두 번째 삽입된 애니메이션 목록을 선택하고, 오른쪽의 끝에 있는 내림 버튼(▼)을 누른 다음 [타이밍]을 선택합니다.

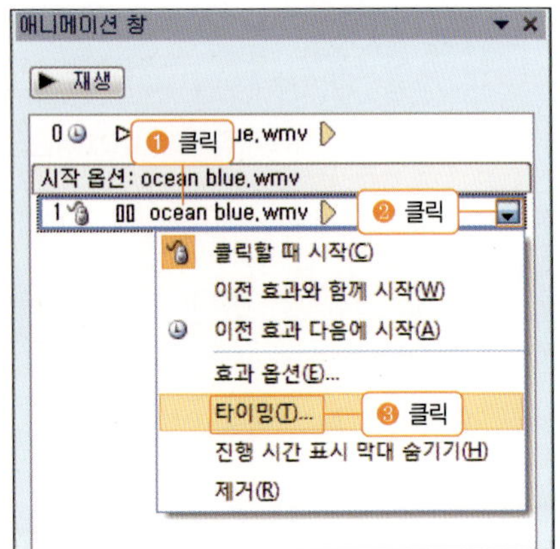

6 [비디오 일시 중지] 대화상자의 [타이밍] 탭에는 '시작'이 '클릭할 때', '시작 옵션'이 '다음을 누르면 효과 시작'으로 지정되어 있는 것을 확인합니다. 비디오를 누르면 일시 정지되며 다시 누르면 실행된다는 의미입니다. 비디오를 누를 때마다 일시 정지와 재생이 반복됩니다.

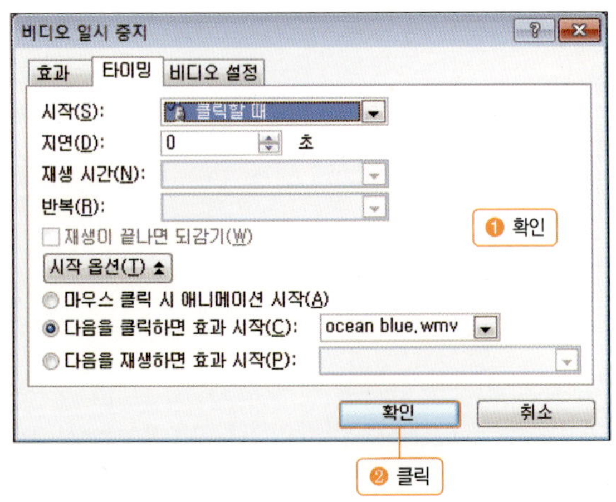

7 비디오가 재생되다가 자동으로 특정 위치 (책갈피)에서 일시 중지되도록 애니메이션을 추가하겠습니다. [애니메이션] 탭의 [고급 애니메이션] 그룹에서 '애니메이션 추가' 아이콘( )을 누르고 [미디어] 항목에서 [일시 중지]를 선택합니다.

> **Tip** · 애니메이션의 [미디어] 항목은 비디오나 오디오 개체에만 사용할 수 있습니다.

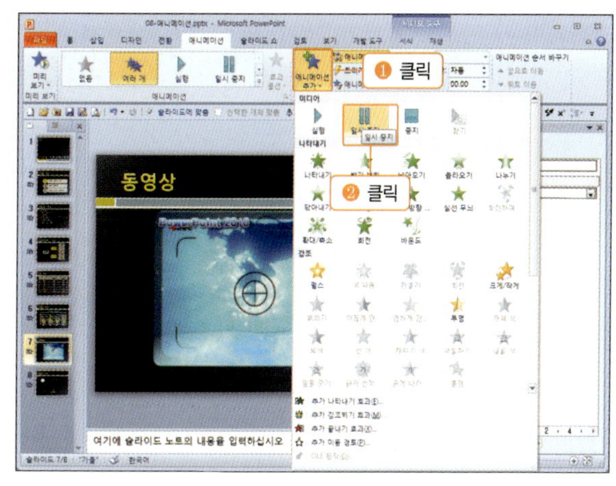

8 [애니메이션 창]에서 새로운 일시 중지 애니메이션이 추가된 것을 확인할 수 있습니다. 애니메이션의 시작 조건을 설정하기 위해 [애니메이션] 탭의 [고급 애니메이션] 그룹에서 '트리거' 아이콘( )을 누른 다음 [책갈피에서]-[책갈피 1]을 선택합니다.

> **Tip** · 트리거는 애니메이션을 위한 특수 시작 조건을 지정할 수 있습니다. [클릭할 때]를 선택하면 슬라이드에 있는 개체를 선택하여 애니메이션을 지정할 수 있고 [책갈피에서]를 선택하면 비디오나 오디오 파일에 지정한 책갈피가 제시됩니다.

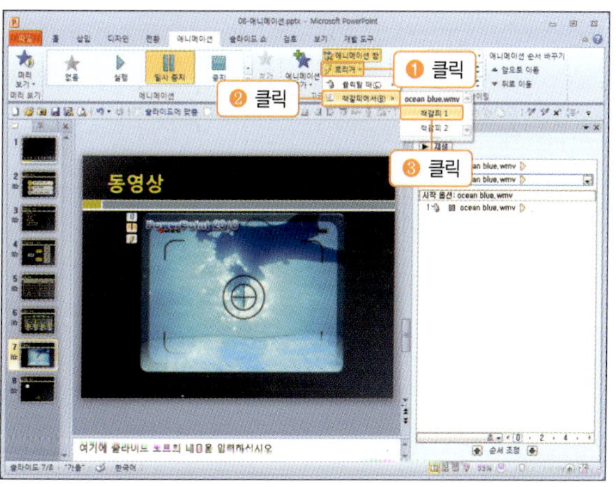

9 [애니메이션 창]을 보면 '책갈피1'에 트리거가 적용된 일시 중지 애니메이션으로 변경된 것을 확인할 수 있습니다. 이 애니메이션의 오른쪽 끝에 있는 내림 버튼( )을 누르거나 마우스 오른쪽 버튼을 누르면 표시되는 바로 가기 메뉴에서 [타이밍]을 선택합니다.

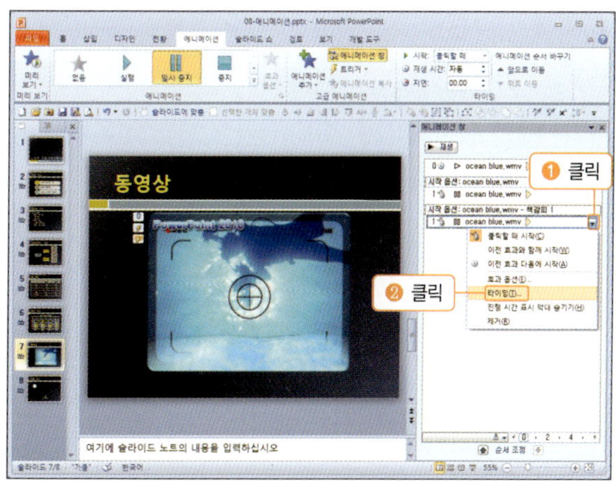

10 [비디오 일시 중지] 대화상자의 [타이밍] 탭에서 시작 옵션을 보면 '다음을 재생하면 효과 시작'이 선택되어 있고 비디오의 책갈피가 지정되어 있습니다. 비디오의 '책갈피 1'이 재생되면 애니메이션 효과(일시 중지)가 시작된다는 뜻입니다. 〈확인〉 버튼을 누릅니다.

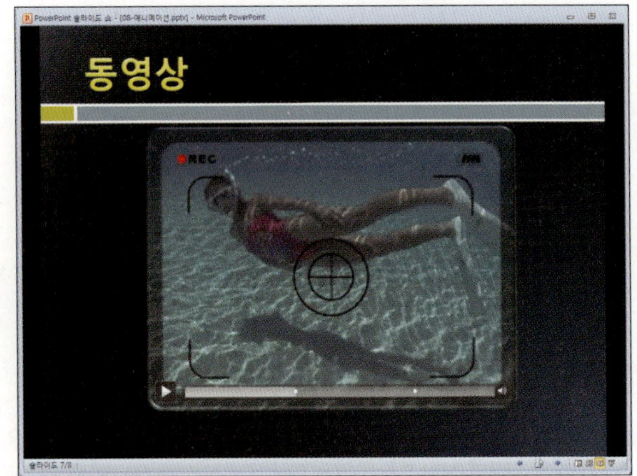

11 화면 아래 상태 표시줄의 [보기 바로 가기]에서 '읽기용 보기' 아이콘(▦)을 선택하여 자동으로 비디오가 재생되다가 책갈피 1 위치에서 멈추는지 확인합니다. Esc 를 눌러 기본 보기로 변경합니다.

> *Tip* · 프레젠테이션을 진행할 때 비디오의 특정 부분에서 멈추고 설명을 추가해야 할 때 사용하면 편리합니다. 다시 비디오를 재생하려면 비디오를 클릭하여 이어서 재생합니다.

5. 이동 경로 애니메이션 효과 지정하기

1 애니메이션 효과를 지정할 때 사용자가 움직이는 경로를 지정할 수 있습니다. 여덟 번째 슬라이드에 삽입된 자동차 개체를 선택하고 [애니메이션] 탭의 [애니메이션] 그룹에서 '자세히' 버튼(▾)을 누른 다음 다양한 이동 경로를 모두 보기 위해 [추가 이동 경로]를 선택합니다.

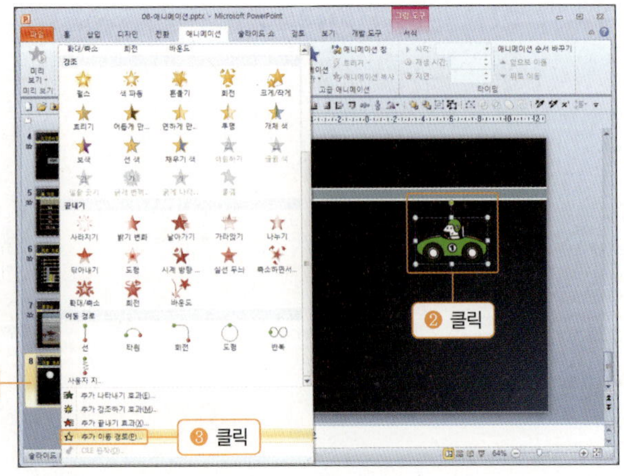

2 [이동 경로 변경] 대화상자에서 종류를 누르면 어떤 형태의 애니메이션인지 미리 보기로 확인할 수 있습니다. 사용하려는 이동 경로를 선택하고 〈확인〉 버튼을 누릅니다.

> *Tip* ● 애니메이션을 선택하거나 변경할 때 미리 보기가 되지 않는 경우 [이동 경로 변경] 대화상자 아래쪽 '효과 미리 보기'에 체크 표시하거나 [애니메이션] 탭에서 [미리 보기] 그룹에 있는 '미리 보기' 아이콘(★)의 ▼부분을 누르고 표시되는 메뉴에서 [내용 조금 보기]를 선택합니다.

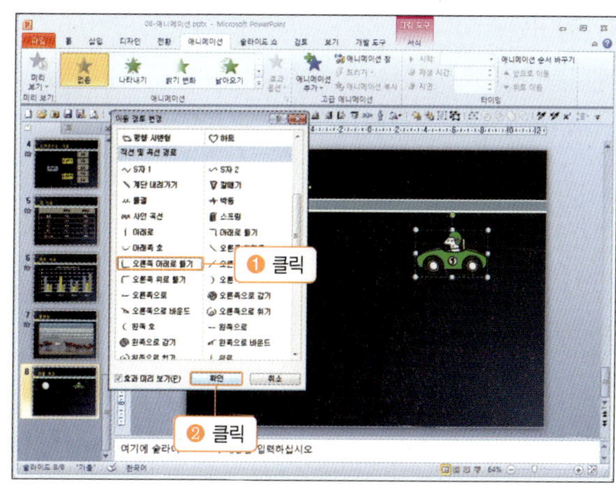

3 초록색 삼각형이 애니메이션의 시작 위치이며 점선이 이동 경로, 빨간색 삼각형이 종료 위치를 나타냅니다. [애니메이션] 탭의 [애니메이션] 그룹에서 '효과 옵션' 아이콘을 누르고 표시되는 목록 중 [점 편집]을 선택합니다.

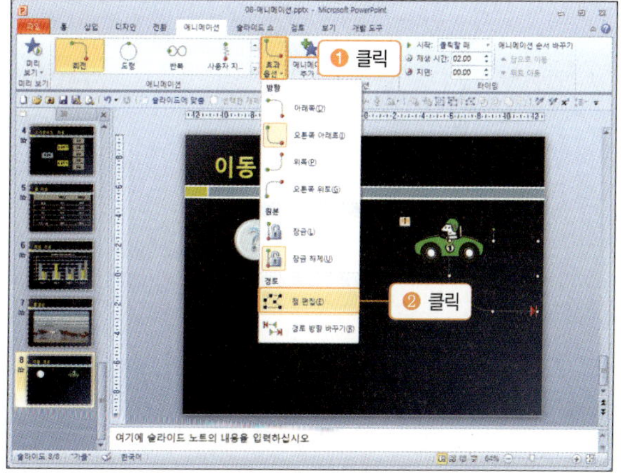

4 이동 경로도 도형과 마찬가지로 점 편집을 할 수 있습니다. 원하는 위치로 점을 이동하고 둥글기 정도를 수정합니다.

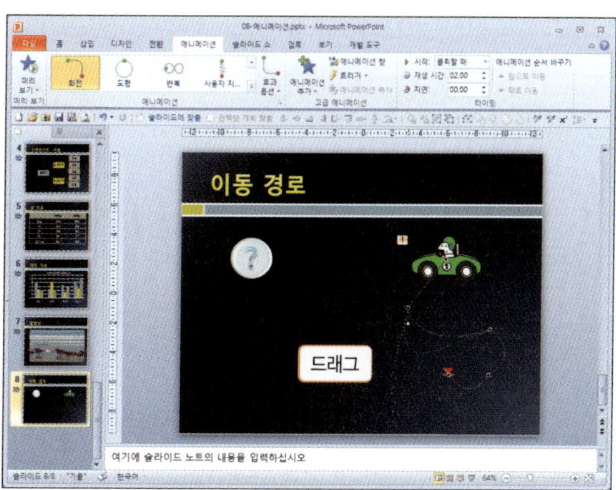

5 애니메이션의 시작점과 종료점을 반대로 진행하고 싶다면, 이동 경로가 선택된 상태로 [애니메이션] 탭의 [애니메이션] 그룹에서 '효과 옵션' 아이콘을 누르고 [경로 방향 바꾸기]를 선택합니다.

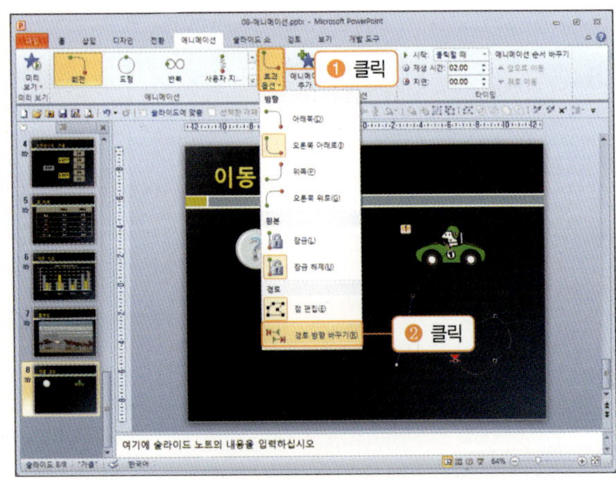

6 원본 자동차의 위치를 변경할 때 이동 경로의 위치까지 함께 변경되지 않게 하려면 [애니메이션] 탭의 [애니메이션] 그룹에서 '효과 옵션' 아이콘을 누르고 [잠금]을 선택합니다.

> **Tip •** 기본으로 잠금이 해제되어 있기 때문에 개체를 이동하면 이동 경로도 함께 이동됩니다.

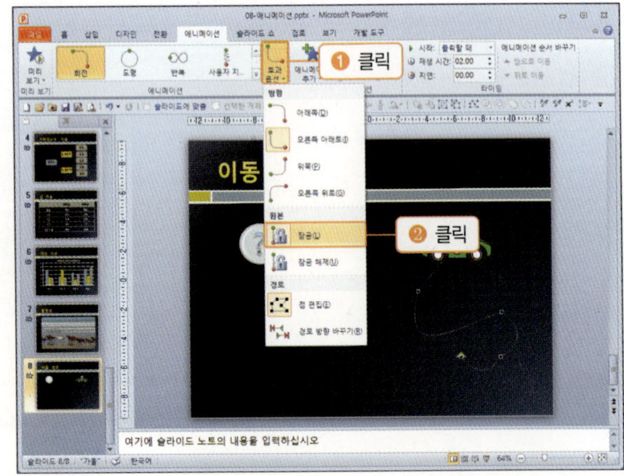

7 원본이 잠겨 있다면 자동차를 드래그하여 위치를 이동해도 애니메이션 위치는 그대로입니다.

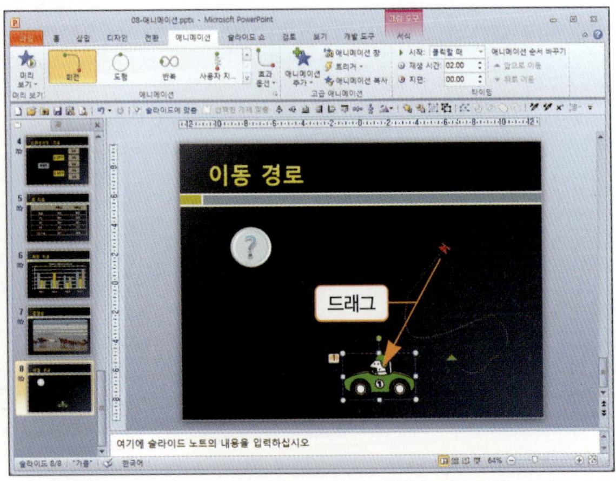

8 왼쪽에 있는 원형 도형의 이동 경로를 직접 지정해 보겠습니다. 왼쪽 원형 개체를 선택하고 [애니메이션] 탭의 [애니메이션] 그룹에서 '자세히' 버튼(▼)을 누른 다음 [이동 경로] 항목의 [사용자 지정 경로]를 선택합니다.

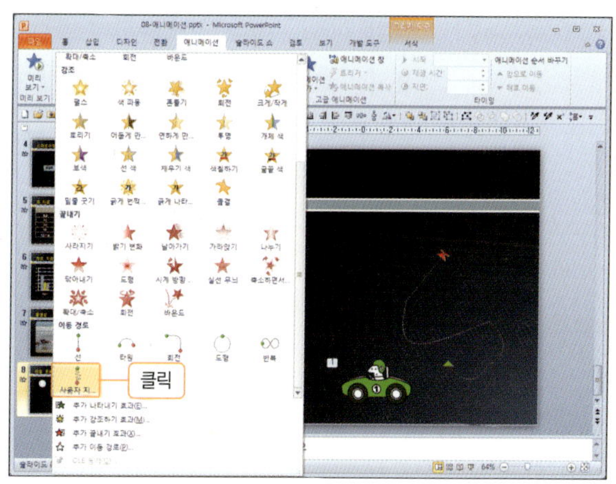

9 마우스 포인터가 십자모양으로 표시되면 경로를 그립니다. 직선으로 그리려면 클릭하고 곡선으로 그리려면 드래그합니다. 경로 그리기를 마치려면 더블클릭합니다.

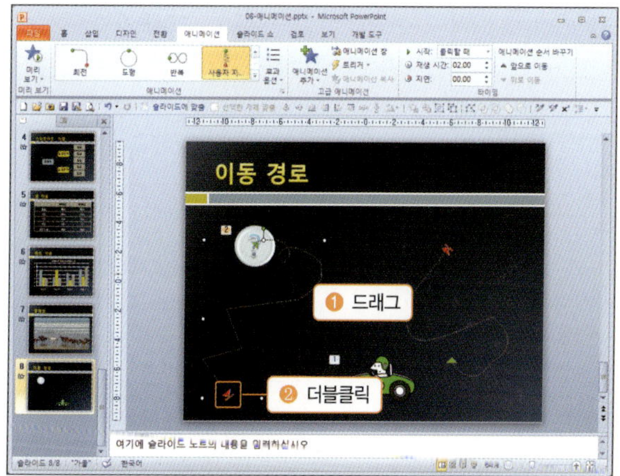

10 사용자가 직접 이동 경로를 그린 경우도 경로를 잠그거나, 점 편집, 반대 방향으로 움직이기 등의 효과 옵션을 지정할 수 있습니다.

> *Tip* · '효과 옵션' 아이콘을 클릭했을 때 표시되는 메뉴에서 [시퀀스] 항목에 보이는 내용은 애니메이션이 적용된 개체에 따라 다릅니다. 예제에서는 원형 도형에 물음표 텍스트가 입력되어 텍스트 관련 시퀀스가 표시됩니다.

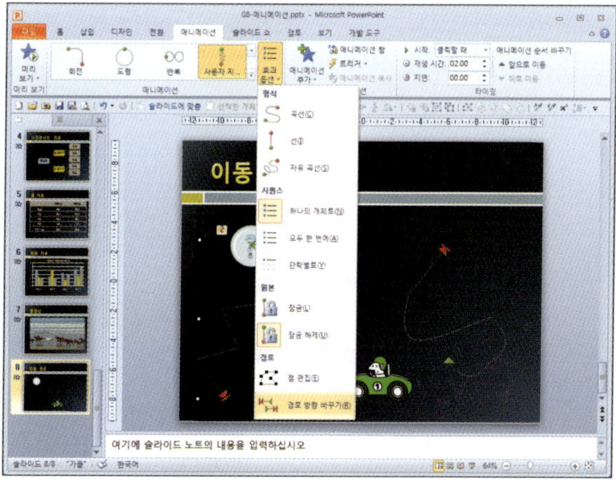

원하는 위치로 연결하는 하이퍼링크 이용하기

하이퍼링크는 같은 프레젠테이션의 다른 슬라이드에 연결하거나 다른 프레젠테이션의 슬라이드, 전자 메일 주소, 웹 페이지 또는 파일에 연결하는 것입니다.

하이퍼링크를 설정하고 다양하게 활용하는 방법을 알아보겠습니다.

여러 형태 개체에 하이퍼링크 연결하기

프레젠테이션을 진행하다 보면 작성한 슬라이드 순서와 다르게 다른 슬라이드나 파일, 인터넷 사이트 등을 참고해야 하는 경우가 있습니다. 하이퍼링크를 지정할 수 있는 개체와 연결 대상의 종류를 살펴보고, 원하는 위치로 이동하거나 연결하는 방법을 알아보겠습니다.

· 소스 파일 : Part08\하이퍼링크.pptx

참고 동영상 : 12강 8-4하이퍼링크.avi

1 Part08 폴더에서 '하이퍼링크.pptx' 파일을 불러옵니다. 슬라이드 쇼를 진행할 때 추가적인 설명을 위해 도형을 눌렀을 때 적혀진 사이트로 이동할 수 있도록 하이퍼링크를 지정하겠습니다. '네이버'라고 적힌 도형을 선택하고 [삽입] 탭의 [링크] 그룹에서 '하이퍼링크' 아이콘(🖼)을 누릅니다.

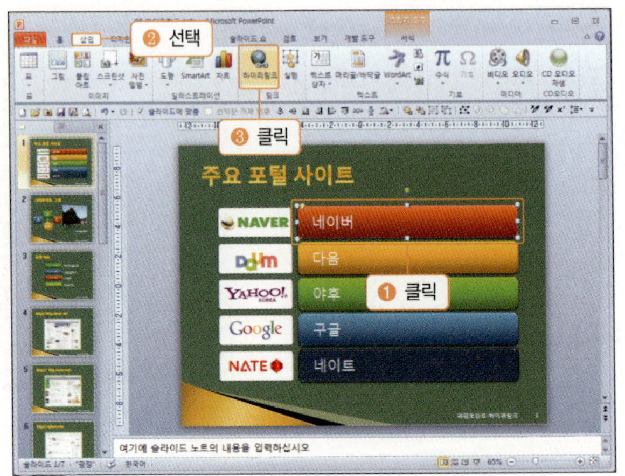

2 [하이퍼링크 삽입] 대화상자가 표시되면 '연결 대상'을 '기존 파일/웹 페이지', '주소'를 'http://www.naver.com'으로 입력하고 〈확인〉 버튼을 누릅니다.

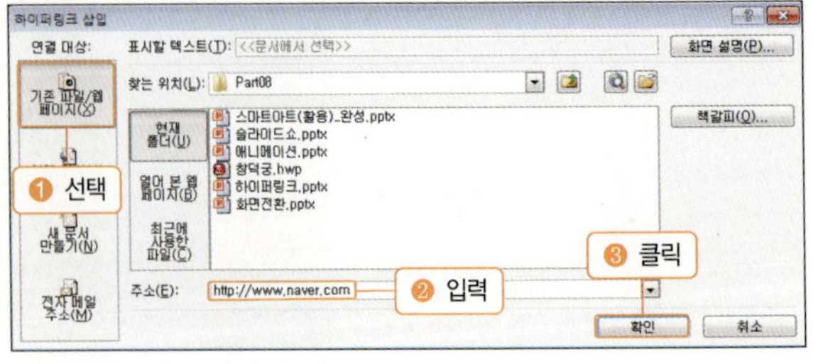

> **Tip** · '기존 파일/웹 페이지' 연결 대상은 다른 프레젠테이션의 슬라이드, 웹의 페이지, 또는 기타 파일에 대한 하이퍼링크를 만들 때 사용합니다.

3 하이퍼링크가 연결되어도 기본 보기 상태에서는 차이를 느낄 수 없습니다. 슬라이드 쇼 상태에서 확인하기 위해 상태 표시줄의 [보기 바로 가기]에서 '읽기용 보기' 아이콘(▩)을 누릅니다.

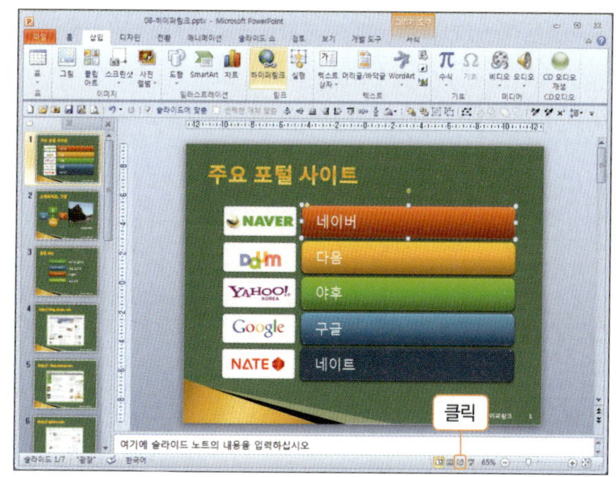

4 하이퍼링크를 지정한 도형 위로 마우스를 가져가면 마우스 포인터가 손 모양으로 변경됩니다. 도형을 눌러서 지정한 인터넷 사이트로 잘 연결되는지 확인합니다. 인터넷 창을 닫고 작업창으로 이동합니다.

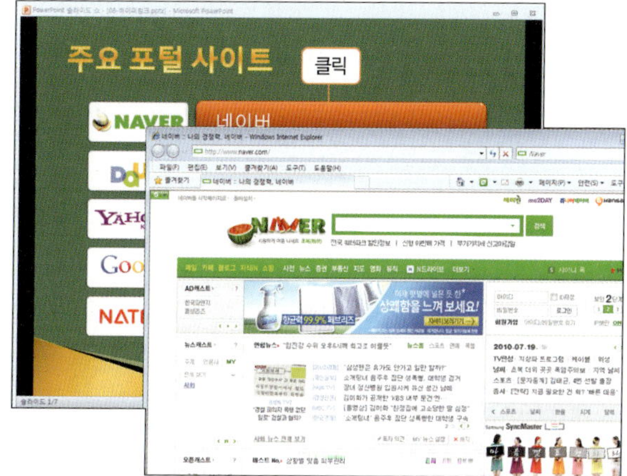

5 두 번째 슬라이드에 있는 SmartArt 그래픽을 하이퍼링크로 연결하겠습니다. SmartArt 그래픽 중 'A' 도형을 선택하고 [삽입] 탭의 [링크] 그룹에서 '하이퍼링크' 아이콘(🔗)을 누릅니다.

> **Tip** · SmartArt 그래픽 중 어느 도형을 클릭해도 연결되도록 SmartArt 그래픽 전체에 연결하려면 SmartArt 그래픽 테두리 부분을 클릭해서 전체를 선택하고, SmartArt 그래픽의 특정 도형에 연결하려면 도형 하나만 선택합니다.

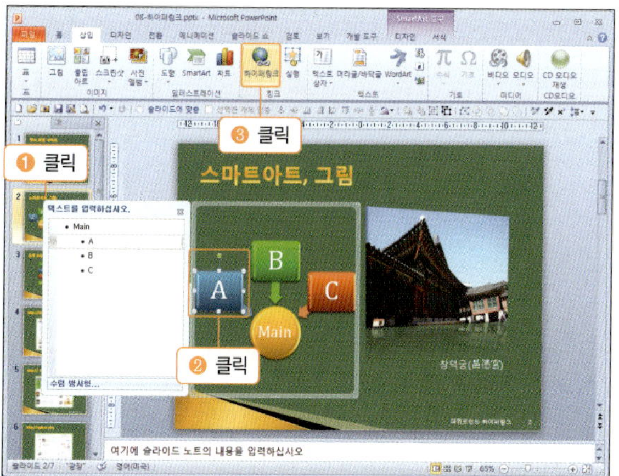

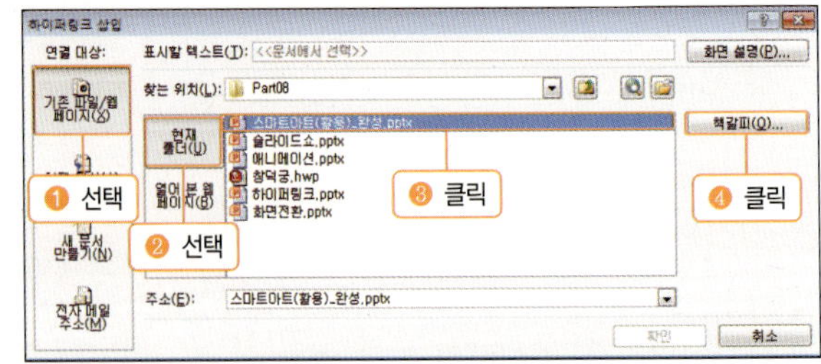

6 [하이퍼링크 삽입] 대화상자가 표시되면 '연결 대상'을 '기존 파일/웹 페이지'로 지정하고 '찾는 위치'를 '현재 폴더'로 지정합니다. 파일 목록에서 '스마트아트(활용)_완성.pptx' 파일을 선택한 다음 〈책갈피〉 버튼을 누릅니다.

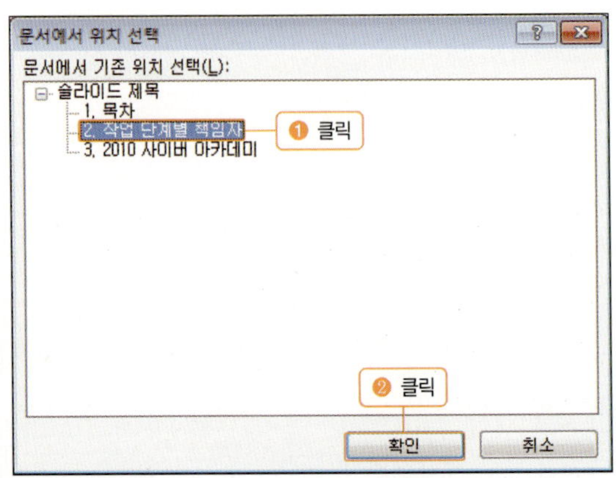

7 표시되는 [문서에서 위치 선택] 대화상자가 표시되면 선택한 파일의 슬라이드 목록에서 두 번째 슬라이드를 선택하고 〈확인〉 버튼을 누릅니다.

> **Tip .** 파일의 특정 슬라이드로 하이퍼링크를 연결하려면 책갈피를 이용해 연결하려는 슬라이드를 선택합니다. 책갈피에서 연결할 슬라이드를 선택하지 않으면 첫 번째 슬라이드로 연결됩니다.

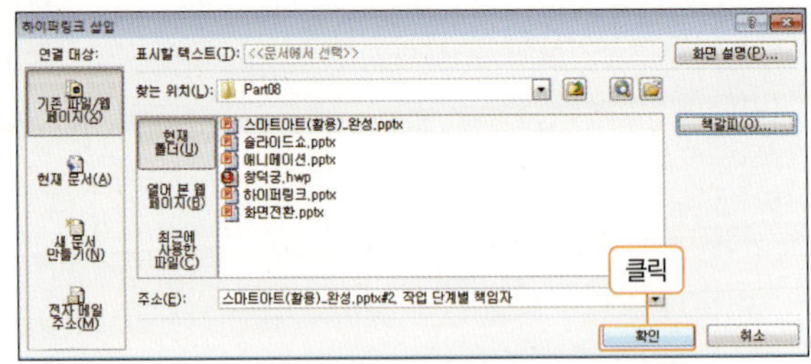

8 [하이퍼링크 삽입] 대화상자의 〈확인〉 버튼을 누릅니다.

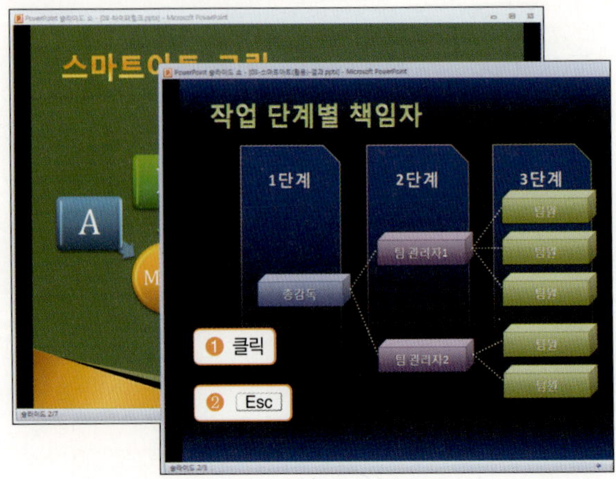

9 화면 아래 상태 표시줄의 [보기 바로 가기]에서 '읽기용 보기' 아이콘(📖)을 누르고, 슬라이드 쇼 상태에서 'A' 도형을 눌러 연결을 확인합니다. Esc 를 눌러 기본 보기로 돌아갑니다.

2 여러 방법으로 텍스트 하이퍼링크 연결하기

하이퍼링크는 텍스트, 도형, 그림 등 다양한 개체에 지정할 수 있습니다. 텍스트에 하이퍼링크를 지정해 보고 하이퍼링크 표시 색상을 변경하는 방법을 알아보겠습니다.

1 세 번째 슬라이드에는 블로그를 운영하는 사이트가 있고, 네 번째에서 일곱 번째 슬라이드에는 각 블로그의 세부 내용이 있습니다. 각각의 블로그에 상세 설명을 하이퍼링크로 연결하겠습니다. '네이버 블로그' 텍스트를 블록으로 지정하고 [삽입] 탭의 [링크] 그룹에서 '하이퍼링크' 아이콘(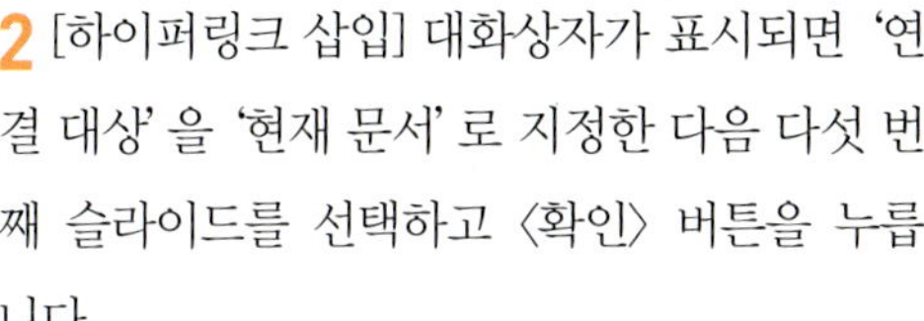)을 누릅니다.

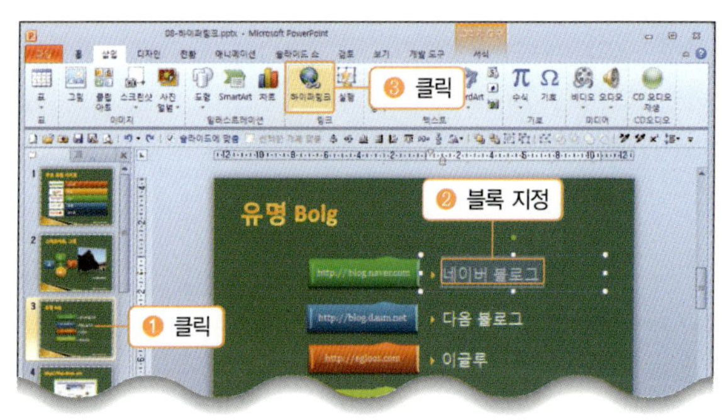

2 [하이퍼링크 삽입] 대화상자가 표시되면 '연결 대상'을 '현재 문서'로 지정한 다음 다섯 번째 슬라이드를 선택하고 〈확인〉 버튼을 누릅니다.

> **Tip** • 현재 문서는 같은 프레젠테이션 슬라이드에 대한 하이퍼링크를 만들 때 사용합니다. '이 문서에서 위치 선택'에서 하이퍼링크 내싱으로 사용할 슬라이드를 선택합니다. 미리 재구성한 쇼와 연결하려면 '이 문서에서 위치 선택'에서 '재구성한 쇼'에 표시됩니다. 재구성한 쇼를 보고 원래의 쇼 상태로 돌아가려면 '보고 돌아가기'에 체크 표시합니다.

3 두 번째 텍스트의 테두리를 누르거나 텍스트를 누른 다음 Esc 를 눌러서 텍스트를 선택합니다. 전체가 선택된 상태로 [삽입] 탭의 [링크] 그룹에서 '하이퍼링크' 아이콘(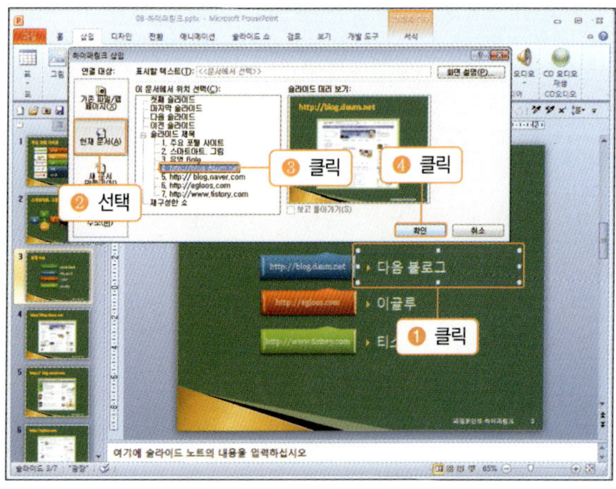)을 누릅니다. [하이퍼링크 삽입] 대화상자가 표시되면 '연결 대상'에서 '현재 문서'를 선택하고 네 번째 슬라이드를 선택한 다음 〈확인〉 버튼을 누릅니다.

4 세 번째 텍스트의 텍스트 끝 부분을 클릭해서 커서가 있는 상태로, [삽입] 탭의 [링크] 그룹에서 '하이퍼링크' 아이콘을 누릅니다. [하이퍼링크 삽입] 대화상자가 표시되면 '연결 대상'에서 '현재 문서'를 선택하고 여섯 번째 슬라이드를 선택한 다음 〈확인〉 버튼을 누릅니다.

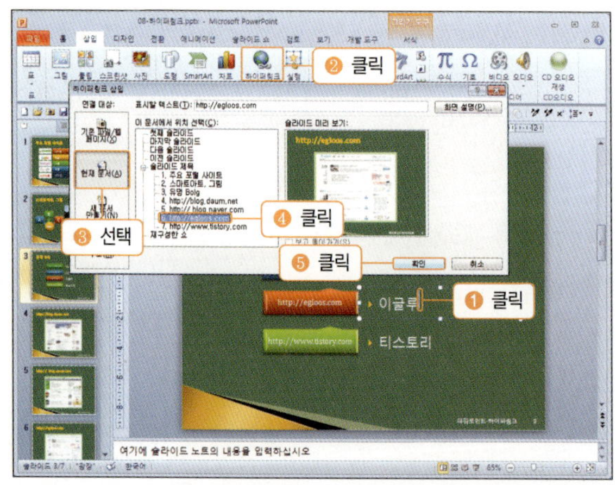

5 마지막으로 네 번째 텍스트의 중간 부분을 눌러 커서가 있는 상태에서 [삽입] 탭의 [링크] 그룹에서 '하이퍼링크' 아이콘을 누릅니다. [하이퍼링크 삽입] 대화상자가 표시되면 '연결 대상'에서 '현재 문서'를 선택하고 일곱 번째 슬라이드를 선택한 다음 〈확인〉 버튼을 누릅니다.

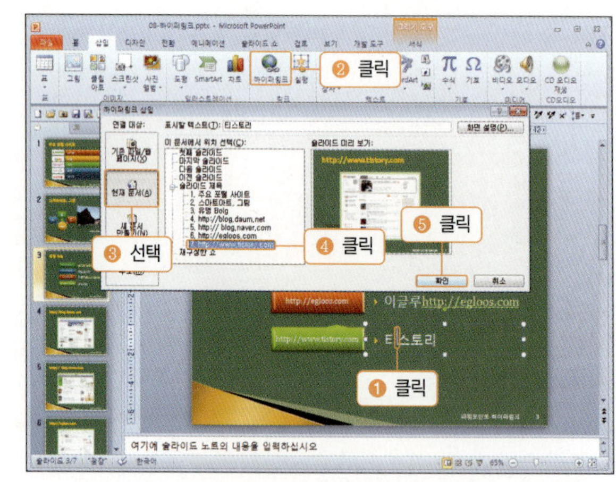

6 네 개의 텍스트 모두 하이퍼링크를 설정했지만 지정된 모양이 다릅니다. 화면 아래 상태 표시줄의 [보기 바로 가기]에서 '읽기용 보기' 아이콘을 누르고 슬라이드 쇼 상태에서 네 개 모두 하이퍼링크가 제대로 연결되었는지 확인합니다. Esc 를 눌러 작업창으로 이동합니다.

꼭! 알고가기 ▼ 하이퍼링크를 지정할 대상의 선택 방법에 따른 차이 알아보기

1. 블록 지정한 상태에서 하이퍼링크 지정

블록 지정한 텍스트에 하이퍼링크가 지정됩니다.

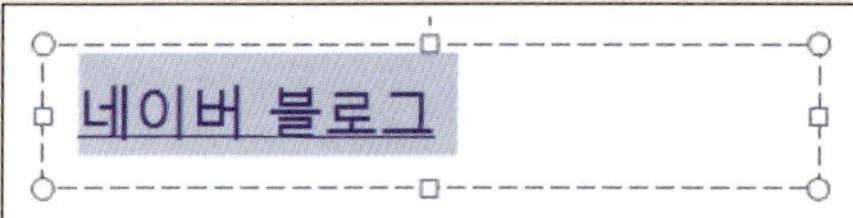

2. 개체 틀을 선택한 상태에서 하이퍼링크 지정

개체 틀 전체에 하이퍼링크가 설정됩니다. 텍스트의 전체 영역은 결국 채우기 없음이 된 직사각형 도형과 같습니다. 일반 텍스트와 하이퍼링크가 지정된 것이 차이나지 않게 하려면 블록 지정하지 않고 전체를 선택합니다. 도형의 경우 도형 안의 텍스트에 지정하느냐 도형 자체에 지정하느냐의 차이입니다.

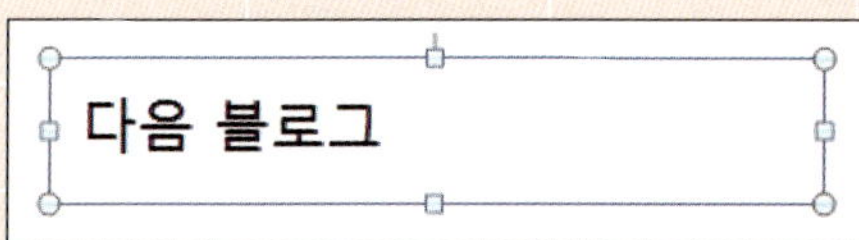

3. 텍스트 근처에 단어가 없는 빈 공간을 클릭한 상태에서 하이퍼링크 지정

링크 값을 연결하려는 문자로 만들면서 지정됩니다.

4. 단어가 클릭된 상태에서 하이퍼링크 지정

클릭된 주변의 단어에만 하이퍼링크가 지정됩니다.

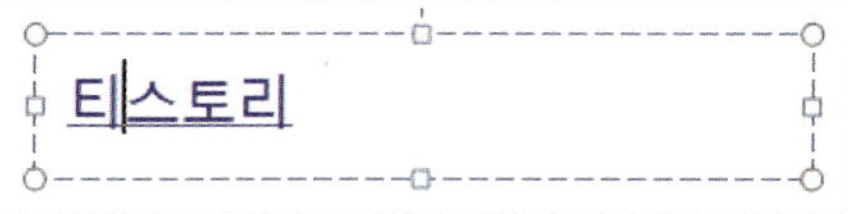

7 하이퍼링크가 지정되면 텍스트의 색이 바뀌는 것을 확인할 수 있습니다. 이 색은 테마에서 지정된 하이퍼링크 색상입니다. 색상을 변경하려면 [디자인] 탭의 [테마] 그룹에서 '색' 아이콘( )을 누른 다음 [새 테마 색 만들기]를 선택합니다.

8 [새 테마 색 만들기] 대화상자 아래쪽에 있는 '하이퍼링크' 색과 '열어 본 하이퍼링크' 색을 원하는 색으로 지정하고 〈저장〉 버튼을 누릅니다.

> *Tip* • '하이퍼링크'는 하이퍼링크된 텍스트 색이며, '열어 본 하이퍼링크'는 하이퍼링크 부분을 눌러 한 번 이상 연결된 내용을 본 텍스트 색입니다.

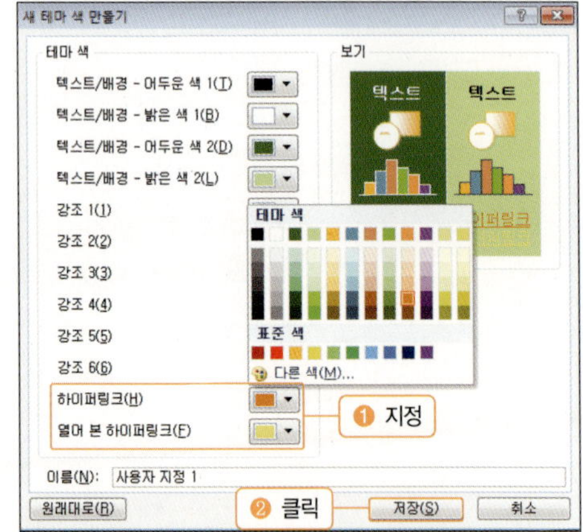

9 하이퍼링크가 지정된 텍스트의 색이 변경된 것을 확인할 수 있습니다.

> *Tip* • 하이퍼링크를 제거하려면, 하이퍼링크가 지정된 개체를 선택하고 [삽입] 탭의 [링크] 그룹에서 '하이퍼링크' 아이콘( )을 누릅니다. [하이퍼링크 삽입] 대화상자가 표시되면 〈링크 제거〉 버튼을 누릅니다.

꼭! 알고가기 ▼ *[하이퍼링크 삽입] 대화상자의 기타 연결 대상 살펴보기*

1. 새 문서 만들기

새 파일에 대한 하이퍼링크를 만들 때 사용합니다. '새 문서 이름'에 만들 파일의 이름을 입력합니다. 다른 위치에 문서를 만들려면 전체 경로에서 〈변경〉 버튼을 누르고 파일을 만들 위치를 찾은 다음 〈확인〉 버튼을 누릅니다. [문서 편집] 항목에서 문서를 지금 편집할지 나중에 편집할지에 따라 적절한 옵션을 선택합니다.

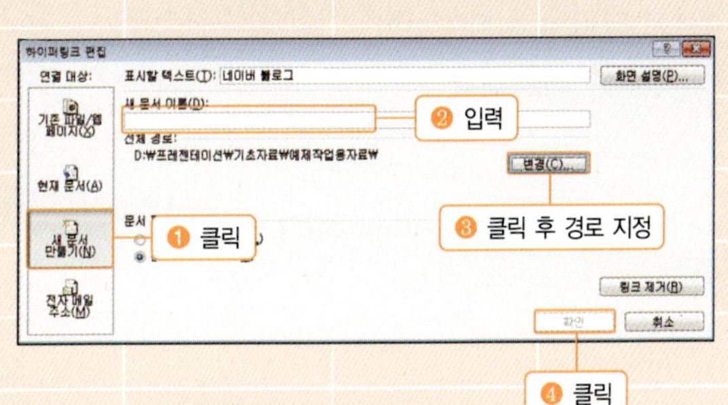

2. 전자 메일 주소

전자 메일 주소에 대한 하이퍼링크를 만들 때 사용합니다. '전자 메일 주소'에 연결할 전자 메일 주소를 입력하거나 '최근에 사용한 전자 메일 주소'에서 전자 메일 주소를 클릭합니다. 메일 주소를 입력하면 자동으로 삽입되는 'mailto:'는 삭제하면 안 됩니다. Outlook이 설정되어 있어야 사용할 수 있습니다.

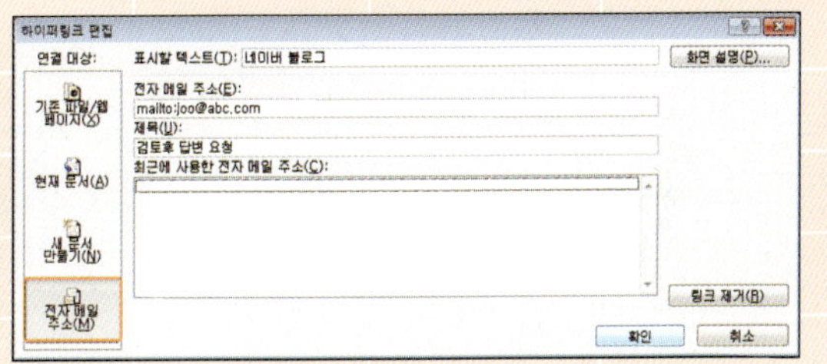

3 슬라이드 사이의 이동을 편리하게 하는 실행 단추 사용하기

프레젠테이션을 진행할 때 슬라이드 사이의 이동을 빠르고 편리하게 하기 위해 실행 단추를 이용할 수 있습니다. 슬라이드 순서대로 순차적인 진행을 하지 않을 경우 활용하면 편리합니다.

참고 동영상 : 12강 8-4하이퍼링크.avi

1 이동한 슬라이드에서 다시 첫 번째 슬라이드와 세 번째 슬라이드로 돌아오는 실행 단추를 만들겠습니다.

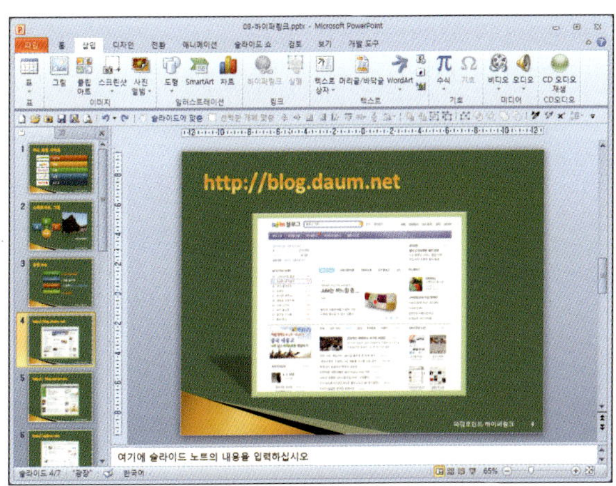

2 네 번째 슬라이드를 선택하고, [삽입] 탭의 [일러스트레이션] 그룹에서 '도형' 아이콘( )을 누른 다음 [실행 단추] 항목에서 [실행 단추: 홈( )]을 선택합니다.

3 슬라이드에서 단추를 넣을 위치에 드래그해서 단추 기호를 그립니다. 드래그를 마치면 [실행 설정] 대화상자가 표시됩니다.

4 [실행 설정] 대화상자의 [마우스를 클릭할 때] 탭에서 '하이퍼링크'를 선택하고 하이퍼링크의 대상을 지정합니다. 처음 슬라이드로 이동하기 위해 [첫째 슬라이드]를 지정하고 〈확인〉 버튼을 누릅니다.

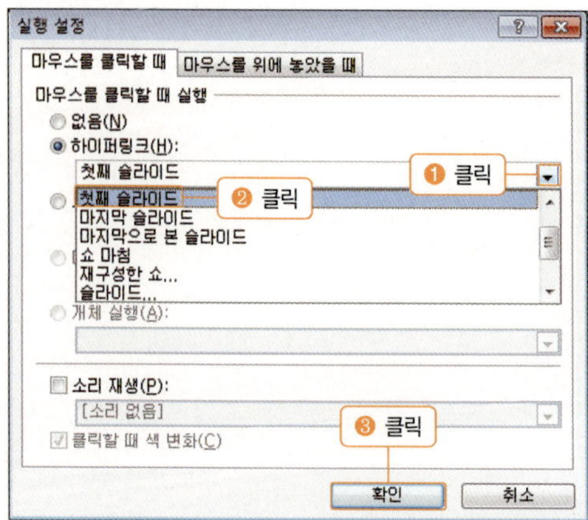

5 단추가 선택된 채로 [그리기 도구]-[서식] 탭의 [도형 스타일] 그룹에서 도형 스타일을 변경합니다.

6 일반 도형에도 [실행 설정] 대화상자를 표시하여 하이퍼링크를 지정할 수 있습니다. [삽입] 탭의 [일러스트레이션] 그룹에서 '도형' 아이콘(📋)을 누른 다음 도형 목록 중 [기본 도형] 항목에서 [웃는 얼굴(☺)]을 선택합니다.

꼭! 알고가기 ▼ *[실행 설정] 대화 상자 살펴보기*

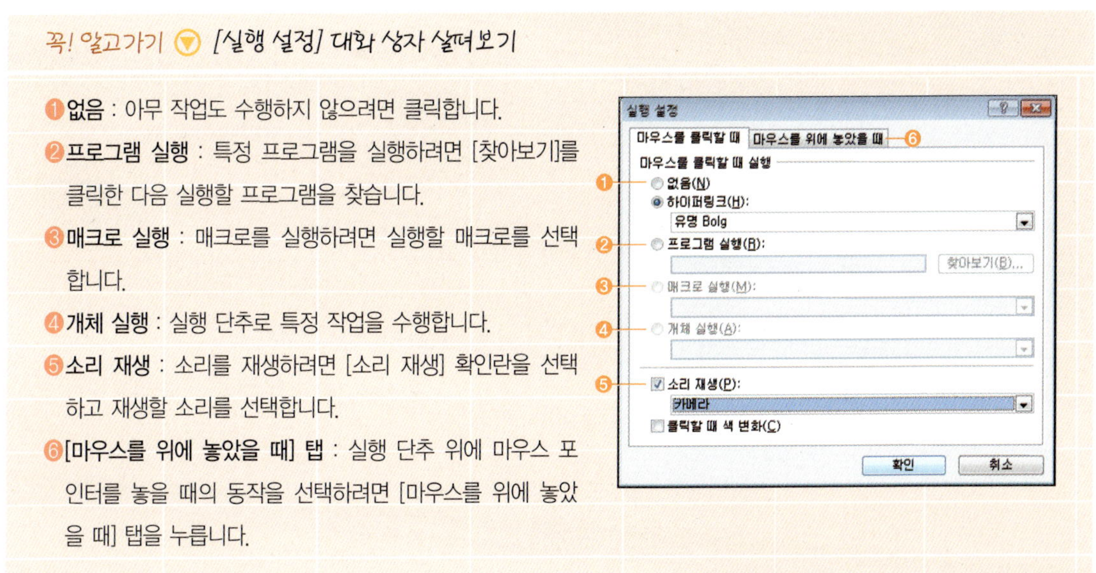

❶ **없음** : 아무 작업도 수행하지 않으려면 클릭합니다.

❷ **프로그램 실행** : 특정 프로그램을 실행하려면 [찾아보기]를 클릭한 다음 실행할 프로그램을 찾습니다.

❸ **매크로 실행** : 매크로를 실행하려면 실행할 매크로를 선택합니다.

❹ **개체 실행** : 실행 단추로 특정 작업을 수행합니다.

❺ **소리 재생** : 소리를 재생하려면 [소리 재생] 확인란을 선택하고 재생할 소리를 선택합니다.

❻ **[마우스를 위에 놓았을 때] 탭** : 실행 단추 위에 마우스 포인터를 놓을 때의 동작을 선택하려면 [마우스를 위에 놓았을 때] 탭을 누릅니다.

7 단추를 사용하기 편리하게 배치하고 [삽입] 탭의 [링크] 그룹에서 '실행' 아이콘()을 누릅니다.

8 [실행 설정] 대화상자가 표시되면 '하이퍼링크'를 선택하고 세 번째 슬라이드로 이동하기 위해 '슬라이드'를 선택합니다.

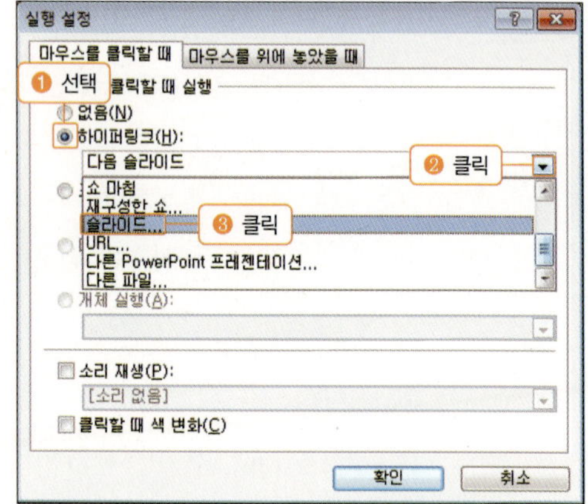

9 [슬라이드 하이퍼링크] 대화상자가 표시되면 세 번째 슬라이드를 선택하고 〈확인〉 버튼을 누릅니다.

10 하이퍼링크를 실행할 때 소리를 추가하겠습니다. [실행 설정] 대화상자에서 '소리 재생'에 체크 표시하고 '카메라'로 지정한 다음 〈확인〉 버튼을 누릅니다.

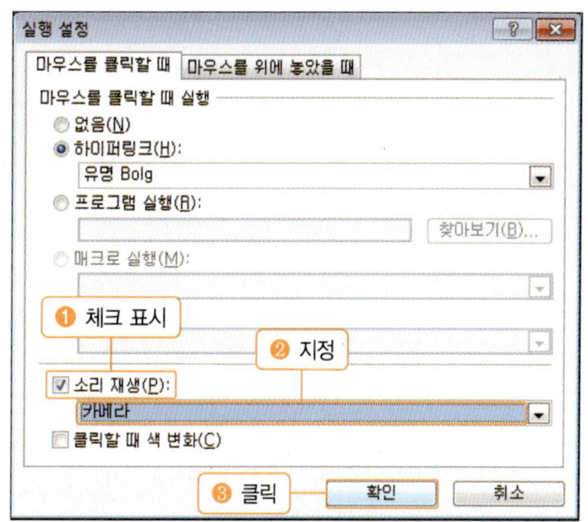

11 [웃는 얼굴] 도형을 선택하고 [그리기 도구]–[서식] 탭의 [도형 스타일] 그룹에서 도형 스타일을 변경합니다.

12 Shift+F5를 눌러 슬라이드 쇼 상태에서 하이퍼링크가 잘 연결되었는지 확인합니다.

> **Tip** ● 슬라이드 마스터 상태에서 실행 단추를 삽입하면 한 번에 모든 슬라이드에 실행 단추를 만들 수 있습니다.

프레젠테이션의 틀을 구성하는 테마와 슬라이드 마스터

파워포인트 문서를 작성할 때는 수정과 다른 형태로 전환이 쉽도록 고려하면서 작업하는 것이 효율적입니다. 이번 파트에서는 일관된 느낌의 문서를 만들어 주는 테마, 전체 슬라이드에 적용되는 슬라이드 마스터와 슬라이드 레이아웃, 업무에 맞게 지정하는 디자인 서식들에 관해 배웁니다. 이 내용을 가지고 쉽게 작성하고 수정할 수 있는 효율적인 문서를 만드는 방법을 알아보겠습니다.

PART

09

Section 01 전문가 수준의 문서, 테마로 해결하기

Section 02 빠른 입력과 수정 작업을 위한 슬라이드 마스터 사용하기

Section 03 나만의 디자인 서식 파일 만들기

Section 04 유인물 마스터와 슬라이드 노트 마스터 활용하기

전문가 수준의 문서, **테마로** **해결**하기

파워포인트 2010에서는 색 구성, 배경, 글꼴 스타일 등의 다양한 디자인 테마를 제공합니다.

프레젠테이션 작업에서 미리 정의된 테마를 사용하면 각 개체들의 색상이나 효과 선택을 쉽게 하면서도 문서 전체에 통일감을 유지하는 전문가 수준의 문서를 만들 수 있습니다.

기본 제공 테마 사용하기

파워포인트 2010에서 제공하고 있는 기본 제공 테마는 그대로 사용할 수도 있으나 사용자에게 적합한 형태로 수정할 수도 있습니다. 테마를 적용하고 구성하는 요소들의 설정을 변경하는 방법을 알아보겠습니다.

참고 동영상 : 13강 9-1테마.avi

1 파워포인트를 열고 테마가 적용된 새 프레젠테이션을 만들기 위해 [파일] 탭의 [새로 만들기] 메뉴에서 [테마]를 선택합니다.

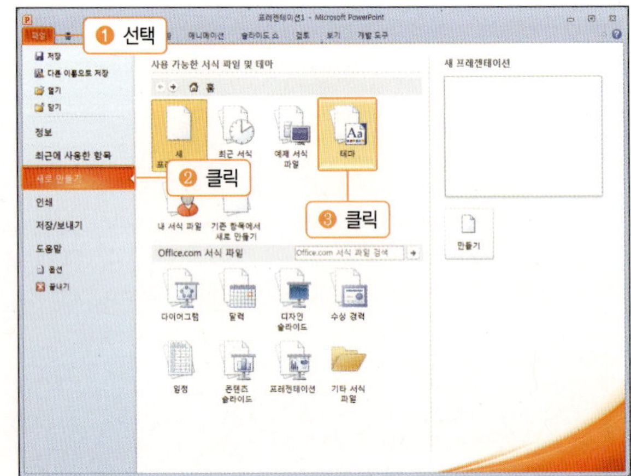

2 파워포인트 2010에서 기본으로 제공되는 테마 중에서 [눈금]을 선택하고 오른쪽에서 〈만들기〉 버튼을 누릅니다.

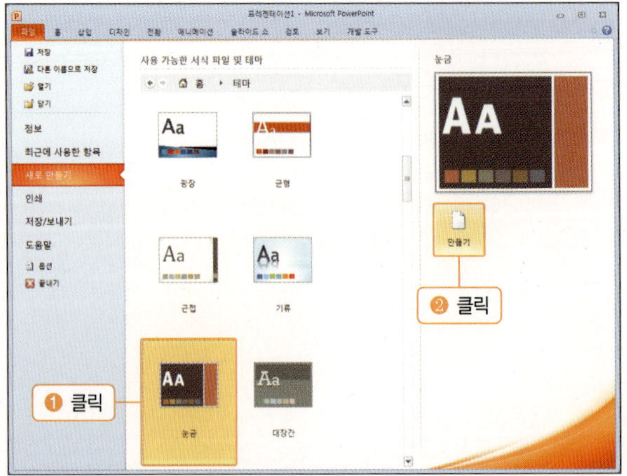

3 [눈금] 테마가 적용된 새 프레젠테이션이 만들어집니다. 테마에 따른 다른 슬라이드 레이아웃 형태도 함께 보기 위해 Ctrl + M 을 두 번 눌러 슬라이드 두 장을 추가합니다.

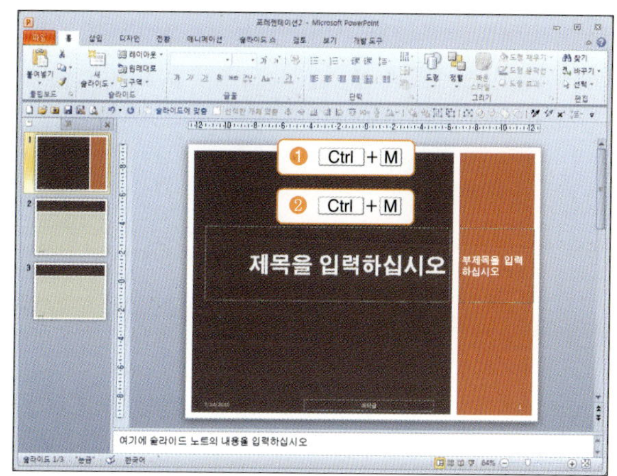

4 적용된 테마를 그대로 사용해도 되지만, 테마의 종류 자체를 변경하거나 색상이나 글꼴 등을 수정해서 사용할 수 있습니다. 다른 종류의 테마를 다시 적용하고 싶다면 [디자인] 탭의 [테마] 그룹에서 '자세히' 버튼(▼)을 누릅니다.

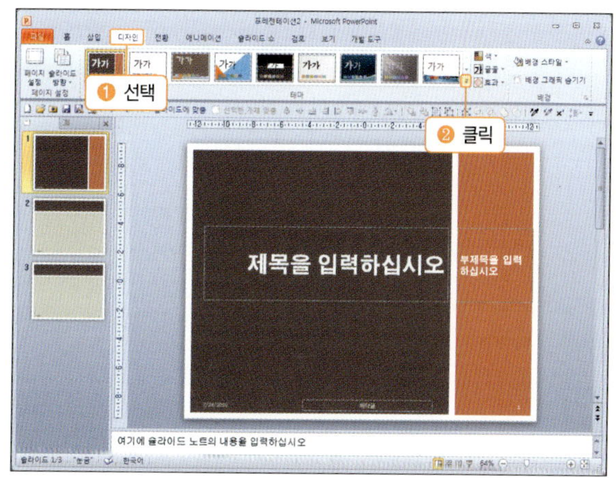

꼭! 알고가기 ▼ 테마 알아보기

테마는 프레젠테이션 문서의 색 구성, 글꼴, 효과 스타일등의 통합 디자인 정보를 가지고 있습니다. 이것으로 프레젠테이션 작성에서 어려움을 느꼈던 색상이나 디자인적인 요소의 문제를 테마를 이용한다면 쉽게 해결할 수 있습니다.

테마에서 제공하는 지정된 조합 이외의 값을 사용자가 직접 지정할 수 있습니다. 단, 효과는 사용자가 지정할 수 없고, 제공되는 것 중 하나를 선택할 수 있습니다. 이러한 테마는 Office.com을 통해 제공됩니다.

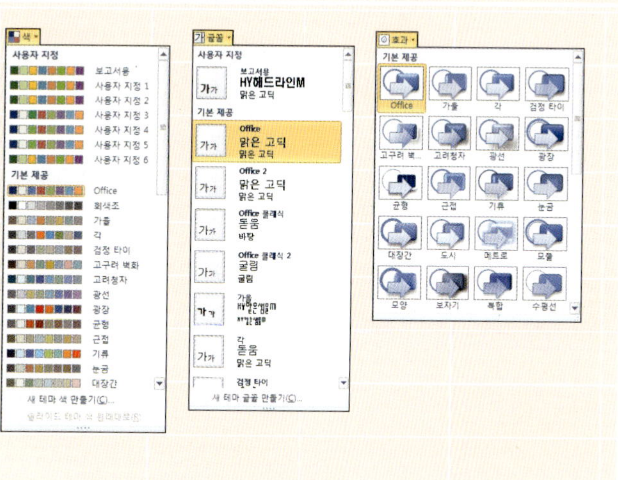

5 제공되는 갤러리에서 테마 견본에 마우스 포인터를 위치시키면 슬라이드에 적용된 상태를 미리 확인할 수 있습니다. [오스틴]을 선택합니다.

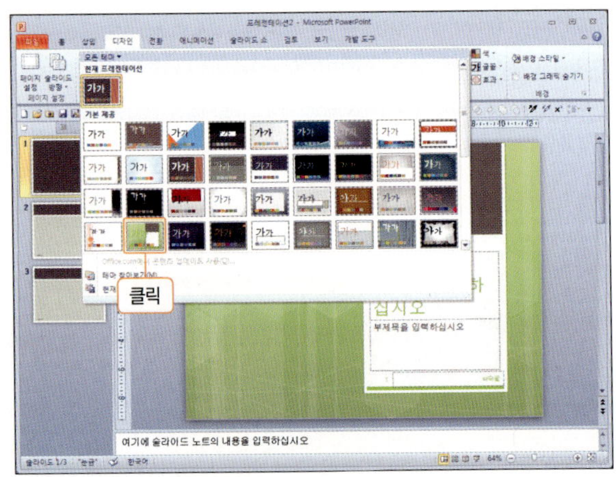

6 테마의 색상을 변경하기 위해 [디자인] 탭의 [테마] 그룹에서 '색' 아이콘을 누릅니다. 펼쳐지는 목록 중 현재 적용된 테마 색이 선택되어 있는 것을 확인할 수 있습니다. 다른 테마의 색상 구성을 사용하기 위해 [복합]을 선택합니다.

> *Tip* • 갤러리로 적용되는 항목들은 미리 보기로 슬라이드에 적용된 상태를 확인할 수 있습니다.

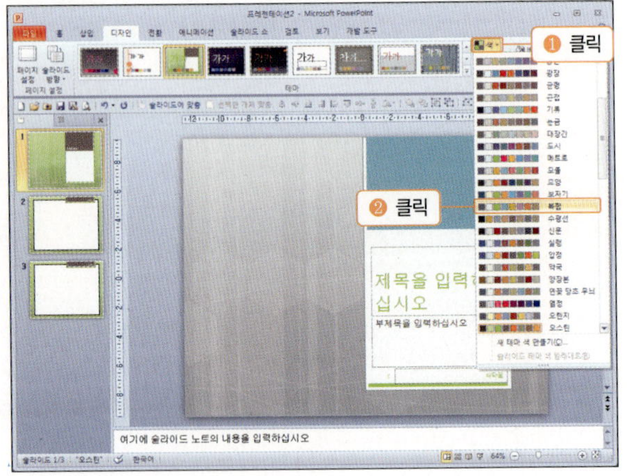

7 글꼴을 지정하겠습니다. [디자인] 탭의 [테마] 그룹에서 '글꼴' 아이콘(개)을 누릅니다. 펼쳐지는 목록에서 현재 적용된 테마 글꼴이 선택되어 있는 것을 확인할 수 있습니다. 제공되는 기본 글꼴 목록은 기본 테마들의 이름과 일치합니다. 다른 테마의 글꼴을 사용하기 위해 [테크닉]을 선택합니다.

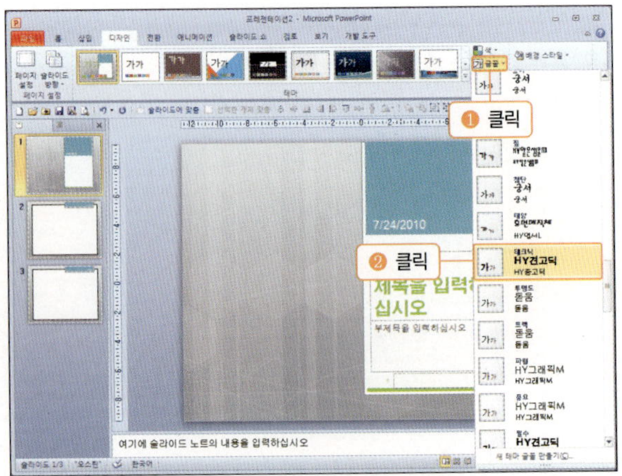

8 도형이나 선에 적용되는 효과를 지정하겠습니다. [디자인] 탭의 [테마] 그룹에서 '효과' 아이콘을 누릅니다. 이곳에서 제공되는 기본 효과 목록은 기본 테마들의 이름과 일치합니다. 다른 테마의 효과를 사용하기 위해 [모듈]을 선택합니다.

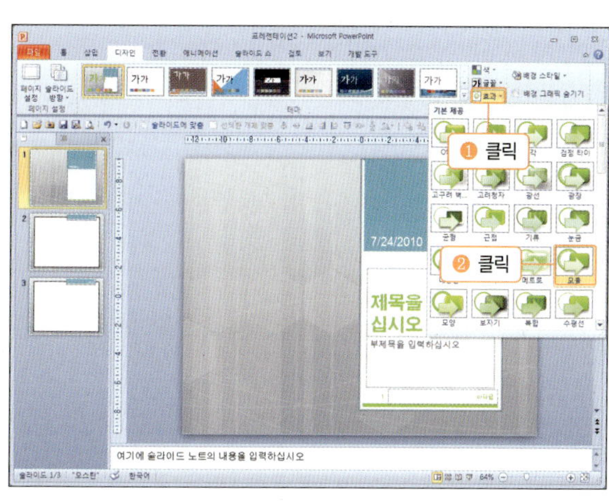

> *Tip* ∘ 테마의 효과는 문서 전체에 포함된 차트, SmartArt 그래픽, 도형 및 그림에 사용된 선, 채우기, 그림자 및 3차원(3D) 효과 등입니다. 이러한 개체가 삽입된 슬라이드를 선택한 상태에서 적용하면 효과의 적용을 확인하면서 선택할 수 있습니다.

9 색상 구성이나 글꼴 등은 유지한 상태에서 배경을 좀 어둡게 변경하겠습니다. [디자인] 탭의 [배경] 그룹에서 '배경 스타일' 아이콘()을 누르고 [스타일 11]을 선택합니다.

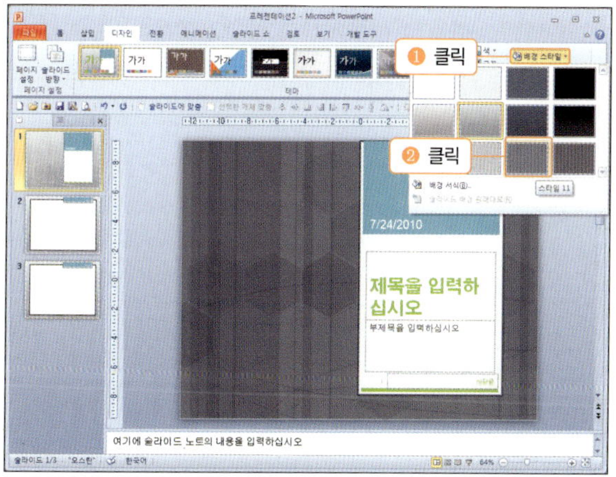

10 어두운 배경으로 변경된 것을 확인합니다. 테마를 지정하고 색 구성, 글꼴 등을 수정해서 원하는 디자인의 프레젠테이션을 쉽게 작성할 수 있습니다.

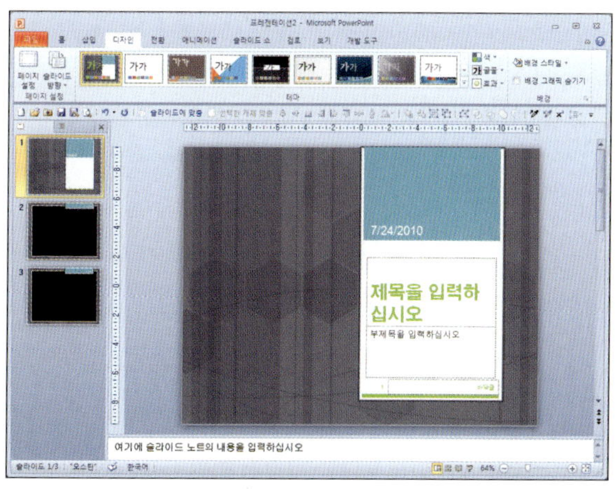

2 테마의 구성 요소 직접 만들고 저장해서 사용하기

업무에 자주 사용하는 형태로 테마를 만들어 저장하고 사용하면 편리합니다. 이번에는 테마를 구성하는 요소들을 직접 만들어 보고 테마를 저장해서 쉽게 사용하는 방법을 알아보겠습니다.

· 소스 파일 : Part09\테마.pptx　· 결과 파일 : Part09\테마_완성.pptx　🎬 참고 동영상 : 13강 9-1테마.avi

1 Part09 폴더에서 '테마.pptx' 파일을 불러옵니다. 테마의 색상을 바꾸기 위해 [디자인] 탭의 [테마] 그룹에서 '색' 아이콘을 누릅니다. 펼쳐지는 목록 중 [새 테마 색 만들기]를 선택합니다.

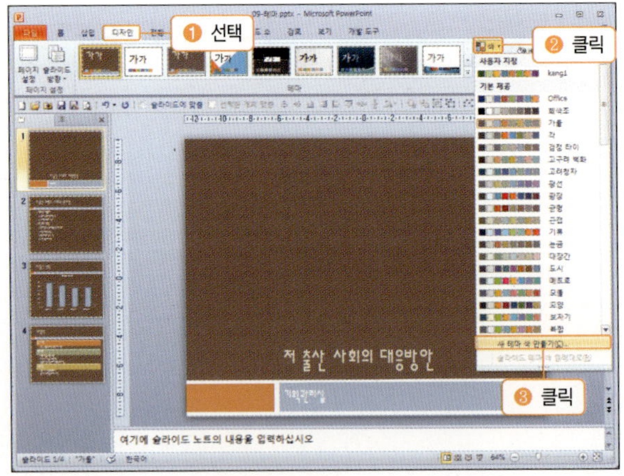

2 [새 테마 색 만들기] 대화상자가 표시되면 열두 개의 색상을 지정할 수 있습니다. [보기] 항목을 확인하며 [테마 색] 항목을 원하는 색으로 지정한 다음 '이름'을 '보고서용'으로 입력하고 〈저장〉 버튼을 누릅니다.

> **Tip** · 변경한 색상을 다시 처음 상태로 돌리려면 왼쪽 아래에 있는 〈원래대로〉 버튼을 누릅니다.

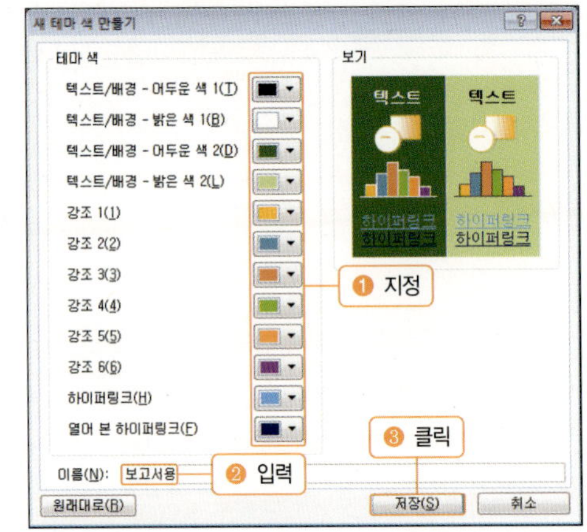

3 프레젠테이션 문서의 색이 지정한 색 구성으로 변경된 것을 확인합니다. [디자인] 탭의 [테마] 그룹에서 '색' 아이콘을 누른 다음 지정한 색이 [사용자 지정] 항목에 등록되어 있는 것을 확인합니다.

4 [사용자 지정] 항목에 등록된 색상을 마우스 오른쪽 버튼으로 누르면 [편집]과 [삭제]를 선택할 수 있습니다.

> **Tip** · 기본으로 제공되는 색상은 [편집]과 [삭제]를 선택할 수 없습니다.

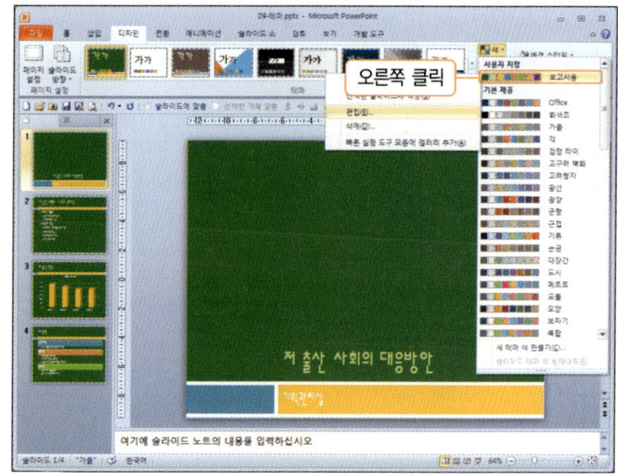

꼭! 알고가기 ⓥ 테마 색 살펴보기

열두 개의 색을 지정하여 사용자 지정 테마를 만들 수 있습니다.

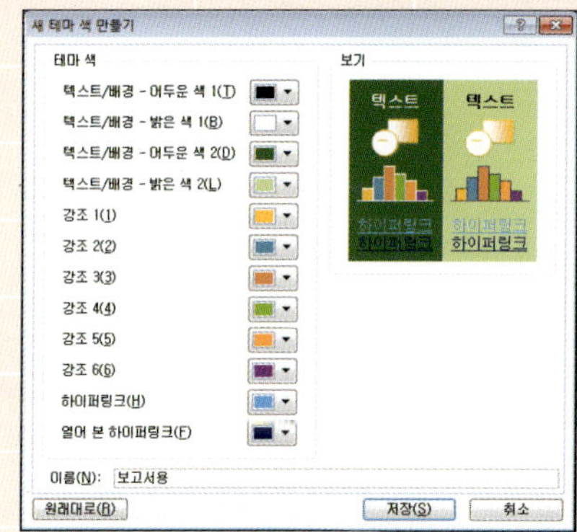

1. 텍스트/배경-어두운 색1 ~ 텍스트/배경-밝은 색 2

텍스트와 배경에 사용됩니다. 밝은 색 텍스트는 어두운 색 위에, 어두운 색 텍스트는 밝은 색 위에 항상 잘 보이도록 설정하고 배경의 밝고 어두움에 따라 자동으로 잘 보이는 글꼴 색을 지정하게 됩니다.

[배경 스타일]에 보이는 견본은 테마 색에서 지정한 네 개의 텍스트/배경 색에 의해 결정됩니다.

2. 강조 1 ~ 강조 6

강조 색으로 네 가지 배경색 위에서 모두 잘 보입니다. 이 색으로 문서에 사용되는 도형 등 모든 콘텐츠를 표시합니다. 특히 강조한 색은 도형을 그렸을 때 기본적으로 적용되는 채우기 색입니다.

3. 하이퍼링크 ~ 열어 본 하이퍼링크

하이퍼링크 및 열어 본 하이퍼링크에 사용됩니다.

5 테마의 글꼴을 바꾸기 위해 [디자인] 탭의 [테마] 그룹에서 '글꼴' 아이콘(가)을 누릅니다. 펼쳐지는 목록 중 [새 테마 글꼴 만들기]를 선택합니다.

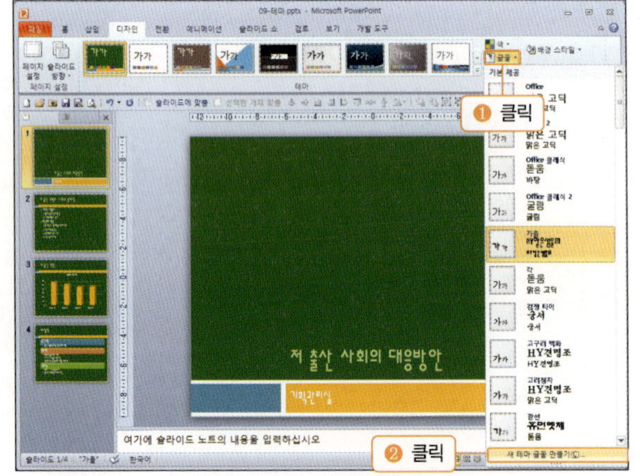

6 [새 테마 글꼴 만들기] 대화상자에는 프레젠테이션에서 사용하는 모든 한글 텍스트 글꼴과 영문 텍스트 글꼴을 각각 제목용과 본문용으로 두 가지씩 지정할 수 있습니다. 오른쪽에 있는 [보기] 항목을 확인하면서 원하는 글꼴을 지정한 다음 '이름'을 "보고서용"이라고 입력하고 〈저장〉 버튼을 누릅니다.

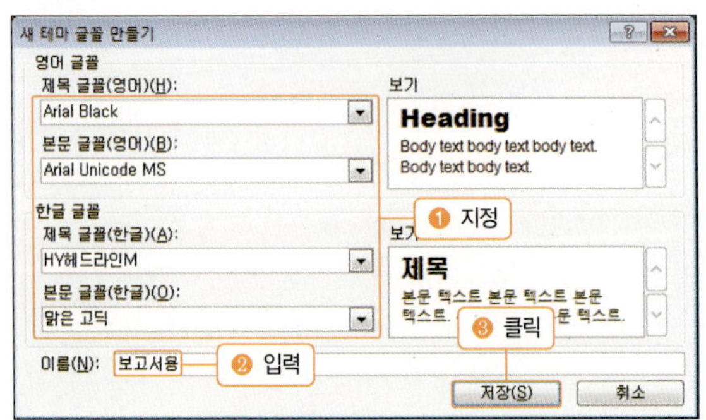

> **Tip .** 파워포인트에 너무 많은 글꼴을 사용하는 것보다 한두 개의 글꼴을 사용하는 것이 디자인 측면에서 탁월하고 안전한 선택입니다. 두 개의 글꼴을 사용처에 따라 주의 깊게 구분하면 좋습니다. 모든 파워포인트 2010 테마에는 각각 영문과 한글에 따라 제목과 본문에 사용할 두 개의 글꼴이 정의됩니다. 주로 사용하는 글꼴을 제목용과 본문용으로 미리 지정하면 편리합니다.

7 프레젠테이션 문서의 글꼴이 지정한 글꼴로 변경됩니다. [디자인] 탭의 [테마] 그룹에서 '글꼴' 아이콘(가)을 누르면 지정한 글꼴이 [사용자 지정] 항목으로 등록되어 있는 것을 확인할 수 있습니다.

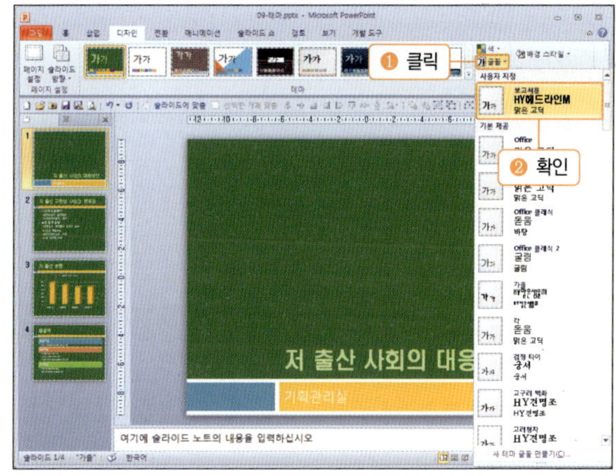

8 [사용자 지정] 항목으로 등록된 글꼴을 마우스 오른쪽 버튼으로 누르면 [편집]과 [삭제]를 선택할 수 있습니다.

> **Tip** · 문서에서 스타일을 변경했는데 스타일이 업데이트되지 않을 경우 해당 텍스트의 서식을 직접 지정한 것은 아닌지 확인합니다. 사용자가 직접 슬라이드에서 지정한 내용은 스타일보다 우선권이 있습니다.

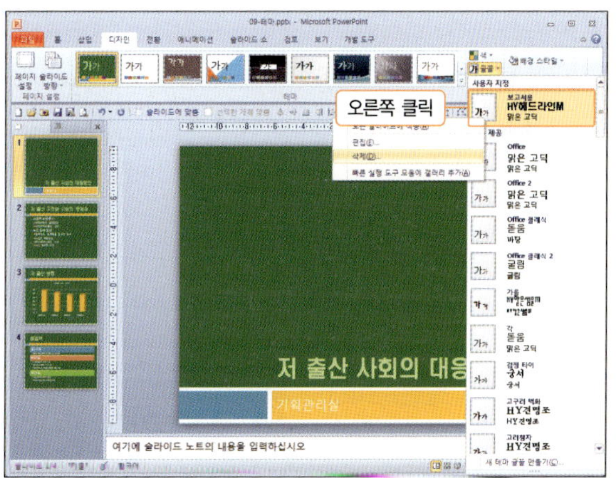

9 도형이나 선에 적용되는 효과를 지정하겠습니다. [디자인] 탭의 [테마] 그룹에서 '효과' 아이콘을 누르고 마음에 드는 효과를 지정합니다.

> **Tip** · 테마 효과를 통해 차트, SmartArt 그래픽, 도형 및 그림, WordArt 등에 효과가 적용되는 방식이 지정됩니다. 선, 채우기, 그림자 및 3차원(3D) 효과와 같은 내용을 빠르게 적용할 수 있습니다.

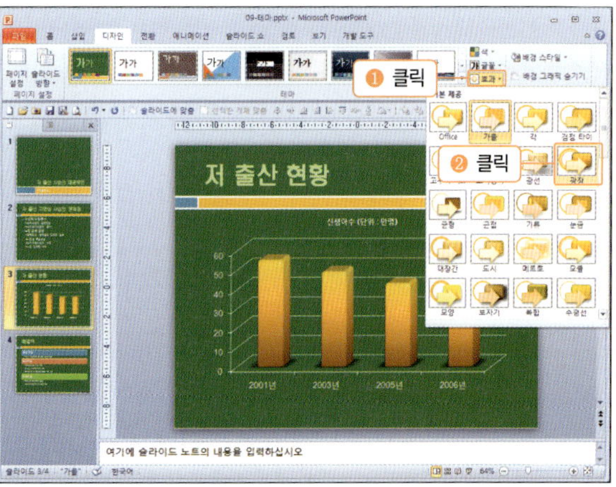

10 설정한 모든 값들을 새로운 테마로 저장해서 사용하겠습니다. [디자인] 탭의 [테마] 그룹에서 '자세히' 버튼(▼)을 누른 다음 [현재 테마 저장]을 선택합니다.

11 [현재 테마 저장] 대화상자가 표시되면 저장 위치는 변경하지 않고 '파일 이름'을 "보고서용"으로 입력한 다음 〈저장〉 버튼을 누릅니다.

> **Tip** · 'Document Themes' 폴더에 저장하면 사용자 지정된 테마가 사용자 지정 테마 목록에 자동으로 추가됩니다.

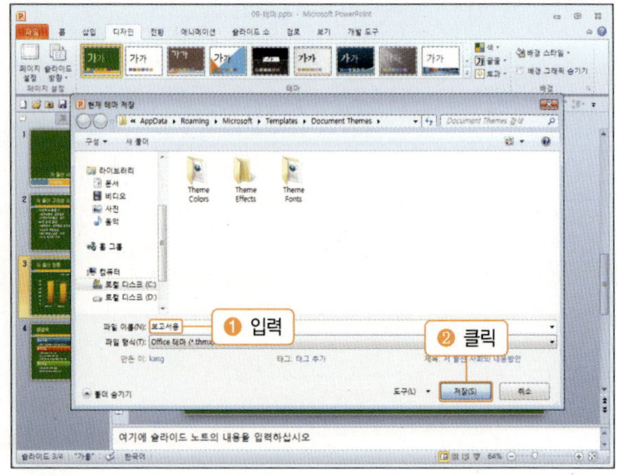

12 [디자인] 탭의 [테마] 그룹에서 '자세히' 버튼(▼)을 눌러 새롭게 저장한 테마가 [사용자 지정] 항목에 등록된 것을 확인합니다. 저장된 테마는 언제든지 다른 파일에 적용할 수 있습니다.

31 여러 테마 적용하고 테마 삭제하기

일반적으로 하나의 프레젠테이션 파일에는 하나의 디자인이 적용되는 것이 좋습니다. 하지만 특별히 강조하고 싶은 슬라이드에는 다른 테마를 적용할 수도 있습니다. 특정한 슬라이드에만 다른 종류의 테마를 적용하는 방법과 삭제하는 방법을 알아보겠습니다.

• 소스 파일 : Part09\여러테마.pptx   • 결과 파일 : Part09\여러테마_완성.pptx

1 Part09 폴더에서 '여러테마.pptx' 파일을 불러옵니다. Shift 나 Ctrl 을 이용하여 두 번째와 세 번째 슬라이드를 함께 선택한 다음 [디자인] 탭의 [테마] 그룹에서 '자세히' 버튼(▼)을 누릅니다. 원하는 테마를 마우스 오른쪽 버튼으로 누른 다음 표시되는 바로 가기 메뉴에서 [선택한 슬라이드에 적용]을 선택합니다.

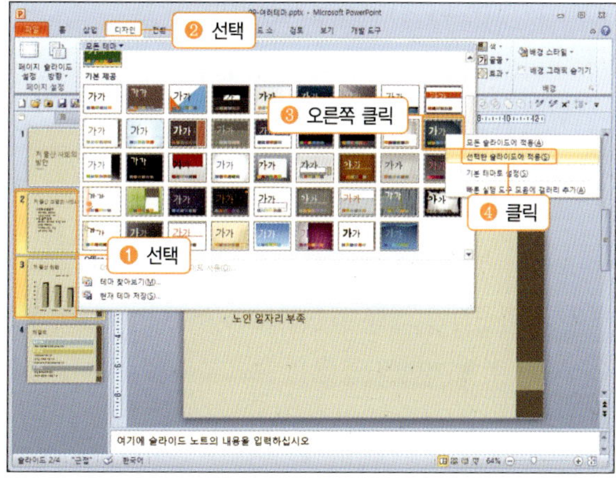

꼭! 알고가기 ▼ 엑셀이나 워드에서 파워포인트 테마 사용하기

마이크로소프트 오피스 2010에서는 파워포인트에서 작성한 테마를 엑셀이나 워드에서 사용하면 실제 업무에서 다양한 프로그램으로 작성되는 모든 자료들이 통일감을 가질 수 있어서 프리젠테이션이 돋보일 수 있습니다.

클릭 한 번으로 간편하게 테마를 적용하고, 그 테마를 사용하여 조직 고유의 양식을 적용할 수도 있습니다.

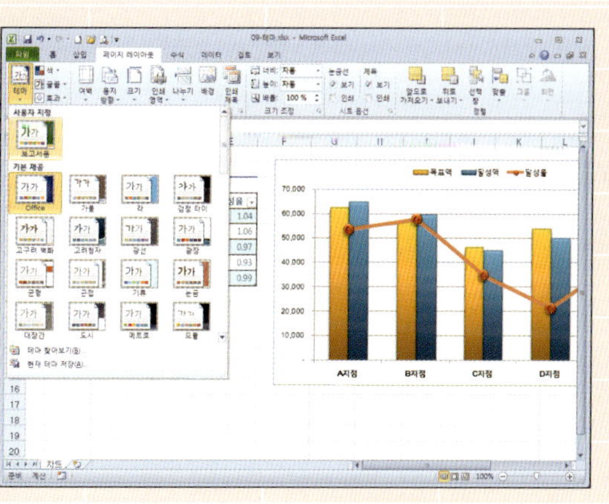

2 두 번째 슬라이드만 선택합니다. [디자인] 탭의 [테마] 그룹에서 '자세히' 버튼(▼)을 누릅니다. [현재 프레젠테이션] 목록에 적용된 테마 두 가지가 등록되어 있는 것을 확인할 수 있습니다.

3 하나의 프레젠테이션 파일에 두 개 이상의 테마가 적용되면 적용된 테마와 같은 형태의 슬라이드를 한꺼번에 변경할 수 있는 기능이 추가됩니다. 다른 테마를 마우스 오른쪽 버튼으로 누른 다음 표시되는 바로 가기 메뉴에서 [일치하는 슬라이드에 적용]을 선택합니다.

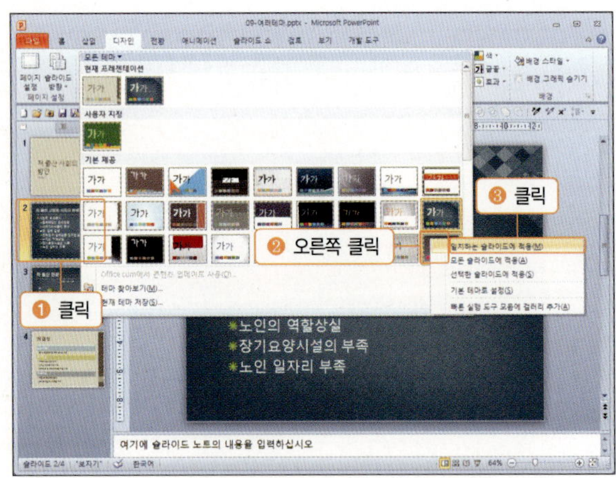

4 필요 없는 사용자 지정 테마를 삭제할 때는 [디자인] 탭의 [테마] 그룹에서 '자세히' 버튼(▼)을 누르고 삭제하려는 테마를 마우스 오른쪽 버튼으로 누른 다음 표시되는 바로 가기 메뉴에서 [삭제]를 선택합니다. 테마를 삭제할지 묻는 대화상자가 표시되면 〈예〉 버튼을 누릅니다.

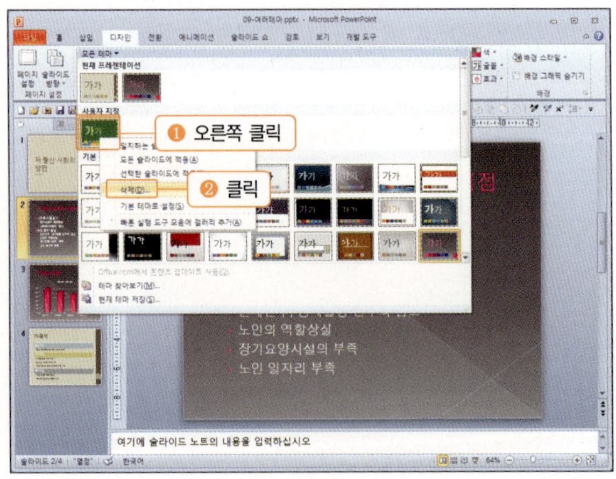

5 자주 사용하는 테마 중 하나를 [새 프레젠테이션]을 만들 때마다 적용되도록 기본 테마로 지정하겠습니다. [디자인] 탭의 [테마] 그룹에서 '자세히' 버튼(⑤)을 누른 다음 지정하려는 테마를 마우스 오른쪽 버튼으로 누릅니다. 표시되는 바로 가기 메뉴에서 [기본 테마로 설정]을 선택합니다.

> **Tip** ◦ 업무에 많이 사용하는 테마를 기본 테마로 지정하면 새로운 문자를 만들 때 지정한 테마가 적용되어 편리합니다.

6 [디자인] 탭의 [테마] 그룹에서 '자세히' 버튼(⑤)을 누르면 [사용자 지정 테마] 항목에 기본 테마로 지정하려는 테마가 [Default Theme]로 등록된 것을 확인할 수 있습니다.

7 파워포인트를 다시 실행하거나 Ctrl + N 을 눌러 새 프레젠테이션을 만들고 지정한 테마가 적용된 것을 확인합니다.

> **Tip** ◦ 원래 기본 테마인 흰색 바탕을 기본 테마로 지정하려면 [기본 제공] 항목에 [Office 테마]를 마우스 오른쪽 버튼으로 누르고 표시되는 바로 가기 메뉴에서 [기본 테마로 설정]을 선택합니다.

빠른 입력과 수정 작업을 위한 슬라이드 마스터 사용하기

프레젠테이션 문서를 작업하고 제목을 왼쪽에 맞추려고 합니다. 모든 슬라이드를 일괄적으로 변경하기 위해 알아야 하는 것이 슬라이드 마스터입니다.

슬라이드 마스터로 슬라이드를 빠르게 작성하거나 여러 슬라이드에 걸친 수정 작업을 편리하게 할 수 있습니다.

슬라이드 마스터와 슬라이드 레이아웃

슬라이드 마스터를 잘 활용하면 업무에서 얼마나 작업 시간을 절약할 수 있는지 금방 느낄 수 있습니다. 슬라이드 마스터와 슬라이드 레이아웃의 의미와 쓰임새에 대해서 알아보겠습니다.

1. 슬라이드 마스터의 구성과 역할

슬라이드 마스터는 슬라이드에서 내용을 구성하는 텍스트 및 개체의 위치, 크기, 스타일 등과 배경, 색 테마, 효과, 애니메이션 등의 정보가 저장되는 최상위 슬라이드입니다.

슬라이드 마스터는 자신에게 영향을 받는 하위 레이아웃에 공통으로 적용되는 다섯 가지 개체 틀(제목, 텍스트, 날짜, 슬라이드 번호, 바닥글)의 서식, 위치, 크기에 관한 설정과 배경, 프레젠테이션의 테마에 관한 설정을 합니다.

슬라이드 마스터에서 지정한 값은 하위에 속해있는 모든 레이아웃에 영향을 줍니다. 항상 작업은 슬라이드 마스터에서 먼저 공통된 설정 값을 지정한 다음 하위 레이아웃 순서로 수정하는 것이 좋습니다. 하위 레이아웃에서 별도로 수정된 값은 이후부터 슬라이드 마스터의 설정 값과 연동되지 않기 때문입니다.

간단히 말하면 슬라이드 마스터는 입력에 필요한 다양한 형태의 슬라이드 레이아웃들을 관리하는 집합입니다.

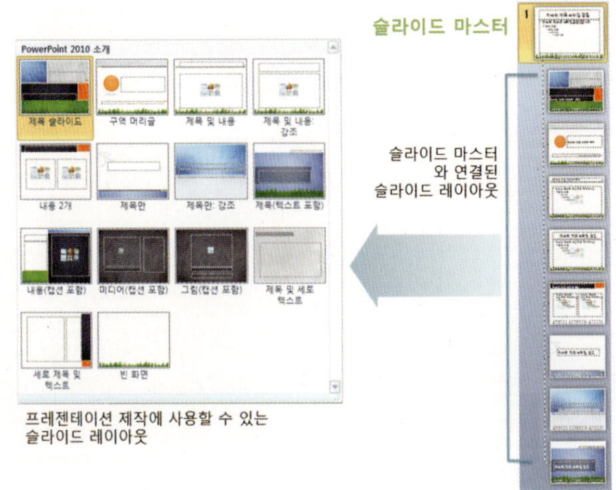

프레젠테이션 제작에 사용할 수 있는 슬라이드 레이아웃

2. 슬라이드 마스터를 이용한 작업의 장점

한 장의 슬라이드를 작성하는 일이라면 굳이 슬라이드 마스터를 사용하지 않아도 되지만, 여러 장의 슬라이드 작업을 한다면 항상 수정이 편리하고 일관된 디자인을 유지하도록 작업하는 것이 중요합니다. 이러한 작업에 슬라이드 마스터를 이용하면 편리하게 할 수 있습니다.

① 빠른 슬라이드 제작 속도

슬라이드 마스터에 속해있는 레이아웃들은 실제 슬라이드를 작성할 때 사용될 입력 형태를 제공해주고 빈 문서에서 시작하는 것보다는 어느 정도 형태가 정해진 틀에 내용을 입력하므로 작업을 빠르게 하고 편리하게 만들어 줍니다.

예를 들어 슬라이드마다 사진 두 장과 설명이 입력되어야 한다면, 그 형식으로 슬라이드 레이아웃을 만들어 놓고 슬라이드 제작에 사용하여 사진 삽입과 서식 작업에 시간을 절약할 수 있습니다. 오른쪽 그림과 같이 사진이 삽입될 그림 개체에 서식까지 지정해서 슬라이드 레이아웃을 만들면, 슬라이드를 제작할 때 간단하게 그림 개체 틀을 눌러 그림을 삽입하고 서식까지 지정이 되어 빠르게 입력 작업을 마칠 수 있습니다.

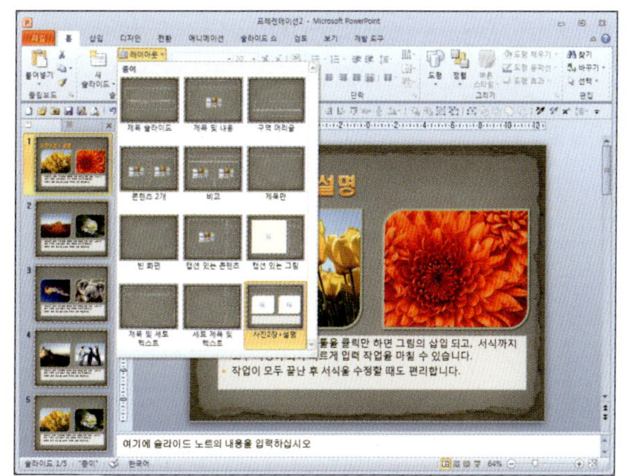

② 쉽고 빠른 수정 작업

슬라이드 마스터를 사용하지 않고 슬라이드를 작성하는 경우 모든 서식을 설정해서 한 장을 작성한 다음 그 슬라이드를 복사해서 제목의 위치나 크기, 배경 등을 동일하게 유지하는 방법을 가장 많이 사용할 것입니다.

하지만, 그렇게 작업한 다음에는 모든 슬라이드의 제목 글꼴이나 위치를 변경하는 경우나 동일하게 넣었던 이미지를 삭제하는 경우 여러 번 해야 하기 때문에 번거롭습니다.

슬라이드 마스터를 사용한 작업에서는 디자인을 각 슬라이드에서 일일이 변경하지 않고 마스터에서 한 번만 변경하면 되므로 작업을 빠르게 진행할 수 있습니다.

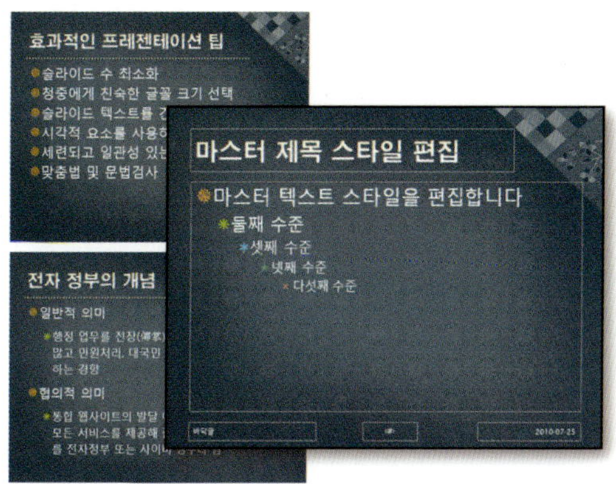

3. 슬라이드 레이아웃의 구성

슬라이드 마스터에 속한 하나하나의 슬라이드 형태가 슬라이드 레이아웃입니다. 이것은 슬라이드에서 사용하는 제목 및 부제목 텍스트, 그림, 표, 차트, 도형, 동영상과 같은 개체들의 배열 형태를 지정합니다.

슬라이드 레이아웃으로 삽입할 수 있는 각종 개체 틀과, 제목, 바닥글(날짜, 슬라이드 번호, 바닥글), 배경의 그래픽의 표시 유무를 지정할 수 있는 항목으로 구성되어 있습니다.

슬라이드 레이아웃에서는 이러한 개체들의 배열과 서식 등을 지정합니다. 파워포인트 2010 에서는 사용자가 직접 슬라이드의 레이아웃을 지정할 수 있어서 훨씬 세밀하게 전체 프레젠테이션 파일을 마스터에서 관리할 수 있습니다.

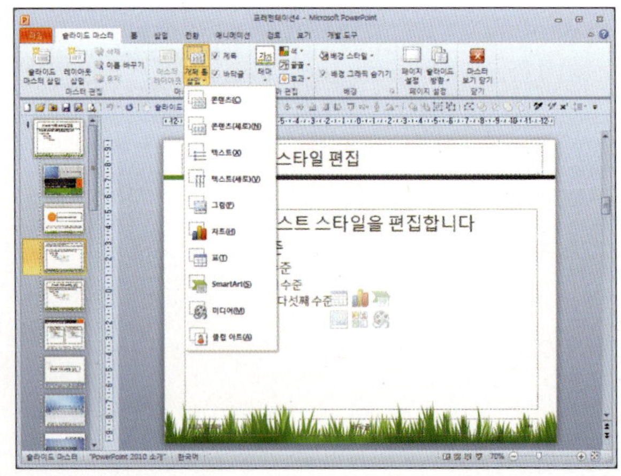

4. 슬라이드 레이아웃의 역할

슬라이드 레이아웃들은 실제 사용할 수 있는 슬라이드의 종류로, 슬라이드를 작성할 때 처음부터 하나하나의 개체를 삽입해서 만드는 것보다 레이아웃을 준비해서 필요한 레이아웃이 적용된 슬라이드로 시작하는 것이 빠르고 쉬운 작업을 할 수 있습니다.

파워포인트 2010에서는 슬라이드 마스터 하위에 표준 레이아웃과 사용자 지정 레이아웃 등 다양한 형태의 슬라이드 레이아웃을 만들어 다른 슬라이드에는 영향을 주지 않고 원하는 레이아웃의 슬라이드에만 설정 값을 지정할 수 있습니다.

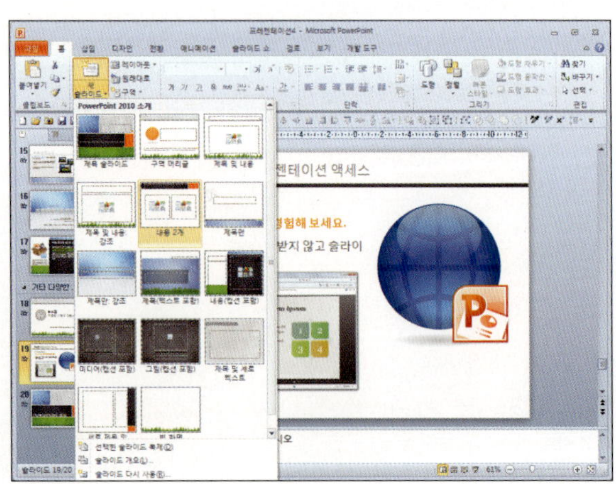

2 슬라이드 번호와 머리글/바닥글 서식 지정하기

여러 장의 슬라이드에 같은 작업을 한다면 마스터 상태에서 작업해야 합니다. 작업을 빠르게 할 뿐만 아니라 수정 작업도 쉽기 때문입니다. 슬라이드 번호나 머리글/바닥글 서식 지정과 위치 변경도 마찬가지로 슬라이드 마스터에서 작업하는 것이 빠르고 간단합니다.

· 소스 파일 : Part09\슬라이드번호.pptx   · 결과 파일 : Part09\슬라이드번호_완성.pptx

참고 동영상 : 14강 9-2마스터.avi

1 Part09 폴더에서 '슬라이드번호.pptx' 파일을 불러옵니다. [삽입] 탭의 [텍스트] 그룹에서 '머리글/바닥글' 아이콘(🖹)을 누릅니다.

2 [머리글/바닥글] 대화상자가 표시되면 [슬라이드] 탭의 [슬라이드에 넣을 내용] 항목에서 '슬라이드 번호'와 '바닥글'에 체크 표시하고, '바닥글'을 "정보화 시대에 앞서가는 경영지원"으로 입력합니다.

Tip : 바닥글의 글꼴이나 크기, 위치 등은 지정할 수 없으며 서식이나 위치 수정은 슬라이드 마스터에서 합니다. 파워포인트 슬라이드에서는 머리글 개념이 없기 때문에 머리글을 사용하려면 슬라이드 마스터에서 텍스트 개체를 사용하여 직접 입력합니다.

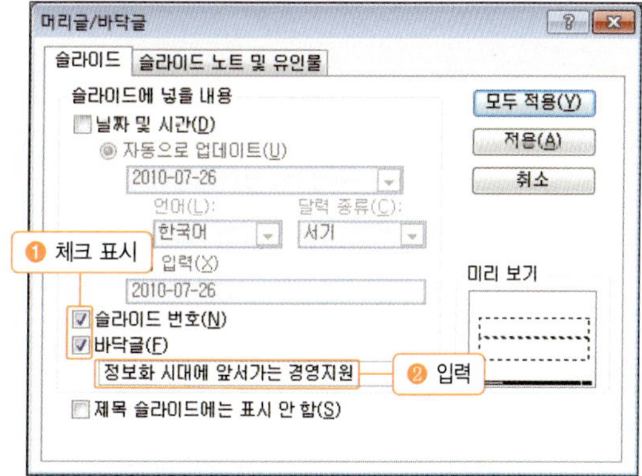

3 제목 슬라이드에는 표시하지 않기 위해 '제목 슬라이드에는 표시 안 함'에 체크 표시하고 〈모두 적용〉 버튼을 누릅니다.

> **Tip** • 〈적용〉 버튼을 누르면 현재 슬라이드에만 삽입됩니다.

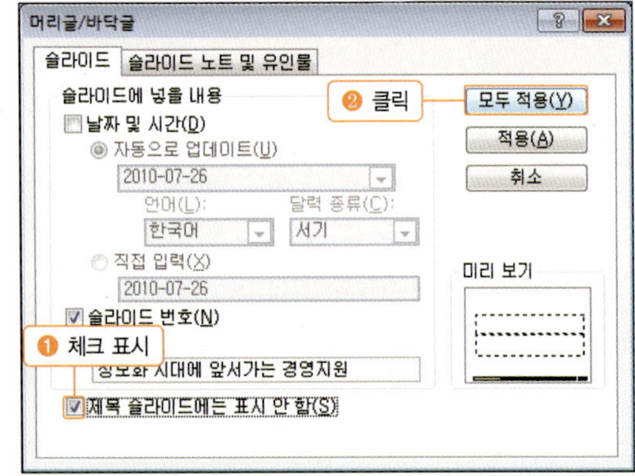

4 바닥글의 위치를 수정하기 위해 [보기] 탭의 [마스터 보기] 그룹에서 '슬라이드 마스터' 아이콘(📄)을 누릅니다.

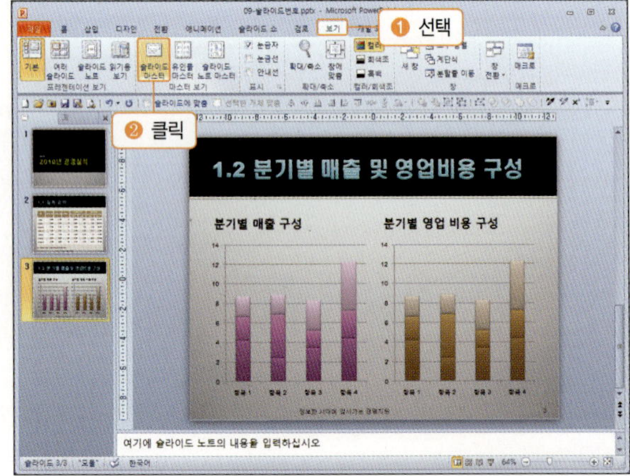

5 모든 슬라이드 레이아웃을 관리하는 슬라이드 마스터를 선택하고 사용하지 않을 날짜는 Delete 를 눌러 삭제한 다음 바닥글 위치를 왼쪽으로 이동합니다.

> **Tip** • 슬라이드 마스터가 아니고 슬라이드 레이아웃 중 하나를 선택한 상태에서의 작업하면 해당 슬라이드 레이아웃만 변경됩니다.

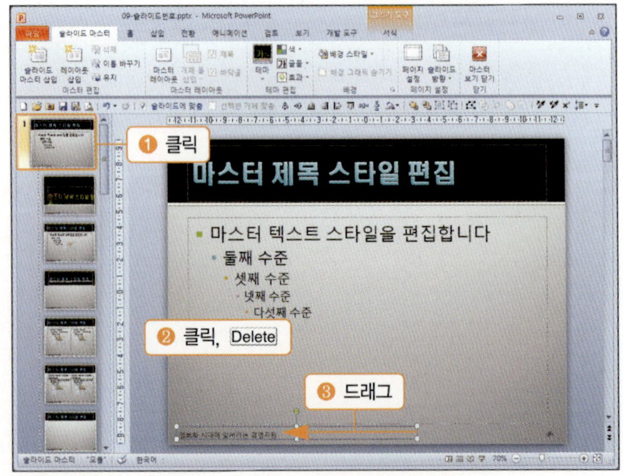

6 바닥글을 블록으로 지정하고 미니 서식 도구 모음을 이용해서 글꼴 크기와 색상 등 서식을 지정합니다.

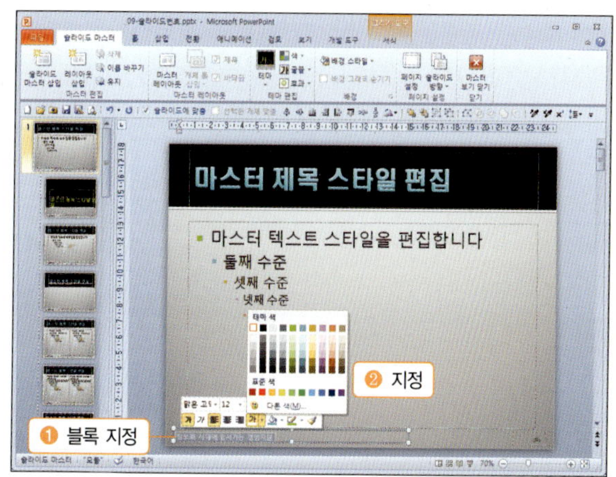

7 슬라이드 번호를 블록으로 지정하고 미니 서식 도구 모음을 이용하여 글꼴 크기와 색상 등의 서식을 지정합니다.

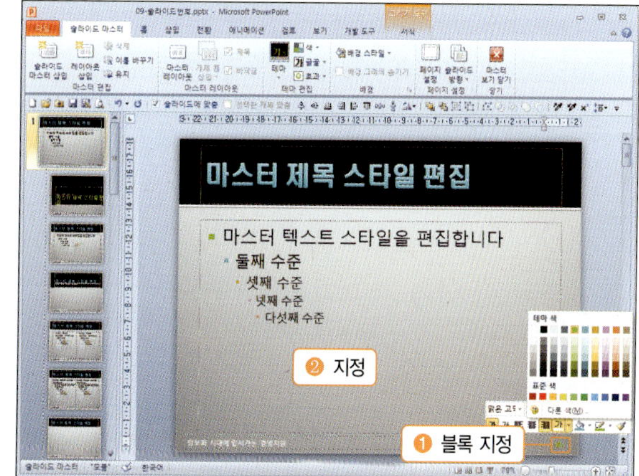

꼭! 알고가기 ▼ 삭제한 개체들 다시 표시하기

[슬라이드 마스터] 탭의 [마스터 레이아웃] 그룹에서 '마스터 레이아웃' 아이콘(▢)을 누르고 [마스터 레이아웃] 대화 상자가 표시되면 필요한 개체에 체크 표시한 다음 〈확인〉 버튼을 누르면 삭제한 [날짜] 개체 틀이나 [바닥글]을 다시 표시할 수 있습니다.

8 지정이 끝나면 각 슬라이드 레이아웃을 클릭해서 슬라이드 마스터에서 변경한 바닥글 설정 사항이 잘 반영되었는지 확인합니다. 만일 슬라이드 마스터의 설정과 다르다면 [슬라이드 마스터] 탭의 [마스터 레이아웃] 그룹에서 '바닥글'에 체크 표시를 해제한 다음 다시 체크합니다.

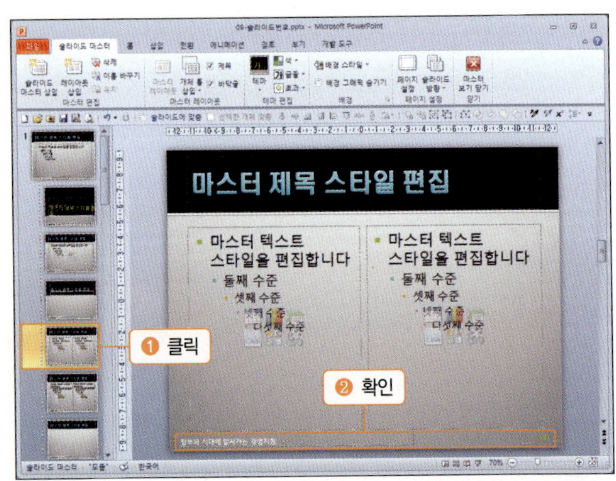

9 수정한 내용을 확인하고 [슬라이드 마스터] 탭의 [닫기] 그룹에서 '마스터 보기 닫기' 아이콘(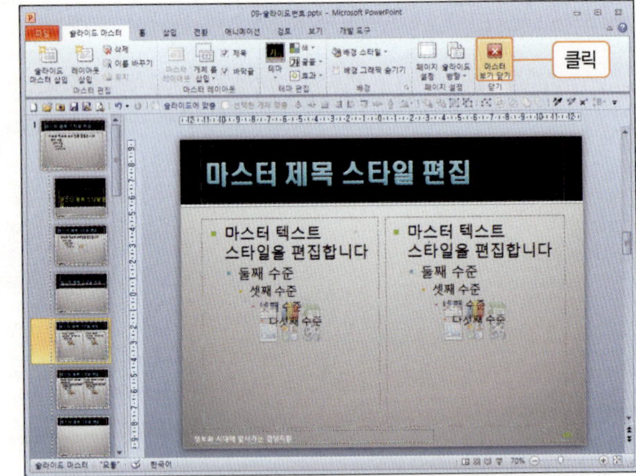)을 누릅니다.

10 기존 슬라이드에 바닥글과 슬라이드 번호가 삽입되었고 새로 추가하는 슬라이드에도 설정이 적용되는 것을 확인할 수 있습니다.

> **Tip** ● 슬라이드 바닥글과 슬라이드 번호가 보이지 않을 경우, 제목 슬라이드를 복사하여 사용한 것은 아닌지 확인하고, 슬라이드 마스터에서 바닥글 개체가 삭제되지 않았는지 확인합니다. [홈] 탭의 [슬라이드] 그룹에서 '레이아웃' 아이콘(▣)을 눌러 보면 현재 슬라이드에 적용된 레이아웃을 확인할 수 있습니다.

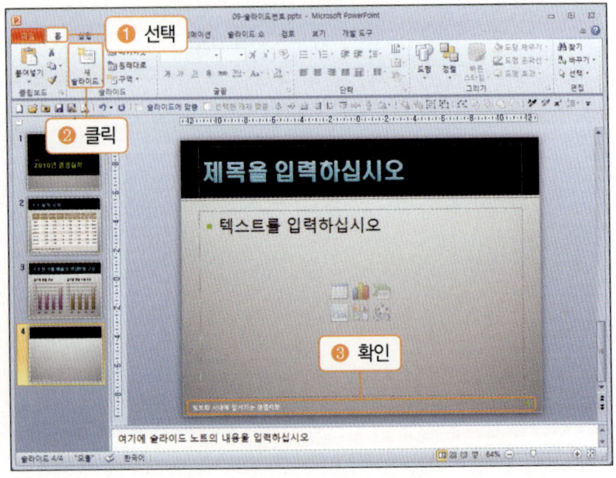

31 슬라이드 레이아웃 삭제하고 사용자 지정 레이아웃 추가하기

많은 슬라이드 레이아웃이 제공되지만 사용자가 실제로 사용하는 것은 몇 가지로 한정됩니다. 슬라이드가 각자의 업무에 꼭 맞는 형태로 제공된다면 훨씬 편리하게 작업할 수 있습니다. 파워포인트 2010에서는 슬라이드의 레이아웃을 사용자가 지정해서 관리할 수 있습니다.

· 소스 파일 : Part09\사용자지정레이아웃.pptx   · 결과 파일 : Part09\사용자지정레이아웃_완성.pptx

1 Part09 폴더에서 '사용자지정레이아웃.pptx' 파일을 불러옵니다. 사진 자료와 설명이 있는 슬라이드 입력 작업을 빠르게 하기 위한 사용자 지정 레이아웃을 만들기 위해 [보기] 탭의 [마스터 보기] 그룹에서 '슬라이드 마스터' 아이콘(▤)을 누릅니다.

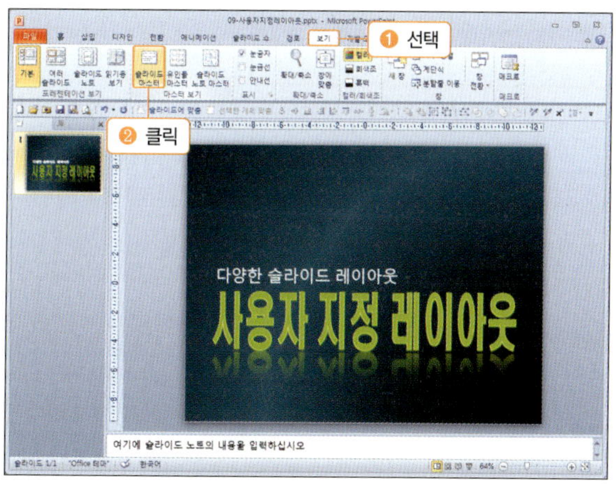

> **Tip** · 슬라이드 마스터 보기 화면으로 빨리 전환하려면 [Shift]를 누른 채로 화면 아래 상태 표시줄의 [보기 바로 가기]에서 '기본 보기' 아이콘(▥)을 누릅니다.

2 현재 프레젠테이션 문서에서 사용하는 슬라이드 마스터와 그 하위 슬라이드 레이아웃들이 왼쪽에 표시되고 [슬라이드 마스터] 탭이 새롭게 표시됩니다.

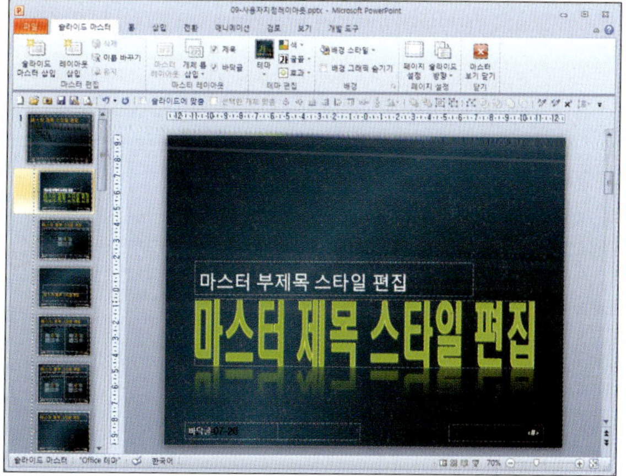

3 실습을 위해 필요 없는 레이아웃을 삭제하
겠습니다. 하위 슬라이드 레이아웃 중 '제목
슬라이드, 제목 및 내용, 콘텐츠 2개, 제목만'
등 네 개의 레이아웃만 남기고 나머지 레이아
웃을 하나씩 선택한 다음 Delete 를 눌러 지웁
니다.

> **Tip ·** 미리 내용을 작성하여 사용 중인 슬라이드 레
> 이아웃이 있다면 삭제되지 않습니다.

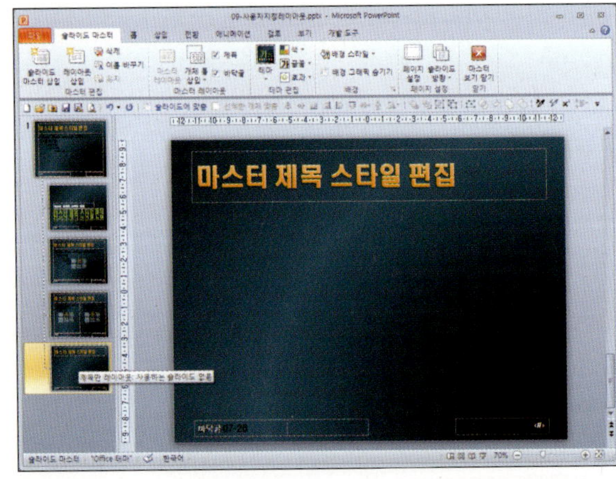

4 [슬라이드 마스터] 탭의 [마스터 편집] 그룹에
서 '레이아웃 삽입' 아이콘(圖)을 누릅니다.

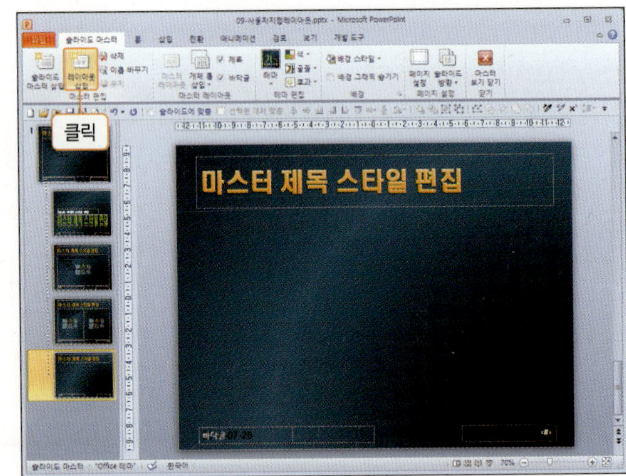

5 제목만 있는 새로운 슬라이드 레이아웃이
삽입됩니다. 그림 삽입을 위한 개체 틀과 텍스
트 입력을 위한 개체 틀을 삽입하겠습니다.

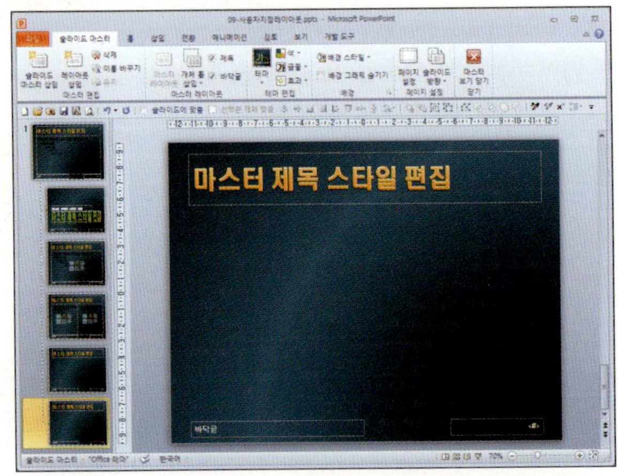

6 [슬라이드 마스터] 탭의 [마스터 레이아웃] 그룹에서 '개체 틀 삽입' 아이콘의 ▼부분을 누르고 [그림]을 선택합니다.

> **Tip ·** '개체 틀 삽입' 아이콘은 현재 선택되어 있는 개체 틀에 따라 모양이 달라집니다.

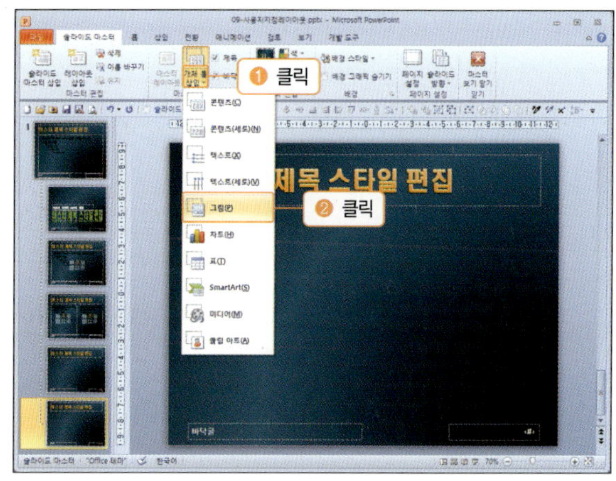

7 슬라이드에서 그림이 삽입될 위치를 드래그하여 지정합니다.

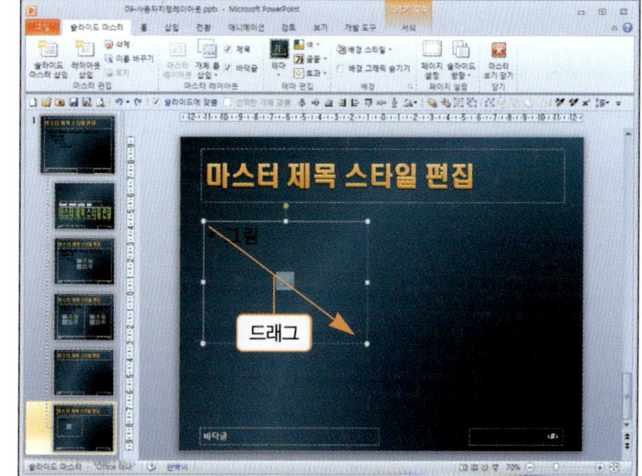

8 그림이 삽입한 다음의 서식 상태를 지정하기 위해 삽입된 그림 개체 틀이 선택된 채로 [그리기 도구]-[서식] 탭의 [도형 스타일] 그룹에서 제공되는 스타일 중 윤곽선이 흰색인 스타일을 선택합니다.

> **Tip ·** 실제 슬라이드에서 그림 개체 틀은 그림으로 채워지기 때문에 채우기 색은 의미가 없지만, 입력 화면에서 구분하기 위해 채우기 색을 주는 것이 좋습니다.

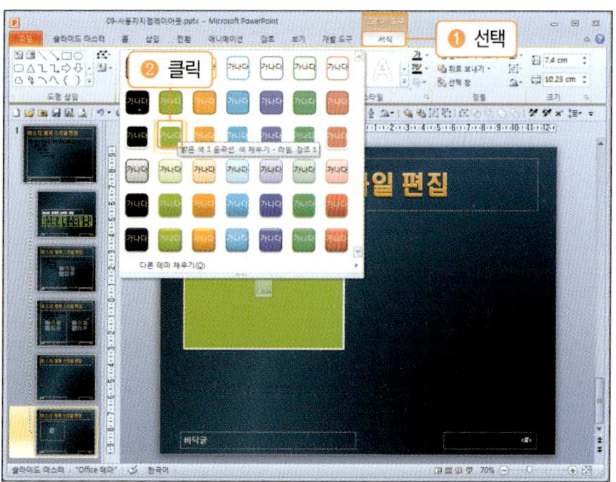

9 [그리기 도구]–[서식] 탭의 [도형 삽입] 그룹에서 '도형 편집' 아이콘(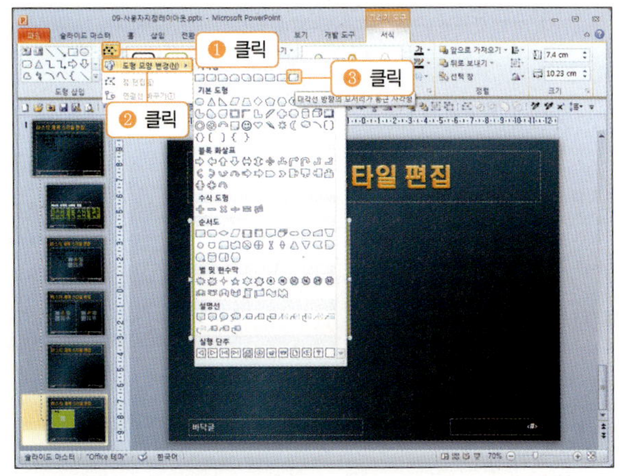)을 누르고 [도형 모양 변경]–[대각선 방향의 모서리가 둥근 사각형(□)]을 선택합니다.

10 그림 개체 틀이 선택된 상태로 [Ctrl]과 [Shift]를 누르고 오른쪽으로 드래그하여 하나 더 복사합니다.

> *Tip* ● 모서리의 둥글기 정도는 노란색 마름모 조절점(◆)으로 조절할 수 있습니다.

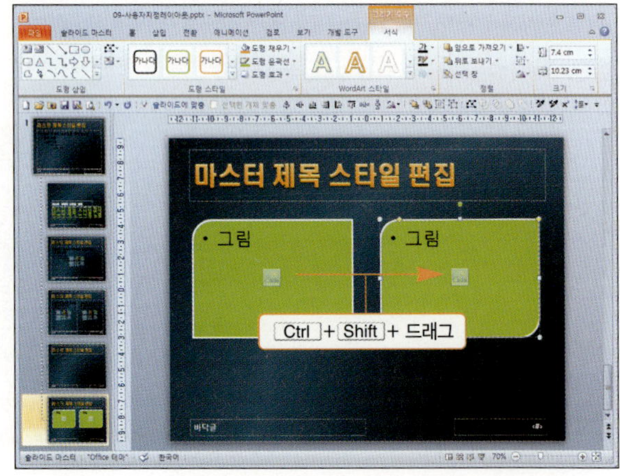

11 그림에 관한 설명을 입력할 텍스트 개체 틀을 삽입하겠습니다. [슬라이드 마스터] 탭의 [마스터 레이아웃] 그룹에서 '개체 틀 삽입' 아이콘의 ▼부분을 누르고 [텍스트]를 선택합니다.

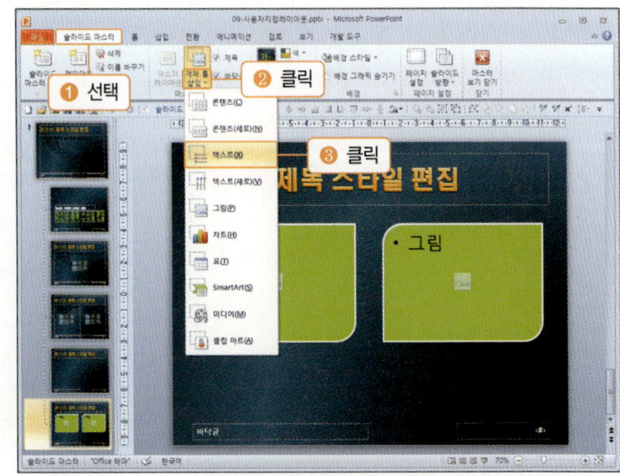

12 슬라이드에서 텍스트가 삽입될 위치를 드래그하여 지정합니다.

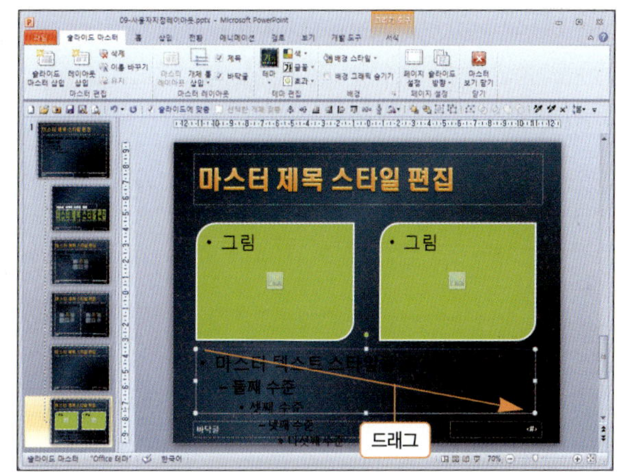

13 텍스트 개체 틀을 선택하고, 테두리 부분을 마우스 오른쪽 버튼으로 누른 다음 표시되는 [미니 서식 도구 모음]에서 글꼴 크기와 글꼴 색을 지정합니다.

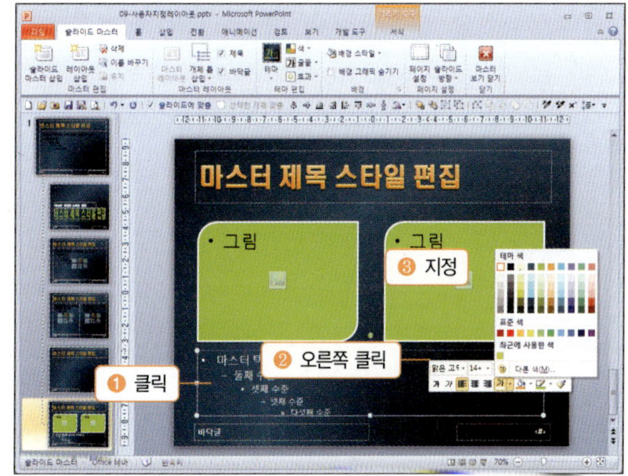

14 [슬라이드 마스터] 탭의 [마스터 편집] 그룹에서 '이름 바꾸기' 아이콘(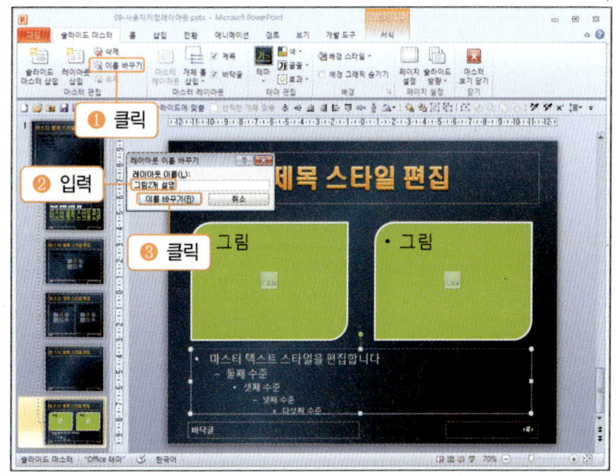)을 누릅니다. [레이아웃 이름 바꾸기] 대화상자가 표시되면 '레이아웃 이름'을 "그림2개 설명"으로 입력하고 〈이름 바꾸기〉 버튼을 누릅니다.

15 [슬라이드 마스터] 탭의 [닫기] 그룹에서 '마스터 보기 닫기' 아이콘(◩)을 눌러 기본 보기 상태로 전환합니다.

> **Tip** · 화면 아래에 있는 상태 표시줄의 [보기 바로 가기]에서 '기본 보기' 아이콘(◩)을 클릭해도 됩니다.

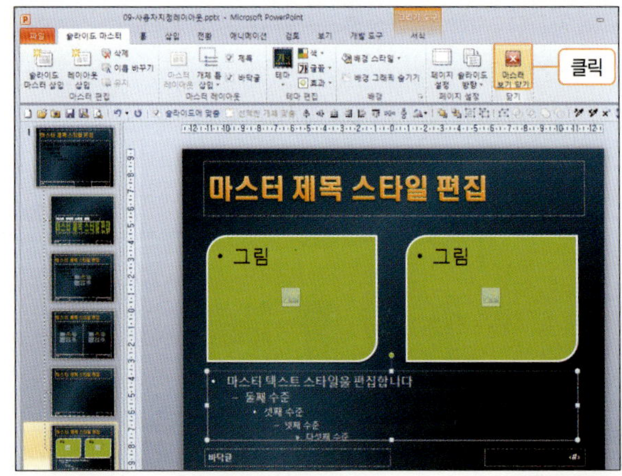

16 만든 레이아웃으로 슬라이드 제작을 하기 위해 [홈] 탭의 [슬라이드] 그룹에서 '새 슬라이드' 아이콘의 ▼부분을 누르고 [그림2개 설명]을 선택합니다.

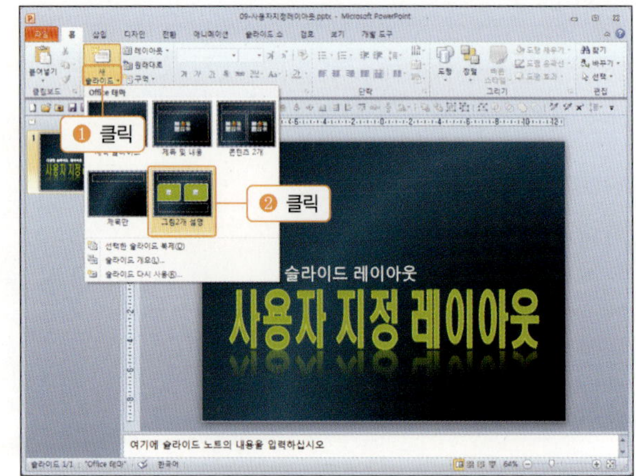

17 삽입되는 슬라이드는 그림과 텍스트에 이미 서식이 적용되어 있고, 그림 삽입에 관한 개체 틀이 준비되어 있기 때문에 클릭만으로 빠르게 그림을 추가하고 내용을 입력할 수 있습니다.

나만의 디자인 서식 파일 만들기

슬라이드를 만들 때 항목을 어떻게 배치할 것인지 고민하게 됩니다. 입력을 편하게 하는 레이아웃을 가장 많이 사용하는 형태로 만들고 슬라이드 마스터를 설정한 다음 서식으로 저장해서 프레젠테이션 파일을 작성하는 일을 편리하게 하는 방법을 알아보겠습니다.

서식 파일을 만들 때 서식 파일이 무엇인지에 관한 용어 정리와 기본 내용을 아는 것이 좋습니다. 정확하게 내가 지정하는 것이 언제 적용되며, 슬라이드를 작성할 때 어떻게 응용할 수 있는지 판단하려면 비슷한 기능의 차이점을 정확히 알고 있어야 합니다.

1. 서식 파일과 슬라이드 마스터

서식 파일은 슬라이드 레이아웃과 테마를 조합해서 사용자가 지정한 내용을 캡처한 파일로, 하나 이상의 슬라이드 마스터가 하나의 서식 파일로 저장되어 있습니다.

슬라이드 마스터에는 사용자가 적용한 디자인 서식 파일에 사용된 모든 스타일 요소가 들어 있으며 이러한 스타일 요소는 전체 프레젠테이션 파일에 적용됩니다. 글꼴 및 단락 스타일, 슬라이드에서 제목, 텍스트 및 바닥글 위치, 색 구성표, 배경 디자인 등이 스타일 요소에 해당하며, 슬라이드에 여러 디자인 서식 파일이 적용되어 있으면 슬라이드 마스터 집합도 여러 개 있습니다.

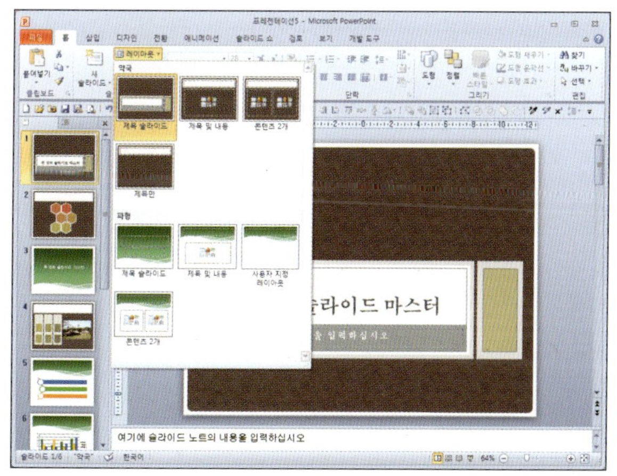

2. 디자인 서식 파일과 내용 서식 파일

① 디자인 서식 파일

슬라이드 마스터에 의하여 레이아웃과 색 구성, 배경 등을 지정하는 테마로 구성되어 있으며, 프레젠테이션 문서의 디자인 설정 사항입니다.

② **내용 서식 파일**

프레젠테이션 문서의 디자인적인 요소와 실제로 제작된 슬라이드의 형태를 유지해서 저장해 놓았기 때문에 유사한 업무의 프레젠테이션을 반복해서 만들 때 문서의 기초로 사용하면 편리하고 빠르게 작업할 수 있습니다.

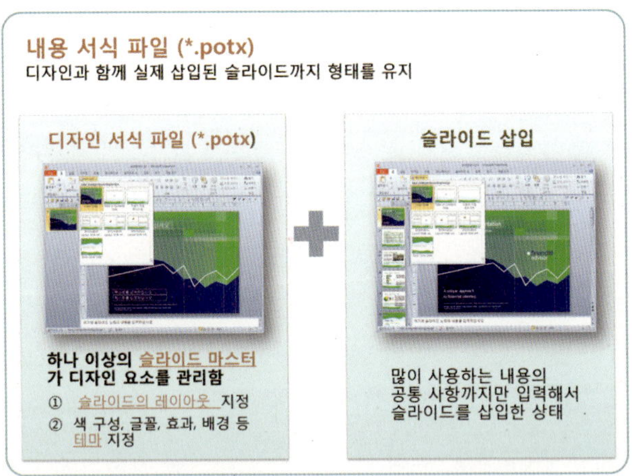

3. 슬라이드 레이아웃에서 개체와 개체 틀의 차이점

슬라이드 레이아웃의 내용 중 실제 슬라이드에서 입력할 수 있는 것은 개체 틀 밖에 없습니다. 만약 슬라이드 레이아웃에 그림 개체 틀과 실제 그림을 삽입한 경우, 그림 개체 틀은 그림을 선택해서 삽입하고 수정할 수 있지만 실제 그림 개체가 삽입된 경우는 슬라이드에서 선택도 할 수 없고 수정도 할 수 없습니다. 개체로 배경처럼 삽입된 그림이나 텍스트 등은 마스터 상태에서 삭제하거나 수정해야 합니다.

슬라이드 마스터 상태에서 슬라이드 레이아웃에 그림 개체 틀과 그림 개체를 삽입한 경우, 슬라이드 작성 단계에서 왼쪽의 개체 틀에는 내용을 입력할 수 있으나 오른쪽 그림 개체는 선택도 할 수 없는 배경처럼 취급됩니다. 그림 개체는 프레젠테이션에 로고를 삽입할 때 주로 사용합니다.

4. 실제 슬라이드에 서식이 적용되는 우선순위

슬라이드에 삽입되는 개체에 서식을 적용할 수 있는 상태는 세 가지입니다. 슬라이드 마스터, 슬라이드 마스터에 딸린 하위 슬라이드 레이아웃, 그리고 마스터 상태가 아니라 직접 슬라이드에서 지정하는 방법입니다. 서식이 중복 지정되었을 때 어떤 우선순위로 적용이 되는지 알아두면 모든 슬라이드에 동일한 내용을 지정해도 일부 개체에는 특별한 서식을 지정할 수 있습니다.

① 1순위 : 슬라이드에서 직접 지정한 서식

슬라이드에서 직접 서식을 지정하면 하위 슬라이드 레이아웃이나 슬라이드 마스터에서 지정한 다른 서식이 있더라도 사용자가 직접 지정한 서식을 따릅니다.

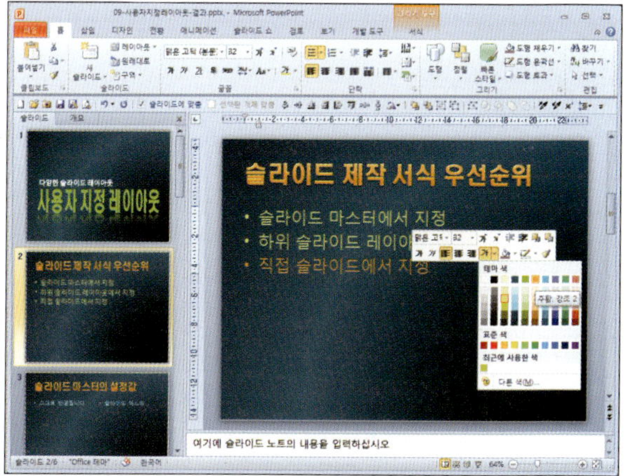

② 2순위 : 하위 슬라이드 레이아웃에서 지정한 서식

직접 지정한 서식이 없고 하위 슬라이드 레이아웃에 지정한 서식이 있다면 슬라이드 마스터에서 지정한 서식이 있더라도 하위 슬라이드 레이아웃에서 지정한 서식을 따릅니다.

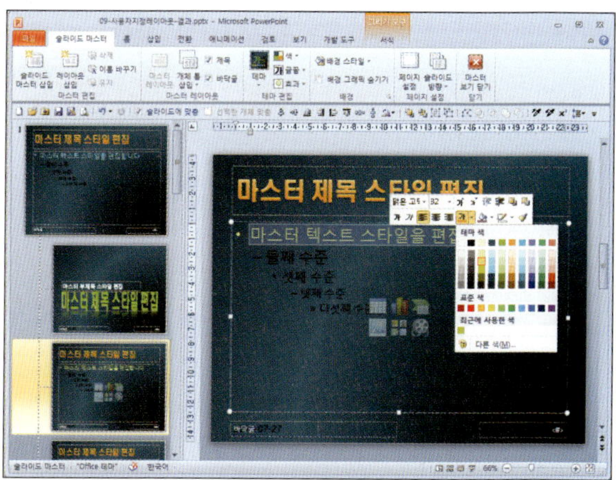

③ 3순위 : 슬라이드 마스터에서 지정한 서식

슬라이드에 직접 지정한 서식과 하위 슬라이드 레이아웃에서 지정한 서식을 제외하면 슬라이드 레이아웃에 동일한 서식을 지정합니다.

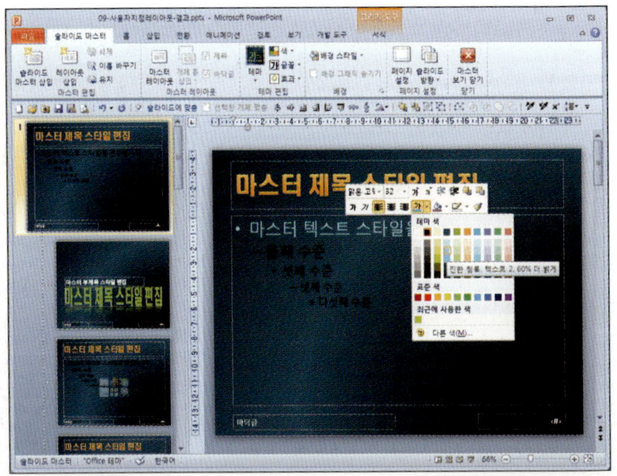

5. 인쇄용과 발표용 서식의 쓰임 구분하기

회사에서 업무와 직책에 따라 작성하는 문서의 용도가 정해집니다. 발표하지 않고 주로 인쇄해서 보고하는 문서 작업 위주라면 처음부터 서식을 인쇄용으로 제작하는 것이 좋습니다. 발표용 자료의 경우 한 장의 슬라이드에 여러 개의 주제를 담는 일은 거의 없기 때문에 레이아웃은 인쇄용보다 단순합니다.

① 인쇄용

더 많은 정보를 포함하기 위한 보다 작은 텍스트 크기와 촘촘한 내용 레이아웃을 구성합니다. 빠르고 정확한 인쇄가 가능한 단순한 그래픽 요소를 사용하며 슬라이드의 내용을 자세하게 설명하는 경우가 많기 때문에 다양한 레이아웃을 사용합니다.

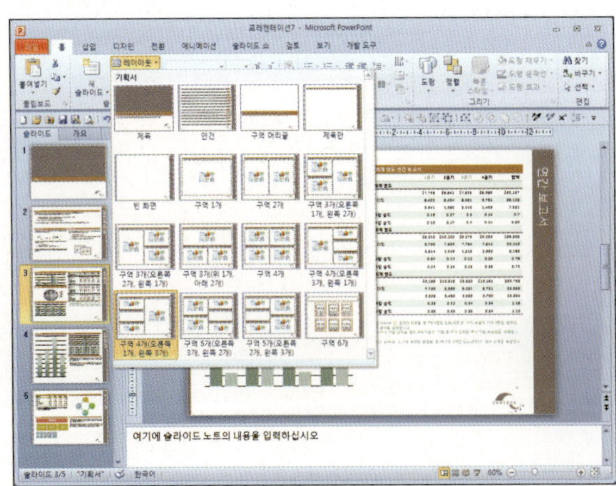

② 발표용

한 장의 슬라이드에 많은 정보를 포함하지 않으며 디자인적인 요소를 중요시합니다. 기본 레이아웃은 인쇄용에 비해 단순합니다. 슬라이드 작성 단계에서 추가적인 도형이나 텍스트 상자를 사용하는 경우가 많습니다.

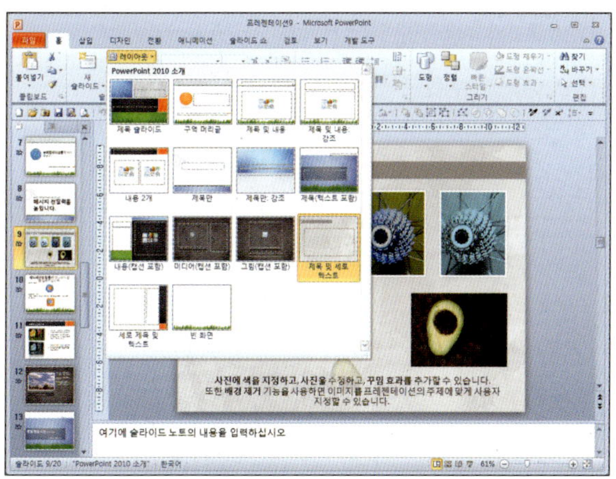

2 다양한 Office.com 서식 파일 수정해서 사용하기

서식 파일을 처음부터 만들어도 되지만, Office.com에서 제공하는 다양한 파워포인트 서식 파일을 사용자의 필요에 맞게 사용하거나 수정할 수 있습니다. 좀 더 다양한 Office.com 서식 파일이나 테마를 사용하는 방법과 기존 서식을 수정하는 방법을 알아보겠습니다.

1 파워포인트를 실행하고 [파일] 탭의 [새로 만들기] 메뉴를 누르면 [Office.com 서식 파일] 항목에서 [다이어그램], [달력], [디자인 슬라이드] 등의 Office.com에서 제공하는 다양한 범주의 서식 파일을 사용할 수 있습니다. [기타 서식 파일]-[기타 서식 파일]을 누릅니다.

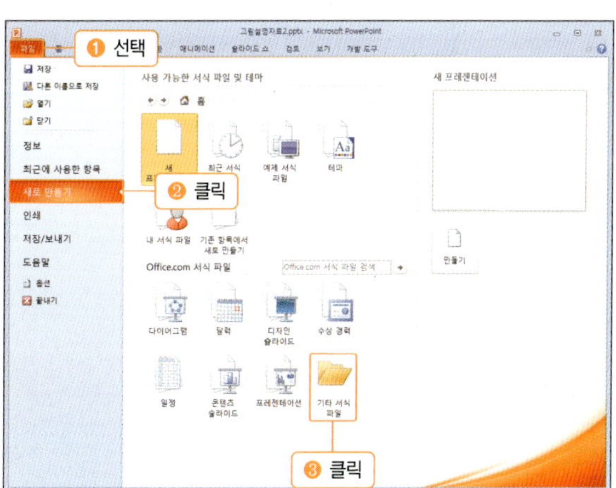

2 범주별로 내용을 살펴보고 마음에 드는 서식이 있으면 선택한 다음 화면 오른쪽에서 〈다운로드〉 버튼을 눌러 서식을 다운로드합니다.

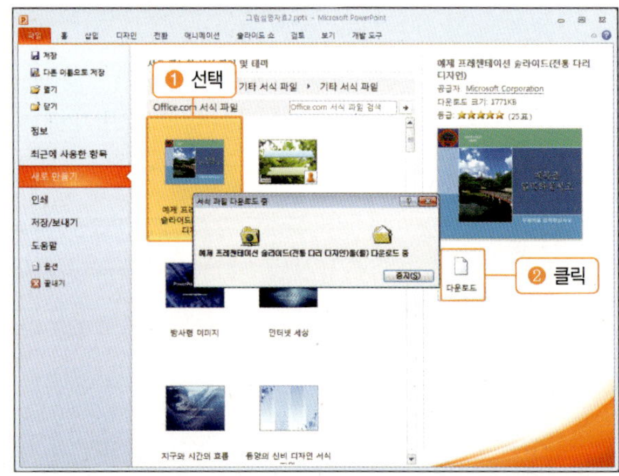

3 서식이 적용된 새 프레젠테이션 문서가 만들어지고 서식을 바로 사용할 수 있습니다.

4 좀 더 다양한 서식 종류를 보고 싶다면 직접 인터넷 사이트를 통해 다운로드할 수 있습니다. Office.com에 접속하고 테마나 서식 파일을 검색해서 사용하기 위해 메뉴에서 [서식 파일]을 선택합니다.

5 서식 파일로 제시되는 것 중에서 마음에 드는 것을 사용해도 되고 [서식 파일 범주] 항목에서 선택해서 사용해도 됩니다. [서식 파일 범주] 항목의 [프레젠테이션]을 선택합니다.

> **Tip** ・ 검색 창에 "테마"를 입력하면 사용할 수 있는 테마를 검색할 수 있습니다.

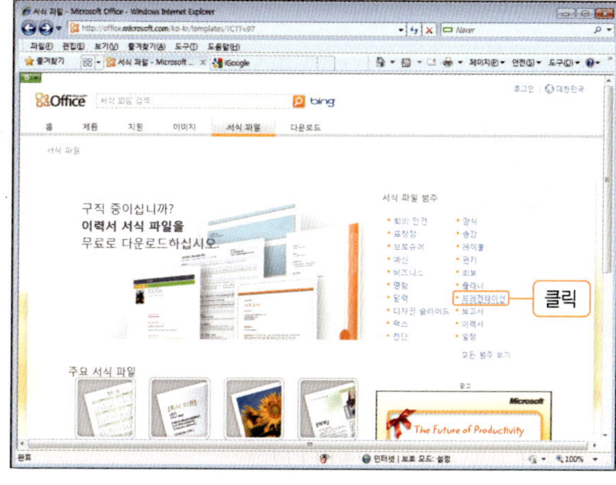

6 [프레젠테이션의 하위 범주] 항목에서 [비즈니스]를 선택합니다.

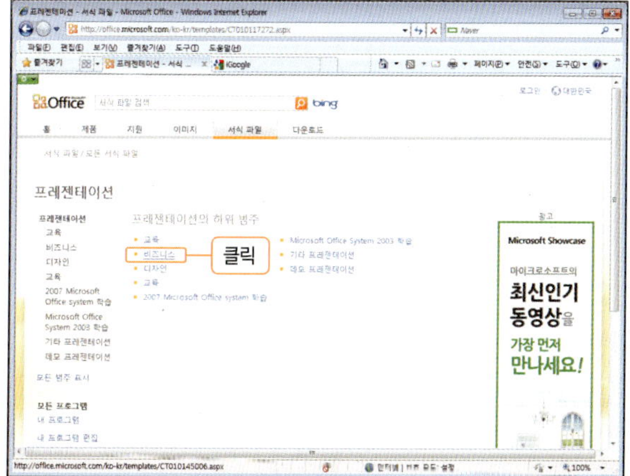

7 제공되는 서식 중 사용하려는 서식에 마우스 포인터를 가져가면 미리보기 창이 표시됩니다. 〈다운로드〉 버튼을 눌러 다운로드합니다.

> **Tip** ・ 국내 Office.com에서 제공하는 서식이나 테마가 부족하다면 Office.com 사이트 화면 오른쪽 위에서 다른 국가를 지정해서 검색할 수 있습니다.

8 서식이 다운로드됩니다. [다른 이름으로 저장] 대화상자가 표시된다면 저장할 위치와 파일 이름을 지정한 다음 〈저장〉 버튼을 누릅니다.

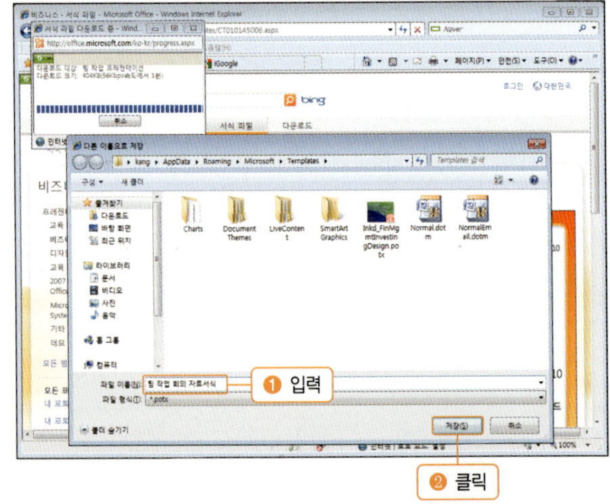

9 서식이 지정된 새 프레젠테이션이 열립니다.

10 저장할 때 저장 경로를 변경하지 않았다면 다음부터는 [파일] 탭의 [새로 만들기] 메뉴에서 [내 서식 파일]을 누르면 바로 사용할 수 있습니다.

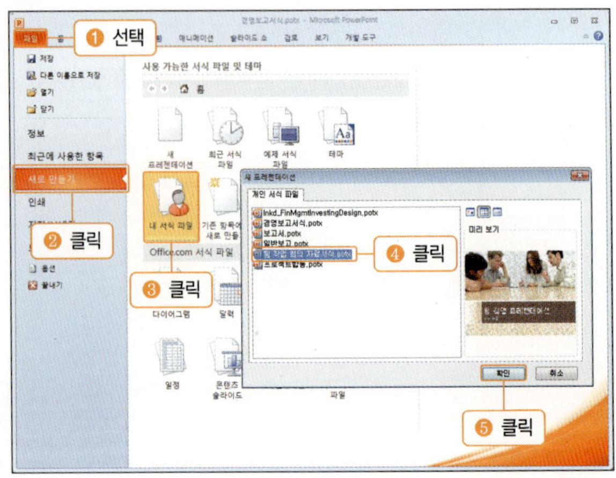

11 서식 파일을 수정하기 위해 [보기] 탭의 [마스터 보기] 그룹에서 '슬라이드 마스터' 아이콘(▣)을 누릅니다.

> *Tip* ● 인터넷이나 각종 파워포인트 서적에서 제공되는 디자인 서식의 대부분은 파워포인트 이전에서 만든 서식을 변환하여 사용하는 경우가 많습니다. 슬라이드 번호나 제목의 서식이 수정되지 않는다면 슬라이드 마스터를 수정하여 사용하세요.

12 실습을 위해 필요 없는 레이아웃을 삭제하겠습니다. 하위 슬라이드 레이아웃 중 '제목 슬라이드, 제목 및 내용, 콘텐츠 2개, 제목만' 등 네 개의 레이아웃만 남기고 나머지 레이아웃을 하나씩 선택한 다음 Delete 를 눌러 지웁니다.

13 모든 슬라이드의 레이아웃을 관리하는 슬라이드 마스터를 선택합니다.

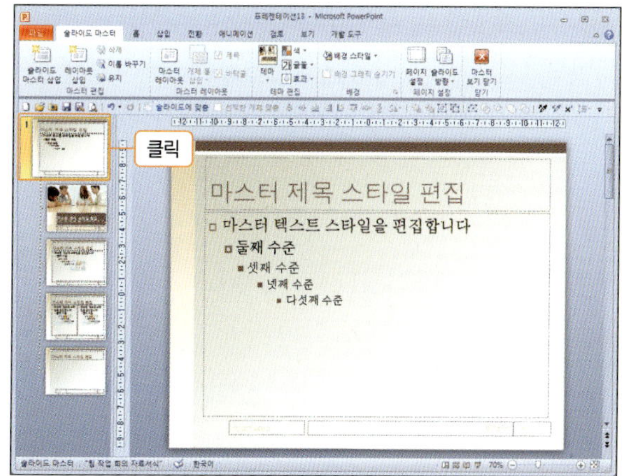

14 [슬라이드 마스터] 탭의 [테마 편집] 그룹에서 '글꼴'과 '색'을 마음에 드는 것으로 지정합니다.

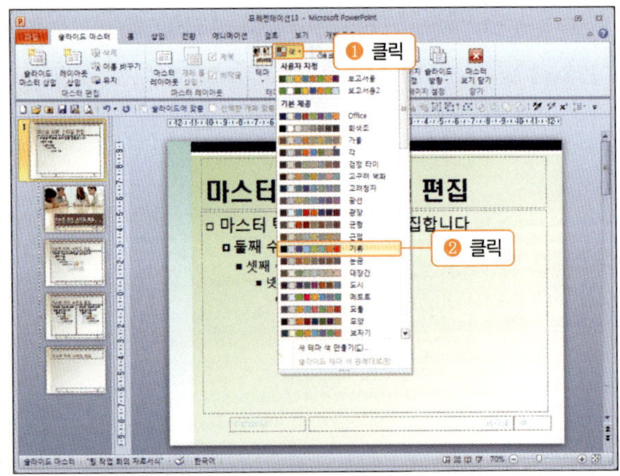

15 슬라이드 마스터가 계속 선택된 상태에서 본문 영역의 첫 번째 수준을 마우스 오른쪽 버튼으로 누릅니다. 표시되는 바로 가기 메뉴에서 [글머리 기호]의 ▶부분을 눌러 글머리 기호를 지정합니다.

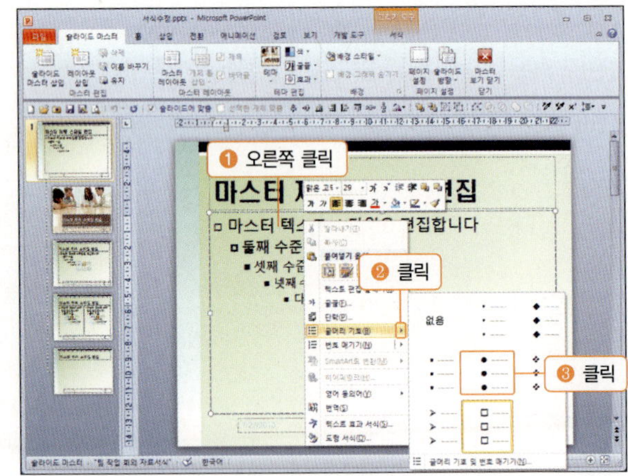

16 하위 슬라이드 레이아웃의 제목 글꼴이 슬라이드 마스터에서 지정한 내용으로 반영되지 않고 있습니다. 글꼴을 변경할 슬라이드를 선택하고 [슬라이드 마스터] 탭의 [마스터 레이아웃] 그룹에서 '제목'에 체크 표시를 해제한 다음 다시 한 번 체크합니다. 마스터의 제목 개체를 다시 불러서 사용할 수 있습니다.

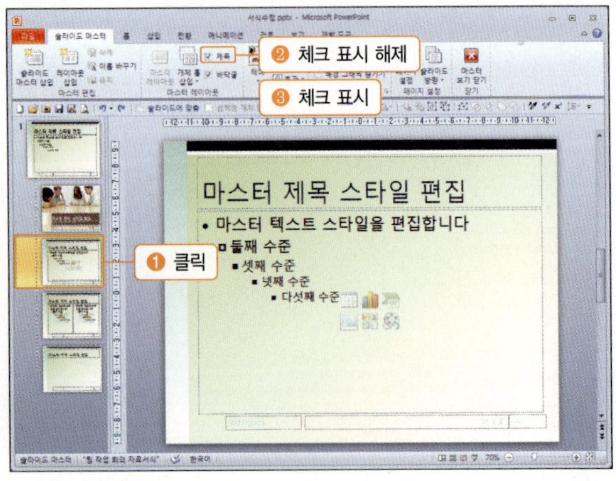

17 슬라이드 마스터에서 제목 개체 틀을 선택하고 [그리기 도구]-[서식] 탭의 [WordArt 스타일] 그룹에서 제공되는 스타일 중 하나를 적용합니다.

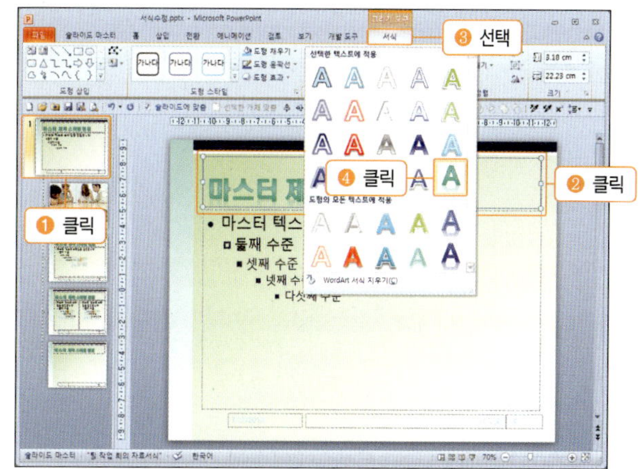

18 [슬라이드 마스터] 탭의 [닫기] 그룹에서 '마스터 보기 닫기' 아이콘(⊠)을 눌러 기본 보기 상태로 전환합니다.

19 슬라이드 마스터 보기에서 적용한 내용이 프레젠테이션 문서에 반영되었습니다. 다운로드한 서식을 수정하려면 슬라이드 마스터 보기 상태에서 지정합니다.

나만의 업무에 딱 맞는 서식 파일 만들기

아무리 멋진 서식을 구입하거나 다운로드해도 본인의 업무에 사용하기 위해서는 어느 정도 수정이 필요합니다.
사용자 스스로 서식 파일을 만들어 보고 앞으로 어떻게 활용해야 하는지 아이디어를 얻어 보겠습니다.

· 소스 파일 : Part09\서식파일.pptx, bg2.jpg　　· 결과 파일 : Part09\서식파일_완성.pptx

참고 동영상 : 15강 9–3나만의서식.avi

1 Part09 폴더에서 '서식파일.pptx' 파일을 불러옵니다. 서식 작업을 하기 위해 [보기] 탭의 [마스터 보기] 그룹에서 '슬라이드 마스터' 아이콘(▣)을 누릅니다.

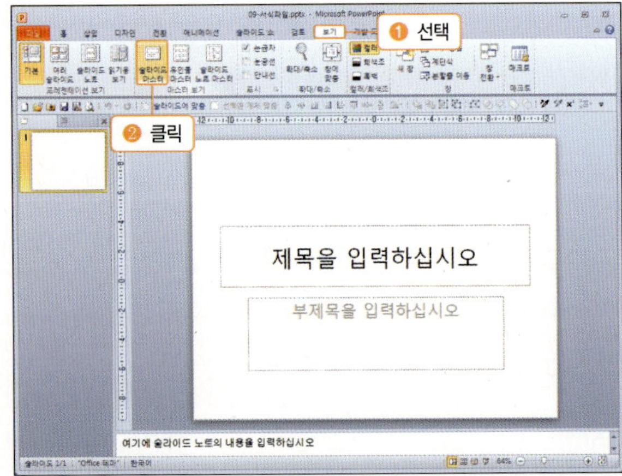

2 예제 파일은 필요 없는 슬라이드 레이아웃 몇 가지를 삭제한 상태입니다. 모든 슬라이드 레이아웃을 관리하는 슬라이드 마스터를 선택합니다.

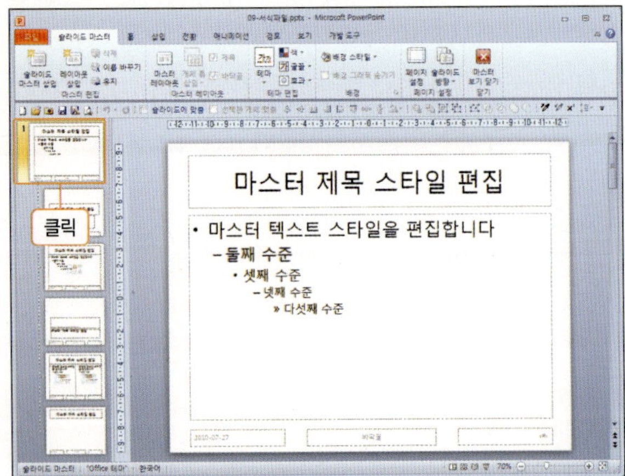

3 전체적인 슬라이드에 배경을 지정하기 위해 [슬라이드 마스터] 탭의 [배경] 그룹에서 '배경 스타일' 아이콘을 누르고 [배경 서식]을 선택합니다.

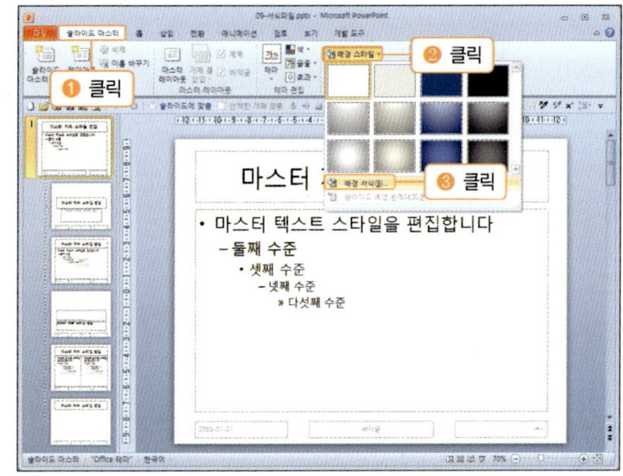

4 [배경 서식] 대화상자가 표시되면 [채우기] 메뉴에서 '그림 또는 질감 채우기'를 선택하고 '다음에서 삽입'에서 〈파일〉 버튼을 누릅니다.

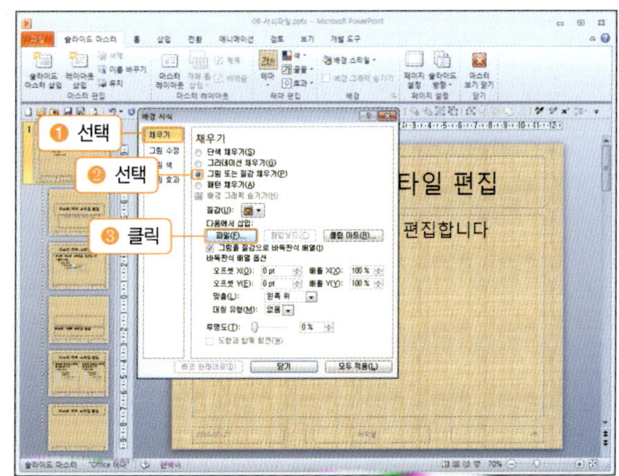

5 [그림 삽입] 대화상자가 표시되면 Part09 폴더에 있는 'bg2.jpg' 파일을 선택하고 〈삽입〉 버튼을 누릅니다. [배경 서식] 대화상자의 〈닫기〉 버튼을 누릅니다.

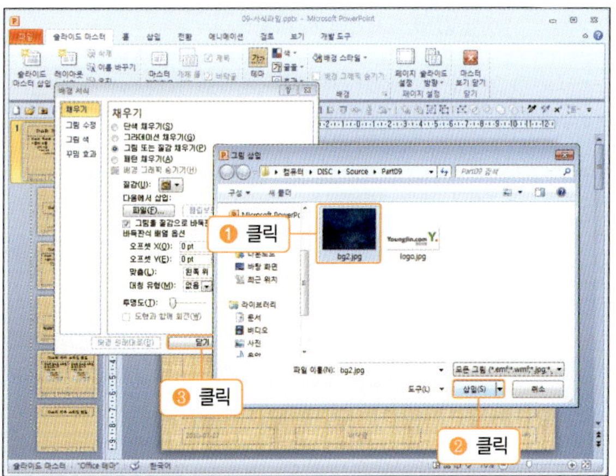

6 배경과 어울리는 색 구성을 지정하기 위해 [슬라이드 마스터] 탭의 [테마 편집] 그룹에서 '색' 아이콘을 눌러 목록 중 하나를 선택하거나 직접 지정합니다.

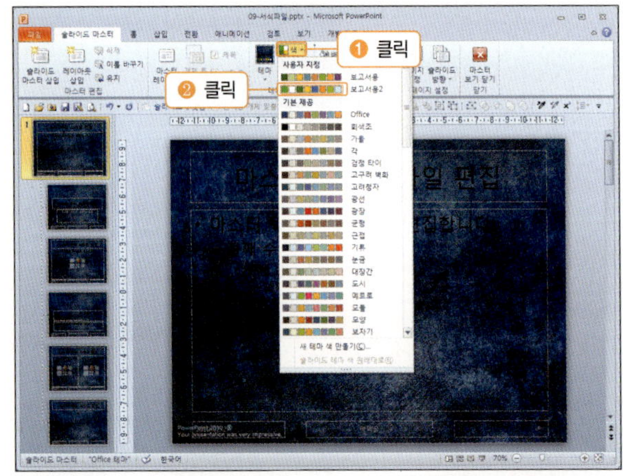

7 [슬라이드 마스터] 탭의 [테마 편집] 그룹에서 '글꼴' 아이콘(가)을 눌러 글꼴을 지정합니다.

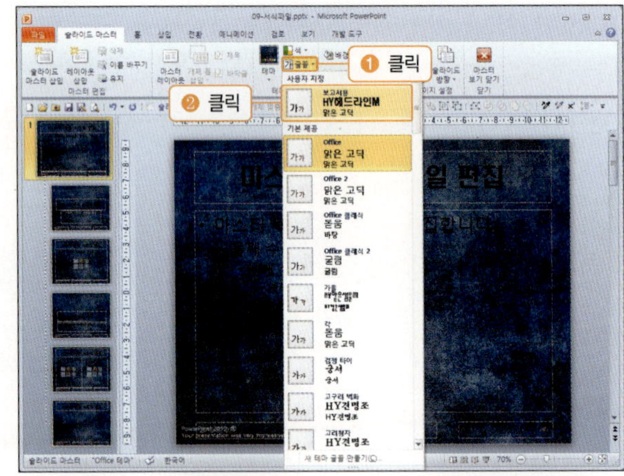

8 제목 개체 틀을 선택하고 [그리기 도구]-[서식] 탭의 [WordArt 스타일] 그룹에서 제공되는 스타일 중 하나를 적용합니다.

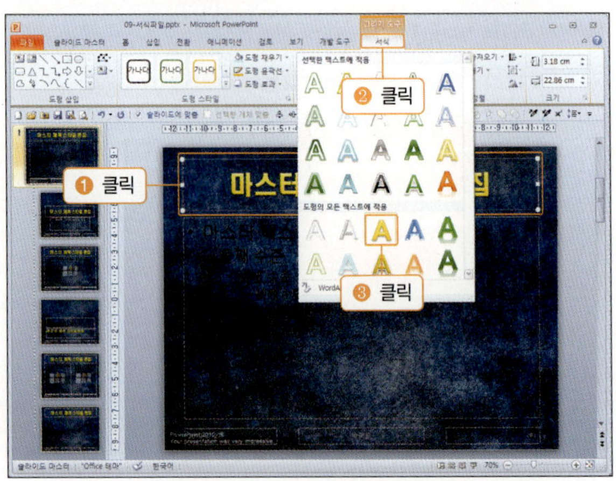

9 제목 개체 틀이 계속 선택된 상태로 [홈] 탭의 [단락] 그룹에서 '왼쪽 정렬' 아이콘(▤)을 누릅니다.

> **Tip** • 왼쪽 정렬 단축키 : Ctrl + L

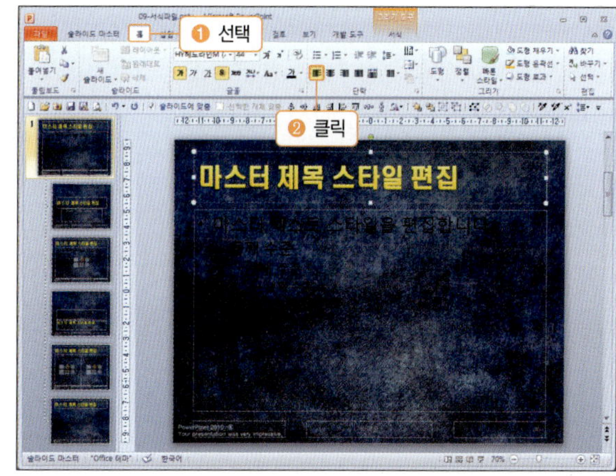

10 본문 개체 틀을 선택하고 [홈] 탭의 [글꼴] 그룹에서 '글꼴 색' 아이콘의 ▼부분을 눌러 [흰색]으로 지정합니다.

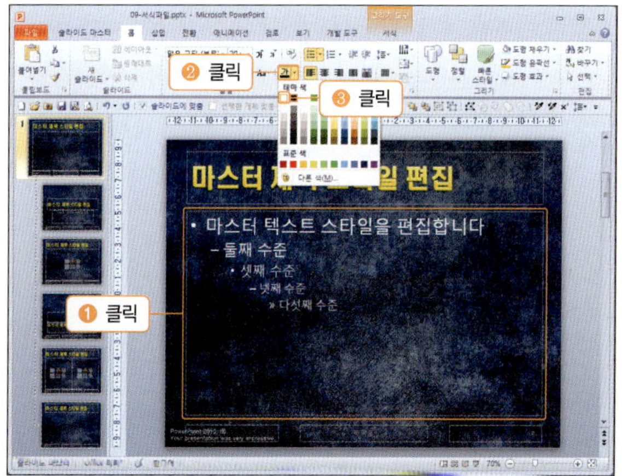

11 배경에 다른 그림을 삽입해서 꾸미거나 도형을 그려 넣을 수 있습니다. 도형으로 꾸미기 위해 [홈] 탭의 [그리기] 그룹에서 '도형' 아이콘(▢)을 클릭하거나 '자세히' 버튼(▼)을 누른 다음 [선] 항목에서 [자유형(⬚)]을 선택합니다.

> **Tip** • [삽입] 탭의 [일러스트레이션] 그룹에서도 '도형' 아이콘을 사용할 수 있습니다.

12 슬라이드 위쪽으로 다각형을 그립니다. [그리기 도구]–[서식] 탭의 [도형 스타일] 그룹에서 '도형 채우기' 아이콘의 ▼부분을 누르고 [다른 채우기 색]을 선택합니다.

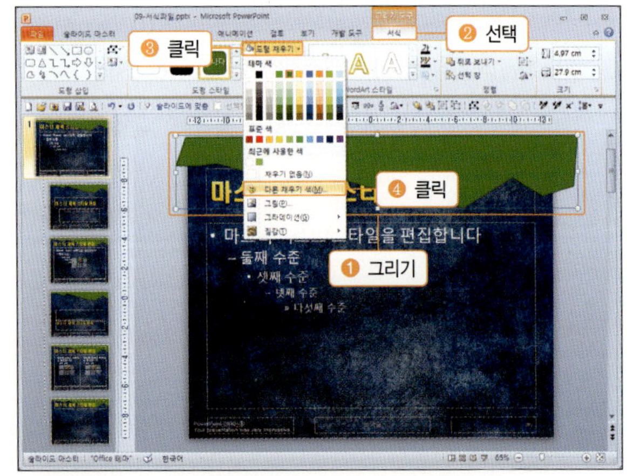

13 [색] 대화상자의 [표준] 탭에서 '색'을 '흰색', '투명도'를 '40%'로 설정하고 〈확인〉 버튼을 누릅니다.

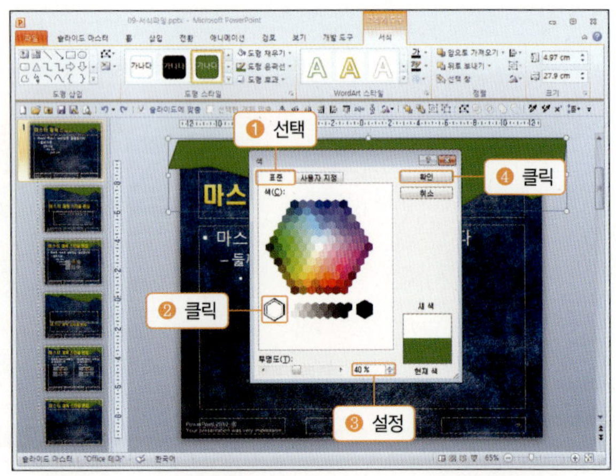

14 [그리기 도구]–[서식] 탭의 [도형 스타일] 그룹에서 '도형 윤곽선' 아이콘의 ▼부분을 누르고 [윤곽선 없음]을 선택합니다.

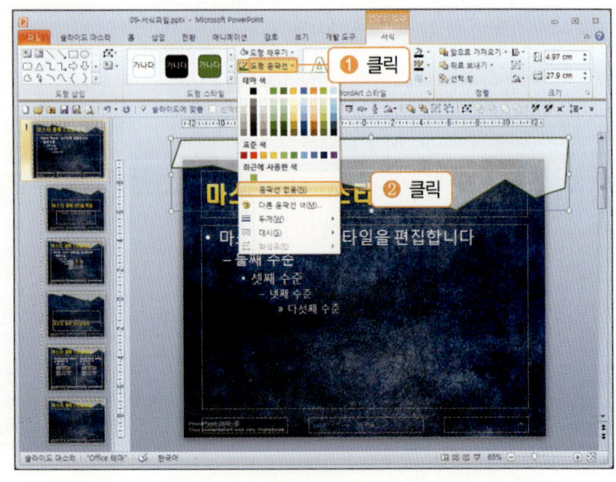

15 [삽입] 탭의 [일러스트레이션] 그룹에서 '도형' 아이콘( )을 누르고 [선] 항목에서 [자유형( )]을 선택합니다. 자유형 도형으로 슬라이드 윗쪽과 아래쪽에 선을 그리고 윤곽선의 종류와 두께, 색상을 지정합니다.

> **Tip** ● [자유형] 도형으로 직선을 그릴 때는 꼭짓점을 클릭하면서 도형을 그리면 됩니다. 막히지 않은 도형으로 그림을 마무리하려면 더블클릭합니다.

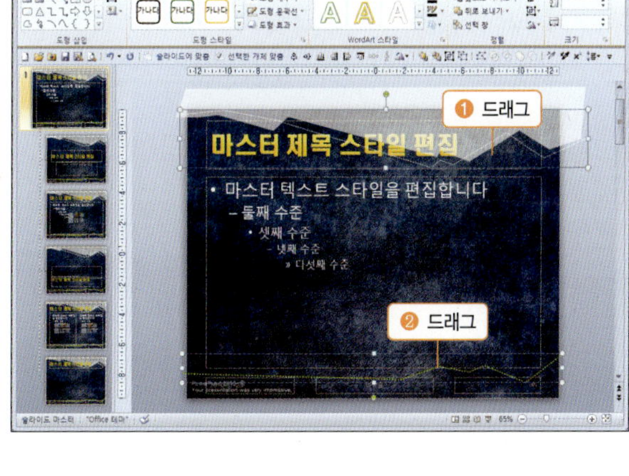

16 슬라이드 마스터 상태에서 지정한 서식과 삽입한 도형 개체가 하위 슬라이드 레이아웃에 반영되는 것을 확인합니다.

17 하위 슬라이드 레이아웃에서 제목 슬라이드 레이아웃을 조금 다른 형태로 지정하겠습니다. 제목 슬라이드 레이아웃을 선택하고 [슬라이드 마스터] 탭의 [배경] 그룹에서 '배경 그래픽 숨기기'에 체크 표시합니다.

> **Tip** ● 슬라이드 마스터에 삽입한 그림이나 텍스트 등의 개체는 하위 슬라이드 레이아웃에서 선택이나 삭제를 할 수 없고 숨기기만 가능합니다.

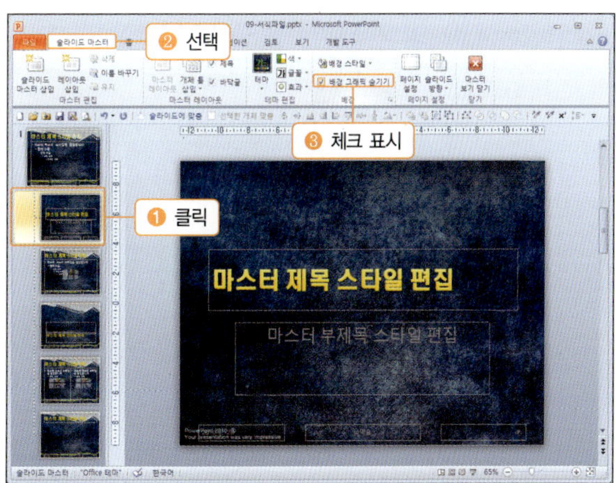

18 11~15번 과정과 같은 방법으로 자유형 도형을 이용해서 제목 슬라이드를 꾸밉니다.

> *Tip* • 삽입된 도형을 복사해서 붙인 다음 서식을 수정하고 크기를 조정하면 빠르게 슬라이드를 꾸밀 수 있습니다.

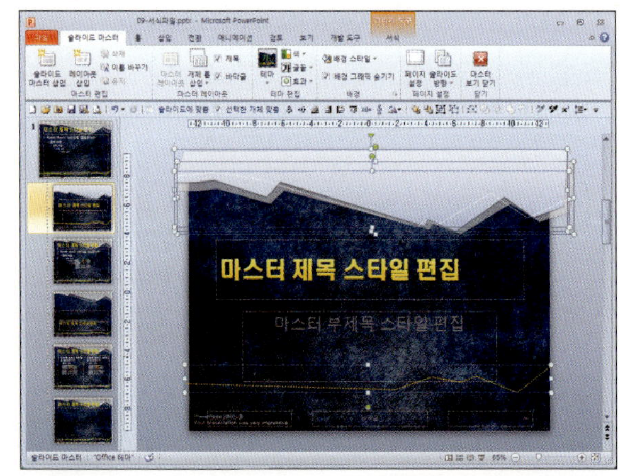

19 제목 슬라이드 레이아웃에서 제목 개체 틀을 선택하고 [그리기 도구]-[서식] 탭의 [WordArt 스타일] 그룹에서 제공되는 스타일 중 하나를 적용합니다.

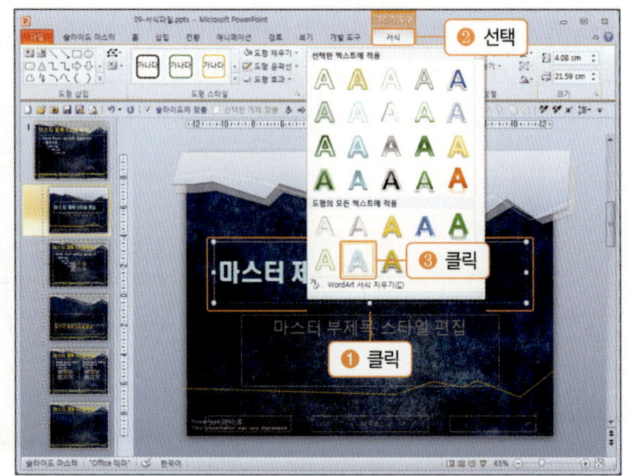

20 [그리기 도구]-[서식] 탭의 [WordArt 스타일] 그룹에서 '텍스트 효과' 아이콘(가)을 누르고 [변환]-[사각형]을 선택합니다.

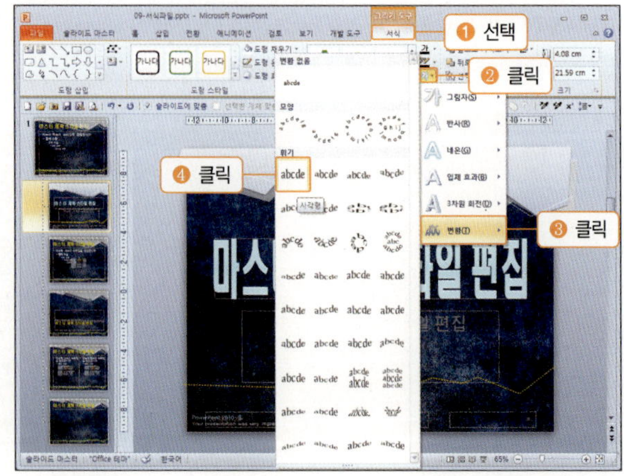

21 제목과 부제목의 위치와 크기를 조정합
니다.

22 사용자가 원하는 슬라이드 레이아웃이 있
다면 [슬라이드 마스터] 탭의 [마스터 편집] 그룹
에서 '레이아웃 삽입' 아이콘(　)을 누릅니다.

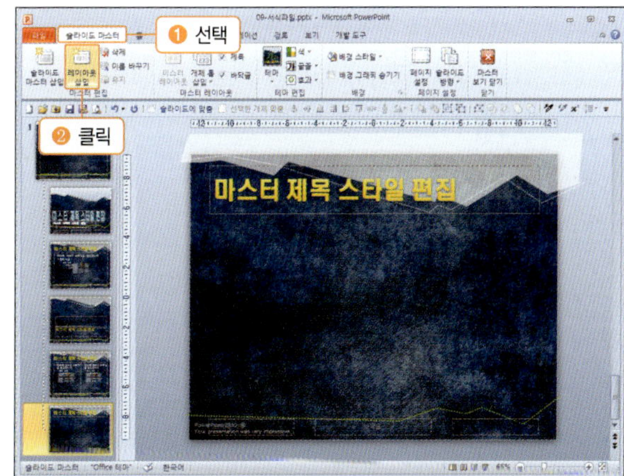

23 제목만 있는 슬라이드 레이아웃이 삽입되
면 [슬라이드 마스터] 탭의 [마스터 레이아웃]
그룹에서 '개체 틀 삽입' 아이콘(　)의 ▼부분
을 누르고 원하는 개체를 삽입해서 필요한 레
이아웃을 작성합니다.

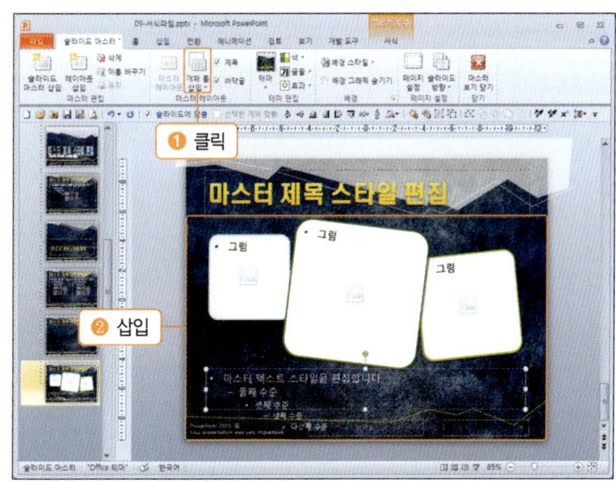

24 [슬라이드 마스터] 탭의 [닫기] 그룹에서 '마스터 보기 닫기' 아이콘( )을 눌러 기본 보기 상태로 전환합니다.

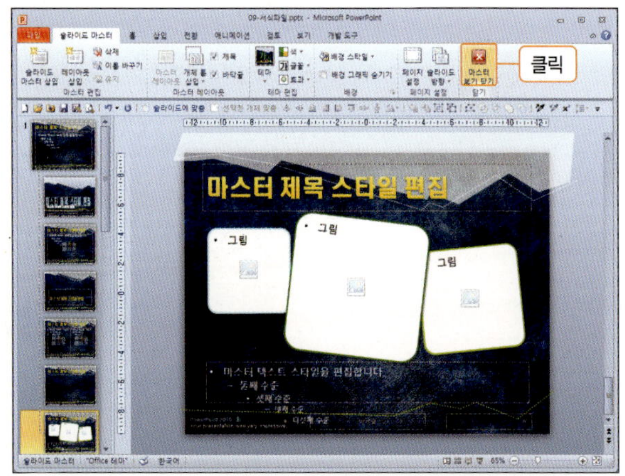

25 [홈] 탭의 [슬라이드] 그룹에서 '새 슬라이드' 아이콘( )의 ▼부분을 클릭하면 지정한 레이아웃과 디자인을 확인할 수 있습니다. 이 상태로 서식 파일로 저장하고 사용해도 되지만 자주 사용하는 슬라이드를 미리 몇 장 삽입한 다음 저장하겠습니다.

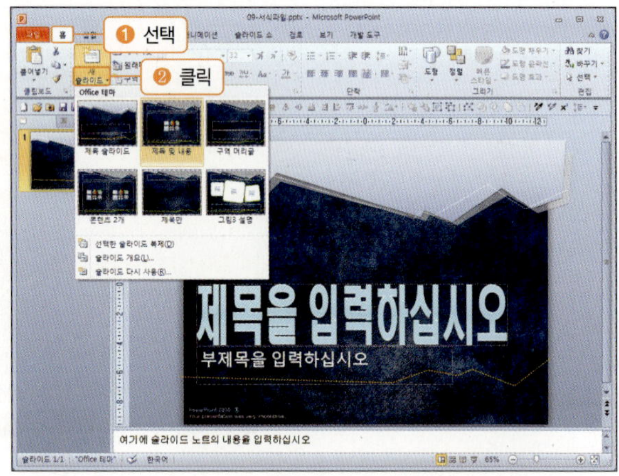

26 서식 파일을 만들 때 삽입되는 슬라이드는 공통된 내용이 아닌 내용까지 입력되지 않도록 주의합니다. 표는 계속 사용하지만 표의 내용은 매번 변경되는 경우라면 표를 삽입하고 서식을 지정하는 작업까지만 하는 것이 좋습니다. 나중에 입력된 내용을 지우는 작업을 하지 않도록 신경 써서 공통되는 내용만 만듭니다.

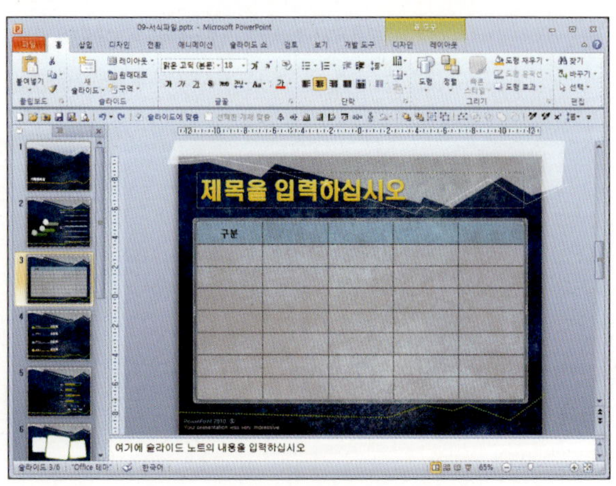

27 몇 장의 슬라이드를 삽입하고 공통된 서식을 지정했다면 서식 파일을 저장하겠습니다. [파일] 탭의 [저장/보내기] 메뉴를 선택하고 [파일 형식] 항목에서 [파일 형식 변경]을 선택합니다. 오른쪽의 [프레젠테이션 파일 형식]에서 [서식 파일 (*.potx)]을 더블클릭합니다.

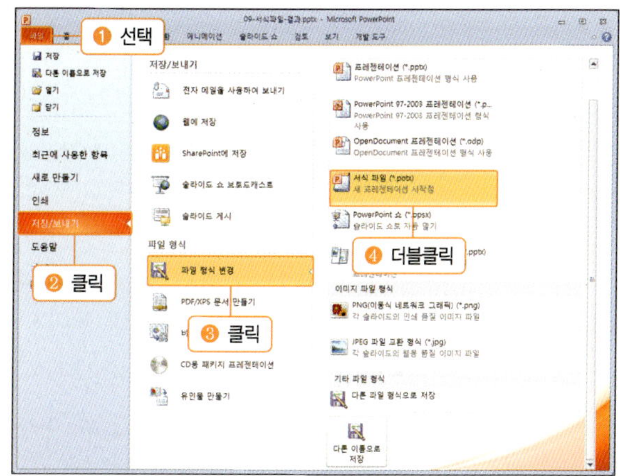

28 [다른 이름으로 저장] 대화상자가 표시되면 새 프레젠테이션을 만들 때 사용하기 편리한 위치를 지정하고 '파일 이름'을 지정한 다음 〈저장〉 버튼을 누릅니다.

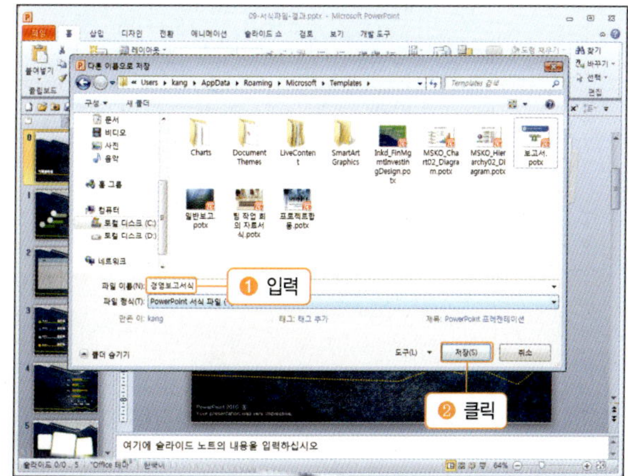

29 [파일] 탭의 [새로 만들기] 메뉴에서 [기존 항목에서 새로 만들기]를 선택하여 저장한 서식 파일을 불러와 새 프레젠테이션 문서를 만들 수 있습니다.

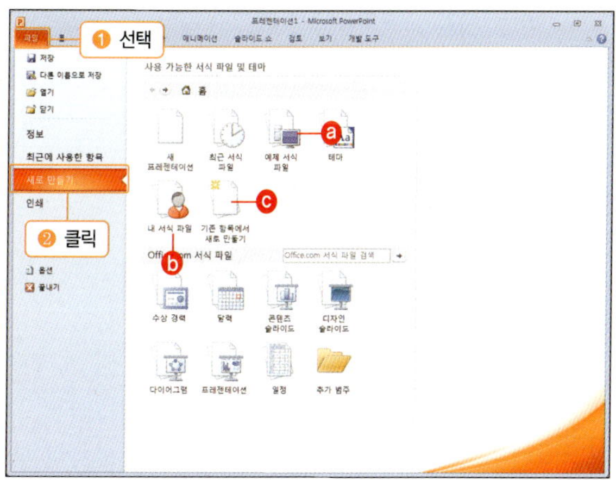

Tip·

ⓐ 오피스 프로그램을 설치하면서 기본으로 저장되는 서식 파일을 사용합니다.

ⓑ 윈도우 계정에서 사용자마다 지정되는 사용자 서식 폴더 위치(C:\Users\사용자\AppData\Roaming\Microsoft\Templates)에 사용자가 직접 저장한 서식 파일과 Office.com에서 다운로드 받은 서식 파일을 사용합니다.

ⓒ 사용자가 임의의 폴더에 지정한 서식 파일을 사용합니다.

슬라이드 마스터 작업을 위한 팁

전체 스타일을 구성하여 작업 시간을 단축시키는 슬라이드 마스터를 더욱 효율적으로 사용하는 방법이 있습니다. 슬라이드 마스터 작업을 위한 팁을 알아보겠습니다.

❶ 슬라이드 마스터 보기로 빠른 전환하기

슬라이드 마스터 보기 화면으로 빨리 전환하려면 [Shift]를 누른 채 화면 아래에 있는 상태 표시줄의 [보기 바로 가기]에서 '기본 보기' 아이콘(🔲)을 누릅니다.

❷ 변경한 개체 틀 초기 값으로 되돌리기

슬라이드 마스터와 하위 슬라이드 레이아웃은 글꼴 크기, 정렬 방식, 채우기 색, 위치 등 개체 틀의 속성을 변경한 다음 원래의 개체 틀 속성으로 되돌릴 때 차이가 있습니다.

① 슬라이드 마스터인 경우

개체 틀을 삭제한 다음 [슬라이드 마스터] 탭의 [마스터 레이아웃] 그룹에서 '마스터 레이아웃' 아이콘(🔲)을 누릅니다. [마스터 레이아웃] 대화상자가 표시되면 복원할 개체 틀에 체크 표시한 다음 〈확인〉 버튼을 누릅니다.

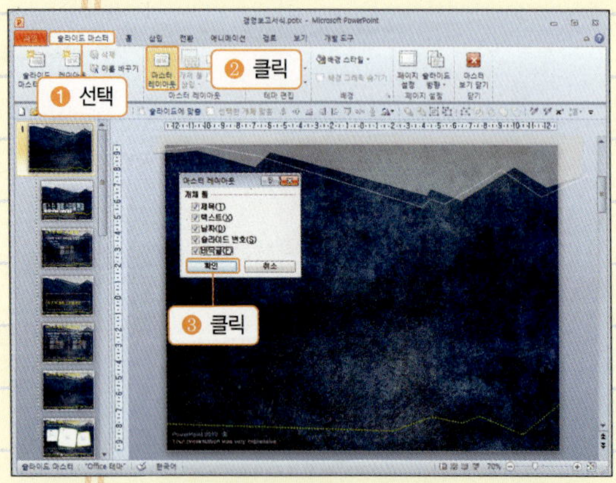

② 하위 슬라이드 레이아웃인 경우

[제목]과 [바닥글]의 위치와 서식을 슬라이드 마스터의 값으로 돌리려면, [슬라이드 마스터] 탭의 [마스터 레이아웃] 그룹에서 '제목', '바닥글'에 체크 표시를 해제했다가 다시 체크 표시합니다.

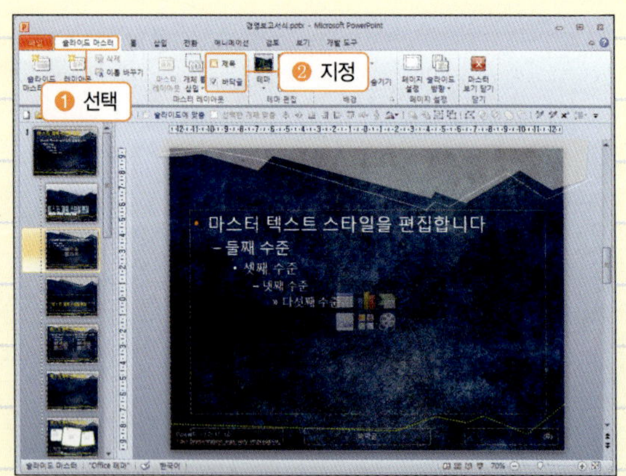

[슬라이드 마스터] 탭의 [마스터 레이아웃] 그룹은 [슬라이드 마스터]를 선택했는지 [슬라이드 레이아웃]을 선택했는지에 따라 달라집니다.

슬라이드 마스터가 선택된 상태에서는 레이아웃 종류 전체에 영향을 주는 개체 틀을 설정할 수 있고 슬라이드 레이아웃 중 하나가 선택된 상태에서는 다양한 개체 틀을 삽입할 수 있습니다.

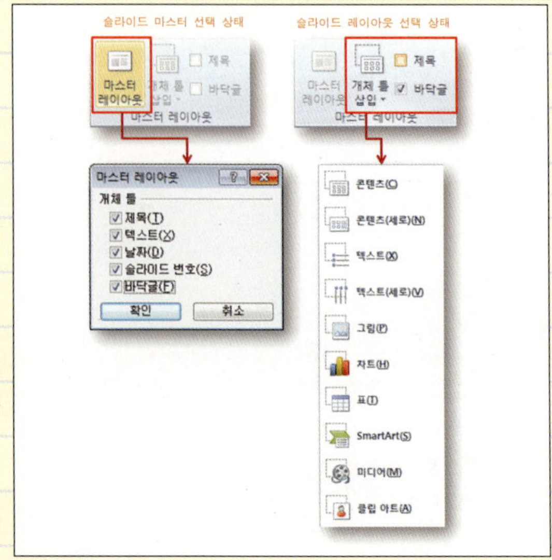

❸ 슬라이드 마스터 수정 작업 순서

슬라이드 레이아웃의 수정은 항상 슬라이드 마스터의 수정 작업이 끝난 다음에 합니다. 개별적으로 슬라이드 레이아웃에서 제목의 위치나 글꼴의 크기를 변경한 다음부터는 슬라이드 마스터에서 지정하는 설정 값이 반영되지 않습니다.

❹ 슬라이드 마스터 유지

슬라이드 마스터 집합이 여러 개 있을 때는 각 집합을 유지하는 것이 좋습니다. 슬라이드가 삭제되어도 마스터는 남아 있다면 언제든 사용할 수 있습니다. 슬라이드를 지울 때 마스터까지 자동으로 지워지는 일이 없도록 [슬라이드 마스터] 탭의 [마스터 레이아웃] 그룹에서 '유지' 아이콘(🖳)을 눌러 유지합니다.

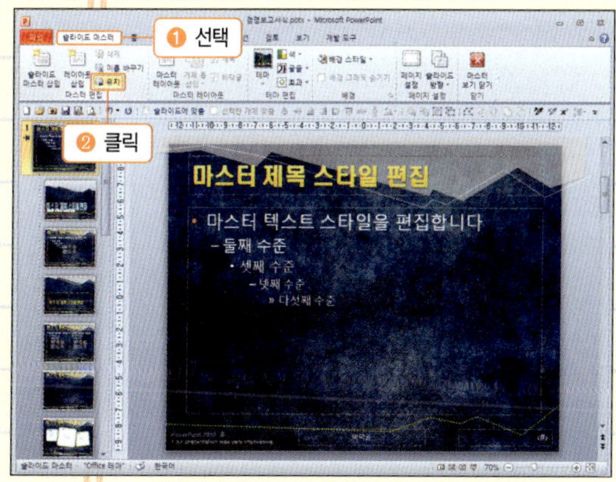

❺ 마스터의 설정 내용이 슬라이드에 반영되지 않는 경우

슬라이드에 입력된 개체의 위치나 서식 등은 직접 슬라이드에서 지정하거나 마스터에서 지정할 수 있습니다. 두 가지가 모두 지정된 슬라이드라면 슬라이드에 직접 지정한 값이 우선권을 가집니다. 이것은 프레젠테이션 문서가 마스터의 틀을 따르지만, 사용자가 직접 다른 값도 지정할 수 있도록 융통성을 주는 것입니다.

직접 설정한 사항이 있었던 슬라이드에 마스터의 설정 값을 주려면 슬라이드를 선택하고 [홈] 탭의 [슬라이드] 그룹에서 '원래대로' 아이콘(🖳)을 누릅니다.

유인물
마스터와
슬라이드
노트 마스터
활용하기

프레젠테이션을 작성할 때 각각의 슬라이드에 관련된 설명과 참고 사항을 적어 두고 발표자가 참고하거나 청중들에게 유인물로 제공하기도 합니다. 유인물의 형태를 지정하는 유인물 마스터와 슬라이드 노트의 형태를 지정하는 슬라이드 노트 마스터를 살펴보겠습니다.

발표자만 아는 보조 자료, 슬라이드 노트 사용하기

슬라이드 창 아래에 있는 노트 창에서는 슬라이드와 관련된 추가 정보를 입력할 수 있습니다. 이 노트를 인쇄하여 발표할 때 보조 자료로 사용하거나, 청중에게 나누어 줄 수도 있으며 웹 페이지에 게시하는 프레젠테이션에 노트를 포함할 수도 있습니다.

• 소스 파일: Part09\슬라이드노트.pptx　　• 결과 파일: Part09\슬라이드노트_완성.pptx

1 Part09 폴더에서 '슬라이드노트.pptx' 파일을 불러옵니다. 슬라이드 노트 영역의 경계 부분을 드래그해서 입력 작업이 편하도록 크기를 조절합니다. [여기에 슬라이드 노트의 내용을 입력하십시오] 부분을 누르고 내용을 입력합니다.

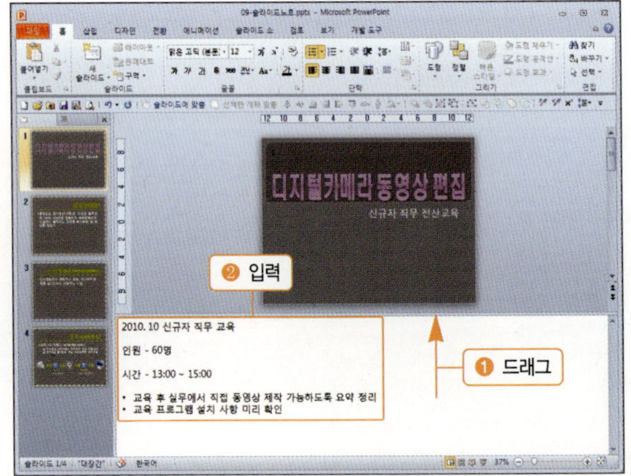

입력 내용

2010. 10 신규자 직무 교육

인원 – 60명

시간 – 13:00 ~ 15:00

교육 후 실무에서 직접 동영상 제작 가능하도록 요약 정리
교육 프로그램 설치 사항 미리 확인

2 노트에 작성할 내용이 많거나 그림, 표, 차트 같은 개체를 삽입하려면 슬라이드 노트 보기 상태에서 작업하는 것이 좋습니다. [보기] 탭의 [프레젠테이션 보기] 그룹에서 '슬라이드 노트' 아이콘(📄)을 누릅니다.

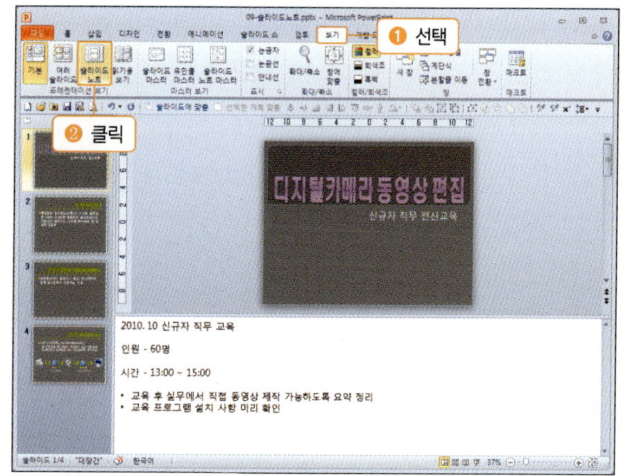

3 슬라이드 노트를 인쇄할 때의 모습이 표시됩니다. Page Up, Page Down 을 누르거나 화면 오른쪽 스크롤 막대의 '이전 슬라이드' 버튼(▲)과 '다음 슬라이드' 버튼(▼)을 이용하면 원하는 슬라이드로 이동할 수 있습니다.

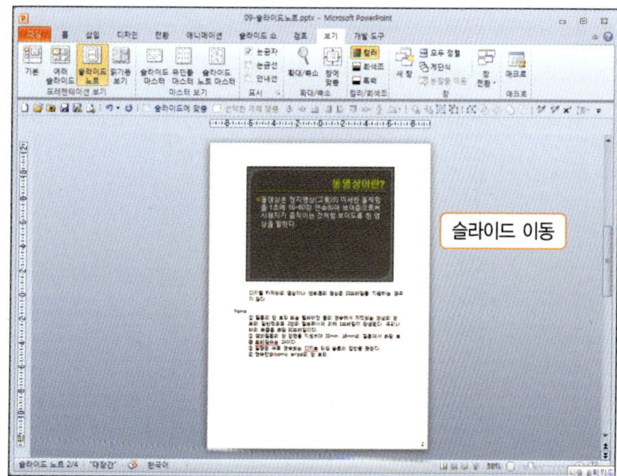

4 슬라이드 노트 보기 상태에서 입력하기 편한 배율로 화면을 조절합니다. 슬라이드 노트에 도형, 그림, 스마트 아트, 표, 차트 등 다양한 개체를 삽입할 수 있습니다.

> **Tip** • 슬라이드 노트 보기에 추가하는 그림이나 개체는 출력할 슬라이드 노트에만 나타나고 기본 보기의 화면에는 나타나지 않습니다.

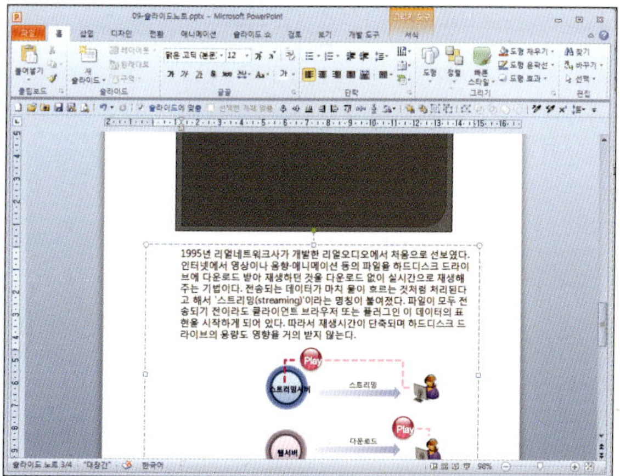

5 슬라이드 노트의 인쇄 형태를 변경하겠습니다. [보기] 탭의 [마스터 보기] 그룹에서 '슬라이드 노트 마스터' 아이콘(）을 누릅니다. 화면을 확대한 상태라면 전체 모습을 보기 위해 화면 아래 상태 표시줄에서 '슬라이드를 현재 창 크기에 맞춤' 버튼(）을 누릅니다.

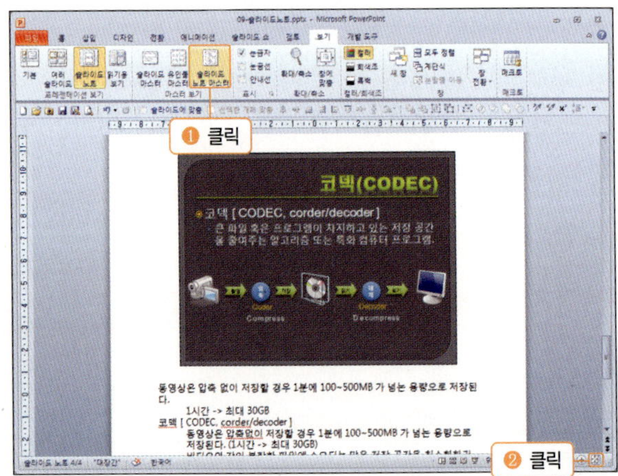

6 슬라이드 노트 마스터 보기에서는 슬라이드 이미지, 슬라이드 노트 영역, 머리글/바닥글, 페이지 번호 및 날짜 개체의 위치와 크기 등을 지정할 수 있습니다. [삽입] 탭의 [텍스트] 그룹에서 '머리글/바닥글' 아이콘(）을 누릅니다.

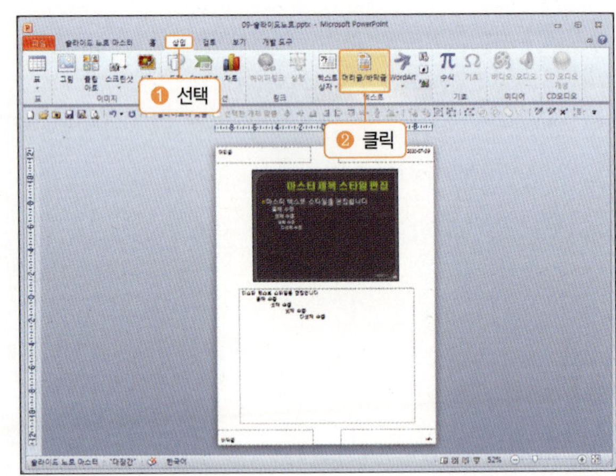

7 [머리글/바닥글] 대화상자가 표시되면 [슬라이드 노트 및 유인물] 탭을 선택합니다. '날짜 및 시간'에 체크 표시한 다음 '자동으로 업데이트'를 선택합니다. '머리글'에 체크 표시하고 "2010 신규자 교육 자료"라고 입력합니다. '페이지 번호'에 체크 표시하고 '바닥글'은 비운 채로 〈모두 적용〉 버튼을 누릅니다.

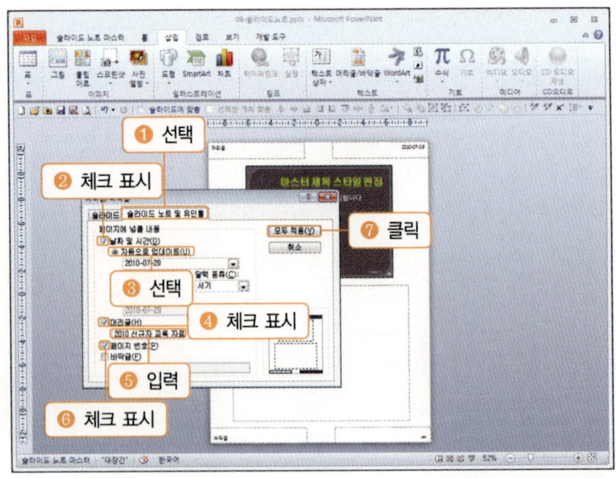

8 회사 로고를 삽입합니다. [삽입] 탭의 [이미지] 그룹에서 '그림' 아이콘( )을 누르고 [그림 삽입] 대화상자가 표시되면 Part09 폴더에서 'logo.jpg' 파일을 선택한 다음 〈삽입〉 버튼을 누릅니다.

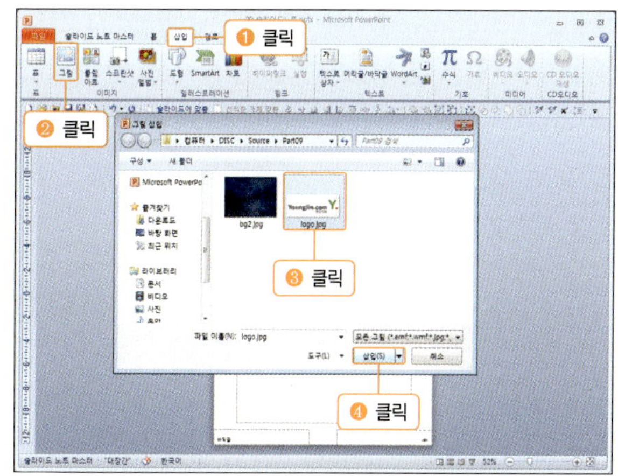

9 로고를 원하는 위치에 이동시키고 슬라이드 이미지의 크기를 조정합니다.

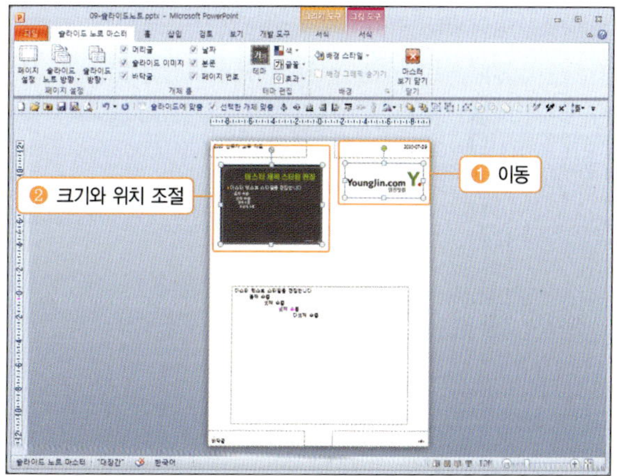

10 슬라이드 이미지를 선택한 다음 [그리기 도구]-[서식] 탭의 [도형 스타일] 그룹에서 '도형 효과' 아이콘( )을 누릅니다. [그림자] 메뉴에서 원하는 그림자 효과를 지정합니다.

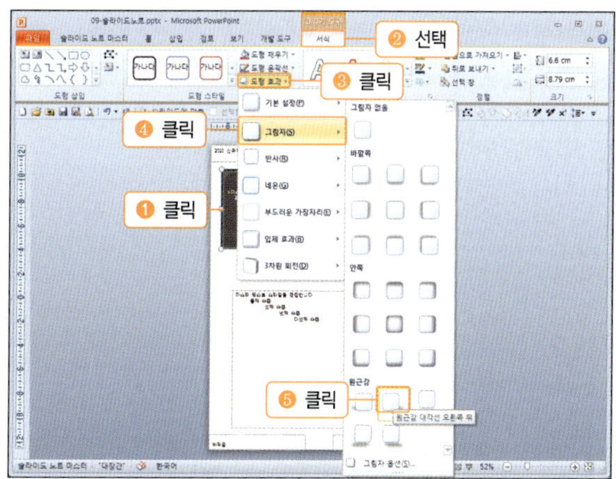

11 슬라이드 노트 영역을 선택한 다음 [그리기 도구]-[서식] 탭의 [도형 삽입] 그룹에서 '도형 편집' 아이콘( )을 누르고 [도형 모양 변경]을 선택합니다. [사각형] 항목에 [모서리가 둥근 직사각형( )]을 선택합니다.

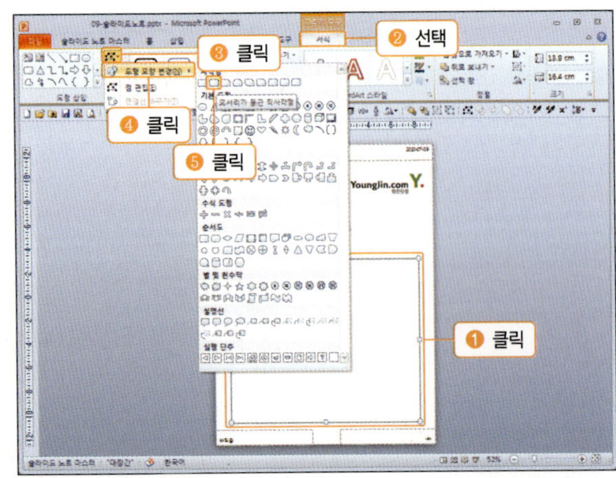

12 슬라이드 노트 영역이 선택된 채로 [그리기 도구]-[서식] 탭의 [도형 스타일] 그룹에서 '도형 윤곽선' 아이콘의 ▼부분을 누르고 [대시]에서 슬라이드 노트 영역 윤곽선을 지정합니다.

> **Tip** • 슬라이드 노트 영역이 선택된 상태라면 글꼴 크기를 지정하거나 글머리 기호를 지정할 수 있습니다.

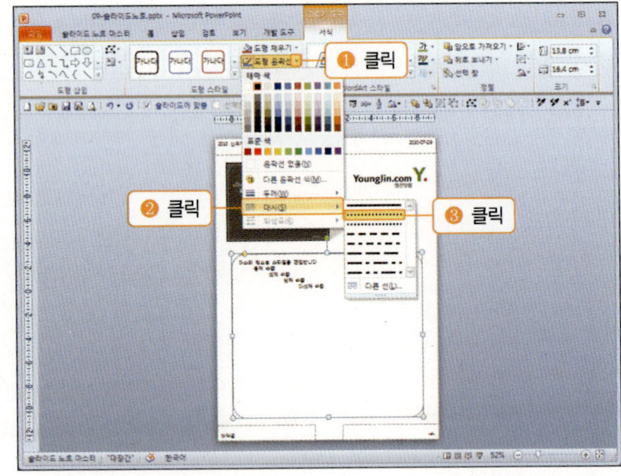

13 슬라이드 노트의 입력한 내용이 마스터에서 지정한 형태로 변경된 것을 확인합니다. 모든 설정이 끝나면 [슬라이드 노트 마스터] 탭의 [닫기] 그룹에서 '마스터 보기 닫기' 아이콘( )을 누릅니다.

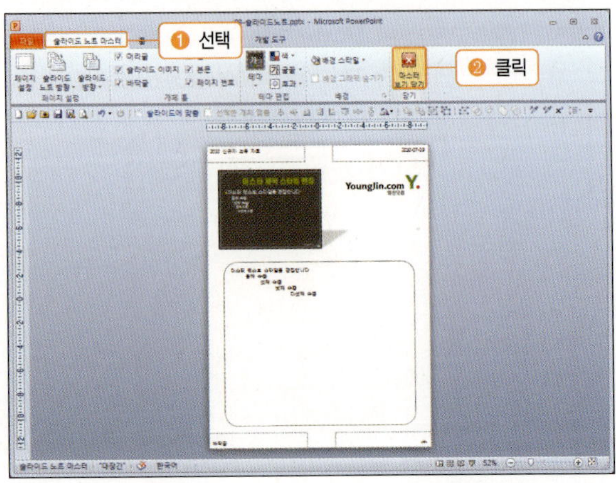

14 슬라이드 노트를 인쇄할 때도 지정한 형태로 되는지 확인하기 위해 [파일] 탭의 [인쇄] 메뉴를 선택한 다음 [인쇄 모양]을 [슬라이드 노트]로 지정합니다.

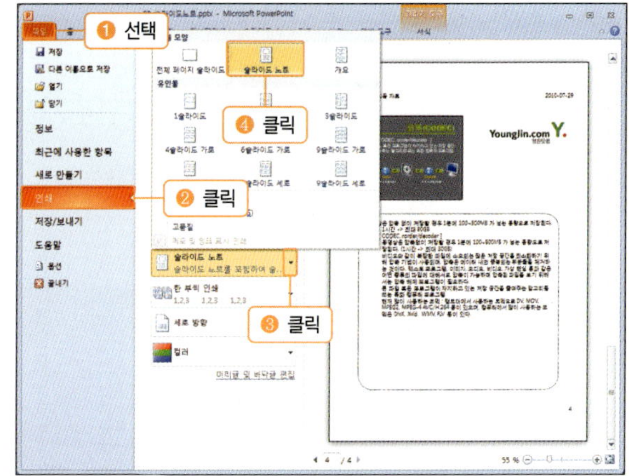

15 오른쪽 미리 보기 화면에서 슬라이드 노트를 인쇄할 때도 슬라이드 노트 마스터에서 지정한 설정 값을 따르는 것을 확인할 수 있습니다.

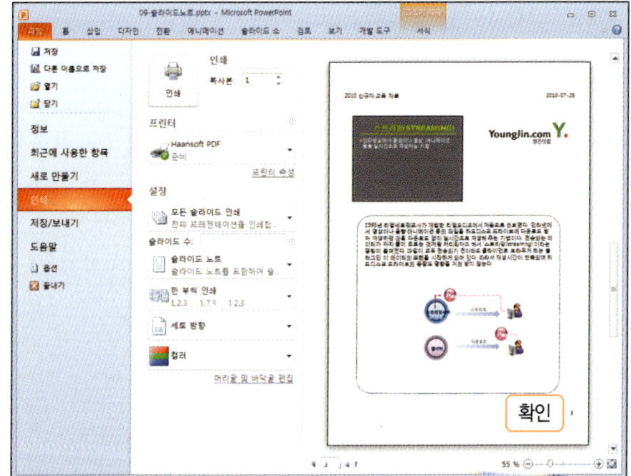

꼭! 알고가기 ▼ 슬라이드 노트 마스터에서 지정한 형태로 보이지 않는 경우

슬라이드 노트 마스터의 설정 내용이 특정 슬라이드 노트에 적용되지 않는 경우는 슬라이드 노트에서 직접 지정한 값이 있는 경우입니다. 슬라이드 노트를 입력하다가 개체를 이동하거나 서식을 지정한 경우는 마스터 값보다 우선 적용됩니다. 슬라이드 노트 마스터의 설정 값을 적용하려면, 슬라이드 노트를 마우스 오른쪽 버튼으로 클릭한 다음 표시되는 바로 가기 메뉴에서 [슬라이드 노트 레이아웃]을 선택합니다. [슬라이드 노트 레이아웃] 대화상자가 표시되면 '마스터 다시 적용'에 체크 표시합니다.

프레젠테이션 파일을 청중들에게 유인물 형태로 인쇄해서 제공할 때, 한 페이지에 여러 장의 슬라이드를 모아서 인쇄할 수 있습니다. 여러 장에 슬라이드를 모아서 인쇄하는 방법과 유인물의 머리글/바닥글 등을 지정하는 유인물 마스터에 관해서 알아보겠습니다.

• 소스 파일 : Part09\유인물.pptx, logo.jpg   • 결과 파일 : Part09\유인물_완성.pptx

1 Part09 폴더에서 '유인물.pptx' 파일을 불러옵니다. 현재 프레젠테이션 파일의 유인물 형태를 인쇄 미리 보기로 확인하겠습니다. [파일] 탭에서 [인쇄] 메뉴를 선택합니다.

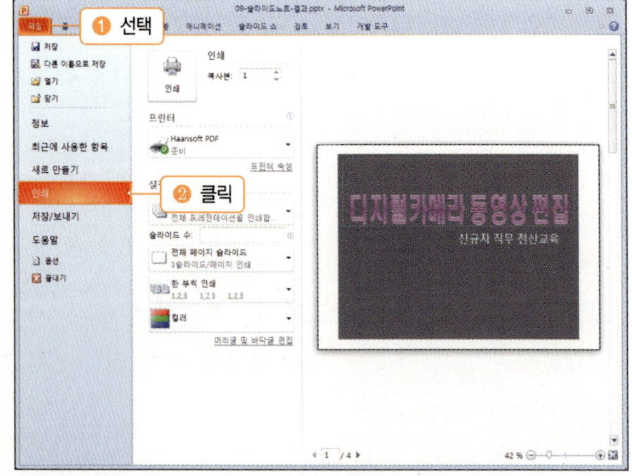

2 [유인물]을 한 페이지에 한 개, 두 개, 세 개, 네 개, 여섯 개, 아홉 개씩 볼 수 있도록 선택할 수 있습니다. [3슬라이드]로 지정합니다.

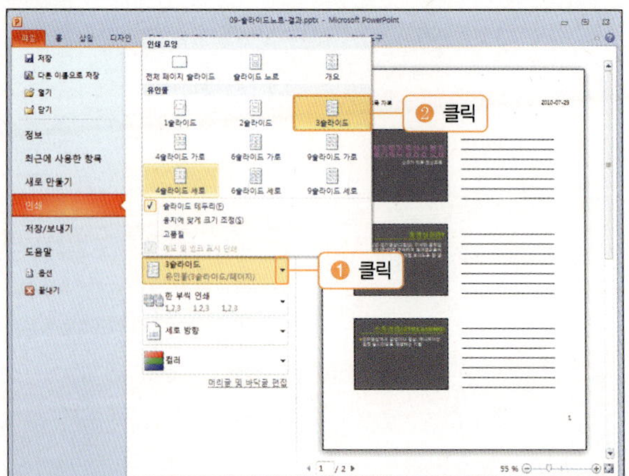

3 유인물에서 보이는 페이지 번호나, 머리글과 바닥글의 위치와 서식은 유인물 마스터에서만 수정할 수 있습니다. [보기] 탭의 [마스터 보기] 그룹에서 '유인물 마스터' 아이콘(▦)을 누릅니다.

4 화면 배율을 조금 확대하고 [삽입] 탭의 [일러스트레이션] 그룹에서 '도형' 아이콘(📷)을 누른 다음 [선(◻)]을 선택하여 머리글 아래에 드래그합니다.

> **Tip** · 직선으로 선을 그릴 때는 Shift 를 누른 상태에서 드래그합니다.

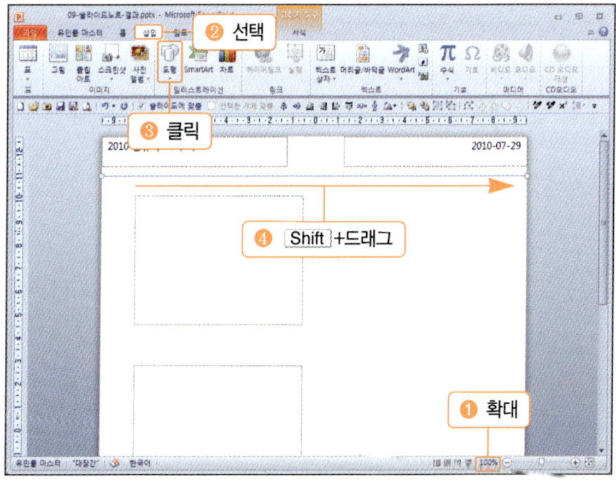

5 [그리기 도구]–[서식] 탭의 [도형 스타일] 그룹에서 '도형 윤곽선' 아이콘의 ▼부분을 눌러 원하는 선 색과 선의 두께를 지정합니다.

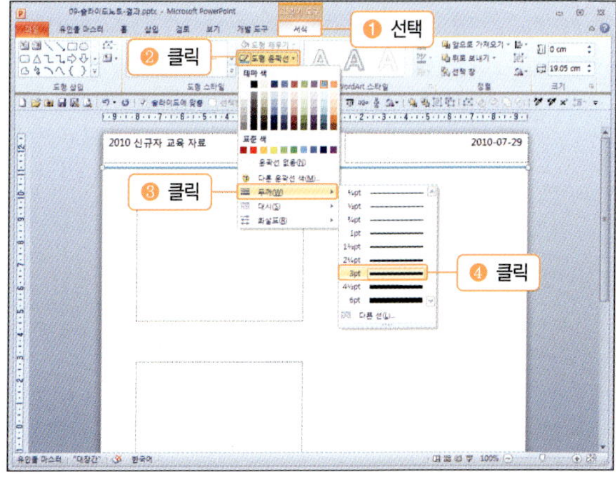

6 같은 방법으로 아래쪽에도 적당한 위치에 선을 그립니다.

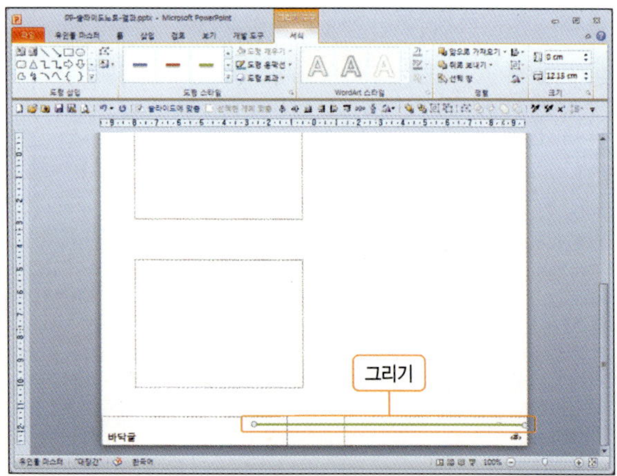

7 [삽입] 탭의 [이미지] 그룹에서 '그림' 아이콘( )을 누르고 [그림 삽입] 대화상자가 표시되면 Part09 폴더에서 'logo.jpg' 파일을 선택한 다음 〈삽입〉 버튼을 누릅니다.

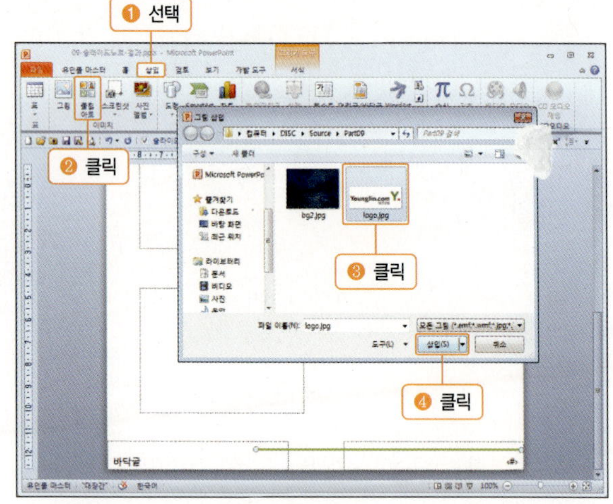

8 삽입된 로고의 크기와 위치를 조정합니다.

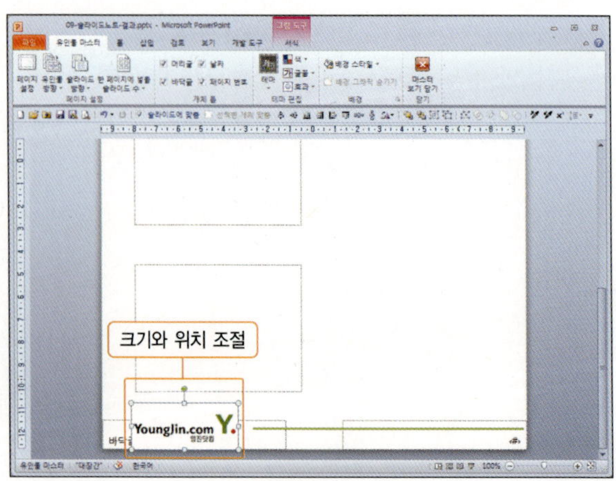

9 [파일] 탭의 [인쇄] 메뉴를 선택하고 유인물 마스터에서 지정한 형식으로 설정된 것을 확인합니다.

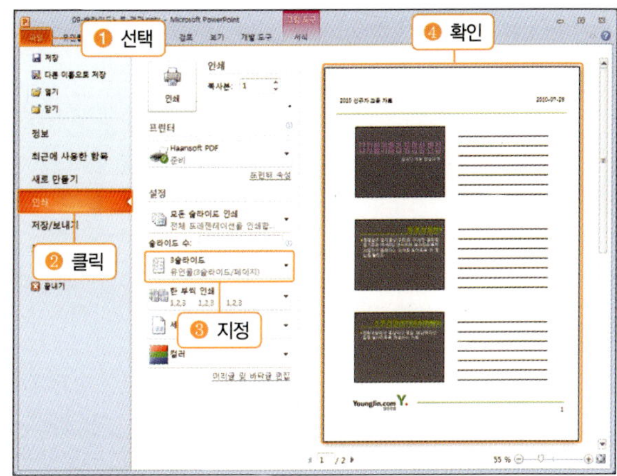

워드 프로그램에서 유인물을 만들면 파워포인트를 사용하지 않는 사람들에게 배포할 수 있습니다.

1. [파일] 탭의 [저장/보내기] 메뉴를 선택하고 [파일 형식] 항목에서 [유인물 만들기]를 클릭한 다음 〈유인물 만들기〉 버튼을 누릅니다.

2. [Microsoft Word로 보내기] 대화상자가 표시되면 원하는 형태를 선택하고 〈확인〉 버튼을 누릅니다. 워드 프로그램이 실행되면서 유인물이 작성됩니다.

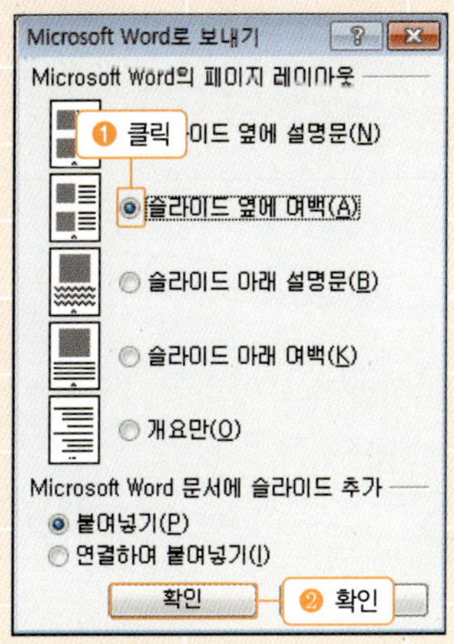

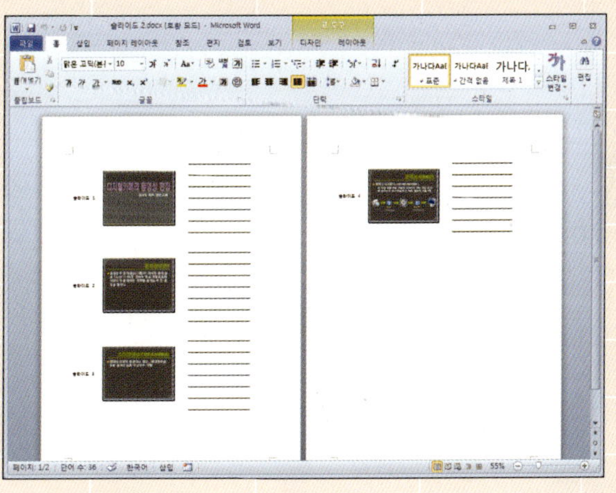

프레젠테이션 문서 배포하기

파워포인트 2010에서 강력해진 기능으로 장소에 제약을 받지 않고 더욱 다양한 방식으로 파일에 접근할 수 있으며, 다른 곳에 떨어져 있는 사람들과 동시에 작업을 진행하기 쉬워졌습니다. 파워포인트 2010은 프레젠테이션 문서를 웹에 저장하거나 동영상으로 제작하는 등 배포하는 방식을 다양하게 제공합니다. 문서를 작성한 다음 배포하기 전에 점검할 사항과 다양한 배포 방식을 살펴보겠습니다.

PART

10

Section 01 쉽고 새로워진 공동 작업 기능 활용하기

Section 02 더 쉽게 인쇄하기와 배포 전 문서 점검하기

Section 03 다양한 목적에 맞게 저장하고 배포하기

쉽고 새로워진 공동 작업 기능 활용하기

파워포인트 2010에서는 무료 온라인 추가 기능인 Microsoft Office Web Apps를 사용하여 인터넷만 연결되면 설치한 응용 프로그램과 상관없이 친숙한 Office 인터페이스로 자유롭게 문서를 보고, 만들고, 편집할 수 있습니다. 또한 버전을 체계적으로 관리할 수 있습니다.

Windows Live 계정 만들기

기업이라면 SharePoint Foundation 2010, Microsoft SharePoint Server 2010 등의 제품을 이용해서 공동 작업을 할 수 있지만, 개인이라면 Windows Live SkyDrive를 사용하여 프레젠테이션을 호스팅하고 저장할 수 있습니다.

1 Hotmail, Messenger 또는 Xbox LIVE를 사용하지 않고 Windows Live 계정 없다면, [파일] 탭의 [저장/보내기] 메뉴를 선택하고 [저장/보내기] 항목에서 [웹에 저장]을 선택한 다음 오른쪽에서 [Windows Live SkyDrive 등록]을 선택합니다.

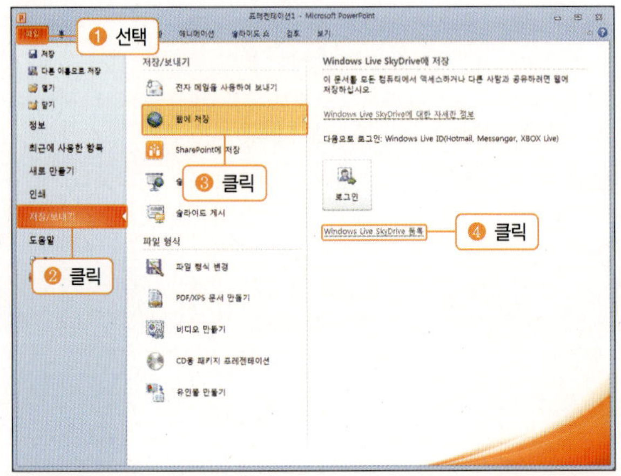

Tip · Windows Live ID를 가지고 있다면 〈로그인〉 버튼을 누르고 '전자 메일 주소'와 '암호'를 입력한 다음 〈확인〉을 누릅니다.
[Windows Live SkyDrive]를 선택하고 웹 문서가 표시되면, 윗부분에서 [Office]를 선택한 다음 5번 과정부터 진행합니다.

2 Windows Live 계정을 신청하는 화면이 표시되면 〈등록〉 버튼을 누릅니다.

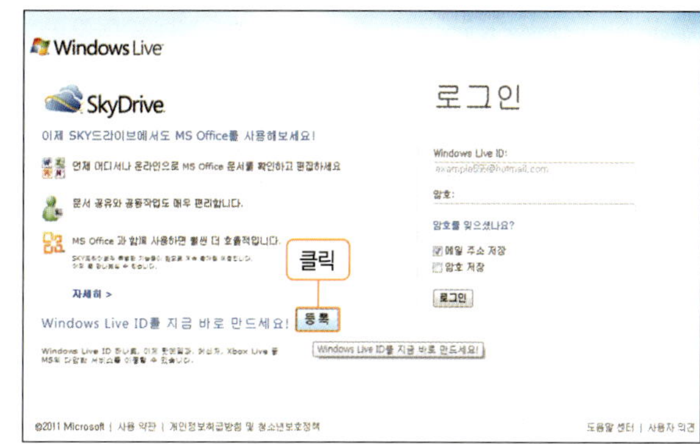

3 기존에 사용하는 메일 주소로 ID를 만들 것인지 Windows Live 메일 주소를 만들어서 ID로 사용할 것인지를 선택하고 이메일을 입력합니다. 〈중복 확인〉 버튼을 눌러 사용 가능한지 확인합니다.

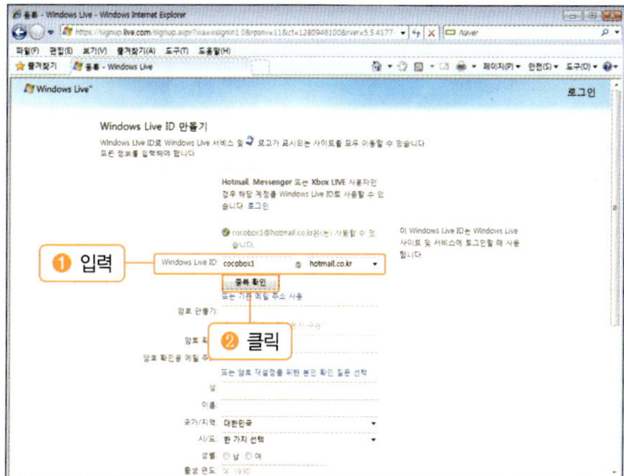

꼭! 알고가기 ▼ *Windows Live SkyDrive란?*

웹 브라우저와 인터넷 연결을 갖춘 거의 모든 컴퓨터에서 안전하게 문서를 저장하고 해당 내용에 액세스할 수 있는 서비스입니다.

사진과 문서를 온라인에 저장하고, 원하는 사람들과 공유하며, 웹 브라우저를 통해 액세스할 수 있습니다. 또한 SkyDrive에서 무료로 제공하는 Office Web Apps를 사용하여 다른 사람이 최신 버전의 오피스를 설치하지 않은 경우에도 워드, 엑셀, 파워포인트 문서를 온라인에서 함께 작업할 수 있습니다.

Microsoft Office Live Workspace 베타가 Windows Live SkyDrive로 바뀌면서 다음과 같은 새로운 기능도 포함되었습니다.

- 마이크로소프트 워드, 엑셀, 파워포인트의 무료 온라인 추가 기능인 Microsoft Office Web Apps를 사용하여 문서를 보고 편집합니다. 파워포인트를 설치하지 않은 사람도 동일한 모습의 슬라이드를 볼 수 있고, 만들며, 편집할 수 있습니다.
- 뛰어난 보기 환경에서 문서 및 사진을 볼 수 있습니다.
- 최대 25GB의 온라인 저장 공간이 제공됩니다.

※ 인터넷 연결 및 Internet Explorer, Mozilla Firefox 또는 Safari 브라우저가 필요합니다.

4 암호와 이름, 국가, 시/도, 성별 등 기타 등록 내용을 모두 입력하고, 그림에 표시된 문자까지 입력합니다. 입력을 모두 마치면 〈동의함〉 버튼을 누릅니다.

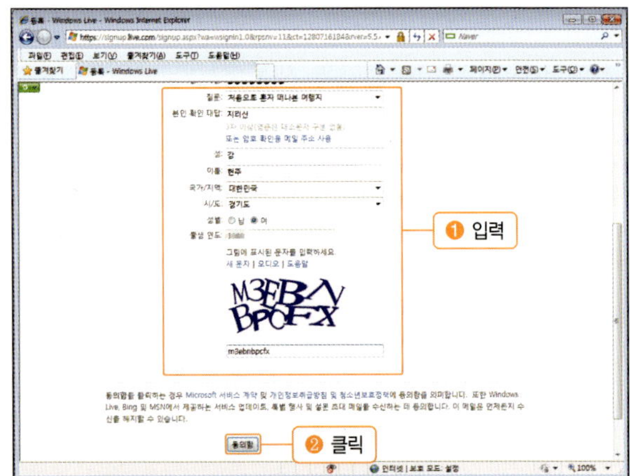

5 로그인하면 SkyDrive에 [Office] 영역이 나타납니다. 폴더나 파일 보기가 편하도록 왼쪽 메뉴의 [개인] 항목에서 [모두 보기]를 선택합니다.

> **Tip •** [새 온라인 문서 만들기]를 이용하면 마이크로소프트 워드, 엑셀, 파워포인트의 문서를 새로 만들 수 있습니다.

6 [새로 만들기]를 이용하면 사용자의 목적에 따라 폴더와 파일을 추가할 수 있습니다.

> **Tip •** SkyDrive에서는 파일 이름을 포함한 전체 폴더 경로가 255자 이하여야 합니다.

7 화면 오른쪽 위에 있는 이름 부분에 마우스 포인터를 가져가면 스킨과 세부 설정 사항을 변경할 수 있습니다.

2 프레젠테이션 문서 웹으로 저장하기

Windows Live SkyDrive에 문서를 저장하면 웹에 연결할 수 있는 환경에서 언제든지 작업하던 문서 작업을 수행할 수 있고 다른 사람들과 쉽게 공유할 수도 있습니다. 브라우저에서 문서를 보고 편집할 수 있기 때문에 설치한 응용 프로그램과 상관없이 문서를 공유합니다.

1 [파일] 탭의 [저장/보내기] 메뉴를 선택하고 [저장/보내기] 항목에서 [웹에 저장]을 선택합니다. 오른쪽에서 〈로그인〉 버튼을 누릅니다.

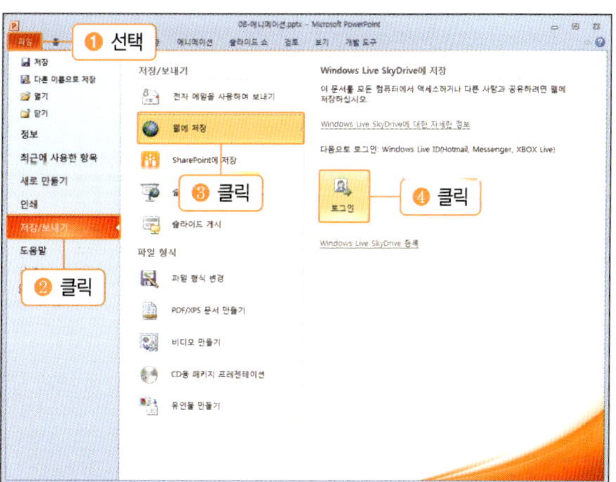

2 [서버에 연결하는 중] 대화상자가 표시됩니다. 대화상자가 표시되면 '전자 메일 주소'와 '암호'를 입력한 다음 〈확인〉 버튼을 누릅니다.

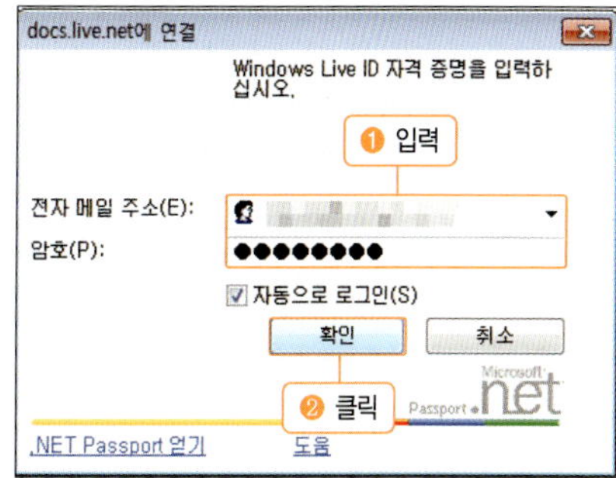

3 SkyDrive에서 사용하고 있는 폴더가 표시되면 저장할 폴더를 선택하고 〈다른 이름으로 저장〉 버튼을 누릅니다.

> **Tip** · 파일 크기가 50MB보다 큰 파일은 SkyDrive 폴더에 업로드할 수 없습니다.

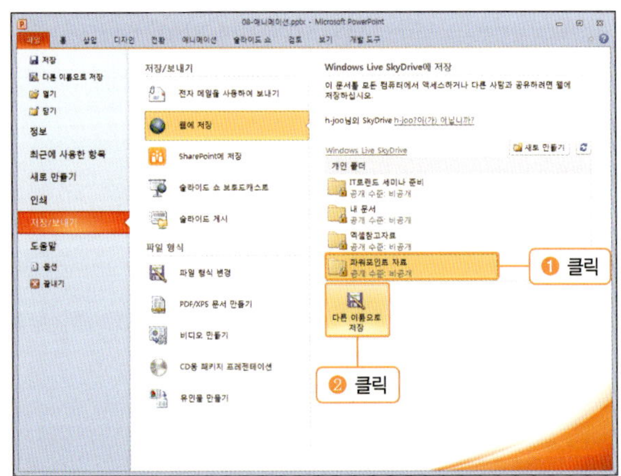

4 [다른 이름으로 저장] 대화상자가 표시되면 '파일 이름'을 지정하고 〈저장〉 버튼을 누릅니다.

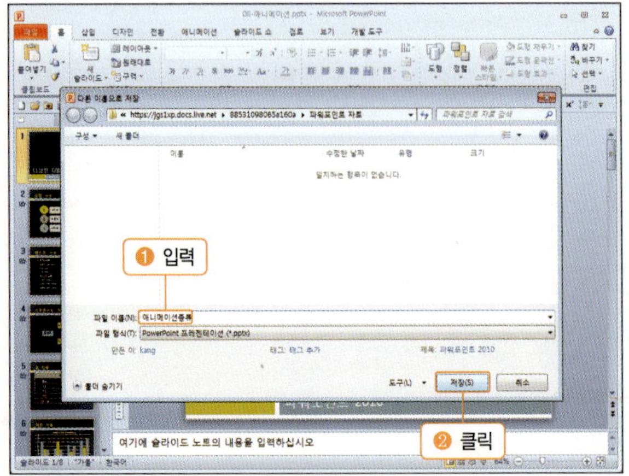

5 파일 용량이나 회선에 따라 소요되는 시간이 다릅니다. 업로드되는 동안 조금만 기다리면 문서가 SkyDrive에 저장됩니다. 저장된 문서를 눌러서 열어봅니다.

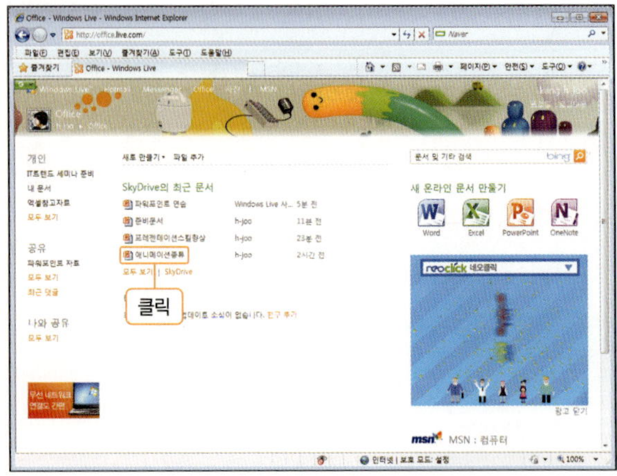

6 SkyDrive에 파워포인트 문서를 저장하면 언제든 사용자가 Office Web Apps를 사용하여 문서를 웹 브라우저에서 보고 편집할 수 있습니다. 뒤로 아이콘( )을 눌러 이전 화면으로 돌아갑니다.

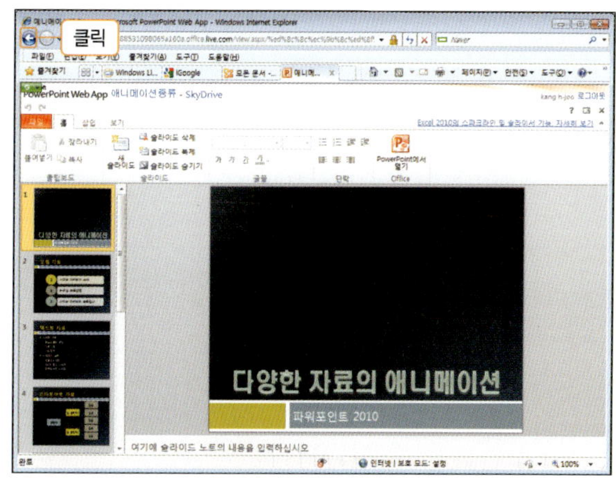

7 공동 작업을 하고 싶다면 메뉴에서 [공유]-[사용 권한 편집]을 선택합니다.

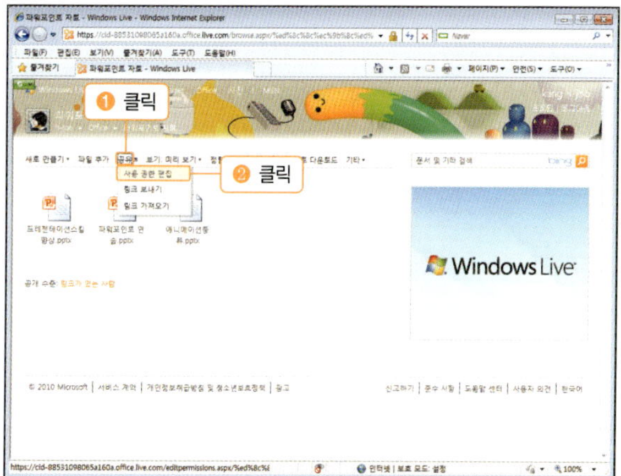

8 SkyDrive에서 다른 사용자가 해당 폴더를 보게 하거나 편집할 수 있는 권한을 부여합니다.

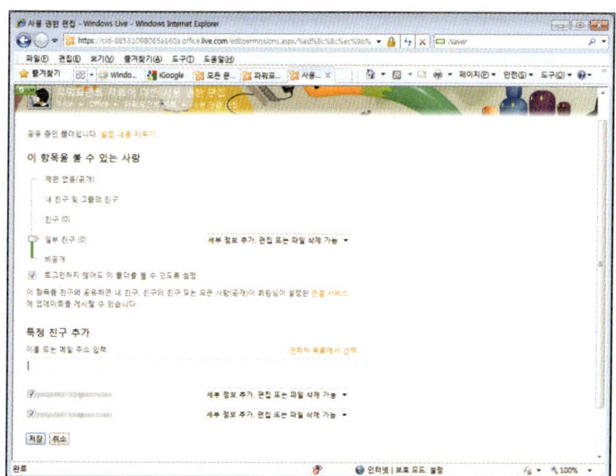

9 폴더에 대한 링크를 보내기 위해 문서를 공유하려는 경우 메뉴에서 [공유]-[링크 보내기]를 선택합니다.

10 함께 공유할 사람의 이메일을 적고 〈보내기〉 버튼을 누릅니다.

> *Tip* • 받는 사람이 Windows Live로 로그인하지 않고도 해당 폴더를 볼 수 있도록 허용한 경우, 받는 사람은 Windows Live에 로그인할 필요가 없습니다.

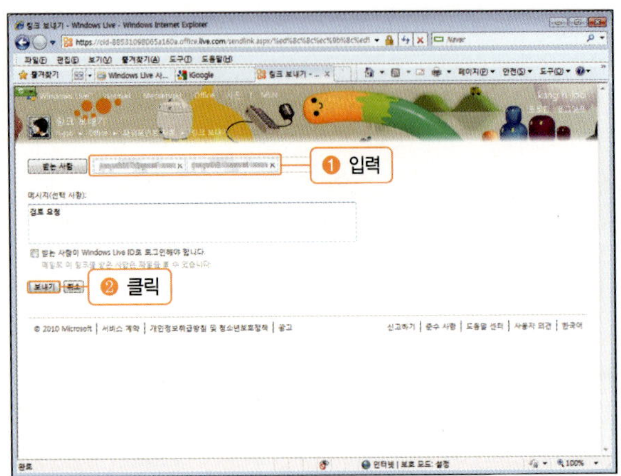

11 공유 대상자들은 초대 메일을 통해 폴더 주소를 받습니다. 공유를 알리는 메일을 확인하고 메일 내용 중 〈폴더 보기〉를 누릅니다.

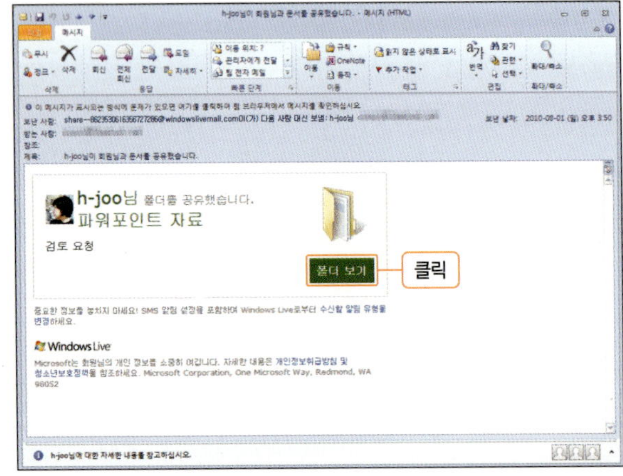

12 공유자의 Windows Live SkyDrive로 접속이 되고, 초대 받은 사람들은 공유된 폴더에 접근할 수 있습니다.

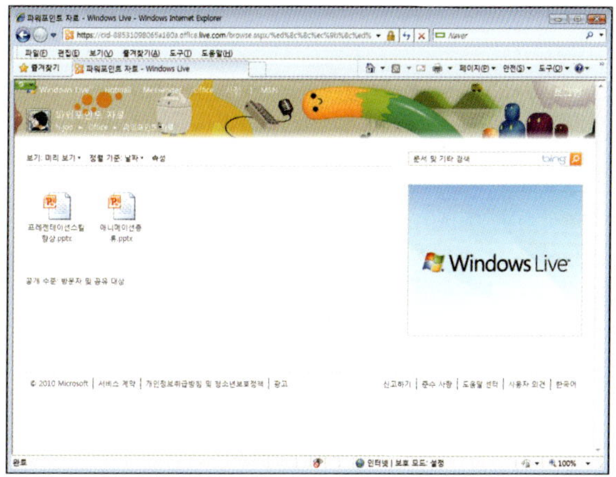

13 Microsoft Office Web Apps를 사용하면 웹에서 바로 파일을 확인하거나 편집할 수 있습니다. 편집 기능은 한 사람이 편집 작업을 종료해야 다른 사람이 편집할 수 있기 때문에 다수의 사람이 하나의 문서를 동시에 편집할 수는 없습니다.

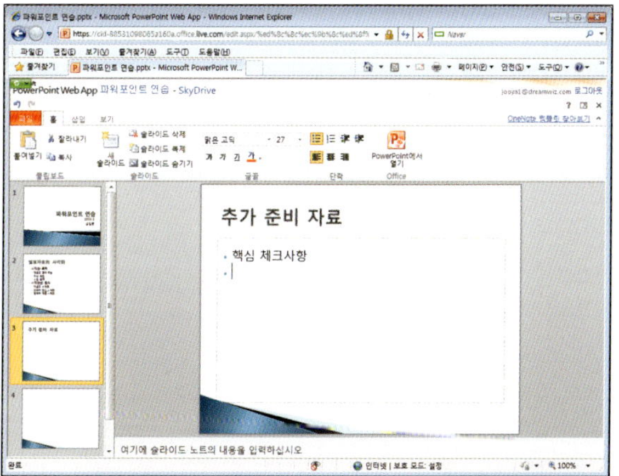

14 여러 명이 공동으로 작업한 파일의 이전 버전을 보려면 메뉴에서 [기타]-[버전 기록]을 선택합니다.

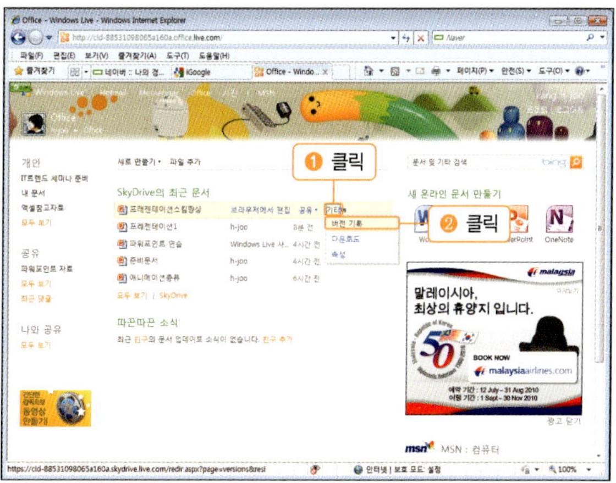

15 파일이 수정된 적 있다면 수정했을 때에 버전을 확인할 수 있습니다. 버전을 복원하려면 복원하려는 버전을 선택하고 [복원]을 선택합니다.

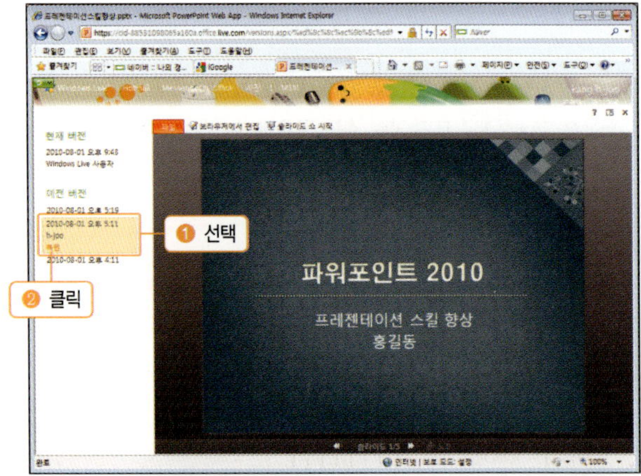

16 Microsoft Office Web Apps를 사용해서 편집하는 것보다 다양한 파워포인트 기능을 사용하려면 'PowerPoint에서 열기' 아이콘(P)을 누릅니다. 파일에 대한 경고 사항을 알리는 대화상자가 표시되면 〈확인〉 버튼을 누릅니다.

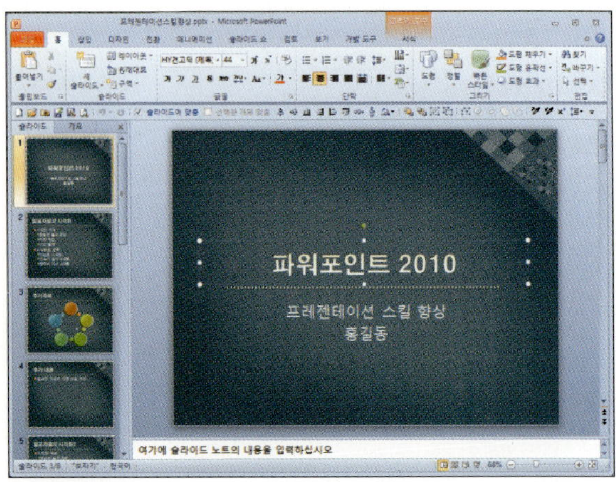

> **Tip ·** 파워포인트로 열어서 사용하려면 사용하는 PC
> 에 파워포인트 2010이 설치되어 있어야 합니다.

17 단, 파워포인트로 열어서 사용하려면 사용하는 PC에 파워포인트 2010이 설치되어 있어야 합니다.

3 원격으로 청중에게 프레젠테이션 브로드캐스트하기

파워포인트 2010의 '슬라이드 쇼 브로드캐스트' 기능을 사용하면 발표자가 웹을 통해 어디서나 모든 사람과 슬라이드 쇼를 공유할 수 있습니다. 청중에게 링크(URL)를 보내면 초대한 모든 사람이 자신의 브라우저에서 동기화된 슬라이드 쇼를 보게 됩니다.

1 [파일] 탭의 [저장/보내기] 메뉴를 선택합니다. [저장/보내기] 항목에서 〈슬라이드 쇼 브로드캐스트〉 버튼을 누릅니다.

> **Tip** · [슬라이드 쇼] 탭의 [슬라이드 쇼 시작] 그룹에서 '슬라이드 쇼 브로드캐스트' 아이콘( )을 눌러도 됩니다.

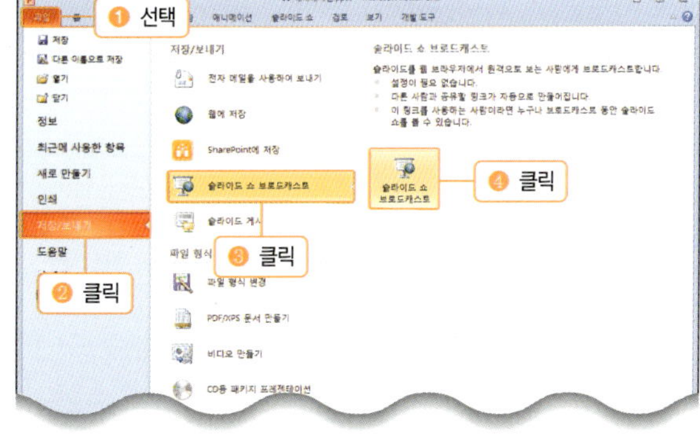

2 [슬라이드 쇼 브로드캐스트] 대화상자가 표시되면 〈브로드캐스트 시작〉 버튼을 누릅니다.

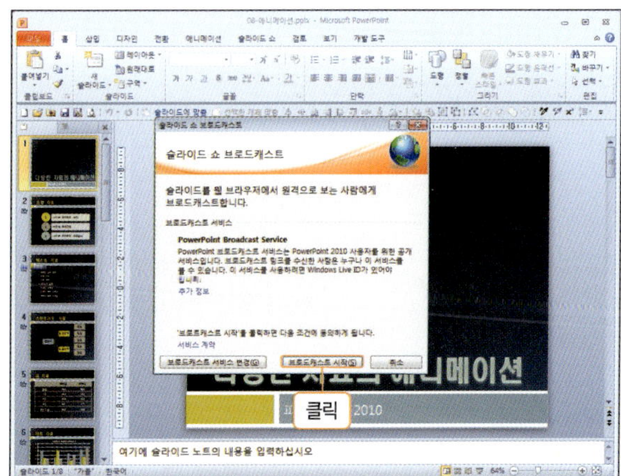

3 [pptbroadcast.officeapps.live.com에 연결] 대화상자가 표시되면 '전자 메일 주소'와 '암호'를 입력하여 로그인합니다.

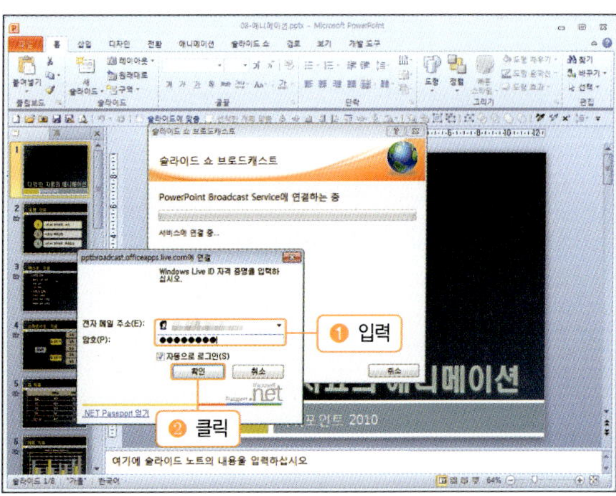

4 프레젠테이션의 슬라이드 쇼에 대해 고유한 URL이 만들어집니다. [연결 복사]를 선택하면 복사된 URL을 메신저나 다른 방식을 통해 전달할 수 있으며, [전자 메일로 보내기]를 선택하면 프레젠테이션 URL을 전자 메일로 보낼 수 있습니다.

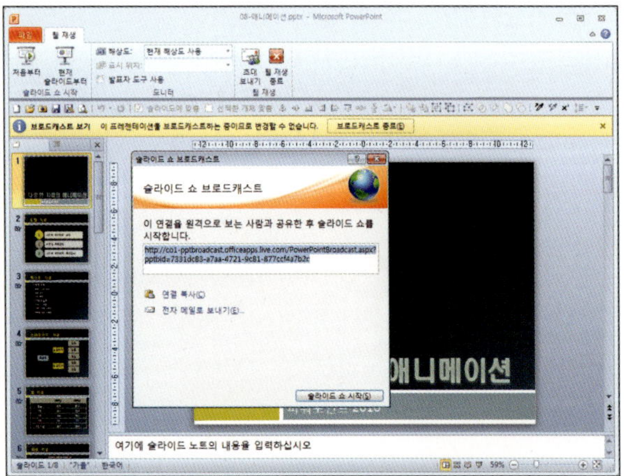

5 슬라이드 쇼 URL을 받은 청중이 URL로 이동하면 웹 브라우저가 실행되면서 브로드캐스트를 기다리는 화면이 표시됩니다.

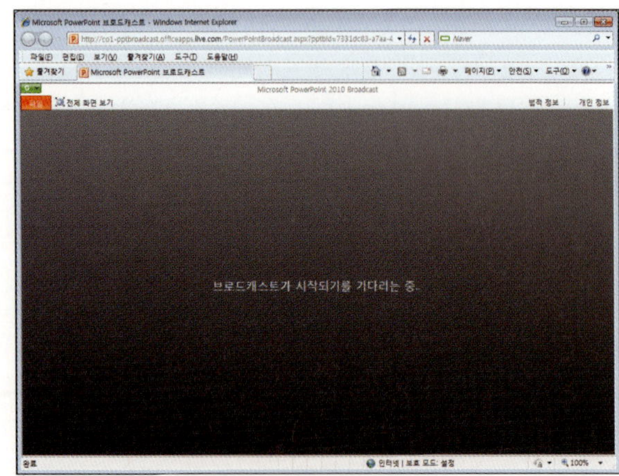

꼭! 알고가기 ▼ 브로드캐스트 서비스 선택하기

- 다른 서비스를 사용하여 슬라이드 쇼를 호스팅하려면 〈브로드캐스트 서비스 변경〉 버튼을 누릅니다.
- '슬라이드 쇼 브로드캐스트' 기능을 사용하려면 슬라이드 쇼를 호스팅하는 네트워크 서비스가 필요합니다.
- Windows Live ID가 있는 개인은 누구나 사용할 수 있으며, 조직 외부의 청중에게 슬라이드 쇼를 제공하는데 효율적인 서비스입니다. 인터넷에 연결된 모든 사용자는 이 서비스에서 호스팅되는 슬라이드 쇼의 URL에 액세스할 수 있습니다.
- 조직에서 제공하며 Microsoft Office Web Apps가 설치된 서버에서 호스팅되는 브로드캐스트 서비스를 사용하려면, 사이트 관리자가 브로드캐스트 사이트를 설정해야 하고 청중에게 사이트 액세스 권한이 있어야 합니다.

6 청중이 슬라이드 쇼에 대한 URL을 받으면 발표자는 〈슬라이드 쇼 시작〉 버튼을 눌러 브로드캐스트를 시작합니다.

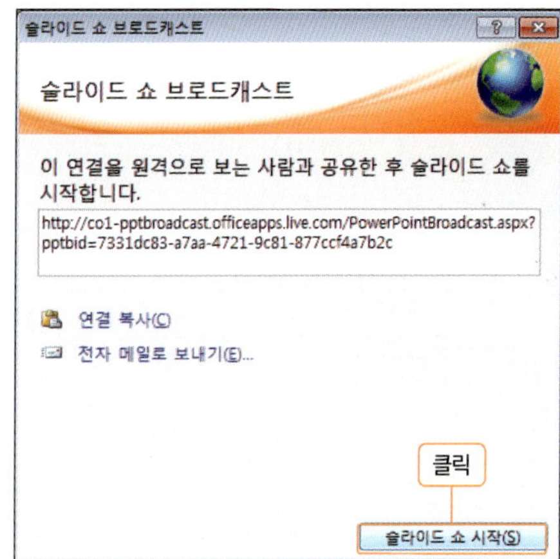

7 파워포인트 2010에서 프레젠테이션하는 동안에는 청중의 브라우저에 발표자의 슬라이드 쇼가 표시됩니다.

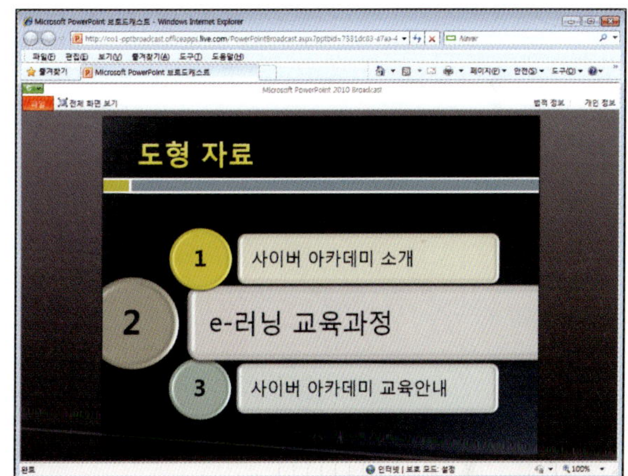

꼭! 알고가기 브로드캐스트를 했을 때 변경되는 파워포인트 기능

슬라이드 쇼를 온라인으로 브로드캐스트하면 일부 파워포인트 기능이 변경됩니다.

- 프레젠테이션의 모든 전환은 브라우저에 밝기 변화 전환으로 표시됩니다.
- 오디오(소리, 설명)는 브라우저를 통해 청중에게 전송되지 않습니다.
- 프레젠테이션 중에 슬라이드 쇼에 잉크 주석을 추가하거나 표시를 그릴 수 없습니다.
- 프레젠테이션의 하이퍼링크를 따라 웹 사이트로 이동하는 경우 청중에게는 원래 프레젠테이션에서 표시되었던 마지막 슬라이드만 표시됩니다.
- 프레젠테이션의 비디오를 재생하는 경우 청중에게 비디오가 표시되지 않습니다.

8 프레젠테이션을 마치고 브로드캐스트를 종료하려면 Esc 를 눌러 슬라이드 쇼 보기를 종료한 다음 리본 메뉴 아래에 표시된 메시지 표시줄의 〈브로드캐스트 종료〉 버튼을 누릅니다.

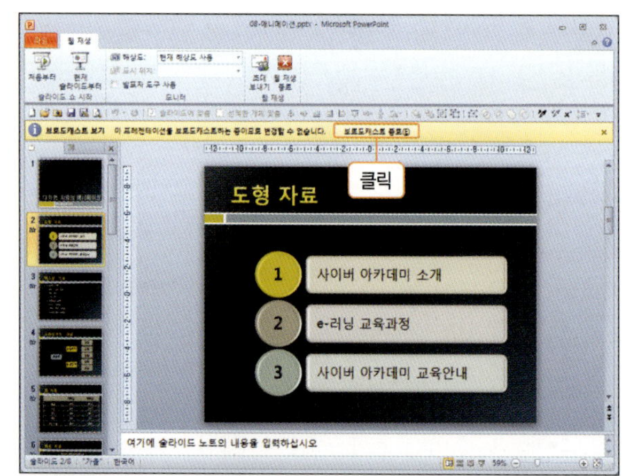

9 브로드캐스트를 완전히 종료할지 묻는 대화 상자가 표시되면 〈브로드캐스트 종료〉 버튼을 누릅니다.

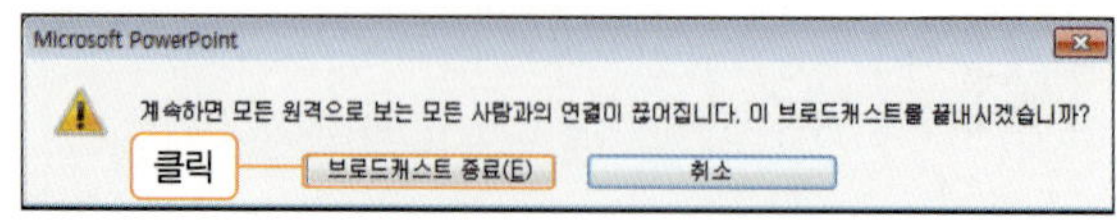

10 브로드캐스트가 종료되면 청중 화면에도 브로드캐스트가 끝났다는 표시가 나타납니다.

더 쉽게
인쇄하기와
배포 전 문서
점검하기

파워포인트 2010에서는 여러 명령들이 사용하기 더욱 편리하도록 보강되고 정돈되었습니다. 특히 문서의 전반적인 관리를 하는 Backstage 보기의 역할이 강력합니다.

인쇄 방법과 문서를 배포하기 전 점검 사항을 살펴보겠습니다.

프레젠테이션 문서 인쇄하기

프레젠테이션 문서의 인쇄는 크게 네 가지로 분류할 수 있습니다. 페이지마다 한 개의 슬라이드를 인쇄하거나, 한 페이지에 여러 개의 슬라이드가 있는 프레젠테이션의 유인물을 인쇄하거나 슬라이드 노트 또는 개요를 인쇄하는 것입니다.

1 [파일] 탭의 [인쇄] 메뉴를 선택합니다. 왼쪽에서 설정을 하면 오른쪽에서 바로 미리 볼 수 있습니다.

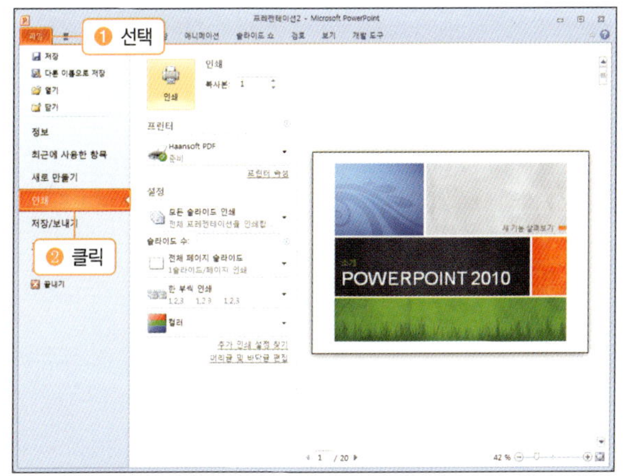

Tip • 인쇄 단축키 : Ctrl + P

2 [인쇄] 항목의 '복사본'에 인쇄할 부수를 입력하고 사용하는 프린터가 여러 대인 경우 [프린터] 항목에서 사용할 프린터를 지정합니다.

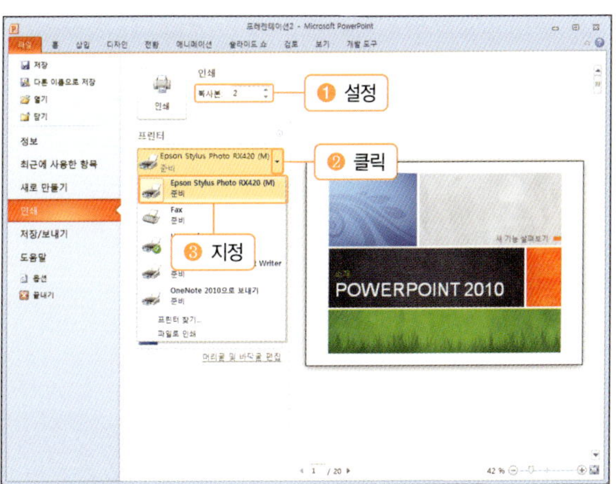

3 선택한 프린터에 관한 세부 지정은 [프린터 속성]을 선택한 다음 해당 프린터의 [속성] 대화상자에서 지정합니다.

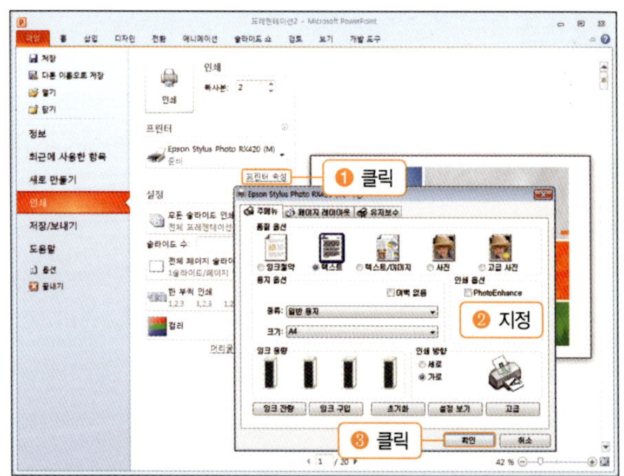

4 [설정] 항목에서 인쇄할 슬라이드를 지정합니다. 목록에 보이는 인쇄 가능 슬라이드는 프레젠테이션 문서의 상황에 따라 다르게 나타납니다. 선택한 항목에 따라 미리보기 왼쪽 아랫부분에 있는 슬라이드 전체 수를 확인합니다.

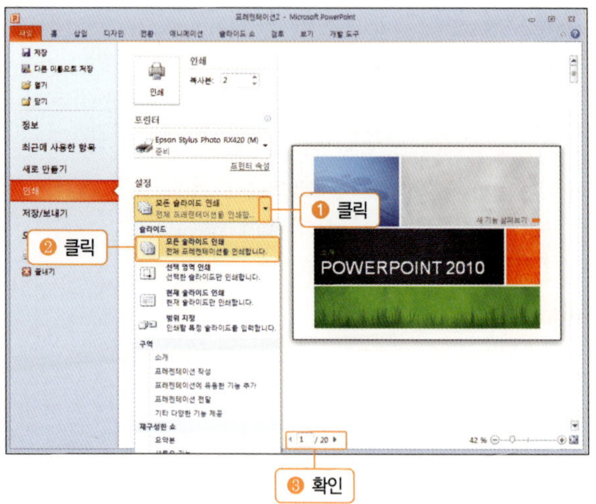

> **Tip** • [구역]을 선택하면 특정 구역에 포함된 슬라이드만 인쇄할 수 있고, [재구성한 쇼]를 선택하면 해당하는 재구성에 포함된 슬라이드만 인쇄할 수 있습니다. [숨겨진 슬라이드 인쇄]를 선택하면 프레젠테이션 문서에 숨겨진 슬라이드가 있을 때 숨겨진 슬라이드까지 인쇄합니다.

5 [설정] 항목에서 인쇄할 형태를 지정합니다. 기본적으로 페이지에 한 장의 슬라이드를 인쇄하는 형태로 되어 있습니다. 종류를 선택할 때마다 오른쪽의 미리 보기 화면을 확인하면서 비교합니다.

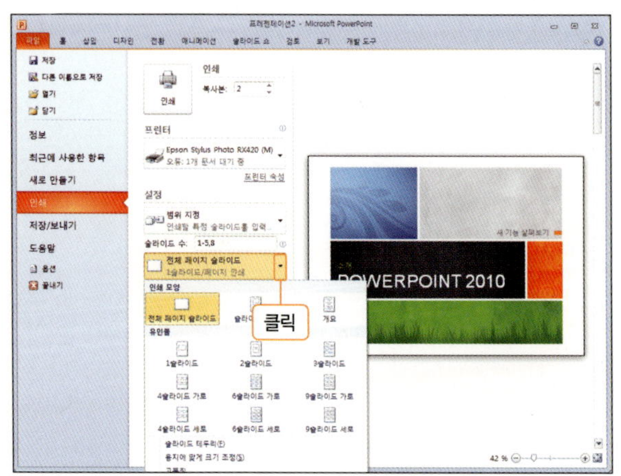

> **Tip** • [슬라이드 노트]를 선택하면 슬라이드 노트 마스터에서 지정한 형식으로 인쇄하고, [개요]를 선택하면 [개요] 창에 보이는 내용을 인쇄합니다. [고품질]을 선택하면 텍스트나 개체에 적용된 그림자 효과까지 인쇄할 수 있습니다.

6 [설정] 항목에서 프레젠테이션 문서를 여러 부를 인쇄할 때 한 부씩 인쇄하도록 지정할 수 있습니다.

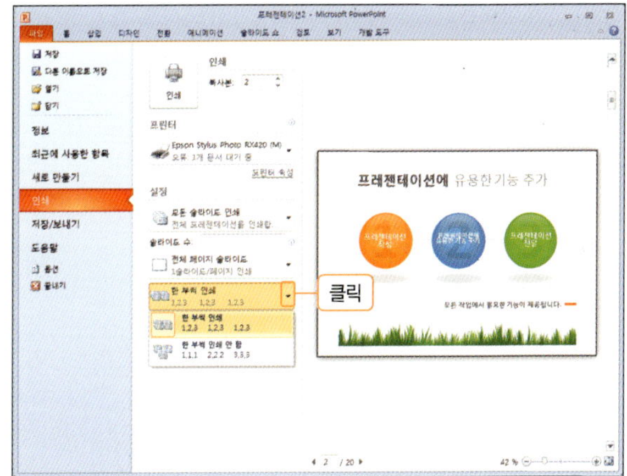

7 컬러로 인쇄하지 않아도 되는 경우라면 [설정] 항목에서 [회색조]나 [흑백]을 선택합니다.

> **Tip** · [흑백]은 회색 채우기 없이 검은색과 흰색으로만 인쇄하고, [회색조]는 검은색과 흰색, 여러 단계의 회색으로 인쇄하며 텍스트를 보다 쉽게 읽을 수 있도록 배경색은 흰색으로 인쇄됩니다.

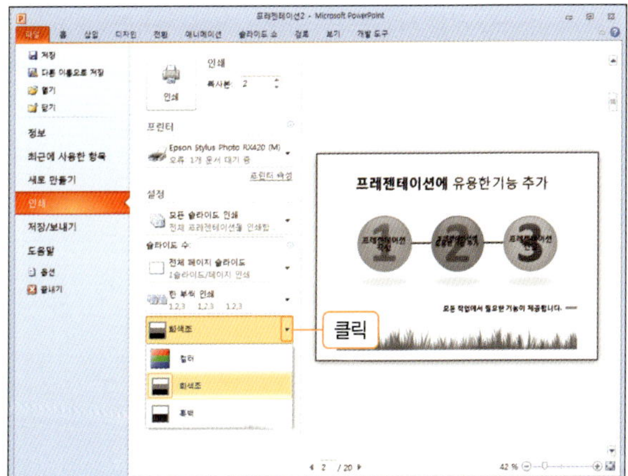

8 [회색조] 상태에서 특정 개체만 [흑백]으로 지정하고 싶다면 [보기] 탭의 [컬러/회색조] 그룹에서 '흑백' 아이콘(■)이나 '회색조' 아이콘(■)을 누릅니다.

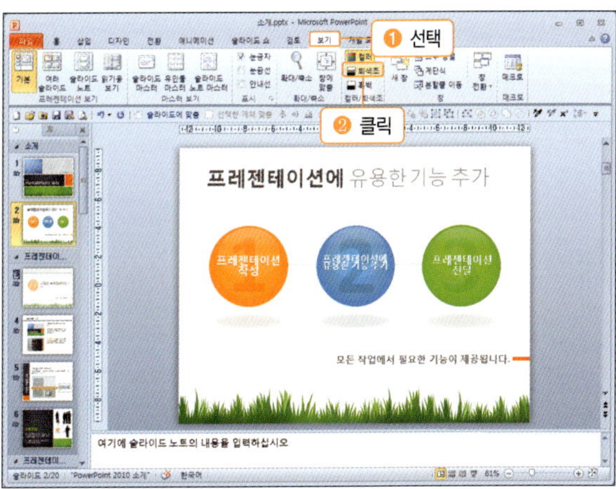

9 색조를 변경하려는 개체를 선택하고 [흑백] 탭 또는 [회색조] 탭의 [선택한 개체 변경] 그룹에서 원하는 색조를 선택합니다.

> **Tip** ◦ 회색조나 흑백 형식으로 인쇄하는 경우에도 배경 그림이 인쇄되는 경우는 그림을 슬라이드에 삽입한 다음 배경처럼 뒤쪽에 배치했기 때문입니다. 이런 경우는 배경이 아니라 그림이 삽입된 것입니다. 배경 스타일이나 배경 서식에서 지정된 배경은 회색조와 흑백 인쇄에서 인쇄되지 않습니다.

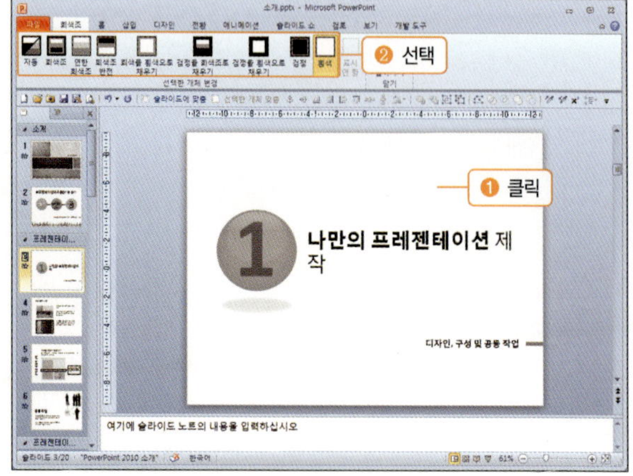

10 흑백이나 회색조로 인쇄하는 경우 배경을 인쇄하고 싶다면, 슬라이드의 흰색 배경 부분을 누르고, [흑백] 탭이나 [회색조] 탭의 [선택한 개체 변경] 그룹에서 원하는 색조를 선택합니다.

> **Tip** ◦ 배경을 한 번 클릭하고 지정해야 배경에 반영됩니다.

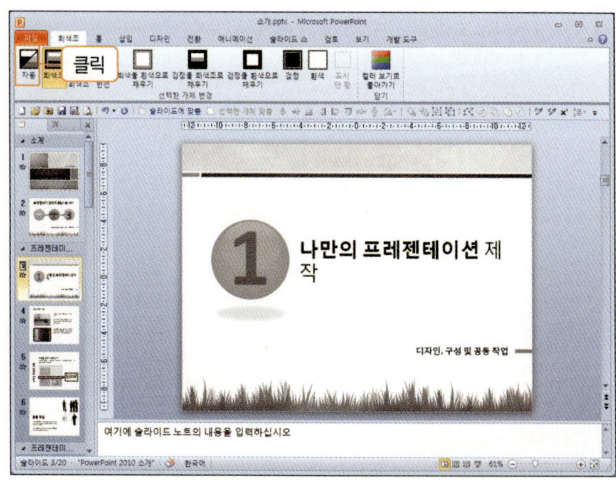

11 원래 상태로 되돌릴 때는 [흑백] 탭이나 [회색조] 탭의 [선택한 개체 변경] 그룹에서 '자동' 아이콘(◨)을 누릅니다.

2 Backstage 보기에서 프레젠테이션 문서 배포 전에 점검하기

프레젠테이션 문서를 작성한 다음 다른 사람에게 전달하기 전에 몇 가지 사항을 점검하고 전달하는 것이 안전합니다. 어느 곳에서든 문제없이 잘 실행되도록 점검하고, 불필요한 정보는 삭제한 상태에서 안전하게 배포하는 것이 좋습니다.

1. 미디어가 실패 없이 재생되도록 문제 해결하기

[파일] 탭의 [정보] 메뉴에서 이전 버전으로 작성한 파일이거나 비디오나 오디오와 같은 미디어가 포함되어 있는 경우 재생 문제를 방지하는 정보들을 확인할 수 있습니다.

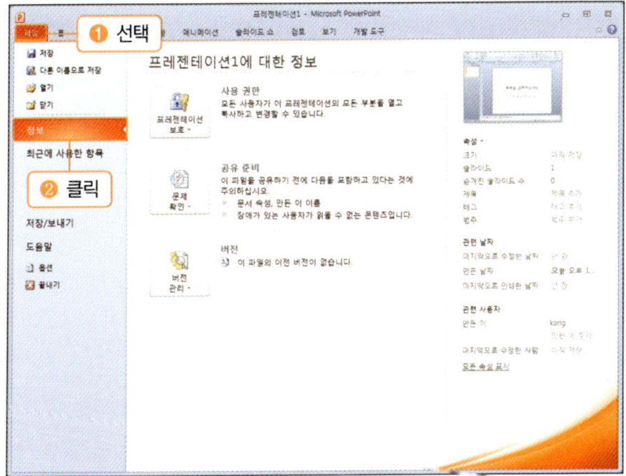

프레젠테이션의 미디어가 다른 컴퓨터에서 재생될 때 호환성 문제를 일으킬 수 있는 형식으로 삽입된 경우 [미디어 호환성 최적화]가 나타납니다.

[연결 보기]를 선택하고 〈연결 끊기〉 버튼을 눌러 간단하게 비디오를 포함할 수 있습니다.

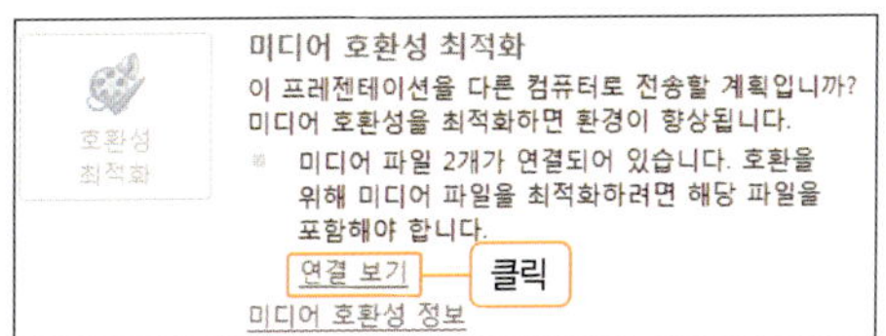

2. 파워포인트 2010 프레젠테이션 보호하기

파일을 배포하기 전에 문서에 암호를 지정하거나 최종본으로 표시해서 전달할 수 있습니다. [파일] 탭에서 [정보] 메뉴를 선택하고 [사용 권한] 항목에서 〈프레젠테이션 보호〉 버튼을 누릅니다. [최종본으로 표시]를 선택하면 문서를 읽기 전용으로 만들 수 있고, [사용자별로 권한 제한]을 선택하면 Window Rights Management를 설치하여 사용 권한을 제한할 수 있으며, [디지털 서명 추가]를 선택하면 표시 또는 표시되지 않는 디지털 서명을 추가할 수 있습니다. 디지털 서명은 서명을 입력하거나 신뢰성, 무결성 및 거부할 수 없음을 설정하는 서명 이미지를 사용하여 만듭니다.

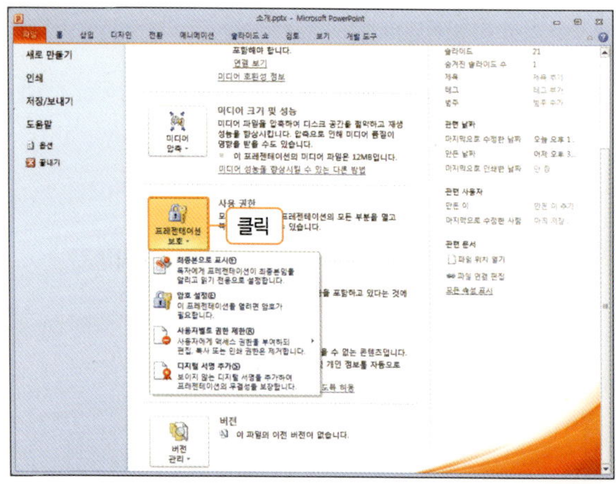

3. 파워포인트 2010 프레젠테이션과 파워포인트 2003 이하 버전의 호환 여부 확인하기

파워포인트 2010 문서와 이전 버전 파워포인트 문서 사이의 호환성 문제점을 알아보고 미리 해당 문제를 해결하는 방법을 점검하면 다른 사람에게 문서에 포함된 불필요한 정보까지 전달되지 않도록 할 수 있습니다.

[파일] 탭에서 [정보] 메뉴를 선택하고 [공유 준비] 항목에서 〈문제 확인〉 버튼을 누릅니다. [문서 검사]는 문서에 포함된 메모나 주석, 속성 및 개인 정보, 숨김으로 지정된 슬라이드 정보, 슬라이드 노트 등의 내용들을 삭제할 수 있으며, [접근성 검사]는 파일의 접근성 문제에 대한 경고가 표시되어 장애가 있는 사용자가 콘텐츠에 액세스하지 못하게 할 수 있습니다. [호환성 검사]는 파워포인트 2010에서 작업한 문서를 파워포인트 97-2003 형식으로 저장하기 전에 손실되는 기능은 없는지 점검할 수 있습니다.

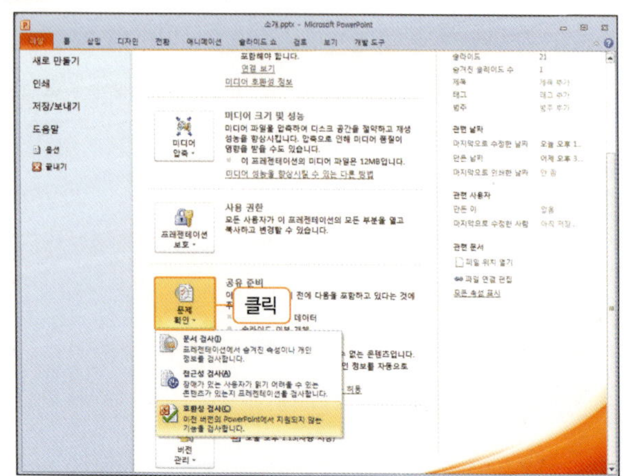

Backstage 보기에서 최근에 사용한 항목 활용하기

[최근에 사용한 항목]을 이용하면 해당 파일을 열기 위해 [열기] 대화상자를 사용하여 파일을 찾았던 불편함을 없애고, 위치 탐색 없이 빠르게 필요한 문서에 접근할 수 있습니다.

❶ [최근 프레젠테이션] 항목에 나타나는 파일 수 변경하기

[파일] 탭의 [옵션]을 선택합니다. [PowerPoint 옵션] 대화상자가 표시되면 [고급] 메뉴를 선택합니다. [표시] 항목에서 '표시할 최근 문서 수'에 표시할 파일 개수를 설정합니다.

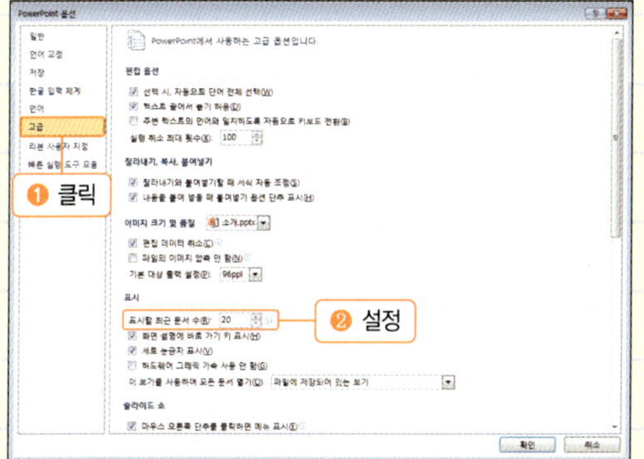

❷ [최근 프레젠테이션] 항목에 파일 고정시키기

[파일] 탭의 [최근에 사용한 항목] 메뉴를 선택합니다. [최근 프레젠테이션] 파일 목록에서 고정할 파일을 마우스 오른쪽 버튼으로 누른 다음 표시되는 바로 가기 메뉴에서 [목록에 고정]을 선택하거나 파일 이름 오른쪽에 있는 핀 모양 아이콘(📌)을 누릅니다. 고정을 해제하려면 고정 아이콘(📌)을 누르면 됩니다.

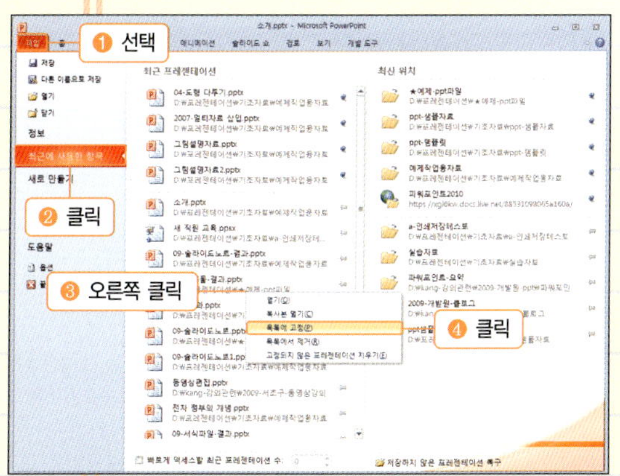

❸ Backstage 보기에 빠른 액세스 목록 추가하기

[최근에 사용한 항목] 메뉴의 [최근 프레젠테이션] 항목에서 아래쪽에 있는 '빠르게 엑세스할 최근 프레젠테이션 수'에 체크 표시하고 파일 개수를 설정합니다. 빠른 액세스 목록을 추가하면 [파일] 탭의 어느 메뉴를 선택하는 것과는 관계없이 파일에 대한 링크가 [정보] 탭 위에 표시됩니다.

❹ 최신 위치 알아보기

파워포인트 2010에서는 해당 프로그램에서 방문한 로컬 또는 온라인 위치를 지정해 두고 신속하게 액세스할 수 있습니다. 최근 프레젠테이션처럼 최신 위치도 고정할 수 있습니다.

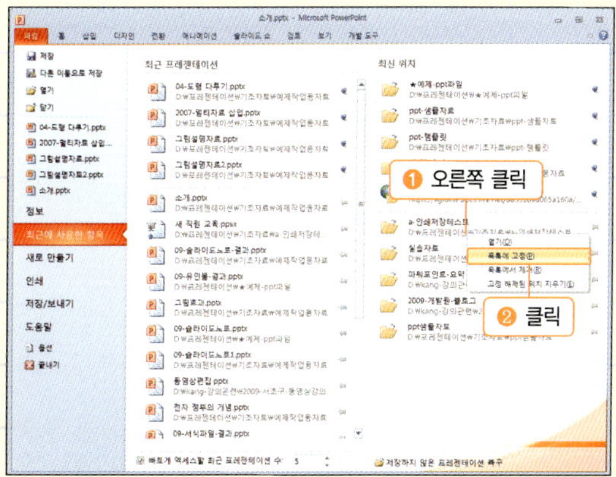

다양한 목적에 맞게 **저장하고** **배포**하기

파워포인트를 파워포인트 2010에서는 PPTX 형식으로 저장하는 것이 일반적이지만 프레젠테이션 문서를 사용하는 목적에 맞게 그 외의 다양한 형식으로 저장할 수 있습니다. 파일을 저장하는 다양한 방법을 알아보겠습니다.

다양한 형식의 프레젠테이션 만들기

프레젠테이션의 작업 내용을 저장하는 것은 프레젠테이션 작성 과정에 필연적으로 수반되는 작업입니다. 이전 버전 파워포인트 형식으로 저장하는 방법을 비롯하여 PDF 형식 등의 다른 형식으로 만드는 대표적인 몇 가지 경우의 예를 살펴보겠습니다.

1. 파워포인트 2010 프레젠테이션을 파워포인트 97-2003 형식으로 저장하기

1 [파일] 탭의 [저장/보내기] 메뉴를 선택하고 [파일 형식] 항목에서 [파일 형식 변경]을 선택합니다.

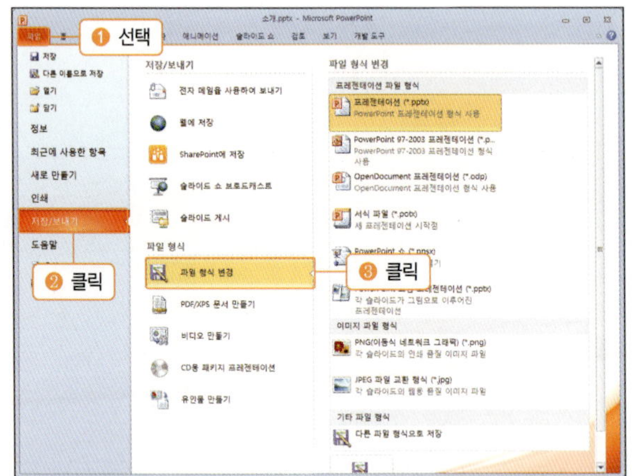

2 오른쪽에서 [PowerPoint 97-2003 프레젠테이션 (*.ppt)]을 더블클릭하거나, [PowerPoint 97-2003 프레젠테이션 (*.ppt)]을 선택하고 아래쪽의 〈다른 이름으로 저장〉 버튼을 누릅니다.

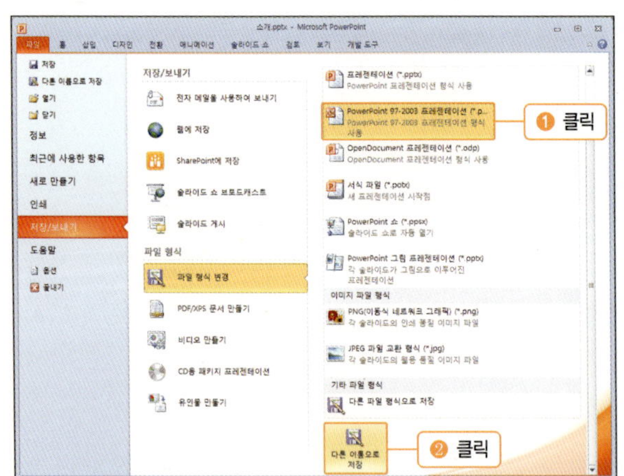

3 [다른 이름으로 저장] 대화상자가 표시되면 저장할 위치를 지정하고 '파일 이름'을 입력한 다음 〈저장〉 버튼을 누릅니다.

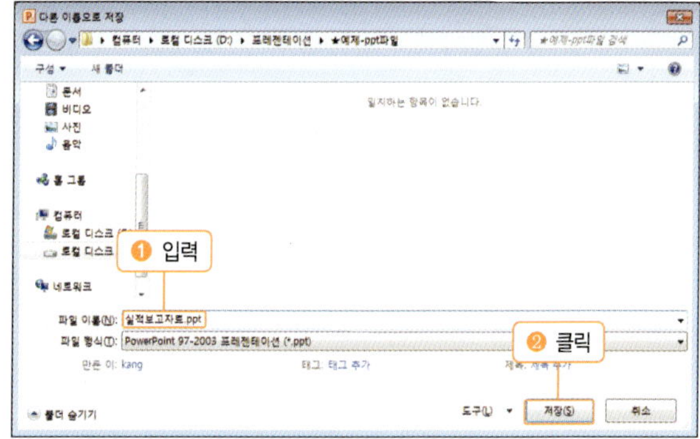

4 [Microsoft PowerPoint 호환성 검사] 대화상자에 호환될 때 사용하지 못하는 기능이 표시됩니다. 〈계속〉 버튼을 누릅니다.

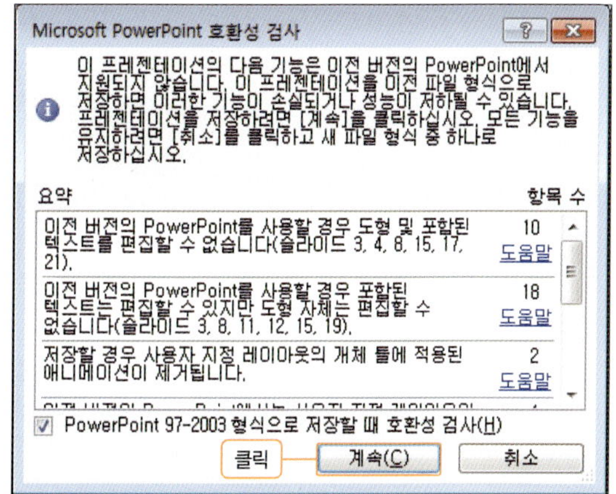

5 [PowerPoint 97-2003 프레젠테이션 (*.ppt)] 형식으로 파일이 저장됩니다.

> *Tip* · [PowerPoint 97-2003 프레젠테이션 (*.ppt)] 형식을 파워포인트 2010에서 열게 되면 [호환 모드]로 열리면서 일부 기능을 사용할 수 없습니다. 반드시 [파일] 탭의 [정보] 메뉴에서 [호환 모드] 항목을 이용해 변환한 다음 사용하는 것이 좋습니다.

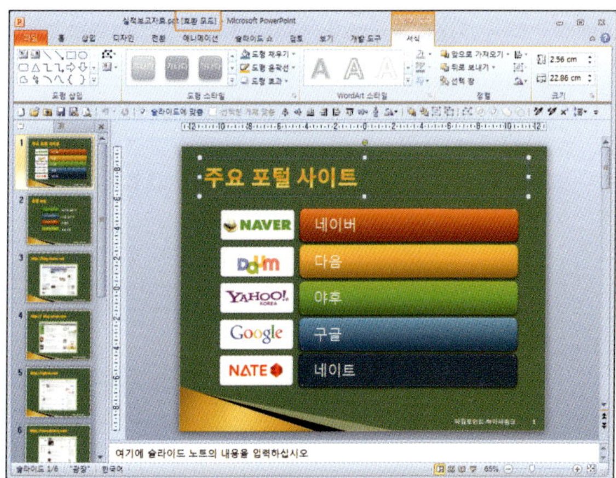

2. 쇼 진행 상태로 열리는 파워포인트를 쇼로 저장하기

1 [파일] 탭의 [저장/보내기] 메뉴를 선택합니다. [파일 형식] 항목에서 [파일 형식 변경]을 선택한 다음 오른쪽에서 [PowerPoint 쇼 (*.ppsx)]를 더블클릭합니다.

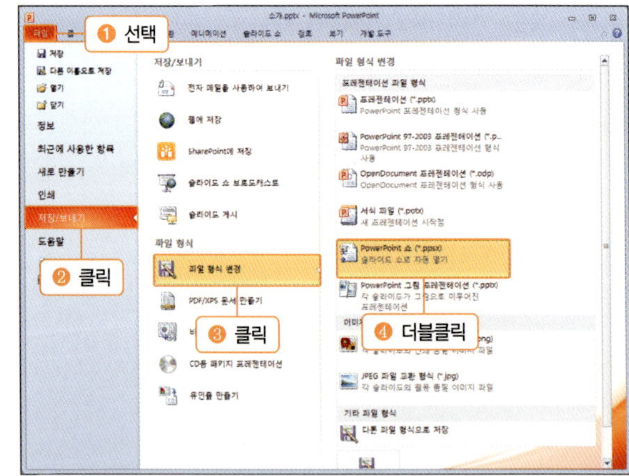

2 [다른 이름으로 저장] 대화상자가 표시되면 저장할 위치를 지정하고, '파일 이름'을 입력한 다음 〈저장〉 버튼을 누릅니다.

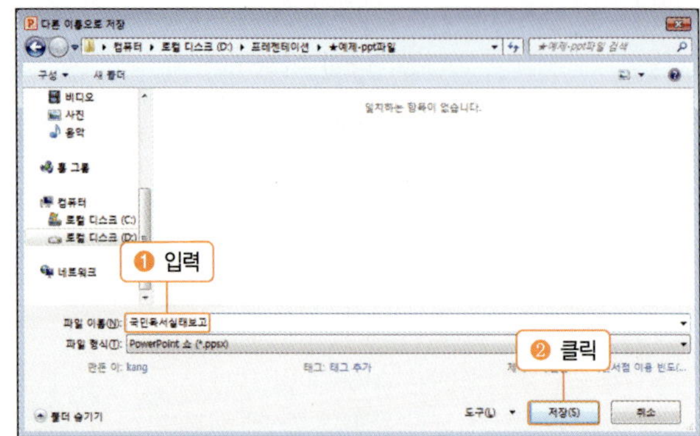

3 윈도우 탐색기로 저장한 파일을 찾아 더블클릭하면 자동으로 슬라이드 쇼가 진행됩니다.

> *Tip* • 발표를 진행할 때 [PowerPoint 쇼 (*.ppsx)] 형식을 사용하면 편집 모드로 열리는 단계를 통하지 않고 바로 쇼를 진행할 수 있어 편리합니다.

3. 수정할 수 없는 그림으로 프레젠테이션 파일 만들어 저장하기

1 [파일] 탭의 [저장/보내기] 메뉴를 선택합니다. [파일 형식] 항목에서 [파일 형식 변경]을 선택한 다음 오른쪽에서 [PowerPoint 그림 프레젠테이션 (*.pptx)]을 더블클릭합니다.

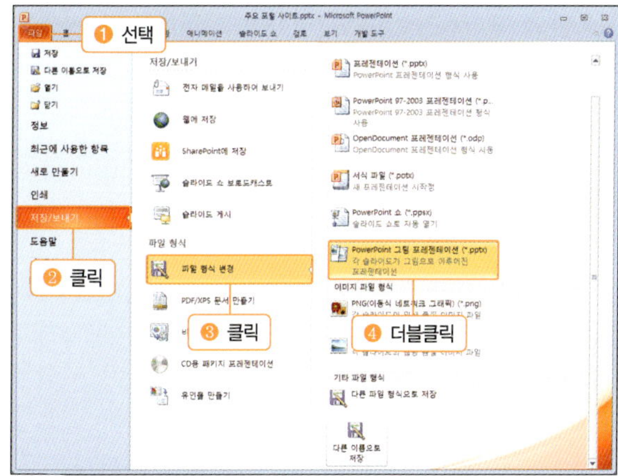

2 [다른 이름으로 저장] 대화상자가 표시되면 저장할 위치를 지정하고 '파일 이름'을 입력한 다음 〈저장〉 버튼을 누릅니다.

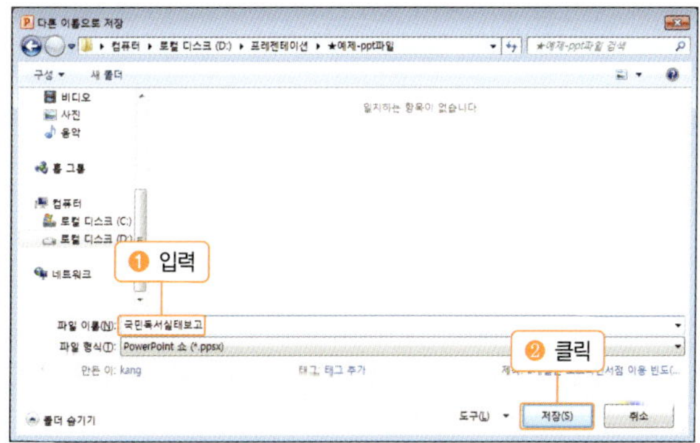

3 지정한 위치에 저장되었다는 메시지 대화상자가 표시되면 〈확인〉 버튼을 누릅니다.

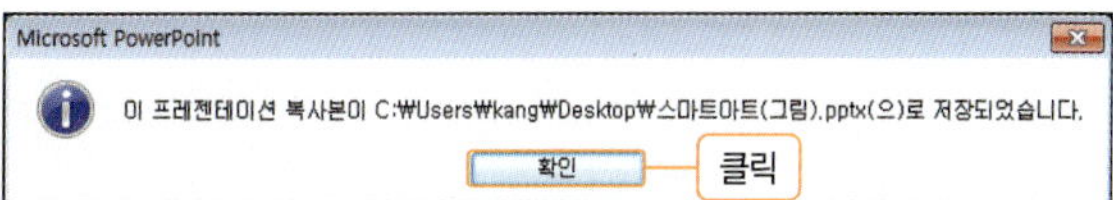

4 저장한 파일을 열어보면 슬라이드 내용은 동일하지만 하나의 그림으로 되어 있기 때문에 수정할 수 없습니다.

> **Tip** ● 이전 버전에서는 이미지로 저장한 다음 '사진 앨범' 명령으로 프레젠테이션 문서를 다시 만들어야 하는 번거로움이 있었습니다. [PowerPoint 그림 프레젠테이션 (*.pptx)] 형식은 파워포인트 2010에서 추가된 기능입니다.

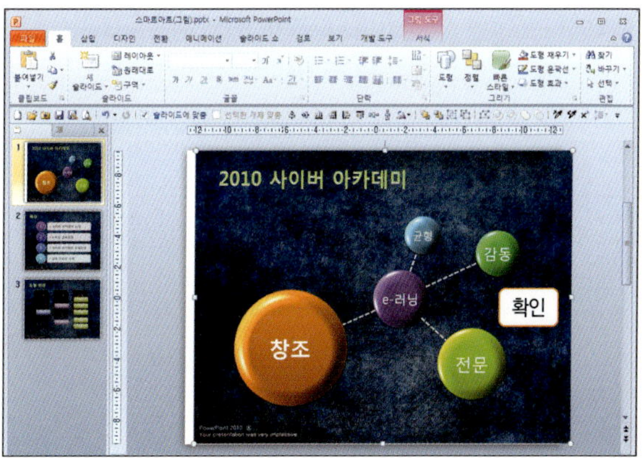

4. 그림(PNG, JPG)으로 저장하기

1 [파일] 탭의 [저장/보내기] 메뉴를 선택합니
다. [파일 형식] 항목에서 [파일 형식 변경]을
선택한 다음 오른쪽에서 [PNG(이동식 네트워
크 그래픽) (*.png)] 또는 [JPEG 파일 교환 형
식 (*.jpg)]을 더블클릭합니다.

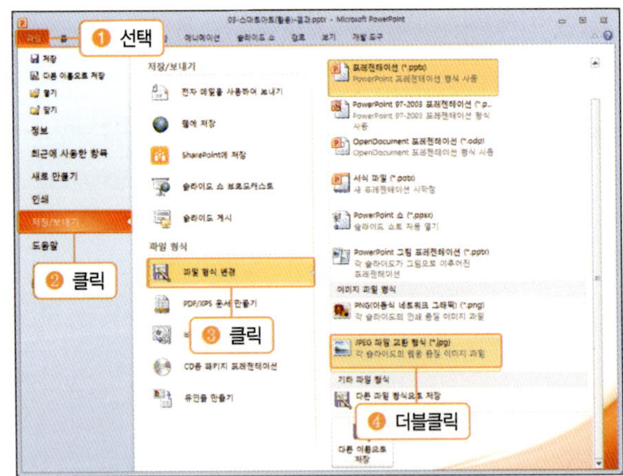

2 [다른 이름으로 저장] 대화상자가 표시되면
저장할 위치를 지정하고 '파일 이름'을 입력한
다음 〈저장〉 버튼을 누릅니다. 지정한 파일 이
름은 결과 그림이 저장될 폴더 이름으로 사용
됩니다.

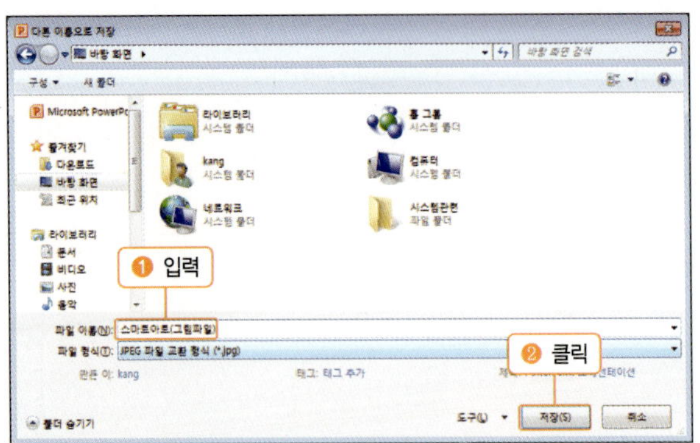

3 프레젠테이션 파일의 모든 슬라이드를 그림
으로 저장하려면 〈모든 슬라이드〉 버튼을 누릅
니다. 〈현재 슬라이드만〉 버튼을 누르면 현재
슬라이드 한 장만 그림으로 저장됩니다.

4 지정한 위치에 저장되었다는 메시지 대화상
자가 표시되면 〈확인〉 버튼을 누릅니다.

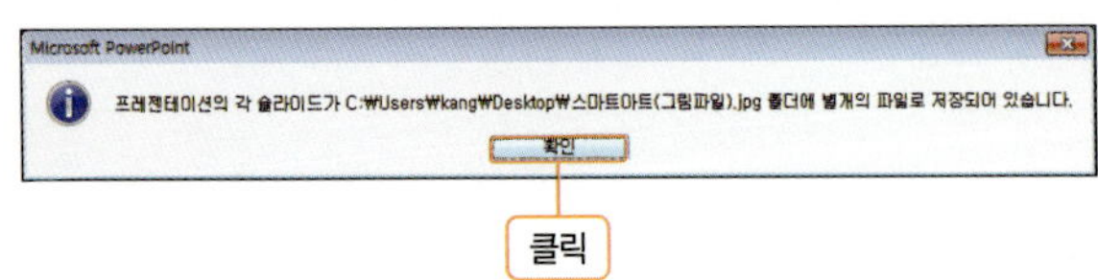

5 저장 위치에서 슬라이드가 그림으로 저장된
것을 확인합니다.

5. RTF(서식 있는 텍스트)로 프레젠테이션 저장하기

전자 메일, 디스크 또는 웹 디렉터리를 통해 다른 사람과 자주 프레젠테이션을 공유하는 경우 프레젠테
이션을 RTF(서식 있는 텍스트) 파일로 저장할 수 있습니다. RTF 파일로 저장된 프레젠테이션은 파일 크
기가 작으면서도 화면에서나 인쇄했을 때의 모양이 원본과 비슷하고 대부분의 매크로나 바이러스를 포함
하거나 전송하지 않는 방법으로 보안을 제공합니다. RTF 파일에는 텍스트만 포함됩니다.

1 [파일] 탭에서 [다른 이름으로 저장]을 선택
합니다.

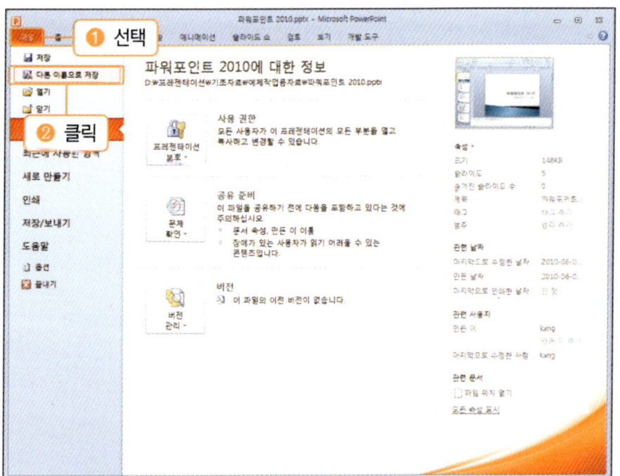

2 [다른 이름으로 저장] 대화상자가 표시되면 저장할 위치를 지정하고 '파일 이름'을 입력합니다.

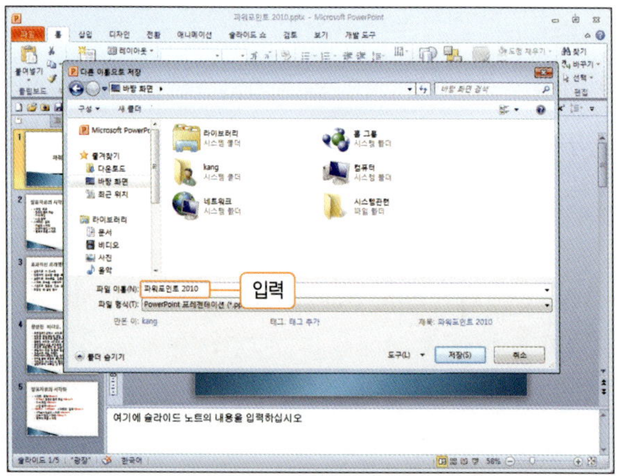

3 '파일 형식'을 '개요/서식 있는 텍스트 (*.rtf)'로 지정하고 〈저장〉 버튼을 누릅니다.

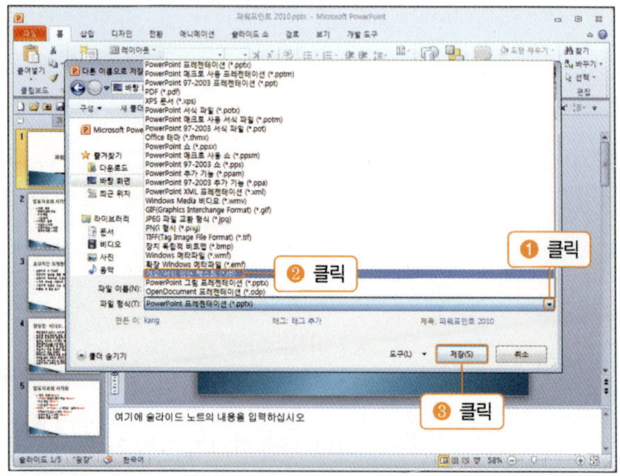

4 저장된 파일을 열어 보면 텍스트만 저장된 것을 확인할 수 있습니다.

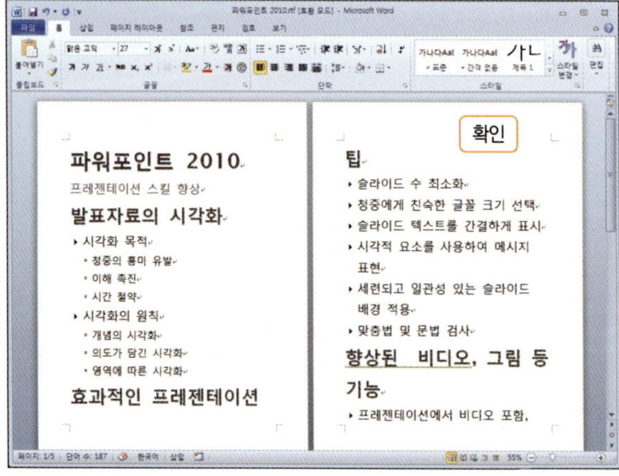

6. PDF/XPS 문서 만들기

　파일을 수정할 수 없도록 저장하면서 쉽게 공유 및 인쇄할 수 있도록 하는 방법으로 PDF 파일 저장이 있습니다. 마이크로소프트 오피스 2010을 사용하면 추가 소프트웨어 또는 추가 기능 없이도 파일을 PDF 또는 XPS 형식으로 변환할 수 있습니다.

1 [파일] 탭의 [저장/보내기] 메뉴를 선택합니다. [파일 형식] 항목에서 [PDF/XPS 문서 만들기]를 선택한 다음 오른쪽에서 〈PDF/XPS 만들기〉 버튼을 누릅니다.

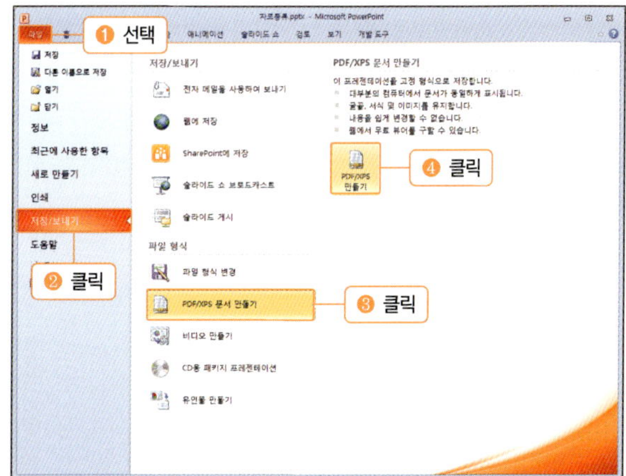

2 [다른 이름으로 저장] 대화상자가 표시되면 지장할 위치를 지정하고 '파일 이름'을 입력한 다음 '파일 형식'을 'PDF (*.pdf)' 또는 'XPS 문서 (*.xps)'로 지정합니다. 〈옵션〉 버튼을 누릅니다.

> **Tip** ● 저장한 다음 파일을 선택한 형식으로 열려면 '게시 후 파일 열기'에 체크 표시합니다. 문서를 고품질로 인쇄해야 할 경우 '표준(온라인 게시 및 인쇄)'를, 파일 크기가 인쇄 품질보다 중요한 경우에는 '최소 크기(온라인 게시)'를 선택합니다.

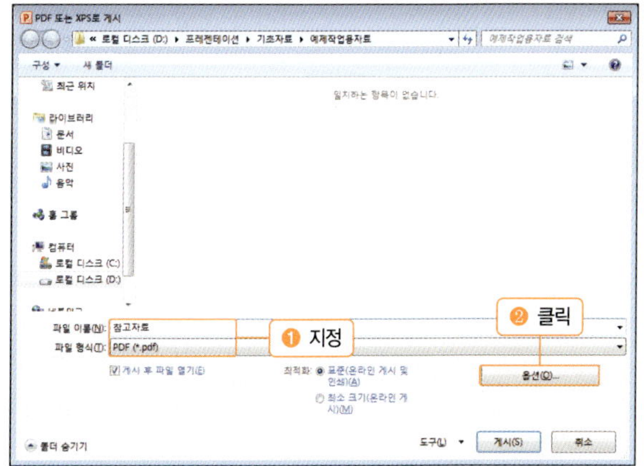

3 [옵션] 대화상자가 표시되면 인쇄할 페이지를 설정하고 변경 내용 인쇄 여부 및 출력 옵션을 선택합니다. 설정을 마치고 〈확인〉 버튼을 누릅니다. [다른 이름으로 저장] 대화상자의 〈게시〉 버튼을 누릅니다.

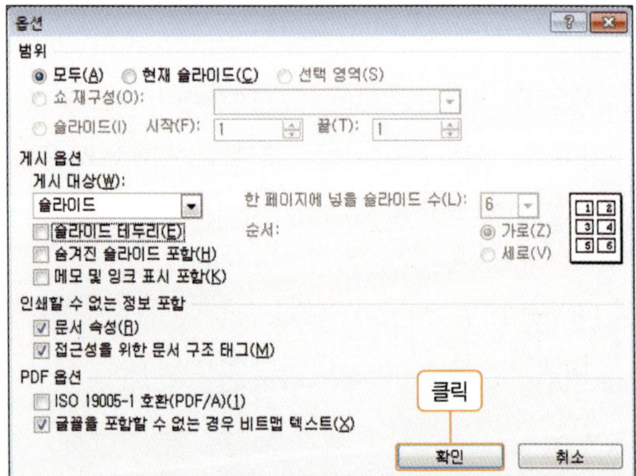

4 선택한 파일 형식에 따라 PDF 파일 또는 XPS 파일을 확인할 수 있습니다.

> *Tip* · PDF 파일을 보려면 컴퓨터에 Acrobat Reader같은 PDF Reader를 설치해야 합니다.

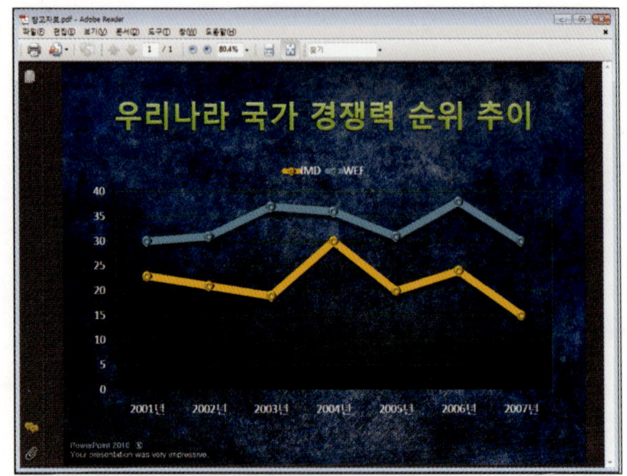

7. 프레젠테이션 문서를 비디오로 만들기

파워포인트 2010에서는 프레젠테이션을 보다 쉽게 배포하고 받는 사람이 쉽게 볼 수 있도록 비디오로 저장할 수 있습니다. 비디오로 만들어진 프레젠테이션은 컴퓨터에 파워포인트가 설치되어 있지 않아도 볼 수 있습니다.

1 [파일] 탭의 [저장/보내기] 메뉴를 선택합니다. [파일 형식] 항목에서 [비디오 만들기]를 선택합니다.

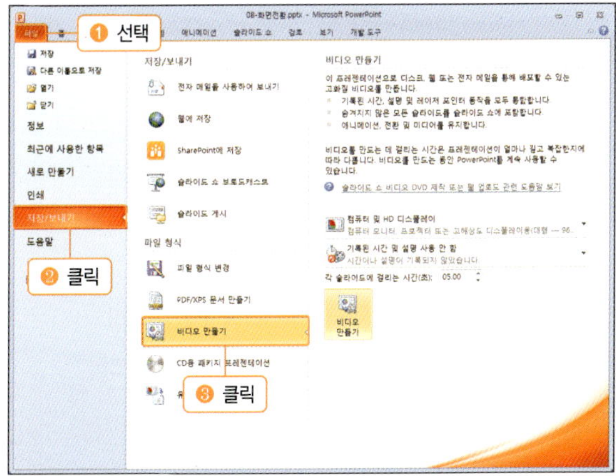

2 오른쪽에서 비디오 품질을 지정합니다.

> **Tip·**
> ⓐ 컴퓨터 및 HD 디스플레이 : 품질이 매우 높고 크기가 큰 비디오를 만듭니다.
> ⓑ 인터넷 및 DVD : 파일 크기와 품질이 중간 정도인 비디오를 만듭니다.
> ⓒ 휴대용 장치 : 파일 크기가 가장 작고 품질도 가장 낮은 비디오를 만듭니다.

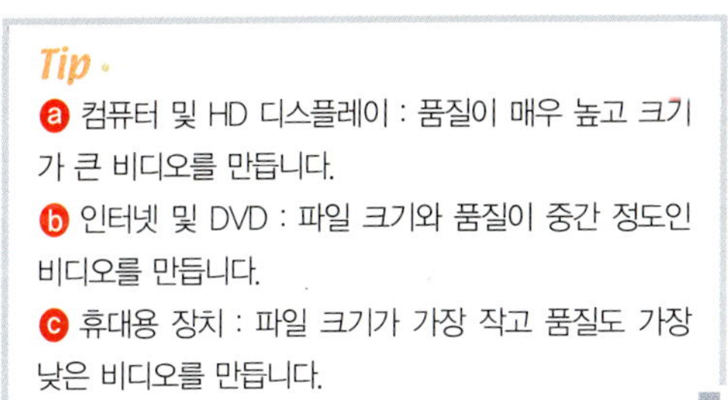

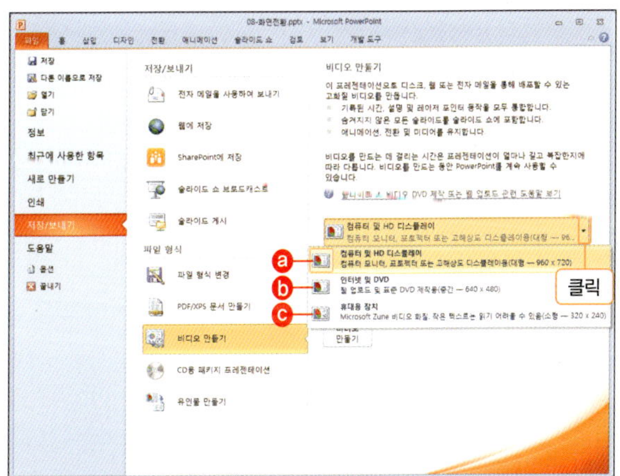

3 기록된 시간 및 설명을 사용할지 안 할지 지정합니다.

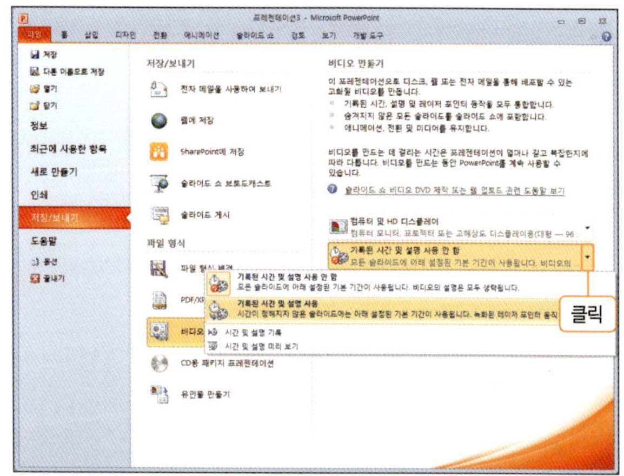

4 설정이 모두 끝나면 〈비디오 만들기〉 버튼을 누릅니다. [다른 이름으로 저장] 대화상자가 표시되면 저장할 위치를 지정하고 '파일 이름'을 입력한 다음 〈저장〉 버튼을 누릅니다.

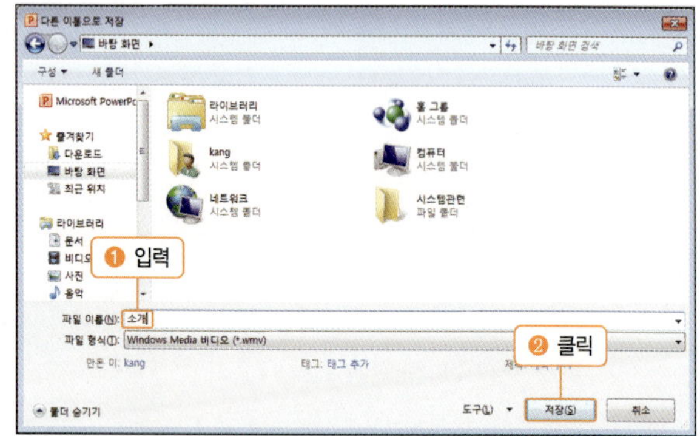

5 프레젠테이션 분량과 복잡도에 따라 비디오를 만드는데 여러 시간이 걸릴 수 있습니다. 만든 비디오를 재생하려면 지정한 폴더로 이동한 다음 파일을 더블클릭합니다.

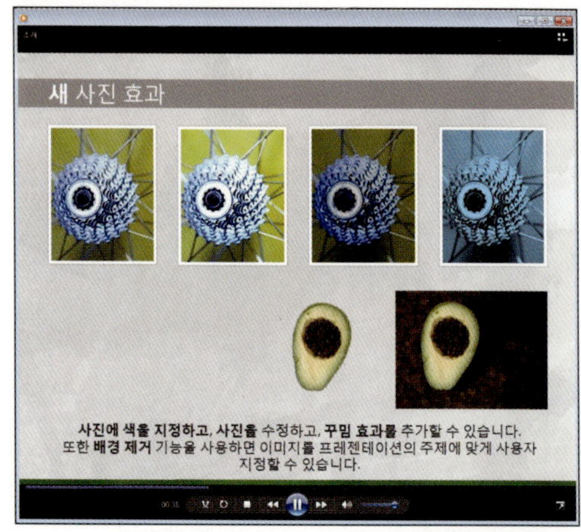

8. CD용 프레젠테이션 패키지 만들기

CD용 프레젠테이션 패키지 만들기는 어느 컴퓨터에서나 글꼴이나 연결된 미디어들이 문제없이 보이도록 안전하게 저장하는 방법입니다.

1 복사할 프레젠테이션을 불러옵니다. 아직 저장하지 않은 새 프레젠테이션으로 작업하고 있는 경우에는 프레젠테이션을 먼저 저장합니다. 프레젠테이션을 네트워크나 컴퓨터의 로컬 디스크 드라이브가 아닌 CD에 저장하려면 CD 드라이브에 CD를 삽입합니다.

2 [파일] 탭의 [저장/보내기] 메뉴를 선택합니다. [파일 형식] 항목에서 [CD용 패키지 프레젠테이션]을 선택한 다음 오른쪽에서 〈CD용 패키지〉 버튼을 누릅니다.

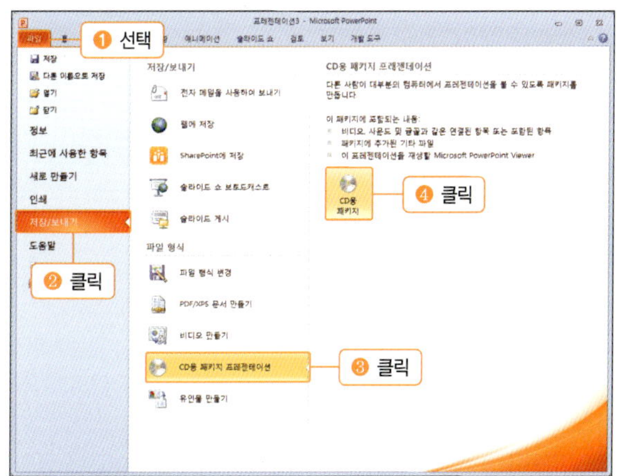

3 [CD용 패키지] 대화상자가 표시됩니다. 복사할 프레젠테이션을 추가하려면 〈추가〉 버튼을 누른 다음 [파일 추가] 대화상자에서 추가할 프레젠테이션을 선택하고 〈추가〉 버튼을 누릅니다. 추가할 각 프레젠테이션에 대해 이 단계를 반복하고 파워포인트가 아닌 기타 관련 파일을 패키지에 추가하려는 경우에도 이 단계를 반복합니다.

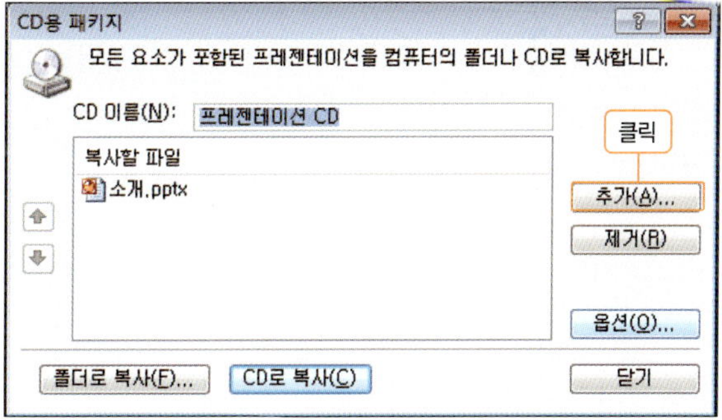

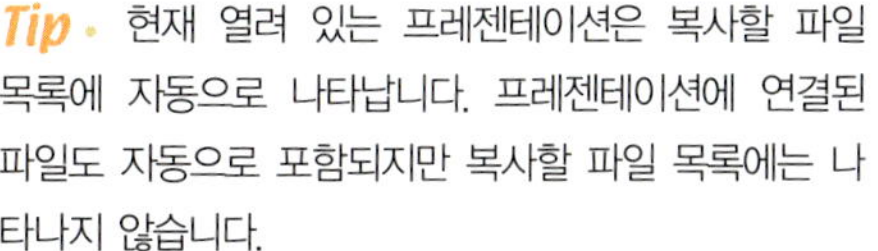
Tip · 현재 열려 있는 프레젠테이션은 복사할 파일 목록에 자동으로 나타납니다. 프레젠테이션에 연결된 파일도 자동으로 포함되지만 복사할 파일 목록에는 나타나지 않습니다.

4 프레젠테이션은 [CD용 패키지] 대화상자의 복사할 파일 목록에 나열된 순서대로 나타납니다. 재생 순서를 변경하려면 이동할 프레젠테이션을 선택한 다음 왼쪽에 있는 화살표 버튼을 이용합니다. 〈옵션〉 버튼을 누릅니다.

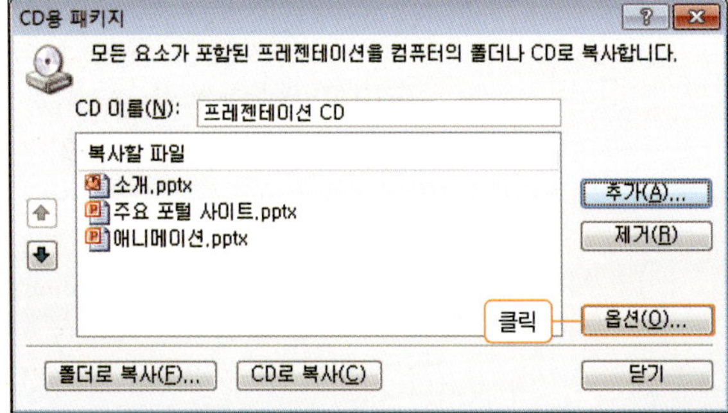

5 필요한 항목에 체크 표시하고 〈확인〉 버튼을 누릅니다. [다음 파일 포함] 항목에서 체크 표시한 파일은 패키지에 포함됩니다.

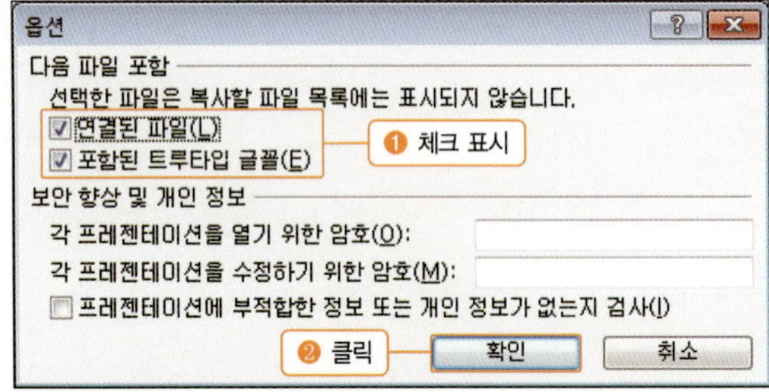

- 프레젠테이션에 연결된 파일을 패키지에 포함하려면 연결된 파일 확인란을 선택합니다. 프레젠테이션에는 차트, 사운드 파일, 동영상 클립 등에 연결된 Microsoft Office Excel 워크시트가 연결될 수 있습니다.

- 포함된 트루타입 글꼴을 사용하려면 '포함된 트루타입 글꼴'에 체크 표시합니다.

- 복사된 프레젠테이션을 열거나 편집하기 전에 암호를 입력하도록 하려면 보안 향상 및 개인 정보에서 프레젠테이션을 열 때 사용할 암호, 편집할 때 사용할 암호 또는 두 가지 암호 모두 입력합니다.

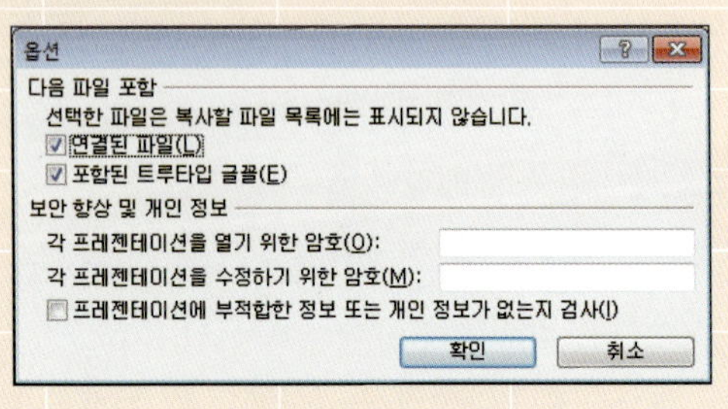

- 프레젠테이션에 숨겨진 데이터 및 개인 정보가 있는지 검사하려면 프레젠테이션에 부적합한 정보 또는 개인 정보가 없는지 검사 확인란을 선택합니다.

6 네트워크나 로컬 디스크 드라이브에 프레젠테이션을 복사하기 위해 〈폴더로 복사〉 버튼을 누릅니다. [폴더로 복사] 대화상자가 표시되면 '폴더 이름'과 '위치'를 입력하고 〈확인〉 버튼을 누릅니다.

> *Tip* • CD에 프레젠테이션을 복사할 경우에는 [CD로 복사]를 누릅니다.

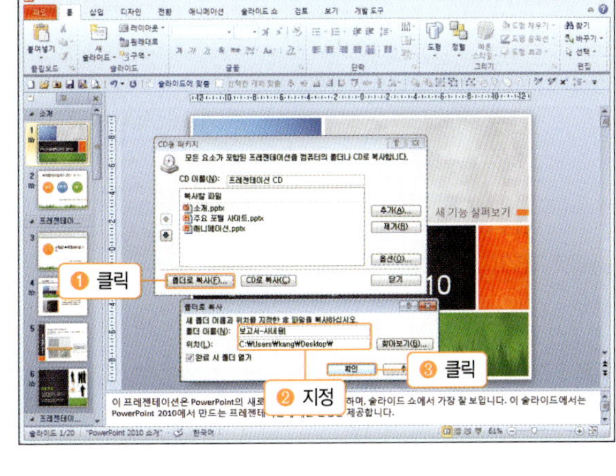

7 파일이 만들어 지면 지정한 폴더에 저장되어 있는 것을 확인할 수 있습니다. 연결된 비디오나 엑셀 자료 등이 있다면 모두 포함됩니다. 작업이 완료되면 [CD용 패키지] 대화상자의 〈닫기〉 버튼을 누릅니다.

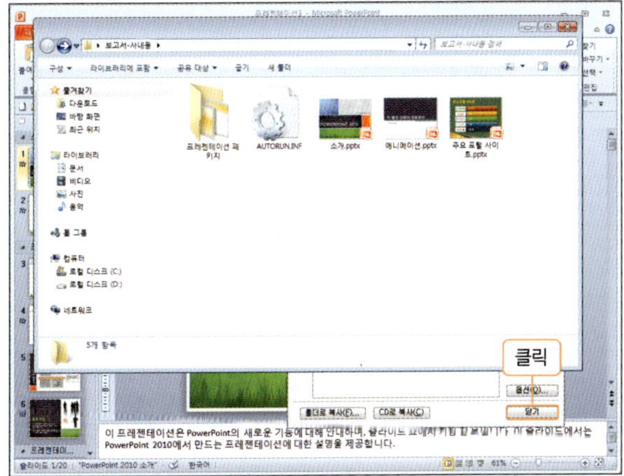

8 프레젠테이션을 여러 개 추가했다면 '프레젠테이션 패키지' 폴더에서 웹 페이지에 링크된 파일 이름을 눌러 CD 내용을 탐색할 수 있습니다.

9. 전자 메일로 프레젠테이션 또는 프레젠테이션 링크 보내기

파워포인트 2010 프레젠테이션을 전자 메일을 통해 첨부 파일, 링크, PDF 파일, XPS 파일 또는 인터넷 팩스로 다른 사람에게 보낼 수 있습니다.

1 [파일] 탭의 [저장 및 보내기] 메뉴를 선택합니다. [저장/보내기] 항목에서 [전자 메일을 사용하여 보내기]를 선택한 다음 오른쪽에서 전자 메일로 보낼 형식의 버튼을 누릅니다.

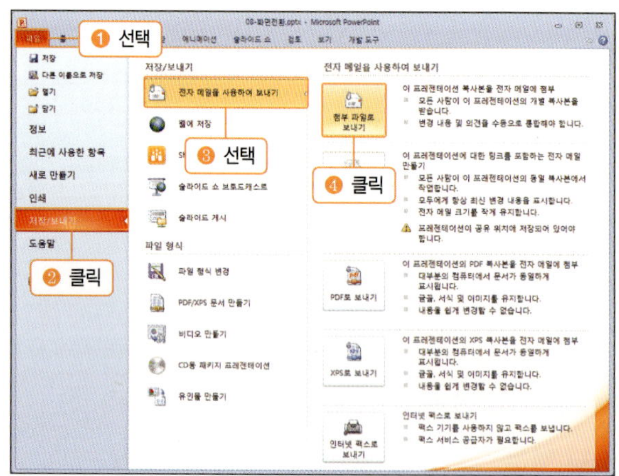

2 선택된 파일 형식으로 프레젠테이션 파일이 첨부되면서 이메일을 보낼 수 있습니다.

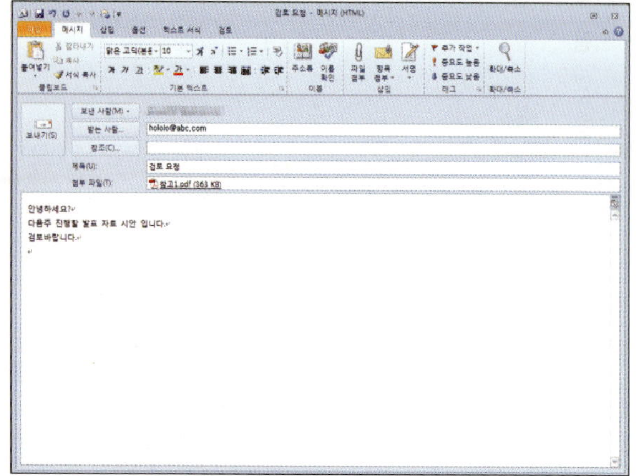

꼭! 알고가기 ▽ 전자 메일을 사용하여 보낼 때의 유의할 사항 알아보기

'첨부 파일'로 보낼 때 오디오나 비디오 파일이 포함된 경우라면 미디어 파일을 압축하여 프레젠테이션 크기를 최소화하고 수신할 때 실패 없이 재생되도록 호환성 최적화 단계를 거치는 것이 좋습니다.

'링크'로 보낼 때는 보내기 전에 웹 사이트나 받는 사람이 액세스할 수 있는 문서 라이브러리와 같은 공유 위치에 저장해야 합니다.

'인터넷 팩스'를 사용하려면 먼저 팩스 서비스 공급자에 가입해야 합니다. 팩스 서비스 공급자에 가입하지 않은 경우 인터넷 팩스로 보내기를 누르면 공급자를 선택할 수 있는 웹 사이트로 이동합니다.

INDEX
PowerPoint 2010

ㄱ

가로 세로 비율 고정	183
가로(항목) 축	324
개발 도구	45, 63
개체 실행	429
검토	44, 100
구분 기호	60
구역 확장	88
그라데이션	197
그리기 잠금 모드	187
그림 글머리 기호	122
그림 바꾸기	253
그림 압축	70
그림자	207
글꼴 바꾸기	149
글머리 기호	118
기본 도형	166
기본 보기	37
끝 모양 종류	206

ㄴ

내 서식 파일	66
내어쓰기	126
눈금 및 안내선	219

ㄷ

다른 채우기 색	197
단락 간격	128
대시 종류	206
대/소문자 바꾸기	116
데이터 계열	324
데이터 레이블 서식	330
데이터 편집 창	324
도형 모양 변경	166, 456
도형 스타일	170, 212
도형 윤곽선	204, 486
도형 편집	188
디자인 서식 파일	459

ㄹ

레이블 옵션	330
레이저 포인터	388
리본 메뉴	34, 40
리본 사용자 지정	82

ㅁ

마스터 레이아웃	456
맞춤법 검사	149
매크로 실행	429
머리글/바닥글	449
모양 조절 핸들	181
목록 수준 늘림	103
문서 복구	71
미니 서식 도구 모음	36, 110

ㅂ

바로 가기 메뉴	36
반복 재생	367
배경 원래대로	288
배경 제거	270
범례	324
붙여넣기 옵션	298
비디오 도구	54
빠른 스타일	142, 196

빠른 실행 도구 모음	34, 58, 82

ㅅ

상태 표시줄	35
새 테마 색 만들기	426
색 변경	166
서식 복사	225
선 색	206
선택하여 붙여넣기	298
세로(값) 축	324
셀 분할	301
셰이프 결합	239
소리 재생	429
쇼 동안 숨기기	367
수식	111
수식 도구	56
순서 바꾸기	60
스마트 가이드	219
스크린 샷	258
스토리 보드	17
슬라이드 마스터	446
슬라이드 노트 보기	38
슬라이드 쇼	44, 378
슬라이드 화면 전환	395
시간 사용	387
시퀀스	410
실행 취소 최대 횟수 조정	139

ㅇ

압축 옵션	276
애니메이션	43
언어 교정	77
여러 슬라이드	91

연결 대상　420
연결선　185
예행연습　386
오디오 도구　55
요약 행　294
원래대로　211
원본 그림 저장　289
원본 서식 유지　95, 222, 298
원형 차트　311
웹 형식으로 진행　385
위 첨자　140
유인물 마스터　46
이 그림에만 적용　276
일러스트레이션　179
읽기용 보기　38
입력할 때 자동 서식　132
잉크 도구　56

ㅈ

자동 고침　107, 150
자동 복구 정보 저장 간격　78
자유형 도형　240
작업 취소　232
잘려진 그림 영역 삭제　276
재그룹　236
저장 옵션　70
전환　43
점 편집　244
조인 유형　206
주기형　155
주식형 차트　313
줄 간격　128
질감　197, 202

ㅊ

차트 개체 상황 탭　324
차트 도구　52
차트 삽입　315
차트 영역　324

차트 요소 목록 상자　326
차트 종류 변경　335
창 표시　127
채우기 없음　197
책갈피　349, 415
첫째 조각의 각　332
최근 서식 파일　65
축 서식　320

ㅋ

크기 조절 핸들　181
클릭 입력　109
클립 아트　254
탭 설정 아이콘　126
테마　66, 434
텍스트 레이아웃　192
텍스트 수준　117
텍스트 애니메이션　405
텍스트 윤곽선　144, 216
텍스트 효과　144, 216
텍스트 효과 서식　147
텍스트 3차원 회전 안 함　211
텍스트로 변환　162
텍스트만 유지　222, 298
투명한 색 설정　268
특수 문자　111

ㅍ

파워포인트 97-2003 형식　514
파일 글꼴 포함　148
파일에 연결　251, 345
패턴　203
페이드 아웃　348
페이드 인　348
페이지 번호　484
편집 옵션　80
표 스타일 옵션　294
표시할 최근 문서 수　513
표준 색　197

프레젠테이션　14
프레젠테이션 파일 형식　479
프로그램 실행　429
플래시 애니메이션　373

ㅎ

하이퍼링크　420
한글 단어 잘림 허용　130
호환성 최적화　356
홈　40
화면 전환　385
화면 캡처　259
회색조　47, 509
회전 핸들　181
효과 옵션　409
휴대용 장치　523

기타

3차원　166
Backstage 보기　34, 64
CD 오디오 삽입　371
CD용 프레젠테이션 패키지　525
Embed 코드　359
Excel 스프레드시트　293
JPEG 파일 교환 형식　518
Microsoft Clip Organizer　260
Microsoft Office Web Apps　501
Office.com 서식 파일　67, 463
Office.com 콘텐츠 포함　254
PDF/XPS　521
PowerPoint 그림 프레젠테이션　517
PowerPoint 쇼　516
RTF(서식 있는 텍스트)　519
Shockwave Flash Object　374
SkyDrive　499
SmartArt　154
Windows Live　494
WordArt　141

Youngjin.com Y.
영진닷컴

보고 듣고 따라하는
파워포인트 2010

1판 1쇄 발행   2011년 3월 10일
1판 3쇄 발행   2014년 1월 10일

저   자 | 강현주
발 행 인 | 김길수
발 행 처 | (주)영진닷컴
주   소 | 서울시 금천구 가산동 664번지 대륭테크노타운 13차
            10층 (우)153-803

대표전화 | 1588-0789
대표팩스 | (02)2105-2200
등   록 | 2007. 4. 27 제16-4189호

값 **22,000**원
(부록 DVD 포함)

ⓒ 2011., 2014. (주)영진닷컴
ISBN 978-89-314-4073-7

이 책에 실린 내용의 무단 전재 및 무단 복제를 금합니다.

내용 문의 jooya2007@gmail.com

올인원 통합 보안 솔루션 노턴360은
통합적이고 자동화된 보안 기능으로
PC 및 각종 온라인 활동을 보호합니다

PC 보안

보다 빠른 인스톨과 스캔
펄스 업데이트
브라우저 보호
스팸메일 차단

백업

노턴 백업 드라이브
백업 튜토리얼
다수의 백업장소 설정
월 단위 리포트

ID 보호

노턴 세이프 웹
ID세이프 튜토리얼
IE로부터 로그인 정보 임포트

PC 튜닝

기동 매니저
튜닝 이력
월 단위 리포트

노턴 360 버전 3.0

올인원 통합 보안

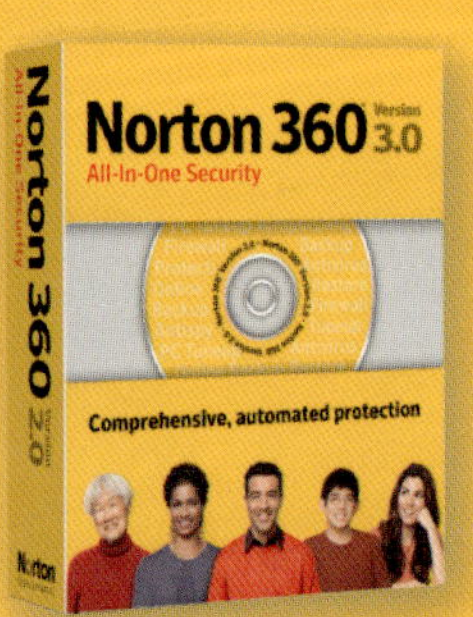

시만텍은 어떤 업체보다 더 많은 온라인 위협으로부터 더 많은 사람들을 보호합니다